Eichendorffs Erzählungen von geselligen Wanderungen, Ausritten oder Fahrten mit Reisewagen, die durch stille Tore ins Freie hinausrasseln und über denen die Sonne eben prächtig aufgegangen war, sind tief im kollektiven Gedächtnis der Deutschen verankert. All dies hat seinen eigenen unverwechselbaren Glanz und ist unvergänglich, aber auch rätselhaft und provokativ. Denn nur wenigen ist deutlich, wer dieser Autor wirklich war, wie er seine Dichtung gebrauchte, um in einer Zeit des Umbruchs und der Restauration sich und seinen Zeitgenossen Vergeblichkeit und Hoffnung des Handelns und der Phantasie mittels poetischer Formeln und Chiffren vor Augen zu führen.

Schon zu Lebzeiten wurde Eichendorffs Werk aus biedermeierlicher Optik entstellt und verharmlost. Die Ausgabe des Deutschen Klassiker Verlages geht auf Handschriften und Erstdrucke zurück und korrigiert diese Verfälschungen. Sie erschließt den kritischen Utopiker Eichendorff anhand sorgfältig geprüfter Texte und kompetenter Kommentare.

DEUTSCHER KLASSIKER VERLAG
IM TASCHENBUCH
BAND 18

JOSEPH VON EICHENDORFF
AHNUNG UND GEGENWART
SÄMTLICHE ERZÄHLUNGEN
I

Herausgegeben
von Wolfgang Frühwald
und Brigitte Schillbach

DEUTSCHER
KLASSIKER
VERLAG

Diese Ausgabe entspricht Band 2, herausgegeben von Wolfgang Frühwald
und Brigitte Schillbach, der Edition *Joseph von Eichendorff, Werke in sechs
Bänden*, Frankfurt am Main 1985

Umschlag-Abb.: Der Sommer, Gemälde von Caspar David Friedrich, 1807,
Bayerische Staatsgemäldesammlungen, Neue Pinakothek, München.
Foto: Blauel / Gnamm / Artothek

Deutscher Klassiker Verlag
im Taschenbuch · Band 18
© dieser Ausgabe Deutscher Klassiker Verlag, Frankfurt am Main 2007
Alle Rechte vorbehalten, insbesondere das der Übersetzung,
des öffentlichen Vortrags sowie der Übertragung
durch Rundfunk und Fernsehen, auch einzelner Teile.
Kein Teil des Werkes darf in irgendeiner Form
(durch Fotografie, Mikrofilm oder andere Verfahren)
ohne schriftliche Genehmigung des Verlages reproduziert
oder unter Verwendung elektronischer Systeme
verarbeitet, vervielfältigt oder verbreitet werden.
Vertrieb durch den Suhrkamp Taschenbuch Verlag
Satz: pagina GmbH, Tübingen
Druck: Ebner & Spiegel, Ulm
Printed in Germany
ISBN 978-3-618-68018-5

1 2 3 4 5 6 – 12 11 10 09 08 07

AHNUNG UND GEGENWART
SÄMTLICHE ERZÄHLUNGEN
I

INHALT

Die Zauberei im Herbste 9
Märchen 29
Ahnung und Gegenwart 53
Das Marmorbild 383
Das Wiedersehen 429
Aus dem Leben eines Taugenichts /
  Der neue Troubadour 445

Kommentar 563
Inhaltsverzeichnis 839

DIE ZAUBEREI
IM HERBSTE

EIN MÄRCHEN

Ritter Ubaldo war an einem heiteren Herbstabend auf der Jagd weit von den Seinigen abgekommen und ritt eben zwischen einsamen Waldbergen hin, als er von dem einen derselben einen Mann in seltsamer, bunter Kleidung herabsteigen sah. Der Fremde bemerkte ihn nicht, bis er dicht vor ihm stand. Ubaldo sah nun mit Verwunderung, daß derselbe einen sehr zierlichen und prächtig geschmückten Wams trug, der aber durch die Zeit altmodisch und unscheinlich geworden war. Sein Gesicht war schön, aber bleich und wild mit Bart verwachsen.

Beide begrüßten einander erstaunt, und Ubaldo erzählte, daß er so unglücklich gewesen, sich hier zu verirren. Die Sonne war schon hinter den Bergen versunken, dieser Ort weit entfernt von allen Wohnungen der Menschen. Der Unbekannte trug daher dem Ritter an, heute bei ihm zu übernachten; morgen mit dem frühesten wolle er ihm den einzigen Pfad weisen, der aus diesen Bergen herausführe. Ubaldo willigte gern ein und folgte nun seinem Führer durch die öden Waldesschluften.

Sie kamen bald an einen hohen Fels, in dessen Fuß eine geräumige Höhle ausgehauen war. Ein großer Stein lag in der Mitte derselben, auf dem Stein stand ein hölzernes Kruzifix. Ein Lager von trockenem Laube füllte den Hintergrund der Klause. Ubaldo band sein Pferd am Eingange an, während sein Wirt stillschweigend Wein und Brot brachte. Sie setzten sich miteinander hin, und der Ritter, dem die Kleidung des Unbekannten für einen Einsiedler wenig passend schien, konnte sich nicht enthalten, ihn um seine früheren Schicksale zu befragen. – »Forsche nur nicht, wer ich bin,« antwortete der Klausner streng, und sein Gesicht wurde dabei finster und unfreundlich. – Dagegen bemerkte Ubaldo, daß derselbe hoch aufhorchte und dann in ein tiefes Nachsinnen versank, als er selber nun anfing, mancher Fahrten und rühmlicher Taten zu erwähnen, die er in seiner Jugend bestanden. Ermüdet endlich streckte sich Ubaldo auf das ihm angebotene Laub hin und schlummerte bald ein, während sein Wirt sich am Eingang der Höhle niedersetzte.

Mitten in der Nacht fuhr der Ritter, von unruhigen Träumen geschreckt, auf. Er richtete sich mit halbem Leibe empor. Draußen beschien der Mond sehr hell den stillen Kreis der Berge. Auf dem Platz vor der Höhle sah er seinen Wirt unruhig unter den hohen, schwankenden Bäumen auf und ab wandeln. Er sang dabei mit hohler Stimme ein Lied, wovon Ubaldo nur abgebrochen ungefähr folgende Worte vernehmen konnte:

>Aus der Kluft treibt mich das Bangen,
>Alte Klänge nach mir langen –
>Süße Sünde, laß mich los!
>Oder wirf mich ganz darnieder,
>Vor dem Zauber dieser Lieder
>Bergend in der Erde Schoß!
>
>Gott! Inbrünstig möcht' ich beten,
>Doch der Erde Bilder treten
>Immer zwischen dich und mich,
>Und ringsum der Wälder Sausen
>Füllt die Seele mir mit Grausen,
>Strenger Gott! ich fürchte dich.
>
>Ach! So brich auch meine Ketten!
>Alle Menschen zu erretten,
>Gingst du ja in bittern Tod.
>Irrend an der Hölle Toren,
>Ach, wie bald bin ich verloren!
>Jesus, hilf in meiner Not!

Der Sänger schwieg wieder, setzte sich auf einen Stein und schien einige unvernehmliche Gebete herzumurmeln, die aber vielmehr wie verwirrte Zauberformeln klangen. Das Rauschen der Bäche von den nahen Bergen und das leise Sausen der Tannen sang seltsam mit darein, und Ubaldo sank, vom Schlafe überwältigt, wieder auf sein Lager zurück.

Kaum blitzten die ersten Morgenstrahlen durch die Wipfel, als auch der Einsiedler schon vor dem Ritter stand, um ihm den Weg aus den Schluften zu weisen. Wohlgemutet schwang sich Ubaldo auf sein Pferd, und sein sonderbarer Führer schritt schweigend neben ihm her. Sie hatten bald den Gipfel des letzten Berges erreicht, da lag plötzlich die blitzende Tiefe mit Strömen, Städten und Schlössern im schönsten Morgenglanze zu ihren Füßen. Der Einsiedler schien selber überrascht. »Ach, wie schön ist die Welt!« rief er bestürzt aus, bedeckte sein Gesicht mit beiden Händen und eilte so in die Wälder zurück. – Kopfschüttelnd schlug Ubaldo nun den wohlbekannten Weg nach seinem Schlosse ein.

Die Neugierde trieb ihn indessen gar bald von neuem nach der Einöde, und er fand mit einiger Mühe die Höhle wieder, wo ihn der Klausner diesmal weniger finster und verschlossen empfing.

Daß derselbe schwere Sünden redlich abbüßen wolle, hatte Ubaldo wohl schon aus jenem nächtlichen Gesange entnommen, aber es kam ihm vor, als ob dieses Gemüt fruchtlos mit dem Feinde ringe, denn in seinem Wandel war nichts von der heiteren Zuversicht einer wahrhaft gottergebenen Seele, und gar oft, wenn sie im Gespräch beieinander saßen, brach eine schwer unterdrückte irdische Sehnsucht mit einer fast furchtbaren Gewalt aus den irre flammenden Augen des Mannes, wobei alle seine Mienen sonderbar zu verwildern und sich gänzlich zu verwandeln schienen.

Dies bewog den frommen Ritter, seine Besuche öfter zu wiederholen, um den Schwindelnden mit der ganzen vollen Kraft eines ungetrübten, schuldlosen Gemüts zu umfassen und zu erhalten. Seinen Namen und früheren Wandel verschwieg der Einsiedler indes fortdauernd, es schien ihm vor der Vergangenheit zu schaudern. Doch wurde er mit jedem Besuche sichtbar ruhiger und zutraulicher. Ja, es gelang dem guten Ritter endlich sogar, ihn einmal zu bewegen, ihm nach seinem Schlosse zu folgen.

Es war schon Abend geworden, als sie auf der Burg anlangten. Der Ritter ließ daher ein wärmendes Kaminfeuer anlegen und brachte von dem besten Wein, den er hatte. Der Einsiedler schien sich hier zum ersten Male ziemlich behaglich zu fühlen. Er betrachtete sehr aufmerksam ein Schwert und andere Waffenstücke, die im Widerscheine des Kaminfeuers funkelnd dort an der Wand hingen, und sah dann wieder den Ritter lange schweigend an. »Ihr seid glücklich,« sagte er, »und ich betrachte Eure feste, freudige, männliche Gestalt mit wahrer Scheu und Ehrfurcht, wie Ihr Euch, unbekümmert durch Leid und Freud, bewegt und das Leben ruhig regieret, während Ihr Euch demselben ganz hinzugeben scheint, gleich einem Schiffer, der bestimmt weiß, wo er hinsteuern *soll*, und sich von dem wunderbaren Liede der Sirenen unterwegens nicht irre machen läßt. Ich bin mir in Eurer Nähe schon oft vorgekommen wie ein feiger Tor oder wie ein Wahnsinniger. – Es gibt vom Leben *Berauschte* – ach, wie schrecklich ist es, dann auf einmal wieder nüchtern zu werden!«

Der Ritter, welcher diese ungewöhnliche Bewegung seines Gastes nicht unbenutzt vorbeigehen lassen wollte, drang mit gutmütigem Eifer in denselben, ihm nun endlich einmal seine Lebensgeschichte zu vertrauen. Der Klausner wurde nachdenkend. »Wenn Ihr mir versprecht,« sagte er endlich, »ewig zu verschweigen, was ich Euch erzähle, und mir erlaubt, alle Namen wegzulassen, so will ich es tun.« Der Ritter reichte ihm die Hand und versprach ihm freudig, was er forderte, rief seine Hausfrau, deren Verschwiegenheit er verbürgte, herein, um auch sie an der von beiden lange ersehnten Erzählung teilnehmen zu lassen.

Sie erschien, ein Kind auf dem Arme, das andere an der Hand führend. Es war eine hohe, schöne Gestalt in verblühender Jugend, still und mild wie die untergehende Sonne, noch einmal in den lieblichen Kindern die eigene versinkende Schönheit abspiegelnd. Der Fremde wurde bei ihrem Anblick ganz verwirrt. Er riß das Fenster auf und schaute einige Augenblicke über den nächtlichen Waldgrund hinaus, um sich zu sammeln. Ruhiger trat er darauf wieder zu ihnen, sie rückten alle dichter um den lodernden Kamin, und er begann folgendermaßen:

Die Herbstsonne stieg lieblich wärmend über die farbigen Nebel, welche die Täler um mein Schloß bedeckten. Die Musik schwieg, das Fest war zu Ende und die lustigen Gäste zogen nach allen Seiten davon. Es war ein Abschiedsfest, das ich meinem liebsten Jugendgesellen gab, welcher heute mit seinem Häuflein dem heiligen Kreuze zuzog, um dem großen christlichen Heere das gelobte Land erobern zu helfen. Seit unserer frühesten Jugend war dieser Zug der einzige Gegenstand unserer beiderseitigen Wünsche, Hoffnungen und Pläne, und ich versenke mich noch jetzt oft mit einer unbeschreiblichen Wehmut in jene stille, morgenschöne Zeit, wo wir unter den hohen Linden auf dem Felsenabhange meines Burgplatzes zusammensaßen und in Gedanken den segelnden Wolken nach jenem gebenedeiten Wunderlande folgten, wo Gottfried und die anderen Helden in lichtem Glanze des Ruhmes lebten und stritten. – Aber wie bald verwandelte sich alles in mir!

Ein Fräulein, die Blume aller Schönheit, die ich nur einigemal gesehen und zu welcher ich, ohne daß sie davon wußte, gleich von Anfang eine unbezwingliche Liebe gefaßt hatte, hielt mich in dem stillen Zwinger dieser Berge gebannt. Jetzt, da ich stark genug war, mitzukämpfen, konnte ich nicht scheiden und ließ meinen Freund allein ziehen.

Auch sie war bei dem Feste zugegen, und ich schwelgte vor übergroßer Seligkeit in dem Widerglanze ihrer Schönheit. Nur erst, als sie des Morgens fortziehen wollte und ich ihr auf das Pferd half, wagte ich, es ihr zu entdecken, daß ich nur ihretwillen den Zug unterlassen. Sie sagte nichts darauf, aber blickte mich groß und, wie es schien, erschrocken an und ritt dann schnell davon.

Bei diesen Worten sahen der Ritter und seine Frau einander mit sichtbarem Erstaunen an. Der Fremde bemerkte es aber nicht und fuhr weiter fort:

Alles war nun fortgezogen. Die Sonne schien durch die

hohen Bogenfenster in die leeren Gemächer, wo jetzt nur noch meine einsamen Fußtritte widerhallten. Ich lehnte mich lange zum Erker hinaus, aus den stillen Wäldern unten schallte der Schlag einzelner Holzhauer herauf. Eine unbeschreiblich sehnsüchtige Bewegung bemächtigte sich in dieser Einsamkeit meiner. Ich konnte es nicht länger aushalten, ich schwang mich auf mein Roß und ritt auf die Jagd, um dem gepreßten Herzen Luft zu machen.

Lange war ich umhergeirrt und befand mich endlich zu meiner Verwunderung in einer mir bis jetzt noch ganz unbekannt gebliebenen Gegend des Gebirges. Ich ritt gedankenvoll, meinen Falken auf der Hand, über eine wunderschöne Heide, über welche die Strahlen der untergehenden Sonne schrägblitzend hinfuhren, die herbstlichen Gespinste flogen wie Schleier durch die heiter blaue Luft, hoch über die Berge weg wehten die Abschiedslieder der fortziehenden Vögel.

Da hörte ich plötzlich mehrere Waldhörner, die in einiger Entfernung von den Bergen einander Antwort zu geben schienen. Einige Stimmen begleiteten sie mit Gesang. Nie noch vorher hatte mich Musik mit solcher wunderbaren Sehnsucht erfüllt als diese Töne, und noch heute sind mir mehrere Strophen des Gesanges erinnerlich, wie sie der Wind zwischen den Klängen herüberwehte:

> Über gelb' und rote Streifen
> Ziehen hoch die Vögel fort.
> Trostlos die Gedanken schweifen,
> Ach! sie finden keinen Port,
> Und der Hörner dunkle Klagen
> Einsam nur ans Herz dir schlagen.

> Siehst du blauer Berge Runde
> Ferne überm Walde stehn,
> Bäche in dem stillen Grunde
> Rauschend nach der Ferne gehn?
> Wolken, Bäche, Vögel munter,
> Alles ziehet mit hinunter.

> Golden meine Locken wallen,
> Süß mein junger Leib noch blüht –
> Bald ist Schönheit auch verfallen,
> Wie des Sommers Glanz verglüht,
> Jugend muß die Blüten neigen,
> Rings die Hörner alle schweigen.
>
> Schlanke Arme zu umarmen,
> Roten Mund zum süßen Kuß,
> Weiße Brust, dran zu erwarmen,
> Reichen, vollen Liebesgruß
> Bietet dir der Hörner Schallen,
> Süßer! komm, eh sie verhallen!

Ich war wie verwirrt bei diesen Tönen, die das ganze Herz durchdrangen. Mein Falke, sobald sich die ersten Klänge erhoben, wurde scheu, schwang sich wildkreischend auf, hoch in den Lüften verschwindend, und kam nicht wieder. Ich aber konnte nicht widerstehen und folgte dem verlockenden Waldhornsliede immerfort, das sinnenverwirrend bald wie aus der Ferne klang, bald wieder mit dem Winde näher schwellte.

So kam ich endlich aus dem Walde heraus und erblickte ein blankes Schloß, das auf einem Berge vor mir lag. Rings um das Schloß, vom Gipfel bis zum Walde hinab, lachte ein wunderschöner Garten in den buntesten Farben, der das Schloß wie ein Zauberring umgab. Alle Bäume und Sträucher in demselben, vom Herbste viel kräftiger gefärbt als anderswo, waren purpurrot, goldgelb und feuerfarb; hohe Astern, diese letzten Gestirne des versinkenden Sommers, brannten dort im mannigfaltigsten Schimmer. Die untergehende Sonne warf gerade ihre Strahlen auf die liebliche Anhöhe, auf die Springbrunnen und die Fenster des Schlosses, die blendend blitzten.

Ich bemerkte nun, daß die Waldhornklänge, die ich vorhin gehört, aus diesem Garten kamen, und mitten in dem Glanze unter wilden Weinlaubranken sah ich, innerlichst erschrocken – das Fräulein, das alle meine Gedanken meinten, zwischen den Klängen, selber singend, herumwandeln. Sie schwieg, als sie mich erblickte, aber die Hörner klangen fort. Schöne Knaben in seidenen Kleidern eilten herab und nahmen mir das Pferd ab.

Ich flog durch das zierlich übergoldete Gittertor auf die Terrasse des Gartens, wo meine Geliebte stand, und sank, von soviel Schönheit überwältigt, zu ihren Füßen nieder. Sie trug ein dunkelrotes Gewand, lange Schleier, durchsichtig wie die Sommerfäden des Herbstes, umflatterten die goldgelben Locken, von einer prächtigen Aster aus funkelnden Edelsteinen über der Stirn zusammengehalten.

Liebreich hob sie mich auf und mit einer rührenden, wie vor Liebe und Schmerz gebrochenen Stimme sagte sie: »Schöner, unglücklicher Jüngling, wie lieb' ich dich! Schon lange lieb' ich dich, und wenn der Herbst seine geheimnisvolle Feier beginnt, erwacht mit jedem Jahre mein Verlangen mit neuer, unwiderstehlicher Gewalt. Unglücklicher! Wie bist du in den Kreis meiner Klänge gekommen? Laß mich und fliehe!«

Mich schauderte bei diesen Worten und ich beschwor sie, weiter zu reden und sich näher zu erklären. Aber sie antwortete nicht, und wir gingen stillschweigend nebeneinander durch den Garten.

Es war indes dunkel geworden. Da verbreitete sich eine ernste Hoheit über ihre ganze Gestalt.

»So wisse denn,« sagte sie, »dein Jugendfreund, der heute von dir geschieden ist, ist ein Verräter. Ich bin *gezwungen* seine verlobte Braut. Aus wilder Eifersucht verhehlte er dir seine Liebe. Er ist nicht nach Palästina, sondern kommt morgen, um mich abzuholen und in einem abgelegenen Schlosse vor allen menschlichen Augen auf ewig zu verbergen. – Ich muß nun scheiden. *Wir sehen uns nie wieder, wenn er nicht stirbt.*«

Bei diesen Worten drückte sie einen Kuß auf meine Lippen und verschwand in den dunklen Gängen. Ein Stein aus ihrer Aster funkelte im Weggehen kühlblitzend über meinen beiden Augen, ihr Kuß flammte mit fast schauerlicher Wollust durch alle meine Adern.

Ich überdachte nun mit Entsetzen die fürchterlichen Worte, die sie beim Abschiede wie Gift in mein gesundes Blut geworfen hatte und irrte lange nachsinnend in den einsamen Gängen umher. Ermüdet warf ich mich endlich auf die steinernen Staffeln vor dem Schloßtore, die Waldhörner hallten noch fort, und ich schlummerte unter seltsamen Gedanken ein.

Als ich die Augen aufschlug, war es heller Morgen. Alle Türen und Fenster des Schlosses waren fest verschlossen, der Garten und die ganze Gegend still. In dieser Einsamkeit erwachte das Bild der Geliebten und die ganze Zauberei des gestrigen Abends mit neuen morgenschönen Farben in meinem Herzen, und ich fühlte die volle Seligkeit, wiedergeliebt zu werden. Manchmal wohl, wenn mir jene furchtbaren Worte wieder einfielen, wandelte mich ein Trieb an, weit von hier zu fliehen; aber der Kuß brannte noch auf meinen Lippen, und ich konnte nicht fort.

Es wehte eine warme, fast schwüle Luft, als wollte der Sommer noch einmal wiederkehren. Ich schweifte daher träumend in den nahen Wald hinaus, um mich mit der Jagd zu zerstreuen. Da erblickt' ich in dem Wipfel eines Baumes einen Vogel von so wunderschönem Gefieder, wie ich noch nie vorher gesehen. Als ich den Bogen spannte, um ihn zu schießen, flog er schnell auf einen anderen Baum. Ich folgte ihm begierig, aber der schöne Vogel flatterte immerfort von Wipfel zu Wipfel vor mir her, wobei seine hellgoldenen Schwingen reizend im Sonnenschein glänzten.

So war ich in ein enges Tal gekommen, das rings von hohen Felsen eingeschlossen war. Kein rauhes Lüftchen wehte hier herein, alles war hier noch grün und blühend wie im Sommer. Ein Gesang schwoll wunderlieblich aus der Mitte dieses Tales. Erstaunt bog ich die Zweige des dichten Gesträuches, an dem ich stand, auseinander, – und meine Augen senkten sich trunken und geblendet vor dem Zauber, der sich mir da eröffnete.

Ein stiller Weiher lag im Kreise der hohen Felsen, an denen Efeu und seltsame Schilfblumen üppig emporrankten.

Viele Mädchen tauchten ihre schönen Glieder singend in der lauen Flut auf und nieder. Über allen erhoben stand das Fräulein prächtig und ohne Hülle und schaute, während die anderen sangen, schweigend in die wollüstig um ihre Knöchel spielenden Wellen wie verzaubert und versunken in das Bild der eigenen Schönheit, das der trunkene Wasserspiegel widerstrahlte. – Eingewurzelt stand ich lange in flammendem Schauer, da bewegte sich die schöne Schar ans Land, und ich eilte schnell davon, um nicht entdeckt zu werden.

Ich stürzte mich in den dicksten Wald, um die Flammen zu kühlen, die mein Inneres durchtobten. Aber je weiter ich floh, desto lebendiger gaukelten jene Bilder vor meinen Augen, desto verzehrender langte der Schimmer jener jugendlichen Glieder mir nach.

So traf mich die einbrechende Nacht noch im Walde. Der ganze Himmel hatte sich unterdes verwandelt und war dunkel geworden, ein wilder Sturm ging über die Berge. »Wir sehen uns nie wieder, wenn er nicht stirbt!« rief ich immerfort in mich selbst hinein und rannte, als würde ich von Gespenstern gejagt.

Es kam mir dabei manchmal vor, als vernähme ich seitwärts Getös von Rosseshufen im Walde, aber ich scheute jedes menschliche Angesicht und floh vor dem Geräusch, so oft es näher zu kommen schien. Das Schloß meiner Geliebten sah ich oft, wenn ich auf eine Höhe kam, in der Ferne stehen; die Waldhörner sangen wieder wie gestern Abend, der Glanz der Kerzen drang wie ein milder Mondenschein durch alle Fenster und beleuchtete rings umher magisch den Kreis der nächsten Bäume und Blumen, während draußen die ganze Gegend in Sturm und Finsternis wild durcheinanderrang.

Meiner Sinne kaum mehr mächtig, bestieg ich endlich einen hohen Felsen, an dem unten ein brausender Waldstrom vorüberstürzte. Als ich auf die Spitze ankam, erblickte ich dort eine dunkle Gestalt, die auf einem Steine saß, still und unbeweglich, als wäre sie selber von Stein. Die Wolken jagten soeben zerrissen über den Himmel. Der Mond trat blutrot auf einen Augenblick hervor – und ich erkannte meinen Freund, den Bräutigam meiner Geliebten.

Er richtete sich, sobald er mich erblickte, schnell und hoch auf, daß ich innerlichst zusammenschauderte, und griff nach seinem Schwerte. Wütend fiel ich ihn an und umfaßte ihn mit beiden Armen. So rangen wir einige Zeit miteinander, bis ich ihn zuletzt über die Felsenwand in den Abgrund hinabschleuderte.

Da wurde es auf einmal still in der Tiefe und rings umher, nur der Strom unten rauschte stärker, als wäre mein ganzes voriges Leben unter diesen wirbelnden Wogen begraben und alles auf ewig vorbei.

Eilig stürzte ich nun fort von diesem grausigen Orte. Da kam es mir vor, als hörte ich ein lautes, widriges Lachen wie aus dem Wipfel der Bäume hinter mir dreinschallen; zugleich glaubte ich in der Verwirrung meiner Sinne den Vogel, den ich vorhin verfolgte, in den Zweigen über mir wiederzusehen. – So gejagt, geängstigt und halb sinnlos rannte ich durch die Wildnis über die Gartenmauer hinweg zu dem Schlosse des Fräuleins. Mit allen Kräften riß ich dort an den Angeln des verschlossenen Tores. »Mach auf,« schrie ich außer mir, »mach auf, ich habe meinen Herzensbruder erschlagen! Du bist nun mein auf Erden und in der Hölle!«

Da taten sich die Torflügel schnell auf, und das Fräulein, schöner als ich sie jemals gesehen, sank ganz hingegeben in flammenden Küssen an meine von Stürmen durchwühlte, zerrissene Brust.

Laßt mich nun schweigen von der Pracht der Gemächer, dem Dufte ausländischer Blumen und Bäume, zwischen denen schöne Frauen singend hervorsahen, von den Wogen von Licht und Musik, von der wilden, namenlosen Lust, die ich in den Armen des Fräuleins –

Hier fuhr der Fremde plötzlich auf. Denn draußen hörte man einen seltsamen Gesang an den Fenstern der Burg vorüberfliegen. Es waren nur einzelne Sätze, die zuweilen wie eine menschliche Stimme, dann wieder wie die höchsten Töne einer Klarinette klangen, wenn sie der Wind über ferne Berge herüberweht, das ganze Herz ergreifend und schnell dahinfahrend. – »Beruhigt Euch,« sagte der Ritter, »wir sind das lange gewohnt. Zauberei soll in den nahen Wäldern wohnen, und oft zur Herbstzeit streifen solche Töne in der Nacht bis an unser Schloß. Es vergeht eben so schnell als es kommt, und wir bekümmern uns weiter nicht darum.« – Eine große Bewegung schien jedoch in der Brust des Ritters zu arbeiten, die er nur mit Mühe unterdrückte. – Die Töne draußen waren schon wieder verklungen. Der Fremde saß, wie im Geiste abwesend, in tiefes Nachsinnen verloren. Nach einer langen Pause erst sammelte er sich wieder und fuhr, obgleich nicht mehr so ruhig wie vorher, in seiner Erzählung weiter fort:

Ich bemerkte, daß das Fräulein mitten im Glanze manchmal von einer unwillkürlichen Wehmut befallen wurde, wenn sie aus dem Schlosse sah, wie nun endlich auch der Herbst von allen Fluren Abschied nehmen wollte. Aber ein gesunder, fester Schlaf machte durch eine Nacht alles wieder gut, und ihr wunderschönes Antlitz, der Garten und die ganze Gegend ringsumher blickte mich am Morgen immer wieder erquickt, frischer und wie neugeboren an.

Nur einmal, da ich eben mit ihr am Fenster stand, war sie stiller und trauriger als jemals. Draußen im Garten spielte der Wintersturm mit den herabfallenden Blättern. Ich merkte, daß sie oft heimlich schauderte, als sie in die ganz verbleichte Gegend hinausschaute. Alle ihre Frauen hatten uns verlassen, die Lieder der Waldhörner klangen heute nur aus weiter Ferne, bis sie endlich gar verhallten. Die Augen meiner Geliebten hatten allen ihren Glanz verloren und schienen wie verlöschend. Jenseits der Berge ging eben die Sonne unter und erfüllte den Garten und die Täler ringsum mit ihrem verbleichenden Glanze. Da umschlang das Fräulein mich mit beiden Armen und begann ein seltsames Lied zu singen, das ich vorher noch nie von ihr gehört und das mit unendlich wehmütigem Akkorde das ganze Haus durchdrang. Ich lauschte entzückt, es war, als zögen mich diese Töne mit dem versinkenden Abendrot langsam hinab, die Augen fielen mir wider Willen zu, und ich schlummerte in Träumen ein.

Als ich erwachte, war es Nacht geworden und alles still im

Schlosse. Der Mond schien sehr hell. Meine Geliebte lag auf seidenem Lager schlafend neben mir hingestreckt. Ich betrachtete sie mit Erstaunen, denn sie war bleich wie eine Leiche, ihre Locken hingen verwirrt und wie vom Winde zerzaust um Angesicht und Busen herum. Alles andere lag und stand noch unberührt umher, wie es bei meinem Entschlummern gelegen, es war mir, als wäre das schon sehr lange her. – Ich trat an das offene Fenster. Die Gegend draußen schien mir verwandelt und ganz anders, als ich sie sonst gesehen. Die Bäume sausten wunderlich. Da sah ich unten an der Mauer des Schlosses zwei Männer stehen, die dunkel murmelnd und sich besprechend, sich immerfort gleichförmig beugend und neigend gegeneinander hin und herbewegten, als ob sie ein Gespinste weben wollten. Ich konnte nichts verstehen, nur hörte ich sie öfters meinen Namen nennen. – Ich blickte noch einmal zurück nach der Gestalt des Fräuleins, welche eben vom Monde klar beschienen wurde. Es kam mir vor, als sähe ich ein steinernes Bild, schön, aber totenkalt und unbeweglich. Ein Stein blitzte wie Basiliskenaugen von ihrer starren Brust, ihr Mund schien mir seltsam verzerrt.

Ein Grausen, wie ich es noch in meinem Leben nicht gefühlt, befiel mich da auf einmal. Ich ließ alles liegen und eilte durch die leeren, öden Hallen, wo aller Glanz verloschen war, fort. Als ich aus dem Schlosse trat, sah ich in einiger Entfernung die zwei ganz fremden Männer plötzlich in ihrem Geschäfte erstarren und wie Statuen stillestehen. Seitwärts weit unter dem Berge erblickt' ich an einem einsamen Weiher mehrere Mädchen in schneeweißen Gewändern, welche wunderbar singend beschäftigt schienen, seltsame Gespinste auf der Wiese auszubreiten und am Mondschein zu bleichen. Dieser Anblick und dieser Gesang vermehrte noch mein Grausen, und ich schwang mich nur desto rascher über die Gartenmauer weg. Die Wolken flogen schnell über den Himmel, die Bäume sausten hinter mir drein, ich eilte atemlos immer fort.

Stiller und wärmer wurde allmählich die Nacht, Nachtigallen schlugen in den Gebüschen. Draußen tief unter den Bergen hörte ich Stimmen gehen, und alte, langvergessene Erinnerungen kehrten halbdämmernd wieder in das ausgebrannte Herz zurück, während vor mir die schönste Frühlingsmorgendämmerung sich über dem Gebirge erhob. – Was ist das? Wo bin ich denn? rief ich erstaunt und wußte nicht, wie mir geschehen. Herbst und Winter sind vergangen, Frühling ist's wieder auf der Welt. Mein Gott! wo bin ich so lange gewesen?

So langte ich endlich auf dem Gipfel des letzten Berges an. Da ging die Sonne prächtig auf. Ein wonniges Erschüttern flog über die Erde, Ströme und Schlösser blitzten, die Menschen, ach! ruhig und fröhlich kreisten in ihren täglichen Verrichtungen wie ehedem, unzählige Lerchen jubilierten hoch in der Luft. Ich stürzte auf die Knie und weinte bitterlich um mein verlorenes Leben.

Ich begriff und begreife noch jetzt nicht, wie das alles zugegangen, aber hinabstürzen mocht' ich noch nicht in die heitere, schuldlose Welt mit dieser Brust voll Sünde und zügelloser Lust. In die tiefste Einöde vergraben, wollte ich den Himmel um Vergebung bitten und die Wohnungen der Menschen nicht eher wiedersehen, bis ⟨ich⟩ alle meine Fehle, das einzige, dessen ich mir aus der Vergangenheit nur zu klar und deutlich bewußt war, mit Tränen heißer Reue abgewaschen hätte.

Ein Jahr lang lebt' ich so, als Ihr mich damals an der Höhle traft. Inbrünstige Gebete entstiegen gar oft meiner geängstigten Brust, und ich wähnte manchmal, es sei überstanden und ich habe Gnade gefunden vor Gott; aber das war nur selige Täuschung seltener Augenblicke, und schnell alles wieder vorbei. Und als nun der Herbst wieder sein wunderlich farbiges Netz über Berg und Tal ausspreitete, da schweiften von neuem einzelne wohlbekannte Töne aus dem Walde in meine Einsamkeit und dunkle Stimmen in mir klangen sie wider und gaben ihnen Antwort, und im Innersten erschreckten mich noch immer die Glockenklänge des fernen Doms, wenn sie am klaren Sonntagsmorgen über die Berge zu mir herüberlangten, als suchten sie das alte, stille Gottesreich der Kindheit in meiner Brust, das nicht mehr in ihr war. – Seht, es ist ein wunderbares, dunkles Reich von Gedanken in des Menschen Brust, da blitzen Kristall und Rubin und alle die versteinerten Blumen der Tiefe mit schauerlichem Liebesblick herauf, zauberische Klänge wehen dazwischen, du weißt nicht, woher sie kommen und wohin sie gehen, die Schönheit des irdischen Lebens schimmert von draußen dämmernd herein, die unsichtbaren Quellen rauschen wehmütig lockend in einem fort und es zieht dich ewig hinunter – hinunter!

»Armer Raimund!« rief da der Ritter, der den in seiner Erzählung träumerisch verlorenen Fremden lange mit tiefer Rührung betrachtet hatte.

»Wer seid Ihr um Gotteswillen, daß Ihr meinen Namen wißt!« rief der Fremde und sprang wie vom Blitze gerührt von seinem Sitze auf.

»Mein Gott!« erwiderte der Ritter und schloß den Zitternden mit herzlicher Liebe in seine Arme, »kennst du uns denn gar nicht mehr? Ich bin ja dein alter, treuer Waffenbruder Ubaldo, und da ist deine *Berta*, die du heimlich liebtest, die du nach jenem Abschiedsfeste auf deiner Burg auf das Pferd hobst. Gar sehr hat die Zeit und ein vielbewegtes Leben seitdem unsere frischen Jugendbilder verwischt, und ich erkannte dich erst wieder, als du deine Geschichte zu erzählen anfingest. Ich bin nie in einer Gegend gewesen, die du da beschrieben hast und habe nie mit dir auf dem Felsen gerungen. Ich zog gleich nach jenem Feste gen Palästina, wo ich mehrere Jahre mitfocht, und die schöne Berta dort wurde nach meiner Heimkehr mein Weib. Auch Berta hatte dich nach dem Abschiedsfeste niemals wiedergesehen, und alles, was du da erzähltest, ist eitel Phantasie. – Ein böser Zauber, jeden Herbst neuerwachend und dann wieder samt dir versinkend, mein armer Raimund, hielt dich viele Jahre lang mit lügenhaften Spielen umstrickt. Du hast unbemerkt Monate wie einzelne Tage verlebt. Niemand wußte, als ich aus dem gelobten Lande zurückkam, wohin du gekommen, und wir glaubten dich längst verloren.«

Ubaldo merkte vor Freude nicht, daß sein Freund bei jedem Worte immer heftiger zitterte. Mit hohlen, starr offenen Augen sah er die beiden abwechselnd an, und erkannte nun auf einmal den Freund und die Jugendgeliebte, über deren lang verblühte, rührende Gestalt die Flamme des Kamins spielend die zuckenden Scheine warf.

»Verloren, alles verloren!« rief er aus tiefster Brust, riß sich aus den Armen Ubaldos und flog pfeilschnell aus dem Schlosse in die Nacht und den Wald hinaus.

»Ja verloren, und meine Liebe und mein ganzes Leben eine lange Täuschung!« sagte er immerfort für sich selbst und lief, bis alle Lichter in Ubaldos Schlosse hinter ihm versunken waren. Er nahm fast unwillkürlich die Richtung nach seiner eigenen Burg und langte daselbst an, als eben die Sonne aufging.

Es war wieder ein heiterer Herbstmorgen wie damals, als er vor vielen Jahren das Schloß verlassen hatte, und die Erinnerung an jene Zeit und der Schmerz über den verlorenen Glanz und Ruhm seiner Jugend befiel da auf einmal seine ganze Seele. Die hohen Linden auf dem steinernen Burghofe rauschten noch immerfort, aber der Platz und das ganze Schloß war leer und öde, und der Wind strich überall durch die verfallenen Fensterbogen.

Er trat in den Garten hinaus. Der lag auch wüst und zerstört, nur einzelne Spätblumen schimmerten noch hin und her aus dem falben Grase. Auf einer hohen Blume saß ein Vogel und sang ein wunderbares Lied, das die Brust mit unendlicher Sehnsucht erfüllte. Es waren dieselben Töne, die er gestern abend während seiner Erzählung auf Ubaldos Burg vorüberschweifen hörte. Mit Schrecken erkannte er auch nun den schönen goldgelben Vogel aus dem Zauberwalde wieder. – Hinter ihm aber, hoch aus einem Bogenfenster des Schlosses schaute während des Gesanges ein langer Mann über die Gegend hinaus, still, bleich und mit Blut bespritzt. Es war leibhaftig Ubaldos Gestalt.

Entsetzt wandte Raimund das Gesicht von dem furchtbar stillen Bilde und sah in den klaren Morgen vor sich hinab. Da

sprengte plötzlich unten auf einem schlanken Rosse das
schöne Zauberfräulein, lächelnd, in üppiger Jugendblüte,
vorüber. Silberne Sommerfäden flogen hinter ihr drein, die
Aster von ihrer Stirne warf lange grünlich goldene Scheine
über die Heide.

In allen Sinnen verwirrt, stürzte Raimund aus dem Garten, dem holden Bilde nach.

Die seltsamen Lieder des Vogels zogen, wie er ging, immer vor ihm her. Allmählich, je weiter er kam, verwandelten sich diese Töne sonderbar in das alte Waldhornlied, das ihn damals verlockte.

>>Golden meine Locken wallen,
Süß mein junger Leib noch blüht –«

hörte er einzeln und abgebrochen aus der Ferne wieder herüberschallen.

>>Bäche in dem stillen Grunde
Rauschend nach der Ferne gehen.« –

Sein Schloß, die Berge und die ganze Welt versank dämmernd hinter ihm.

>>Reichen, vollen Liebesgruß
Bietet dir der Hörner Schallen.
Komm, ach komm! eh' sie verhallen!«

hallte es wider – und im Wahnsinn verloren ging der arme Raimund den Klängen nach in den Wald hinein und ward niemals mehr wiedergesehen.

⟨MÄRCHEN⟩

⟨1⟩
In einer Stadt wohnte ein reicher Kaufmann. Der hatte ein prächtiges Haus, ein Vorwerk und zwei sehr schöne Töchter. Die älteste war stolz und übermütig, die jüngste aber, die alles an Schönheit übertraf, war gut und hieß Craßna. Eines Tages verlor der Kaufmann sein ganzes Vermögen, denn seine Schiffe waren in einem Sturme auf dem Meere mit allen Waren untergegangen. Da ward er sehr betrübt, stieg auf sein Pferd und wollte in die Welt reisen, um wieder etwas zu gewinnen. Wie er wegritt, sagte die älteste Tochter, er solle ihr ein schönes Kleid, Perlen und Edelgesteine einkaufen, Craßna aber bat, er möge ihr nur eine schöne Rose mitbringen. Als er nun in fremden Landen war, kam er einstmals zu einem großen, schönen Schloß. Er band sein Pferd am Tore an und ging hinein. Aber das war alles still und kein Mensch zeigte sich. Endlich ging er in ein Zimmer, das sehr schön verziert war. Darin standen Stühle, ein Tisch und ein Bett. In einem Augenblick war der Tisch gedeckt und mit Wein und köstlichen Speisen besetzt, ohne daß man jemand sah oder hörte. Er aß und trank und ging darauf im Garten spazieren, der neben dem Schlosse lag und voll der schönsten Blumen stand. Als er eben auch das Abendessen verzehrt hatte, trat plötzlich ein schreckliches Ungeheuer in die Stube, das aber nichts sprach und sogleich wieder verschwand. So lebte der Kaufmann drei Tage lang ganz allein in dem Schlosse, der Tisch deckte sich immer wieder von selbst, das Ungeheuer aber zeigte sich nicht mehr. Den dritten Tag endlich machte er sich wieder auf die Reise. Er war aber noch nicht weit gekommen als ihm einfiel, daß ihn seine Tochter Craßna um eine Rose gebeten wie er sie im Garten bei jenem Schlosse gesehen hatte. Er kehrte also schnell wieder um, stieg ab und ging in den Garten hinein. Als er aber eben die schönste Rose abgebrochen hatte, stand auf einmal das Ungeheuer vor ihm, brüllte fürchterlich und sagte er müsse nunmehr für die Rose

seine Tochter Craßna auf das Schloß bringen. Da kam der Kaufmann sehr betrübt wieder nach Hause, gab seiner Tochter die Rose, erzählte wie es ihm ergangen und wie er dem Ungeheuer habe versprechen müssen, sie auf das Schloß zu bringen. Alles war sehr traurig, Craßna aber, welche befürchtete, daß viel Übel daraus entstehen würde, wenn sie nicht gehorchte, willigte ein. Der Vater brachte sie selber auf das Schloß und ließ sie dort mit vielen Tränen allein zurück. Sie fand dort reichlich zu essen und zu trinken und alles was ihr Herz nur wünschte. Das Ungeheuer besuchte sie alle Tage einmal auf kurze Zeit, ohne ein Wort zu sprechen. Nach geraumer Frist kam das Ungeheuer einmal zu ihr, gab ihr einen Ring und sagte: »Meine schöne Craßna! Behalte diesen Ring stets am Finger und wenn du an irgend einen Ort der Welt denkst, wo du gerne sein möchtest, so brauchst du nur den Ring nach jener Gegend hinzuwenden und er wird dich sogleich, samt einem Koffer mit so viel Gold, als du nur wünschest, dorthin versetzen. Aber hüte dich, so lange du an dem betreffenden Orte weilst, in den Koffer hineinzusehen. Auch darfst du niemals über drei Tage ausbleiben, sonst muß ich sterben.« Craßna war über dies alles sehr vergnügt. Sie wünschte sehnlichst ihren Vater und ihre Schwester wiederzusehen, richtete ihren Ring dorthin und befand sich sogleich inmitten der Ihrigen. Unbeschreiblich war die Freude, die alle hatten, die geliebte Craßna wiederzusehen, zumal als sie den Koffer bemerkten, den sie mitgebracht hatte. Sie konnte sich nicht enthalten letzteren zu öffnen, um zu sehen, was er eigentlich enthielt, kaum aber hatte sie dies getan, so war er mit allen Kostbarkeiten verschwunden. Am Abend des dritten Tages kehrte sie wieder in ihr Schloß zurück. So wiederholte sie ihre Besuche noch sehr oft und da sie jedesmal einen Koffer mit Gold mitbrachte und nicht mehr hineinguckte wie das erstemal, zählte ihr Vater bald wieder zu den Reichsten im Lande. Als sie wieder einmal nach Hause kam, fand sie Vater und Schwester sehr betrübt, weil sie auf immer getrennt von ihr leben mußten. Mit vielem Weinen und Bitten sprachen sie ihr daher, als der dritte Tag seinem

Ende entgegenging, zu, nicht mehr aufs Schloß zurückzukehren. Nach vielen Gegenreden ließ sie sich auch erweichen und blieb über Nacht zu Hause. Als aber der Morgen graute, sprang sie sogleich auf, denn sie hatte sich nach und nach so an das Ungeheuer gewöhnt, daß ihr unaussprechlich bange wurde, wenn sie einige Tage von ihm weg war. Ohne Abschied und ohne, daß jemand davon wußte, kehrte sie ihren Ring jener Weltgegend zu und befand sich sogleich wieder im Schlosse. Zu ihrem Entsetzen fand sie dort das Ungeheuer im Garten wie tot ausgestreckt. Es schien sie nicht mehr zu kennen und holte nur noch schwach Atem. Sie stürzte sich auf dasselbe, umarmte und küßte es und klagte und weinte bitterlich. Da schwoll dieses immer mehr und mehr auf bis es endlich zerplatzte und ein Jüngling von blendender Schönheit vor Craßna stand, der ihr um den Hals fiel und sie mit Küssen fast erstickte. Darauf nahm er sie bei der Hand, führte sie im Garten herum und erzählte ihr, daß er ein verwunschener Prinz sei und nur von einer Jungfrau erlöst werden konnte, die ihn trotz seiner erschrecklichen Gestalt so liebte, daß sie ohne ihn nicht zu leben vermochte. »Ihr habt mich,« so sagte es, »durch Euere große Liebe endlich erlöst und nun ist alles Euer, was Ihr seht.« In diesem Augenblicke wimmelte der ganze Garten von schön geschmückten Knaben und Frauen, welche den Prinzen und Craßna bedienten. Der Prinz schickte sogleich einen Wagen mit vier schönen Pferden zu Craßna's Vater und seinen Anverwandten und da alles beisammen war, hielt er mit seiner Braut auf dem Schlosse Hochzeit, die drei Wochen lang dauerte.

⟨2⟩

Es war einmal ein König, der hatte eine sehr schöne Tochter. Eines Tages kam ein fremder reisender Krämer mit allerhand Waren auf das Schloß, der einen Ring bei sich hatte, auf dem ein wunderschöner junger Mann gemalt war. Die Prinzessin kaufte den Ring und war so entzückt über das Bild, daß sie keinen anderen in der Welt heiraten wollte als den auf dem

Gemälde dargestellten. So war sie in das Bild verliebt, daß sie alle Freier ausschlug. Endlich kam ein sehr schöner und reicher Prinz in der Absicht, sich um sie zu bewerben. Sie schlug auch diesen aus, der König aber, der nicht länger zu warten beabsichtigte, wollte sie zwingen ihn zu heiraten. Da ging sie am Abend vor dem Hochzeitstage mit ihrem Ring am Meere spazieren und weinte. Am Ufer erblickte sie eine Schifferin in einem Kahne. Diese sprach zu ihr: »Durchlauchtigste Prinzessin, was seid Ihr so traurig?« »Ach,« entgegnete die Prinzessin, »fraget nicht erst, Ihr könnt mir doch nicht helfen.« »Wer weiß!« sagte die Schifferin, »entdeckt mir nur getrost den Grund Euerer Betrübnis.« Da erzählte ihr die Prinzessin die ganze Geschichte. Als die Schifferin den Ring erblickte, rief sie sogleich voller Freude: »Ich kann Euch Euren Geliebten zeigen, der auf diesem Ringe dargestellte Prinz wohnt in dem Lande, dem ich entstamme. Wenn Ihr morgen in aller Frühe wieder hierherkommen wollt, so will ich Euch hinführen; Ihr müßt aber viel Gold und drei Eurer schönsten Kleider mitbringen.« Die Prinzessin begab sich hierauf nach Hause und konnte die ganze Nacht vor Freude nicht schlafen. Sie sann immerfort darüber nach, wer wohl der Prinz wäre und wo das Land gelegen sei. Ehe noch der Tag angebrochen war, ging sie mit dem Gold und ihren Kleidern ganz allein an den Meeresstrand, wo die Schifferin mit ihrem Kahne schon auf sie wartete. Diese als Mannsbild angekleidet, nahm Gold und Kleider in Verwahrung und so fuhren sie über das Meer bis sie zu einer großen Stadt kamen. Hier begab sich die Schifferin in das königliche Schloß und sagte dem Koche des Prinzen, sie wolle ihm eine recht gute und geschickte Küchenmagd bringen. Dann zog sie der Prinzessin schlechte Kleider an, verdeckte ihr Kopf und Gesicht mit einem weißen Tuche, so daß sie niemand erkennen konnte, und führte sie ins Schloß. Dort verrichtete die Prinzessin still und fromm die niedrigsten Geschäfte in der Küche. Der Prinz aber war immer sehr traurig, denn auch er hatte vor einiger Zeit von einem reisenden Kaufmann einen Ring erhalten, auf dem eine wunderschöne Jungfrau gemalt war. Er wollte keine andere als diese und konnte sie doch nirgends finden. Eines Tages wurde in der Stadt ein großer Ball gegeben. Der Prinz bestellte beim Koch bloß eine Suppe, die er essen wollte ehe er wegging. Die Schifferin begab sich zur Prinzessin und setzte ihr ausführlich auseinander, wie sie sich zu verhalten habe, was sie denn auch treulich ausführte. Als der Bediente die Suppe hinauftragen wollte, nahm sie dieselbe heimlich fort und trug sie selbst zum Prinzen. Dieser, der sich eben den Rock ausbürstete, wurde böse darüber, daß er von einer so schlechten Magd bedient werden sollte, nahm die Bürste und warf sie nach ihr. Sie aber ging, ohne ein Wort zu sagen, aus dem Zimmer. Dann bat sie, wie ihr die Schifferin geraten, den Koch, ihr zu erlauben, heute Abend dem Balle zuzusehen. Alsdann verschaffte sie sich einen herrlichen Wagen mit vier Pferden, zog eines von ihren drei schönen Kleidern an und fuhr zum Balle. Alles war über ihre Schönheit und Pracht erstaunt. Der Prinz wurde auf einmal ganz fröhlich, als er bemerkte, daß es sich um dieselbe handelte, die er auf seinem Ringe erblickte. Sie aber hatte ihren Ring nicht angesteckt. Nachdem der Prinz sehr viel mit ihr getanzt hatte, fragte er sie zuletzt, woher sie wäre, worauf sie erwiderte, aus Bürstendorf. Da sann er hin und her, aber er kannte kein Dorf dieses Namens. Als sie nach Hause kam, fragte sie der Koch, was sie gesehen habe und sie erzählte ihm, wie der Prinz lustig gewesen sei und viel getanzt habe. Der Koch wunderte sich hierüber sehr, da der Prinz in seinem Leben noch nicht getanzt hatte. Nach einiger Zeit war wieder ein Ball in der Stadt. Da ihm nun die Prinzessin als Magd wieder die von ihm bestellte Suppe brachte, warf er einen Stiefel hinter ihr her. Sie fuhr nun wieder in ihrem zweiten schönen Kleide hin und als der Prinz sie noch einmal nach dem Namen ihres Heimatortes fragte, nannte sie ihn Stiefeldorf. Schließlich gab der Prinz, der sehr neugierig war, ob die Prinzessin wiederkommen würde, selbst einen Ball. Auch diesmal trug sie ihm vorher wieder seine Suppe herauf. Er war eben im Begriffe, seine goldenen Sporen umzuschnallen und warf, als er sie erblickte, einen derselben

nach ihr. Später erschien sie in ihrem dritten prächtigsten
Kleide auf dem Balle. Zuletzt fragte der Prinz wieder, woher
sie sei und erhielt von ihr zur Antwort aus Sporndorf. Das
fiel dem Prinzen endlich auf, denn er hatte schon nach allen
Richtungen vergeblich Boten ausgeschickt, um die Lage der
erwähnten Dörfer festzustellen. Die Prinzessin begab sich
zeitig nach Hause, um ihre Geschäfte in der Küche nicht zu
versäumen. Als der Ball beendet war, sandte der Prinz in die
Küche, das neue Mensch solle zu ihm hinaufkommen und
zog ihr, da sie zu ihm in die Stube trat, schnell das große
weiße Tuch vom Kopfe. Da erkannte er sie. Also du bist es,
liebes Kind, rief er voller Freuden aus, fiel ihr um den Hals
und küßte sie unzähligemale. Nun waren sie alle beide vergnügt,
belohnten die Schifferin sehr reichlich und hielten
miteinander Hochzeit in freudenreichem Schalle.

⟨3⟩

Es war einmal ein Weib, das einen Faulpelz zum Sohne hatte.
Der saß das ganze Jahr auf dem Ofen und fraß alle Tage einen
Topf mit Krautsuppe auf, der so groß war, daß er ihm
bis über die Knien reichte. Als nun der Vater gestorben,
sagte die Mutter: »Faulpelz, rühre dich! denn nun mußt du
mir helfen Brot verdienen. Spanne gleich die Ochsen an den
Wagen und fahre in den Wald um Holz.« Der Faulpelz stieg
vom Ofen herunter, konnte aber die Ochsen nicht einspannen.
Da spannte die Mutter selber an und setzte den Faulpelz
auf den Wagen. Vor dem Walde befand sich ein großer Teich,
durch den ein Damm ging. Als nun der Faulpelz herankam,
lag quer über den Damm ein großer Fisch. Er nahm die Peitsche
und warf den Fisch in den Teich. Da schnalzte dieser im
Wasser mit dem Schwanze und sagte: »Faulpelz, du hast
mich wieder ins Wasser gebracht, zum Danke kannst du dir
wünschen was du willst, und wenn du sagest: Es geschehe
durch den Fisch, so wird es erfüllt werden.« Da sagte der
Faulpelz: »Der Wagen soll durch den Fisch voll Holz sein,«
und sogleich lag eine ganze Fichte auf dem Wagen. Als er
nun damit wieder nach Hause fuhr, sah eben die Prinzessin

oben im Schlosse zum Fenster heraus. Die lachte laut auf, als sie ihn unten fahren sah, und sagte: »Die Leute sprechen immer, der Faulpelz arbeitet nichts, und da fährt er ja wahrhaftig eine ganze Fichte aus dem Walde.« Daß er so ausgelacht wurde, ärgerte den Faulpelz und er sprach: »Ich wünsche, daß die Prinzessin durch den Fisch schwanger wird.« Von diesem Augenblick an wurde die Prinzessin schwanger und gebar nach 9 Monaten einen jungen Prinzen. Alles war erstaunt, denn niemand kannte den Vater. Als das Kind 5 Jahre alt war, war es wunderschön und spielte immer mit einem goldenen Apfel. Da sagte der König: »Ich will alle meine Untertanen zusammenberufen und wem das Kind den Apfel gibt, der ist der Vater.« Vornehme und Niedere kamen herbei und mußten sich stellen, aber der kleine Prinz rollte immerfort den goldenen Apfel in der Stube vor sich her und gab auf keinem acht . . .

⟨4⟩

Ein König hatte drei sehr schöne Töchter, unter denen aber die jüngste, welche Sophie hieß, die beiden anderen an Liebreiz weit übertraf. Die beiden älteren Schwestern waren im Besitz eines Spiegels, den sie immer fragten: »Sag an, du Spiegel an der Wand, welche ist die Schönste in Engelland?« und jedesmal antwortete ihnen der Spiegel: »Ihr zwei seid schön, die Sophie ist jedoch die Schönste in ganz Engelland.« Darüber wurden die beiden Prinzessinnen sehr böse und neidisch und suchten auf alle Weise die jüngste Schwester loszuwerden. An einem schönen Sommertage begaben sie sich mit ihr in den Wald, um Heidelbeeren zu klauben. Als sie draußen waren, hingen sie an einem Aste eine Schnur mit einem Stück Holz auf, das vom Winde immer wieder gegen den Baum geworfen wurde. Dann sagten sie ihrer Schwester: »Wir wollen uns nun alle drei im Walde zerstreuen und wenn es Abend wird, hier, wo das Holz im Winde klappert, zusammenkommen.⟨«⟩ Sophie ging darauf in den Wald, wo sie fleißig Beeren klaubte. Die beiden Schwestern aber begaben sich sogleich nach Hause und ließen sie im Walde allein. Bei einbrechender Dunkelheit traf sie aber doch wieder zu dem Holze und kam glücklich nach Hause. Das ärgerte ihre beiden Schwestern gar sehr und sie führten sie daher den anderen Tag wieder in den Wald. Aber auch diesmal fand sie den Weg zurück. Als sie aber am dritten Tage wieder in die Beeren gegangen waren, konnte Sophie am Abend den rechten Weg nicht mehr finden, sie verirrte sich immer tiefer und fing, da es schon ganz finster geworden war, bitterlich an zu weinen. Auf einmal sah sie von ferne ein Licht schimmern. Sie ging darauf zu und kam endlich an ein kleines, niedriges Häuschen. Da sie, durch das Fenster blickend, am Herde ein altes Mütterchen bemerkte, klopfte sie an. Die Alte machte sogleich auf, freute sich ungemein, ein so schönes Mädchen bei sich zu haben, gab ihr zu essen und trinken und beredete sie, bei ihr zu bleiben. Den anderen Morgen ging die Alte in den Wald hinaus und schärfte der Sophie ein, durchaus niemanden ins Haus zu lassen. Die beiden älteren Prinzessinnen freuten sich sehr, daß ihre Schwester nicht wiedergekommen war, da sie aber den Spiegel befragten und dieser wie sonst antwortete: »Ihr beide seid schön, aber die Sophie ist die Schönste in ganz Engelland« ärgerten sie sich und begaben sich in den Wald, die Sophie aufzusuchen. Endlich kamen sie auch an das Häuschen, klopften an und wollten hinein. Sophie aber erwiderte, daß sie durchaus nicht öffnen dürfe. Darauf sagten sie zu ihr: »Liebste Schwester, du hast gewiß hier in dem schlechten Hause Läuse bekommen, wir wollen dir etwas den Kopf durchsuchen.⟨«⟩ Da Sophie das Fensterchen öffnete und den Kopf herausstreckte, kämmten die Prinzessinnen sie sauber, flochten die Haare, banden die Zöpfe mit einem goldenen Bande zusammen und nahmen alsdann wieder Abschied. Kaum aber hatte Sophie das Fenster geschlossen, so fiel sie wie tot auf den Boden. Gen Abend kam die Alte zurück: »Hui, hui, Sophie« rief sie »mach auf!« Da aber drinnen alles stille blieb, stieg sie durch das Fenster hinein und jammerte sehr, als sie Sophie tot da liegen sah. Trotzdem sie Sophie sogleich auszog und ihr den ganzen Leib mit warmen Wasser wusch, war kein Lebenszeichen zu bemer-

⟨MÄRCHEN⟩

ken. Auf einmal erblickte sie das goldene Band im Haar und zog es schnell heraus, worauf Sophie alsbald wieder lebendig wurde. Die beiden Schwestern hatten das Band vergiftet. Den anderen Tag ging die Alte wieder aus und warnte die Sophie, ihren Schwestern, falls sie wiederkommen sollten, nochmals Gehör zu schenken. Da nun die beiden Prinzessinnen zu Hause den Spiegel befragten und wiederum die Antwort erhielten »Die Sophie ist die Schönste in Engelland« suchten sie nochmals das Häuschen auf und nahmen ein Körbchen voll Äpfel mit. Als Sophie das Fenster nicht aufmachen wollte, baten sie sehr freundlich, sie möchte doch wenigstens einige von den Äpfeln nehmen und da sie selber anfingen, die Äpfel zu verspeisen, konnte Sophie nicht mehr widerstehen, öffnete das Fenster und aß mit. Die Schwestern suchten ihr noch den schönsten Apfel aus und gingen wieder fort. Der Apfel aber war vergiftet. Wie sie die Hälfte davon abbiß, blieb er ihr im Halse stecken und sie fiel tot um. Gegen Abend kam die Alte zurück: »Hui, hui, Sophie, mach auf.« Niemand aber rührte sich. Wiederum stieg sie durchs Fenster und sah Sophie auf dem Boden liegen. Trotzdem sie die Tote wieder sehr fleißig wusch und salbte, war sie diesmal nicht wieder zum Leben zu erwecken. Die Alte warf sich über sie, küßte sie und weinte sehr. Dann ließ sie einen gläsernen Sarg anfertigen, putzte die Tote mit den schönsten Kleidern, legte sie hinein und setzte den Sarg auf zwei hohe Linden, die oben mit den Ästen ineinander gewachsen waren. Einen Kranz von Rosmarin hatte sie ihr in die Haare und einen Strauß davon an die Brust gesteckt. Diese blieben immerfort grün und wuchsen im Sarge fort, auch sie selbst blieb so schön und rot, wie sie im Leben gewesen. Alle Tage fragten nun die beiden Prinzessinnen den Spiegel: »Sag an du Spieglein an der Wand, wer ist die Schönste in Engelland?« worauf der Spiegel jedesmal antwortete: »Sophie war schön, ihr zwei seid die Schönsten in ganz Engelland.« Darüber entstand große Freude. Nach einiger Zeit verirrte sich einmal ein junger Prinz auf der Jagd im Walde. Seine Hunde blieben vor dem Lindenbaume stehen, bellten hinauf und wollten von dem Orte nicht fort. Der Prinz bemerkte nun oben den Sarg und war außer sich vor Freude über die Schönheit der Toten. Er ging sofort in das Häuschen und verlangte von der Alten den Sarg. Diese aber weinte entsetzlich und erwiderte es wäre dies ihre einzige Freude auf der Welt und sie würde sterben, wenn man ihr die schöne Sophie wegnähme. Nachdem ihr versprochen worden war, auch sie mitzunehmen, und immer bei dem Sarge zu belassen, willigte sie endlich ein und der Prinz ließ den Sarg herabholen und auf einen Wagen setzen. Als dieser aber über einige Baumwurzeln hinwegrollte, sprang durch die Erschütterung plötzlich der Apfel aus Sophiens Halse, worauf sie tief aufatmete und die Augen aufschlug. Da fiel ihr der Prinz voller Freude um den Hals, setzte sich zu ihr in den Wagen und hielt Hochzeit mit ihr auf seinem Schlosse. Auf die Frage der beiden Schwestern: »Sag an du Spieglein an der Wand, wer ist die Schönste in Engelland?« antwortete der Spiegel nun wieder: »Ihr beide seid schön, Sophie jedoch ist die Schönste in ganz Engelland.« Die Prinzessinnen wurden hierdurch zornig, warfen den Spiegel auf die Erde und zertraten ihn in kleine Stücke.

⟨5⟩

Ein König war so krank, daß ihm kein Arzt im ganzen Königreiche mehr zu helfen wußte. Da träumte ihm einmal, daß er nicht eher gesund werden würde, bis er den Vogel Venus singen höre. Als er aufwachte, erzählte er allen seinen Traum. Aber da war keiner, der den Vogel Venus kannte, oder wußte, wo er zu finden sei. Der König hatte aber drei Söhne. Der älteste von ihnen sagte: »Ich will in die Welt hinaus und den Venusvogel überall suchen« und trat, nachdem er vom König viel Gold und Silber erhalten hatte, die Reise an. In der nächsten großen Stadt erkundigte er sich nach dem besten Wirtshause und kehrte dort ein. In dem Gasthofe war ein großes Jubeln und Tosen von Spielleuten und schöngeputzten Mädchen, Saufen und Spielen, und da man beim Prinzen viel Geld merkte, hielt man ihn solange auf, bis er seinen letzten Groschen verspielt hatte. Dann ließ ihn der

Wirt, weil er nichts mehr besaß, die Zeche zu bezahlen, in einen tiefen Turm werfen. Da nun der König lange vergebens auf seinen Sohn gewartet hatte und immer kränker wurde, erklärte der zweite Prinz, nun auch auf die Wanderschaft zu gehen und den Vogel Venus aufzusuchen. Auch er erhielt vom Könige Gold in Menge. Er nahm denselben Weg, wie der erste, kehrte ebenfalls in dem Wirtshause ein, verspielte sein ganzes Geld und wurde gleichfalls in einen Turm geworfen. Als auch der zweite nicht wiederkam, machte sich endlich der dritte Prinz auf den Weg. Er kam auch an das Wirtshaus, aber er trank und spielte nicht, achtete auch nicht auf die hübschen Mädchen, sondern sann nur immerfort nach, wohin er sich wenden sollte, um den Vogel zu finden. Vor der Weiterreise sagte ihm der Wirt: »Ihr seid ein recht feiner und kluger junger Herr, daß ihr Euer Geld so wohl zusammenhaltet, erst unlängst waren zwei ebenso junge und reiche Menschen hier, die ich in den Turm geworfen habe, weil sie alles verspielt hatten.« Da verlangte der Prinz die beiden Gefangenen zu sehen und erkannte seine Brüder. Dem Wirt bezahlte er, was sie schuldig waren, machte ihnen Vorwürfe daß sie so unbedachtsam gelebt und wies den Wirt an, ihnen gutes Quartier, aber täglich nur soviel zu verzehren zu geben, als sie notwendig brauchten und sie solange zurückzuhalten, bis er selbst sie abhole. Darauf ritt er in Gottes Namen weiter. In der Vorstadt sah er auf offener Straße eine Leiche auf der Bahre stehen. Er erkundigte sich, was dies zu bedeuten habe und als man ihm mitteilte, daß es hier Gebrauch sei, einen Menschen, der Geld schuldig geblieben, unbegraben zu lassen, bezahlte er sogleich die 200 Rthr., die der Verstorbene schuldig war und ließ ihn auf seine Kosten beerdigen. Darauf kam er in einen großen Wald, wo ein Fuchs am Wege saß. »Wo reitest du denn so voller Gedanken hin,« fragte derselbe den Prinzen. »Ach, mein liebes Füchslein,« erwiderte der Prinz, »was hülfe es mir, wenn ich's dir auch sagte, du könntest mir doch nicht raten.« »Wer weiß,« sagte der Fuchs, »wenn du erlaubst, will ich dich begleiten.« Nachdem sie lange so gereist waren, rief der Fuchs: »Hier in

der Nähe wohnt ein König, der besitzt den Vogel Venus. Gehe um Mitternacht ganz allein ins Schloß, die Wachen werden alle schlafen. Im innersten Gemache wirst du ringsherum an der Wand eine Menge Vögel in schönen Gebauern finden, in der Mitte aber steht der Vogel Venus, der einen so prächtigen Käfig hat, daß die Stäbe desselben einen glänzenden Schein von sich geben. Begeize dich aber ja nicht auf den Käfig, sondern lasse ihn stehen und begnüge dich damit, den Vogel sachte herauszunehmen, sonst wirst du unglücklich.«
Um Mitternacht ging der Prinz aufs Schloß, während der Fuchs die Pferde bewachte. Als er in das erwähnte Gemach trat, war er von der Schönheit des Käfigs ganz geblendet und dachte bei sich: »Die Wachen schlafen alle, ich werde den Käfig schnell forttragen, so hab' ich beides.« Kaum aber hatte er den Käfig in die Hand genommen, so fing der Vogel an, dermaßen zu kreischen und mit den Flügeln zu schlagen, daß die Wächter erwachten, den Prinzen ergriffen und in's Gefängnis warfen. Am zweiten Tage erschien der Fuchs im Turme und sagte: »Sieh'st du, hab' ich nit gesagt, daß es dir schlimm gehen würde, wenn du nicht folgtest. Morgen sollst du gehängt werden, wenn du auf den Richtplatz hinausgeführt wirst, so bitte den Henker, dich noch einmal zum Könige zu führen, da du ihm etwas sehr wichtiges anzuvertrauen hättest. Nur so kannst du dich noch retten.« Das tat denn auch der Prinz am anderen Tage. Auf vieles Bitten führte ihn der Henker noch einmal vor den König, dem er, wie ihn der Fuchs gelehrt, versprach, ihm das Pferd Pontifar zu bringen, wenn er ihm das Leben schenke. Der König war ganz außer sich vor Freude, begnadete den Prinzen und versprach ihm den Vogel Venus samt dem Käfig zum Geschenk zu machen, wenn er ihm das Pferd Pontifar bringe. Als nun der Prinz wieder zum Fuchse in dem Walde kam, fragte er ihn, wo nun aber das Pferd zu finden sei. »Das Pferd Pontifar« erwiderte dieser, »befindet sich wieder bei einem anderen Könige in einem prächtigen Stalle. In einem Kreise um das Pferd herum sitzen die Wächter, von denen jeder einen goldenen Zügel in der Hand hält. Du wirst nun wieder um

Mitternacht, während die Wächter schlafen, allein hingehen. Hüte dich aber, von dem köstlichen Geschirr des Pferdes etwas mitzunehmen, schirr es vielmehr langsam ab und reite auf dem ledigen Pferde davon, sonst wirst du unglücklich.« Wie erstaunte aber der Prinz, als er in der Nacht in den Stall kam. Denn war das Pferd schön, so war doch Sattel und Geschirr, aus Gold und Edelsteinen bestehend, noch weit schöner. Er konnte nicht widerstehen, zog die goldenen Zügel langsam aus den Händen der schlafenden Wächter und schwang sich auf das aufgeputzte Pferd. Kaum aber saß er droben, so wieherte und polterte das Roß derart, daß die Wächter erschreckt auffuhren, den Prinzen herabrissen und ins Gefängnis warfen. Am zweiten Tage erschien der Fuchs wieder im Gefängnisse, schalt ihn aus und gab ihm wieder Ratschläge wie das erstemal. Auf inständiges Bitten wurde der Prinz vom Richtplatze noch einmal vor den König geführt, dem er die Prinzessin Amalia aus dem schwarzen Walde zu verschaffen versprach, wenn er ihm das Leben schenke. Da freute sich der König über alle Maßen, er schenkte ihm nicht nur das Leben, sondern stellte ihm auch noch das Pferd Pontifar nebst Sattel und Zeug in Aussicht, wenn er ihm die Prinzessin bringe. »Mein liebes Füchslein,« sagte der Prinz, als er zurückkam, »wo werden wir nun aber die Prinzessin finden?« »Die Prinzessin Amalia,« erwiderte der Fuchs, »wohnt im schwarzen Walde in einem schwarzen Schlosse, bewacht von zwei Wölfen, zwei Bären und zwei Löwen. Du mußt wieder um Mitternacht bis ins innerste Gemach vordringen. Dort wirst du auf einem Tische eine Menge herrlicher brennender Lampen finden. Hüte dich aber, eine der schönen Lampen anzurühren, nimm vielmehr die schlechteste, die in der Mitte steht und gehe damit hinaus. Du bist verloren, wenn du mir nicht folgst, denn diesmal kann ich dir nicht mehr helfen.« – Beim Schlosse angekommen, ging der Prinz allein hinein. Wölfe, Bären und Löwen schliefen alle. Im innersten Gemache brannten die Lampen in verschiedenen bunten Farben und Scheinen, so daß der ganze Raum mit Glanz erfüllt war. Keine von ihnen rührte

er an, sondern nahm aus der Mitte die schlechteste und ging
mit ihr hinaus. Am Tore wartete seiner schon die Prinzessin
Amalia aus dem schwarzen Walde, die ganz in schwarzem
Flor gekleidet war. Ohne ein Wort zu sprechen, führte sie der
Prinz, wie ihn der Fuchs befohlen, zu den Pferden und ritt
mit ihr zum Schlosse des zweiten Königs zurück. Aus dem
Schloßfenster sah ihnen der König schon entgegen und das
Pferd Pontifar stand bei ihrer Ankunft bereits aufgeputzt am
Tore. Der König war voller Freude, als er die Prinzessin
Amalia erblickte und dankte dem Prinzen außerordentlich.
Dieser bestieg sein Roß, schwang die Prinzessin, die von ihm
nicht lassen wollte, vor sich auf den Sattel und ritt so mit ihr
über alle Berge. Als er zum Schlosse des ersten Königs kam,
stand der Käfig mit dem Vogel bereits auf dem Hofe. Mit
tausend Freuden bestieg der König das Pferd Pontifar. Es
wollte ihn aber nicht dulden und er vermochte es nicht zu
bändigen. Der Prinz erklärte, es im Hofe etwas zureiten zu
wollen, bestieg es, die Prinzessin Amalia, die ihn außerordentlich liebte, gleich auch mit ihm, tummelte das Roß
nach allen Richtungen, ergriff unversehens den Käfig mit
dem Vogel Venus und jagte so mit allem davon. Seine im
Wirtshaus zurückgebliebenen Brüder wunderten sich, als er
dorthin zurückkam, sehr über die mitgebrachten herrlichen
Sachen, verabredeten aus Neid, den Bruder zu erschlagen,
versenkten ihn in einen Graben, ritten mit den Sachen nach
Hause und rühmten sich ihrer Erfolge. Aber die schöne Prinzessin wollte nicht sprechen, das Pferd nicht fressen, der Vogel Venus nicht singen und der alte König blieb daher so
krank, wie er gewesen. Unterdessen lief der Fuchs zu dem
Graben, wo der Prinz lag, zog ihn heraus, wusch ihn mit seinen Pfoten, erweckte ihn zum Leben und sagte zu ihm: »Ich
bin die Seele des Verstorbenen, für den du die Schulden bezahlt hast, meine Schuld habe ich dir nunmehr abgezahlt und
bin erlöst. Gehe du nun zu einem Schäfer, ziehe dessen Kleider an, eile so ins Schloß und gib dich für einen Tierarzt aus.«
Bei diesen Worten verschwand der Fuchs, der Prinz aber
suchte einen Schäfer auf dem Felde auf, wechselte mit ihm

die Kleider und ging alsdann zu seinem Vater. Dort wollte man ihn, weil er so verlumpt aussah, nicht aufnehmen, wurde aber, da er angab, alle Pferde kurieren zu können, in den Stall geführt. Bei seinem Eintritt sah sich das Pferd Pontifar sogleich nach ihm um, wieherte, fraß Hafer aus seinen Händen und wurde ganz munter. Alles war hierüber höchst erstaunt und wollte den Wunderarzt sehen. Als er in die königlichen Gemächer geführt wurde, fiel die stumme Prinzessin Amalia ihm um den Hals, der Vogel Venus begann wunderschön zu singen und der König sprang gesund aus dem Bette. Hierauf zog der Prinz seine schönen Kleider an und erzählte alles. Der alte König war voller Freude und gab eine prächtige Gasterei. Die beiden Brüder, die zur Jagd ausgezogen waren, erstaunten über die Vorkommnisse aufs höchste. Über Tafel fragte sie der König, was wohl jemand verdiene, der seinen Vater belogen und einen Menschen erschlagen habe. Sie antworteten: »Den lichten Galgen.« Der König wollte sie hierauf aufhängen lassen, da der Bruder aber sehr für sie bat, wurden sie in ein Gewölbe gebracht, wo sie zeitlebens in der dicksten Finsternis sitzen mußten. Der jüngste Prinz aber hielt mit der schönen Prinzessin Amalia aus dem schwarzen Walde eine glänzende Hochzeit.

⟨6⟩

Unterdessen hatte auch der König von dem großen Reichtum des Arrendators gehört und fuhr daher hin, um alles selbst in Augenschein zu nehmen. Da führte ihn der Schuster in seinem Hause durch unzählige Keller, die bis zur Decke mit Gold angefüllt waren. Der König war über die Maßen erstaunt, da er sah, daß der Schuster hundertmal reicher war, als er selbst, versprach ihm seine Tochter zur Frau zu geben, ließ ein Bild des Schusters anfertigen und nahm es mit nach Hause. Als er aber der ältesten Tochter mitteilte, was er versprochen und sie auf dem Bilde den gräulichen, über und über beschmutzten Schuster erblickte, lachte sie ihrem Vater ins Gesicht. Darauf wandte sich der König an seine zweite Tochter, aber auch diese wollte durchaus nichts von der Heirat wissen. Die jüngste Prinzessin aber erklärte, den Befehlen ihres Vaters Gehorsam leisten zu wollen. Mittlerweile waren die zwölf Jahre, die der Schuster mit dem Teufel akkordiert hatte, verflossen und er beschloß sich nunmehr um die versprochene Prinzessin zu bewerben. Er ließ sechs prächtige Pferde vor einen goldenen Wagen spannen und fuhr so vor. Als er unterwegs an einem Teiche vorbeifuhr, sprangen plötzlich drei Teufel aus dem Schilfe hervor. »Du Schweinigel,« riefen sie dem Schuster zu, »ist das eine Art, so mit kotigem Gesicht und mit unausgekämmten Haaren um eine Prinzessin zu freien!« Damit rissen sie den Schuster aus dem Wagen, warfen ihn ins Wasser und wuschen und striegelten ihn von oben bis unten. Dann zogen sie ihm prächtige Kleider an und setzten ihn wieder in den Wagen. Der Schuster aber sprach für sich: »Man behauptet immer, der Teufel sei dumm, aber wahrhaftig, er ist klüger als ich,« und war wohl zufrieden. Bei der Ankunft war man über seine Schönheit allgemein erstaunt, denn er war ganz verwandelt. Die jüngste Prinzessin fiel ihm voller Freude um den Hals, die beiden anderen aber erhängten sich aus Neid und Ärgernis. Die Teufel aber verabschiedeten sich für immer von dem Schuster, da sie hier und im Branntweinhause bereits zahlreiche Seelen erobert hatten.

⟨7⟩

Ein römischer Kaiser heiratete einstmals ein sehr schönes, aber ganz armes Fräulein. Darüber wurde seine Mutter, die alte Kaiserin, sehr ergrimmt und suchte daher die junge Frau auf alle Weise anzuschwärzen. Während der Kaiser eben Krieg führte, gebar ihm seine junge Gemahlin zwei Prinzen auf einmal. Die Alte schrieb hierauf ihrem Sohne, daß keine junge Frau, wenn sie züchtig und ehrbar gelebt habe, zum erstenmale Zwillinge gebären könne, er solle sich daher eiligst aufmachen, um die ihm angetane Schande an seiner Frau zu rächen. Der Kaiser kehrte auf diese Nachricht hin schleunigst in seine Residenz zurück, ging sogleich in die Kirche, kniete vor dem Hochaltar nieder und bat Gott für seine Frau.

Das ärgerte die alte Kaiserin entsetzlich, sie beredete daher ihren Kammerdiener, sich bis aufs Hemd auszuziehen und so zu der jungen Kaiserin, die eben schlief, ins Bett zu legen. Dann ging sie zu ihrem Sohne in die Kirche und erzählte ihm, wie schändlich sich seine Frau aufführe und zerrte ihn so lange, bis er ihr endlich in das Schlafgemach der jungen Kaiserin folgte, wo er neben seiner schlafenden Frau den Kammerdiener liegen sah. Da zog der Kaiser sein Schwert und durchbohrte den Diener, daß sein Blut der erschrockenen Kaiserin ins Gesicht spritzte. Sie sollte sogleich mit ihren Kindern lebendig verbrannt werden. Auf dem Richtplatze verhielt sich das dort zusammengelaufene Volk still und traurig, weil alle die junge Kaiserin sehr liebten und keiner von den Richtern wollte das Todesurteil verlesen. Die Verurteilte wandte sich hierauf an ihren Gemahl und sprach: »Weil du mich nicht mehr liebst, lege ich keinen Wert darauf, weiter zu leben, aber die beiden armen Kinder erbarmen mich sehr. Schenke mir ihretwegen das Leben und ich will mit ihnen fortziehen, so weit mich meine Füße tragen.« Der Kaiser ließ sie auf ein Pferd setzen und gab ihr einen großen Mantel mit, in den sie die Kinder einwickelte. Nach langem Ritt kam sie in eine große Wildnis. Auf einer Wiese stieg sie ab, legte die Kinder rechts und links auf dem Mantel in die Sonne und schlief in deren Mitte ein. Bald darauf näherte sich ein Affe, nahm eines der Kinder in seine Arme und trug es unbemerkt in den Wald. Dort sah eine Räuberbande den Affen mit dem Kinde, man jagte ihm nach, nahm ihm das Kind fort und trug es in die nächste Stadt. Einem dort weilenden fremden Kaufmann gefiel der schöne Knabe so, daß er beschloß, ihn seiner Frau mitzubringen. Er kaufte daher den jungen Prinzen von den Räubern, besorgte ihm eine Amme, setzte diese auf eine Eselin und zog alsdann nach Hause, wo das Kind von seiner Frau sehr gut aufgenommen wurde. Bald darauf schlich sich eine Löwin an die Schlafende heran und raubte ihr das zweite Kind, um es ihren Jungen zum Fraß zu geben. Da sie aber eben im Begriff war, es fortzutragen, flog der Vogel Greif heran, ergriff die Löwin samt dem Kinde und flog mit seiner Beute weit übers Meer. Auf einer wüsten Insel wollte sich der Greif niederlassen. Als sie schon ganz niedrig waren, ließ die Löwin das Kind sachte in den Sand fallen, riß sich, sobald sie den Boden erreichte, schnell los und biß den Vogel tot. Dann scharrte sie dem Kinde ein Bett im Sande, säugte es und nährte sich neun Tage lang von dem Fleische des Vogels. Die Kaiserin jammerte und weinte sehr, als sie den Verlust ihrer Kinder bemerkte und irrte solange im Walde umher, bis sie endlich an das Meer kam. Da stand ein Schiff, das eben absegeln wollte. Sie bat die Schiffer, sie mitzunehmen und diese taten es gerne ihrer Schönheit halber. Nach mehrtägiger Fahrt warfen sie an einer wüsten Insel die Anker aus und gingen ans Land, kehrten aber alsbald wieder zurück, weil sie eine Löwin mit einem Kinde erblickt hatten. Über diese Nachricht war die Mutter voller Freuden, eilte nach dem bezeichneten Orte hin und erkannte sofort ihr Kind, das die Löwin sich gutwillig nehmen ließ. Als die Mutter es forttrug, folgte ihr die Löwin wie ein Hund. Die Schiffer fuhren, da sie dieses sahen, aus Furcht, ohne sie schnell in's Meer hinein, ließen aber einen Kahn zurück, den sie mit der Löwin bestieg. So fuhr sie mit dem Kinde an der Brust und die Löwin zu ihren Füßen, so lange auf dem Meere herum, bis sie endlich wieder mit dem Schiff zusammentraf und auf vieles Bitten aufgenommen wurde. Einer von den Seeleuten verliebte sich in sie und schlich in der Nacht in ihre Kammer, um sie zu notzüchtigen, er wurde aber von der Löwin hieran gehindert, die ihn in Stücke zerriß und ins Meer warf. In einer großen Stadt, wo gelandet wurde, begab sich die Kaiserin mit der Löwin, die sie niemals verließ, in ein Hospital. Hier erzog sie ihren Sohn, den man nach der Löwin Löwiath nannte, aufs beste. – Unterdessen war ihr zweiter Sohn, der weit entfernt bei dem Kaufmann sich aufhielt und Josaphat genannt wurde, immer mehr herangewachsen. Weil er sehr stark und stämmig war, sollte er Fleischhacker werden und sein Pflegevater schickte ihn daher mit zwei Ochsen über Land zu einem Meister. Bei der Ankunft redete er diesen sogleich an: »Guten Morgen, Kamerad!« Der Meister aber antwortete zornig: »Du Laffe! kommst eben in die Lehre und nennst mich Kamerad,« wobei er mit der Axt drohte. Da rief Josaphat: »Rühr mich nicht an, oder ich breche dir das Genick,« kehrte zornig mit seinen Ochsen nach Hause zurück und wollte von der Profession nichts mehr wissen. Unterwegs begegnete ihm ein Jäger, der einen Falken auf der Hand trug. Der Vogel gefiel ihm außerordentlich. Er gab dem Jäger seine beiden Ochsen und nahm dafür den Falken mit. Sein Pflegevater, der Kaufmann, war über diesen Handel sehr erzürnt und wollte ihn abprügeln, aber seine Frau verwendete sich sehr für den jungen Josaphat und sagte, daß er gewiß von adeligem Geschlecht und nicht zu niederem Stande geboren sei. Einige Zeit später sandte der Kaufmann den Josaphat mit dreizehn Pfund Silber in die Münze, wo sein rechter Sohn als Geselle arbeitete. Auf dem Wege dorthin begegnete Josaphat einem Reiter, der ein wildes, prächtiges Pferd tummelte. Ganz entzückt von dem schönen Rosse gab er dem Reiter das Silber und ritt nach Hause. Über diesen Streich ergrimmte der Kaufmann sehr, aber seine Frau bat noch einmal für ihn und meinte, man wisse nicht, was aus dem Knaben noch einmal werden könne.

Inzwischen hatten die Türken, dem Könige, in dessen Land der Kaufmann wohnte, den Krieg erklärt und waren bis zu dessen Residenz vorgerückt. Im türkischen Lager befand sich die wunderschöne Tochter des Sultans, welche dieser einem Riesen zur Frau geben wollte, der so stark war, daß er einen gewappneten Ritter samt dem Rosse fortzutragen und vor die Füße der Prinzessin zu werfen vermochte. Von diesem Riesen wurde der König zum Zweikampf herausgefordert. Da war großes Trauern und Wehklagen im ganzen Lande, denn der König war diesem Gegner keineswegs gewachsen. Als Josaphat sah, daß auch sein Pflegevater trauerte, entschloß er sich, selbst hinzugehen und sich für den König zu schlagen. »O du großer Narr,« sagte ihm der Kaufmann, »woher willst du denn eine Rüstung nehmen?« Josaphat riß zwei große Platten aus Blech aus dem Ofen und band sich die eine hinten, die andere vorne hin. »Wo hast du denn aber eine Lanze?« fragte der Kaufmann weiter. Da ging der junge Held in den Hühnerstall und bewaffnete sich mit einer langen Stange. Unter dem Bette zog er ein verrostetes, aber sehr wunderbares und glückseliges Schwert hervor, mit dem schon die Vorfahren des Kaufmannes große Taten verrichtet hatten, schwang sich auf sein schönes Pferd und ritt zur Residenzstadt, wo er mit großen Freuden empfangen wurde. Die ihm vom Könige angebotene prächtige und starke Rüstung verschmähte er und ritt in seinem erstaunlichen Aufzuge auf den Kampfplatz, wo der Riese zu Pferde schon seiner harrte und ihn fragte, ob er der König sei. Josaphat entgegnete ihm: »Hiernach hast du nicht zu fragen, der Schmied hat seine Zange, damit er sich nicht verbrenne und der König seine Ritter.« Mit diesen Worten warf er dem Riesen seine Stange mit solcher Gewalt an den Kopf, daß er rücklings zu Boden sank. Dann sprang Josaphat schnell zu, hieb dem Riesen das Haupt ab, spießte es auf sein Schwert, sprengte ins türkische Lager vor das Zelt der Prinzessin, legte ihr den Kopf zu Füßen und sagte ihr: »Hier hast du den Kopf deines Liebsten.« Die Prinzessin war über die Schönheit des fremden Ritters ebenso erstaunt wie er über die ihrige. – Als er eines Tages nach Rückkehr in die Residenz in Gedanken versunken oben auf dem Walle stand, ging jenseits am grünen Flußufer die Prinzessin mit ihren Hofdamen spazieren. »Glaubt ihr,« sagte sie zu diesen, »daß der junge Ritter dort mir so gewogen ist, daß er gleich zu mir herüberkäme, wenn ich ihm ein Zeichen gäbe.« Da sie sich aber schämte, dies zu tun, winkte eine der Jungfrauen, worauf Josaphat ungesäumt durch den Fluß zu ihr hinüberschwamm. Hier verlangte sie von ihm, daß er sie während der nächsten Schlacht entführe und versprach ihm, ihm überallhin zu folgen. – Es begann nun ein großes Gemetzel, Josaphat benutzte diesen Umstand, ritt in das türkische Lager, entführte seine Prinzessin, überließ sie aber ihrem Schicksal, als die Christen zu weichen anfingen und stürzte sich in das Kampfgewühl. Trotzdem der römische Kaiser und auch andere Fürsten dem Könige zu Hilfe geeilt waren, trugen die Türken den Sieg davon und der König, der römische Kaiser, Josaphat und alle wurden gefangen genommen.

Die Kunde von diesem Unglück war schnell auch in das Land gedrungen, wo die vertriebene Kaiserin mit ihrem zweiten Sohne lebte. Löwiath begab sich mit einer Anzahl Krieger und seiner Löwin sofort auf den Kriegsschauplatz und ritt direkt ins türkische Lager hinein. Da die Löwin alles wütend zerriß, was ihm und seiner Mannschaft noch Widerstand leistete, so waren bald fast alle Türken getötet und die Gefangenen befreit. Der König zog feierlich in seine Residenz ein und veranstaltete eine große Gasterei. Über Tafel fragte Löwiath den römischen Kaiser, aus welchem Grunde er ohne Söhne, die für ihn fechten könnten, in den Krieg zöge, worauf dieser voll Traurigkeit erwiderte, daß er in verhängnisvoller Übereilung seine tugendhafte Gemahlin verstoßen und sich seit dieser Zeit nicht wieder vermählt habe. Da erkannte Löwiath in dem Kaiser seinen Vater. Als dieser seine Frage, ob er seine Gemahlin wiedererkennen würde, bejahte, ließ er schnell seine Mutter herbeiholen. Alle waren voller Freude über die Wiedervereinigung und Josaphat hielt glänzende Hochzeit mit der schönen türkischen Prinzessin. Der römische Kaiser verabschiedete sich hierauf mit seiner Frau und seinen Söhnen von dem Könige und zog mit ihnen in die Heimat. Schon unterwegs hörten sie, daß die alte Kaiserin, die alles Übel verursacht, wahnsinnig geworden sei und sich erhängt habe.

AHNUNG UND GEGENWART

EIN ROMAN

MIT
EINEM VORWORT
VON
DE LA MOTTE FOUQUÉ

VORWORT

Der Verfasser hatte diesen Roman vollendet, ehe noch die Franzosen im letzten Kriege Rußland betraten. Eine notwendig fortlaufende Berührung des Buches mit den öffentlichen Begebenheiten verhinderte damals den Druck desselben. Später faßte die gewaltige Zeit den Dichter selbst, er focht in den Reihen der Vaterlandsretter rühmlich mit, und alle seine Muße, Gedanken und Kräfte wandten sich auf den gemeinschaftlichen Zweck. Nachher meinte er, es seie der Zeitpunkt einer allgemeinen Teilnahme für diesen Roman vielleicht inzwischen verstrichen.

Ich war und bin nicht dieser Meinung; auch schien es mir nicht wohlgetan, die Fäden dieser Geschichte in die neuesten Ereignisse herüber zu spinnen, oder auch prophetische Aussichten auf die erfolgte Weltbefreiung mit Absichtlichkeit darin aufzustellen. Die Ganzheit der so echt lebendigen und wahrhaften Dichtung hätte darunter gelitten; sie wäre nicht geblieben, was sie ist: ein getreues Bild jener gewitterschwülen Zeit, der Erwartung, der Sehnsucht und Verwirrung.

Der Verfasser ging in meine Ansichten ein, und gibt den Roman daher wörtlich und ohne die geringste Änderung so, wie er ihn damals aufgeschrieben hatte. In seinen Mitteilungen hierüber an mich finden sich unter Anderm folgende denkwürdige Worte:

»Es lieben edle Gemüter, sich mitten aus der Freude nach den überstandenen Drangsalen zurückzuwenden, nicht um hochmütig über sich selbst zu erstaunen, wie sie seitdem so Großes vollbracht, sondern um sich noch einmal mit jenem heiligen Zürnen, jenem gerüsteten Ernste der Bedrängnis zu erfüllen, der uns im Glücke eben so not tut, als im Unglück. Diesen weihe ich das Buch als ein Denkmal der schuldgedrückten Vergangenheit.«

»Alle Kräfte, die in uns aufgewacht, schlummerten oder träumten schon damals. Aber Rost frißt das Eisen. Die Sehnsucht hätte sich langsam selbst verzehrt, und die Weisheit nichts ausgesonnen, hätte sich der Herr nicht endlich erbarmt, und in dem Brande von Moskau die Morgenröte eines großen herrlichen Tages der Erlösung angezündet. Und so laßt uns Gott preisen, Jeder nach seiner Art! Ihm gebührt die Ehre, uns ziemet Demut, Wachsamkeit und frommer, treuer Fleiß.«

Diesen Kernworten, wie aus dem Innersten und Besten meiner Seele gesprochen, weiß ich nichts hinzuzufügen, als den herzlichen Wunsch: möchten sie und das ganze jugendlich frische Dichterwerk unsern teuern Landsleuten nach Verdienst lieb werden und bekannt.

Geschrieben
am 6. Januar,   La Motte Fouqué
1815.

ERSTES BUCH

ERSTES KAPITEL

Die Sonne war eben prächtig aufgegangen, da fuhr ein Schiff zwischen den grünen Bergen und Wäldern auf der Donau herunter. Auf dem Schiffe befand sich ein lustiges Häufchen Studenten. Sie begleiteten einige Tagereisen weit den jungen Grafen Friedrich, welcher so eben die Universität verlassen hatte, um sich auf Reisen zu begeben. Einige von ihnen hatten sich auf dem Verdecke auf ihre ausgebreitete Mäntel hingestreckt und würfelten. Andere hatten alle Augenblick neue Burgen zu salutieren, neue Echo's zu versuchen, und waren daher ohne Unterlaß beschäftigt, ihre Gewehre zu laden und abzufeuern. Wieder andere übten ihren Witz an allen, die das Unglück hatten am Ufer vorüberzugehen, und diese aus der Luft gegriffene Unterhaltung endigte dann gewöhnlich mit lustigen Schimpfreden, welche wechselseitig so lange fortgesetzt wurden, bis beide Parteien einander längst nicht mehr verstanden. Mitten unter ihnen stand Graf Friedrich in stiller, beschaulicher Freude. Er war größer als die andern, und zeichnete sich durch ein einfaches, freies, fast altritterliches Ansehen aus. Er selbst sprach wenig, sondern ergötzte sich vielmehr still in sich an den Ausgelassenheiten der lustigen Gesellen; ein gemeiner Menschensinn hätte ihn leicht für einfältig gehalten. Von beiden Seiten sangen die Vögel aus dem Walde, der Widerhall von dem Rufen und Schießen irrte weit in den Bergen umher, ein frischer Wind strich über das Wasser, und so fuhren die Studenten in ihren bunten, phantastischen Trachten wie das Schiff der Argonauten. Und so fahre denn, frische Jugend! Glaube es nicht, daß es einmal anders wird auf Erden. Unsere freudigen Gedanken werden niemals alt und die Jugend ist ewig.

Wer von Regensburg her auf der Donau hinabgefahren ist, der kennt die herrliche Stelle, welche der Wirbel genannt wird. Hohe Bergschluften umgeben den wunderbaren Ort. In der Mitte des Stromes steht ein seltsam geformter Fels, von dem ein hohes Kreuz Trost- und Friedenreich in den Sturz und Streit der empörten Wogen hinabschaut. Kein Mensch ist hier zu sehen, kein Vogel singt, nur der Wald von den Bergen und der furchtbare Kreis, der alles Leben in seinen unergründlichen Schlund hinabzieht, rauschen hier seit Jahrhunderten gleichförmig fort. Der Mund des Wirbels öffnet sich von Zeit zu Zeit dunkelblickend, wie das Auge des Todes. Der Mensch fühlt sich auf einmal verlassen in der Gewalt des feindseligen, unbekannten Elements, und das Kreuz auf dem Felsen tritt hier in seiner heiligsten und größten Bedeutung hervor. Alle wurden bei diesem Anblicke still und atmeten tief über dem Wellenrauschen. Hier bog plötzlich ein anderes fremdes Schiff, das sie lange in weiter Entfernung verfolgt hatte, hinter ihnen um die Felsenecke. Eine hohe, junge, weibliche Gestalt stand ganz vorn auf dem Verdecke und sah unverwandt in den Wirbel hinab. Die Studenten waren von der plötzlichen Erscheinung in dieser dunkelgrünen Öde überrascht und brachen einmütig in ein freudiges Hurra aus, daß es weit an den Bergen hinunterschallte. Da sah das Mädchen auf einmal auf, und ihre Augen begegneten Friedrichs Blicken. Er fuhr innerlichst zusammen. Denn es war, als deckten ihre Blicke plötzlich eine neue Welt von blühender Wunderpracht, uralten Erinnerungen und niegekannten Wünschen in seinem Herzen auf. Er stand lange in ihrem Anblick versunken, und bemerkte kaum, wie indes der Strom nun wieder ruhiger geworden war und zu beiden Seiten schöne Schlösser, Dörfer und Wiesen vorüberflogen, aus denen der Wind das Geläute weidender Herden herüberwehte.

Sie fuhren so eben an einer kleinen Stadt vorüber. Hart am Ufer war eine Promenade mit Alleen. Herren und Damen gingen im Sonntagsputze spazieren, führten einander, lachten, grüßten und verbeugten sich hin und wieder, und eine lustige Musik schallte aus dem bunten, fröhlichen Schwalle. Das Schiff, worauf die schöne Unbekannte stand, folgte unseren Reisenden immerfort in einiger Entfernung nach. Der Strom war hier so breit und spiegelglatt wie ein See. Da ergriff einer von den Studenten seine Guitarre, und sang der Schönen auf dem andern Schiffe drüben lustig zu:

> Die Jäger zieh'n in grünen Wald
> Und Reiter blitzend über's Feld,
> Studenten durch die ganze Welt,
> So weit der blaue Himmel wallt.
>
> Der Frühling ist der Freudensaal,
> Viel tausend Vöglein spielen auf,
> Da schallt's im Wald bergab, bergauf:
> Grüß' dich, mein Schatz, viel tausendmal!

Sie bemerkten wohl, daß die Schöne allezeit zu ihnen herübersah, und alle Herzen und Augen waren wie frische junge Segel nach ihr gerichtet. Das Schiff näherte sich ihnen hier ganz dicht. Wahrhaftig, ein schönes Mädchen! riefen einige, und der Student sang weiter:

> Viel rüst'ge Bursche ritterlich,
> Die fahren hier in Stromes Mitt',
> Wie wilde sie auch stellen sich,
> Trau' mir, mein Kind, und fürcht' dich nit!
>
> Querüber über's Wasser glatt
> Laß werben deine Äugelein,
> Und der dir wohlgefallen hat,
> Der soll dein lieber Buhle sein.

Hier näherten sich wieder die Schiffe einander. Die Schöne saß vorn, wagte es aber in dieser Nähe nicht aufzublicken. Sie hatte das Gesicht auf die andere Seite gewendet, und zeichnete mit ihrem Finger auf dem Boden. Der Wind wehte die Töne zu ihr herüber, und sie verstand wohl alles, als der Student wieder weiter sang:

> Durch Nacht und Nebel schleich' ich sacht',
> Kein Lichtlein brennt, kalt weht der Wind,
> Riegl' auf, riegl' auf bei stiller Nacht,
> Weil wir so jung beisammen sind!
>
> Ade nun, Kind, und nicht geweint!
> Schon gehen Stimmen da und dort,
> Hoch über'n Wald Aurora scheint,
> Und die Studenten reisen fort.

So war es endlich Abend geworden, und die Schiffer lenkten an's Ufer. Alles stieg aus, und begab sich in ein Wirtshaus, das auf einer Anhöhe an der Donau stand. Diesen Ort hatten die Studenten zum Ziele ihrer Begleitung bestimmt. Hier wollten sie morgen früh den Grafen verlassen und wieder zurückreisen. Sie nahmen sogleich Beschlag von einem geräumigen Zimmer, dessen Fenster auf die Donau hinausgingen. Friedrich folgte ihnen erst etwas später von den Schiffen nach. Als er die Stiege hinauf ging, öffnete sich seitwärts eine Türe, und die unbekannte Schöne, die auch hier eingekehrt war, trat eben aus dem erleuchteten Zimmer. Beide schienen über einander erschrocken. Friedrich grüßte sie, sie schlug die Augen nieder und kehrte schnell wieder in das Zimmer zurück.

Unterdes hatten sich die lustigen Gesellen in ihrer Stube schon ausgebreitet. Da lagen Jacken, Hüte, Federbüsche, Tabakspfeifen und blanke Schwerter in der buntesten Verwirrung umher, und die Aufwärterin trat mit heimlicher Furcht unter die wilden Gäste, die halbentkleidet auf Betten, Tischen und Stühlen, wie Soldaten nach einer blutigen Schlacht, gelagert waren. Es wurde bald Wein angeschafft, man setzte sich in die Runde, sang und trank des Grafen Gesundheit. Friedrich'n war heute dabei sonderbar zu Mute. Er war seit mehreren Jahren diese Lebensweise gewohnt, und das Herz war ihm jedesmal aufgegangen, wie diese freie Jugend ihm so keck und mutig in's Gesicht sah. Nun, da er von dem allem auf immer Abschied nehmen sollte, war ihm wie einem, der von einem lustigen Maskenballe auf die Gasse hinaustritt, wo sich alles nüchtern fortbewegt wie vorher. Er schlich sich unbemerkt aus dem Zimmer und trat hinaus auf den Balkon, der von dem Mittelgange des Hauses über die Donau hinausging. Der Gesang der Studenten, zuweilen von dem Geklirre der Hieber unterbrochen, schallte aus den Fenstern, die einen langen Schein in das Tal hinaus warfen. Die Nacht war sehr finster. Als er sich über das Geländer hinauslehnte, glaubte er neben sich atmen zu hören. Er langte nach der Seite hin und ergriff eine kleine, zarte Hand. Er zog den weichen Arm näher an sich, da funkelten ihn zwei Augen durch die Nacht an. Er erkannte an der hohen Gestalt sogleich das schöne Mädchen von dem andern Schiffe. Er stand so dicht vor ihr, daß ihn ihr Atem berührte. Sie litt es gern, daß er sie noch näher an sich zog, und ihre Lippen kamen zusammen. Wie heißen Sie? fragte Friedrich endlich. Rosa, sagte sie leise und bedeckte ihr Gesicht mit beiden Händen. In diesem Augenblicke ging die Stubentür auf, ein verworrener Schwall von Licht, Tabaksdampf und verschiedenen tosenden Stimmen quoll heraus, und das Mädchen war verschwunden, ohne daß Friedrich sie halten konnte.

Erst lange Zeit nachher ging auch er wieder in sein Zimmer zurück. Aber da war indes alles still geworden. Das Licht war bis an den Leuchter ausgebrannt, und warf, manchmal noch aufflackernd, einen flüchtigen Schein über das Zimmer und die Studenten, die zwischen Trümmern von Tabakspfeifen, wie Tote, umherlagen und schliefen. Friedrich machte daher die Türe leise zu, und begab sich wieder auf den Balkon hinaus, wo er die Nacht zuzubringen beschloß. Entzückt in allen seinen Sinnen, schaute er da in die stille Gegend hinaus. Fliegt nur, ihr Wolken, rief er aus, rauscht nur und rührt euch recht, ihr Wälder! Und wenn alles auf Erden schläft, ich bin so wach, daß ich tanzen möchte! Er warf sich auf die steinerne Bank hin, wo das Mädchen gesessen hatte, lehnte die Stirn an's Geländer und sang still in sich verschiedene alte Lieder, und jedes gefiel ihm heut besser und rührte ihn neu. Das Rauschen des Stromes und die ziehenden Wolken schifften in seine fröhlichen Gedanken hinein; im Hause waren längst alle Lichter verlöscht. Die Wellen plätscherten immerfort so einförmig unten an den Steinen, und so schlummerte er endlich träumend ein.

ZWEITES KAPITEL

Als die ersten Strahlen der Sonne in die Fenster schienen, erhob sich ein Student nach dem andern von seinem harten Lager, riß das Fenster auf und dehnte sich in den frischen Morgen hinaus. Auch Friedrich befand sich wieder unter ihnen; denn eine Nachtigall, welche die ganze Nacht unermüdlich vor dem Hause sang, hatte ihn draußen geweckt, und die kühle, der Morgenröte vorausfliegende, Luft in die wärmere Stube getrieben. Singen, Lachen und muntere Reden erfüllten nun bald wieder das Zimmer. Friedrich überdachte seine Begebenheit in der Nacht. Es war ihm, als erwachte er aus einem Rausche, als wäre die schöne Rosa, ihr Kuß und alles nur ein Traum gewesen.

Der Wirt trat mit der Rechnung herein. Wer ist das Frauenzimmer, fragte Friedrich, die gestern Abends mit uns angekommen ist? Ich kenne sie nicht, antwortete der Wirt, aber eine vornehme Dame muß sie sein, denn ein Wagen mit vier Pferden und Bedienten hat sie noch lange vor Tagesanbruch von hier abgeholt. – Friedrich blickte bei diesen Worten durch's offene Fenster auf den Strom und die Berge drüben, welche heute Nacht stille Zeugen seiner Glückseligkeit gewesen waren. Jetzt sah da draußen alles anders aus, und eine unbeschreibliche Bangigkeit flog durch sein Herz.

Die Pferde, welche die Studenten hierher bestellt hatten, um darauf wieder zurückzureiten, harrten ihrer schon seit gestern unten. Auch Friedrich hatte sich ein schönes, munteres Pferd gekauft, auf dem er nun ganz allein seine Reise fortsetzen wollte. Die Reisebündel ⟨wurden⟩ daher nun schnell zusammengeschnürt, die langen Sporen umgeschnallt und alles schwang sich auf die rüstigen Klepper. Die Studenten beschlossen, den Grafen noch eine kleine Strecke landeinwärts zu geleiten, und so ritt denn der ganze bunte Trupp in den heitern Morgen hinein. An einem Kreuzwege hielten sie endlich still und nahmen Abschied. Lebe wohl, sagte einer von den Studenten zu Friedrich'n, du kommst nun in fremde Länder, unter fremde Menschen, und wir sehen einander vielleicht nie mehr wieder. Vergiß uns nicht! Und wenn du einmal auf deinen Schlössern hausest, werde nicht wie alle andere, werde niemals ein trauriger, vornehmer, schmunzelnder, bequemer Philister! Denn, bei meiner Seele, du warst doch der beste und bravste Kerl unter uns allen. Reise mit Gott! Hier schüttelte jeder dem Grafen vom Pferde noch einmal die Hand und sie und Friedrich sprengten dann in entgegengesetzten Richtungen voneinander. Als er so eine Weile fortgeritten war, sah er sie noch einmal, wie sie eben, schon fern, mit ihren bunten Federbüschen über einen Bergrücken fortzogen. Sie sangen ein bekanntes Studentenlied, dessen Schlußchor:

In's Horn, in's Horn, in's Jägerhorn!

der Wind zu ihm herüber brachte. Ade, ihr rüstigen Gesellen, rief er gerührt; Ade, du schöne, freie Zeit! Der herrliche Morgen stand flammend vor ihm. Er gab seinem Pferde die Sporen, um den Tönen zu entkommen, und ritt, daß der frische Wind an seinem Hute pfiff.

Wer Studenten auf ihren Wanderungen sah, wie sie frühmorgens aus dem dunkeln Tore ausziehen und den Hut schwenken in der frischen Luft, wie sie wohlgemut und ohne Sorgen über die grüne Erde reisen, und die unbegrenzten Augen an blauem Himmel, Wald und Fels sich noch erquicken, der mag gern unsern Grafen auf seinem Zuge durch das Gebirge begleiten. Er ritt jetzt langsam weiter. Bauern ackerten, Hirten trieben ihre Herden vorüber. Die Frühlingssonne schien warm über die dampfende Erde, Bäume, Gras und Blumen äugelten dazwischen mit blitzenden Tropfen, unzählige Lerchen schwirrten durch die laue Luft. Ihm war recht innerlichst fröhlich zu Mute. Tausend Erinnerungen, Entwürfe und Hoffnungen zogen wie ein Schattenspiel durch seine bewegte Brust. Das Bild der schönen Rosa stand wieder ganz lebendig in ihm auf, mit aller Farbenpracht des Morgens gemalt und geschmückt. Der Sonnenschein, der laue Wind und Lerchensang verwirrte sich in das Bild, und so entstand in seinem glücklichen Herzen folgendes Liedchen, das er immerfort laut vor sich hersang:

> Grüß' euch aus Herzensgrund:
> Zwei Augen hell und rein,
> Zwei Röslein auf dem Mund,
> Kleid blank aus Sonnenschein!

> Nachtigall klagt und weint,
> Wollüstig rauscht der Hain,
> Alles die Liebste meint:
> Wo weilt sie so allein?

> Weil's draußen finster war,
> Sah ich viel hellern Schein,
> Jetzt ist es licht und klar,
> Ich muß im Dunkeln sein.

> Sonne nicht steigen mag,
> Sieht so verschlafen drein,
> Wünschet den ganzen Tag,
> Daß wieder Nacht möcht' sein.

> Liebe geht durch die Luft,
> Holt fern die Liebste ein;
> Fort über Berg und Kluft!
> Und Sie wird doch noch mein!

Das Liedchen gefiel ihm so wohl, daß er seine Schreibtafel herauszog um es aufzuschreiben. Da er aber die flüchtigen Worte anfing bedächtig aufzuzeichnen und nicht mehr sang, mußte er über sich selber lachen und löschte alles wieder aus.

Der Mittag war unterdes durch die kühlen Waldschluften fast unvermerkt vorübergezogen. Da erblickte Friedrich mit Vergnügen einen hohen, bepflanzten Berg, der ihm als ein berühmter Belustigungsort dieser Gegend anempfohlen worden war. Farbige Lusthäuser blickten von dem schattigen Gipfel ins Tal herab. Rings um den Berg herum wand sich ein Pfad hinauf, auf dem man viele Frauenzimmer mit ihren bunten Tüchern in der Grüne wallfahrten sah. Der Anblick war sehr freundlich und einladend. Friedrich lenkte daher sein Pferd um, und ritt mit dem fröhlichen Zuge hinan, sich erfreuend, wie bei jedem Schritte der Kreis der Aussicht ringsum sich erweiterte. Noch angenehmer wurde er überrascht, als er endlich den Gipfel erreichte. Da war ein weiter, schöner und kühler Rasenplatz. An kleinen Tischchen saßen im Freien verschiedene Gesellschaften umher und speisten in lustigem Gespräch. Kinder spielten auf dem Rasen, ein alter Mann spielte die Harfe und sang. Friedrich ließ sich sein Mittagmahl ganz allein in einem Sommerhäuschen bereiten, das am Abhange des Berges stand. Er machte alle Fenster weit auf, so daß die Luft überall durchstrich, und er von allen Seiten die Landschaft und den blauen Himmel sah. Kühler Wein und hellgeschliffene Gläser blinkten von dem Tische. Er trank seinen fernen Freunden und seiner Rosa in Gedanken zu. Dann stellte er sich an's Fenster. Man sah von dort weit in das Gebirge. Ein Strom ging in der Tiefe, an welchem eine hellglänzende Landstraße hinablief. Die heißen Sonnenstrahlen schillerten über dem Tale, die ganze Gegend lag unten in schwüler Ruhe. Draußen vor der offenen Türe spielte und sang der Harfenist immerfort. Friedrich sah den Wolken nach, die nach jenen Gegenden hinaussegelten, die er selber auch bald begrüßen sollte. O Leben und Reisen, wie bist du schön! rief er freudig, zog dann seinen Diamant vom Finger und zeichnete den Namen

Rosa in die Fensterscheibe. Bald darauf wurde er unten mehrere Reuter gewahr, die auf der Landstraße schnell dem Gebirge zu vorüberflogen. Er verwandte keinen Blick davon. Ein Mädchen hoch und schlank, ritt den andern voraus und sah flüchtig mit den frischen Augen den Berg hinan, gerade auf den Fleck, wo Friedrich stand. Der Berg war hoch, die Entfernung und Schnelligkeit groß; doch glaubte sie Friedrich mit Einem Blicke zu erkennen, es war Rosa. Wie ein plötzlicher Morgenblick blitzte ihm dieser Gedanke fröhlich über die ganze Erde. Er bezahlte eiligst seine Zeche, schwang sich auf sein Pferd, und stolperte so schnell als möglich den sich ewig windenden Bergpfad hinab; seine Blicke und Gedanken flogen wie Adler von der Höhe voraus. Als er sich endlich bis auf die Straße hinausgearbeitet hatte und freier Atem schöpfte, war die Reuterin schon nicht mehr zu sehen. Er setzte die Sporen tapfer ein und sprengte weiter fort. Ein Weg ging links von der Straße ab in den Wald hinein. Er erkannte an der frischen Spur der Rosseshufe, daß ihn die Reuter eingeschlagen hatten. Er folgte ihm daher auch. Als er aber eine große Strecke so fortgeritten war, teilten sich auf einmal wieder drei Wege nach verschiedenen Richtungen und keine Spur war weiter auf dem härteren Boden zu bemerken. Fluchend und lachend zugleich vor Ungeduld, blieb er nun hier eine Weile stillstehen, wählte dann gelassener den Pfad, der ihm der anmutigste dünkte, und zog langsam weiter.

Der Wald wurde indes immer dunkler und dichter, der Pfad enger und wilder. Er kam endlich an einen dunkelgrünen, kühlen Platz, der rings von Felsen und hohen Bäumen umgeben war. Der einsame Ort gefiel ihm so wohl, daß er vom Pferde stieg, um hier etwas auszuruhen. Er streichelte ihm den gebogenen Hals, zäumte es ab und ließ es frei weiden. Er selbst legte sich auf den Rücken und sah dem Wolkenzuge zu. Die Sonne neigte sich schon und funkelte schräge durch die dunkeln Wipfeln, die sich leiserauschend hin und her bewegten. Unzählige Waldvögel zwitscherten in lustiger Verwirrung durcheinander. Er war so müde, er konnte sich nicht halten, die Augen sanken ihm zu. Mitten im Schlummer kam es ihm manchmal vor, als höre er Hörner aus der Ferne. Er hörte den Klang oft ganz deutlich und näher, aber er konnte sich nicht besinnen und schlummerte immer wieder von neuem ein.

Als er endlich erwachte, erschrak er nicht wenig, da es schon finstere Nacht und alles um ihn her still und öde war. Er sprang erstaunt auf. Da hörte er über sich auf dem Felsen zwei Männerstimmen, die ganz in der Nähe schienen. Er rief sie an, aber niemand gab Antwort und alles war auf einmal wieder still. Nun nahm er sein Pferd beim Zügel und setzte so seine Reise auf gut Glück weiter fort. Mit Mühe arbeitete er sich durch die Rabennacht des Waldes hindurch und kam endlich auf einen weiten und freien Bergrücken, der nur mit kleinem Gesträuch bewachsen war. Der Mond schien sehr hell, und der plötzliche Anblick des freien, grenzenlosen Himmels erfreute und stärkte recht sein Herz. Die Ebne mußte sehr hoch liegen, denn er sah ringsumher eine dunkle Runde von Bergen unter sich ruhen. Von der einen Seite kam der einförmige Schlag von Eisenhämmern aus der Ferne herüber. Er nahm daher seine Richtung dorthin. Sein und seines Pferdes Schatten, wie er so fortschritt, strichen wie dunkle Riesen über die Heide vor ihm her und das Pferd fuhr oft schnaubend und sträubig zusammen. So, sagte Friedrich, dessen Herz recht weit und vergnügt war, so muß vor vielen hundert Jahren den Rittern zu Mute gewesen sein, wenn sie bei stiller, nächtlicher Weile über diese Berge zogen und auf Ruhm und große Taten sannen. So voll adeliger Gedanken und Gesinnungen mag mancher auf diese Wälder und Berge hinuntergesehen haben, die noch immer dastehen, wie damals. Was müh'n wir uns doch ab in unseren besten Jahren, lernen, polieren und feilen, um uns zu rechten Leuten zu machen, als fürchteten oder schämten wir uns vor uns selbst, und wollten uns daher hinter Geschicklichkeiten verbergen und zerstreuen, anstatt daß es darauf ankäme, sich innerlichst nur recht zusammenzunehmen zu hohen Entschließungen und einem tugendhaften Wandel. Denn wahrhaftig, ein ruhiges, tapferes, tüchtiges und ritterliches Leben ist jetzt jedem Manne, wie damals, vonnöten. Jedes Weltkind sollte wenigstens jeden Monat Eine Nacht im Freien einsam durchwachen, um einmal seine eitlen Mühen und Künste abzustreifen und sich im Glauben zu stärken und zu erbauen. Wie bin ich so fröhlich und erquickt! Gebe mir Gott nur die Gnade, daß dieser Arm einmal was Rechtes in der Welt vollbringe!

Unter solchen Gedanken schritt er immer fort. Der Fußsteg hatte sich indes immer mehr und mehr gesenkt, und er erblickte endlich ein Licht, das aus dem Tale heraufschimmerte. Er eilte darauf los und kam an eine elende, einsame Waldschenke. Er sah durch das kleine Fenster in die Stube hinein. Da saß ein Haufen zerlumpter Kerls mit bärtigen Spitzbubengesichtern um einen Tisch und trank. In allen Winkeln standen Gewehre angelehnt. An dem hellen Kaminfeuer, das einen gräßlichen Schein über den Menschenklumpen warf, saß ein altes Weib gebückt, und zerrte, wie es schien, blutige Därme an den Flammen auseinander. Ein Grausen überfiel den Grafen bei dem scheußlichen Anblick, er setzte sich rasch auf sein Pferd und sprengte querfeldein.

Das Rauschen und Klappen einer Wassermühle bestimmte seine Richtung. Ein ungeheurer Hund empfing ihn dort an dem Hofe der Mühle. Friedrich und sein Pferd waren zu ermattet, um noch weiter zu reisen. Er pochte daher an die Haustüre. Eine rauhe Stimme antwortete von innen, bald darauf ging die Türe auf, und ein langer, hagerer Mann trat heraus. Er sah Friedrich'n, der ihn um Herberge bat, von oben bis unten an, nahm dann sein Pferd und führte es stillschweigend nach dem Stalle. Friedrich ging nun in die Stube hinein. Ein Frauenzimmer stand drinnen und pickte Feuer. Er bemerkte bei den Blitzen der Funken ein junges und schönes Mädchengesicht. Als sie das Licht angezündet hatte, betrachtete sie den Grafen mit einem freudigen Erstaunen, das ihr fast den Atem zu verhalten schien. Darauf ergriff sie das Licht und führte ihn, ohne ein Wort zu sagen, die Stiege hinauf in ein geräumiges Zimmer mit mehreren

Betten. Sie war barfuß und Friedrich bemerkte, als sie so vor ihm herging, daß sie nur im Hemde war und den Busen fast ganz bloß hatte. Er ärgerte sich über die Frechheit bei solcher zarten Jugend. Als sie oben in der Stube waren, blieb das Mädchen stehen und sah den Grafen furchtsam an. Er hielt sie für ein verliebtes Ding. Geh, sagte er gutmütig, geh schlafen, liebes Kind. Sie sah sich nach der Türe um, dann wieder nach Friedrich'n. Ach, Gott! sagte sie endlich, legte die Hand aufs Herz und ging zaudernd fort. Friedrich'n kam ihr Benehmen sehr sonderbar vor, denn es war ihm nicht entgangen, daß sie beim Hinausgehen an allen Gliedern zitterte.

Mitternacht war schon vorbei. Friedrich war überwacht und von den verschiedenen Begegnissen viel zu sehr aufgeregt, um schlafen zu können. Er setzte sich an's offene Fenster. Das Wasser rauschte unten über ein Wehr. Der Mond blickte seltsam und unheimlich aus dunkeln Wolken, die schnell über den Himmel flogen. Er sang:

> Er reitet Nachts auf einem braunen Roß,
> Er reitet vorüber an manchem Schloß:
> Schlaf' droben, mein Kind, bis der Tag erscheint,
> Die finstre Nacht ist des Menschen Feind!

> Er reitet vorüber an einem Teich,
> Da stehet ein schönes Mädchen bleich
> Und singt, ihr Hemdlein flattert im Wind,
> Vorüber, vorüber, mir graut vor dem Kind!

> Er reitet vorüber an einem Fluß,
> Da ruft ihm der Wassermann seinen Gruß,
> Taucht wieder unter dann mit Gesaus,
> Und stille wird's über dem kühlen Haus.

> Wann Tag und Nacht in verworrenem Streit,
> Schon Hähne krähen in Dörfern weit,
> Da schauert sein Roß und wühlet hinab,
> Scharret ihm schnaubend sein eigenes Grab.

Er mochte ohngefähr eine Stunde so gesessen haben, als der
große Hund unten im Hofe ein Paarmal anschlug. Bald darauf kam es ihm vor, als hörte er draußen mehrere Stimmen.
Er horchte hinaus, aber alles war wieder still. Eine Unruhe
bemächtigte sich seiner, er stand vom Fenster auf, untersuchte seine geladenen Taschenpistolen und legte seinen Reisesäbel auf den Tisch. In diesem Augenblicke ging auch die
Türe auf, und mehrere wilde Männer traten herein. Sie blieben erschrocken stehen, da sie den Grafen wach fanden. Er
erkannte sogleich die fürchterlichen Gesichter aus der Waldschenke und seinen Hauswirt, den langen Müller, mitten unter ihnen. Dieser faßte sich zuerst und drückte unversehens
eine Pistol nach ihm ab. Die Kugel prellte neben seinem
Kopfe an die Mauer. Falsch gezielt, heimtückischer Hund!
schrie der Graf außer sich vor Zorn und schoß den Kerl
durch's Hirn. Darauf ergriff er seinen Säbel, stürzte sich in
den Haufen hinein und warf die Räuber, rechts und links mit
in die Augen gedrücktem Hute um sich herumhauend, die
Stiege hinunter. Mitten in dem Gemetzel glaubte er das
schöne Müllermädchen wieder zu sehen. Sie hatte selber ein
Schwert in der Hand, mit dem sie sich hochherzig, den Grafen verteidigend, zwischen die Verräter warf. Unten an der
Stiege endlich, da alles, was noch laufen konnte, Reißaus genommen hatte, sank er, von vielen Wunden und Blutverluste
ermattet, ohne Bewußtsein nieder.

DRITTES KAPITEL

Als Friedrich wieder das erstemal die Augen aufschlug und
mit gesunden Sinnen in der Welt umherschauen konnte, erblickte er sich in einem unbekannten, schönen und reichen
Zimmer. Die Morgensonne schien auf die seidenen Vorhänge seines Bettes; sein Kopf war verbunden. Zu den Füßen des Bettes kniete ein schöner Knabe, der den Kopf auf
beide Arme an das Bett gelehnt hatte und schlief.

Friedrich wußte sich in diese Verwandlungen nicht zu finden. Er sann nach, was mit ihm vorgegangen war. Aber nur die fürchterliche Nacht in der Waldmühle mit ihren Mordgesichtern stand lebhaft vor ihm, alles übrige schien wie ein schwerer Traum. Verschiedene fremde Gestalten aus dieser letzten Zeit waren ihm wohl dunkel erinnerlich, aber er konnte keine unterscheiden. Nur eine einzige ungewisse Vorstellung blieb ihm lieblich getreu. Es war ihm nämlich immer vorgekommen, als hätte sich ein wunderschönes Engelsbild über ihn geneigt, so daß ihn die langen, reichen Locken rings umgaben, und die Worte, die es sprach, flogen wie Musik über ihn weg.

Da er sich nun recht leicht und neugestärkt spürte, stieg er aus dem Bette und trat ans Fenster. Er sah da, daß er sich in einem großen Schlosse befand. Unten lag ein schöner Garten; alles war noch still, nur Vögel flatterten auf den einsamen, kühlen Gängen, der Morgen war überaus heiter.

Der Knabe an dem Bette war indes auch aufgewacht. Gott sei Dank! rief er aus Herzensgrunde, als er die Augen aufschlug und den Grafen aufgestanden und munter erblickte. Friedrich glaubte, sein Gesicht zu kennen, doch konnte er sich durchaus nicht besinnen, wo er es gesehen hatte. Wo bin ich? fragte er endlich erstaunt. Gott sei Dank! wiederholte der Knabe nur, und sah ihn mit seinen großen, fröhlichen Augen noch immer unverwandt an, als könnte er sich gar nicht in die Freude finden, ihn wirklich wieder hergestellt zu sehen. Friedrich drang nun in ihn, ihm den Zusammenhang dieser ganzen seltsamen Begebenheit zu entwirren. Der Knabe besann sich einen Augenblick und erzählte dann: Gestern früh, da ich eben in den Wald ging, sah ich dich blutig und ohne Leben am Wege liegen. Das Blut floß über den Kopf, ich verband die Wunde mit meinem Tuche so gut ich konnte. Aber das Blut drang durch und floß immerfort, und ich versuchte alles vergebens, um es zu stillen. Ich lief und rief nun in meiner Angst rings im Walde umher und betete und weinte dann wieder dazwischen, da ich mir gar nicht mehr zu helfen wußte. Da kam auf einmal ein Wagen die Straße gefahren. Eine Dame erblickte uns aus demselben und ließ sogleich stillhalten. Die Bedienten verbanden die Wunde sehr geschickt. Die Dame schien sehr verwundert und erschrocken über den Umstand. Darauf nahm sie uns beide mit in den Wagen und führte uns hierher auf ihr Schloß. Die Gräfin hat beinahe die ganze Nacht hindurch hier am Bette gewacht. – Friedrich dachte an das Engelsbild, das sich wie im Traume über sein Gesicht geneigt hatte, und war noch verwirrter, als vorher. – Aber wer bist denn du? fragte er darauf den Knaben wieder. Ich habe keine Eltern mehr, antwortete dieser, und schlug verwirrt die Augen nieder, ich ging eben über Land, um Dienste zu suchen. Friedrich faßte den Furchtsamen bei beiden Händen: willst du bei mir bleiben? Ewig, mein Herr! sagte der Knabe mit auffallender Heftigkeit.

Friedrich kleidete sich nun völlig an und verließ seine Stube, um sich hier umzusehen und über sein Verhältnis in diesem Schlosse auf irgend eine Art Gewißheit zu erlangen. Er erstaunte über das Altfränkische der Bauart und der Einrichtung. Die Gänge waren gewölbt, die Fenster in der dicken, dunkeln Mauer alle oben in einen Bogen zugespitzt und mit kleinen, runden Scheiben versehen. Wunderschöne Bilder von Glas füllten oben die Fensterbogen, die von der Morgensonne in den buntesten Farben brannten. Alles im ganzen Hause war still. Er sah zum Fenster hinaus. Das alte Schloß stand von dieser Seite an dem Abhange eines hohen Berges, der, so wie das Tal, unten mit Schwarzwald bedeckt war, aus welchem die Klänge einsamer Holzhauer heraufschallten. Gleich am Fenster über der schwindlichten Tiefe war ein Ritter, der sein Schwert in den gefalteten Händen hielt, in Riesengröße, wie der steinerne Roland, in die Mauer gehauen. Friedrich glaubte jeden Augenblick, das Burgfräulein, den hohen Spitzenkragen um das schöne Gesicht, werde in einem der Gänge heraufkommen. In der sonderbarsten Laune ging er nun die Stiege hinab und über eine Zugbrücke in den Garten hinaus.

Hier standen auf einem weiten Platze die sonderbarsten, fremden Blumenarten in phantastischem Schmucke. Künstliche Brunnen sprangen, im Morgenscheine funkelnd, kühle hin und wieder. Dazwischen sah man Pfauen in der Grüne weiden und stolz ihre tausendfarbigen Räder schlagen. Im Hintergrunde saß ein Storch auf einem Beine und sah melankolisch in die weite Gegend hinaus. Als sich Friedrich an dem Anblicke, den der frische Morgen prächtig machte, so ergötzte, erblickte er in einiger Entfernung vor sich einen Mann, der hinter einem Spaliere an einem Tischchen saß, das voll Papiere lag. Er schrieb, blickte manchmal in die Gegend hinaus, und schrieb dann wieder emsig fort. Friedrich wollte ausweichen, um ihn nicht zu stören, aber es war nur der einzige Weg und der Unbekannte hatte ihn auch schon erblickt. Er ging daher auf ihn zu und grüßte ihn. Der Schreiber mochte eine lange Unterhaltung befürchten. Ich kenne Sie wahrhaftig nicht, sagte er halb ärgerlich, halb lachend, aber wenn Sie selbst Alexander der Große wären, so müßt' ich Sie für jetzt nur bitten, mir aus der Sonne zu gehen. Friedrich verwunderte sich höchlichst über diesen unhöflichen Diogenes und ließ den wunderlichen Gesellen sitzen, der sogleich wieder anfing zu schreiben.

Er kam nun an den Ausgang des Gartens, an den ein lustiges Wäldchen von Laubholz stieß. An dem Saume des Waldes stand ein Jägerhaus, das ringsum mit Hirschgeweihen ausgeziert war. Auf einer kleinen Wiese, welche vor dem Hause mitten zwischen dem Walde lag, saß ein schönes, kaum fünfzehnjähriges Mädchen auf einem, wie es schien, so eben erlegtem Rehe, streichelte das tote Tierchen und sang:

> Wär' ich ein muntres Hirschlein schlank,
> Wollt' ich im grünen Walde geh'n,
> Spazieren geh'n bei Hörnerklang,
> Nach meinem Liebsten mich umseh'n.

Ein junger Jäger, der seitwärts an einem Baume gelehnt stand und ihren Gesang mit dem Waldhorne begleitete, antwortete ihr sogleich nach derselben Melodie:

Nach meiner Liebsten mich umseh'n
Tu' ich wohl, zieh' ich früh von hier,
Doch Sie mag niemals zu mir geh'n
Im dunkelgrünen Waldrevier.

5 Sie sang weiter:

> Im dunkelgrünen Waldrevier,
> Da blitzt der Liebste rosenrot,
> Gefällt so sehr dem armen Tier,
> Das Hirschlein wünscht, es läge tot.

10 Der Jäger antwortete wieder:

> Und wär' das schöne Hirschlein tot,
> So möcht' ich länger jagen nicht;
> Scheint über'n Wald der Morgen rot:
> Hüt', schönes Hirschlein, hüte dich!

15 *Sie.*
Hüt' schönes Hirschlein, hüte dich!
Spricht 's Hirschlein selbst in seinem Sinn,
Wie soll ich, soll ich hüten mich,
Wenn ich so sehr verliebet bin?

20 *Er.*
Weil ich so sehr verliebet bin,
Wollt' ich das Hirschlein, schön und wild,
Aufsuchen tief im Walde d'rin
Und streicheln, bis es stille hielt.

25 *Sie.*
Ja, streicheln bis es stille hielt,
Falsch locken so in Stall und Haus!
Zum Wald' springt 's Hirschlein frei und wild
Und lacht verliebte Narren aus.

Hiebei sprang sie von ihrem Rehe auf, denn Pferde, Hunde, Jäger und Waldhornsklänge stürzten auf einmal mit einem verworrenen Getöse aus dem Walde heraus und verbreiteten sich bunt über die Wiese. Ein sehr schöner, junger Mann in Jägerkleidung, und das Halstuch in einer unordentlichen Schleife herabhängend, schwang sich vom Pferde und eine Menge großer Hunde sprangen von allen Seiten freundlich an ihm herauf. Friedrich erstaunte beim ersten Blick über die große Ähnlichkeit, die derselbe mit einem ältern Bruder hatte, den er seit seiner Kindheit nicht mehr gesehen, nur daß der Unbekannte hier frischer und freudiger anzusehen war. Dieser kam sogleich auf ihn zu. Es freut mich, sagte er, Sie so munter wieder zu finden. Meine Schwester hat Sie unterwegs in einem schlimmen Zustande getroffen und gestern Abends zu mir auf mein Schloß gebracht. Sie ist heute noch vor Tagesanbruch wieder fort. Lassen Sie es sich bei uns gefallen, Sie werden lustige Leute finden. Während ihm nun Friedrich eben noch für seine Güte dankte, brachte auf einmal der Wind aus dem Garten oben mehrere Blätter Papier, die hoch über ihre Köpfe weg nach einem nahe gelegenen Wasser zuflatterten. Hinterdrein hörte man von oben eine Stimme: halt, halt, halt auf! rufen, und der Mensch, den Friedrich im Garten schreibend angetroffen hatte, kam eilends nachgelaufen. Leontin, so hieß der junge Graf, dem dieses Schloß gehörte, legte schnell seine Büchse an und schoß das unbändige Papier aus der Luft herab. Das ist doch dumm, sagte der Nachsetzende, der unterdes atemlos angelangt war, da er die Blätter, auf welche Verse geschrieben waren, von den Schroten ganz durchlöchert erblickte. Das schöne Mädchen, das vorher auf der Wiese gesungen hatte, stand hinter ihm und kickerte. Er drehte sich geschwind herum und wollte sie küssen, aber sie entsprang in das Jägerhaus und guckte lachend hinter der halbgeöffneten Türe hervor. Das ist der Dichter Faber, sagte Leontin, dem Grafen den Nachsetzenden vorstellend. Friedrich erschrak recht über den Namen. Er hatte viel von Faber gelesen; manches hatte ihm gar nicht gefallen, vieles andere aber wieder so ergriffen, daß er oft nicht begreifen konnte, wie derselbe Mensch so etwas Schönes erfinden könne. Und nun, da der wunderbare Mensch leibhaftig vor ihm stand, betrachtete er ihn mit allen Sinnen, als wollte er alle die Gedichte von ihm, die ihm am besten gefallen, in seinem Gesichte ablesen. Aber da war keine Spur davon zu finden.

Friedrich hatte sich ihn ganz anders vorgestellt, und hätte viel darum gegeben, wenn es Leontin gewesen wäre, bei dessen lebendigem, erquicklichen Wesen ihm das Herz aufging. Herr Faber erzählte nun lachend, wie ihn Friedrich in seiner Werkstatt überrascht habe. Da sind Sie schön angekommen, sagte Leontin zu Friedrich'n, denn da sitzt Herr Faber wie die Löwin über ihren Jungen, und schlägt grimmig um sich. – So sollte jeder Dichter dichten, meinte Friedrich, am frühen Morgen, unter freiem Himmel, in einer schönen Gegend. Da ist die Seele rüstig, und so wie dann die Bäume rauschen, die Vögel singen und der Jäger vor Lust in sein Horn stößt, so muß der Dichter dichten. – Sie sind ein Naturalist in der Poesie, entgegnete Faber mit einer etwas zweideutigen Miene. – Ich wünschte, fiel ihm Leontin ins Wort, Sie ritten lieber alle Morgen mit mir auf die Jagd, lieber Faber. Der Morgen glüht Sie wie eine reizende Geliebte an, und Sie klecken ihr mit Dinte in das schöne Gesicht. Faber lachte, zog eine kleine Flöte hervor und fing an darauf zu blasen. Friedrich fand ihn in diesem Augenblicke sehr liebenswürdig.

Leontin trug dem Grafen an, mit ihm zu seiner Schwester hinüberzureiten, wenn er sich schon stark genug dazu fühlte. Friedrich willigte mit Freuden ein, und bald darauf saßen beide zu Pferde. Die Gegend war sehr heiter. Sie ritten eben über einen weiten grünen Anger. Friedrich fühlte sich bei dem schönen Morgen recht in allen Sinnen genesen, und freute sich über den anmutigen Leontin, wie das Pferd unter ihm mit gebogenem Halse über die Ebne hintanzte. Meine Schwester, sagte Leontin unterweges, und sah den Grafen mit verstecktem Lachen immerfort an, meine Schwester ist viel älter als ich, und, ich muß es nur im Voraus sagen, recht häßlich. So! sagte Friedrich, langsam und gedehnt, denn er hatte heimlich andere Erwartungen und Hoffnungen gehegt. Er schwieg darauf still; Leontin lachte und pfiff ein lustiges Liedchen. Endlich sah man ein schönes, neues Schloß sich aus einem großen Park luftig erheben. Es war das Schloß von Leontins Schwester.

Sie stiegen unten am Eingange des Parkes ab und gingen zu Fuß hinauf. Der Garten war ganz im neuesten Geschmacke angelegt. Kleine, sich schlängelnde Gänge, dichte Gebüsche von ausländischen Sträuchern, dazwischen leichte Brücken von weißem Birkenholze luftig geschwungen, waren recht artig anzuschauen. Zwischen mehreren schlanken Säulen traten sie in das Schloß. Es war ein großes, gemaltes Zimmer mit hellglänzendem Fußboden; ein krystallener Luster hing an der Decke und Ottomannen von reichen Stoffen standen an den Wänden umher. Durch die hohe Glastüre übersah man den Garten. Niemand, da es noch früh, war in der ganzen Reihe von prachtvollen Gemächern, die sich an dieses anschlossen, zu sehen. Die Morgensonne, die durch die Glastüre schien, erfüllte das schöne Zimmer mit einem geheimnisvollen Helldunkel und beleuchtete eben eine Guitarre, die in der Mitte auf einem Tischchen lag. Leontin nahm dieselbe und begab sich damit wieder hinaus. Friedrich blieb in der Tür stehen, während Leontin sich draußen unter die Fenster stellte, in die Saiten griff und sang:

> Frühmorgens durch die Winde kühl
> Zwei Ritter hergeritten sind,
> Im Garten klingt ihr Saitenspiel,
> Wach' auf, wach' auf, mein schönes Kind!
>
> Ringsum viel' Schlösser schimmernd steh'n,
> So silbern geht der Ströme Lauf,
> Hoch, weit rings Lerchenlieder weh'n,
> Schließ' Fenster, Herz und Äuglein auf!

Friedrich war gar nicht begierig, die alte Schöne kennen zu

lernen, und blieb ruhig in der Türe stehen. Da hörte er oben ein Fenster sich öffnen. Guten Morgen, lieber Bruder! sagte eine liebliche Stimme. Leontin sang:

> So wie du bist, verschlafen heiß,
> Laß allen Putz und Zier zu Haus,
> Tritt nur herfür im Hemdlein weiß,
> Siehst so gar schön verliebet aus.

Wenn du so garstig singst, sagte oben die liebliche Stimme, so leg' ich mich gleich wieder schlafen. Friedrich erblickte einen schneeweißen, vollen Arm im Fenster und Leontin sang wieder:

> Ich hab' einen Fremden wohl bei mir,
> Der lauert unten auf der Wacht,
> Der bittet schön dich um Quartier,
> Verschlafnes Kind, nimm dich in Acht!

Friedrich trat nun aus seinem Hinterhalte hervor und sah mit Erstaunen – seine Rosa im Fenster. Sie war in einem leichten Nachtkleide und dehnte sich eben mit aufgehobenen Armen in den frischen Morgen hinaus. Als sie so unverhofft Friedrich'n erblickte, ließ sie mit einem Schrei die Arme sinken, schlug das Fenster zu und war verschwunden.

Leontin ging nun fort, um ein neues Pferd der Schwester im Hofe herumzutummeln und Friedrich blieb allein im Garten zurück.

Bald darauf kam die Gräfin Rosa in einem weißen Morgenkleide herab. Sie hieß den Grafen mit einer Scham willkommen, die ihr unwiderstehlich schön stand. Lange, dunkle Locken fielen zu beiden Seiten bis auf die Schultern und den blendendweißen Busen hinab. Die schönste Reihe von Zähnen sah man manchmal zwischen den vollen roten Lippen hervorschimmern. Sie atmete noch warm von der Nacht; es war die prächtigste Schönheit, die Friedrich jemals gesehen hatte. Sie gingen nebeneinander in den Garten hinein.

Der Morgen blitzte herrlich über die ganze Gegend, aus allen
Zweigen jubelten unzählige Vögel. Sie setzten sich in einer
dichten Laube auf eine Rasenbank. Friedrich dankte ihr für
ihr hülfreiches Mitleid und sprach dann von seiner schönen
Donau-Reise. Die Gräfin saß, während er davon erzählte,
beschämt und still, hatte die langen Augenwimper niedergeschlagen, und wagte kaum zu atmen. Als er endlich auch
seiner Wunde erwähnte, schlug sie auf einmal die großen
schönen Augen auf, um die Wunde zu betrachten. Ihre Augen, Locken und Busen kamen ihm dabei so nahe, daß sich
ihre Lippen fast berührten. Er küßte sie auf den roten Mund
und sie gab ihm den Kuß wieder. Da nahm er sie in beide
Arme und küßte sie unzähligemal und alle Freuden der Welt
verwirrten sich in diesen einen Augenblick, der niemals zum
zweitenmale wiederkehrt. Rosa machte sich endlich los,
sprang auf und lief nach dem Schlosse zu. Leontin kam ihr
eben von der anderen Seite entgegen, sie rannte in der Verwirrung gerade in seine ausgebreiteten Arme hinein. Er gab
ihr schnell einen Kuß und kam zu Friedrich'n, um mit ihm
wieder nach Hause zu reiten.

Als Friedrich wieder draußen im Freien zu Pferde saß, besann er sich erst recht auf sein ganzes Glück. Mit unbe-
schreiblichem Entzücken betrachtete er Himmel und Erde,
die im reichsten Morgenschmucke vor ihm lagen. Sie ist
mein! rief er immerfort still in sich, sie ist mein! Leontin wiederholte lachend die Beschreibung von der Häßlichkeit seiner Schwester, die er vorhin beim Herritt dem Grafen gemacht hatte, jagte dann weit voraus, setzte mit bewunderungswürdiger Leichtigkeit und Kühnheit über Zäune und
Gräben und trieb allerlei Schwänke.

Als sie bei Leontins Schlosse ankamen, hörten sie schon
von ferne ein unbegreifliches, verworrenes Getös. Ein Waldhorn raste in den unbändigsten, falschesten Tönen, dazwischen hörte man eine Stimme, die unaufhörlich fortschimpf-
te. Da hat gewiß wieder Faber was angestellt, sagte Leontin.
Und es fand sich wirklich so. Herr Faber hatte sich nämlich in
ihrer Abwesenheit niedergesetzt, um ein Waldhornecho zu

dichten. Zum Unglück fiel es zu gleicher Zeit einem von Leontins Jägern ein, nicht weit davon wirklich auf dem Waldhorn zu blasen. Faber störte die nahe Musik, er rief daher ungeduldig dem Jäger zu, stille zu sein. Dieser aber, der sich, wie fast alle Leute Leontins, über Herrn Faber von jeher ärgerte, weil er immer mit der Feder hinter'm Ohr so erbärmlich aussah, gehorchte nicht. Da sprang Faber auf und überhäufte ihn mit Schimpfreden. Der Jäger, um ihn zu übertäuben, schüttelte nun statt aller Antwort einen ganzen Schwall von verworrenen und falschen Tönen aus seinem Horne, während Faber, im Gesichte überrot vor Zorn, vor ihm stand und gestikulierte. Als der Jäger jetzt seinen Herrn erblickte, endigte er seinen Spaß und ging fort. Faber'n aber hatte indes, so boshaft er auch aussah, schon längst der Zorn verlassen; denn es waren ihm mitten in der Wut eine Menge witziger Schimpfwörter und komischer Grobheiten in den Sinn gekommen, und er schimpfte tapfer fort, ohne mehr an den Jäger zu denken, und brach endlich in ein lautes Gelächter aus, in das Leontin und Friedrich von Herzen mit einstimmten.

Am Abend saßen Leontin, Friedrich und Faber zusammen an einem Feldtische auf der Wiese am Jägerhause und aßen und tranken. Das Abendrot schaute glühend durch die Wipfel des Tannenwaldes, welcher die Wiese ringsumher einschloß. Der Wein erweiterte ihre Herzen und sie waren alle drei wie alte Bekannte mit einander. Das ist wohl ein rechtes Dichterleben, Herr Faber, sagte Friedrich vergnügt. – Immer doch, hub Faber ziemlich pathetisch an, höre ich das Leben und Dichten verwechseln. – Aber, aber, bester Herr Faber, fiel ihm Leontin schnell ins Wort, dem jeder ernsthafte Diskurs über Poesie die Brust zusammenschnürte, weil er selber nie ein Urteil hatte. Er pflegte daher immer mit Witzen, Radottements, dazwischen zu fahren, und fuhr auch jetzt, geschwind unterbrechend, fort: Ihr verwechselt mit euren Wortwechseleien alles so, daß man am Ende seiner selbst nicht sicher bleibt. Glaubte ich doch einmal in allem Ernste, ich sei die Weltseele, und wußte vor lauter Welt nicht, ob ich eine Seele hatte oder umgekehrt. Das Leben aber, mein bester Herr Faber, mit seinen bunten Bildern, verhält sich zum Dichter, wie ein unübersehbar weitläufiges Hyerogliphenbuch von einer unbekannten, lange untergegangenen Ursprache zum Leser. Da sitzen von Ewigkeit zu Ewigkeit die redlichsten, gutmütigsten Weltnarren, die Dichter, und lesen und lesen. Aber die alten, wunderbaren Worte der Zeichen sind unbekannt und der Wind weht die Blätter des großen Buches so schnell und verworren durcheinander, daß einem die Augen übergeh'n. – Friedrich sah Leontin groß an, es war etwas in seinen Worten, das ihn ernsthaft machte. Faber aber, dem Leontin zu schnell gesprochen zu haben schien, spann gelassen seinen vorigen Diskurs wieder an: Ihr haltet das Dichten für eine gar so leichte Sache, weil es flüchtig aus der Feder fließt, aber keiner bedenkt, wie das Kind, vielleicht vor vielen Jahren schon in Lust empfangen, dann wie in Mutterleibe mit Freuden und Schmerzen ernährt und gebildet wird, ehe es aus seinem stillen Hause das fröhliche Licht des Tages begrüßt. – Das ist ein langweiliges Kind, unterbrach ihn Leontin munter, wäre ich so eine schwangere Frau, als Sie da sagen, da lacht' ich mich gewiß, wie Philine, vor dem Spiegel über mich selber zu Tode, eh' ich mit dem ersten Verse niederkäme. – Hier erblickte er ein Paket Papiere, das aus Fabers Rocktasche hervorragte; eines davon war: »an die Deutschen,« überschrieben. Er bat ihn, es ihnen vorzulesen. Faber zog es heraus und las es. Das Gedicht enthielt die Herausforderung eines bis zum Tode verwundeten Ritters an alle Feinde der deutschen Ehre. Leontin sowohl als Friedrich erstaunten über die Gediegenheit und männliche Tiefe der Romanze und fühlten sich wahrhaft erbaut. Wer sollte es glauben, sagte Leontin, daß Herr Faber diese Romanze zu eben der Zeit verfertiget hat, als er Reißaus nahm, um nicht mit gegen die Franzosen zu Felde zieh'n zu dürfen. Faber nahm darauf ein anderes Blatt zur Hand und las ihnen ein Gedicht vor, in welchem er sich selber mit höchst komischer Laune in diesem seinen feigherzigen Widerspruche darstellte, worin aber mitten durch die lustigen Scherze ein tiefer

Ernst wie mit großen, frommen Augen ruhend und ergreifend hindurchschaute. Friedrich'n ging jeder Vers dieses Gedichtes schneidend durch's Herz. Jetzt wurde es ihm auf einmal klar, warum ihm so viele Stellen und Einrichtungen in Fabers Schriften durchaus fremd blieben und mißfielen. –

Dem einen ist zu tun, zu schreiben mir gegeben,

sagte Faber, als er ausgelesen hatte. Poetisch sein und Poet sein, fuhr er fort, das sind zwei sehr verschiedene Dinge, man mag dagegen sagen, was man will. Bei dem letzteren ist, wie selbst unser großer Meister Göthe eingesteht, immer etwas Taschenspielerei, Seiltänzerei u. s. w. mit im Spiele. – Das ist nicht so, sagte Friedrich ernst und sicher, und wäre es, so möchte ich niemals dichten. Wie wollt ihr, daß die Menschen eure Werke hochachten, sich daran erquicken und erbauen sollen, wenn ihr euch selber nicht glaubt, was ihr schreibt, und durch schöne Worte und künstliche Gedanken Gott und Menschen zu überlisten trachtet? Das ist ein eitles, nichtsnutziges Spiel, und es hilft euch doch nichts, denn es ist nichts groß, als was aus einem einfältigen Herzen kommt. Das heißt recht dem Teufel der Gemeinheit, der immer in der Menge wach und auf der Lauer ist, den Dolch selbst in die Hand geben gegen die göttliche Poesie. Wo soll die rechte, schlichte Sitte, das treue Tun, das schöne Lieben, die deutsche Ehre und alle die alte herrliche Schönheit sich hinflüchten, wenn es ihre angebornen Ritter, die Dichter, nicht wahrhaft ehrlich, aufrichtig und ritterlich mit ihr meinen? Bis in den Tod verhaßt sind mir besonders jene ewigen Klagen, die mit weinerlichen Sonetten die alte schöne Zeit zurückwinseln wollen, und, wie ein Strohfeuer, weder die Schlechten verbrennen, noch die Guten erleuchten und erwärmen. Denn wie wenigen möchte doch das Herz zerspringen, wenn alles so dumm geht, und habe ich nicht den Mut, besser zu sein, als meine Zeit, so mag ich zerknirscht das Schimpfen lassen, denn keine Zeit ist durchaus schlecht. Die heiligen Märtyrer, wie sie, laut ihren Erlöser bekennend, mit aufgehobenen Armen in die Todesflammen sprangen – das sind des Dichters echte Brüder und er soll eben so fürstlich denken von sich, denn so wie sie den ewigen Geist Gottes auf Erden durch Taten ausdrückten, so soll er ihn aufrichtig in einer verwitterten, feindseligen Zeit durch rechte Worte und göttliche Erfindungen verkünden und verherrlichen. Die Menge, nur auf weltliche Dinge erpicht, zerstreut und träge, sitzt gebückt und blind draußen im warmen Sonnenscheine und langt rührend nach dem ewigen Lichte, das sie niemals erblickt. Der Dichter hat einsam die schönen Augen offen; mit Demut und Freudigkeit betrachtet er, selber erstaunt, Himmel und Erde, und das Herz geht ihm auf bei der überschwenglichen Aussicht, und so besingt er die Welt, die, wie Memnons Bild, voll stummer Bedeutung, nur dann durch und durch erklingt, wenn sie die Aurora eines dichterischen Gemütes mit ihren verwandten Strahlen berührt. – Leontin fiel hier dem Grafen freudig um den Hals. – Schön, besonders zuletzt sehr schön gesagt, sagte Faber, und drückte ihm herzlich die Hand. Sie meinen es doch alle beide nicht so, wie ich, fühlte und dachte Friedrich betrübt.

Es war unterdes schon dunkel geworden und der Abendstern funkelte vom heiteren Himmel über den Wald herüber. Da wurde ihr Gespräch auf eine lustige Art unterbrochen. Die kleine Marie, die am Morgen mit dem Jäger auf der Wiese gesungen, hatte sich nämlich als Jägerbursche angezogen. Die Jäger jagten sie auf der Wiese herum, sie ließ sich aber nicht erhaschen, weil sie, wie sie sagte, nach Tabaksrauch röchen. Wie ein gescheuchtes Reh kam sie endlich an dem Tische vorüber. Leontin fing sie auf und setzte sie vor sich auf seinen Schoß. Er strich ihr die Haare aus den munteren Augen und gab ihr aus seinem Glase zu trinken. Sie trank viel und wurde bald ungewöhnlich beredt, daß sich alle über ihre liebenswürdige Lebhaftigkeit erfreuten. Leontin fing an, von ihrer Schlafkammer zu sprechen und andere leichtfertige Reden vorzubringen und als er sie endlich auch küßte, umklammerte sie mit beiden Armen heftig seinen Hals. Friedrich'n schmerzte das ganze lose Spiel, so sehr es auch

Faber'n gefiel, und er sprach laut von Verführen. Marie hüpfte von Leontins Schoß, wünschte allen mit verschmitzten Augen eine gute Nacht und sprang fort ins Jägerhaus. Leontin reichte Friedrich'n lächelnd die Hand und alle drei schieden von einander, um sich zur Ruhe zu begeben. Faber sagte im Weggehen: seine Seele sei heut so wach, daß er noch tief in die Nacht hinein an einem angefangenen, großen Gedichte fortarbeiten wolle.

Als Friedrich in sein Schlafzimmer kam, stellte er sich noch eine Weile ans offene Fenster. Von der andern Seite des Schlosses schimmerte aus Fabers Zimmer ein einsames Licht in die stille Gegend hinaus. Fabers Fleiß rührte den Grafen, und er kam ihm in diesem Augenblicke als ein höheres Wesen vor. Es ist wohl groß, sagte er, so mit göttlichen Gedanken über dem weiten, stillen Kreis der Erde zu schweben. Wache, sinne und bilde nur fleißig fort, fröhliche Seele, wenn alle die anderen Menschen schlafen! Gott ist mit dir in deiner Einsamkeit und Er weiß es allein, was ein Dichter treulich will, wenn auch kein Mensch sich um dich bekümmert. Der Mond stand eben über dem altertümlichen Turme des Schlosses, unten lag der schwarze Waldgrund in stummer Ruhe. Die Fenster gingen nach der Gegend hinaus, wo die Gräfin Rosa hinter dem Walde wohnte. Friedrich hatte Leontins Guitarre mit hinaufgenommen. Er nahm sie in den Arm und sang:

>Die Welt ruht still im Hafen,
>Mein Liebchen, gute Nacht!
>Wann Wald und Berge schlafen,
>Treu' Liebe einsam wacht.

>Ich bin so wach und lustig,
>Die Seele ist so licht,
>Und eh' ich liebt', da wußt' ich
>Von solcher Freude nicht.

>Ich fühl' mich so befreiet
>Von eitlem Trieb und Streit,

Nichts mehr das Herz zerstreuet
In seiner Fröhlichkeit.

Mir ist, als müßt' ich singen
So recht aus tiefster Lust
Von wunderbaren Dingen,
Was niemand sonst bewußt.

O könnt' ich alles sagen!
O wär' ich recht geschickt!
So muß ich still ertragen,
Was mich so hoch beglückt.

VIERTES KAPITEL

Friedrich gab Leontins Bitten, noch länger auf seinem Schlosse zu verweilen, gern nach. Leontin hatte nach seiner raschen, fröhlichen Art bald eine wahre Freundschaft zu ihm gefaßt, und sie verabredeten miteinander, einen Streifzug durch das nahe Gebirge zu machen, das manches Sehenswerte enthielt. Die Ausführung dieses Planes blieb indes von Tage zu Tage verschoben. Bald war das Wetter zu nebligt, bald waren die Pferde nicht zu entbehren oder sonst etwas Notwendiges zu verrichten, und sie mußten sich am Ende selber eingestehen, daß es ihnen beiden eigentlich schwer fiel, sich, auch nur auf wenige Tage, von ihrer hiesigen Nachbarschaft zu trennen. Leontin hatte hier seine eignen Geheimnisse. Er ritt oft ganz abgelegene Wege in den Wald hinein, wo er nicht selten halbe Tage lang ausblieb. Niemand wußte, was er dort vorhabe, und er selber sprach nie davon. Friedrich dagegen besuchte Rosa fast täglich. Drüben in ihrem schönen Garten hatte die Liebe ihr tausendfarbiges Zelt aufgeschlagen, ihre wunderreichen Fernen ausgespannt, ihre Regenbogen und goldenen Brücken durch die blaue Luft geschwungen, und rings die Berge und Wälder, wie einen Zauberkreis, um ihr morgenrotes Reich gezogen. Er war unaussprechlich glücklich. Leontin begleitete ihn sehr selten, weil ihm, wie er immer zu sagen pflegte, seine Schwester wie ein gemalter Frühling vorkäme. Friedrich glaubte von jeher bemerkt zu haben, daß Leontin bei aller seiner Lebhaftigkeit doch eigentlich kalt sei, und dachte dabei: was hilft dir der schönste gemalte oder natürliche Frühling! Aus dir selber muß doch die Sonne das Bild bescheinen, um es zu beleben.

Zu Hause auf Leontins Schlosse wurde Friedrichs poetischer Rausch durch nichts gestört; denn was hier Faber Herrliches ersann und fleißig aufschrieb, suchte Leontin auf seine freie, wunderliche Weise in's Leben einzuführen. Seine Leute mochten alle fortleben, wie es ihnen ihr frischer, guter Sinn eingab; das Waldhorn irrte fast Tag und Nacht in dem Walde hin und her, dazwischen spukte die eben erwachende Sinnlichkeit der kleinen Marie wie ein reizender Kobold, und so machte dieser seltsame, bunte Haushalt diesen ganzen Aufenthalt zu einer wahren Feenburg. Mitten in dem schönen Feste blieb nur ein einziges Wesen einsam und Anteillos. Das war Erwin, der schöne Knabe, der mit Friedrich auf das Schloß gekommen war. Er war allen unbegreiflich. Sein einziges Ziel und Augenmerk schien es, seinen Herrn, den Grafen Friedrich, zu bedienen, welches er bis zur geringsten Kleinigkeit aufmerksam, emsig und gewissenhaft tat. Sonst mischte er sich in keine Geschäfte oder Lust der anderen, erschien zerstreut, immer fremd, verschlossen und fast hart, so lieblich weich auch seine helle Stimme klang. Nur manchmal bei Veranlassungen, die oft allen gleichgültig waren, sprach er auf einmal viel und bewegt, und jedem fiel dann sein schönes, seelenvolles Gesicht auf. Unter seine Seltsamkeiten gehörte auch, daß er niemals zu bewegen war, eine Nacht in der Stube zuzubringen. Wenn alles im Schlosse schlief und draußen die Sterne am Himmel prangten, ging er vielmehr mit der Guitarre aus, setzte sich gewöhnlich auf die alte Schloßmauer über dem Waldgrunde und übte sich dort heimlich auf dem Instrumente. Wie oft, wenn Friedrich manchmal in der Nacht erwachte, brachte der Wind einzelne Töne seines Gesanges über den stillen Hof zu ihm herüber, oder er fand ihn frühmorgens auf der Mauer über der Guitarre eingeschlafen. Leontin nannte den Knaben eine wunderbare Laute aus alter Zeit, die jetzt niemand mehr zu spielen verstehe.

Eines Abends, da Leontin wieder auf einem seiner geheimnisvollen Ausflüge ungewöhnlich lange ausblieb, saßen Friedrich und Faber, der sich nach geschehener Tagesarbeit einen fröhlichen Feierabend nicht nehmen ließ, auf der Wiese um den runden Tisch. Der Mond stand schon über dem dunkeln Turme des Schlosses. Da hörten sie plötzlich ein Geräusch durch das Dickicht brechen und Leontin stürzte auf seinem Pferde, wie ein gejagtes Wild, aus dem Walde hervor. Totenbleich, atemlos, und hin und wieder von den Ästen blutig gerissen, kam er sogleich zu ihnen an den Tisch und trank hastig mehrere Gläser Wein nacheinander aus. Friedrich'n erschütterte die schöne, wüste Gestalt. Leontin lachte laut auf, da er bemerkte, daß ihn alle so verwundert ansahen. Faber drang neugierig in ihn, ihnen zu erzählen, was ihm begegnet sei. Er erzählte aber nichts, sondern sagte statt aller Antwort: Ich reise fort in's Gebirge, wollt ihr mit? – Faber sagte überrascht und unentschlossen, daß ihm jetzt jede Störung unwillkommen sei, da er so eben an dem angefangenen großen Gedichte arbeite, schlug aber endlich ein. Friedrich schwieg still. Leontin, der ihm wohl ansah, was er meine, entband ihn seines alten Versprechens ihn zu begleiten; er mußte ihm aber dagegen geloben, ihn auf seinem Schlosse zu erwarten. Sie blieben nun noch einige Zeit beieinander. Aber Leontin blieb nachdenklich und still. Seine beiden Gäste begaben sich daher bald zur Ruhe, ohne zu wissen, was sie von seiner Veränderung und raschem Entschlusse denken sollten. Noch im Weggeh'n hörten sie ihn singen:

> Hinaus, o Mensch, weit in die Welt,
> Bangt dir das Herz in krankem Mut!
> Nichts ist so trüb in Nacht gestellt,
> Der Morgen leicht macht's wieder gut.

Am Morgen frühzeitig blickte Friedrich aus seinem Fenster.

Da sah er Leontin schon unten auf der Waldstraße auf das Schloß seiner Schwester zureiten. Er eilte schnell hinab und ritt ihm nach.

Als er auf Rosa's Schlosse ankam, fand er Leontin im Garten in einem lauten Wortwechsel mit seiner Schwester. Leontin war nämlich hergekommen, um Abschied von ihr zu nehmen. Rosa hatte aber kaum von seinem Vorhaben gehört, als sie sogleich mit aller Heftigkeit den Gedanken ergriff mitzureisen. Das laß ich wohl bleiben, sagte Leontin, da schnüre ich noch heut mein Bündel und reit' euch ganz allein davon. Ich will eben als ein Verzweifelter weit in die Welt hinaus, will mich, wie Don Quixote, im Gebirge auf den Kopf stellen und einmal recht verrückt sein, und da fällt's euch gerade ein, hinter mir drein zu zotteln, als reisten wir nach Karlsbad oder Pyrmont, um mich jedesmal fein natürlich wieder auf die Beine zu bringen und zurecht zu rücken. Kommt mir doch jetzt meine ganze Reise vor, wie eine Armee, wo man vorn blitzende Schwerter und wehende Fahnen, hinterdrein aber einen langen Schwanz von Wägen und Weibern sieht, die auf alten Stühlen, Betten und anderem Hausgerät sitzen und plaudern, kochen, handeln und zanken, als wäre da vorn eben alles nichts, daß einem alle Lust zur Courage vergeht. Wahrhaftig, wenn du mitziehst, meine weltliche Rosa, so lasse ich das ganze herrliche, tausendfarbige Rad meiner Reisevorsätze fallen, wie der Pfau, wenn er seine prosaischen Füße besieht. – Rosa, die kein Wort von allem verstanden hatte, was ihr Bruder gesagt, ließ sich nichts ausreden, sondern beharrte ruhig und fest ⟨bei⟩ ihrem Entschlusse, denn sie gefiel sich schon im Voraus zu sehr als Amazone zu Pferde und freute sich auf neue Spektakel. Friedrich, der eben hier dazu kam, schüttelte den Kopf über ihr hartes Köpfchen, das ihm unter allen Untugenden der Mädchen die unleidlichste war. Noch tiefer aber schmerzte ihn ihre Hartnäckigkeit, da sie doch wußte, daß er nicht mitreise, daß er es nur um Ihretwillen ausgeschlagen habe, und ihn wandelte heimlich die Lust an, selber allein in alle Welt zu gehen. Leontin, der, wie auf etwas sinnend, unterdes die beiden verliebten Gesichter angesehen hatte, lachte auf einmal auf. Nein, rief er, wahrhaftig, der Spaß ist so größer! Rosa, du sollst mitreisen, und Faber und Marie und Erwin und Haus und Hof. Wir wollen sanft über die grünen Hügel wallen, wie Schäfer, die Jäger sollen die ungeschlachten Hörner zu Hause lassen und Flöte blasen. Ich will mit bloßem Halse geh'n, die Haare blond färben und ringeln, ich will zahm sein, auf den Zehen gehen und immer mit zugespitztem Munde leise lispeln: o teuerste, schöne Seele, o mein Leben, o mein Schaf! Ihr sollt sehen, ich will mich bemühen, recht mit Anstand lustig zu sein. Dem Herrn Faber wollen wir einen Strohhut mit Lilabänder auf das dicke Gesicht setzen und einen langen Stab in die Hand geben, er soll den Zug anführen. Wir andern werden uns zuweilen zum Spaß im grünen Haine verirren, und dann über unser hartes Trennungslos aus unseren spaßhaften Schmerzen ernsthafte Sonette machen. – Rosa, die von allem wieder nur gehört hatte, daß sie mitreisen dürfe, fiel hier ihrem Bruder unterbrechend um den Hals und tat so schön in ihrer Freude, daß Friedrich wieder ganz mit ihr ausgesöhnt war. Es wurde nun verabredet, daß sie sich noch heute Abend auf Leontins Schlosse einfinden sollen, damit sie alle Morgen frühzeitig aufbrechen könnten, und sie sprang fröhlich fort, um ihre Anstalten zu treffen.

Als Friedrich und Leontin wieder nach Hause kamen, begann letzterer, der seinen gestrigen Schreck fast schon ganz wieder vergessen zu haben schien, sogleich mit vieler Lustigkeit zusammenzurufen, Befehle auszuteilen und überall Alarm zu schlagen, um, wie er sagte, das Zigeunerleben bald von allen Seiten aufzurühren. Rosa traf, wie sie es versprochen hatte, gegen Abend ein und fand auf der Wiese bei Mondenschein bereits alles in der buntesten Bewegung. Die Jäger putzten singend ihre Büchsen und Sattelzeug, andere versuchten ihre Hörner, Faber band ganze Ballen Papier zusammen, die kleine Marie sprang zwischen allen leichtfertig herum.

Alle begaben sich heute etwas früher als gewöhnlich zur Ruhe. Als Friedrich eben einschlummerte, hörte er draußen

einige volle Akkorde auf der Laute anschlagen. Bald darauf
vernahm er Erwins Stimme. Das Lied, das er sang, rührte
ihn wunderbar, denn es war eine alte, einfache Melodie, die
er in seiner Kindheit sehr oft, und seitdem niemals wieder
gehört hatte. Er sprang erstaunt an's Fenster, aber Erwin
hatte so eben wieder aufgehört. Das Licht aus Rosa's Schlafzimmer am anderen Flügel des Schlosses war erloschen, der
Wind drehte knarrend die Wetterfahne auf dem Turme, der
Mond schien außerordentlich hell. Friedrich sah Erwin wieder wie sonst mit der Guitarre auf der Mauer sitzen. Bald
darauf hörte er den Knaben sprechen; eine durchaus unbekannte, männliche Stimme schien ihm von Zeit zu Zeit Antwort zu geben. Friedrich verdoppelte seine Aufmerksamkeit, aber er konnte nichts verstehen, auch sah er niemand
außer Erwin. Nur manchmal kam es ihm vor, als lange ein
langer Arm über die Mauer herüber nach dem Knaben. Zuletzt sah er einen Schatten von dem Knaben fort längst der
Mauer hinuntergehen. Der Schatten wuchs beim Mondenschein mit jedem Schritte immer höher und länger, bis er sich
endlich in Riesengröße in den Wald hinein verlor. Friedrich
lehnte sich ganz zum Fenster hinaus, aber er konnte nichts
unterscheiden. Erwin sprach nun auch nicht mehr und die
ganze Gegend war totenstill. Ein Schauer überlief ihn dabei.
Sollte diese Erscheinung, dachte er, Zusammenhang haben
mit Leontins Begebenheiten? Weiß vielleicht dieser Knabe
um seine Geheimnisse? Ihm fiel dabei ein, daß sich sein ganzes Gesicht lebhaft verändert hatte, als Faber heute noch einmal Leontins gestrigen unbekannten Begegnisses erwähnte.
Beinahe hätte er alles für einen überwachten Traum gehalten,
so seltsam kam es ihm vor, und er schlief endlich mit sonderbaren und abenteuerlichen Gedanken ein.

FÜNFTES KAPITEL

Als draußen Berg und Tal wieder licht waren, war der ganze
bunte Trupp schon eine Stunde weit von Leontins Schlosse

ERSTES BUCH · 5. KAPITEL

entfernt. Der sonderbare Zug gewährte einen lustigen Anblick. Leontin ritt ein unbändiges Pferd allen voraus. Er war leicht und nachlässig angezogen, und seine ganze Gestalt hatte etwas Ausländisches. Friedrich sah durchaus deutsch aus. Faber dagegen machte den allerseltsamsten und abenteuerlichsten Aufzug. Er hatte einen runden Hut mit ungeheuer breiten Krempen, der ihn, wie ein Schirm, gegen die Sonne und Regen zugleich schützen sollte. An seiner Seite hing eine dickangeschwollene Tasche mit Schreibtafeln, Büchern und anderem Reisegerät herab. Er war wie ein fahrender Skolast anzusehen. Rosa ritt mitten unter ihnen ein schönes, frommes Pferd auf einem weiblichen englischen Sattel. Ein langes grünes Reitkleid, von einem goldenen Gürtel zusammengehalten, schmiegte sich an ihre vollen Glieder, ein blendendweißer Spitzkragen umschloß das schöne Köpfchen, von dem hohe Federn in die Morgenluft nickten. Zu ihrer Begleitung hatte man die kleine Marie bestimmt, die ihr als Jägerknabe folgte. Auch Erwin ritt mit und hatte die Guitarre an einem himmelblauen Bande umgehangen. Hinterdrein kamen mehrere Jäger mit wohlbepackten Pferden.

Sie zogen eben über einen freien Bergrücken weg. Die Morgensonne funkelte ihnen fröhlich entgegen. Rosa blickte Friedrich aus ihren großen Augen so frisch und freudig an, daß es ihm durch die Seele ging. Als sie auf den Gipfel kamen, lag auf einmal ein unübersehbar weites Tal im Morgenschimmer unter ihnen. Viktoria! rief Leontin fröhlich und schwang seinen Hut. Es geht doch nichts über's Reisen, wenn man nicht dahin oder dorthin reist, sondern in die weite Welt hinein, wie es Gott gefällt! Wie uns aus Wäldern, Bergen, aus blühenden Mädchengesichtern, die von lichten Schlössern grüßen, aus Strömen und alten Burgen das noch unbekannte, überschwengliche Leben ernst und fröhlich ansieht! – Das Reisen, sagte Faber, ist dem Leben vergleichsam. Das Leben der Meisten ist eine immerwährende Geschäftsreise vom Buttermarkt zum Käsemarkt; das Leben der Poetischen dagegen ein freies, unendliches Reisen nach dem Himmelreich. – Leontin, dessen Widerspruchsgeist Faber jederzeit unwiderstehlich anregte, sagte darauf: Diese reisenden Poetischen sind wieder den Paradiesvögeln zu vergleichen, von denen man fälschlich glaubt, daß sie keine Füße haben. Sie müssen doch auch herunter und in Wirtshäusern einkehren, und Vettern und Basen besuchen, und, was sie sich auch für Zeug einbilden, das Fräulein auf dem lichten Schlosse ist doch nur ein dummes, höchstens verliebtes, Ding, das die Liebe mit ihrem bißchen brennbaren Stoffe eine Weile in die Lüfte treibt, um dann desto jämmerlicher, wie ein ausgeblasener Dudelsack, wieder zur Erde zu fallen, auf der alten, schönen, trotzigen Burg findet sich auch am Ende nur noch ein kahler Landkavalier u. s. w. Alles ist Einbildung. – Du solltest nicht so reden, entgegnete Friedrich. Wenn wir von einer inneren Freudigkeit erfüllt sind, welche, wie die Morgensonne, die Welt überscheint und alle Begebenheiten, Verhältnisse und Kreaturen zur eigentümlichen Bedeutung erhebt, so ist dieses freudige Licht vielmehr die wahre göttliche Gnade, in der allein alle Tugenden und große Gedanken gedeihen, und die Welt ist wirklich so bedeutsam, jung und schön, wie sie unser Gemüt in sich selber anschaut. Der Mißmut aber, die träge Niedergeschlagenheit und alle diese Entzauberungen, das ist die wahre Einbildung, die wir durch Gebet und Mut zu überwinden trachten sollen, denn diese verdirbt die ursprüngliche Schönheit der Welt. – Ist mir auch recht, erwiderte Leontin lustig. – Graf Friedrich, sagte Faber, hat eine Unschuld in seinen Betrachtungen, eine Unschuld. – Ihr Dichter, fiel ihm Leontin hastig ins Wort, seid alle euerer Unschuld über den Kopf gewachsen, und, wie ihr eure Gedichte ausspendet, sagt ihr immer: da ist ein prächtiges Kunststück von meiner Kindlichkeit, da ist ein besonders wohleingerichtetes Stück von meinem Patriotismus oder von meiner Ehre! – Friedrich erstaunte, da Leontin so keck und hart aussprach, was er, als eine Lästerung aller Poesie, sich selber zu denken niemals erlauben mochte.

Rosa hatte unterdes über dem Gespräche mehreremal gegähnt. Faber bemerkte es und da er sich jederzeit als ein galanter Verehrer des schönen Geschlechtes auszeichnete, so trug er sich an, zu allgemeiner Unterhaltung eine Erzählung zum Besten zu geben. Nur nicht in Versen, rief Rosa, denn da versteht man doch alles nur halb. Man rückte daher näher zusammen, Fabern in die Mitte nehmend, und er erzählte folgende Geschichte, während sie zwischen den waldigten Bergen langsam fortzogen:

Es war einmal ein Ritter. – Das fängt ja an, wie ein Märchen, unterbrach ihn Rosa. – Faber setzte von frischem an: Es war einmal ein Ritter, der lebte tief im Walde auf seiner alten Burg in geistlichen Betrachtungen und strengen Bußübungen. Kein Fremder besuchte den frommen Ritter, alle Wege zu seiner Burg waren lange mit hohem Grase überwachsen und nur das Glöcklein, das er bei seinen Gebeten von Zeit zu Zeit zog, unterbrach die Stille und klang in hellen Nächten weit über die Wälder weg. Der Ritter hatte ein junges Töchterlein, die machte ihm viel Kummer, denn sie war ganz anderer Sinnesart als ihr Vater und all ihr Trachten ging nur auf weltliche Dinge. Wenn sie Abends am Spinnrocken saß, und er ihr aus seinen alten Büchern die wunderbaren Geschichten von den heiligen Märtyrern vorlas, dachte sie immer heimlich bei sich: das waren wohl rechte Toren, und hielt sich für weit klüger, als ihr alter Vater, der alle die Wunder glaubte. Oft, wenn ihr Vater weg war, blätterte sie in den Büchern und malte den Heiligen, die darin abgebildet waren, große Schnurrbärte – Rosa lachte hierbei laut auf. – Was lachst du? fragte Leontin spitzig und Faber fuhr in seiner Erzählung fort: Sie war sehr schön und klüger als alle die anderen Kinder in ihrem Alter, weswegen sie sich auch immer mit ihnen zu spielen schämte, und wer mit ihr sprach, glaubte eine erwachsene Person reden zu hören, so gescheid und künstlich waren alle ihre Worte gesetzt. Dabei ging sie bei Tag und Nacht ganz allein im Walde herum, ohne sich zu fürchten, und lachte immer den alten Burgvogt aus, der ihr schauerliche Geschichten vom Wassermann erzählte. Gar oft stand sie dann an dem blauen Flusse im Walde und rief mit lachendem Munde: Wassermann soll mein Bräutigam sein! Wassermann soll mein Bräutigam sein!

Als nun der Vater zum sterben kam, rief er die Tochter zu seinem Bette und übergab ihr einen großen Ring, der war sehr schwer von purem Golde gearbeitet. Er sagte dabei zu ihr: Dieser Ring ist vor uralten Zeiten von einer kunstreichen Hand verfertiget. Einer deiner Vorfahren hat ihn in Palästina, mitten im Getümmel der Schlacht erfochten. Dort lag er unter Blut und Staub auf dem Boden, aber er blieb unbefleckt und glänzte so hell und durchdringlich, daß sich alle Rosse davor bäumten und keines ihn mit seinem Hufe zertreten wollte. Alle deine Mütter haben den Ring getragen und Gott hat ihren frommen Ehestand gesegnet. Nimm du ihn nun auch hin und betrachte ihn alle Morgen mit rechten Sinnen, so wird sein Glanz dein Herz erquicken und stärken. Wenden sich aber deine Gedanken und Neigungen zum Bösen, so verlöscht sein Glanz mit der Klarheit deiner Seele und wird dir gar trübe erscheinen. Bewahre ihn treu an deinem Finger, bis du einen tugendhaften Mann gefunden. Denn welcher Mann ihn einmal an seiner Hand trägt, der kann nicht mehr von dir lassen, und wird dein Bräutigam. – Bei diesen Worten verschied der alte Ritter.

Ida blieb nun allein zurück. Ihr war längst angst und bange auf dem alten Schlosse gewesen, und da sie jetzt ungeheure Schätze in den Kellern ihres Vaters vorfand, so veränderte sie sogleich ihre ganze Lebensweise. – Gott sei Dank, sagte Rosa, denn bis jetzt war sie wahrhaftig ziemlich langweilig. – Faber fuhr wieder fort: Die dunkeln Bogen, Tore und Höfe der alten Burg wurden niedergerissen und ein neues, lichtes Schloß mit blendendweißen Mauern und kleinern, luftigen Türmchen erhob sich bald über den alten Steinen. Ein großer, schöner Garten wurde daneben angelegt, durch den der blaue Fluß vorüberfloß. Da standen tausenderlei hohe, bunte Blumen, Wasserkünste sprangen dazwischen und zahme Rehe gingen darin spazieren. Der Schloßhof wimmelte von Rossen und reichgeschmückten Edelknaben, die lustige Lieder auf ihr schönes Fräulein sangen. Sie selber war nun schon groß und außerordentlich schön geworden. Von Ost und West kamen daher nun reiche und junge Freier angezogen, und die Straßen, die zu dem Schlosse führten, blitzten von blanken Reitern, Helmen und Federbüschen.

Das gefiel dem Fräulein gar wohl, aber so gern sie auch alle Männer hatte, so mochte sie doch mit keinem Einzelnen ihren Ring auswechseln; denn jeder Gedanke an die Ehe war ihr lächerlich und verhaßt. Was soll ich, sagte sie zu sich selbst, meine schöne Jugend verkümmern, um in abgeschiedener, langweiliger Einsamkeit eine armselige Hausmutter abzugeben, anstatt daß ich jetzt so frei bin, wie der Vogel in der Luft. Dabei kamen ihr alle Männer gar dummlich vor, weil sie entweder zu unbehülflich waren, ihrem müßigen Witze nachzukommen, oder auf andre, hohe Dinge stolz taten, an die sie nicht glaubte. Und so betrachtete sie sich in ihrer Verblendung als eine reizende Fee unter verzauberten Bären und Affen, die nach ihrem Winke tanzen und aufwarten mußten. Der Ring wurde indes von Tag zu Tage trüber.

Eines Tages gab sie ein glänzendes Bankett. Unter einem prächtigen Zelte, das im Garten aufgeschlagen war, saßen die jungen Ritter und Frauen um die Tafel, in ihrer Mitte das stolze Fräulein, gleich einer Königin, und ihre witzigen Redensarten überstrahlten den Glanz der Perlen und Edelgesteine, womit ihr Hals und Busen geschmückt war. Recht wie ein wurmstichiger Apfel, so schön rot und betrüglich, war sie anzusehen. Der goldene Wein kreiste fröhlich herum, die Ritter schauten kühner, üppig lockende Lieder zogen hin und wieder im Garten durch die sommerlaue Luft. Da fielen Ida's Blicke zufällig auf ihren Ring. Der war auf einmal finster geworden, und sein verlöschender Glanz tat nur eben noch einen seltsamen, dunkelglühenden Blick auf sie. Sie stand schnell auf und ging an den Abhang des Gartens. Du einfältiger Stein, sollst mich nicht länger mehr stören! sagte sie in ihrem Übermute lachend, zog den Ring vom Finger und warf ihn in den Strom hinunter. Er beschrieb im Fluge einen hellschimmernden Bogen und tauchte sogleich in den tiefsten Abgrund hinab. Darauf kehrte sie wieder in den Garten zurück, aus dem die Töne wollüstig nach ihr zu langen schienen.

Am andern Tage saß Ida allein im Garten und sah in den Fluß hinunter. Es war gerade um die Mittagszeit. Alle Gäste waren fortgezogen, die ganze Gegend lag still und schwüle. Einzelne, seltsamgestaltete Wolken zogen langsam über den dunkelblauen Himmel; manchmal flog ein plötzlicher Wind über die Gegend, und dann war es, als ob die Felsen und die alten Bäume sich über den Fluß unten neigten und miteinander über sie besprächen. Ein Schauder überlief Ida. Da sah sie auf einmal einen schönen, hohen Ritter, der auf einem schneeweißen Rosse die Straße hergeritten kam. Seine Rüstung und sein Helm war wasserblau, eine wasserblaue Binde flatterte in der Luft, seine Sporen waren von Krystall. Er grüßte sie freundlich, stieg ab und kam zu ihr. Ida schrie laut auf vor Schreck, denn sie erblickte den alten wundertätigen Ring, den sie gestern in den Fluß geworfen hatte, an seinem Finger, und dachte sogleich daran, was ihr ihr Vater auf dem Totbette prophezeit hatte. Der schöne Ritter zog sogleich eine dreifache Schnur von Perlen hervor und hing sie dem Fräulein um den Hals; dabei küßte er sie auf den Mund, nannte sie seine Braut und versprach, sie heute Abend heimzuholen. Ida konnte nichts antworten, denn es kam ihr vor, als läge sie in einem tiefen Schlafe, und doch vernahm sie den Ritter, der in gar lieblichen Worten zu ihr sprach, ganz deutlich, und hörte dazwischen auch den Strom, wie über ihr, immerfort verworren dreinrauschen. Darauf sah sie den Ritter sich wieder auf seinen Schimmel schwingen und so schnell in den Wald zurücksprengen, daß der Wind hinter ihm dreinpfiff.

Als es gegen Abend kam, stand sie in ihrem Schlosse am Fenster und schaute in das Gebirge hinaus, das schon die graue Dämmerung zu überziehen anfing. Sie sann hin und her, wer der schöne Ritter sein möge, aber sie konnte nichts herausbringen. Eine niegefühlte Unruhe und Ängstlichkeit überfiel dabei ihre Seele, die immer mehr zunahm, je dunkler draußen die Gegend wurde. Sie nahm die Zitter, um sich zu zerstreuen. Es fiel ihr ein altes Lied ein, das sie als Kind oft ihren Vater in der Nacht, wenn sie manchmal erwachte, hatte singen hören. Sie fing an zu singen:

> Obschon ist hin der Sonnenschein
> Und wir im Finstern müssen sein,
> So können wir doch singen
> Von Gottes Güt' und seiner Macht,
> Weil uns kann hindern keine Nacht,
> Sein Lobe zu vollbringen.

Die Tränen brachen ihr hiebei aus den Augen, und sie mußte die Zitter weglegen, so weh war ihr zu Mute.

Endlich, da es draußen schon ganz finster geworden, hörte sie auf einmal ein großes Getös von Rosseshufen und fremden Stimmen. Der Schloßhof füllte sich mit Windlichtern, bei deren Scheine sie ein wildes Gewimmel von Wagen, Pferden, Rittern und Frauen erblickte. Die Hochzeitsgäste verbreiteten sich bald in der ganzen Burg, und sie erkannte alle ihre alten Bekannten, die auch letzthin auf dem Bankett bei ihr gewesen waren. Der schöne Bräutigam, wieder ganz in wasserblaue Seide gekleidet, trat zu ihr und erheiterte gar bald ihr Herz durch seine anmutigen und süßen Reden. Musikanten spielten lustig, Edelknaben schenkten Wein herum und alles tanzte und schmauste in freudenreichem Schalle.

Während dem Feste trat Ida mit ihrem Bräutigam ans offene Fenster. Die Gegend war unten weit und breit still, wie ein Grab, nur der Fluß rauschte aus dem finsteren Grunde herauf. Was sind das für schwarze Vögel, fragte Ida, die da in langen Scharen so langsam über den Himmel zieh'n? – Sie ziehen die ganze Nacht fort, sagte der Bräutigam, sie bedeuten deine Hochzeit. – Was sind das für fremde Leute, fragte Ida wieder, die dort drunten am Flusse auf den Steinen sitzen und sich nicht rühren? – Das sind meine Diener, sagte der Bräutigam, die auf uns warten. – Unterdes fingen schon lichte Streifen an, sich am Himmel aufzurichten und aus den Tälern hörte man von ferne Hähne krähen. Es wird so kühl, sagte Ida und schloß das Fenster. In meinem Hause ist es noch viel kühler, erwiderte der Bräutigam, und Ida schauderte unwillkürlich zusammen.

Darauf faßte er sie beim Arme und führte sie mitten unter

den lustigen Schwarm zum Tanze. Der Morgen rückte indes immer näher, die Kerzen im Saale flackerten nur noch matt und löschten zum Teil gar aus. Während Ida mit ihrem Bräutigam herumwalzte, bemerkte sie mit Grausen, daß er immer blässer ward, je lichter es wurde. Draußen vor den Fenstern sah sie lange Männer mit seltsamen Gesichtern ankommen, die in den Saal hereinschauten. Auch die Gesichter der übrigen Gäste und Bekannten veränderten sich nach und nach, und sie sahen alle aus wie Leichen. Mein Gott, mit wem habe ich so lange Zeit gelebt! rief sie aus. Sie konnte vor Ermattung nicht mehr fort und wollte sich loswinden, aber der Bräutigam hielt sie fest um den Leib und tanzte immerfort, bis sie atemlos auf die Erde hinstürzte.

Frühmorgens, als die Sonne fröhlich über das Gebirge schien, sah man den Schloßgarten auf dem Berge verwüstet, im Schlosse war kein Mensch zu finden, und alle Fenster standen weit offen. Die Reisenden, die bei hellem Mondenschein oder um die Mittagszeit an dem Flusse vorübergingen, sahen oft ein junges Mädchen sich mitten im Strome mit halbem Leibe über das Wasser emporheben. Sie war sehr schön, aber totenblaß.

So endigte Faber seine Erzählung. Erschrecklich! rief Leontin, sich, wie vor Frost, schüttelnd. Rosa schwieg still. Auf Friedrich hatte das Märchen einen tiefen und ganz besonderen Eindruck gemacht. Er konnte sich nicht enthalten, während der ganzen Erzählung, mit einem unbestimmten, schmerzlichen Gefühle an Rosa zu denken, und es kam ihm vor, als hätte Faber selber nicht ohne heimliche Absicht gerade diese Erfindung gewählt.

Fabers Märchen gab Veranlassung, daß auch Friedrich und Leontin mehrere Geschichten erzählten, woran aber Rosa immer nur einen entfernten Anteil nahm. So verging dieser Tag unter fröhlichen Gesprächen, ehe sie es selber bemerkten, und der Abend überraschte sie mitten im Walde in einer unbekannten Gegend. Sie schlugen daher den ersten Weg ein, der sich ihnen darbot, und kamen schon in der Dunkelheit bei einem Bauernhause an, das ganz allein im Walde stand, und wo sie zu übernachten beschlossen. Die Hauswirtin, ein junges, rüstiges Weib, wußte nicht, was sie aus dem ganzen unerwarteten Besuche machen sollte, und maß sie mit Blicken, die eben nicht das beste Zutrauen verrieten. Die lustigen Reden und Schwänke Leontins und seiner Jäger aber brachten sie bald in die beste Laune, und sie bereitete alles recht mit Lust zu ihrer Aufnahme.

Nach einem flüchtig eingenommenen Abendessen ergriffen Leontin, Faber und die Jäger ihre Flinten und gingen noch in den Wald hinaus auf den Anstand, da ihnen die gefällige Bäuerin mit einer gewissen verstohlenen Vertraulichkeit den Platz verraten hatte, wo das Wild gewöhnlich zu wechseln pflegte. Rosa fürchtete sich nun hier allein zurückzubleiben, und bat daher Friedrich, ihr Gesellschaft zu leisten, welches dieser mit Freuden annahm. Beide setzten sich, als alles fort war, auf die Bank an der Haustüre vor den weiten Kreis der Wälder. Friedrich hatte die Guitarre bei sich und griff einige volle Akkorde, welche sich in der heiteren, stillen Nacht herrlich ausnahmen. Rosa war in dieser ungewohnten Lage ganz verändert. Sie war einmal ohne alle kleine Launen, hingebend, ungewöhnlich vertraulich und liebenswürdig ermattet. Friedrich glaubte sie noch niemals so angenehm gesehen zu haben. Er hatte ihr schon längst versprechen müssen, seine ganze Jugendgeschichte einmal ausführlich zu erzählen. Sie bat ihn nun, sein Versprechen zu erfüllen, bis die andern zurückkämen. Er war gerade auch aufgelegt dazu und begann daher, während sie, mit dem einen Arme auf seine Achsel gelehnt, so nahe als möglich an ihn rückte, folgendermaßen zu erzählen:

Meine frühesten Erinnerungen verlieren sich in einem großen, schönen Garten. Lange, hohe Gänge von gradbeschnittenen Baumwänden laufen nach allen Richtungen zwischen großen Blumenfeldern hin, Wasserkünste rauschen einsam dazwischen, die Wolken ziehen hoch über die dunkeln Gänge weg, ein wunderschönes kleines Mädchen, älter als ich, sitzt an der Wasserkunst und singt welsche Lieder, während ich oft Stundenlang an den eisernen Stäben des

Gartentors stehe, das an die Straße stößt, und sehe, wie draußen der Sonnenschein wechselnd über Wälder und Wiesen fliegt, und Wagen, Reuter und Fußgänger am Tore vorüber in die glänzende Ferne hinausziehen. Diese ganze stille Zeit liegt weit hinter alle dem Schwalle der seitdem durchlebten Tage, wie ein uraltes, wehmütig süßes Lied, und wenn mich oft nur ein einzelner Ton davon wieder berührt, faßt mich ein unbeschreibliches Heimweh, nicht nur nach jenen Gärten und Bergen, sondern nach einer viel referneren und tieferen Heimat, von welcher jene nur ein lieblicher Widerschein zu sein scheint. Ach, warum müssen wir jene unschuldige Betrachtung der Welt, jene wundervolle Sehnsucht, jenen geheimnisvollen, unbeschreiblichen Schimmer der Natur verlieren, in dem wir nur manchmal noch im Traume unbekannte, seltsame Gegenden wieder sehen!

Und wie war es denn nun weiter? fiel ihm Rosa ins Wort.

Meinen Vater und meine Mutter, fuhr Friedrich fort, habe ich niemals gesehen. Ich lebte auf dem Schlosse eines Vormunds. Aber eines älteren Bruders erinnere ich mich sehr deutlich. Er war schön, wild, witzig, keck und dabei störrisch, tiefsinnig und menschenscheu. Dein Bruder Leontin sieht ihm sehr ähnlich und ist mir darum um desto teurer. Am besten kann ich mir ihn vorstellen, wenn ich an einen Umstand zurückdenke. An unserm altertümlichen Schlosse lief nämlich eine große steinerne Galerie rings herum. Dort pflegten wir beide gewöhnlich des Abends zu sitzen, und ich erinnere mich noch immer an den eignen, sehnsuchtsvollen Schauer, mit dem ich hinuntersah, wie der Abend blutrot hinter den schwarzen Wäldern versank und dann nach und nach alles dunkel wurde. Unsere alte Wärterin erzählte uns dann gewöhnlich das Märchen von dem Kinde, dem die Mutter mit dem Kasten den Kopf abschlug und das darauf als ein schöner Vogel draußen auf den Bäumen sang. Rudolph, so hieß mein Bruder, lief oder ritt unterdes auf dem steinernen Geländer der Galerie herum, daß mir vor Schwindel alle Sinne vergingen. Und in dieser Stellung schwebt mir sein Bild noch immer vor, das ich von dem Märchen, den schwarzen Wäldern unten und den seltsamen Abendlichtern gar nicht trennen kann. Da er wenig lernte und noch weniger gehorchte, wurde er kalt und übel behandelt. Oft wurde ich ihm als Muster vorgestellt, und dies war mein größter und tiefster Schmerz, den ich damals hatte, denn ich liebte ihn unaussprechlich. Aber er achtete wenig darauf. Das schöne italienische Mädchen fürchtete sich vor ihm, so oft sie mit ihm zusammen kam, und doch schien sie ihn immer wieder von neuem aufzusuchen. Mit mir dagegen war sie sehr vertraulich und oft ausgelassen lustig. Alle Morgen, wenn es schön war, ging sie in den Garten hinunter und wusch sich an der Wasserkunst die hellen Augen und den kleinen, weißen Hals, und ich mußte ihr währenddes die zierlichen Zöpfchen flechten helfen, die sie dann in einen Kranz über dem Scheitel zusammenheftete. Dabei sang sie immer folgendes Liedchen, das mir mit seiner ganz eignen Melodie noch immer sehr deutlich vorschwebt:

> Zwischen Bergen, liebe Mutter,
> Weit den Wald entlang,
> Reiten da drei junge Jäger
> Auf drei Rößlein blank,
>   lieb' Mutter;
> Auf drei Rößlein blank.
>
> *Ihr* könn't fröhlich sein, lieb' Mutter,
> Wird es draußen still:
> Kommt der Vater heim vom Walde,
> Küßt Euch wie er will,
>   lieb' Mutter,
> Küßt Euch wie er will,
>
> Und *ich* werfe mich im Bettchen
> Nachts ohn' Unterlaß,
> Kehr' mich links und kehr' mich rechtshin,
> Nirgends hab' ich was,
>   lieb' Mutter,
> Nirgends hab' ich was.

> Bin ich eine Frau erst einmal,
> In der Nacht dann still
> Wend' ich mich nach allen Seiten,
> Küß', so viel ich will,
>   lieb' Mutter,
> Küß', so viel ich will.

Sie sang das Liedchen ganz allerliebst. Das arme Kind wußte wohl damals selbst noch nicht deutlich, was sie sang. Aber einmal fuhren die Alten, die sie darüber belauscht hatten, gar täppisch mit harten Verweisen drein, und seitdem, erinnere ich mich, sang sie das Lied heimlich noch viel lieber.

So lebten wir lange Zeit in Frieden nebeneinander, und es fiel mir gar nicht ein, daß es jemals anders werden könnte, nur daß Rudolph immer finsterer wurde, je mehr er heranwuchs. Um diese Zeit hatte ich mehreremale sehr schwere und furchtbare Träume. Ich sah nämlich immer meinen Bruder Rudolph in einer Rüstung, wie sie sich auf einem alten Ritterbilde auf unserem Vorsaale befand, durch ein Meer von durcheinanderwogenden ungeheuren Wolken schreiten, wobei er sich mit einem langen Schwerte rechts und links Bahn zu hauen schien. So oft er mit dem Schwerte die Wolken berührte, gab es eine Menge Funken, die mich mit ihren vielfarbigen Lichtern blendeten, und bei jedem solchen Leuchten kam mir auch Rudolphs Gesicht plötzlich blaß und ganz verändert vor. Während ich mich nun mit den Augen so recht in den Wolkenzug vertiefte, bemerkte ich mit Verwunderung, daß es eigentlich keine Wolken waren, sondern sich alles nach und nach in ein langes, dunkles, seltsamgeformtes Gebirg verwandelte, vor dem mir schauderte, und ich konnte gar nicht begreifen, wie sich Rudolph dort so allein nicht fürchtete. Seitwärts von dem Gebirge sah ich eine weite Landschaft, deren unbeschreibliche Schönheit und wunderbaren Farbenschimmer ich niemals vergessen habe. Ein großer Strom ging mitten hindurch bis in eine unabsehbare duftige Ferne, wo er sich mit Gesang zu verlieren schien. Auf einem sanftgrünen Hügel über dem Strome saß

Angelina, das italienische Mädchen, und zog mit ihrem kleinen, rosigen Finger zu meinem Erstaunen einen Regenbogen über den blauen Himmel. Unterdes sah ich, daß sich das Gebirge anfing wundersam zu regen; die Bäume streckten lange Arme aus, die sich wie Schlangen ineinander schlungen, die Felsen dehnten sich zu ungeheuren Drachengestalten aus, andre zogen Gesichter mit langen Nasen, die ganze wunderschöne Gegend überzog und verdeckte dabei ein qualmender Nebel. Zwischen den Felsenspalten streckte Rudolph den Kopf hervor, der auf einmal viel älter und selber wie von Stein aussah, und lachte übermäßig mit seltsamen Gebärden. Alles verwirrte sich zuletzt und ich sah nur die entfliehende Angelina mit ängstlich zurückgewandtem Gesicht und weißem, flatterndem Gewande, wie ein Bild über einen grauen Vorhang, vorüberschweben. Eine große Furcht überfiel mich da jedesmal und ich wachte vor Schreck und Entsetzen auf.

Diese Träume, die sich, wie gesagt, mehreremal wiederholten, machten einen so tiefen Eindruck auf mein kindisches Gemüt, daß ich nun meinen Bruder oft heimlich mit einer Art von Furcht betrachtete, auch die seltsame Gestaltung des Gebirges nie wieder vergaß.

Eines Abends, da ich eben im Garten herumging und zusah, wie es in der Ferne an den Bergen gewitterte, trat auf einmal an dem Ende eines Bogenganges Rudolph zu mir. Er war finsterer als gewöhnlich. Siehst du das Gebirge dort? sagte er, auf die fernen Berge deutend. Drüben liegt ein viel schöneres Land, ich habe ein einzigesmal hinuntergeblickt. Er setzte sich ins Gras hin, dann sagte er in einer Weile wieder: Hörst du, wie jetzt in der weiten Stille unten die Ströme und Bäche rauschen und wunderbarlich locken? Wenn ich so hinunterstiege in das Gebirge hinein, ich ginge fort und immer fort, du würdest unterdes alt, das Schloß wäre auch verfallen und der Garten hier lange einsam und wüste. – Mir fiel bei diesen Worten mein Traum wieder ein, ich sah ihn an, und auch sein Gesicht kam mir in dem Augenblicke gerade so vor, wie es mir im Traume immer erschien. Eine niegefühlte Angst überwältigte mich und ich fing an zu weinen. Weine nur nicht! sagte er hart und wollte mich schlagen. Unterdes kam Angelina mit neuem Spielzeuge lustig auf uns zugesprungen und Rudolph entfernte sich wieder in den dunkeln Bogengang. Ich spielte nun mit dem muntern Mädchen auf dem Rasenplatze vor dem Schlosse und vergaß darüber alles das vorhergegangene. Endlich trieb uns der Hofmeister zu Bette. Ich erinnere mich nicht, daß mir als Kind irgend etwas widerwärtiger gewesen wäre, als das zeitige Schlafengehen, wenn alles draußen noch schallte und schwärmte und meine ganze Seele noch so wach war. Dieser Abend war besonders schön und schwül. Ich legte mich unruhig nieder. Die Bäume rauschten durch das offene Fenster herein, die Nachtigall schlug tief aus dem Garten, dazwischen hörte ich noch manchmal Stimmen unter dem Fenster sprechen, bis ich endlich nach langer Zeit einschlummerte. Da kam es mir auf einmal vor, als schiene der Mond sehr hell durch die Stube, mein Bruder erhöbe sich aus seinem Bett und ginge verschiedentlich im Zimmer herum, neige sich dann über mein Bett und küsse mich. Aber ich konnte mich durchaus nicht besinnen.

Den folgenden Morgen wachte ich später auf, als gewöhnlich. Ich blickte sogleich nach dem Bette meines Bruders, und sah, nicht ohne Ahnung und Schreck, daß es leer war. Ich lief schnell in den Garten hinaus, da saß Angelina am Springbrunnen und weinte heftig. Meine Pflegeeltern und alle im ganzen Hause waren heimlich, verwirrt und verstört, und so erfuhr ich erst nach und nach, daß Rudolph in dieser Nacht entflohen sei. Man schickte Boten nach allen Seiten aus, aber keiner brachte ihn mehr wieder.

Und habt ihr denn seitdem niemals wieder etwas von ihm gehört? fragte Rosa.

Es kam wohl die Nachricht, sagte Friedrich, daß er sich bei einem Freikorps habe anwerben lassen, nachher gar, daß er in einem Treffen geblieben sei. Aber aus späteren, einzelnen, abgebrochenen Reden meiner Pflegeeltern gelangte ich wohl zu der Gewißheit, daß er noch am Leben sein müsse. Doch taten sie sehr heimlich damit und hörten sogleich auf zu sprechen, wenn ich hinzutrat; und seitdem habe ich von ihm nichts mehr sehen, noch erfahren können.

Bald darauf verließ auch Angelina mit ihrem Vater, der weitläufig mit uns verwandt war, unser Schloß und reiste nach Italien zurück. Es ist sonderbar, daß ich mich auf die Züge des Kindes nie wieder besinnen konnte. Nur ein leises, freundliches Bild ihrer Gestalt und ganzen lieblichen Gegenwart blieb mir übrig. Und so war denn nun das Kleeblatt meiner Kindheit zerrissen und Gott weiß, ob wir uns jemals wiedersehen. – Mir war zum Sterben bange, mein Spielzeug freute mich nicht mehr, der Garten kam mir unaussprechlich einsam vor. Es war, als müßte ich hinter jedem Baume, an jedem Bogengange noch Angelina oder meinem Bruder begegnen, das einförmige Plätschern der Wasserkünste Tag und Nacht hindurch vermehrte nur meine tiefe Bangsamkeit. Mir war es unbegreiflich, wie es meine Pflegeeltern hier noch aushalten konnten, wie alles um mich herum seinen alten Gang fortging, als wäre eben alles noch, wie zuvor.

Damals ging ich oft heimlich und ganz allein nach dem Gebirge, das mir Rudolph an jenem letzten Abend gezeigt hatte, und hoffte in meinem kindischen Sinne zuversichtlich, ihn dort noch wiederzufinden. Wie oft überfiel mich dort ein Grausen vor den Bergen, wenn ich mich manchmal droben verspätet hatte und nur noch die Schläge einsamer Holzhauer durch die dunkelgrünen Bogen heraufschallten, während tief unten schon hin und her Lichter in den Dörfern erschienen, aus denen die Hunde fern bellten. Auf einem dieser Streifzüge verfehlte ich beim Heruntersteigen den rechten Weg und konnte ihn durchaus nicht wiederfinden. Es war schon dunkel geworden und meine Angst nahm mit jeder Minute zu. Da erblickte ich seitwärts ein Licht; ich ging darauf los und kam an ein kleines Häuschen. Ich guckte furchtsam durch das erleuchtete Fenster hinein und sah darin in einer freundlichen Stube eine ganze Familie friedlich um ein lustigflackerndes Herdfeuer gelagert. Der Vater, wie es schien, hatte ein Büchelchen in der Hand und las vor. Mehrere sehr hübsche Kinder saßen im Kreise um ihn herum und hörten, die Köpfchen in beide Arme aufgestützt, mit der größten Aufmerksamkeit zu, während eine junge Frau daneben spann und von Zeit zu Zeit Holz an das Feuer legte. Der Anblick machte mir wieder Mut, ich trat in die Stube hinein. Die Leute waren sehr erstaunt, mich bei ihnen zu sehen, denn sie kannten mich wohl, und ein junger Bursche wurde sogleich fortgesandt, sich anzukleiden, um mich auf das Schloß zurück zu geleiten. Der Vater setzte unterdes, da ich ihn darum bat, seine Vorlesung wieder fort. Die Geschichte wollte mich bald sehr anmutig und wundervoll bedünken. Mein Begleiter stand schon lange fertig an der Türe. Aber ich vertiefte mich immer mehr in die Wunder; ich wagte kaum zu atmen und hörte zu und immer zu und wäre die ganze Nacht geblieben, wenn mich nicht der Mann endlich erinnert hätte, daß meine Eltern in Angst kommen würden, wenn ich nicht bald nach Hause ginge. Es war der gehörnte Siegfried, den er las.

Rosa lachte. – Friedrich fuhr, etwas gestört, fort:

Ich konnte diese ganze Nacht nicht schlafen, ich dachte immerfort an die schöne Geschichte. Ich besuchte nun das kleine Häuschen fast täglich und der gute Mann gab mir von den ersehnten Büchern mit nach Hause, so viel ich nur wollte. Es war gerade in den ersten Frühlingstagen. Da saß ich denn einsam im Garten und las die Magelone, Genovefa, die Heymonskinder und viele andere unermüdet der Reihe nach durch. Am liebsten wählte ich dazu meinen Sitz in dem Wipfel eines hohen Birnbaumes, der am Abhange des Gartens stand, von wo ich dann über das Blütenmeer der niederen Bäume weit ins Land schauen konnte, oder an schwülen Nachmittagen die dunklen Wetterwolken über den Rand des Waldes langsam auf mich zukommen sah.

Rosa lachte wieder. Friedrich schwieg eine Weile unwillig still. Denn die Erinnerungen aus der Kindheit sind desto empfindlicher und verschämter, je tiefer und unverständlicher sie werden, und fürchten sich vor großgewordenen, altklugen Menschen, die sich in ihr wunderbares Spielzeug nicht mehr zu finden wissen. Dann erzählte er weiter:

Ich weiß nicht, ob der Frühling mit seinen Zauberlichtern in diese Geschichten hineinspielte, oder ob *sie* den Lenz mit ihren rührenden Wunderscheinen überglänzten, – aber Blumen, Wald und Wiesen erschienen mir damals anders und schöner. Es war, als hätten mir diese Bücher die goldenen Schlüssel zu den Wunderschätzen und der verborgenen Pracht der Natur gegeben. Mir war noch nie so fromm und fröhlich zu Mute gewesen. Selbst die ungeschickten Holzstiche dabei waren mir lieb, ja überaus wert. Ich erinnere mich noch jetzt mit Vergnügen, wie ich mich in das Bild, wo der Ritter Peter von seinen Eltern zieht, vertiefen konnte, wie ich mir den einen Berg im Hintergrunde mit Burgen, Wäldern, Städten und Morgenglanz ausschmückte, und in das Meer dahinter, aus wenigen groben Strichen bestehend, und die Wolken drüber mit ganzer Seele hineinsegelte. Ja, ich glaube wahrhaftig, wenn einmal bei Gedichten Bilder sein sollen, so sind solche die besten. Jene feinern, saubern Kupferstiche mit ihren modernen Gesichtern und ihrer, bis zum kleinsten Strauche, ausgeführten und festbegrenzten Umgebung verderben und beengen alle Einbildung, anstatt daß diese Holzstiche mit ihren verworrenen Strichen und unkenntlichen Gesichtern der Phantasie, ohne die doch niemand lesen sollte, einen frischen, unendlichen Spielraum eröffnen, ja, sie gleichsam herausfordern.

Alle diese Herrlichkeit dauerte nicht lange. Mein Hofmeister, ein aufgeklärter Mann, kam hinter meine heimlichen Studien und nahm mir die geliebten Bücher weg. Ich war untröstlich. Aber Gott sei Dank, das Wegnehmen kam zu spät. Meine Phantasie hatte auf den waldgrünen Bergen, unter den Wundern und Helden jener Geschichten gesunde, freie Luft genug eingesogen, um sich des Anfalls einer ganzen nüchternen Welt zu erwehren. Ich bekam nun dafür Kampe's Kinderbibliothek. Da erfuhr ich denn, wie man Bohnen steckt, sich selber Regenschirme macht, wenn man etwa einmal wie Robinson auf eine wüste Insel verschlagen werden sollte, nebstbei mehrere zuckergebackene, edle Handlungen, einige Elternliebe und kindliche Liebe in Charaden. Mitten aus dieser pädagogischen Fabrik schlugen mir einige kleine Lieder von Mathias Claudius rührend und lockend ans Herz. Sie sahen mich in meiner prosaischen Niedergeschlagenheit mit schlichten, ernsten, treuen Augen an, als wollten sie freundlichtröstend sagen: »Lasset die Kleinen zu mir kommen!« Diese Blumen machten mir den Farben- und Geruchslosen, zur Menschheitssaat umgepflügten, Boden, in welchen sie seltsam genug verpflanzt waren, einigermaßen heimatlich. Ich entsinne mich, daß ich in dieser Zeit verschiedene Plätze im Garten hatte, welche Hamburg, Braunschweig und Wandsbeck vorstellten. Da eilte ich denn von einem zum andern und brachte dem guten Claudius, mit dem ich mich besonders gerne und lange unterhielt, immer viele Grüße mit. Es war damals mein größter, innigster Wunsch, ihn einmal in meinem Leben zu sehen.

Bald aber machte eine neue Epoche, die entscheidende für mein ganzes Leben, dieser Spielerei ein Ende. Mein Hofmeister fing nämlich an, mir alle Sonntage aus der Leidensgeschichte Jesu vorzulesen. Ich hörte sehr aufmerksam zu. Bald wurde mir das periodische, immer wieder abgebrochene Vorlesen zu langweilig. Ich nahm das Buch und las es für mich ganz aus. Ich kann es nicht mit Worten beschreiben, was ich dabei empfand. Ich weinte aus Herzensgrunde, daß ich schluchzte. Mein ganzes Wesen war davon erfüllt und durchdrungen, und ich begriff nicht, wie mein Hofmeister und alle Leute im Hause, die doch das alles schon lange wußten, nicht eben so gerührt waren und auf ihre alte Weise so ruhig fortleben konnten. –

Hier brach Friedrich plötzlich ab, denn er bemerkte, daß Rosa fest eingeschlafen war. Eine schmerzliche Unlust flog ihn bei diesem Anblicke an. Was tu ich hier, sagte er zu sich selber, als alles so still um ihn geworden war, sind das meine Entschlüsse, meine großen Hoffnungen und Erwartungen, von denen meine Seele so voll war, als ich ausreiste? Was zerschlage ich den besten Teil meines Lebens in unnütze Abenteuer ohne allen Zweck, ohne alle rechte Tätigkeit? Dieser Leontin, Faber und Rosa, sie werden mir doch ewig fremd bleiben. Auch zwischen diesen Menschen reisen meine eigentlichsten Gedanken und Empfindungen hindurch, wie ein Deutscher durch Frankreich. Sind dir denn die Flügel gebrochen, guter, mutiger Geist, der in die Welt hinausschaute, wie in sein angeborenes Reich? Das Auge hat in sich Raum genug für eine ganze Welt, und nun sollte es eine kleine Mädchenhand bedecken und zudrücken können? – Der Eindruck, den Rosa's Lachen während seiner Erzählung auf ihn gemacht hatte, war noch nicht vergangen. Sie schlummerte rückwärts auf ihren Arm gelehnt, ihr Busen, in den sich die dunklen Locken herabringelten, ging im Schlafe ruhig auf und nieder, so ruhte sie neben ihm in unbeschreiblicher Schönheit. Ihm fiel dabei ein Lied ein. Er stand auf und sang zur Guitarre:

> Ich hab' manch Lied geschrieben,
> Die Seele war voll Lust,
> Von treuem Tun und Lieben,
> Das beste, was ich wußt'.

> Was mir das Herz bewogen,
> Das sagte treu mein Mund,
> Und das ist nicht erlogen,
> Was kommt aus Herzensgrund.

> Liebchen wußt's nicht zu deuten
> Und lacht mir ins Gesicht,
> Dreht sich zu andern Leuten
> Und achtet's weiter nicht.

> Und spielt mit manchem Tropfe,
> Weil ich so tief betrübt.
> Mir ist so dumm im Kopfe,
> Als wär' ich nicht verliebt.

> Ach Gott, wem soll ich trauen?
> Will Sie mich nicht versteh'n,

Tun all' so fremde schauen,
Und alles muß vergeh'n.

Und alles irrt zerstreuet –
Sie ist so schön und rot –
Ich hab' nichts, was mich freuet,
Wär' ich viel lieber tot!

Rosa schlug die Augen auf, denn das Waldhorn erschallte in dem Tale und man hörte Leontin und die Jäger, die so eben von ihrem Streifzuge zurückkehrten, im Walde rufen und schreien. Sie hatten gar keine Beute gemacht und waren alle der Ruhe höchstbedürftig. Die Wirtin wurde daher eiligst in Tätigkeit gesetzt, um jedem sein Lager anzuweisen, so gut es die Umstände zuließen. Es wurde nun von allen Seiten Stroh herbeigeschafft und in der Stube ausgebreitet, die für Rosa, Leontin, Friedrich und Faber bestimmt war; die übrigen sollten sonst im Hause untergebracht werden. Da alles mithalf, ging es bei den Zubereitungen ziemlich tumultuarisch her. Besonders aber zeigte sich die kleine Marie, welcher die Jäger tapfer zugetrunken hatten, ungewöhnlich ausgelassen. Jeder behandelte sie aus Gewohnheit als ein halberwachsenes Kind, fing sie auf und küßte sie. Friedrich aber sah wohl, daß sie sich dabei gar künstlich sträubte, um nur immer fester gehalten zu werden, und daß ihre Küsse nicht mehr kindisch waren. Dem Herrn Faber schien sie heute ganz besonders wohlzubehagen, und Friedrich glaubte zu bemerken, daß sie sich einigemal verstohlen und wie im Fluge mit ihm besprach.

Endlich hatte sich nach und nach alles verloren und die Herrschaften blieben allein im Zimmer zurück. Faber meinte: sein Kopf sei so voll guter Gedanken, daß er sich jetzt nicht niederlegen könne. Das Wetter sei so schön und die Stube so schwül, er wolle daher die Nacht im Freien zubringen. Damit nahm er Abschied und ging hinaus. Leontin lachte ihm ausgelassen nach. Rosa war unterdes in üble Laune geraten. Die Stube war ihr zu schmutzig und enge, das Stroh zu hart. Sie erklärte, sie könne so unmöglich schlafen, und setzte sich schmollend auf eine Bank hin. Leontin warf sich, ohne ein Wort darauf zu erwidern, auf das Stroh und war gleich eingeschlafen. Endlich überwand auch bei Rosa die Müdigkeit den Eigensinn. Sie verließ ihre harte Bank, lachte über sich selbst und legte sich neben ihren Bruder hin.

Friedrich ruhte noch lange wach, den Kopf in die Hand gestützt. Der Mond schien durch das kleine Fenster herein, die Wanduhr pickte einförmig immerfort. Da vernahm er auf einmal draußen folgenden Gesang:

> Ach, von dem weichen Pfühle
> Was treibt dich irr' umher?
> Bei meinem Saitenspiele
> Schlafe, was willst du mehr?
>
> Bei meinem Saitenspiele
> Heben dich allzusehr
> Die ewigen Gefühle;
> Schlafe, was willst du mehr?
>
> Die ewigen Gefühle,
> Schnupfen und Husten schwer,
> Zieh'n durch die nächt'ge Kühle;
> Schlafe, was willst du mehr?
>
> Zieh'n durch die nächt'ge Kühle
> Mir den Verliebten her,
> Hoch auf schwindlige Pfühle;
> Schlafe, was willst du mehr?
>
> Hoch auf schwindligem Pfühle
> Zähle der Sterne Heer;
> Und so dir das mißfiele:
> Schlafe, was willst du mehr?

Friedrich konnte die Stimme nicht erkennen; sie schien ihm mit Fleiß verändert und verstellt. Mit besonders komischem Ausdruck wurde jedesmal das: Schlafe, was willst du mehr? wiederholt. Er sprang auf und trat ans Fenster. Da sah er einen dunkeln Schatten schnell über den mondhellen Platz vor dem Hause vorüberlaufen und zwischen den Bäumen verschwinden. Er horchte noch lange Zeit dort hinaus, aber alles blieb still die ganze Nacht hindurch.

SECHSTES KAPITEL

Ein Hüfthorn draußen im Hofe weckte am Morgen die Neugestärkten. Leontin sprang schnell vom Lager. Auch Rosa richtete sich auf. Die Morgensonne schien ihr durch das Fenster gerade in's Gesicht. Die Locken noch verwirrt vom nächtlichen Lager, sah sie so blühend und reizend verschlafen aus, daß sich Friedrich nicht enthalten konnte, ihr einen Kuß auf die frischen Lippen zu drücken. Alles rüstete sich nun fröhlich wieder zur Weiterreise. Aber nun bemerkten sie erst, daß Faber fehle. Er hatte sich, wie wir wissen, Abends hinausbegeben, und war seitdem nicht mehr wieder in die Stube zurückgekehrt. Leontin befragte daher die Jäger, und diese sagten denn zu allgemeiner Verwunderung Folgendes aus:

Als sie, noch vor Tagesanbruch, hinausgingen, um nach den Pferden zu sehen, hörten sie jemand hoch über ihnen, wie aus der Luft, zu wiederholtenmalen rufen. Sie sahen ringsherum und erblickten endlich mit Erstaunen Herrn Faber, der mitten auf dem Dache des Hauses an dem festverschlossenen Dachfenster saß und schimpfend mit beiden Armen, wie eine Windmühle, in der Morgendämmerung focht. Sie setzten ihm nun auf sein Begehren die Leiter an, die vor dem Hause auf der Erde lag, und erlösten ihn so von seinem luftigen Throne. Er aber forderte, sobald er unten war, ohne sich weiter in Erklärungen einzulassen, sogleich sein Pferd und seinen Mantelsack heraus. Da er sehr heftig und wunderlich zu sein schien, taten sie, was er verlangte. Als er sein Pferd bestiegen hatte, sagte er nur noch zu ihnen: sie möchten ihren Herrn, den fremden Grafen und die Gräfin Rosa von ihm auf das beste grüßen, und für die langerwiesene Freundschaft in seinem Namen danken; er für seinen Teil reise in die Residenz, wo er sie früher oder später wiederzusehen hoffe. Darauf habe er dem Pferde die Sporen gegeben und sei in den Wald hineingeritten.

Lebe wohl, guter, unruhiger Freund! rief Leontin bei dieser Nachricht aus, ich könnte wahrhaftig in diesem Augenblick recht aus Herzensgrunde traurig sein, so gewohnt war ich an dein wunderliches Wesen. Fahre wohl, und Gott gebe, daß wir bald wieder zusammenkommen! Amen, fiel Rosa ein; aber was in aller Welt hat ihn denn auf das Dach hinaufgetrieben und bewogen, uns dann so plötzlich zu verlassen? – Niemand wußte sich das Rätsel zu lösen. Aber die kleine Marie hörte während der ganzen Zeit nicht auf, geheimnisvoll zu kickern, Friedrich erinnerte sich auch an das gestrige, sonderbare Nachtlied vor dem Fenster, und nun übersahen sie nach und nach den ganzen Zusammenhang.

Faber hatte nämlich gestern Abend mit Marie eine heimliche Zusammenkunft in der Dachkammer, wo sie schliefe, verabredet. Das schlaue Mädchen aber hatte, statt Wort zu halten, das Dachfenster von innen fest versperrt und sich, ehe noch Faber so künstlich von ihnen weggeschlichen war, in den Wald hinausbegeben, wo sie abwartete, bis der Verliebte, der Verabredung gemäß, auf der Leiter das Dach erstiegen hatte. Dann sprang sie schnell hervor, nahm die Leiter weg und sang ihm unten das lustige Ständchen, das Friedrich gestern belauscht, während Faber, stumm vor Zorn und Scham, zwischen Himmel und Erde hing.

Leontin und Rosa lachten unmäßig und fanden den Einfall überaus herrlich. Friedrich aber fand ihn anders und schüttelte unwillig den Kopf über das vierzehnjährige Mädchen.

Sie setzten nun also ihre Reise allein weiter fort. Der Morgen war sehr heiter, die Gegend wunderschön; demohngeachtet konnten sie heute gar nicht recht in die alte Lust und gewohnte Gesprächsweise hineinkommen. Faber fehlte ihnen und wurde von allen vermißt, besonders von Leontin, der fortwährend einen Ableiter seines überflüssigen Witzes brauchte. Dazu taugte ihm aber gerade niemand besser als Faber, der komisch genug war, um Witz zu erzeugen, und selber witzig genug, ihn zu versteh'n. Friedrich nannte daher auch alle Gespräche zwischen Leontin und Faber egoistische Monologe, wo jeder nur sich selbst reden hört und beantwortet, anstatt daß er bei jeder Unterhaltung mit redlichem Eifer für die Sache selbst in den anderen überzeugend einzudringen suchte. Am sichtbarsten unter allen aber war Rosa verstimmt. Sie hatte sich ganz besondere, unerhörte Ereignisse und Wunderdinge von der Reise versprochen, und da diese nun nicht erscheinen wollten und auch der Schimmer der Neuheit von ihren Augen gefallen war, fing sie nach und nach an zu bemerken, daß es sich doch eigentlich für sie nicht schicke, so allein mit den Männern in der Welt herumzustreifen, und sie hatte keine Ruhe und keine Lust mehr an den ewigen, langweiligen Steinen und Bäumen.

So waren sie an einen freigrünen Platz auf dem Gipfel einer Anhöhe gekommen und beschlossen, hier den Mittag abzuwarten. Ringsum lagen niedrigere Berge mit Schwarzwald bedeckt, von der einen Seite aber hatte man eine weite Aussicht in's ebene Land, wo man die blauen Türme der Residenz an einem blitzenden Strome sich ausbreiten sah. Der mitgenommene Mundvorrat wurde nun abgepackt, ein Feldtischchen mitten in der Aue aufgepflanzt, und alle lagerten sich in einem Kreise auf dem Rasen herum und aßen und tranken. Rosa mochte launisch nichts genießen, sondern zog, zu Leontins großem Ärgernis, ihre Strickerei hervor, setzte sich allein seitwärts und arbeitete, bis sie am Ende darüber einschlief. Friedrich und Leontin nahmen daher ihre Flinten und gingen in den Wald, um Vögel zu schießen. Die lustigen, bunten Sänger, die von einem Wipfel zum andern vor ihnen herflogen, lockten sie immer weiter zwischen den dunkelgrünen Hallen fort, so daß sie erst nach langer Zeit wieder auf dem Lagerplatze anlangten.

Hier kam ihnen Erwin mit auffallender Lebhaftigkeit und Freude entgegengesprungen und sagte, daß Rosa fort sei. Ein Wagen, erzählte der Knabe, sei bald, nachdem sie fortgegangen wären, die Straße hergefahren. Eine schöne junge Dame sah aus dem Wagen heraus, ließ sogleich stillhalten, und kam auf die Gräfin Rosa zu, mit der sie sich dann lange sehr lebhaft und mit vielen Freuden besprach. Zuletzt bat sie dieselbe, mit ihr zu fahren. Rosa wollte Anfangs nicht, aber die fremde Dame streichelte und küßte sie und schob sie endlich halb mit Gewalt in den Wagen. Die kleine Marie mußte auch mit einsitzen, und so hatten sie den Weg nach der Residenz eingeschlagen. – Friedrich kränkte bei dieser unerwarteten Nachricht die Leichtfertigkeit, mit der ihn Rosa so schnell verlassen konnte, in tiefster Seele. – Als sie an den Feldtisch in der Mitte der Aue kamen, fanden sie dort ein Papier, worauf mit Bleistift geschrieben stand: »Die Gräfin Romana.«

Das dacht' ich gleich, rief Leontin, das ist so ihre Weise. – Wer ist die Dame? fragte Friedrich. – Eine junge reiche Witwe, antwortete Leontin, die nicht weiß, was sie mit ihrer Schönheit und ihrem Geiste anfangen soll, eine Freundin meiner Schwester, weil sie mit ihr spielen kann wie sie will, eine tollgewordene Genialität, die in die Männlichkeit hineinpfuscht. Hiebei wandte er sich ärgerlich zu seinen Jägern, die ihre Pferde schon wieder aufgezäumt hatten, und befahl ihnen, nach seinem Schlosse zurückzukehren, um die Reise freier und bequemer, bloß in Friedrichs und Erwins Begleitung weiter fortzusetzen.

Die Jäger brachen bald auf und die beiden Grafen blieben nun allein auf dem grünen Platze zurück, wo es so auf einmal still und leer geworden war. Da kam Erwin wieder angesprungen und sagte, daß man den Wagen so eben noch in der Ferne sehen könne. Sie blickten hinab und sahen, wie er in der glänzenden Ebne fortrollte, bis er zwischen den blühenden Hügeln und Gärten in den Abendschimmer verschwand, der sich eben weit über die Täler legte. Von der andern Seite hörte man noch die Hörner der heimziehenden Jäger über die Berge. Siehst du dort, sagte Friedrich, die dunklen Türme der Residenz? Sie stehen wie Leichensteine des versunkenen Tages. Anders sind die Menschen dort, unter welche Rosa nun kommt; treue Sitte, Frömmigkeit und Einfalt gilt nicht unter ihnen. Ich möchte sie lieber tot, als so wiederseh'n. Ist mir doch, als stiege sie, wie eine Todesbraut, in ein flimmernd aufgeschmücktes, großes Grab, und wir wendeten uns treulos von ihr und ließen sie gehen. – Leontin fuhr lustig über die Saiten der Guitarre und sang:

> Der Liebende steht träge auf,
> Zieht ein Herr Jemine-Gesicht,
> Und wünscht, er wäre tot.
> Der Morgen tut sich prächtig auf,
> So silbern geht der Ströme Lauf,
> Die Vöglein schwingen hell sich auf:
> »Bad', Menschlein, dich im Morgenrot,
> Dein Sorgen ist ein Wicht!«

Darauf bestiegen sie beide ihre Pferde und ritten in das Gebirge hinein.

Nachdem sie so mehrere Tage herumgeirrt, und die merkwürdigsten Orte des Gebirges in Augenschein genommen hatten, kamen sie eines Abends schon in der Dunkelheit in einem Dorfe an, wo sie im Wirtshause einkehrten. Dort aber war alles leer und nur von einer alten Frau, die allein in der Stube saß, erfuhren sie, daß der Pächter des Ortes heute einen Ball gebe, wobei auch seine Grundherrschaft sich befände, und daß daher alles aus dem Hause gelaufen sei, um dem Tanze zuzusehen.

Da es zum Schlafengehen noch zu zeitig und die Nacht sehr schön war, so entschlossen sich auch die beiden Grafen, noch einen Spaziergang zu machen. Sie strichen durch's Dorf und kamen bald darauf am andern Ende desselben an einen Garten, hinter welchem sich die Wohnung des Pächters befand, aus deren erleuchteten Fenstern die Tanzmusik zu ihnen herüberschallte. Leontin, den diese ganze, unverhoffte Begebenheit in die lustigste Laune versetzt hatte, schwang sich sogleich über den Gartenzaun und überredete auch Friedrich, ihm zu folgen. Der Garten war ganz still, sie gingen daher durch die verschiedenen Gänge bis an das Wohnhaus. Die Fenster des Zimmers, wo getanzt wurde, gingen auf den Garten hinaus, aber es war hoch oben im zweiten Stockwerke. Ein großer, dichtbelaubter Baum stand da am Hause und breitete seine Äste grade vor den Fenstern aus. Der Baum ist eine wahre Jakobsleiter, sagte Leontin, und war im Augenblicke droben. Friedrich wollte durchaus nicht mit hinauf. Das Belauschen, sagte er, besonders fröhlicher Menschen in ihrer Lust, hat immer etwas Schlechtes im Hinterhalte. Wenn du Umstände machst, rief Leontin von oben, so fange ich hier so ein Geschrei an, daß alle zusammenlaufen und uns als Narren auffangen oder tüchtig durchprügeln. So eben knarrte auch wirklich die Haustüre unten und Friedrich bestieg daher ebenfalls eilfertig den luftigen Sitz.

Oben aus der weiten, dichten Krone des Baumes konnten sie die ganze Gesellschaft übersehen. Es wurde eben ein Walzer getanzt, und ein Paar nach dem andern flog an dem Fenster vorüber. Junge, flüchtige Ökonomen, wie es schien, in knappen und engzugespitzten Fracken fegten tapfer mit tüchtigen Mädchen, die vor Gesundheit und Freude über und über rot waren. Hin und wieder zogen fröhliche, dicke Gesichter, wie Vollmonde, durch diesen Sternenhimmel. Mitten in dem Gewimmel tanzte eine hagere Figur, wie ein Satyr, in den abenteuerlichsten, übertriebensten Wendungen und Kapriolen, als wollte er alles Affektierte, Lächerliche und Eckle jedes Einzelnen der Gesellschaft in eine einzige Karikatur zusammendrängen. Bald darauf sah man ihn auch unter den Musikanten eben so mit Leib und Seele die Geige streichen. Das ist ein höchst seltsamer Gesell, sagte Leontin, und verwendete kein Auge von ihm. Es ist doch ein sonderbares Gefühl, erwiderte Friedrich nach einer Weile, so draußen aus der weiten, stillen Einsamkeit auf einmal in die bunte Lust der Menschen hineinzuschen, ohne ihren inneren Zusammenhang zu kennen; wie sie sich, gleich Marionetten, voreinander verneigen und beugen, lachen und die Lippen bewegen, ohne daß wir hören, was sie sprechen. – O, ich könnte mir, sagte Leontin, kein schauerlicheres und lächerlicheres Schauspiel zugleich wünschen, als eine Bande Musikanten, die recht eifrig und in den schwierigsten Passagen spielten, und einen Saal voll Tanzender dazu, ohne daß ich einen Laut von der Musik vernähme. – Und hast du dieses Schauspiel nicht im Grunde täglich? entgegnete Friedrich. Gestikulieren, quälen und mühen sich nicht überhaupt alle Menschen ab, die eigentümliche Grundmelodie äußerlich zu gestalten, die jedem in tiefster Seele mitgegeben ist, und die der eine mehr, der andere weniger und keiner ganz auszudrücken vermag, wie sie ihm vorschwebt? Wie weniges verstehen wir von den Taten, ja, selbst von den Worten eines Menschen! – Ja, wenn sie erst Musik im Leibe hätten! fiel ihm Leontin lachend in's Wort. Aber die meisten fingern wirklich ganz ernsthaft auf Hölzchen ohne Saiten, weil es einmal so hergebracht ist und das vorliegende Blatt heruntergespielt werden muß; aber das, was das ganze Handtieren eigentlich vorstellen soll, die Musik selbst und Bedeutung des Lebens, haben die närrischgewordenen Musikanten darüber vergessen und verloren.

In diesem Augenblicke kam ein neues Paar bei dem Fenster angeflogen, alles machte ehrerbietig Platz und sie erblickten ein wunderschönes Mädchen, das sich durch seinen Anstand vor allen den anderen auszeichnete. Sie lehnte lächelnd die zarte, glühende Wange an die Fensterscheibe, um sie abzukühlen. Darauf öffnete sie gar das Fenster, teilte zierlich ihre Haare, durch die ein Rosenkranz geflochten war, nach beiden Seiten über die Stirne, und schaute, so, wie in Gedanken versunken, lange in die Nacht hinaus. – Leontin und Friedrich waren ihr dabei so nahe, daß sie ihren Atem hören konnten; ihre stillen, großen Augen, in deren feuchtem Spiegel der Mond widerglänzte, standen grade vor ihnen. Wo ist das Fräulein? rief auf einmal eine Stimme von innen, und das Mädchen wendete sich um und verlor sich unter den Menschen. – Leontin sagte: Ich möchte den Baum schütteln, daß er bis in die Wurzeln vor Freude beben sollte, ich möchte hier in's offene Fenster hineinspringen und tanzen, bis die Sonne aufginge, ich möchte wie ein Vogel von dem Baume fliegen über Berge und Wälder! – Zwei ältliche Herren unterbrachen diese Ausrufungen, indem sie sich zum Fenster hinauslehnten. Ihr Gespräch, so ruhig wie ihre Gesichter, ergoß sich wie ein einförmiger, aber klarer Strom über die neuesten politischen Zeitbegebenheiten, von denen sie bald auf ihre Landwirtschaft ablenkten, und aus den Blitzen, die man in der Ferne am wolkenlosen Himmel erblickte, ein günstiges Erntewetter prophezeiten.

Unterdes hatte die Musik aufgehört, das Zimmer oben wurde leerer. Man hörte unten die Türe auf- und zugehen, verschiedene Parteien gingen bei dem schönen Mondscheine im Garten auf und nieder, und auch die beiden alten Herren verschwanden von dem Fenster. Da kam ein junges Paar, ganz getrennt von den übrigen, langsam auf den Baum zugewandelt. Gott steh' uns bei, sagte Leontin, da kommen gewiß Sentimentalische, denn sie wandeln so schwebend auf den Zehen, wie einer, der gern fliegen möchte und nicht kann. Sie waren indes schon so nahe gekommen, daß man verstehen konnte, was sie sprachen. Haben Sie, fragte der junge Mann, das neueste Werk von Lafontaine gelesen? Ja, antwortete das Mädchen, in einer ziemlich bäuerischen Mundart, ich habe es gelesen, mein ädler Freund! und es hat mir Tränen entlockt, Tränen, wie sie jeder Fühlende gern weint. Ich bin so froh, fuhr sie nach einer kleinen Pause fort, daß wir aus dem Schwarm, von den lärmenden, unempfindlichen Menschen fort sind; die rauschenden Vergnügungen sind gar nicht meine Sache, es ist da gar nichts für das Herz. *Er.* O, daran erkenne ich ganz die schöne Seele! Aber Sie sollten sich der süßen Melancholie nicht so stark ergeben, die edlen Empfindungen greifen den Menschen zu sehr an. – Sie sieht aber doch, flüsterte Friedrich, blitzgesund aus und voll zum Aufspringen. Das kommt eben von dem angreifen, meinte Leontin. – *Er.* Ach, in wenigen Stunden scheidet uns das eiserne Schicksal wieder, und Berge und Täler liegen zwischen zwei gebrochnen Herzen. *Sie.* Ja, und in dem einen Tale ist der Weg immer so kotig und kaum zum durchkommen. *Er.* Und an meinem neuen schönen Parutsch grade auch ein Rad gebrochen. – Aber genießen wir doch die schöne Natur! An ihrem Busen werd' ich so warm! *Sie.* O ja. *Er.* Es geht doch nichts über die Einsamkeit für ein sanftes, überfließendes Herz. Ach! die kalten Menschen verstehen mich gar nicht! *Sie.* Auch Sie sind der einzige, mein ädler Freund, der mich ganz versteht. Schon lange habe ich Sie im Stillen bewundert, diesen – wie soll ich sagen? – diesen ädlen Charakter, diese schönen Sentimentre – Sentiments wollen Sie sagen, fiel Er ihr in's Wort, und rückte sich mit eitler Wichtigkeit zusammen.

O Jemine! flüsterte Leontin wieder, mir juckt der Ädelmut schon in allen Fingern, ich dächte, wir prügeln ihn durch.

Die beiden Sentimentalischen hatten einander indes mit den Armen umschlungen, und sahen lange stumm in den Mond. Nun sitzt die Unterhaltung auf dem Sande, sagte Leontin, der Witz ist im abnehmenden Monde. Aber zu seiner Verwunderung hub Er von neuem an: O heilige Melankolie! du sympathetische Harmonie gleichgestimmter Seelen! So rein, wie der Mond dort oben, ist unsere Liebe! Während des fing er an, heftig an dem Busenbande des Mädchens zu arbeiten, die sich nur wenig sträubte. Nun, sagte Leontin, sind sie in ihre eigentliche Natur zurückgefallen, der Teufel hat die Poesie geholt. Das ist ja ein verwetterter Schuft, rief Friedrich, und fing oben auf seinem Baume an ganz laut zu singen. Die Sentimentalischen sahen sich eine Weile erschrocken nach allen Seiten um, dann nahmen sie in der größten Verwirrung Reißaus. Leontin schwang sich lachend, wie ein Wetterkeil, vom Baume hinter ihnen drein und verdoppelte ihren Schreck und ihre Flucht.

Unsere Reisenden waren nun wahrscheinlich verraten und mußten also auf einen klugen Rückzug bedacht sein. Sie zogen sich daher auf den leeren Gängen des Gartens an den

Spazierengehenden vorüber, und wurden so, vom Dunkel begünstigt, von allen entweder übersehen, oder für Ballgäste gehalten.

Als sie, schon nahe am Ausgange, eben um die Ecke eines Ganges umbeugen wollten, stand auf einmal das schöne Fräulein, die mit einer Begleiterin von der anderen Seite kam, dicht vor ihnen. Der Mondschein fiel grade sehr hell durch eine Öffnung der Bäume und beleuchtete die beiden schönen Männer. Das Fräulein blieb mit sichtbarer Verwirrung vor ihnen stehen. Sie grüßten sie ehrerbietig. Sie dankte verlegen mit einer tiefen, zierlichen Verbeugung, und eilte dann schnell wieder weiter. Aber sie bemerkten wohl, daß sie sich in einiger Entfernung noch einmal flüchtig nach ihnen umsah.

Sie kehrten nun wieder in ihr Wirtshaus zurück, wo sie bereits alles zu einer guten Nacht vorbereitet fanden. Leontin war unterwegs voller Gedanken und stiller als gewöhnlich. Friedrich stellte sich oben noch an das offene Fenster, von dem man das stille Dorf und den gestirnten Himmel übersah, verrichtete sein Abendgebet und legte sich schlafen. Leontin aber nahm die Guitarre und schlenderte langsam durch das nächtliche Dorf. Nach verschiedenen Umwegen kam er wieder an den Garten. Da war unterdes alles leer geworden und totenstill, in der Wohnung des Pächters alle Lichter verlöscht und die ganze laute, fröhliche Erscheinung versunken. Ein leichter Wind ging rauschend durch die Wipfel des einsamen Gartens, hin und wieder nur bellten Hunde aus entferntern Dörfern über das stille Feld. Leontin setzte sich auf den Gartenzaun hinauf und sang:

> Der Tanz, der ist zerstoben,
> Die Musik ist verhallt,
> Nun kreisen Sterne droben,
> Zum Reigen singt der Wald.
>
> Sind alle fortgezogen,
> Wie ist's nun leer und tot!

Du rufst vom Fensterbogen:
»Wann kommt der Morgen rot!«

Mein Herz möcht' mir zerspringen,
Darum so wein' ich nicht,
Darum so muß ich singen
Bis daß der Tag anbricht.

Eh' es beginnt zu tagen:
Der Strom geht still und breit,
Die Nachtigallen schlagen,
Mein Herz wird mir so weit!

Du trägst so rote Rosen,
Du schaust so Freudenreich,
Du kannst so fröhlich kosen,
Was stehst Du still und bleich?

Und laß sie geh'n und treiben
Und wieder nüchtern sein,
Ich will wohl bei Dir bleiben!
Ich will Dein Liebster sein!

Das schöne Fräulein war in dem Hause des Pächters über Nacht geblieben. Sie stand halbentkleidet an dem offenen Fenster, das auf den Garten hinausging. Wer mögen wohl die beiden Fremden sein? sagte sie gleichgültigscheinend zu ihrer Jungfer. – Ich weiß es nicht, aber ich möchte mich gleich fortschleichen und noch heute im Wirtshause nachfragen. – Um Gotteswillen, tu' das nicht, sagte das Fräulein erschrocken, und hielt sie ängstlich am Arme fest. – Morgen ist es zu spät. Wenn die Sonne aufgeht, sind sie gewiß längst wieder über alle Berge. – Ich will schlafen geh'n, sagte das Fräulein, ganz in Gedanken versunken. Gott weiß, wie es kommt, ich bin heut so müde und doch so munter. – Sie ließ sich darauf entkleiden und legte sich nieder. Aber sie schlief nicht, denn das Fenster blieb offen und Leontins verführerische Töne stiegen die ganze Nacht wie auf goldenen Leitern in die Schlafkammer des Mädchens ein und aus.

SIEBENTES KAPITEL

Stand ein Mädchen an dem Fenster,
Da es draußen Morgen war,
Kämmte sich die langen Haare,
Wusch sich ihre Äuglein klar.

Sangen Vöglein aller Arten,
Sonnenschein spielt' vor dem Haus,
Draußen über'n schönen Garten
Flogen Wolken weit hinaus.

Und sie dehnt' sich in den Morgen,
Als ob sie noch schläfrig sei,
Ach, sie war so voller Sorgen,
Flocht ihr Haar und sang dabei:

Wie ein Vöglein hell und reine,
Ziehet draußen muntre Lieb',
Lockt hinaus zum Sonnenscheine,
Ach, wer da zu Hause blieb'!

* *
*

Die Morgensonne traf unsere Reisende schon wieder draußen zu Pferde, und das Dorf, wo sie übernachtet, lag dampfend hinter ihnen. Leontin hatte bereits im Wirtshause erfahren, daß das schöne Fräulein die Tochter eines in der Nähe reichbegüterten Edelmannes sei, welcher, wie er sich sehr wohl erinnerte, mit seinem Vater in ganz besonders freundschaftlichen Verhältnissen gestanden hatte. Es wurde daher beschlossen, bei ihm einzusprechen.

Gegen Abend erblickten sie das Schloß des Herrn v. A.,

das aus einem freundlichreichen Chaos von Gärten und hohen Bäumen friedlich hervorragte. Sie ritten langsam zwischen hohen Kornfeldern hin. Die Sonne, die sich eben zum Untergange neigte, warf ihre Strahlen schief über die Fläche und spielte lustig in den nickenden Ähren. Ein fröhliches Singen und Wirren verschiedener Stimmen lenkte bald die Augen der beiden Reiter von der ruhigen Landschaft vor ihnen ab, und sie erblickten seitwärts in einiger Entfernung vom Wege ein weites Feld, wo man so eben mit der Ernte begriffen war. Eine lange Reihe von Arbeitern wimmelte lustig durcheinander, der laute Ruf der Merker erschallte von Zeit zu Zeit dazwischen, und schwerbeladene Wagen zogen langsam und knarrend dem Dorfe zu. Im Hintergrunde dieses Gewimmels sah man eine bunte Gruppe von vornehmen Personen gelagert, die den Arbeitern zusahen und unter denen Leontin sogleich das schöne Fräulein wieder erkannte. Mitten unter ihnen ragte eine höchstseltsame Figur hervor. Ein hagerer Mann nämlich, in einem langen, weißen Mantel saß auf einem hochbeinigten Schimmel, der den Kopf fast auf die Erde hängen ließ. Von dieser seiner Rosinante teilte die abenteuerliche Gestalt, im Tone einer Predigt, Befehle an die Bauern aus, worauf jedesmal ein lautes Gelächter erfolgte.

Leontin und Friedrich zweifelten nicht, daß jene Zuschauer die Herrschaft des Ortes seien, und da sie bemerkten, daß bereits alle Augen auf sie gerichtet waren, so übergaben sie ihre Pferde an Erwin und eilten, sich selber der Gesellschaft vorzustellen. Herr v. A. und seine Schwester, die sich seit dem Tode ihres Mannes beim Bruder aufhielt, errinnerten sich sogleich der ehemaligen freundschaftlichen Verhältnisse zwischen den beiden Häusern, und drückten ihre Freude, Leontin und seinen Freund bei sich zu sehen, mit den aufrichtigsten Worten aus. Das Fräulein wurde bei ihrer Ankunft über und über rot und wagte nicht, die Augen aufzuschlagen, denn sie erkannte beide recht gut wieder. Neben ihr stand ein ziemlich junger, bleicher Mann, in dem sie sogleich dieselbe Gestalt wiedererkannten, die gestern mit so einer ironischen Wut getanzt und musiziert hatte. Seine auffallenden Gesichtszüge hatten sich tief in Leontins Gedächtnis gedrückt. Aber es war heut gar keine Spur von Gestern an ihm, er schien ein ganz anderer Mensch. Er sah schlicht, still und traurig und war verlegen im Gespräche. Es war ein Theolog, der, zu arm, seine Studien zu vollenden, auf dem Schlosse des Herrn v. A. Unterhalt, Freunde und Heimat gefunden und dafür die Leitung des Schulwesens auf den sämtlichen Gütern übernommen hatte. Der Ritter von der traurigen Gestalt dagegen schaute von seinem Schimmel während dem Empfange und der ersten Unterhaltung so unheimlich und komisch darein, daß Leontin gar nicht von ihm wegseh'n konnte. Jeder Bauer, den seine Arbeit an ihm vorüberführte, gesegnete die Gestalt mit einem tüchtigen Witze, wobei sich jener immer heftig verteidigte. Leontin erhielt sich nur noch mit vieler Mühe, sich mit darein zu mischen, als die Tante endlich die Gesellschaft aufforderte, sich nach Hause zu begeben, und alles aufbrach. Die sonderbare Gestalt setzte sich nun voraus im Galopp. Er schlug dabei mit beiden Füßen unaufhörlich in die Rippen des Kleppers und sein weißer Mantel rauschte in seiner ganzen Länge in den Lüften hinter ihm drein. Die Bauern riefen ihm sämtlich ein freudiges Hurra nach. Herr v. A., der die Verwunderung der beiden Gäste bemerkte, sagte lachend: Das ist ein armer Edelmann, der vom Stegreif lebt, ein irrender Ritter, der von Schloß zu Schloß zieht und uns besonders oft heimsucht, ein Hofnarr für alle, die ihn ertragen können, halb närrisch und halb gescheid.

Als sie durch's Dorf gingen, wurden sie von allen Seiten nicht nur mit dem Hute, sondern auch mit freundlichen Worten und Mienen begrüßt, welches immer ein gutmütiges und natürliches Verhältnis zwischen der Herrschaft und ihren Bauern verrät. Sie kamen endlich an das Schloß und übersahen auf einmal einen weiten, freundlichen und fröhlich wimmelnden Hof. Alles war geschäftig, nett und ordentlich und beurkundete eine tätige Hauswirtin. Friedrich äußerte diese Bemerkung, wodurch sich die Tante ungemein geschmeichelt zu finden schien. Sie konnte ihre Freude darüber so wenig verbergen, daß sie sogleich anfing, sich mit einer Art von Wohlbehagen über ihre häuslichen Einrichtungen und die Vergnügungen der Landwirtschaft auszubreiten. Das Schloß selbst war neu, sehr heiter, licht und angenehm, das Hausgerät in den gemütlichen Zimmern ohne besondere Wahl gemischt und sämtlich wie aus einer unlängst vergangenen Zeit.

Der Tisch in dem großen, geräumigen Tafelzimmer wurde gedeckt und man setzte sich bald fröhlich zum Abendessen. Die Unterhaltung blieb anfangs ziemlich stockend, steif und gezwungen, wie dies jederzeit in solchen Häusern der Fall ist, wo, aus Mangel an vielseitigen, allgemeinen Berührungen mit der Auswelt, eine gewisse feste, ungelenke Gewohnheit des Lebens Wurzel geschlagen hat, die durch das plötzliche Eindringen wildfremder Erscheinungen, auf die ihr ewig gleichförmiger Gang nicht berechnet ist, immer eher verstimmt als umgestimmt wird. Herr v. A., ein langer, ernster Mann, in seiner Kleidung fast pedantisch, sprach wenig. Desto mehr führte seine Schwester das hohe Wort. Sie war eine lebhafte, regsame Frau, wie man zu sagen pflegt, in den besten Jahren, eigentlich aber grade in den schlimmsten. Denn ihre Gestalt und unverkennbar schönen Gesichtszüge fingen so eben an, auf ein vergangenes Reich zu deuten. In dieser gefährlichen Sonnenwende steigt die Schönheit mürrisch, launisch und zankend von ihrem irdischen Throne, wo sie ein halbes Leben lang geherrscht, in die öde, freudenlose Zukunft, wie in's Grab. Wohl denen seltenen größeren Frauen, welche die Zeit nicht versäumten, sondern im ruhigen, gesammelten Gemüte sich eine andere Welt der Religion und Sanftmut erbauten! Sie verwechseln nur die Thronen und werden ewig lieben und geliebt werden.

Das Gespräch fiel während der Tafel auch auf die Erziehung der Kinder, ein Kapitel, von dem fast alle Weiber am liebsten sprechen und am wenigsten verstehen. Die Tante, die nur auf eine Gelegenheit gepaßt hatte, ihren Geist vor den beiden Fremden glänzen zu lassen, verbreitete sich darüber in dem gewöhnlichen Tone von Aufklärung, Bildung, feiner Sitten u. s. w. Zu ihrem Unglück aber fiel es dem irrenden Ritter, der unterdes ganz unten an der Tafel mit Leib und Seele gegessen hatte, ein, sich mit in das Gespräch zu mischen. Gerade als sie sich in ihren Redensarten eben am wohlsten gefiel, fuhr er höchstkomisch mit Wahrheiten darein, die aber alle so ungewöhnlich und abenteuerlich ausgedrückt waren, daß Friedrich und Leontin nicht wußten, ob sie mehr über die Schärfe seines Geistes oder über seine Verrücktheit erstaunen sollten. Besonders brach Leontin in ein schadenfrohes Gelächter aus. Die Tante, der es nicht an vielseitigen Talenten gebrach, um seine Verrücktheiten nicht ohne Salz zu finden, warf ihm unwillige Blicke zu, worauf sich jener in einem philosophischen Bombast von Unsinn verteidigte und endlich selber in ein albernes Lachen ausbrach. Sie hatte aber doch das Spiel verspielt; denn beide Gäste, besonders Leontin, spürten bereits eine gewisse Kameradschaft mit dem rätselhaften irrenden Ritter in sich.

Als endlich die Tafel aufgehoben wurde, mußte Fräulein Julie noch ihre Geschicklichkeit auf dem Klaviere zeigen, welches sie ziemlich fertig spielte. Während des hatte die Tante Friedrich'n bei Seite genommen, und erzählte ihm, wie sehr sie bedaure, ihre Nichte nicht frühzeitig in die Residenz in irgend ein Erziehungshaus geschickt zu haben, wo allein junge Frauenzimmer das gewisse Etwas erlernten, welches zum geselligen Leben so unentbehrlich sei. Ich bin der Meinung, antwortete ihr Friedrich, daß jungen Fräulein grade das Landleben am besten fromme. In jenen berühmten Instituten wird durch Eitelkeit und heillose Nachahmungssucht die kindliche Eigentümlichkeit jedes Mädchens nur verallgemeinert und verdorben. Die arme Seele wird nach einem Modelle, das für alle passen soll, so lange dressiert und gemodelt, bis am Ende davon nichts übrig bleibt, als das leere Modell. Ich versichere, ich will alle Mädchen aus solchen Instituten sogleich an ihrer Wohlerzogenheit erkennen, und wenn ich sie anrede, weiß ich schon im Voraus, was sie mir antworten werden, was für ein Schlag von Witz oder

Spaß erfolgen muß, was sie für kleine Lieblingslaunen haben u. s. w. Die Tante lachte, ohne jedoch eigentlich zu wissen, was Friedrich mit alle dem meine.

Unterdes hatte das Fräulein ein Volkslied angefangen. Die Tante unterbrach sie schnell und ermahnte sie, doch lieber etwas vernünftiges und sanftes zu singen. Leontin aber, den dabei seine Laune überwältigte, setzte sich statt des Fräuleins hin und sang sogleich aus dem Stegreif ein zärtliches Lied so übertrieben und süßlich, daß Friedrich'n fast übel wurde. Fräulein Julie sah ihn groß an und war dann während seines ganzen Gesanges in tiefe Gedanken versunken. – Erst spät begab man sich zur Ruhe.

Das Schlafzimmer der beiden Gäste war sehr nett und sauber zubereitet, die Fenster gingen auf den Garten hinaus. Eine geheimnisvolle Aussicht eröffnete sich dort über den Garten weg in ein weites Tal, das in stiller, nächtlicher Runde vor ihnen lag. In einiger Ferne schien ein Strom zu gehen, Nachtigallen schlugen überall aus den Tälern herauf. Das muß hier eine schöne Gegend sein, sagte Leontin, indem er sich zum Fenster hinauslehnte. Sie kommt mir vor, wie die Menschen hier im Hause, entgegnete Friedrich. Wenn ich in einen solchen abgeschlossenen Kreis von fremden Menschen hineintrete, ist es mir immer, als sähe ich von einem Berge in ein unbekanntes, weites, nächtliches Land. Da gehen stille breite Ströme, und tausend verborgene Wunder liegen seltsam zerstreut und die fröhliche Seele dichtet bunte, lichte, glückliche Tage in die verworrene Dämmerung hinein. Ich habe oft gewünscht, daß ich die meisten Menschen niemals zum zweitenmale wiedersehen und näher kennen lernen dürfte, oder daß ich immer aufgeschrieben hätte, wie mir jeder zum erstenmale vorkam. – Wahrhaftig, fiel ihm Leontin lachend in's Wort, sprichst du doch, als wärst du von neuem verliebt. Aber du hast ganz recht, mir ist eben so zu Mute, und es ist nur schade um ein redliches Herz, das durch eine immerwährende Täuschung so entherzt wird. Denn wenn in jene schöne, ungewisse Nacht der ersten Bekanntschaft nach und nach der Tag anfängt herüberzuschielen und die nüchternen Hähne krähen, da schleicht ein wunderbarer Geist nach dem anderen abseits; was in der Nacht wie ein dunkler Riese dastand, wird ein krummer Baum, das Tal, das aussah wie eine umgeworfene, uralte römische Stadt, wird ein gemeines Ackerfeld und das ganze Märchen nimmt ein schales Ende. Ich könnte so fromm sein, wie ein Lämmchen und niemals eine Anwandlung von Witz verspüren, wenn nicht alles so dumm ginge. – Friedrich sagte darauf: Nimm dich in Acht mit deinem Übermute! Es ist leicht und angenehm, zu verspotten, aber mitten in der Täuschung den großen, herrlichen Glauben an das Bessere fest zu halten, und die anderen mit feurigen Armen emporzuheben, das gab Gott nur seinen liebsten Söhnen. – Ich sage dir in vollem Ernst, erwiderte Leontin ungemein liebenswürdig, du wirst mich noch einmal ganz bekehren, du seltsamer Mensch. Gott weiß es wohl, mir fehlt noch viel, daß ich gut wäre. –

Am Morgen strahlte die Gegend in einem zauberischen Glanze in ihre Fenster herauf. Sie eilten in den Garten hinab, wo sie nicht wenig über die Schönheit der Landschaft erstaunten. Der Garten selbst stand auf einer Reihe von Hügeln, wie eine frische Blumenkrone über der grünen Gegend. Von jedem Punkte desselben hatte man die erheiternde Aussicht in das Land, das wie in einem Panorama ringsherum ausgebreitet lag. Nirgends bemerkte man weder eine französische noch englische durchgreifende Regel, aber das Ganze war ungemein erquicklich, als hätte die Natur aus fröhlichem Übermute sich selber aufschmücken wollen.

Herr v. A. und seine Schwester, letztere, wie wir später sehen werden, wohl nicht ohne besondere Absicht, baten ihre Gäste recht herzlich und dringend, längere Zeit bei ihnen zu verweilen, und beide willigten gern in den angenehmen Aufenthalt. Doch erst, als die allmähliche Gewohnheit des Zusammenlebens ihnen das Bürgerrecht des Hauses erteilt hatte, empfanden sie die Wohltat des stillen, gleichförmigen häuslichen Lebens und labten sich an diesem immer neu erfreulichen Schauspiele, das über gutgeartete Gemüter eine Ruhe und einen gewissen festen Frieden verbreitet, den viele ein Leben lang in der bunten Weltlust oder in der Wissenschaft selber vergebens suchen.

Wenn die Sonne über den Gärten, Bergen und Tälern aufging, flog auch schon alles aus dem Schlosse nach allen Seiten aus. Herr v. A. fuhr auf die Felder, seine Schwester und das Fräulein hatten im Hofe zu tun und wurden gewöhnlich erst gegen Mittag in reinlichen, weißen Kleidern sichtbar. Friedrich und Leontin wohnten eigentlich den ganzen Vormittag draußen in dem schönen Garten. Auf Friedrich hatte das stille Leben den wohltätigsten Einfluß. Seine Seele befand sich in einer kräftigen Ruhe, in welcher allein sie, gleich dem unbewegten Spiegel eines Sees, im Stande ist, den Himmel in sich aufzunehmen. Das Rauschen des Waldes, der Vogelsang rings um ihn her, diese seit seiner Kindheit entbehrte grüne Abgeschiedenheit, alles rief in seiner Brust jenes ewige Gefühl wieder hervor, das uns wie in den Mittelpunkt alles Lebens versenkt, wo alle die Farbenstrahlen, gleich Radien, ausgeh'n und sich an der wechselnden Oberfläche zu dem schmerzlichschönen Spiele der Erscheinung gestalten. Alles Durchlebte und Vergangene geht noch einmal ernster und würdiger an uns vorüber, eine überschwengliche Zukunft legt sich, wie ein Morgenrot, blühend über die Bilder und so entsteht aus Ahnung und Erinnerung eine neue Welt in uns und wir erkennen wohl alle die Gegenden und Gestalten wieder, aber sie sind größer, schöner und gewaltiger und wandeln in einem anderen, wunderbaren Lichte. Und so dichtete hier Friedrich unzählige Lieder und wunderbare Geschichten aus tiefster Herzenslust, und es waren fast die glücklichsten Stunden seines Lebens.

Oft besuchte ihn dort Herr v. A. in seiner Werkstatt, doch immer nur auf kurze Zeit, um ihn nicht zu stören; denn er schien eine heilige Scheu vor allem zu haben, womit es einem Menschen Ernst war, obschon er, wie Friedrich aus mehreren Äußerungen bemerkt hatte, insbesondere von der Dichtkunst gar nichts hielt. Er war einer von jenen, die, durch einseitige Erziehung und eine Reihe schmerzlicher Erfahrungen ermüdet, den lebendigen Glauben an Poesie, Liebe,

Heldenmut und alles Große und Ungewöhnliche im Leben aufgegeben haben, weil es sich so ungefüge gebärdet und nirgends mehr in die Zeit hineinpassen will. Zu überdrüssig, um sich diese Rätsel zu lösen, und doch zu großmütig, um sich in das wichtigtuende Nichts der anderen einzulassen, ziehen sich solche Menschen nach und nach kalt in sich selbst zurück und erklären zuletzt alles für eitel und Affektation. Daher liebte er die beiden Gäste, welche seine meist sehr genialen Bemerkungen, mit denen er das Erbärmliche aller Affektation auf die höchste Spitze des Lächerlichen zu stellen pflegte, immer sogleich verstanden und würdigten. Überhaupt waren ihm diese beiden eine ganz neue Erscheinung, die ihn oft in seiner Apathie irre machte, und er gewann während ihres Aufenthaltes auf dem Schlosse eine ungewöhnliche Heiterkeit und Lust an sich selber. Übrigens war er bis zur Sonderbarkeit einfach, redlich und gutmütig und Friedrich liebte ihn unaussprechlich.

Fräulein Julie fuhr fort, ihre Tante in den häuslichen Geschäften mit der strengsten Ordnung zu unterstützen. Sonst war sie still und wußte sich eben so wenig wie ihr Vater in die gewöhnliche Unterhaltung zu finden, worüber sie oft von der Tante Vorwürfe anhören mußte. Doch verbreitete die beständige Heiterkeit und Klarheit ihres Gemütes einen unwiderstehlichen Frühling über ihr ganzes Wesen. Leontin, den ihre Schönheit vom ersten Augenblicke an heftig ergriffen hatte, beschäftigte sich viel mit ihr, sang ihr seine phantastischen Lieder vor oder zeichnete ihr Landschaften voll abenteuerlicher Karikaturen und Bäumen und Felsen, die immer aussahen, wie Träume. Aber er fand, daß sie gewöhnlich nicht wußte, was sie mit alle dem anfangen sollte, daß sie grade bei Dingen, die ihn besonders erfaßten, fast kalt blieb. Er begriff nicht, daß das heiligste Wesen des weiblichen Gemütes in der Sitte und dem Anstande bestehe, daß ihm in der Kunst, wie im Leben, alles Zügellose ewig fremd bliebe. Er wurde daher gewöhnlich ungeduldig und brach dann in seiner seltsamen Art in Witze und Wortspiele aus. Da aber das Fräulein wieder viel zu unbelesen war, um diese

Sprünge seines Geistes zu verfolgen und zu verstehen, so führte er, statt zu belehren, einen immerwährenden Krieg in die Luft mit einem Mädchen, dessen Seele war wie das Himmelblau, in dem jeder fremde Schall verfliegt, das aber in ungestörter Ruhe aus sich selber den reichen Frühling ausbrütet.

Desto besser schien das Fräulein mit Friedrich zu stehen. Diesem erzählte sie zutraulich mit einer wohltuenden Bestimmtheit und Umsicht von ihrem Hauswesen, ihrer beschränkten Lebensweise, zeigte ihm ihre bisherige Lektüre aus der Bibliothek ihres Vaters, die meistenteils aus fabelhaften Reisebeschreibungen und alten Romanen aus dem Englischen bestand, und tat dabei unbewußt mit einzelnen, abgerissenen, ihr ganz eignen Worten oft Äußerungen, die eine solche Tiefe und Fülle des Gemütes aufdeckten, und so seltsam weit über den beschränkten Kreis ihres Lebens hinausreichten, daß Friedrich oft erstaunt vor ihr stand und durch ihre großen, blauen Augen in ein Wunderreich hinunterzublicken glaubte. Leontin sah sie oft Stundenlang so zusammen im Garten gehen und war dann gewöhnlich den ganzen Tag über ausgelassen, welches bei ihm immer ein schlimmes Zeichen war.

Der schöne Knabe Erwin, der mit einer unbeschreiblichen Treue an Friedrich hing, behielt indes auch hier seine Sonderbarkeiten bei. Er hatte ebenfalls seinen Wohnplatz in dem Garten aufgeschlagen und war noch immer nicht dahin zu bringen, eine Nacht im Hause zu schlafen. Leontin hatte für ihn eine eigne phantastische Tracht ausgesonnen, so viel auch die Tante, die es sehr ungereimt fand, dagegen hatte. Eine Art von spanischem Wams nämlich, himmelblau mit goldenen Kettchen, umschloß den schlanken Körper des Knaben. Den weißen Hals trug er bloß, ein zierlicher Kragen umgab den schönen Kopf, der mit seinen dunklen Locken und schwarzen Augen wie eine Blume über dem bunten Schmucke ruhte. Da Friedrich hier weniger zerstreut war, als sonst, so widmete er auch dem Knaben eine besondere Aufmerksamkeit. Er entdeckte in wenigen Gesprächen bald an

Schärfe und Tiefe eine auffallende Ähnlichkeit seines Gemütes mit Julien. Nur mangelte bei Erwin das ruhige Gleichgewicht der Kräfte, die alles beleuchtende Klarheit ganz und gar. Im verborgensten Grunde der Seele schien vielmehr eine geheimnisvolle Leidenschaftlichkeit zu ruhen, die alles verwirrte und am Ende zu zerstören drohte. Mit Erstaunen bemerkte Friedrich zugleich, daß es dem Knaben durchaus an allem Unterrichte in der Religion gebreche. Er suchte daher seine frühesten Lebensumstände zu erforschen, aber der Knabe beharrte mit unbegreiflicher Hartnäckigkeit, ja mit einer Art von Todesangst auf seinem Stillschweigen über diesen Punkt. Friedrich ließ es sich nun ernstlich angelegen sein, ihn im Christentume zu unterrichten. Alle Morgen, wenn die Natur in ihrer Pracht vor ihnen ausgebreitet lag, saß er mit ihm im Garten, und machte ihn mit dem großen Wunderreichen Lebenswandel des Erlösers bekannt, und fand, ganz dem Gange der Zeit zuwider, das Gemüt des Knaben weit empfänglicher für das Verständnis des Wunderbaren als des Alltäglichen und Gewöhnlichen. Seit dieser Zeit schien Erwin innerlich stiller, ruhiger und selbst geselliger zu werden.

In Juliens Wesen war indes, seit die Fremden hier angekommen waren, eine unverkennbare Veränderung vorgegangen. Sie schien seitdem gewachsen und sichtbar schöner geworden zu sein. Auch fing sie an, sich mehrere Stunden des Tages auf ihrem Zimmer zu beschäftigen. Aus diesem Zimmer ging eine Glastüre auf den Garten hinaus; vor derselben standen auf einem Balkon eine Menge hoher, ausländischer Blumen, mitten in diesem Wunderreiche von Duft und Glanz saß ein bunter Papagei hinter goldenen Stäben. Hier befand sich Julie, wenn alles ausgegangen war, und las oder schrieb, während Erwin, draußen vor dem Balkon sitzend, auf der Guitarre spielte und sang. So fand sie Friedrich einmal, als er sie zu einem Spaziergange abholte, eben über einem Gemälde begriffen. Es war, wie er mit dem ersten Blicke flüchtig unterscheiden konnte, ein halbvollendetes Portrait eines jungen Mannes. Sie verdeckte es schnell, als er hereintrat, und sah ihn mit einem durchdringenden, rätselhaften Blicke an. – Sollte sie lieben? dachte Friedrich, und wußte nicht, was er davon halten sollte.

ACHTES KAPITEL

Es war festgesetzt worden, daß die ganze Familie eine kleine Reise auf ein Jagdgut des Herrn v. A. unternehmen sollte, das einige Meilen von dem Schlosse entfernt war. Am Morgen des bestimmten Tages wachte Friedrich sehr zeitig auf. Er stellte sich an's Fenster. Der Hof und die ganze Gegend lag noch ruhig, am fernen Horizonte fing bereits an, der Tag zu grauen. Nur zwei Jäger waren auch schon munter und putzten unten im Hofe die Gewehre. Sie bemerkten den Grafen nicht und schwatzten und lachten miteinander. Friedrich hörte dabei mit Verwunderung mehreremal Fräulein Julien nennen. Der eine Jäger, ein schöner junger Bursch, sang darauf mit heller Stimme ein altes Lied, wovon Friedrich immer nur die letzten Verse, womit sich jede Strophe schloß, verstand:

> Das Fräulein ist ein schönes Kind,
> Sie hat so munt're Augen,
> Die Augen so verliebet sind,
> Zu sonst sie gar nichts taugen.

Friedrich erschrak, denn er zweifelte nicht, daß das Lied Julien gelten sollte. Er überdachte das Benehmen des Fräuleins in der letzten Zeit, das Verstecken des Bildes und verschiedene hingeworfene Reden, und konnte sich selbst der Meinung nicht erwehren, daß sie verliebt sei; aber wen sie meinte, blieb ihm noch immer dunkel.

Unterdes hatte sich der Tag immer mehr und mehr erhoben, hin und wieder im Schlosse gingen schon Türen auf und zu, bis es endlich nach und nach lebendig wurde. Wer es weiß, was es heißt, ein so schwerfälliges Haus flott zu machen, der wird sich von dem Rumpelmorgen einen Begriff machen können, der nun begann. Wie auf einem Schiffe, das sich zu einer nahen Schlacht bereitet, verbreitete sich langsam wachsend ein dunkles Getöse von Eile und Geschäftigkeit durch's ganze Schloß, Betten, Koffer und Schachteln flogen aus einer Ecke in die andere, nur noch selten hörte man die Kommando-Trompete der Tante dazwischen tönen. Für Leontin waren diese feierlichen Vorbereitungen, die Wichtigkeit, mit der jeder sein Geschäft betrieb, ein wahres Fest. Unermüdlich befand er sich überall mitten im Gewühle und suchte unter dem Scheine der Hülfleistung die Verwirrung immer größer zu machen, bis er endlich durch seine zweideutigen Mienen den Zorn des gesamten Frauenzimmers dergestalt gegen sich empört hatte, daß er es für das rätlichste hielt, Reißaus zu nehmen.

Er setzte sich daher mit Friedrich und Viktor, so hieß der Theolog, zu Pferde und sie ritten auf das Gut hinaus. Viktor, der nun mit den beiden schon vertrauter und gesprächiger geworden war, schien alle Trübnis dahinten gelassen zu haben, als sie über die Berge ritten. Er war auf einmal ausgelassen lustig, und sie konnten nicht umhin, über den sonderbar wechselnden Menschen zu erstaunen, der besonders ganz nach Leontins Geschmack war. Unterweges sahen sie den seltsamen irrenden Ritter, der schon lange wieder das Schloß verlassen hatte, in der Ferne auf seinem Gaule über ein Ackerfeld hinwegstolpern. Viktor'n brachte dieser Anblick ganz außer sich vor Freude. Er rief ihm sogleich mit geschwenktem Hute zu. Da aber jener, statt still zu halten, seinen Gaul vielmehr in Trab setzte, um ihnen zu entkommen, so drückte er sogleich die Sporen ein und machte Jagd auf ihn. Er hatte ihn bald eingeholt und brachte ihn unter einem heftigen und lauten Wortwechsel mit sich zurück. Um diese Eroberung vermehrt, zogen sie nun fröhlich weiter und erblickten nach einigen Stunden endlich das Gut des Herrn v. A. als sie auf einer Anhöhe plötzlich aus dem Walde herauskamen. Das kleine Schloß mit seinem netten Hofe lag mitten in einem einsamen Tale, rings umher von Tannenwäldern umschlossen. Leontin, den diese tiefe Einsamkeit überraschte, blieb in Gedanken stehen und sagte: Wie fürchterlich schön, hier mit einem geliebten Weibe ein ganzes Leben lang zu wohnen! Ich möchte mich um alle Welt nicht verlieben.

Als sie unten in das Tal hinabzogen, bog auch schon auf der Höhe der Wagen des Herrn v. A. mit seinen vier Rappen um die Waldesecke herum und der Kutscher knallte lustig mit der Peitsche, daß es weit in die Wälder hineinschallte. Das Fräulein lehnte sich zum Wagen hinaus. Da reitet Er! rief sie auf einmal hastig. – Zum Glücke rollte der Wagen zu schnell hinab, und die Tante hatte es nicht gehört.

Am folgenden Morgen, da die Gesellschaft zur Jagd aufbrach, war Leontin schon lange draußen im Walde. Er hatte sich von den Jägern im allgemeinen die Gegend bezeichnen lassen, wo die Jagd gehalten werden sollte, und war noch vor Tagesanbruch allein vorausgeritten. Denn ihm waren alle die weitläufigen und schulgerechten Zurüstungen, die einer solchen allgemeinen Jagd immer vorherzugehen pflegen, in den Tod verhaßt. Er durchstrich daher an dem frischen Morgen allein die einsame Heide, wo ihn oft plötzlich durch eine Lichtung des Waldes die herrlichsten Aussichten überraschten und Stundenlang festbannten. So folgte er dem lustigen Jagdgewirre immer von weitem nach. Und wie unter ihm die Wälder rauchten, hin und wieder Schüsse fielen und zwischen dem Gebell der Hunde die Hörner von Zeit zu Zeit ertönten, da dichtete seine frische Seele unaufhörlich seltsame Lieder, die er sogleich sang, ohne jemals ein einziges aufzuzeichnen. Denn was er aufschrieb, daran verlor er sogleich die freie, unbestimmte Lust. Es war, als bräche das Wort unter seiner Hand die luftigen Schwingen. Er beherrschte nicht, wie der besonnene Dichter, das gewaltige Element der Poesie, der Glückliche wurde von ihr beherrscht.

Unterdes war die Sonne schon hoch über die Wipfel des Waldes gestiegen, nur noch hin und her gaben die Hunde einzelne Laute, kein Schuß fiel mehr und der Wald wurde auf einmal wieder still. Die Jäger durchstrichen das Revier und riefen mit ihren Hüfthörnern die zerstreuten Schützen von allen Seiten zusammen. So hatte sich nach und nach die Gesellschaft, außer Leontin, zusammengefunden und auf einer großen, schönen Wiese gelagert, die kühl und luftig zwischen den Waldbergen sich hinstreckte. Mehrere benachbarte Edelleute waren schon frühmorgens mit ihren Söhnen und Töchtern im Walde zur Jagd gestoßen und vermehrten nun den Trupp ansehnlich. Die Mädchen saßen, wie Blumen in einen Teppich gewirkt, mit ihren bunten Tüchern lustig im Grünen, reinlich gedeckte Tische mit Eßwaren und Wein standen schimmernd unter den kühlen Schatten, die Tante ging, alles fleißig und mit gutem Sinne ordnend, umher. Julie hatte, während Friedrichs und Leontins Aufenthalte auf dem Schlosse, den benachbarten Fräulein schon manches von den beiden Fremden geschrieben, vielerlei seltsame Dinge hatte der Ruf, der auf dem Lande alles Fremde um desto hungriger ergreift, je seltener es ihm kommt, zu ihnen getragen. Friedrich'n hatten sie nun kennen gelernt, aber seine ruhige, einfache Sitte befriedigte die jungen, neugierigen Seelen keineswegs. Und doch hatte ihnen Julie immer nur von ihm mit so vieler Wärme und Ausführlichkeit geschrieben, Leontinen aber bloß mit einigen flüchtigen Worten berührt, aus denen sie niemals recht klug werden konnten. – Auf einmal trat auch dieser gegenüber auf der Höhe aus dem Walde, und alle die jungen, schönen Augen flogen der hohen, schlanken Gestalt zu. Er konnte sich nicht enthalten, als er unter sich das bunte Lustlager erblickte, seinen Hut überm Kopfe zu schwenken. Man erwiderte von unten seine Begrüßung, wobei sich insbesondere Viktor wieder auszeichnete. Er warf seinen Hut mit fröhlicher Wut hoch in die Luft, ergriff schnell seine Büchse und schoß ihn so im Fluge, zu nicht geringem Schreck des sämtlichen Frauenzimmers, wieder herab.

Leontin war indes hinabgestiegen, und alles rückte sich nun um die reichbedeckten Tische zusammen. Die Jäger lagen, ihre Weinflaschen in der Hand, hin und her zerstreut, ihre Hunde lechzend neben ihnen auf den Boden hingestreckt. Der freie Himmel machte alle Herzen weit, der Wein blickte golden aus den hellgeschliffenen Gläsern, wie die Lust aus den glänzenden Augen, und ein fröhliches Durcheinandersprechen erfüllte bald die Luft. Unter den fremden Fräulein befand sich auch eine Braut, ein hübsches, junges, sehr munteres Mädchen. Ihr Bräutigam war ein schöner, schlanker Landjunker mit einem bedeutenden Gesicht voll Leben, um das es jammerschade war, daß es durch einige rohe Züge entstellt wurde. Er mußte sich auf das tumultuarische Andringen sämtlicher Alten feierlich neben seine Braut setzen, welches er auch ohne weiteres tat. Könnte ich's nur ein einzigesmal in meinem Leben so weit bringen, sagte Leontin zu Friedrich, so einen stattlichen, engelrechten Bräutigam vorzustellen! So eine öffentliche Brautschaft ist wie ein Wirtshaus mit einem abgeschabten Cupido am Aushängeschilde, wo jedermann aus- und eingehen und sein bißchen Witz blicken lassen darf.

Wehe der Braut, die unter lustige Trinker gerät! So wurde auch hier nach rechter deutscher Weise dem Brautpaare bald von allen Seiten mit kernigen Anhängen zugetrunken, wofür sich die junge Braut immer zierlich und errötend bedankte, indem sie jedesmal ebenfalls das Glas an den Mund setzte. Auch Leontin, der sich an dem allgemeinen Getümmel von guten und schlechten Einfällen ergötzte, und dem die feinen Lippen der Braut rosiger vorkamen, wenn sie sie in den goldenen Rand des Weines tauchte, setzte ihr tapfer zu und trank mehr als gewöhnlich.

Die alten Herren hatten sich indes in einen weitläufigen Diskurs über die Begebenheiten und Heldentaten der heutigen Jagd verwickelt, und konnten nicht aufhören zu erzählen, wie jener Hase so herrlich zu Schuß gekommen, wie jener Hund angeschlagen, der andere die Jagd dreimal gewendet u. s. w. Leontin, der auch mit in das Gespräch hineingezogen wurde, sagte: Ich liebe an der Jagd nur den frischen Morgen, den Wald, die lustigen Hörner und das gefährliche, freie, soldatische Leben. – Alle nahmen sogleich Partei gegen diesen ketzerischen Satz und überschrieen ihn heftig mit einem verworrenen Schwall von Widersprüchen. Die eigentlichen Jäger von Handwerk, fuhr Leontin lustig fort, sind die eigentlichen Pfuscher in der edlen Jägerei, Narren des Waldes, Pedanten, die den Waldgeist nicht verstehen; man sollte sie gar nicht zulassen, uns anderen gehört das schöne Waldrevier! Diese offenbare Kriegserklärung brachte nun vollends alles in Harnisch. Von allen Seiten fiel man laut über ihn her. Leontin, den der viele Wein und die allgemeine Fehde erst recht in seine Lustigkeit hineingesetzt hatte, wußte sich nicht mehr anders zu retten: er ergriff die Guitarre, die Julie mitgebracht, sprang auf seinen Stuhl hinauf und übersang die Kämpfenden mit folgendem Liede:

> Was wollt ihr in dem Walde haben,
> Mag sich die arme Menschenbrust
> Am Waldesgruße nicht erlaben,
> Am Morgenrot und grüner Lust?

> Was tragt ihr Hörner an der Seite,
> Wenn ihr des Hornes Sinn vergaßt,
> Wenn's euch nicht selbst lockt in die Weite,
> Wie ihr vom Berg' frühmorgens blast?

> Ihr werd't doch nicht die Lust erjagen,
> Ihr mög't durch alle Wälder geh'n;
> Nur müde Füß' und leere Magen –
> Mir möcht' die Jägerei vergeh'n!

> O nehmet doch die Schneiderelle,
> Guckt in der Küche in den Topf!
> Sonntags dann auf des Hauses Schwelle,
> Krau' euch die Ehefrau auf dem Kopf!

> Die Tierlein selber: Hirsch und Rehen,
> Was lustig haust im grünen Haus,
> Sie flieh'n auf ihre freien Höhen,
> Und lachen arme Wichte aus.

Doch, kommt ein Jäger, wohlgeboren,
Das Horn irrt, er blitzt rosenrot,
Da ist das Hirschlein wohl verloren,
Stellt selber sich zum lust'gen Tod.

Vor allen aber die Verliebten,
Die lad' ich ein zur Jägerlust,
Nur nicht die weinerlich Betrübten,
Die recht von frisch' und starker Brust.

Mein Schatz ist Königin im Walde,
Ich stoß' in's Horn, in's Jägerhorn!
Sie hört mich fern und naht wohl balde,
Und was ich blas', ist nicht verlor'n! –

Ich glaube, ich blase gar schon aus des Knaben Wunderhorn, unterbrach er sich hier selber und sprang schnell von seinem Stuhle. Die ganze Gesellschaft war durch das lustige Lied wieder mit ihm ausgesöhnt, der Streit war vergessen und von allen Seiten wurde auf die Gesundheit des Sängers getrunken.

Unterdes zog der seltsame Viktor, der sich während Leontins Gesang fortgeschlichen hatte, weil er kein Lied vertragen konnte, wo er nicht selbst mitsingen durfte, aller Augen auf ein neues Schauspiel. Er warf nämlich im Hintergrunde, um nicht bemerkt zu werden, zu seiner eignen Herzenslust die leeren Weinfäßchen in die Luft, während die Jäger alle nach denselben schießen mußten, welches nicht ohne das größte Geschrei ablief. Die Tante, welche keinen Rausch an Männern ertragen konnte, befürchtete eine allgemeine Anarchie und lud die Gesellschaft, um die erhitzten Gemüter zu zerstreuen, noch auf einige Stunden zu sich auf das Jagdschloß. Alles brach daher auf und bestieg den Wagen. Friedrich, Leontin und Viktor ritten wieder dem langen Zuge voran, den Ritter von der traurigen Gestalt in ihrer Mitte, dessen baufälliges Pferd die Jäger mit einem Baldachin von grünen Zweigen und jungen Bäumchen besteckt hatten, so daß er, gleich Münchhausen, wie unter einer Laube ritt.

Als sie auf dem Schlosse angekommen waren, wurden geschwind noch einige Musikanten, so gut sie hier zu bekommen waren, zusammengebracht, und man tanzte bis zur einbrechenden Nacht. Für Friedrich und Leontin, die, frühzeitig in die Welt hinausgestoßen, gewohnt waren, das Leben immer nur in großen, vollendeten Massen, gleichsam wie im Fluge, zu berühren, gewährte dieser kleine Kreis, wo fast alle mit einander verwandt nur Eine Familie bildeten, eine neue Erscheinung. Die erquickliche Art, wie die jungen Landfräulein immer mit Mund, Händen und den muntern Augen zugleich erzählten, ihre kleinen Manieren und unschuldige Koketterie, die Sorgfalt, mit welcher die Mütter nach jedem Tanze herumgingen und ihren artigen Kätzchen die Haare aus der heißen Stirne strichen und sie ermahnten, nicht kalt zu trinken, das lächelnde Wohlbehagen, mit dem eine jede alle Mienen Leontins und Friedrichs verfolgte, wenn sie sich mit ihren Töchtern gut zu unterhalten schienen, alles dies machte auf die beiden Fremden den sonderbarsten Eindruck, und sie hätten mit ihrem neuen und ungewöhnlichen Wesen heut viele Herzen erobern können, wenn der eine nicht zu großmütig, der andere nicht zu wild gewesen wäre.

Leontin walzte mit der niedlichen Braut. Sie tanzte außerordentlich leicht und schön, und, wie er so den schlanken, vollen Leib im Arme hatte, sah sie so unbeschreiblich frisch und reizend aus, daß er sich nicht enthalten konnte, das schöne Kind einigemal an sich zu drücken. Sie blickte heimlich lächelnd mit listigfragenden Augen unter den langen Wimpern zu ihm herauf. Sie konnten endlich beide vor Müdigkeit nicht mehr weiter fort und er tanzte daher mit ihr bis in die nächste Fensternische, wo sie zusammen auf die Stühle sanken.

Nach einiger Zeit sah er sie an einem anderen Fenster neben Fräulein Julien in ruhigem Gespräche sitzen. Er lehnte sich hinter ihnen an die Wand, ohne von ihnen bemerkt zu werden. Sie erzählte Julien, wann ihre Hochzeit sein werde, wieviel feine Wäsche sie mitbekomme, wie sie ihren kleinen Garten einrichten wollten u. s. w. Dort in dem Schlößchen unten, fuhr sie fort, werden wir wohnen. Leontin warf einen Blick durch das offene Fenster und sah das Dach des Schlößchens, so eben vom Abendrot beleuchtet, unbeschreiblich einsam und verlassen aus den Wäldern hervorragen. Eine große Bangsamkeit überflog da sein Herz und er versank in tiefe Gedanken. Die Braut, die unterdes auf einmal gewahr wurde, daß er alles mit angehört, schämte sich und verdeckte ihr Gesicht mit beiden Händchen.

In diesem Augenblick hörte man ein verworrenes Getöse auf der Stiege, die Türe gähnte und spie einen ganzen Knäuel der seltsamsten und abenteuerlichsten Zerrbilder und Mißgestalten aus, wie sie nur eine fürchterlichreiche, dunkel in sich selber arbeitende Phantasie ersinnen konnte. Viktor! – riefen Leontin und Friedrich zugleich, und sie hatten es erraten. Dieser hatte nämlich in möglichster Hast alles Altmodische, Lächerliche und Zerlumpte von Kleidungsstücken, dessen er habhaft werden konnte, zusammengerafft und damit die Bedienten und Jäger des Herrn v. A. aufgeputzt. Mit einem unübertrefflich raschen und glücklichen Witze hatte er, da er alle genau kannte, jedem zugeteilt, was ihm zukam, und so durch eine ungewöhnliche Verbindung des Gewöhnlichsten den Phantasiereichsten Charakterzug erschaffen. Da keine Larven vorhanden waren, so hatte er selber in aller Schnelligkeit die Gesichter gemalt, und man mußte zugeben, jedes war ein wahrer Triumph der freisten und schärfsten Laune, denn eines Jeden verborgenste, innerste Narrheit lachte erlöst aus den Zügen. Besonders zeichnete sich eine über alle Maßen dünne und Schneiderartige Figur aus mit einem unbeschreiblich albern lächelnden Gesichte, dem er alle Haare rückwärts aus der glatten Stirne gekämmt hatte. Der Leib des alten Rockes war um eben so viel zu lang, als die knappen Ärmel zu kurz erschienen. Recht oben auf dem Wirbel schwebte ein winziges Hütchen, in der Hand trug er einen kleinen Sonnenschirm. Viktor selbst führte in einem umgekehrten Rocke mit einer verstimmten Geige den Zug an, und war recht das Salz und die Seele des Abenteuers. Mit einer Wut von Lust wußte er einem jeden seinen eigentümlichen Spielraum zu verschaffen, und selbst die Eitelsten dahin zu bringen, daß sie sich einmal über sich selbst erheben und ihre eigne Narrheit zum Narren hatten. Und so gebärdeten sich denn auch die Ungeschicktesten meisterlich, so wie die Plumpheit selber komisch wird, wenn sie über ihre eigene Füße fällt. Herr v. A. stand ganz still in einer Ecke und lachte, daß ihm die Augen übergingen. Die Tante, die, wie fast alle Damen, keinen unmittelbaren Spaß verstand, lächelte gezwungen. Manche andere schämten sich zu lachen, und taten sich Gewalt an, ernsthaft auszusehen. Den irrenden Ritter aber hatte, seltsam genug, gleich beim Eintritte des Maskenzuges eine sonderbare Furcht überfallen; er nahm Reißaus und ließ sich nicht mehr wiedersehen.

Viktor führte daher, als die Ergötzung an dem Spektakel anfing lau zu werden, endlich die Bande wieder fort, um den flüchtigen Ritter aufzusuchen. Sie fanden ihn in einem finstern Winkel des Hofes versteckt. Er war äußerst aufgebracht und wehrte sich mit Händen und Füßen, als sie ihn aufspürten. Viktor nahm ihn beim Arme und walzte mit ihm, wie wahnsinnig, im Hofe um den Brunnen herum. Ein alter, dicker Gerichtsverwalter, dem sie unvermerkt die Dose mit Kienruß gefüllt, und der daher, da er sich bei jeder Prise das Gesicht bemalte, wider sein Wissen und Willen eine Hauptfigur in dem Lustspiele abgab, mußte ebenfalls an einer allgemeinen Menuett Teil nehmen, die sich jetzt in dem Hofe entspann. Ein einziges Licht stand auf einem Pfahle und warf im Winde einen flatternden Schein über die seltsame Verwirrung. Leontin, der sich bald Anfangs mit Leib und Seele mit hineingemischt hatte, saß hoch oben auf dem Gartenzaune und strich die verstimmte Geige dazu. Den irrenden Ritter, der sich indes voll Angst und Zorn mit Gewalt wieder losgemacht hatte, sah man auf seinem Pferde mitten in der mondhellen Nacht über die Felder entfliehen.

Wie haben Ihnen die Streiche gefallen? fragte die Tante den Grafen Friedrich, von dem sie ganz zuversichtlich erwartete, daß er den Spaß für unanständig hielt. In meinem Leben, sagte Friedrich, habe ich keine Pantomime gesehen, wo mit so einfachen Mitteln so Vollkommenes erreicht worden wäre. Es wäre zu wünschen, man könnte die weltberühmten Mimiker, Grotesktänzer und wie sie sich immer nennen, auf einen Augenblick zu ihrer Belehrung unter diesen Trupp versetzen. Wie armselig, nüchtern und albern würden sie sich unter diesen tüchtigen Gesellen ausnehmen, die nicht bloß diese oder jene einzelne Richtung des Komischen ängstlich herausheben, sondern Sprache, Witz und den ganzen Menschen in Anspruch nehmen. Jene ermatten uns recht mit allgemeinen Späßchen, ohne alle Individualität, mit hergebrachten, längstabgenutzten Mienen und Sprüngen, und vor lauter künstlichen Anstalten zum Lachen kommen wir niemals zum Lachen selber. Hier erfindet jeder selbst, wie es ihm die Lust des Augenblickes eingibt, und die Torheit lacht uns unmittelbar und keck in's Gesicht, daß uns recht das Herz vor Freiheit aufgeht. – Das ist wahr, sagte die Tante, über dieses Urteil erstaunt, unser Viktor ist ein pudelnärrischer, lustiger Mensch. – Das glaube ich kaum, erwiderte Friedrich, ein Mensch muß sehr kalt oder sehr unglücklich sein, um so zu phantasieren. Viktor kommt mir vor, wie jener Prinz in Sicilien, der in seinem Garten und Schlosse alles schief baute, so daß sein Herz das einzige Gerade in der phantastischen Verkehrung war.

Es war unterdes schon spät geworden, die fremden Wagen fuhren unten vor und die Gesellschaft fing an Abschied zu nehmen und aufzusteigen. In dem allgemeinen Getümmel der Bekomplimentierungen hatte die niedliche Braut noch ein Tuch vergessen. Sie lief daher mit Julien noch einmal in das Zimmer zurück. Es war niemand mehr darin, nur Leontin, der endlich auch die Maskenbande verlassen hatte, kam so eben von der anderen Seite herein. Das lustige Mädchen versteckte sich schnell, da sie ihn erblickte, hinter die lange Fenster-Gardine und wickelte sich ganz darein, so daß nur die munteren Augen lüstern auffordernd aus dem Schleier hervorblitzten. Leontin zog das schöne mutwillige Kind heraus und küßte sie auf den roten Mund. Sie gab ihm schnell einen herzhaften Kuß wieder und rannte eiligst zu dem Wagen zurück, wo man ihrer schon harrte. Ade, Ade! sagte sie noch am Schlage zu Julien, eigentlich aber mehr zu Leontin hingewendet, ihr seht mich nun so bald nicht wieder, gewiß nicht. – Und sie hielt Wort.

Die Gäste waren nun fort, Herr v. A. und seine Schwester schlafen gegangen, und alles im Schlosse leer und still. Leontin saß oben im Vorsaale im offenen Fenster. Draußen zogen Gewitter, man sah es am fernen Horizonte blitzen. Fräulein Julie ging so eben mit einem Lichte in der Hand über den Hausflur nach ihrer Schlafkammer. Er rief ihr eine gute Nacht zu. Sie war unentschlossen, ob sie bleiben oder weitergehen sollte. Endlich kehrte sie zögernd um und trat zu ihm an's Fenster. Da bemerkte er Tränen in ihren großen Augen; sie war ihm noch nie so wunderschön vorgekommen. Liebe Julie! sagte er, und faßte ihre kleine Hand, die sie gern in der seinigen ließ. Der Wind, der zum Fenster hereinkam, löschte ihr plötzlich das Licht aus. Mit abgewendetem Gesicht sprach sie da einige Worte in die Nacht hinaus, aber so leise und, wie es ihm schien, von verhaltenem Weinen erstickt, daß er nichts verstehen konnte. Er wollte sie fragen, aber sie zog ihre Hand weg und ging schnell in ihr Schlafzimmer.

Ohne zu wissen, was er davon halten sollte, schaute er voller Gedanken in den finsteren Hof hinunter. Dort sah er Viktor'n auf einem großen Steine sitzen, den Kopf in beide Hände gestützt; er schien eingeschlafen. Er eilte daher selber in den Hof hinab und nahm die Guitarre mit, die er unten im Fenster liegend fand. Wir wollen diese Nacht auf dem Teiche herumfahren, sagte er zu Viktor, der indes aufgewacht war. Dieser war sogleich mit voller Lust von der Partie, und so zogen sie zusammen hinaus.

Sie bestiegen den kleinen Kahn, der unweit vom Schlosse im Schilfe angebunden lag, und ruderten bis in die Mitte des

Sees. Die ganze Runde war totenstill, nur einige Nachtvögel
pfiffen von Zeit zu Zeit aus dem Walde herüber. Es schien,
als wollte das Wetter heraufkommen, das man von ferne sah,
denn ein kühler Wind flog über den Teich voran und kräuselte die ruhige Fläche. Sie glaubten Fräulein Julie an dem
Fenster zu bemerken. Da sang Leontin, der vorn im Kahne
aufrecht stand, folgendes Lied zur Guitarre, während der
ewig rege und unruhige Viktor bald tollkühn mit dem
Kahne schaukelte, bald wieder in den Wald hinausrief, daß
hin und her die Hunde an den nächsten Häusern wach wurden:

> Schlafe, Liebchen, weil's auf Erden
> Nun so still und seltsam wird!
> Oben geht die goldne Herde,
> Für uns alle wacht der Hirt.

> In der Ferne zieh'n Gewitter;
> Einsam auf dem Schifflein schwank
> Greif' ich draußen in die Zitter,
> Weil mir gar so schwül und bang.

> Schlingend sich an Bäum' und Zweigen,
> In Dein stilles Kämmerlein,
> Wie auf goldnen Leitern, steigen
> Diese Töne aus und ein.

> Und ein wunderschöner Knabe
> Schifft hoch über Tal und Kluft,
> Rührt mit seinem goldnen Stabe
> Säuselnd in der lauen Luft.

> Und in wunderbaren Weisen,
> Singt er ein uraltes Lied,
> Das in linden Zauberkreisen
> Hinter seinem Schifflein zieht.

> Ach, den süßen Klang verführet
> Weit der buhlerische Wind,
> Und durch Schloß und Wand ihn spüret
> Träumend jedes schöne Kind.

Es fing stärker an zu blitzen, das Gewitter stieg herauf. Viktor schaukelte heftiger mit dem Kahne; Leontin sang:

> Es waren zwei junge Grafen
> Verliebt bis in den Tod,
> Die konnten nicht ruh'n noch schlafen
> Bis an den Morgen rot.
>
> O trau' den zwei Gesellen,
> Mein Liebchen, nimmermehr,
> Die geh'n wie Wind und Wellen,
> Gott weiß: wohin, woher. –
>
> Wir grüßen Land und Sterne
> Mit wunderbarem Klang,
> Und wer uns spürt von ferne,
> Dem wird so wohl und bang.
>
> Wir haben wohl hienieden
> Kein Haus an keinem Ort,
> Es reisen die Gedanken
> Zur Heimat ewig fort.
>
> Wie eines Stromes Dringen
> Geht unser Lebenslauf,
> Gesanges Macht und Ringen
> Tut helle Augen auf.
>
> Und Ufer, Wolkenflügel,
> Die Liebe hoch und mild –
> Es wird in diesem Spiegel
> Die ganze Welt zum Bild.

> Dich rührt die frische Helle,
> Das Rauschen heimlich kühl,
> Das lockt Dich zu der Welle,
> Weil's draußen leer und schwül.
>
> Doch wolle nie Dir halten
> Der Bilder Wunder fest,
> Tot wird ihr freies Walten,
> Hältst Du es weltlich fest.
>
> Kein Bett darf er hier finden.
> Wohl in den Tälern schön
> Siehst Du sein Gold sich winden,
> Dann plötzlich Meerwärts dreh'n.

Viktor, der unterdes, ohne auf das Lied zu achten, immerfort das Echo versuchte, zwang ihn hier, durch sein übermäßiges Rufen und Schreien, abzubrechen. Julie hatte auch schon lange das Fenster geschlossen und alles im Schlosse war finster und still. Das Gewitter zog indes grade über ihnen hin, die Wälder rauschten von allen Seiten. Leontin griff stärker und frömmer in die Saiten:

> Schlag' mit den flamm'gen Flügeln!
> Wenn Blitz aus Blitz sich reißt:
> Steht wie in Rossesbügeln
> So ritterlich mein Geist.
>
> Waldesrauschen, Wetterblicken
> Mach't recht die Seele los,
> Da grüß't sie mit Entzücken,
> Was wahrhaft, ernst und groß.
>
> Es schiffen die Gedanken
> Fern wie auf weitem Meer,
> Wie auch die Wogen schwanken:
> Die Segel schwellen mehr.

> Herr Gott, es wacht Dein Wille!
> Wie Tag und Lust verweh'n,
> Mein Herz wird mir so stille
> Und wird nicht untergeh'n.

Sie bemerkten nun einen roten Schein, der über dem Schloßhofe zu steh'n schien. Sie hielten es für einen Feuermann; denn die ganze Zeit hindurch hatten sie rings in der Runde solche Erscheinungen, wie Wachtfeuer lodern gesehen: teils bläuliche Irrlichter, die im Winde über die Wiesen streiften, teils größere Feuergestalten, mit zweifelhaftem Glanze durch die Nacht wandelnd. Als sie aber wieder hinblickten, sahen sie den Feuermann über dem Schlosse sich langsam dehnen und Riesengroß wachsen, und ein langer Blitz, der so eben die ganze Gegend beleuchtete, zeigte ihnen, daß der Schein grade vom Dache ausging. Um Gotteswillen, das ist Feuer im Schloß! rief Viktor erblassend, und sie ruderten, ohne ein Wort zu sprechen, eiligst auf das Ufer zu.

Als sie ans Land kamen, sahen sie bereits einen rötlichen Qualm zum Dachfenster hervordringen und sich in fürchterlichen Kreisen in die Nacht hinauswälzen. Alles im Hause und im Hofe schlief noch in tiefster Ruhe. Viktor machte Lärm an allen Türen und Fenstern. Leontin eilte in die Kirche und zog die Sturmglocke, deren abgebrochene, dumpfe Klänge, die weit über die stillen Berge hinzogen, ihn selber im Innersten erschütterten. Der Nachtwächter ging durch die Gassen des Dorfes und erfüllte die Luft mit den gräßlichen Jammertönen seines Hornes. Und so wurde endlich nach und nach alles lebendig, und rannte mit bleichen Totengesichtern, gleich Gespenstern, bestürzt und verstört durcheinander. Die heftige Tante hatte bald der erste Schreck überwältigt. Sie lag bewußtlos in Krämpfen und vermehrte so die allgemeine Verwirrung noch mehr.

Schon schlug die helle Flamme oben aus dem Dache, das Hinterhaus stand noch ruhig und unversehrt. Niemanden fiel es in der ersten Bestürzung ein, daß Fräulein Julie im Hinterhause schlafe und ohne Rettung verloren sei, wenn die

Flamme die einzige Stiege, die dort hinauf führte, ergriffe. Leontin dachte daran und stürzte sich sogleich in die Glut.

Als er in ihr Schlafzimmer trat, sah er das schöne Mädchen, den Kopf auf den vollen, weißen Arm gesenkt, in ungestörtem Schlafe ruhen. Alles in dem Zimmer lag noch still und friedlich umher, wie sie es beim Entkleiden hingelegt; ein aufgeschlagenes Gebetbuch lag an ihrer Seite. Es war ihm in diesem Augenblicke, als sähe er einen schönen, goldgelockten Engel neben ihrem Bette sitzen, der schaute mit den stillen, himmlischen Augen in das wilde Element, das sich vor Kinderaugen fürchtet. – Das Fräulein schlug verwundert fragend die großen Augen auf, als er zu ihr trat, und erblickte bald die ungewöhnliche, schreckliche Helle durch das ganze Haus. Leontin schlug schnell das Bettuch um sie herum und nahm sie auf den Arm. Ohne ein Wort zu sprechen, umklammerte sie ihn in stummem Schrecken. Ein heftiger Wind, der aus dem Brande selbst auszugehen schien, faltete indes die Flammen-Fahnen immer mehr auseinander, der schreckliche Feuermann griff mit seinen Riesenarmen rechts und links in die dunkle Nacht und hatte bereits auch schon das Hinterhaus erfaßt. Da sah Leontin auf einmal, mitten zwischen den Flammen, eine unbekannte weibliche Gestalt in weißem Gewande erscheinen, die ruhig in dem Getümmel auf und nieder ging. Gott sei Dank! hörte er zugleich draußen die Bauern rufen, wenn die da ist, wird's bald besser geh'n. – Wer ist die weiße Frau? fragte Leontin, der nicht ohne innerlichen Schauder auf sie hinblicken konnte. Julie, die ihr Gesicht fest an ihn gedrückt hatte, überhörte in der Verwirrung die Frage, und so trug er sie hoch durch das Feuer hindurch, ohne die Augen von der fremden Gestalt zu wenden. Kaum hatte er aber das Fräulein im Hofe niedergesetzt, als er selber, von dem Rauche, der Hitze und Anstrengung ganz erschöpft, bewußtlos auf den Boden hinsank.

Jene seltsame Erscheinung hatte während des alle mit frischem Mute beseelt, und so war es der verdoppelten Anstrengung gelungen, die Flammen endlich zu zwingen. Als

Leontin die Augen wieder aufschlug, sah er mit Erstaunen alles ringsumher schon leer und ruhig. Die weiße Frau aber war mit dem Feuer verschwunden, wie sie gekommen war. Er selber lag neben der Brandstätte auf einem Kasten zwischen einer Menge geretteter Gerätschaften, die unordentlich übereinander lagen. Julie saß neben ihm und hatte seinen Kopf auf ihrem Schoße. Alle anderen hatten sich, von der Arbeit ermattet, nach und nach zerstreut, Herr v. A. und seine Schwester noch auf einige Stunden zur Ruhe begeben. Nur Viktor'n, der während dem Brande mehreremal bis in die innersten Zimmer gedrungen, und immer mitten zwischen dem zusammenstürzenden Gebälk erschienen war, sah er hoch auf einem halbabgebrannten Pfeiler eingeschlafen. Das prächtige Feuerwerk war indes nun in sich selber zusammengesunken, nur hin und wieder flackerte noch zuweilen ein Flämmchen auf, während einige dunkle Wachen an dem verwüsteten Platze auf und ab gingen, um das Feuer zu hüten. Leontin hatte den einen Arm um Julien geschlungen, die stille neben ihm saß. Ihr Herz war so voll, wie noch niemals in ihrem ganzen Leben. Im Innersten aufgeregt von den raschen Begebenheiten dieser Nacht, war es ihr, als hätte sie in den wenigen Stunden Jahre überlebt; was lange im Stillen geglommen, war auf einmal in helle Flammen ausgebrochen. Müde lehnte sie ihr Gesicht an seine Brust und sagte, ohne aufzusehen: Sie haben mir mein Leben gerettet. Ich kann es nicht beschreiben, wie mir damals zu Mute war. Ich möchte Ihnen nun so gern aus ganzer Seele danken, aber ich könnte es doch nicht ausdrücken, wenn ich es auch sagen wollte. Es ist auch eigentlich nicht das, daß Sie mich aus dem Feuer getragen haben. – Hier hielt sie eine Weile inne, dann fuhr sie wieder fort: Die Flamme ist nun verloschen. Wenn der Tag kommt, ist alles wieder gut und ruhig, wie sonst. Jeder geht wieder gelassen an seine alte Arbeit und denkt nicht mehr daran. Ich werde diese Nacht niemals vergessen.

Sie sah bei diesen Worten Gedankenvoll vor sich hin. Leontin hielt sich nicht länger, er zog sie an sich und wollte sie küssen. Sie aber wehrte ihn ab und sah ihn sonderbar an.

– So saßen sie noch lange, wenig sprechend, nebeneinander, bis endlich Julien die Augen zusanken. Er fühlte ihr ruhiges, gleichförmiges Atmen an seiner Brust. Er hielt sie fest im Arme und saß so träumerisch die übrige Nacht hindurch.

Die Gewitter hatten sich indes ringsum verzogen, ein labender Duft stieg aus den erquickten Feldern, Kräutern und Bäumen. Aurora stand schon hoch über den Wäldern. Da weckte der kühle Morgenwind Julien aus dem Schlummer. Der Rausch der Nacht war verflogen; sie erschrak über ihre Stellung in Leontins Armen und bemerkte nun, da es überall licht war, mit Erröten, daß sie halb bloß war. Leontin hob das schöne, verschlafene Kind hoch vor sich in den frischen Morgen hinein, während sie ihr Gesicht mit beiden Händen bedeckte. Darauf sprang sie fort von ihm und eilte ins Haus, wo so eben alles anfing, sich zu ermuntern.

NEUNTES KAPITEL

Am Morgen saßen alle in der Stube des Jägers beim Frühstück versammelt, die unruhigen Ereignisse dieser Nacht besprechend. Julie sah blaß aus, und Leontin bemerkte, daß sie oft heimlich über die Tasse weg nach ihm hinblickte, und schnell wieder wegsah, wenn sein Auge ihr begegnete.

Alle untersuchten darauf noch einmal die Brandstätte, die noch immer fortrauchte. Man war allgemein der Meinung, daß ein Blitz gezündet haben müsse, so viel Mühe sich auch der dicke Gerichtsverwalter gab, darzutun, daß es boshafterweise angelegt sei, und daß man daher mit aller Strenge untersuchen und verfahren müsse. Herr v. A. verschmerzte den Verlust sehr leicht, da er ohnedies schon lange Willens war, das alte Schlößchen niederreißen zu lassen, um ein neueres, bequemeres hinzubauen.

Leontin fragte endlich wieder um die weiße Frau. Es ist einen reiche Witwe, sagte Herr v. A., die vor einigen Jahren plötzlich in diese Gegend kam, und mehrere Güter ankaufte. Sie ist im Stillen sehr wohltätig, und, seltsam genug, bei Tag und bei Nacht, wo immer ein Feuer ausbricht, sogleich bei der Hand, wobei sie dann die armen Verunglückten mit ansehnlichen Summen unterstützt. Die Bauern glauben nun ganz zuversichtlich, sobald sie nur erscheint, müsse das Feuer sich legen, wie beim Anblick einer Heiligen. Übrigens empfängt und erwidert sie keine Besuche, und niemand weiß eigentlich recht, wie sie heißt, und woher sie gekommen; denn sie selber spricht niemals von ihrem vergangenen Leben. Ja wohl, sagte der Gerichtsverwalter, mit einer wichtigen Miene, es geht dort überaus geheimnisvoll zu. Aber es gibt auch noch Leute hinter'm Berge. Man weiß wohl, wie es zugeht in der Welt. Mein Gott! die liebe Jugend – junges Blut tut nicht gut –. Ich bitte, malen Sie uns keinen Schnurrbart an das Heiligenbild! unterbrach ihn Leontin, der sich seine Phantasie von der wunderbaren Erscheinung nicht verderben lassen wollte.

Es war unterdes schon wieder aufgepackt worden, um auf das Schloß des Herrn v. A. zurückzukehren. Leontin konnte der Begierde nicht widerstehen, die weiße Frau näher kennen zu lernen. Er beredete daher Friedrich, mit ihm einen Streifzug nach dem nahgelegenen Gute derselben zu machen. Sie versprachen, beide noch vor Abend wieder bei der Gesellschaft einzutreffen.

Gegen Mittag kamen sie auf dem Landsitze der Unbekannten an. Sie fanden ein neu erbautes Schloß, das, ohne eben groß zu sein, durch seine große, einfache Erfindung auf das angenehmste überraschte. Eine Reihe hoher, schlanker Säulen bildete oben den Vorderteil des Schlosses. Eine schöne, steinerne Stiege, welche die ganze Breite des Hauses einnahm, führte zu diesem Säulen-Eingange hinauf. Die Stiege erhob sich nur allmählich und terrassenförmig und war mit Orangen, Zitronenbäumen und verschiedenen hohen Blumen besetzt. Vor dieser blühenden Terrasse lag ein weiter, Schattenreicher Garten ausgebreitet.

Alles war still, es schien niemand zu Hause zu sein. Auf der Stiege lag ein schönes, etwa zehnjähriges Mädchen über einem Tambourin, auf das sie das zierliche Köpfchen gelehnt hatte, eingeschlummert. Oben hörte man eine Flötenuhr spielen. Das Mädchen wachte auf, als sie an sie herankamen, und schüttelte erstaunt die schwarzen Locken aus den munteren Augen. Dann sprang sie scheu auf und in den Garten fort, während die Schellen des Tambourins, das sie hoch in die Luft hielt, hell erklangen.

Die beiden Grafen gingen nun in den Garten hinab, dessen ganze Anlage sie nicht weniger anzog, als das Äußere des Schlosses. Wie wahr ist es, sagte Friedrich, daß jede Gegend schon von Natur ihre eigentümliche Schönheit, ihre eigene Idee hat, die sie mit ihren Bächen, Bäumen und Bergen, wie mit abgebrochenen Worten, auszusprechen sucht. Wen diese einzelnen Laute rühren, der setzt mit wenigen Mitteln die ganze Rede zusammen. Und darin besteht doch eigentlich die ganze Kunst und Lust, daß wir uns mit dem Garten recht verstehen. Leontin war indes mehreremal verwundert stehen geblieben. Höchstseltsam! sagte er endlich, als sie den Gipfel eines Hügels erreicht hatten, diese Baumgruppen, Wäldchen, Hügel und Aussichten, erinnern mich ganz deutlich an gewisse Gegenden, die ich in Italien gesehen, und an manchen, glücklich durchschwärmten Abend. Es ist wahrhaftig mehr als eine zufällige Täuschung.

Der Abend fing bereits an, einzubrechen, als sie wieder bei den Stufen der großen Stiege anlangten. Sie wurden beide von dem herrlichen Anblicke überrascht, der sich ihnen dort von oben darbot. Die Gegend lag in der abendroten Dämmerung wie ein verworrenes Zaubermeer von Bäumen, Strömen, Gärten und Bergen, auf dem Nachtigallenlieder, gleich Syrenen, schifften. Wie glücklich, sagte Friedrich, ist eine beruhigte, stille Seele, die im Stande ist, so besonnen und gleichförmig nach allen Seiten hin zu wirken und zu schaffen, die, von keiner besonderen Leidenschaft mehr gestört, auf der schönen Erde, wie in der Vorhalle des größeren Tempels, wohnt!

Er wurde hier durch einige Saiten-Akkorde unterbrochen, die aus dem Garten heraustönten. Bald darauf hörten sie einen Gesang. Friedrich horchte voll Erstaunen, denn es war dasselbe sonderbare Lied aus seiner Kindheit, das manchmal auch Erwin in der Nacht gesungen, und das er sonst nirgends wieder gehört hatte.

Leontin war indes in das erste Zimmer hineingetreten, dessen Türe halb geöffnet stand. Er warf einen flüchtigen Blick durch das Gemach. Ein altes, auf Holz gemaltes Ritterbild hing dort an der Wand, über welche der Abend zuckend die letzten ungewissen Strahlen warf. Leontin trat erschüttert zurück, denn er erkannte auf einmal das beleuchtete Gesicht des Bildes. In demselben Augenblick trat ein alter Bediente von der anderen Seite in das Zimmer und schien heftig zu erschrecken, als er Leontin ansah. Um Gotteswillen, rief Leontin ihm zu, sagen Sie mir, wer ist der Ritter dort? Der Alte entfärbte sich und sah ihn lange ernsthaft und forschend an. Das Bild ist vor mehreren hundert Jahren gemalt, eine zufällige Ähnlichkeit muß Sie täuschen, sagte er darauf wieder gesammelt und ruhig. Wo ist die Frau vom Hause? fragte Leontin wieder. Sie ist heut noch vor Tagesanbruch schnell fortgereist und kommt so bald nicht zurück, antwortete der Bediente und entfernte sich mit einer eiligen Verbeugung, als wollte er allen ferneren Fragen ausweichen.

Unruhig kehrte nun Leontin wieder zu Friedrich zurück, gegen den er von dem ganzen letzten Vorfalle nichts erwähnte. Weder der Bediente, noch auch das zierliche, scheue Mädchen, das sie vorhin schlummernd angetroffen, zeigte sich mehr, und so ritten beide endlich Gedankenvoll auf das Schloß des Herrn v. A. zurück, wo sie spät in der Nacht anlangten.

ZEHNTES KAPITEL

Die alte, gleichförmige Ordnung der Lebensweise kehrte nun wieder auf dem Schlosse zurück. Die beiden Gäste hatten auf vieles Bitten noch einige Zeit zugeben müssen und lebten jeder auf seine Weise fort. Friedrich dichtete wieder fleißig im Garten oder dem daran stoßenden angenehmen Wäldchen. Meist war dabei irgend ein Buch aus der Bibliothek des Herrn v. A., wie es ihm grade in die Hände fiel, sein Begleiter. Seine Seele war dort so ungestört und heiter, daß er die gewöhnlichsten Romane mit jener Andacht und Frischheit der Phantasie ergriff, mit welcher wir in unserer Kindheit solche Sachen lesen. Wer denkt nicht mit Vergnügen daran zurück, wie ihm zu Mute war, als er den ersten Robinson oder Ritterroman las, aus dem ihm das frühste lüsterne Vorgefühl, die wunderbare Ahnung des ganzen, künftigen, reichen Lebens anwehte; wie zauberisch da alles aussah und jeder Buchstabe auf dem Papiere lebendig wurde? Wenn ihm dann nach vielen Jahren ein solches Buch wieder in die Hand kommt, sucht er begierig die alte Freude wieder auf darin, aber der frische, kindische Glanz, der damals das Buch und die ganze Erde überschien, ist verschwunden, die Gestalten, mit denen er so innig vertraut war, sind unterdes fremde und anders geworden und sehen ihn an, wie ein schlechter Holzstich, daß er weinen und lachen möchte zugleich. Mit so muntern, malerischen Kindes-Augen durchflog denn auch Friedrich diese Bücher. Wenn er dazwischen dann vom Blatte aufsah, glänzte von allen Seiten der schöne Kreis der Landschaft in die Geschichten hinein, die Figuren, wie der Wind durch die Blätter des Buches rührte, erhoben sich vor ihm in der grenzenlosen, grünen Stille und traten lebendig in die schimmernde Ferne hinaus; und so war eigentlich kein Buch so schlecht erfunden, daß er es nicht erquickt und belehrt aus der Hand gelegt hätte. Und das sind die rechten Leser, die mit und über dem Buche dichten. Denn kein Dichter gibt einen fertigen Himmel; er stellt nur die Himmelsleiter auf von der schönen Erde. Wer, zu träge und unlustig, nicht den Mut verspürt, die goldenen, losen Sprossen zu besteigen, dem bleibt der geheimnisvolle Buchstabe ewig tot, und er täte besser, zu graben oder zu pflügen, als so mit unnützem Lesen müßig zu geh'n.

Leontin dagegen durchstrich alle Morgen, wenn er es etwa nicht verschlief, welches gar oft geschah, mit der Flinte auf dem Rücken Felder und Wälder, schwamm einigemal des Tages über die reißendsten Stellen des Flusses, der im Tale vorbeiging, und kannte bereits alle Pfade und Gesichter der Gegend. Auch auf das Schloß der unbekannten Dame war er schon einigemal wieder hinübergeritten, fand aber immer niemanden zu Hause. Alle Tage besuchte er gewissenhaft ein Paar wunderliche altkluge Gesellen auf dem Felde, die er auf seinen Streifereien ausgespürt hatte, gab ihnen Tabak zu schnupfen, den er bloß ihrentwillen bei sich führte, und führte Stundenlang eine tolle Unterhaltung mit ihnen. Er las wenig, besonders von neuen Schriften, gegen die er eine Art von Widerwillen hatte. Demohngeachtet kannte er doch die ganze Literatur ziemlich vollständig. Denn sein wunderliches Leben führte ihn von selbst und wider Willen in Berührung mit allen ausgezeichneten Männern, und was er so bei Gelegenheit kennen lernte, faßte er schnell und ganz auf.

Sowohl er als Friedrich besuchten fast alle Nachmittage den einsamen Viktor, dessen kleines Wohnhaus, von einem noch kleineren Gärtchen umgeben, hart am Kirchhofe lag. Dort unter den hohen Linden, die den schönberaseten Kirchhof beschatteten, fanden sie den seltsamen Menschen vergraben in eine Werkstatt von Meißeln, Bohrern, Drehscheiben und anderem unzähligen Handwerkszeuge, als wollte er sich selber sein Grab bauen. Hier arbeitete und künstelte derselbe täglich, so viel es ihm seine Berufsgeschäfte zuließen, mit einem unbegreiflichen Eifer und Fleiße, ohne um die andere Welt draußen zu fragen. Ohne jemals eine Anleitung genossen zu haben, verfertigte er Spieluhren, künstliche Schlösser, neue, sonderbare Instrumente, und sein, bei der Stille nach Außen, ewig unruhiger und reger Geist verfiel dabei auf die seltsamsten Erfindungen, die oft alle in Erstaunen setzten. Seine Lieblingsidee war, ein Luftschiff zu erfinden, mit dem man dieses lose Element eben so bezwingen könnte wie das Wasser, und er wäre beinahe ein Gelehrter geworden, so hartnäckig und unermüdlich verfolgte er diesen Gedanken. Für Poesie hatte er, sonderbar genug, durchaus keinen Sinn, so willig, ja neugierig er auch aufhorchte, wenn Leontin oder Friedrich darüber sprachen. Nur Abraham von St. Clara, jener geniale Schalk, der mit einer ernsthaften Amtsmiene die Narren auslacht, denen er zu predigen vorgibt, war seine einzige und liebste Unterhaltung, und niemand verstand wohl, die Werke dieses Schriftstellers zu durchdringen und sich aus Herzensgrunde daran zu ergötzen, als er. In diesem unförmlichen »Gemisch-Gemasch« von Spott, Witz und Humor fand sein sehr nahe verwandter Geist den rechten Tummelplatz.

Übrigens hatte sich Friedrich gleich Anfangs in seinem Urteile über ihn keineswegs geirrt. Seine Gemütsart war wirklich durchaus dunkel und melankolisch. Die eine Hälfte seines Lebens hindurch war er bis zum Tode betrübt, mürrisch und unbehülflich, die andere Hälfte lustig bis zur Ausgelassenheit, witzig, sinnreich und geschickt, so daß die meisten, die sich mit einer gewöhnlichen Betrachtung der menschlichen Natur begnügen, ihn für einen zweifachen Menschen hielten. Es war aber eben die Tiefe seines Wesens, daß er sich niemals zu dem ordentlichen, immer gleichförmigen Spiele der anderen an der Oberfläche bequemen konnte, und selbst seine Lustigkeit, wenn sie oft plötzlich losbrach, war durchaus ironisch und fast schauerlich. Dabei waren alle Schmeichelkünste und alltäglichen Handgriffe, sich durch die Welt zu helfen, seiner spröden Natur so zuwider, daß er selbst die unschuldigsten, gebräuchlichsten Gunstbewerbungen, ja sogar unter Freunden alle äußere Zeichen der Freundschaft verschmähte. Vor allen sogenannten klugen, gemachten Leuten war er besonders verschlossen, weil sie niemals weder seine Betrübnis noch seine Lust verstanden und ihn mit ihrer angebildeten Afterweisheit von allen Seiten beengten. Die beiden Grafen waren die ersten in seinem Leben, die bei allen seinen Äußerungen wußten, was er meine. Denn es ist das Besondere ausgezeichneter Menschen, daß jede Erscheinung in ihrer reinen Brust sich in ihrer ursprünglichen Eigentümlichkeit bespiegelt, ohne daß sie dieselbe durch einen Beischmack ihres eigenen Selbst verderben. Er liebte sie daher auch mit unerschütterlicher Treue bis zu seinem Tode.

So oft sie Nachmittags zu ihm kamen, warf er sogleich alle Instrumente und Gerätschaften weit von sich und war aus Herzensgrunde lustig. Sie musizierten dann in seiner kleinen Stube entweder auf alten, halbbespannten Instrumenten, oder Friedrich mußte einige wilde Burschenlieder auf die Bahn bringen, die Viktor schnell auswendig wußte, und mit gewaltiger Stimme mitsang. Fräulein Julie, die nebst ihrem Vater von jeher Viktors beste und einzige Freundin im Hause war, stand dann gar oft Stundenlang gegenüber am Zaune des Schloßgartens, strickte und unterhielt sich mit ihnen, war aber niemals zu bereden, selber zu ihnen herüberzukommen. Die Tante und die meisten anderen konnten gar nicht begreifen, wie die beiden Grafen einen solchen Geschmack an dem ungebildeten Viktor und seinen lärmenden Vergnügungen finden konnten.

Und Du seltsamer, guter, geprüfter Freund, ich brauche Dich und mich nicht zu nennen; aber Du wirst uns beide in tiefster Seele erkennen, wenn Dir diese Blätter vielleicht einmal zufällig in die Hände kommen. Dein Leben ist mir immer vorgekommen, wie ein uraltes, dunkel verbautes Gemach mit vielen rauhen Ecken, das unbeschreiblich einsam und hoch steht über den gewöhnlichen Handtierungen der Menschen. Eine alte verstimmte Laute, die niemand mehr zu spielen versteht, liegt verstaubt auf dem Boden. Aus dem finsteren Erker siehst Du durch bunt und phantastisch gemalte Scheiben, über das niedere, emsig wimmelnde Land unten weg in ein anderes, ruhiges, wunderbares, ewig freies Land. Alle die wenigen, die Dich kennen und lieben, siehst Du dort im Sonnenscheine wandeln und das Heimweh befällt auch Dich. Aber Dir fehlen Flügel und Segel und Du reißest in verzweifelter Lustigkeit an den Saiten der alten Laute, daß es mir oft das Herz zerreißen wollte. Die Leute gehen unten vorüber und verlachen Dein wildes Geklimper, aber ich sage Dir, es ist mehr göttlicher Klang darin, als in ihrem ordentlichen, allgepriesenen Geleire.

An einem schwülen Nachmittage saß Leontin im Garten an dem Abhange, der in das Land hinausging. Kein Mensch war draußen, alle Vögel hielten sich im dichtesten Laube versteckt, es war so still und einsam auf den Gängen und in der ganzen Gegend umher, als ob die Natur ihren Atem an sich hielte. Er versuchte einzuschlummern. Aber wie über ihm die Gräser zwischen dem unaufhörlichen, einförmigen Gesumme der Bienen sich hin und wieder neigten, und rings am fernen Horizonte schwere Gewitterwolken, gleich phantastischen Gebirgen mit großen, einsamen Seen und himmelhohen Felsenzacken, die ganze Welt enge und immer enger einzuschließen schienen, preßte eine solche Bangigkeit sein Herz zusammen, daß er schnell wieder aufsprang. Er bestieg einen hohen, am Abhange stehenden Baum, in dessen schwankem Wipfel er sich in das schwüle Tal hinauswiegte, um nur die fürchterliche Stille in und um ihn los zu werden.

Er hatte noch nicht lange oben gesessen, als er den Herrn v. A. und seine Schwester aus dem Bogengange hervorbeugen und langsam auf den Baum zukommen sah. Sie waren in einem lauten und lebhaften Gespräche begriffen, er hörte, daß von ihm die Rede war. Du magst sprechen, was du willst, sagte die Tante, er ist bis über die Ohren verliebt in unser Mädchen. Da müßt' ich keine Menschenkenntnis haben! Und Julie kann keine bessere Partie finden. Ich habe schon lange, ohne dir etwas zu sagen, nähere Erkundigungen über ihn eingezogen. Er steht sehr gut. Er vertut zwar viel Geld auf Reisen und verschiedenes unnützes Zeug, und soll zu Hause ein etwas unordentliches und auffallendes Leben führen; aber er ist noch ein junger Mensch, und unser Kind wird ihn schon kirre machen. Glaube mir, mein Schatz, ein kluges Weib kann durch vernünftiges Zureden sehr viel bewirken. Sind sie nur erst verheiratet und sitzen ruhig auf ihrem Gütchen, so wird er schon sein sonderbares Wesen und seine überspannten Ideen fahren lassen, und werden wie alle andre. Höre, mein Schatz, fange doch recht bald an, ihn so von weitem näher zu sondieren. – Das tue ich nicht, erwiderte Herr v. A. ruhig, ich habe mich um nichts erkundigt, ich habe nichts bemerkt und nichts erfahren. Ihr Weiber verlegt euch alle auf's Spionieren und Heiratsstiften und sehet zu weit. Wirbt er um sie, und sie ist ihm gut, so soll er sie haben; denn er gefällt mir sehr. Aber ich menge mich in nichts. – Mit deiner ewigen Gelassenheit, fiel ihm hier die Schwester heftig in's Wort, wirst du noch alles verderben. Dich rührt das Glück deines eignen Kindes nicht. Und ich sage dir, ich ruhe und raste nicht, bis sie ein Paar werden! – Sie waren unterdes schon wieder von der anderen Seite hinter den Bäumen verschwunden, und er konnte nichts mehr versteh'n.

Er stieg rasch vom Baume herab. Noch bin ich frei und ledig! rief er aus und schüttelte alle Glieder. Rückt mir nicht auf den Hals mit eurem soliden, häuslichen, langweiligen Glück, mit eurer abgestandenen Tugend im Schlafrock! Wohl hat die Liebe zwei Gesichter wie Janus. Mit dem einen buhlt diese ungetreue, reizende Fortuna auf ihrer farbigen Kugel mit der frischen Jugend um flüchtige Küsse; doch willst du sie plump haschen und festhalten, kehrt sie dir plötzlich das andere, alte, verschrumpfte Gesicht zu, das dich unbarmherzig zu Tode schmatzt. – Heiraten und fett werden, mit der Schlafmütze auf dem Kopfe hinaussehen, wie draußen Aurora scheint, Wälder und Ströme noch immer ohne Ruhe fortrauschen müssen, Soldaten über die Berge zieh'n und raufen, und dann auf den Bauch schlagen und: Gott sei Dank! rufen können, das ist freilich ein Glück! – Und doch noch tausendmal widerlicher sind mir die Faun-Gesichter von Hagestolzen, wie sie sich um die Mauern streichen, ein bißchen Rammelei und Diebsgelüst im Herzen, wenn sie noch eins haben. Pfui! Pfui!

So jagten sich die Gedanken in seinem Kopfe ärgerlich durcheinander, und er war, ohne daß er es selbst bemerkte, ins Schloß gekommen. Die Türe zu Juliens Zimmer stand nur halb angelehnt, er ging hinein, fand sie aber nicht darin. Sie schien es eben verlassen zu haben; denn Farben, Pinsel und andere Malergerätschaften lagen noch umher. Auf dem Tische stand ein Bild aufgerichtet. Er betrachtete es voll Erstaunen: es war sein eignes Portrait, an welchem Julie lange heimlich gearbeitet. Er war in derselben Jägerkleidung gemalt, in der sie ihn zum erstenmale gesehen hatte. Mit Verwunderung glaubte er auch die Gegend, die den Hintergrund des Bildes ausfüllte, zu erkennen. Er erinnerte sich endlich, daß er Julien manchmal von seinem Schlosse, seinem Garten, den Bergen und Wäldern, die es umgeben, erzählt hatte, und ihr reiches Gemüt hatte sich nun aus den wenigen Zügen ein ganz anderes, wunderbares Zauberland, als ihre neue Heimat, zusammengesetzt.

Er stand lange voller Gedanken am Fenster. Ihre Guitarre lag dort; er nahm sie und wollte singen, aber es ging nicht. Er lehnte sich mit der Stirn ans Fenster und wollte sie durchaus hier erwarten, aber sie kam nicht.

Endlich stieg er herab, ging in den Hof und sattelte und zäumte sich selber sein Pferd. Als er eben zum Tore hinausritt, kam Julie eilfertig aus der Gartentüre. Sie schien ein Geschäft vorzuhaben, sie grüßte ihn nur flüchtig mit freundlichen Augen und lief ins Schloß. Er gab seinem Pferde die Sporen und sprengte ins Feld hinaus.

Ohne einen bestimmten Weg einzuschlagen, war er schon lange herumgeritten, als er mitten im Walde auf einen hochgelegenen, ausgehauenen Fleck kam. Er hörte jemanden lustig ein Liedchen pfeifen und ritt darauf los. Es war zu seiner nicht geringen Freude der bekannte Ritter, den er schon lange einmal auf seinen Irrzügen zu erwischen, sich gewünscht hatte. Er saß auf einem Baumsturze und ließ seinen Klepper neben sich weiden. Romantische, goldne Zeit des alten, freien Schweifens, wo die ganze schöne Erde unser Lustrevier, der grüne Wald unser Haus und Burg, dich schimpft man närrisch – dachte Leontin bei diesem Anblick, und rief dem Ritter aus Herzensgrunde sein Hurra zu. Er stieg darauf selbst vom Pferde und setzte sich zu ihm hin. Der Tag fing eben an, sich zum Ende zu neigen, die Waldvögel zwitscherten von allen Wipfeln in der Runde. Von der einen Seite sah man in einer Vertiefung unter der Heide ein Schlößchen mit stillem Hofe und Garten ganz in die Waldeinsamkeit versenkt. Die Wolken flogen so niedrig über das Dach weg, als sollte sich die bedrängte Seele daran hängen, um jenseits ins Weite, Freie zu gelangen. Mit einem innerlichen Schauder von Bangigkeit erfuhr Leontin von dem Ritter, daß dies dasselbe Schloß sei, wo jetzt die muntere Braut, die er auf jener Jagd kennen gelernt, seit lange schon mit ihrem jungen Manne ruhig wohne, wirtschafte und hause.

Aber, sagte er endlich zu dem Ritter, wird Euch denn niemals bange auf Euren einsamen Zügen? Was macht und sinnt Ihr denn den ganzen langen Tag? – Ich suche den Stein der Weisen, erwiderte der Ritter ruhig. Leontin mußte über diese fertige, unerwartete Antwort laut auflachen. Ihr seid irrisch in Eurem Verstande, daß Ihr so lacht, sagte der Ritter etwas aufgebracht. Eben weil die Leute wohl wissen, daß ich den Stein der Weisen wittere, so trachten die Pharisäer und Schriftgelehrten darnach, mir durch Reden und Blicke meine Majestät von allen Seiten auszusaugen, auszuwalzen und auszudreschen. Aber ich halte mich an das Prinzipium: an Essen und Trinken; denn wer nicht ißt, der lebt nicht, wer nicht lebt, der studiert nicht, und wer nicht studiert, der wird kein Weltweiser, und das ist das Fundament der Philosophie. – So sprach der tolle Ritter eifrig fort und gab durch Mienen und Hände seinen Worten den Nachdruck der ernsthaftesten Überzeugung. Leontin, den seine heutige Stimmung besonders aufgelegt machte zu ausschweifenden Reden, stimmte nach seiner Art in denselben Ton mit ein, und so führten die beiden dort über die ganze Welt das allerseltsamste und unförmlichste Gespräch, das jemals gehört wurde, während es ringsumher schon lange finster geworden war. Der Ritter, dem ein so aufmerksamer Zuhörer etwas Seltenes war, hielt tapfer Stich, und focht nach allen Seiten in einem wunderlichen Chaos von Sinn und Unsinn, das oft die herrlichsten Gedanken durchblitzten. Leontin erstaunte über die scharfen, ganz selbsterschaffenen Ausdrücke und die entschiedene Anlage zum Tiefsinn. Aber alles schien, wie eine üppige Wildnis, durch den lebenslangen Müßiggang zerrüttet und fast bis zum Wahnwitz verworren.

Zuletzt sprach der Ritter noch von einem Philosophen,

den er jährlich einmal besuche. Leontin war mit ganzer Seele gespannt, denn die Beschreibung von demselben stimmte auffallend mit dem alten Ritterbilde überein, dessen Anblick ihn auf dem Schlosse der weißen Frau so sehr erschüttert hatte. Er fragte näher nach, aber der Ritter antwortete jedesmal so toll und abschweifend, daß er alle weitere Erkundigungen aufgeben mußte.

Endlich brach der Ritter auf, da er heute noch auf dem Schlosse der niedlichen Braut Herberg suchen wollte. Leontin trug ihm an dieselbe seine schönsten Grüße auf. Der Ritter stolperte nun auf seinem Rosinante langsam über die Heide hinab und unterhielt sich noch immerfort mit Leontin mit großem Geschrei über die Philosophie, während er schon längst in der Nacht verschwunden war.

Leontin sah sich, nun allein, nach allen Seiten um. Alle Wälder und Berge lagen still und dunkel ringsumher. Unten in der Tiefe schimmerten Lichter hin und her aus den zerstreuten Dörfern. Hunde bellten ferne in den einsamen Höfen. Auch in dem Schlosse des Herrn v. A. sah er noch mehrere Fenster erleuchtet. So blieb er noch lange oben auf der Heide stehen.

Am folgenden Morgen frühzeitig erhielt Friedrich einen Brief. Er erkannte sogleich die Züge wieder: er war von Rosa. So lange schon hatte er sich von Tag zu Tag vergebens darauf gefreut, und erbrach ihn nun mit hastiger Ungeduld. Der Brief war folgenden Inhalts:

Wo bleibst Du so lange, mein innig geliebter Freund? Hast Du denn gar kein Mitleid mehr mit Deiner armen Rosa, die sich so sehr nach Dir sehnt?

Als ich auf der Höhe im Gebirge von Euch entführt wurde, hatte ich mir fest vorgenommen, gleich nach meiner Ankunft in der Residenz an Dich zu schreiben. Aber Du weißt selbst, wieviel man die erste Zeit an einem solchen Orte mit Einrichtungen, Besuchen und Gegenbesuchen zu tun hat. Ich konnte damals durchaus nicht dazu kommen, obschon ich immer und überall an Dich gedacht habe. Und so verging die erste Woche, und ich wußte dann nicht mehr, wohin ich meinen Brief adressieren sollte. Vor einigen Tagen endlich kam hier der junge Marquis von P. an, der wollte bestimmt wissen, daß sich mein Bruder mit einem fremden Herrn auf dem Gute des Hrn. v. A. aufhalte. Ich eilte also, sogleich an Dich dorthin zu schreiben. Der Marquis verwunderte sich zugleich, wie Ihr es dort so lange aushalten könntet. Er sagte, es wäre ein Séjour zum melancholischwerden. Mit der ganzen Familie wäre in der Welt nichts anzufangen. Der Baron sei wie ein Holzstich in den alten Rittergeschichten: gedruckt in diesem Jahr, die Tante wisse von nichts zu sprechen, als von ihrer Wirtschaft, und das Fräulein vom Hause sei ein halbreifes Gänseblümchen, ein rechtes Bild ohne Gnaden. Sind das nicht recht närrische Einfälle? Wahrhaftig, man muß dem Marquis gut sein mit seinem losen Maule. Siehst Du, es ist Dein Glück, denn ich hatte schon große Lust eifersüchtig zu werden. Aber ich kenne schon meinen Bruder, solche Bekanntschaften sind ihm immer die liebsten; er läßt sich nichts einreden. Ich bitte Dich aber, sage ihm nichts von alle diesem. Denn er kann sich ohnedies von jeher mit dem Marquis nicht vertragen. Er hat sich schon einigemal mit ihm geschlagen und der Marquis hat über der letzten Wunde über ein Vierteljahr zubringen müssen. Er fängt immer selber ohne allen Anlaß Händel mit ihm an. Ich weiß gar nicht, was er wider ihn hat. Der Marquis ist hier in allen gebildeten Gesellschaften beliebt und ein geistreicher Mann. Ich weiß gewiß, Du und der Marquis werdet die besten Freunde werden. Denn er macht auch Verse, und von der Musik ist er ein großer Kenner. Übrigens lebe ich hier recht glücklich, so gut es Deine Rosa ohne Dich sein kann. Ich bekomme und erwidere Besuche, mache Landpartien u.s.w. Dabei fällt mir immer ein, wie ganz anders Du doch eigentlich bist, als alle diese Leute, und dann wird mir mitten in dem Schwarme so bange, daß ich mich oft heimlich wegschleichen muß, um mich recht auszuweinen. – Die junge, schöne Gräfin Romana, die mich alle Morgen an der Toilette besucht, sagt mir immer, wenn ich mich anziehe, daß meine Augen so schön wären, und wickelt sich meine Haare um ihren Arm und küßt mich. – Ich denke dann immer an Dich. Du hast das auch gesagt und getan, und nun bleibst Du auf einmal so lange aus. Ich bitte Dich, wenn Du mir gut bist, laß mich nicht so allein; es ist nicht gut so. –

Ich hatte mich gestern so eben erst recht eingeschrieben und hatte Dir noch so viel zu sagen, da wurde ich zu meinem Verdrusse durch einen Besuch unterbrochen. Jetzt ist es schon zu spät, da die Post sogleich abgeh'n wird. Ich schließe also schnell in der Hoffnung, Dich bald an mein liebendes Herz zu drücken.

Diesen Winter wird es hier besonders brillant werden. Wie schön wäre es, wenn wir ihn hier zusammen zubrächten! Komm, komm, gewiß!

Friedrich legte den Brief still wieder zusammen. Unwillkürlich summte ihm der Gassenhauer: »Freut euch des Lebens u. s. w.«, den Leontin gewöhnlich abzuleiern pflegte, wenn seine Schwester etwas nach ihrer Art Wichtiges vorbrachte, durch den Kopf. Der ganze Brief, wie von einem von Lustbarkeiten Atemlosen im Fluge abgeworfen, war wie eine Lücke in seinem Leben, durch die ihn ein fremdartiger, staubiger Wind anblies. Hab' ich's oben auf der Höhe nicht gesagt, daß du in dein Grab hinabsteigst? Wenn die Schönheit mit ihren frischen Augen, mit den jugendlichen Gedanken und Wünschen unter euch tritt, und, wie sie die eigene, größere Lebenslust treibt, sorglos und lüstern in das liebewarme Leben hinauslangt und sproßt, sich an die feinen Spitzen, die zum Himmel streben, giftig anzusaugen und zur Erde hinabzuzerren, bis die ganze, prächtige Schönheit, fahl und ihres himmlischen Schmuckes beraubt, unter euch dasteht, wie eures Gleichen – die Halunken!

Er öffnete das Fenster. Der herrliche Morgen lag draußen wie eine Verklärung über dem Lande, und wußte nichts von den menschlichen Wirrungen, nur von rüstigem Tun, Freudigkeit und Frieden. Friedrich spürte sich durch den Anblick innerlichst genesen, und der Glaube an die ewige Gewalt der

Wahrheit und des festen religiösen Willens wurde wieder stark in ihm. Der Gedanke, zu retten, was noch zu retten war, erhob seine Seele, und er beschloß, nach der Residenz abzureisen.

Er ging mit dieser Nachricht zu Leontin, aber er fand seine Schlafstube leer und das Bett noch von Gestern in Ordnung. Er ging daher zu Julien hinüber, da er hörte, daß sie schon auf war. Das schöne Mädchen stand in ihrer weißen Morgenkleidung eben am Fenster. Sie kehrte sich schnell zu ihm herum, als er hereintrat. Er ist fort! sagte sie leise mit unterdrückter Stimme, zeigte mit dem Finger auf das Fenster und stellte sich wieder mit abgewendetem Gesicht abseits an das andere. Der erstaunte Friedrich erkannte Leontins Schrift auf der Scheibe, die er wahrscheinlich gestern, als er hier allein war, mit seinem Ringe aufgezeichnet hatte. Er las:

> Der fleißigen Wirtin von dem Haus
> Dank' ich von Herzen für Trank und Schmaus,
> Und was beim Mahl den Gast erfreut:
> Für heitre Mien' und Freundlichkeit.

> Dem Herrn von Haus sei Lob und Preis!
> Seinen Segen wünsch' ich mir auf die Reis',
> Nach seiner Lieb' mich sehr begehrt,
> Wie ich ihn halte Ehrenwert.

> Herr Viktor soll beten und fleißig sein,
> Denn der Teufel lauert, wo Einer allein
> Soll lustig auf dem Kopfe steh'n,
> Wenn alle so dumm auf den Beinen geh'n.

> Und wenn mein Weg über Berge hoch geht,
> Aurora sich auftut, das Posthorn weht,
> Da will ich Ihm rufen von Herzen voll,
> Daß er's in der Ferne spüren soll.

> Ade! Schloß, heiter über'm Tal,
> Ihr schwülen Täler allzumal,

> Du blauer Fluß ums Schloß herum,
> Ihr Dörfer, Wälder um und um!
>
> Wohl sah ich dort eine Zaub'rin geh'n,
> Nach Ihr nur alle Blumen und Wälder seh'n,
> Mit hellen Augen Ströme und Seen,
> In stillem Schau'n, wie verzaubert, steh'n.
>
> Ein jeder Strom wohl find't sein Meer,
> Ein jeglich Schiff kehrt endlich her,
> Nur ich treibe und sehne mich immerzu,
> O wilder Trieb! wann läßt du einmal Ruh?

Darunter stand, kaum leserlich, gekritzelt:

> Herr Friedrich, der schläft in der Ruhe Schoß,
> Ich wünsch' ihm viel Unglück, daß er sich erbos',
> In's Horn, zum Schwert, frisch dran und drauf!
> Philister über Dir, wach', Simson, wach' auf!

Friedrich stutzte über diese letzten Zeilen, die ihn unerwartet trafen. Er erkannte tief das Schwerfällige seiner Natur und versank auf einen Augenblick sinnend in sich selbst.

Julie stand noch immerfort am Fenster, sah durch die Scheiben und weinte heimlich. Er faßte ihre Hand. Da hielt sie sich nicht länger, sie setzte sich auf ihr Bett und schluchzte laut. Friedrich wußte wohl, wie untröstlich ein liebendes Mädchen ist. Er verabscheute alle jene erbärmlichen Spitaltröster voll Wiedersehens, unverhofften Windungen des Schicksals u. s. w. Lieb' ihn nur recht, sagte er zu Julien, so ist er ewig dein, und wenn die ganze Welt dazwischen läge. Glaube nur niemals den falschen Verführern: daß die Männer eurer Liebe nicht wert sind. Die Schufte freilich nicht, die das sagen; aber es gibt nichts Herrlicheres auf Erden, als der Mann, und nichts Schöneres, als das Weib, das ihm treu ergeben bis zum Tode. – Er küßte das weinende Mädchen und ging darauf zu ihren Eltern, um ihnen seine eigene, baldige Abreise anzukündigen.

Er fand die Tante höchstbestürzt über Leontins unerklärliche Flucht, die sie auf einmal ganz irre an ihm und allen ihren Planen machte. Sie war anfangs böse, dann still und wie vernichtet. Herr v. A. äußerte weniger mit Worten, als durch ein ungewöhnlich hastiges und zerstreutes Tun und Lassen, das Friedrich'n unbeschreiblich rührte, wie schwer es ihm falle, sich von Leontin getrennt zu sehen, und die Tränen traten ihm in die Augen, als nun auch Friedrich erklärte, schon morgen abreisen zu müssen. So verging dieser noch übrige Tag zerstreut, gestört und Freudenlos.

Am anderen Morgen hatte Erwin frühzeitig die Reisebündel geschnürt, die Pferde standen bereit und scharrten ungeduldig unten im Hofe. Friedrich machte noch eilig einen Streifzug durch den Garten und sah noch einmal von dem Berge in die herrlichen Täler hinaus. Auch das stille, kühle Plätzchen, wo er so oft gedichtet und glücklich gewesen, besuchte er. Wie im Fluge schrieb er dort folgende Verse in seine Schreibtafel:

> O Täler weit, o Höhen,
> O schöner, grüner Wald,
> Du meiner Lust und Wehen
> Andächt'ger Aufenthalt!
> Da draußen, stets betrogen,
> Saust die geschäft'ge Welt,
> Schlag' noch einmal die Bogen
> Um mich, du grünes Zelt!
>
> Wann es beginnt zu tagen,
> Die Erde dampft und blinkt,
> Die Vögel lustig schlagen,
> Daß dir dein Herz erklingt:
> Da mag vergeh'n, verwehen
> Das trübe Erdenleid,
> Da sollst du auferstehen
> In junger Herrlichkeit.

>   Da steht im Wald geschrieben
>   Ein stilles, ernstes Wort,
>   Von rechtem Tun und Lieben,
>   Und was des Menschen Hort.
>   Ich habe treu gelesen
>   Die Worte schlicht und wahr,
>   Und durch mein ganzes Wesen
>   Ward's unaussprechlich klar.
>
>   Bald werd' ich dich verlassen,
>   Fremd, in der Fremde geh'n,
>   Auf buntbewegten Gassen,
>   Des Lebens Schauspiel seh'n,
>   Und mitten in dem Leben
>   Wird deines Ernst's Gewalt,
>   Mich Einsamen erheben,
>   So wird mein Herz nicht alt.

Als der junge Tag sich aus den Morgenwolken hervorgearbeitet hatte, war Friedrich schon draußen zu Pferde. Julie winkte noch weit mit ihrem weißen Tuche aus dem Fenster nach.

ZWEITES BUCH

EILFTES KAPITEL

Es war schon Abend, als Friedrich in der Residenz ankam. Er war sehr schnell geritten, so daß Erwin fast nicht mehr nach konnte. Je einsamer draußen der Kreis der Felder ins Dunkel versank, je höher nach und nach die Türme der Stadt, wie Riesen, sich aus der Finsternis aufrichteten, desto lichter war es in seiner Seele geworden vor Freude und Erwartung. Er stieg im Wirtshause ab und eilte sogleich zu Rosa's Wohnung. Wie schlug sein Herz, als er durch die dunklen Straßen schritt, als er endlich die hellbeleuchtete Treppe in ihrem Hause hinaufstieg. Er mochte keinen Bedienten fragen, er öffnete hastig die erste Tür. Das große, getäfelte Zimmer war leer, nur im Hintergrunde saß eine weibliche Gestalt in vornehmer Kleidung. Er glaubte sich verirrt zu haben und wollte sich entschuldigen. Aber das Mädchen vom Fenster kam sogleich auf ihn zu, führte sich selbst als Rosa's Kammermädchen auf und versicherte sehr gleichgültig, die Gräfin sei auf den Maskenball gefahren. Diese Nachricht fiel wie Maifrost in seine Lust. Es war ihm vor Freude gar nicht eingefallen, daß er sie verfehlen könnte, und er hatte beinahe Lust zu zürnen, daß sie ihn nicht zu Hause erwartet habe. Wo ist denn die kleine Marie? frug er nach einer Weile wieder. O, die ist lange aus den Diensten der Gräfin, sagte das Mädchen mit gerümpftem Näschen und betrachtete ihn von oben bis unten mit einer schnippischen Miene. Friedrich glaubte, es gälte seine staubige Reisekleidung; alles ärgerte ihn, er ließ den Affen steh'n und ging, ohne seinen Namen zu hinterlassen, wieder fort.

Verdrüßlich nahm er den Weg zu den Redoutensälen. Die Musik schallte lockend aus den hohen Bogenfenstern, die ihre Scheine weit unten über den einsamen Platz warfen. Ein alter Springbrunnen stand in der Mitte des Platzes, über den nur noch einzelne dunkle Gestalten hin und her irrten. Friedrich blieb lange an dem Brunnen stehen, der seltsam zwischen den Tönen von oben fortrauschte. Aber ein Polizeidiener, der, in seinen Mantel gehüllt, an der Ecke lauerte, verjagte ihn endlich durch die Aufmerksamkeit, mit der er ihn zu beobachten schien.

Er ging in's Haus hinein, versah sich mit einem Domino und einer Larve, und hoffte seine Rosa noch heute in dem Getümmel herauszufinden. Geblendet trat er aus der stillen Nacht in den plötzlichen Schwall von Tönen, Lichtern und Stimmen, der wie ein Zaubermeer mit rastlos beweglichen, klingenden Wogen über ihm zusammenschlug. Zwei große, hohe Säle, nur leicht von einander geschieden, eröffneten die unermeßlichste Aussicht. Er stellte sich in das Bogentor zwischen beide, wo die doppelten Musikchöre aus beiden Sälen verworren ineinander klangen. Zu beiden Seiten toste der seltsame, lustige Markt, fröhliche, reizende und ernste Bilder des Lebens zogen wechselnd vorüber, Guirlanden von Lampen schmückten die Wände, unzählige Spiegel dazwischen spielten das Leben ins Unendliche, so daß man die Gestalten mit ihrem Widerspiel verwechselte, und das Auge verwirrt in der grenzenlosen Ferne dieser Aussicht sich verlor. Ihn schauderte mitten unter diesen Larven. Er stürzte sich selber mit in das Gewimmel, wo es am dichtesten war.

Gewöhnliches Volk, Charaktermasken ohne Charakter, vertraten auch hier, wie draußen im Leben, überall den Weg: gespreizte Spanier, papierne Ritter, Taminos, die über ihre Flöte stolperten, hin und wieder ein behender Harlekin, der sich durch die unbehülflichen Züge hindurchwand und nach allen Seiten peitschte. Eine höchstseltsame Maske zog indes seine Aufmerksamkeit auf sich. Es war ein Ritter in schwarzer, altdeutscher Tracht, die so genau und streng gehalten war, daß man glaubte, irgend ein altes Bild sei aus seinem Rahmen ins Leben hinausgetreten. Die Gestalt war hoch und schlank, sein Wams reich mit Gold, der Hut mit hohen Federn geschmückt, die ganze Pracht doch so uralt, fremd und fast gespenstisch, daß jedem unheimlich zu Mute ward, an dem er vorüberstreifte. Er war übrigens galant und wußte zu leben. Friedrich sah ihn fast mit allen Schönen buhlen. Doch alle machten sich gleich nach den ersten Worten schnell wieder von ihm los, denn unter den Spitzen der Ritterärmel langten die Knochenhände eines Totengerippes hervor.

Friedrich wollte eben den sonderbaren Gast weiter verfolgen, als sich die Bahn mit einem Janhagel junger Männer verstopfte, die auf einer Jagd begriffen schienen. Bald erblickte er auch das flüchtige Reh. Es war eine kleine, junge Zigeunerin, sehr nachlässig verhüllt, das schöne schwarze Haar mit bunten Bändern in lange Zöpfe geflochten. Sie hatte ein Tambourin, mit dem sie die Zudringlichsten so schalkisch abzuwehren wußte, daß ihr alles nur um desto lieber nachfolgte. Jede ihrer Bewegungen war zierlich, es war das niedlichste Figürchen, das Friedrich jemals gesehen.

In diesem Augenblicke streiften zwei schöne, hohe weibliche Gestalten an ihm vorbei. Zwei männliche Masken drängten sich nach. Es ist ganz sicher die Gräfin Rosa, sagte die eine Maske mit düsterer Stimme. Friedrich traute seinen Ohren kaum. Er drängte sich ihnen schnell nach, aber das Gewimmel war zu groß, und sie blieben ihm immer eine Strecke voraus. Er sah, daß der schwarze Ritter den beiden weiblichen Masken begegnete, und der einen im Vorbeigehen etwas ins Ohr raunte, worüber sie höchstbestürzt schien, und ihm eine Weile nachsah, während er längst schon wieder im Gedränge verschwunden war. Mehrere Parteien durchkreuzten sich unterdes von neuem, und Friedrich hatte Rosa aus dem Gesichte verloren.

Ermüdet flüchtete er sich endlich an ein abgelegenes Fenster, um auszuruhen. Er hatte noch nicht lange dort gestanden, als die eine von den weiblichen Masken eiligst ebenfalls auf das Fenster zukam. Er erkannte sogleich seine Rosa an der Gestalt. Die eine männliche Maske folgte ihr auf dem Fuße nach, sie schienen beide den Grafen nicht zu bemerken. Nur einen einzigen Blick! bat die Maske dringend. Rosa zog ihre Larve weg und sah den Bittenden mit den wunderschönen Augen lächelnd an. Sie schien unruhig. Ihre Blicke durchschweiften den ganzen Saal und begegneten schon wieder dem schwarzen Ritter, der wie eine Totenfahne durch die bunten Reihen drang. Ich will nach Hause – sagte sie darauf ängstlich bittend, und Friedrich glaubte Tränen in ihren Augen zu bemerken. Sie bedeckte ihr Gesicht schnell wieder mit der Larve. Ihr unbekannter Begleiter bot ihr seinen Arm, drängte Friedrich, der gerade vor ihr stand, stolz aus dem Wege und bald hatten sich beide in dem Gewirre verloren.

Der schwarze Ritter war indes bei dem Fenster angelangt. Er blieb vor Friedrich stehen und sah ihm scharf in's Gesicht. Dem Grafen grauste, so allein mit der wunderbaren Erscheinung zu steh'n, denn hinter der Larve des Ritters schien alles hohl und dunkel, man sah keine Augen. Wer bist du? fragte ihn Friedrich. Der Tod von Basel, antwortete der Ritter und wandte sich schnell fort. Die Stimme hatte etwas so altbekanntes und anklingendes aus längstvergangener Zeit, daß Friedrich lange sinnend steh'n blieb. Er wollte ihm endlich nach, aber er sah ihn schon wieder im dicksten Haufen mit einer Schönen wie toll herumwalzen.

Ein Getümmel von Lichtern draußen unter den Fenstern lenkte seine Aufmerksamkeit ab. Er blickte hinaus und sah bei dem Scheine einer Fackel, wie die männliche Maske Rosa'n nebst noch einer anderen Dame in den Wagen hob. Der Wagen rollte darauf schnell fort, die Lichter verschwanden, und der Platz unten war auf einmal wieder still und finster.

Er warf das Fenster zu und wandte sich in den glänzenden Saal zurück, um sich ebenfalls fortzugeben. Der schwarze Ritter war nirgends mehr zu sehen. Nach einigem Herumschweifen traf er in der mit Blumen geschmückten Kredenz noch einmal die nur allzugefällige Zigeunerin. Sie hatte die Larve abgenommen, trank Wein und blickte mit den muntern Augen reizend über das Glas weg. Friedrich erschrak, denn es war die kleine Marie. Er drückte seine Larve fester ins Gesicht und faßte das niedliche Mädchen bei der Hand. Sie zog sie verwundert zurück und zeichnete mit ihrem Finger ratend eine Menge Buchstaben in seine flache Hand, aber keiner paßte auf seinen Namen.

Er zog sie an ein Tischchen und kaufte ihr Zucker und Naschwerk. Mit ungemeiner Zierlichkeit wußte das liebliche Kind alles mit ihm zu teilen und blinzelte ihm dazwischen oft neugierig in die Augen. Unbesorgt um die Reize, die sie dabei enthüllte, riß sie einen Blumenstrauß von ihrem Busen und überreichte ihn lächelnd ihrem unbekannten, sonderbaren Wirt, der immerfort so stumm und kalt neben ihr saß. Die Blumen sind ja alle schon verwelkt, sagte Friedrich, zerzupfte den Strauß und warf die Stücke auf die Erde. Marie schlug ihn lachend auf die Hand und riß ihm die noch übrigen Blumen aus. Er bat endlich um die Erlaubnis, sie nach Hause begleiten zu dürfen, und sie willigte mit einem freudigen Händedruck ein.

Als er sie nun durch den Saal fortführte, war unterdes alles leer geworden. Die Lampen waren größtenteils verlöscht und warfen nur noch zuckende, falbe Scheine durch den Qualm und Staub, in welchen das ganze bunte Leben verraucht schien. Die Musikanten spielten wohl fort, aber nur noch einzelne Gestalten wankten auf und ab, demaskiert, nüchtern und übersatt. Mitten in dieser Zerstörung glaubte Friedrich mit einem flüchtigen Blicke Leontin totenblaß und mit verwirrtem Haar in einem fernen Winkel schlafen zu sehen. Er blieb erstaunt stehen, alles kam ihm wie ein Traum vor. Aber Marie drängte ihn schnell und ängstlich fort, als wäre es unheimlich, länger an dem Orte zu hausen.

Als sie unten zusammen im Wagen saßen, sagte Marie zu Friedrich: Ihre Stimme hat eine sonderbare Ähnlichkeit mit der eines Herrn, den ich sonst gekannt habe. Friedrich antwortete nichts darauf. Ach Gott! sagte sie bald nachher, die Nacht ist heut gar so schwül und finster! Sie öffnete das Kutschenfenster, und er sah bei dem matten Schimmer einer Laterne, an der sie vorüberflogen, daß sie ernsthaft und in Gedanken versunken war. Sie fuhren lange durch eine Menge enger und finsterer Gäßchen, endlich rief Marie dem Kutscher zu, und sie hielten vor einem abgelegenen, kleinen

Hause. Sie sprang schnell aus dem Wagen und in das Haus hinein. Ein Mädchen, das in Mariens Diensten zu sein schien, empfing sie an der Haustüre. Er ist mein, er ist mein! rief Marie kaum hörbar, aber aus Herzensgrunde, dem Mädchen im Vorübergehen zu und schlüpfte in ein Zimmer.

Das Mädchen führte den Grafen mit prüfenden Blicken über ein kleines Treppchen zu einer anderen Türe. Warum, sagte sie, sind Sie gestern Abends nicht schon zu uns gekommen, da Sie vorbeiritten, und so freundlich heraufgrüßten? Ich sollte wohl nichts sagen, aber seit acht Tagen spricht und träumt die arme Marie von nichts, als von Ihnen, und wenn es länger gedauert hätte, wäre sie gewiß bald gestorben. Friedrich wollte fragen, aber sie schob die Türe hinter ihm zu und war verschwunden.

Er trat in eine fortlaufende Reihe schöner, geschmackvoller Zimmer. Ein prächtiges Ruhebett stand im Hintergrunde, der Fußboden war mit reichen Teppichen geschmückt, eine alabasterne Lampe erleuchtete das Ganze nur dämmernd. In dem letzten Zimmer sah er die niedliche Zigeunerin vor einem großen Wandspiegel stehen und ihre Haare flüchtig in Ordnung bringen. Als sie ihn in dem vorderen Zimmer erblickte, kam sie sogleich herbeigesprungen und stürzte mit einer Hingebung in seine Arme, die keine Verstellung mit ihren gemeinen Künsten jemals erreicht. Der erstaunte Friedrich riß in diesem Augenblicke seinen Mantel und die Larve von sich. Wie vom Blitze berührt, sprang Marie bei diesem Anblicke auf, stürzte mit einem lauten Schrei auf das Ruhebett und drückte ihr, mit beiden Händen bedecktes, Gesicht tief in die Kissen.

Was ist das! sagte Friedrich, sind deine Freunde Gespenster geworden? Warum hast du mich geliebt, eh' du mich kanntest, und fürchtest dich nun vor mir? Marie blieb in ihrer Stellung und ließ die eine Hand, die er gefaßt hatte, matt in der seinigen; sie schien ganz vernichtet. Mit noch immer verstecktem Gesichte sagte sie leise und gepreßt: Er war auf dem Balle – dieselbe Gestalt – dieselbe Maske –. Du hast dich in mir geirrt, sagte Friedrich, und setzte sich neben ihr auf das Bett, viel schwerer und furchtbarer irrst du dich am Leben, leichtsinniges Mädchen! Wie der schwarze Ritter heute auf dem Balle, tritt überall ein freier, wilder Gast ungeladen in das Fest. Er ist so lustig aufgeschmückt und ein rüstiger Tänzer, aber seine Augen sind leer und hohl und seine Hände totenkalt, und du mußt sterben, wenn er dich in die Arme nimmt, denn dein Buhle ist der Teufel. – Marie, seltsam erschüttert von diesen Worten, die sie nur halb vernahm, richtete sich auf. Er hob sie auf seinen Schoß, wo sie still sitzen blieb, während er sprach. Ihre Augen und Mienen kamen ihm in diesem Augenblicke wieder so unschuldig und kindisch vor, wie ehemals. Was ist aus dir geworden, arme Marie! fuhr er gerührt fort. Als ich das erstemal auf die schöne grüne Waldeswiese hinunterkam, wo dein stilles Jägerhaus stand, wie du fröhlich auf dem Rehe saßest und sangst – der Himmel war so heiter, der Wald stand frisch und rauschte im Winde, von allen Bergen bliesen die Jäger auf ihren Hörnern – das war eine schöne Zeit! – Ich habe einmal an einem kalten, stürmischen Herbsttage ein Frauenzimmer draußen im Felde sitzen gesehen, die war verrückt geworden, weil sie ihr Liebhaber, der sich lange mit ihr herumgeherzt, verlassen hatte. Er hatte ihr versprochen, noch an demselben Tage wiederzukommen. Sie ging nun seit vielen Jahren alle Tage auf das Feld und sah immerfort auf die Landstraße hinaus. Sie hatte noch immer das Kleid an, das sie damals getragen hatte, das war schon zerrissen und seitdem ganz altmodisch geworden. Sie zupfte immer an dem Ärmel und sang ein altes Lied zum rasend werden. – Marie stand bei diesen Worten schnell auf und ging an den Tisch. Friedrich sah auf einmal Blut über ihre Hand hervorrinnen. Alles dieses geschah in Einem Augenblick.

Was hast du vor? rief Friedrich, der unterdes herbeigesprungen war. Was soll mir das Leben! antwortete sie mit verhaltener, trostloser Stimme. Er sah, daß sie sich mit einem Federmesser grade am gefährlichsten Fleck unterhalb der Hand verwundet hatte. Pfui, sagte Friedrich, wie bist du seitdem unbändig geworden! Das Mädchen wurde blaß, als sie das Blut erblickte, das häufig über den weißen Arm floß. Er zog sie an das Bett hin und riß schnell ein Band aus ihren Haaren. Sie kniete vor ihm hin und ließ sich gutwillig von ihm das Blut stillen und die Wunde verbinden. Das heftige Mädchen war während des ruhiger geworden. Sie lehnte den Kopf an seine Knie und brach in einen Strom von Tränen aus.

Da wurden sie durch Marie's Kammermädchen unterbrochen, die plötzlich in die Stube stürzte und mit Verwirrung vorbrachte, daß so eben der Herr auf dem Wege hieher sei. O Gott! rief Marie sich aufraffend, wie unglücklich bin ich! Das Mädchen aber schob den Grafen, ohne sich weiter auf Erklärungen einzulassen, eiligst aus dem Zimmer und dem Hause, und schloß die Türe hinter ihm ab.

Draußen auf der Straße, die leer und öde war, begegnete er bald zwei männlichen, in dunkle Mäntel dichtverhüllten Gestalten, die durch die neblichte Nacht an den Häusern vorbeistrichen. Der eine von ihnen zog einen Schlüssel hervor, eröffnete leise Marie's Haustüre und schlüpfte hinein. Desselben Stimme, die er jetzt im Vorbeigehen flüchtig gehört hatte, glaubte er vom heutigen Maskenballe auffallend wieder zu erkennen.

Da hierauf alles auf der Gasse ruhig wurde, eilte er endlich voller Gedanken seiner Wohnung zu. Oben in seiner Stube fand er Erwin, den Kopf auf den Arm gestützt, eingeschlummert. Die Lampe auf dem Tische war fast ausgebrannt und dämmerte nur noch schwach über das Zimmer. Der gute Junge hatte durchaus seinen Herrn erwarten wollen, und sprang verwirrt auf, als Friedrich hereintrat. Draußen rasselten die Wagen noch immerfort, Läufer schweiften mit ihren Windlichtern an den dunklen Häusern vorüber, in Osten standen schon Morgenstreifen am Himmel. Erwin sagte, daß er sich in der großen Stadt fürchte; das Gerassel der Wagen wäre ihm vorgekommen, wie ein unaufhörlicher Sturmwind, die nächtliche Stadt, wie ein dunkler eingeschlafener Riese. Er hat wohl recht, es ist manchmal fürchterlich, dachte Friedrich, denn ihm war bei diesen Worten, als hätte dieser Riese Marie und seine Rosa erdrückt, und der Sturmwind ginge über ihre Gräber. Bete, sagte er zu dem Knaben, und lege dich ruhig schlafen! Erwin gehorchte, Friedrich aber blieb noch auf. Seine Seele war von den buntwechselnden Erscheinungen dieser Nacht mit einer unbeschreiblichen Wehmut erfüllt, und er schrieb heute noch folgendes Gedicht auf:

DER ARMEN SCHÖNHEIT LEBENSLAUF

> Die arme Schönheit irrt auf Erden,
> So lieblich Wetter draußen ist,
> Möcht' gern recht viel gesehen werden,
> Weil jeder sie so freundlich grüßt.

> Und wer die arme Schönheit schauet,
> Sich wie auf großes Glück besinnt,
> Die Seele fühlt sich recht erbaut,
> Wie wenn der Frühling neu beginnt.

> Da sieht sie viele schöne Knaben,
> Die reiten unten durch den Wind,
> Möcht' manchen gern im Arme haben,
> Hüt' dich, hüt' dich, du armes Kind!

> Da zieh'n manch' redliche Gesellen,
> Die sagen: Hast nicht Geld noch Haus,
> Wir fürchten deine Augen helle,
> Wir haben nichts zum Hochzeitsschmaus.

> Von andern tut sie sich wegdrehen,
> Weil keiner ihr so wohlgefällt,
> Die müssen traurig weiter gehen,
> Und zögen gern an's End' der Welt.

> Da sagt sie: Was hilft mir mein Sehen,
> Ich wünscht', ich wäre lieber blind,
> Da alle furchtsam von mir gehen,
> Weil gar so schön mein' Augen sind. –

Nun sitzt sie hoch auf lichtem Schlosse,
In schöne Kleider putzt sie sich,
Die Fenster glüh'n, sie winkt vom Schlosse,
Die Sonne blinkt, das blendet dich.

Die Augen, die so furchtsam waren,
Die haben jetzt so freien Lauf,
Fort ist das Kränzlein aus den Haaren,
Und hohe Federn steh'n darauf.

Das Kränzlein ist herausgerissen,
Ganz ohne Scheu sie mich anlacht;
Geh' Du vorbei: sie wird Dich grüßen,
Winkt Dir zu einer schönen Nacht. –

Da sieht sie die Gesellen wieder,
Die fahren unten auf dem Fluß,
Es singen laut die lust'gen Brüder,
So furchbar schallt des Einen Gruß:

»Was bist du für'ne schöne Leiche!
So wüste ist mir meine Brust,
Wie bist du nun so arm, du Reiche,
Ich hab' an dir nicht weiter Lust!«

Der wilde hat ihr so gefallen,
Laut schrie sie auf bei seinem Gruß,
Vom Schloß möcht' sie hinunterfallen,
Und unten ruh'n im kühlen Fluß. –

Sie blieb nicht länger mehr da oben,
Weil alles anders worden war,
Vor Schmerz ist ihr das Herz erhoben,
Da ward's so kalt, doch himmlischklar.

Da legt sie ab die goldnen Spangen,
Den falschen Putz und Ziererei,

Aus dem verstockten Herzen drangen
Die alten Tränen wieder frei.

Kein Stern wollt' nicht die Nacht erhellen,
Da mußte die Verliebte geh'n,
Wie rauscht der Fluß! die Hunde bellen,
Die Fenster fern erleuchtet steh'n.

Nun bist du frei von deinen Sünden,
Die Lieb zog triumphierend ein,
Du wirst noch hohe Gnade finden,
Die Seele geht in Hafen ein. –

Der Liebste war ein Jäger worden,
Der Morgen schien so rosenrot,
Da blies er lustig auf dem Horne,
Blies immerfort in seiner Not.

ZWÖLFTES KAPITEL

Rosa saß des Morgens an der Toilette; ihr Kammermädchen mußte ihr weitläufig von dem fremden Herrn erzählen, der gestern nach ihr gefragt hatte. Sie zerbrach sich vergebens den Kopf, wer es wohl gewesen sein möchte, denn Friedrich'n erwartete sie nicht so schnell. Vielmehr glaubte sie, er werde darauf bestehen, daß sie die Residenz verlasse, und das machte ihr manchen Kummer. Die junge Gräfin Romana, eine Verwandte von ihr, in deren Hause sie wohnte, saß neben ihr am Flügel und schwelgte tosend in den Tänzen von der gestrigen Redoute. Wie ihr anderen nur, sagte sie, alle Lust so gelassen ertragen und aus dem Tanz schnurstracks ins Bett springen könnt und der schönen Welt so auf einmal ein Ende machen! Ich bin immer so ganz durchklungen, als sollte die Musik niemals aufhören.

Bald darauf fand sie Rosa's Augen so süß verschlafen, daß sie schnell zu ihr hinsprang und sie küßte. Sie setzte sich ne ben ihr hin und half sie von allen Seiten schmücken, setzte ihr bald einen Hut, bald Blumen auf und riß eben so oft alles wieder herunter, wie ein verliebter Knabe, der nicht weiß, wie er sich sein Liebchen würdig genug aufputzen soll. Ich weiß gar nicht, was wir uns putzen, sagte das schöne Weib endlich und lehnte den schwarzgelockten Kopf schwermütig auf den blendendweißen Arm, was wir uns kümmern und noch Herzweh haben nach den Männern: solches schmutziges, abgearbeitetes, unverschämtes Volk, steifleinene Helden, die sich spreizen und in allem Ernste glauben, daß sie uns beherrschen, während wir sie auslachen, fleißige Staatsbürger und eheliche Ehestandskandidaten, die, ganz beschwitzt von der Berufsarbeit und das Schurzfell noch um den Leib, mit aller Wut ihrer Inbrunst von der Werkstatt zum Garten der Liebe springen, und denen die Liebe ansteht, wie eine umgekehrt aufgesetzte Perücke. – Rosa besah sich im Spiegel und lachte. – Wenn ich mir bedenke, fuhr die Gräfin fort, wie ich mir sonst als kleines Mädchen einen Liebhaber vorgestellt habe: wunderschön, stark, voll Tapferkeit, wild, und doch wieder so milde, wenn er bei mir war.

Ich weiß noch, unser Schloß lag sehr hoch zwischen einsamen Wäldern, ein schöner Garten war daneben, unten ging ein Strom vorüber. Alle Morgen, wenn ich in den Garten kam, hörte ich draußen in den Bergen ein Waldhorn blasen, bald nahe, bald weit, dazwischen sah ich oft einen Reiter plötzlich fern zwischen den Bäumen erscheinen und schnell wieder verschwinden. Gott! mit welchen Augen schaute ich da in die Wälder und den blauen weiten Himmel hinaus! Aber ich durfte, so lange meine Mutter lebte, niemals allein aus dem Garten. Ein einzigesmal, an einem prächtigen Abende, da der Jäger draußen wieder blies, wagte ich es und schlich unbemerkt in den Wald hinaus. Ich ging nun zum erstenmale allein durch die dunkelgrünen Gänge, zwischen Felsen und über eingeschlossene Wiesen voll bunter Blumen, alte, seltsame Geschichten, die mir die Amme oft erzählte, fielen mir dabei ein; viele Vögel sangen ringsumher, das

Waldhorn rufte immerfort, noch niemals hatte ich so große Lust empfunden. Doch, wie ich im Beschauen so versunken, ging und staunte, hatt' ich den rechten Weg verloren, auch wurde es schon dunkel. Ich irrt' und rief, doch niemand gab mir Antwort. Die Nacht bedeckte indes Wälder und Berge, die nun wie dunkle Riesen auf mich sahen, nur die Bäume rührten sich so schaurig, sonst war es still im großen Walde. – Ist das nicht recht romantisch? unterbrach sich hier die Gräfin selbst laut auflachend. – Ermüdet, fuhr sie wieder weiter fort, setzte ich mich endlich auf die Erde nieder und weinte bitterlich. Da hör' ich plötzlich hinter mir ein Geräusch, ein Reh bricht aus dem Dickicht hervor und hinterdrein der Reiter. – Es war ein wilder Knabe, der Mond schien ihm hell ins Gesicht; wie schön und herrlich er anzusehen war, kann ich mit Worten nicht beschreiben. Er stutzte, als er mich erblickte, und staunend standen wir so voreinander. Erst lange darauf frug er mich, wie ich hieher gekommen und wohin ich wollte? Ich konnte vor Verwirrung nicht antworten, sondern stand still vor ihm und sah ihn an. Da hob er mich schnell vor sich auf sein Roß, umschlang mich fest mit einem Arme, und ritt so mit mir davon. Ich fragte nicht: wohin? denn Lust und Furcht war so gemischt in seinem wunderbaren Anblick, daß ich weder wünschte noch wagte, von ihm zu scheiden. Unterweges bat er mich freundlich um ein Andenken. Ich zog stillschweigend meinen Ring vom Finger und gab ihn ihm. So waren wir nach kurzem Reiten auf unbekannten Wegen, zu meiner Verwunderung, auf einmal vor unser Schloß gekommen. Der Jäger setzte mich hier ab, küßte mich und kehrte schnell wieder in den Wald zurück.

Aber mir scheint gar, du glaubst mir wirklich alles das Zeug da, sagte hier die Gräfin, da sie Rosa'n über der Erzählung ihren ganzen Putz vergessen und mit großen Augen zuhorchen sah. – Und ist es denn nicht wahr? fragte Rosa. – So, so, erwiderte die Gräfin, es ist eigentlich mein Lebenslauf in der Knospe. Willst du weiter hören, mein Püppchen?

Der Sommer, die bunten Vögel und die Waldhornsklänge zogen nun fort, aber das Bild des schönen Jägers blieb heimlich bei mir den langen Winter hindurch. – Es war an einem von jenen wundervollen Vorfrühlingstagen, wo die ersten Lerchen wieder in der lauen Luft schwirren, ich stand mit meiner Mutter an dem Abhange des Gartens, der Fluß unten war von dem geschmolzenen Schnee ausgetreten und die Gegend weit und breit wie ein großer See zu sehen. Da erblickte ich plötzlich meinen Jäger wieder gegenüber auf der Höhe. Ich erschrak vor Freude, daß ich am ganzen Leibe zitterte. Er bemerkte mich und hielt meinen Ring an seiner Hand grade auf mich zu, daß der Stein, im Sonnenscheine funkelnd, wunderbar über das Tal herüberblitzte. – Er schien zu uns herüber zu wollen, aber das Wasser hinderte ihn. So ritt er auf verschiedenen Umwegen und kam auf einen tiefen Schlund, vor dem das Pferd sich zögernd bäumte. Endlich wagte es den Sprung, sprang zu kurz und er stürzte in den Abgrund. Als ich das sahe, sprang ich, ohne mich zu besinnen, mit einem Schrei vom Abhange aus dem Garten hinunter. Man trug mich ohnmächtig ins Schloß, und ich sah ihn niemals mehr wieder; aber der Ring blitzt wohl noch jeden Frühling aus der Grüne farbigflammend in mein Herz, und ich werde die Zauberei nicht los. – Was sagte denn aber die Mutter dazu? fragte Rosa. – Sie erinnerte sich sehr oft daran. Noch den letzten Tag vor ihrem Tode, da sie schon zuweilen irre sprach, fiel es ihr ein und sie sagte in einer Art von Verzückung zu mir: Springe nicht aus dem Garten! Er ist so fromm und zierlich umzäunt mit Rosen, Lilien und Rosmarin. Die Sonne scheint gar lieblich darauf und lichtglänzende Kinder sehen dir von ferne zu und wollen dort zwischen den Blumenbeeten mit dir spazierengehen. Denn du sollst mehr Gnade erfahren und mehr göttliche Pracht überschauen, als andere. Und eben, weil du oft fröhlich und kühn sein wirst und Flügel haben, so bitte ich dich: Springe niemals aus dem stillen Garten! – Was wollte sie denn aber damit sagen? fiel ihr Rosa ins Wort, verstehst du's? Manchmal, erwiderte die Gräfin, an nebligen Herbsttagen. – Sie nahm die Guitarre, trat an das offene Fenster und sang:

> Laue Luft kommt blau geflossen,
> Frühling, Frühling soll es sein!
> Waldwärts Hörnerklang geschossen,
> Mut'ger Augen lichter Schein,
> Und das Wirren bunt und bunter
> Wird ein magisch wilder Fluß,
> In die schöne Welt hinunter
> Lockt dich dieses Stromes Gruß.
>
> Und ich mag mich nicht bewahren!
> Weit von Euch treibt mich der Wind,
> Auf dem Strome will ich fahren,
> Von dem Glanze selig blind!
> Tausend Stimmen lockend schlagen,
> Hoch Aurora flammend weht,
> Fahre zu! ich mag nicht fragen,
> Wo die Fahrt zu Ende geht!

Was macht dein Bruder Leontin? fragte sie schnellabbrechend und legte die Guitarre, in Gedanken versunken, hin. Wie kommst du jetzt auf den? fragte Rosa verwundert. Er sagt von mir, antwortete die Gräfin, ich sei wie eine Flöte, in der viel himmlischer Klang, aber das frische Holz habe sich geworfen, habe einen genialischen Sprung, und so tauge doch am Ende das ganze Instrument nichts. Das fiel mir eben jetzt ein.

Rosa war froh, daß grade der Bediente hereintrat und meldete, daß die Pferde zum Spazierritte bereit seien. Denn die Reden der Gräfin hatten sie heute mehr gepreßt und beängstigt, als sie zeigte, und wäre Friedrich, nach dessen immer beruhigenden Gesprächen sie hier gar oft eine aufrichtige Sehnsucht fühlte, in diesem Augenblicke hereingetreten, sie wäre ihm gewiß mit einer Leidenschaft um den Hals gefallen, die ihn in Verwunderung gesetzt hätte.

Friedrich hatte bis weit in den Tag hineingeschlafen oder vielmehr geträumt und stand unerquickt und nüchtern auf. Die alte, schöne Gewohnheit, beim ersten Erwachen in die rüstige, freie Morgenpracht hinauszutreten, und auf hohem Berge oder im Walde die Weihe großer Gedanken für den Tag zu empfangen, mußte er nun ablegen. Trostlos blickte er aus dem Fenster in das verwirrende Treiben der mühselig-drängenden, schwankenden Menge, und es war ihm, als könnte er hier nicht beten. In solchen verlassenen Stunden wenden wir uns mit doppelter Liebe nach den Augen der Geliebten, aus denen uns die Natur wieder wunderbar begrüßt, wo wir Ruhe, Trost und Freude wieder zu finden wähnen. Auch Friedrich eilte, seine Rosa endlich wieder zu sehen. Aber seine Erwartung sollte noch einmal getäuscht werden. Sie war, wie wir gehört haben, eben fortgeritten, als er hinkam.

Ungeduldig verließ er von neuem das Haus, und es fehlte wenig, daß er in einer Aufwallung nicht sogleich gar wieder fortreiste. Müßig und unlustig schlenderte er durch die Gassen zwischen den fremden Menschengesichtern, ohne zu wissen, wohin. Die ersten Stunden und Tage, die wir in einer großen, unbekannten Stadt verbringen, gehören meistens unter die verdrießlichsten unseres Lebens. Überall von aller organischen Teilnahme ausgeschlossen, sind wir wie ein überflüssiges, stillstehendes Rad an dem großen Uhrwerke des allgemeinen Treibens. Neutral hängen wir gleichsam unser ganzes Wesen schlaff zu Boden und haschen, da wir innerlich nicht zu Hause sind, auswärts nach einem festen, sicheren Halt. Solche Augenblicke sind es, wo wir darauf verfallen, Visiten zu machen und nach Bekanntschaften zu jagen, da uns sonst der ungestörte Zug eines frischen, bewegten Lebens in Liebe und Haß mit Gleichen und Widrigen von selbst kräftiger und sicherer zusammenführt.

So erinnerte sich auch Friedrich, daß er ein Empfehlungsschreiben an den hiesigen Minister P., den er von einsichtsvollen Männern als ein Wunder von tüchtiger Tätigkeit rühmen gehört, bei sich habe. Er zog es hervor und überlas bei dieser Gelegenheit wieder einmal den weitläufigen Reiseplan, den er bei seinem Auszuge von der Universität sorgfältig in seine Schreibtafel aufgezeichnet hatte. Es rührte ihn, wie da alle Wege so genau vorausbestimmt waren, und wie nachher alles anders gekommen war, wie das innere Leben überall durchdringt und, sich an keine vorberechneten Pläne kehrend, gleich einem Baume aus freier, geheimnisvoller Werkstatt seine Äste nach allen Richtungen hinstreckt und treibt und erst als Ganzes einen Plan und Ordnung erweist.

Unter solchen Gedanken erreichte er des Ministers Haus. Ein Kammerdiener meldete ihn an und führte ihn bald darauf durch eine lange Reihe von Zimmern, die alle fast bis zur Einförmigkeit einfach und schmucklos waren. Erstaunt blieb er stehen, als ihm endlich an der letzten Türe der Minister selbst entgegenkam. Er hatte sich nach alle dem Erhebenden, was er von seinem großen Streben gehört, einen lebenskräftigen, heldenähnlichen, freudigen Mann vorgestellt, und fand eine lange, hagere, schwarzgekleidete Gestalt, die ihn mit unhöflicher Höflichkeit empfing. Denn so möchte man jene Höflichkeit nennen, die nichts weiter bedeuten *will*, und keinen Zug mehr ihres Ursprungs, der wohlwollenden Güte, an sich hat. Der Minister las das Schreiben schnell durch und erkundigte sich um die Familienverhältnisse des Grafen mit wenigen sonderbaren Fragen, aus denen Friedrich zu seiner höchsten Verwunderung ersah, daß der Minister in die Geheimnisse seiner Familie eingeweihter sein müsse, als er selber, und er betrachtete den kalten Mann einige Augenblicke mit einer Art von heiliger Scheu.

Während dieser Unterredung kam unten ein junger Mann in soldatischer Kleidung die Straße herabgeritten. Wie wenn ein Ritter, noch ein heiliges Bild voriger rechter Jugend, dessen Anblick unser Auge längst entwöhnt ist, uns plötzlich begegnet, so ragte der herrliche Reiter über die verworrene, falbe Menge, die sein wildes Roß auseinandersprengte. Alles zog ehrerbietig den Hut, er nickte freundlich in das Fenster hinauf, der Minister verneigte sich tief; es war der Erbprinz.

Auf Friedrich'n hatte die wahrhaft fürstliche Schönheit des Reiters einen wunderbaren Eindruck gemacht, den er, so lange er lebte, nie wieder auszulöschen vermochte. Er sagte es dem Minister. Der Minister lächelte. Friedrich'n ärgerte das brittisierende, eingefrorene Wesen, das er aus Jean Pauls Romanen bis zum Eckel kannte, und jederzeit für die allerschändlichste Prahlerei hielt. Auf die Wahrhaftigkeit seines Herzens vertrauend, sprach er daher, als sich bald nachher die Unterhaltung zu den neuesten Zeitbegebenheiten wandte, über Staat, öffentliche Verhandlungen und Patriotismus mit einer sorglosen, sieghaften Ergreifung, die vielleicht manchmal um desto eher an Übertreibung grenzte, je mehr ihn der unüberwindlich kalte Gegensatz des Ministers erhitzte. Der Minister hörte ihn stillschweigend an. Als er geendigt hatte, sagte er ruhig: Ich bitte Sie, verlegen Sie sich doch einige Zeit mit ausschließlichem Fleiße auf das Studium der Jurisprudenz und der kameralistischen Wissenschaften. Friedrich griff schnell nach seinem Hute. Der Minister überreichte ihm eine Einladungskarte zu einem sogenannten Tableau, welches heute Abend bei einer Dame, die durch gelehrte Zirkel berüchtigt war, von mehreren jungen Damen aufgeführt werden sollte, und Friedrich eilte aus dem Hause fort. Er hatte sich oben in der Gegenwart des Ministers wie von einer unsichtbaren Übermacht bedrückt gefühlt, es kam ihm vor, als ginge alles anders auf der Welt, als er es sich in guten Tagen vorgestellt.

Es war schon Abend geworden, als sich Friedrich endlich entschloß, von der Einladungskarte, die er vom Minister bekommen hatte, Gebrauch zu machen. Er machte sich schnell auf den Weg; aber das Haus der Dame, wohin die Adresse gerichtet war, lag weit in dem anderen Teile der Stadt, und so langte er ziemlich spät dort an.

Er wurde bei Vorweisung der Karte in einen Saal gewiesen, der, wie es schien, mit Fleiß, nur durch einen einzigen Kronleuchter sehr matt beleuchtet wurde. In dieser sonderbaren Dämmerung fand er eine zahlreiche Gesellschaft, die lebhaft durcheinandersprechend in einzelne Partieen zerstreut umhersaß. Er kannte niemand und wurde auch nicht bemerkt; er blieb daher im Hintergrunde und erwartete, an einen Pfeiler gelehnt, den Ausgang der Sache.

Bald darauf wurde zu seinem Erstaunen auch der einzige Kronleuchter hinaufgezogen. Eine undurchdringliche Finsternis erfüllte nun plötzlich den Raum und er hörte ein quickerndes, leichtfertiges Gelächter unter den jungen Frauenzimmern über den ganzen Saal. Wie sehr aber fühlte er sich überrascht, als auf einmal ein Vorhang im Vordergrunde niedersank und eine unerwartete Erscheinung von der seltsamsten Erfindung sich den Augen darbot.

Man sah nämlich sehr überraschend ins Freie, überschaute statt eines Theaters die große, wunderbare Bühne der Nacht selber, die vom Monde beleuchtet draußen ruhte. Schräge über die Gegend hin streckte sich ein ungeheurer Riesenschatten weit hinaus, auf dessen Rücken eine hohe weibliche Gestalt erhoben stand. Ihr langes weites Gewand war durchaus blendendweiß, die eine Hand hatte sie ans Herz gelegt, mit der anderen hielt sie ein Kreuz zum Himmel empor. Das Gewand schien ganz und gar von Licht durchdrungen und strömte von allen Seiten einen milden Glanz aus, der eine himmlische Glorie um die ganze Gestalt bildete und sich ins Firmament zu verlieren schien, wo oben an seinem Ausgange einzelne wirkliche Sterne hindurchschimmerten. Rings unter dieser Gestalt war ein dunkler Kreis hoher, traumhafter, phantastisch ineinanderverschlungener Pflanzen, unter denen unkenntlich verworrene Gestalten zerstreut lagen und schliefen, als wäre ihr wunderbarer Traum über ihnen abgebildet. Nur hin und her endigten sich die höchsten dieser Pflanzengewinde in einzelne Lilien und Rosen, die von der Glorie, der sie sich zuwandten, berührt und verklärt wurden und in deren Kelchen goldene Kanarienvögel saßen und in dem Glanze mit den Flügeln schlugen. Unter den dunklen Gestalten des unteren Kreises war nur eine kenntlich. Es war ein Ritter, der sich, der glänzenden Erscheinung zugekehrt, auf beide Knie aufgerichtet hatte und auf ein Schwert stützte, und dessen goldene Rüstung von der Glorie hell beleuchtet wurde. Von der anderen Seite stand eine schöne weibliche Gestalt in griechischer Kleidung, wie die Alten ihre Göttinnen abbildeten. Sie war mit bunten, vollen Blumengewinden umhangen und hielt mit beiden aufgehobenen Armen eine Zymbel, wie zum Tanze, hoch in die Höh', so daß die ganze regelmäßige Fülle und Pracht der Glieder sichtbar wurde. Das Gesicht erschrocken von der Glorie abgewendet, war sie nur zur Hälfte erleuchtet; aber es war die deutlichste und vollendetste Figur. Es schien, als wäre die irdische, lebenslustige Schönheit, von dem Glanze jener himmlischen berührt, in ihrer bacchantischen Stellung plötzlich so erstarrt. Je länger man das Ganze betrachtete, je mehr und mehr wurde das Zauberbild von allen Seiten lebendig. Die Glorie der mittelsten Figur spielte in den Pflanzengewinden und den zitternden Blätterspitzen der nächststehenden Bäume. Im Hintergrunde sah man noch einige Streifen des Abendrots am Himmel stehen, fernes dunkelblaues Gebirg und hin und wieder den Strom aus der weiten Tiefe wie Silber aufblickend. Die ganze Gegend schien in erwartungsvoller Stille zu feiern, wie vor einem großen Morgen, der das geheimnisvoll gebundene Leben in herrlicher Pracht lösen soll.

Friedrich war freudig zusammengefahren, als der Vorhang sich plötzlich eröffnete, denn er hatte in der mittelsten Figur mit dem Kreuze sogleich seine Rosa erkannt. Wie wir einen geliebten köstlichen Stein mit dem Kostbarsten sorgfältig umfassen, so schien auch ihm der herrliche Kreis der gestirnten Nacht draußen nur eine Folie um das schöne Bild der Geliebten, zu welcher Aller Augen unwiderstehlich hingezogen wurden. An ihren großen, sinnigen Augen entzündete sich in seiner Brust die Macht hoher, freudiger Entschlüsse und Gedanken, das Abendrot draußen war ihm die Aurora eines künftigen, weiten, herrlichen Lebens und seine ganze Seele flog wie mit großen Flügeln in die wunderbare Aussicht hinein.

Mitten in dieser Entzückung fiel der Vorhang plötzlich wieder, das Ganze verdeckend, herab, der Kronleuchter wurde heruntergelassen und ein schnatterndes Gewühle und Lachen erfüllte auf einmal wieder den Saal. Der größte Teil der Gesellschaft brach nun von allen Sitzen auf und verlor sich. Nur ein kleiner Teil von Auserwählten, wie es schien, blieb im Saale zurück. Friedrich wurde während des vom Minister, der auch zugegen war, bemerkt und sogleich der Frau vom Hause vorgestellt. Es war eine fast durchsichtig-schlanke, schmächtige Gestalt, gleichsam im Nachsommer ihrer Blüte und Schönheit. Sie bat ihn mit so überaus sanften, leisen, lispelnden Worten, daß er Mühe hatte sie zu verstehen, ihre künstlerischen Abendandachten, wie sie sich ausdrückte, mit seiner Gegenwart zu beehren, und sah ihn dabei mit blinzelnden, fast zugedrückten Augen an, von denen er zweifelhaft war, ob sie ausforschend, gelehrt, sanft, verliebt oder nur interessant sein sollten.

Die Gesellschaft zog sich indes in eine kleinere Stube zusammen. Die Zimmer waren durchaus prachtvoll und im neuesten Geschmack dekoriert; nur hin und wieder bemerkte man einige auffallende Besonderheiten und Nachlässigkeiten, unsymmetrische Spiegel, Guitarren, aufgeschlagene Musikalien und Bücher, die auf den Ottomanen zerstreut umherlagen. Friedrich'n kam es vor, als hätte es der Frau vom Hause vorher einige Stunden mühsamen Studiums gekostet, um in das Ganze eine gewisse unordentliche Genialität hineinzubringen.

Endlich erschien auch Rosa mit der jungen Gräfin Romana, welche in dem Tableau die griechische Figur, die lebenslustige, vor dem Glanz des Christentums zu Stein gewordene Religion der Phantasie so meisterhaft dargestellt hatte. Rosa's erster Blick traf grade auf Friedrich. Erstaunt und mit innigster Herzensfreude rief sie laut seinen Namen. Er wäre ihr um den Hals gefallen, aber der Minister stand eben wie eine Statue neben ihm, und manche Augen hatte ihr unvorsichtiger Ausruf auf ihn gerichtet. Er hätte sich vor diesen Leuten eben so gern wie Don Quixote in der Wildnis vor seinem Sancho Pansa in Burzelbäumen produzieren wollen, als seine Liebe ihren Augen Preis geben. Aber so nahe als möglich hielt er sich zu ihr, es war ihm eine unbeschreibliche Lust, sie anzurühren, er sprach wieder mit ihr, als wäre er nie von ihr entfernt gewesen, und hielt oft Minutenlang ihre Hand in der seinigen. Rosa'n tat diese langentbehrte, ungekünstelte, unwiderstehliche Freude an ihr im Innersten wohl.

Es hatte sich unterdes ein niedliches, etwa zehnjähriges Mädchen eingefunden, die in einer reizenden Kleidung mit langen Beinkleidern und kurzem schleiernen Röckchen darüber keck im Zimmer herumsprang. Es war die Tochter vom Hause. Ein Herr aus der Gesellschaft reichte ihr ein Tambourin, das in einer Ecke auf dem Fußboden gelegen hatte. Alle schlossen bald einen Kreis um sie und das zierliche Mädchen tanzte mit einer wirklich bewunderungswürdigen Anmut und Geschicklichkeit, während sie das Tambourin auf mannigfache Weise schwang und berührte und ein niedliches italienisches Liedchen dazu sang. Jeder war begeistert, erschöpfte sich in Lobsprüchen und wünschte der Mutter Glück, die sehr zufrieden lächelte. Nur Friedrich schwieg still. Denn einmal war ihm schon die moderne Jungentracht bei Mädchen zuwider, ganz abscheulich aber war ihm diese gottlose Art, unschuldige Kinder durch Eitelkeit zu dressieren. Er fühlte vielmehr ein tiefes Mitleid mit der schönen kleinen Bajadere. Sein Ärger und das Lobpreisen der anderen stieg, als nachher das Wunderkind sich unter die Gesellschaft mischte, nach allen Seiten hin in fertigem Französisch schnippische Antworten erteilte, die eine Klugheit weit über ihr Alter zeigten, und überhaupt jede Ungezogenheit als genial genommen wurde.

Die Damen, welche sämtlich sehr ästhetische Mienen machten, setzten sich darauf nebst mehreren Herren unter dem Vorsitze der Frau vom Haus, die mit vieler Grazie den Tee einzuschenken wußte, förmlich in Schlachtordnung und fingen an von Ohrenschmäusen zu reden. Der Minister entfernte sich in die Nebenstube, um zu spielen. – Friedrich erstaunte, wie diese Weiber geläufig mit den neuesten Erscheinungen der Literatur umzuspringen wußten, von denen er selber manche kaum dem Namen nach kannte, wie leicht sie mit Namen herumwarfen, die er nie ohne heilige, tiefe Ehrfurcht auszusprechen gewohnt war. Unter ihnen schien besonders ein junger Mann mit einer verachtenden Miene in einem gewissen Glauben und Anseh'n zu stehen. Die Frauenzimmer sahen ihn beständig an, wenn es darauf ankam, ein Urteil zu sagen, und suchten in seinem Gesichte seinen Beifall oder Tadel im voraus herauszulesen, um sich nicht etwa mit etwas Abgeschmacktem zu prostituieren. Er hatte viele genialische Reisen gemacht, in den meisten Hauptstädten auf öffentlicher Straße auf seine eigne Faust Ball gespielt, Kotzebue'n einmal in einer Gesellschaft in den Sack gesprochen, fast mit allen berühmten Schriftstellern zu Mittag gespeist oder kleine Fußreisen gemacht. Übrigens gehörte er eigentlich zu keiner Partei; er übersah alle weit und belächelte die entgegengesetzten Gesinnungen und Bestrebungen, den eifrigen Streit unter den Philosophen oder Dichtern: Er war sich der Lichtpunkt dieser verschiedenen Reflexe. Seine Urteile waren alle nur wie zum Spiele flüchtig hingeworfen mit einem nachlässig mystischen Anstrich, und die Frauenzimmer erstaunten nicht über das, was er sagte, sondern was er, in der Überzeugung nicht verstanden zu werden, zu verschweigen schien.

Wenn dieser heimlich die Meinung zu regieren schien, so führte dagegen ein anderer fast einzig das hohe Wort. Es war ein junger, voller Mensch mit strotzender Gesundheit, ein Antlitz, das vor wohlbehaglicher Selbstgefälligkeit glänzte und strahlte. Er wußte für jedes Ding ein hohes Schwungwort, lobte und tadelte ohne Maß und sprach hastig mit einer durchdringenden, gellenden Stimme. Er schien ein wütend-begeisterter von Profession und ließ sich von den Frauenzimmern, denen er sehr gewogen schien, gern den heiligen Thyrsusschwinger nennen. Es fehlte ihm dabei nicht an einer gewissen schlauen Miene, womit er niederere, nicht so saftige Naturen seiner Ironie Preis zu geben pflegte. Friedrich wußte gar nicht, wohin dieser während seiner Deklamationen so viel Liebesblicke verschwende, bis er endlich ihm gerade gegenüber einen großen Spiegel entdeckte.

Der Begeisterte ließ sich nicht lange bitten, etwas von seinen Poesien mitzuteilen. Er las eine lange Dythirambe von

Gott, Himmel, Hölle, Erde und dem Karfunkelstein mit angestrengtester Heftigkeit vor, und schloß mit solchem Schrei und Nachdruck, daß er ganz blau im Gesichte wurde. Die Damen waren ganz außer sich über die heroische Kraft des Gedichts, so wie des Vortrages.

Ein anderer junger Dichter von mehr schmachtendem Anseh'n, der neben der Frau vom Hause seinen Wohnsitz aufgeschlagen hatte, lobte zwar auch mit, warf aber dabei einige durchbohrende neidische Blicke auf den Begeisterten, vom Lesen ganz erschöpften. Überhaupt war dieser Friedrich'n schon von Anfang durch seinen großen Unterschied von jenen beiden Flausenmachern aufgefallen. Er hatte sich während der ganzen Zeit, ohne sich um die Verhandlungen der anderen zu bekümmern, ausschließlich mit der Frau vom Haus unterhalten, mit der er Eine Seele zu sein schien. Ihre Unterhaltung mußte sehr zart sein, wie man von dem süßen, zugespitzten Munde beider abnehmen konnte, und Friedrich hörte nur manchmal einzelne Laute, wie: »mein ganzes Leben wird zum Roman« – »überschwenglichreiches Gemüt« – »Priesterleben« – herüberschallen. Endlich zog auch dieser ein ungeheueres Paket Papiere aus der Tasche und begann vorzulesen, unter anderen folgendes Assonanzenlied:

> Hat nun Lenz die silbern'n Bronnen
>   Losgebunden:
> Knie' ich nieder, süßbeklommen,
>   In die Wunder.

> Himmelreich, so kommt geschwommen
>   Auf die Wunden!
> Hast Du einzig mich erkoren
>   Zu den Wundern?

> In der Ferne süß verloren,
>   Lieder fluten,
> Daß sie, rückwärts sanft erschollen,
>   Bringen Kunde.

> Was die andern sorgen wollen,
>   Ist mir dunkel,
> Mir will ew'ger Durst nur frommen
>   Nach dem Durste.
>
> Was ich liebte und vernommen,
>   Was geklungen,
> Ist den eignen, tiefen Wonnen
>   Selig Wunder!

Weiter folgendes Sonett:

> Ein Wunderland ist oben aufgeschlagen,
>   Wo goldne Ströme geh'n und dunkel schallen
>   Und durch ihr Rauschen tief' Gesänge hallen,
> Die möchten gern ein hohes Wort uns sagen.
>
> Viel goldne Brücken sind dort kühn geschlagen,
>   Darüber alte Brüder sinnend wallen
>   Und seltsam' Töne oft herunterfallen –
> Da will tief Sehnen uns von hinnen tragen.
>
> Wen einmal so berührt die heil'gen Lieder:
>   Sein Leben taucht in die Musik der Sterne,
>   Ein ewig Zieh'n in wunderbare Ferne.
>
> Wie bald liegt da tief unten alles Trübe!
>   Er kniet ewig betend einsam nieder,
>   Verklärt im heil'gen Morgenrot der Liebe.

Er las noch einen Haufen Sonette mit einer Art von priesterlicher Feierlichkeit. Keinem derselben fehlte es an irgend einem wirklich aufrichtigen kleinen Gefühlchen, an großen Ausdrücken und lieblichen Bildern. Alle hatten einen einzigen, bis ins Unendliche breit auseinandergeschlagenen Gedanken, sie bezogen sich alle auf den Beruf des Dichters und die Göttlichkeit der Poesie, aber die Poesie selber, das ursprüngliche, freie, tüchtige Leben, das uns ergreift, ehe wir darüber sprachen, kam nicht zum Vorschein vor lauter Komplimenten davor und Anstalten dazu. Friedrich'n kamen diese Poesierer in ihrer durchaus polierten, glänzenden, wohlerzogenen Weichlichkeit wie der fade, unerquickliche Teedampf, die zierliche Teekanne mit ihrem lodernden Spiritus auf dem Tische wie der Opferaltar dieser Musen vor. Er erinnerte sich bei diesem eßteetischen Geschwätz der schönen Abende im Walde bei Leontins Schloß, wie da Leontin manchmal so seltsame Gespräche über Poesie und Kunst hielt, wie seine Worte, je finsterer es nach und nach ringsumher wurde, zuletzt Eins wurden mit dem Rauschen des Waldes und der Ströme und dem großen Geheimnisse des Lebens und weniger belehrten als erquickten, stärkten und erhoben.

Er erholte sich recht an der erfrischenden Schönheit Rosa's, in deren Gesicht und Gestalt unverkennbar der herrliche, wilde, oft ungenießbare Berg- und Waldgeist ihres Bruders zur ruhigeren, großen, schönen Form geworden war. Sie kam ihm diesen Abend viel schöner und unschuldiger vor, da sie sich fast gar nicht in die gelehrten Unterhaltungen mit einmischte. Höchstanziehend und zurückstoßend zugleich erschien ihm dagegen ihre Nachbarin, die junge Gräfin Romana, welche er sogleich für die griechische Figur in dem Tableau erkannte, und die daher heute allgemein die schöne Heidin genannt wurde. Ihre Schönheit war durchaus verschwenderischreich, südlich und blendend und überstrahlte Rosa's mehr deutsche Bildung weit, ohne eigentlich vollendeter zu sein. Ihre Bewegungen waren feurig, ihre großen, brennenden, durchdringenden Augen, denen es nicht an Strenge fehlte, bestrichen Friedrich'n wie ein Magnet. Als endlich der Schmachtende seine Vorlesung geendigt hatte, wurde sie ziemlich unerwartet um ihr Urteil darüber befragt. Sie antwortete sehr kurz und verworren, denn sie wußte fast kein Wort davon; sie hatte während des heimlich ein auffallend getroffenes Portrait Friedrichs geschnitzt, das sie schnell Rosa'n zusteckte. – Bald darauf wurde auch sie aufgefordert, etwas von ihren Poesieen zum Besten zu geben. Sie versicherte vergebens, daß sie nichts bei sich habe, man drang von allen Seiten, besonders die Weiber mit wahren Judasgesichtern, in sie, und so begann sie, ohne sich lange zu besinnen, folgende Verse, die sie zum Teil aus der Erinnerung hersagte, größtenteils im Augenblick erfand und durch ihre musikalischen Mienen wunderbar belebte:

> Weit in einem Walde droben
> Zwischen hoher Felsen Zinnen,
> Steht ein altes Schloß erhoben,
> Wohnet eine Zaub'rin drinne.
> Von dem Schloß, der Zaub'rin Schöne
> Gehen wunderbare Sagen,
> Lockend schweifen fremde Töne
> Plötzlich her oft aus dem Walde.
> Wem sie recht das Herz getroffen,
> Der muß nach dem Walde gehen,
> Ewig diesen Klängen folgend,
> Und wird nimmer mehr gesehen.
> Tief in wundersamer Grüne
> Steht das Schloß, schon halbverfallen,
> Hell die goldnen Zinnen glühen,
> Einsam sind die weiten Hallen.
> Auf des Hofes stein'gem Rasen
> Sitzen von der Tafelrunde
> All' die Helden dort gelagert,
> Überdeckt mit Staub und Wunden.
> Heinrich liegt auf seinem Löwen,
> Gottfried auch, Siegfried der Scharfe,
> König Alfred, eingeschlafen
> Über seiner goldnen Harfe.
> Don Quixot hoch auf der Mauer
> Sinnend tief in nächt'ger Stunde,
> Steht gerüstet auf der Lauer
> Und bewacht die heil'ge Runde.
> Unter fremdes Volk verschlagen,

Arm und ausgehöhnt, verraten,
Hat er treu sich durchgeschlagen,
Eingedenk der Heldentaten
Und der großen alten Zeiten,
Bis er, ganz von Wahnsinn trunken,
Endlich so nach langem Streiten
Seine Brüder hat gefunden.

Einen wunderbaren Hofstaat
Die Prinzessin dorthin führet,
Hat ein'n wunderlichen Alten,
Der das ganze Haus regieret.
Einen Mantel trägt der Alte,
Schillernd bunt in allen Farben
Mit unzähligen Zierraten,
Spielzeug hat er in den Falten.
Scheint der Monden helle draußen,
Wolken fliegen über'm Grunde:
Fängt er draußen an zu hausen,
Kramt sein Spielzeug aus zur Stunde.
Und das Spielzeug um den Alten
Rührt sich bald beim Mondenscheine,
Zupfet ihn beim langen Barte,
Schlingt um ihn die bunten Kreise,
Auch die Blümlein nach ihm langen,
Möchten doch sich sittsam zeigen,
Zieh'n verstohlen ihn beim Mantel,
Lachen dann in sich gar heimlich.
Und ringsum die ganze Runde
Zieht Gesichter ihm und rauschet,
Unterhält aus dunklem Grunde
Sich mit ihm als wie im Traume.
Und er spricht und sinnt und sinnet,
Bunt verwirrend alle Zeiten,
Weinet bitterlich und lachet,
Seine Seele ist so heiter.

Bei ihm sitzt dann die Prinzessin,
Spielt mit seinen Seltsamkeiten,
Immer neue Wunder blinkend
Muß er aus dem Mantel breiten.
Und der wunderliche Alte
Hielt sie sich bei seinen Bildern
Neidisch immerfort gefangen,
Weit von aller Welt geschieden.
Aber der Prinzessin wurde
Mitten in dem Spiele bange
Unter diesen Zauberblumen,
Zwischen dieser Quellen Rauschen.
Frisches Morgenrot im Herzen
Und voll freudiger Gedanken,
Sind die Augen wie zwei Kerzen,
Schön die Welt dran zu entflammen.
Und die wunderschöne Erde,
Wie Aurora sie berühret,
Will mit ird'scher Lust und Schmerzen
Ewig neu sie stets verführen.
Denn aus dem bewegten Leben
Spüret sie ein Hochzeitsgrüßen,
Mitten zwischen ihren Spielen
Muß sie sich bezwungen fühlen.

Und es hebt die ewig Schöne,
Da der Morgen herrlich schiene,
In den Augen große Tränen,
Hell die jugendlichen Glieder.
»Wie so anders war es damals,
Da mich, bräutlich Ausgeschmückte,
Aus dem heimatlichen Garten
Hier herab der Vater schickte!
Wie die Erde frisch und jung noch,
Von Gesängen rings erklingend,
Schauernd in Erinnerungen,
Helle in das Herz mir blickte,

Daß ich, schamhaft mich verhüllend,
Meinen Ring, von Glanz geblendet,
Schleudert' in die pracht'ge Fülle,
Als die ew'ge Braut der Erde.
Wo ist nun die Pracht geblieben,
Treuer Ernst im rüst'gen Treiben,
Rechtes Tun und rechtes Lieben
Und die Schönheit und die Freude?
Ach! ringsum die Helden alle,
Die sonst schön und helle schauten,
Um *mich* in den lichten Tagen
Durch die Welt sich fröhlich hauten,
Strecken steinern nun die Glieder,
Eingehüllt in ihre Fahnen,
Sind seitdem so alt geworden,
Nur *ich* bin so jung wie damals. –
Von der Welt kann ich nicht lassen,
Liebeln nicht von fern mit Reden,
In den Arm lebendig fassen! –
Laß mich lieben, laß mich leben!«

Nun verliebt die Augen gehen
Über ihres Gartens Mauer,
War so einsam dort zu sehen
Schimmernd Land und Ström' und Auen.
Und wo ihre Augen gingen:
Quellen aus der Grüne sprangen,
Berg und Wald verzaubert standen,
Tausend Vögel schwirrend sangen.
Golden blitzt es über'm Grunde,
Seltne Farben irrend schweifen,
Wie zu lang entbehrtem Feste
Will die Erde sich bereiten.
Und nun kamen angezogen
Freier bald von allen Seiten,
Federn bunt im Winde flogen,
Jäger schmuck im Walde reiten.

Hörner munter drein erschallen
Auf und munter durch das Grüne,
Pilger fromm dazwischen wallen,
Die das Heimatsfieber spüren.
Auf vielsonn'gen Wiesen flöten
Schäfer bei Schneeflock'gen Schafen,
Ritter in der Abendröte
Knien auf des Berges Hange,
Und die Nächte von Guitarren
Und Gesängen weich erschallen,
Daß der wunderliche Alte
Wie verrückt beginnt zu tanzen.
Die Prinzessin schmückt mit Kränzen
Wieder sich die schönen Haare,
Und die vollen Kränze glänzen
Und sie blickt verlangend nieder.

Doch die alten Helden alle,
Draußen vor der Burg gelagert,
Saßen dort im Morgenglanze,
Die das schöne Kind bewachten.
An das Tor die Freier kamen
Nun gesprengt, gehüpft, gelaufen,
Ritter, Jäger, Provenzalen,
Bunte, helle, lichte Haufen.
Und vor allen junge Recken
Stolzen Blicks den Berg berannten,
Die die alten Helden weckten,
Sie vertraulich Brüder nannten.
Doch wie diese uralt blicken,
An die Eisenbrust geschlossen,
Brüderlich die Jungen drücken,
Fallen die erdrückt zu Boden.
Andre lagern sich zum Alten,
Graust ihn'n gleich bei seinen Mienen,
Ordnen sein verworrenes Walten,
Daß es jedem wohlgefiele;

Doch sie fühlen schauernd balde,
Daß sie ihn nicht können zwingen,
Selbst zu Spielzeug sich verwandeln,
Und der Alte spielt mit ihnen.
Und sie müssen töricht tanzen,
Manche mit der Kron' geschmücket
Und im purpurnem Talare
Feierlich den Reigen führen.
Andre schweben lispelnd lose,
Andre müssen männlich lärmen,
Rittern reißen aus die Rosse
Und die schreien gar erbärmlich.
Bis sie endlich alle müde
Wieder kommen zu Verstande,
Mit der ganzen Welt im Frieden,
Legen ab die Maskerade.
»Jäger sind wir nicht, noch Ritter,«
Hört man sie von fern noch summen,
»Spiel nur war das – wir sind Dichter!« –
So vertost der ganze Plunder,
Nüchtern liegt die Welt wie ehe,
Und die Zaub'rin bei dem Alten
Spielt die vor'gen Spiele wieder
Einsam wohl noch lange Jahre. –

Die Gräfin, die zuletzt mit ihrem schönen, begeisterten Gesicht einer welschen Improvisatorin glich, unterbrach sich hier plötzlich selber, indem sie laut auflachte, ohne daß jemand wußte, warum? Verwundert fragte alles durcheinander: Was lachen Sie? Ist die Allegorie schon geschlossen? Ist das nicht die Poesie? – Ich weiß nicht, ich weiß nicht, ich weiß nicht, sagte die Gräfin lustig und sprang auf.

Von allen Seiten wurden nun die flüchtigen Verse besprochen. Einige hielten die Prinzessin im Gedicht für die Venus, andere nannten sie die Schönheit, andere nannten sie die Poesie des Lebens. – Es mag wohl die Gräfin selber sein, dachte Friedrich. – Es ist die Jungfrau Maria, als die große

Welt-Liebe, sagte der genialische Reisende, der wenig Acht gegeben hatte, mit vornehmer Nachlässigkeit. Ei, daß Gott behüte! brach Friedrich, dem das Gedicht der Gräfin heidnisch und übermütig vorgekommen war wie ihre ganze Schönheit, halb lachend und halb unwillig aus: Sind wir doch kaum des Vernünftelns in der Religion los, und fangen dagegen schon wieder an, ihre festen Glaubenssätze, Wunder und Wahrheiten zu verpoetisieren und zu verflüchtigen. In wem die Religion zum Leben gelangt, wer in allem Tun und Lassen von der Gnade wahrhaft durchdrungen ist, dessen Seele mag sich auch in Liedern ihrer Entzückung und des himmlischen Glanzes erfreuen. Wer aber hochmütig und schlau diese Geheimnisse und einfältigen Wahrheiten als beliebigen Dichtungsstoff zu überschauen glaubt, wer die Religion, die nicht dem Glauben, dem Verstande oder der Poesie allein, sondern allen dreien, dem ganzen Menschen, angehört, bloß mit der Phantasie in ihren einzelnen Schönheiten willkürlich zusammenrafft, der wird eben so gern an den griechischen Olymp glauben, als an das Christentum, und eins mit dem andern verwechseln und versetzen, bis der ganze Himmel furchtbar öde und leer wird. – Friedrich bemerkte, daß er von mehreren sehr weise belächelt wurde, als könne er sich nicht zu ihrer freien Ansicht erheben.

Man hatte indes an dem Tische die Geschichte der Gräfin *Dolores* aufgeschlagen und blätterte darin hin und her. Die mannigfaltigsten Urteile darüber durchkreuzten sich bald. Die Frau vom Haus und ihr Nachbar, der Schmachtende, sprachen vor allen anderen bitter und mit einer auffallend gekränkten Empfindlichkeit und Heftigkeit darüber. Sie schienen das Buch aus tiefster Seele zu hassen. Friedrich erriet wohl die Ursache und schwieg. – Ich muß gestehen, sagte eine junge Dame, ich kann mich darein nicht verstehen, ich wußte niemals, was ich aus dieser Geschichte mit den tausend Geschichten machen soll. Sie haben sehr recht, fiel ihr einer von den Männern, der sonst unter allen immer am richtigsten geurteilet hatte, ins Wort, es ist mir immer vorgekommen, als sollte dieser Dichter noch einige Jahre pausieren, um dichten zu lernen. Welche Sonderbarkeiten, Verrenkungen und schreiende Übertreibungen! – Grade das Gegenteil, unterbrach ihn ein anderer, ich finde das Ganze nur allzu prosaisch, ohne die himmlische Überschwenglichkeit der Phantasie. Wenn wir noch viele solche Romane erhalten, so wird unsere Poesie wieder eine bloße allegorische Person der Moral.

Hier hielt sich Friedrich, der dieses Buch hoch in Ehren hielt, nicht länger. Alles ringsumher, sagte er, ist prosaisch und gemein, oder groß und herrlich, wie wir es verdrossen und träge oder begeistert ergreifen. Die größte Sünde aber unserer jetzigen Poesie ist meines Wissens die gänzliche Abstraktion, das abgestandene Leben, die leere, willkürliche, sich selbst zerstörende Schwelgerei in Bildern. Die Poesie liegt vielmehr in einer fortwährend begeisterten Anschauung und Betrachtung der Welt und der menschlichen Dinge, sie liegt eben so sehr in der Gesinnung, als in den lieblichen Talenten, die erst durch die Art ihres Gebrauches groß werden. Wenn in einem sinnreichen, einfachstrengen, männlichen Gemüt auf solche Weise die Poesie wahrhaft lebendig wird, da verschwindet aller Zwiespalt: Moral, Schönheit, Tugend und Poesie wird alles Eins in den adeligen Gedanken, in der göttlichen sinnigen Lust und Freude und dann mag freilich das Gedicht erscheinen, wie ein in der Erde wohlgegründeter, tüchtiger, schlanker, hoher Baum, wo Grob und Fein erquicklich durcheinanderwächst und rauscht und sich rührt zu Gottes Lobe. Und so ist mir auch dieses Buch jedesmal vorgekommen, obgleich ich gern zugebe, daß der Autor in stolzer Sorglosigkeit sehr unbekümmert mit den Worten schaltet, und sich nur zu oft daran ergötzt, die kleinen Zauberdinger kurios auf den Kopf zu stellen.

Die Frauenzimmer machten große Augen, als Friedrich unerwartet so sprach. Was er gesagt, hatte wenigstens den gewissen guten Klang, der ihnen bei allen solchen Dingen die Hauptsache war. Romana, die es von weitem flüchtig mit angehört, fing an, ihn mit ihren dunkelglühenden Augen bedeutender anzusehen. Friedrich aber dachte: in Euch wird doch alles Wort nur wieder Wort, und wandte sich zu einem schlichten Manne, der vom Lande war, und weniger mit der Literatur als mit dieser Art sie zu behandeln unbekannt zu sein schien.

Dieser erzählte ihm, wie er jenem Romane eine seltsame Verwandlung seines ganzen Lebens zu verdanken habe. Auf dem Lande ausschließlich zur Ökonomie erzogen, hatte er nämlich von frühester Kindheit an nie Neigung zum Lesen und besonders einen gewissen Widerwillen gegen alle Poesie, als einem unnützen Zeitvertreib. Seine Kinder dagegen ließen seit ihrem zartesten Alter einen unüberwindlichen Hang und Geschicklichkeit zum Dichten und zur Kunst verspüren, und alle Mittel, die er anwandte, waren nicht im Stande, sie davon abzubringen und sie zu tätigen, ordentlichen Landwirten zu machen. Vielmehr lief ihm der älteste Sohn fort und wurde wider seinen Willen Maler. Dadurch wurde er immer verschlossener und seine Abneigung gegen die Kunst verwandelte sich immer bitterer in entschiedenen Haß gegen alles, was ihr nur anhing. Der Maler hatte indes eine unglückselige Liebe zu einem jungen, seltsamen Mädchen gefaßt. Es war gewiß das talentvollste, heftigste, beste und schlechteste Mädchen zugleich, das man nur finden konnte. Eine Menge unordentlicher Liebschaften, in die sie sich auch jetzt noch immerfort einließ, brachte den Maler oft auf das äußerste, so daß es in Anfällen von Wut oft zwischen beiden zu Auftritten kam, die eben so furchtbar als komisch waren. Ihre unbeschreibliche Schönheit zog ihn aber immer wieder unbezwinglich zu ihr hin, und so teilte er sein unruhvolles Leben zwischen Haß und Liebe und allen den heftigsten Leidenschaften, während er immerfort in den übrigen Stunden unermüdet und nur um desto eifriger an seinen großen Gemälden fortarbeitete. – Ich machte mich endlich einmal nach der weitentlegenen Stadt auf den Weg, fuhr der Mann in seiner Erzählung fort, um die seltsame Wirtschaft meines Sohnes, von der ich schon so viel gehört hatte, mit eignen Augen anzusch'n. Schon unterweges hörte ich von einem seiner besten Freunde, daß sich manches verändert habe. Das Mädchen oder Weib meines Sohnes habe nämlich von Ohngefähr ein Buch in die Hände bekommen, worin sie mehrere Tage unausgesetzt und tiefsinnig gelesen. Keiner ihrer Liebhaber habe sie seitdem zu sehen bekommen und sie sei endlich darüber in eine schwere Krankheit verfallen. Das Buch war kein anderes, als eben diese Geschichte von der Gräfin Dolores. Als ich in die Stadt ankomme, eile ich sogleich nach der Wohnung meines Sohnes. Ich finde niemanden im ganzen Hause, die Türen offen, alles öde. Ich trete in die Stube: das Mädchen lag auf einem Bette blaß und wie vor Mattigkeit eingeschlafen. Ich habe niemals etwas Schöneres gesehen. In dem Zimmer standen fertige und halbvollendete Gemälde auf Staffeleien umher, Malergerätschaften, Bücher, Kleider, halbbezogene Guitarren, alles sehr unordentlich durcheinander. Durch das Fenster, welches offen stand, hatte man über die Stadt weg eine entzückende Aussicht auf den weitgewundenen Strom und die Gebirge. In der Stube fand ich auf einem Tische ein Buch aufgeschlagen, es war die Dolores. Ich wollte die Kranke nicht wecken, setzte mich hin und fing an in dem Buche zu lesen. Ich las und las, vieles Dunkle zog mich immer mehr an, vieles kam mir so wahrhaft vor wie meine verborgene innerste Meinung oder wie alte, lange wieder verlorne und untergegangene Gedanken, und ich vertiefte mich immer mehr. Ich las bis es finster wurde. Die Sonne war draußen untergegangen und nur noch einzelne Scheine des Abendrotes fielen seltsam auf die Gemälde, die so still auf ihren Staffeleien umherstanden. Ich betrachtete sie aufmerksamer, es war als fingen sie an lebendig zu werden, und mir kam in diesem Augenblick die Kunst, der unüberwindliche Hang und das Leben meines Sohnes begreiflich vor. Ich kann überhaupt nicht beschreiben, wie mir damals zu Mute war; es war das erstemal in meinem Leben, daß ich die wunderbare Gewalt der Poesie im Innersten fühlte, und ich erschrak ordentlich vor mir selber. – Es war mir unterdes aufgefallen, daß sich das Mädchen auf dem Bette noch immer nicht rühre, ich trat zu ihr, schüttelte sie und rief. Sie gab keine Antwort mehr, sie war tot. – Ich hörte nachher, daß mein Sohn heute, so wie sie gestorben war, fortgereist sei, und alles in seiner Stube so steh'n gelassen habe.

Hier hielt der Mann ernsthaft inne. Ich lese seitdem fleißig, fuhr er nach einer kleinen Pause gesammelt fort; vieles in den Dichtern bleibt mir durchaus unverständlich, aber ich lerne täglich in mir und in den Menschen und Dingen um mich vieles einseh'n und lösen, was mir sonst wohl unbegreiflich war und mich unbeschreiblich bedrückte. Ich befinde mich jetzt viel wohler.

Friedrich'n hatte diese einfache Erzählung gerührt. Er sah den Mann aufmerksam an und bemerkte in seinem starkgezeichneten Gesicht einen einzigen sonderbar dunklen Zug, der aussah wie Unglück und vor dem ihn schauderte. Er wollte ihn eben noch um einiges fragen, das in der Geschichte besonders seine Aufmerksamkeit erregt hatte, aber der dythirambische Thyrsusschwinger, der unterdes bei den Damen seinen Witz unermüdet hatte leuchten lassen, lenkte ihn davon ab, indem er sich plötzlich mit sehr heftigen Bitten zu dem guten Schmachtenden wandte, ihnen noch einige seiner vortrefflichen Sonette vorzulesen, obschon er, wie Friedrich gar wohl gehört, die ganze Zeit über grade diese Gedichte vor den Damen zum Stichpunkt seines Witzes und Spottes gemacht hatte. Friedrich'n empörte diese herzlose, doppelzüngige Teufelei; er kehrte sich schnell zu dem Schmachtenden, der neben ihm stand, und sagte: Ihre Gedichte gefallen mir ganz und gar nicht. Der Schmachtende machte große Augen, und niemand von der Gesellschaft verstand Friedrichs großmütige Meinung. Der Dythirambist aber fühlte die Schwere der Beschämung wohl, er wagte nicht weiter mit seinen Bitten in den Schmachtenden zu dringen und fürchtete Friedrich'n seitdem wie ein richtendes Gewissen. Friedrich wandte sich darauf wieder zu dem Landmanne und sagte zu ihm laut genug, daß es der Thyrsusschwinger hören konnte: Fahren Sie nur fort, sich ruhig an den Werken der Dichter zu ergötzen, mit schlichtem Sinne und redlichen Willen wird Ihnen nach und nach alles in denselben klar werden. Es ist in unseren Tagen das größte Hindernis für das wahrhafte Verständnis aller Dichterwerke, daß jeder, statt sich recht und auf sein ganzes Leben davon durchdringen zu lassen, sogleich ein unruhiges, krankenartiges Jucken verspürt, selber zu dichten und etwas Dergleichen zu liefern. Adler werden sogleich hochgeboren und schwingen sich schon vom Neste in die Luft, der Strauß aber wird oft als König der Vögel gepriesen, weil er mit großem Getös seinen Anlauf nimmt, aber er kann nicht fliegen.

Es ist nichts künstlicher und lustiger, als die Unterhaltung einer solchen Gesellschaft. Was das Ganze noch so leidlich zusammenhält, sind tausend feine, fast unsichtbare Fäden von Eitelkeit, Lob und Gegenlob u. s. w., und sie nennen es denn gar zu gern ein goldenes Liebesnetz. Arbeitet dann unverhofft einmal einer, der davon nichts weiß, tüchtig darin herum, geht die ganze Spinnwebe von ewiger Freundschaft und heiligem Bunde auseinander.

So hatte auch heute Friedrich den ganzen Tee versalzen. Keiner konnte das künstlerische Weberschiffchen, das sonst, fein im Takte, so zarte ästhetische Abende wob, wieder in Gang bringen. Die meisten wurden mißlaunisch, keiner konnte oder mochte, wie beim babylonischen Baue, des anderen Wortgepräng verstehen, und so beleidigte einer den andern in der gänzlichen Verwirrung. Mehrere Herren nahmen endlich unwillig Abschied, die Gesellschaft wurde kleiner und vereinzelter. Die Damen gruppierten sich hin und wieder auf den Ottomannen in malerischen und ziemlich unanständigen Stellungen. Friedrich bemerkte bald ein heimliches Verständnis zwischen der Frau vom Haus und dem Schmachtenden. Doch glaubte er zugleich an ihr ein feines Liebäugeln zu entdecken, das ihm selber zu gelten schien. Er fand sie überhaupt viel schlauer, als man anfänglich ihrer lispelnden Sanftmut hätte zutrauen mögen; sie schien ihren schmachtenden Liebhaber bei weitem zu übersehen, und, sehr aufgeklärt, selber nicht so viel von ihm zu halten, als sie vorgab und er es aus ganzer Seele glaubte.

Wie ein rüstiger Jäger in frischer Morgenschönheit stand

Friedrich unter diesen verwischten Lebensbildern. Nur die einzige Gräfin Romana zog ihn an. Schon das Gedicht, das sie rezitiert, hatte ihn auf sie aufmerksam gemacht und auf die eigentümliche, von allen den andern verschiedene Richtung ihres Geistes. Er glaubte schon damals eine tiefe Verachtung und ein scharfes Überschauen der ganzen Teegesellschaft in demselben zu bemerken, und seine jetzigen Gespräche mit ihr bestätigten seine Meinung. Er erstaunte über die Freiheit ihres Blicks, und die Keckheit, womit sie alle Menschen aufzufassen und zu behandeln wußte. Sie hatte sich im Augenblick in alle Ideen, die Friedrich in seinen vorigen Äußerungen berührt, mit einer unbegreiflichen Lebhaftigkeit hineinverstanden und kam ihm nun in allen seinen Gedanken entgegen. Es war in ihrem Geiste, wie in ihrem schönen Körper, ein zauberischer Reichtum; nichts schien zu groß in der Welt für ihr Herz, sie zeigte eine tiefe, begeisterte Einsicht ins Leben wie in alle Künste, und Friedrich unterhielt sich daher lange Zeit ausschließlich mit ihr, die übrige Gesellschaft vergessend. Die Damen fingen unterdes schon an zu flüstern und über die neue Eroberung der Gräfin die Nasen zu rümpfen.

Das Gespräch der beiden wurde endlich durch Rosa unterbrochen, die zu der Gräfin trat und verdrüßlich nach Hause zu fahren begehrte. Friedrich, der eine große Betrübnis in ihrem Gesichte bemerkte, faßte ihre Hand. Sie wandte sich aber schnell weg und eilte in ein abgelegenes Fenster. Er ging ihr nach. Sie sah mit abgewendetem Gesicht in den stillen Garten hinaus, er hörte, daß sie schluchzte. Eifersucht vielleicht und das schmerzlichste Gefühl ihres Unvermögens, in allen diesen Dingen mit der Gräfin zu wetteifern, arbeitete in ihrer Seele. Friedrich drückte das schöne trostlose Mädchen an sich. Da fiel sie ihm schnell und heftig um den Hals und sagte aus Grund der Seele: Mein lieber Mann! Es war das erstemal in seinem Leben, daß sie ihn so genannt hatte.

Es kamen so eben mehrere andere hinzu und alles fing an Abschied zu nehmen und auseinander zu geh'n; er konnte nichts mehr mit ihr sprechen. Noch im Weggeh'n trat der Minister zu ihm und fragte ihn, wie es ihm hier gefallen habe? Er antwortete mit einer zweideutigen Höflichkeit. Der Minister sah ihn ernsthaft und ausforschend an und ging fort. Friedrich aber eilte durch die nächtliche Stadt seiner Wohnung zu. Ein rauher Wind ging durch die Straßen. Er hatte sich noch nie so unbehaglich, leer und müde gefühlt.

DREIZEHNTES KAPITEL

Es war ein schöner Herbstmorgen, da ritt Friedrich eine von den langen Straßen-Alleen hinunter, die von der Residenz ins Land hinausführten. Er hatte es schon längst der schönen Gräfin Romana versprechen müssen, sie auf ihrem Landgute, das einige Meilen von der Stadt entfernt lag, zu besuchen, und der blaue Himmel hatte ihn heute hinausgelockt. Sie war seit seiner Trennung von Leontinen die einzige, zu der er von allem reden konnte, was er dachte, wußte und wollte, die Unterhaltung mit ihr war ihm fast schon zum Bedürfnis geworden.

Der Weg war eben so anmutig als der Morgen. Er kam bald an einen, von beiden Seiten eng von Bergen eingeschlossenen, Fluß, an dem die Straße hinablief. Die Wälder, welche die schönen Berge bedeckten, waren schon überall mit gelben und roten Blättern bunt geschmückt, Vögel reisten hoch über ihn weg dem Strome nach und erfüllten die Luft mit ihren abgebrochenen Abschiedstönen, die Friedrich'n jedesmal wunderbar an seine Kindheit erinnerten, wo er, der Natur noch nicht entwachsen, einzig von ihren Blicken und Gaben lebte.

Einige Stunden war er so zwischen den einsamen Bergschluchten hingeritten, als er am jenseitigen Ufer eine Stimme rufen hörte, die ihn immerfort zu begleiten schien, und vom Echo in den grünen Windungen unaufhörlich wiederholt wurde. Je länger er nachhorchte, je mehr kam es ihm vor, als kenne er die Stimme. Plötzlich hörte das Rufen wieder auf und Friedrich fing nun an zu bemerken, daß er einen unrechten Weg eingeschlagen haben müsse, denn die grünen Bergesgänge wollten kein Ende nehmen. Er verdoppelte daher seine Eile und kam bald darauf an den Ausgang des Gebirges an ein Dorf, das auf einmal sehr reizend im Freien vor ihm lag.

Das erste, was ihm in die Augen fiel, war ein Wirtshaus, vor welchem sich ein schöner grüner Platz bis an den Fluß ausbreitete. Auf dem Platze sah er einen, mit ungewöhnlichem und rätselhaftem Gerät schwerbepackten Wagen stehen und mehrere sonderbare Gestalten, die wunderlich mit der Luft zu fechten schienen. Wie erstaunte er aber, als er näher kam, und mitten unter ihnen Leontin und Fabern erkannte. – Leontin, der ihn schon von weitem über den Hügel kommen sah, rief ihm sogleich entgegen: Kommst du auch angezogen, neumodischer Don Quixote, Lamm Gottes, du sanfter Vogel, der immer voll schöner Weisen ist, haben sie dir noch nicht die Flügel gebrochen? Mir war schon lange zum sterben bange nach dir! Friedrich sprang schnell vom Pferde und fiel ihm um den Hals. Er hielt Leontins Hand mit seinen beiden Händen und sah ihm mit grenzenloser Freude in das lebhafte Gesicht; es war, als entzünde sich sein innerstes Leben jedesmal neu an seinen schwarzen Augen.

Er bemerkte indes, daß die Menschen ringsum, die ihm schon von weitem aufgefallen waren, auf das abenteuerlichste in lange spanische Mäntel gehüllt waren und sich immerfort, ohne sich von ihm stören zu lassen, wie Verrückte mit einander unterhielten. Ha, verzweifelte Sonne! rief einer von ihnen, der eine Art von Turban auf dem Kopfe und ein gewisses tyrannisches Anseh'n hatte, willst du mich ewig bescheinen? Die Fliegen spielen in deinem Licht, die Käfer im – ruhen selig in deinem Schoße, Natur! Und ich – und ich –, warum bin ich nicht ein Käfer geworden, unerforschlich waltendes Schicksal? – Was ist der Mensch? – Ein Schaum. Was ist das Leben? – Ein nichtswürdiger Wurm. – Umgekehrt, grade umgekehrt, wollen Sie wohl sagen, rief eine andere Stimme. – Was ist die Welt? fuhr jener fort, ohne sich stören zu lassen, was ist die Welt? – Hier hielt er inne und lachte grinsend und Weltverachtend wie Abellino unter seinem Mantel hervor, wendete sich darauf schnell um und faßte unvermutet Herrn Faber, der eben neben ihm stand, bei der Brust. Ich verbitte mir das, sagte Faber ärgerlich, wie oft soll ich noch erklären, daß ich durchaus nicht mit in den Plan gehöre! – Laß dich's nicht wundern, sagte endlich Leontin zu Friedrich, der aus dem allen nicht gescheit werden konnte, das ist eine Bande Schauspieler, mit denen ich auf der Straße zusammengetroffen, und seit gestern reise. Wir probieren so eben eine Komödie aus dem Stegreif, zu der ich die Lineamente unterwegs entworfen habe. Sie heißt: »Bürgerlicher Seelenadel und Menschheitsgröße, oder der tugendhafte Bösewicht, ein psychologisches Trauerspiel in fünf Verwirrungen der menschlichen Leidenschaften,« und wird heute Abend in dem nächsten Städtchen gegeben werden, wo der gebildete Magistrat zum Anfang durchaus ein schillerndes Stück verlangt hat. Ich werde der Vorstellung mit beiwohnen und habe alle Folgen über mich genommen.

Ja, wahrhaftig, sagte Faber, wenn das noch lange so fortgeht, so sage ich aller gebildeten Welt Lebewohl und fange an auf dem Seile zu tanzen oder die Zigeunersprache zu studieren. Ich bin des Herumziehens in der Tat von Herzen satt. – Verstellen Sie sich nur nicht immer so, fiel ihm Leontin ins Wort, Sie können doch am Ende nicht weg von mir. Wir zanken uns immer, und treffen doch immer wieder auf einerlei Wegen zusammen. Übrigens sind diese Schauspieler ein gar vortrefflicher Künstlerverein; sie wollen nicht gepriesen, sondern gespeist sein, und geh'n daher in der Verzweiflung der Natur noch keck und beherzt auf den Leib.

Es war unterdes an einen jungen Menschen von der Truppe, der auch eine Rolle in dem Stücke übernommen hatte, die Reihe gekommen, ebenfalls seinen Teil vorzustellen. Er benahm sich aber sehr ungeschickt und war durchaus nicht im Stande, etwas zu erfinden und vorzubringen. Ein schönes Mädchen, mit welcher er eben die Szene spielen sollte, wurde ungeduldig, erklärte, sie wolle hier nicht länger einen Narren abgeben, und sprang lachend fort. Der andere, ältere Schauspieler lief ihr nach, um sie zurückzuholen, und so war die ganze Probe gestört.

Der junge Mann war indes näher getreten. Friedrich sah ihm genauer ins Gesicht, er traute seinen Augen kaum, es war einer von den Studenten, die ihm bei seinem Abzuge von der Universität das Geleit gegeben hatten. – Mein Gott! wie kommst du unter diese Leute? rief Friedrich voll Erstaunen, denn er hatte ihn damals als einen stillen und fleißigen Menschen gekannt, der vor den Ausgelassenheiten der anderen jederzeit einen heimlichen Widerwillen hegte. Der Student gestand, daß er den Grafen sogleich wieder erkannte, aber gehofft habe, von ihm übersehen zu werden. Er schien sehr verlegen.

Friedrich, der sich an seinem Gesichte aller alten Freuden und Leiden erinnerte, zog ihn erfreut und vertraulich an den Tisch und der Student erzählte ihnen endlich den ganzen Hergang seiner Geschichte. Nicht lange nach Friedrichs Abreise hatte sich nämlich auf der Universität eine reisende Gesellschaft von Seiltänzern eingefunden, worunter besonders eine Springerin durch ihre Schönheit alle Augen auf sich zog. Viele Studenten versuchten und fanden ihr Glück. Er aber mit seiner stillen und tiefen Gemütsart verliebte sich im Ernste in das Mädchen, und wie ihr Herz bisher in ihrer tollen Lebensweise von der Gewalt der Liebe ungerührt geblieben war, wurde sie von seiner zarten, ungewohnten Art, sie zu behandeln und zu gewinnen, überrascht und gefangen. Sie beredeten sich, einander zu heiraten, sie verließ die Bande und er arbeitete von nun an Tag und Nacht, um seine Studien zu vollenden und sich ein Einkommen zu erwerben. Es verging indes längere Zeit, als er geglaubt hatte, das Mädchen fing an, von Zeit zu Zeit launisch zu werden, bekam häufige Anfälle von Langerweile und – eh' er sich's versah, war sie verschwunden. Mein mühsam erspartes Geld, fuhr der Student weiter fort, hatte ich indes immer wieder auf verschiedene Einfälle und Launen des Mädchens zersplittert, meine Eltern wollten nichts von mir wissen, mein innerstes Leben hatte mich auf einmal betrogen, die Studenten lachten entsetzlich, es war der schmerzlichste und unglücklichste Augenblick meines Lebens. Ich ließ alles und reiste dem Mädchen nach. Nach langem Irren fand ich sie endlich bei diesen Komödianten wieder, denn es ist dieselbe, die vorhin hier weggegangen. Sie kam sehr freudig auf mich zugesprungen, als sie mich erblickte, doch ohne ihre Flucht zu entschuldigen oder im geringsten unnatürlich zu finden. – Meine Mutter ist seitdem aus Gram gestorben. Ich weiß, daß ich ein Narr bin und kann doch nicht anders.

Die Tränen standen ihm in den Augen, als er das sagte. Friedrich, der wohl einsah, daß der gute Mensch sein Herz und sein Leben nur wegwerfe, riet ihm mit Wärme, sich ernstlich zusammenzunehmen und das Mädchen zu verlassen, er wolle für sein Auskommen sorgen. – Der Verliebte schwieg still. – Laß doch die Jugend fahren! sagte Leontin, jeder Schiffmann hat seine Sterne und das Alter treibt uns zeitig genug auf den Sand. Du brichst dem tollen Nachtwandler doch den Hals, wenn du ihn bei seinem prosaischen, bürgerlichen Namen rufst. Aber härter müssen Sie sein, sagte er zu dem Studenten, denn die Welt ist hart und drückt Sie sonst zu Schanden.

Das Mädchen kam unterdes wieder und trällerte ein Liedchen. Ihre Gestalt war herrlich, aber ihr schönes Gesicht hatte etwas Verwildertes. Sie antwortete auf alle Fragen sehr unterwürfig und keck zugleich, und schien nicht üble Lust zu haben, noch länger bei den beiden Grafen zurückzubleiben, als der Theaterprinzipal kam und ankündigte, daß alles zur Abreise fertig sei.

Der Student drückte Friedrich'n herzlich die Hand und eilte zu dem aufbrechenden Haufen. Der mit allerhand Dekorationen schwerbepackte Wagen, von dessen schwankender Höhe der Prinzipal noch immerfort aus der Ferne seine untertänigste Bitte an Leontin wiederholte, heut Abend mit seiner höchstnötigen Protektion nicht auszubleiben, wackelte indes langsam fort, nebenher ging die ganze übrige Gesellschaft bunt zerstreut und lustig einher, der Student war zu Pferde, neben ihm ritt sein Mädchen auch auf einem Klepper und warf Leontinen noch einige Blicke zu, die ziemlich vertraulich aussahen, und so zog die bunte Karawane wie ein Schattenspiel in die grüne Schluft hinein. Wie glücklich, sagte Leontin, als alles verschwunden war, könnte der Student sein, so frank und frei mit seiner Liebsten durch die Welt zu zieh'n! wenn er nur Talent fürs Glück hätte, aber er hat eine einförmige Niedergeschlagenheit in sich, die er nicht niederschlagen kann, und die ihn durchs Leben nur so hinschleppt.

Sie setzten sich nun auf dem schönen grünen Platz um einen Tisch zusammen, der Fluß flog lustig an ihnen vorüber, die Herbstsonne wärmte sehr angenehm. Leontin erzählte, wie er den Morgen nach seiner Flucht vom Schlosse des Herrn v. A. bei Anbruch des Tages auf den Gipfel eines hohen Berges gekommen sei, von dem er von der einen Seite die fernen Türme der Residenz, von der anderen die friedlichreiche Gegend des Herrn v. A. übersah, über welcher so eben die Sonne aufging. Lange habe er vor dieser grenzenlosen Aussicht nicht gewußt, wohin er sich wenden solle, als er auf einmal unten im Tale Fabern die Straße heraufwandern sah, den, wie er wohl wußte, wieder einmal die Albernheiten der Stadt auf einige Zeit in alle Welt getrieben hatten. Wie die Stimme in der Wüste habe er ihn daher, da er grade eben in einem ziemlich ähnlichen Humor gewesen, mit einer langen Anrede über die Vergänglichkeit aller irdischen Dinge empfangen, ohne von ihm gesehen werden zu können, und so zu sich hinaufgelockt. – Leontin versank dabei in Gedanken. Wahrhaftig, sagte er, wenn ich mich in jenen Sonnenaufgang auf dem Berge recht hineindenke, ist mir zu Mute, als könnt' es mir manchmal auch so geh'n, wie dem Studenten. –

Faber war unterdes fortgegangen, um etwas zu essen und zu trinken zu bestellen, und Friedrich bemerkte dabei mit Verwunderung, daß die Leute, wenn er mit ihnen sprach oder etwas forderte, ihm ins Gesicht lachten oder einander heimlich zuwinkten und die neugierigen Kinder furchtsam zurückzogen, wenn er sich ihnen näherte. Leontin gestand, daß er manchmal, wenn sie in einem Dorfe einkehrten, vorauszueilen pflege und die Wirtsleute überrede, daß der gute Mann, den er bei sich habe, nicht recht bei Verstande sei, sie sollten nur recht auf seine Worte und Bewegungen Acht haben, wenn er nachkäme. Dies gebe dann zu vielerlei Lust und Mißverständnisse Anlaß, denn wenn sich Faber einige Zeit mit den Gesichtern abgebe, die ihn alle so heimlich, furchtsam und bedauernd ansähen, hielten sie sich am Ende wechselseitig alle für verrückt. – Leontin brach schnell ab, denn Faber kam eben zu ihnen zurück und schimpfte über die Dummheit des Landvolks.

Friedrich mußte nun von seinem Abschiede auf dem Schlosse des Herrn v. A. und seinen Abenteuern in der Residenz erzählen. Er kam bald auch auf die ästhetische Teegesellschaft und versicherte, er habe sich dabei recht ohne alle Männlichkeit gefühlt, etwa wie bei einem Spaziergange durch die Lüneburger Ebne mit Aussicht auf Heidekraut. Leontin lachte hellaut, du nimmst solche Sachen viel zu ernsthaft und wichtiger als sie sind, sagte er. Alle Figuren dieses Schauspiels sind übrigens auch von meiner Bekanntschaft, ich möchte aber nur wissen, was sie seit der Zeit, daß ich sie nicht gesehen, angefangen haben, denn wie ich so eben höre, hat sich seitdem auch nicht das mindeste in ihnen verändert. Diese Leute schreiten fleißig von einem Meßkatalog zum andern mit der Zeit fort, aber man spürt nicht, daß die Zeit auch nur um einen Zoll durch sie weiter fortrückte. Ich kann dir jedoch im Gegenteil versichern, daß ich nicht bald so lustig war, als an jenem Abend, da ich zum erstenmale in diese Teetaufe oder Traufe geriet. Aller Augen waren prüfend und in erwartungsvoller Stille auf mich neuen Jünger gerichtet. Da ich die ganze heilige Synode, gleich den Freimaurern mit Schurz und Kelle, so feierlich mit poetischem Ornate angetan dasitzen sah, konnt' ich mich nicht enthalten, despektierlich von der Poesie zu sprechen und mit unermüdlichem Eifer ein Gespräch von der Landwirtschaft, von den Runkelrüben u. s. w. anzuspinnen, so daß die Damen wie über den

Dampf von Kuhmist die Nasen rümpften und mich bald für verloren hielten. Mit dem Schmachtenden unterhielt ich mich besonders viel. Er ist ein guter Kerl, aber er hat keine Mannsmuskel im Leibe. Ich weiß nicht, was er grade damals für eine fixe Idee von der Dichtkunst im Kopfe hatte, aber er las ein Gedicht vor, wovon ich trotz der größten Anstrengung nichts verstand und wobei mir unaufhörlich des simplicianisch-teutschen Michels verstümmeltes Sprach-Gepräng im Sinne lag. Denn es waren deutsche Worte, spanische Konstruktionen, welsche Bilder, altdeutsche Redensarten, doch alles mit überaus feinem Firnis von Sanftmut verschmiert. Ich gab ihm ernsthaft den Rat, alle Morgen gepfefferten Schnaps zu nehmen, denn der ewige Nektar erschlaffe nur den Magen, worüber er sich entrüstet von mir wandte. – Mit dem vom Hochmutsteufel besessenen Dythirambisten aber bestand ich den schönsten Strauß. Er hatte mit pfiffiger Miene alle Segel seines Witzes aufgespannt und kam mit vollem Winde der Eitelkeit auf mich losgefahren, um mich Unpoetischen vor den Augen der Damen in den Grund zu bugsieren. Um mich zu retten, fing ich zum Beweise meiner poetischen Belesenheit an, aus Shackspears: »Was ihr wollt,« wo Junker Tobias den Malvolio peinigt, zu rezitieren: »Und besäße ihn eine Legion selbst, so will ich ihn doch anreden.« Er stutzte und fragte mich mit herablassender Genügsamkeit und kniffigem Gesicht, ob vielleicht gar Shakspear mein Lieblingsautor sei? – Ich ließ mich aber nicht stören, sondern fuhr mit Junker Tobias fort: »Ei, Freund, leistet dem Teufel Widerstand, er ist der Erbfeind der Menschenkinder.« Er fing nun an, sehr salbungsvolle, genialische Worte über Shakespeare ergehen zu lassen, ich aber, da ich ihn sich so aufblasen sah, sagte weiter: »Sanftmütig, sanftmütig! Ei, was machst du, mein Täubchen? Wie geht's, mein Puthühnchen? Ei, sieh doch, komm, tucktuck!« – Er schien nun mit Malvolio zu bemerken, daß er nicht in meine Sphäre gehöre, und kehrte sich mit einem unsäglichstolzen Blick, wie von einem unerhört Tollen, von mir. O Jemine! fiel die Gräfin Romana hier mit ein. Sie sagte dies so richtig und schön, daß ich sie dafür hätte küssen mögen. Das Schlimmste war aber nun, daß ich dadurch demaskiert war, ich konnte nicht länger für einen Ignoranten gelten; und die Frauenzimmer merkten dies nicht so bald, als sie mit allerhand Phrasen, die sie hin und wieder ernascht, über mich herfielen. In der Angst fing ich daher nun an, wütend mit gelehrten Redensarten und poetischen Paradoxen nach allen Seiten um mich herumzuwerfen, bis sie mich, ich sie, und ich mich selber nicht mehr verstand und alles verwirrt wurde. Seit dieser Zeit haßt mich der ganze Zirkel und hat mich als eine Pest der Poesie förmlich exkommuniziert.

Friedrich, der Leontin ruhig und mit Vergnügen angehört hatte, sagte: So habe ich dich am liebsten, so bist du in deinem eigentlichen Leben. Du siehst so frisch in die Welt hinein, daß alles unter deinen Augen bunt und lebendig wird. Ja wohl, antwortete Leontin, so buntscheckig, daß ich manchmal selber zum Narren darüber werden könnte.

Die Sonne fing indes schon an, sich zu senken, und sowohl Friedrich als Leontin gedachten ihrer Weiterreise und versprachen einander nächstens in der Residenz wieder zu treffen. Herr Faber bat Friedrich'n, ihn der Gräfin Romana bestens zu empfehlen. Die Gräfin, sagte er, hat schöne Talente und sich durch mehrere Arbeiten, die ich kenne, als Dichterin erwiesen. Nur macht sie sich freilich alles etwas gar zu leicht. Leontin, den immer sogleich ein seltsamer Humor befiel, wenn er die Gräfin nennen hörte, sang lustig:

> Lustig auf den Kopf, mein Liebchen,
> Stell' dich, in die Luft die Bein'!
> Heisa! ich will sein dein Bübchen,
> Heute Nacht soll Hochzeit sein!

> Wenn du Shakespear kannst vertragen,
> O du liebe Unschuld du!
> Wirst du mich wohl auch ertragen
> Und noch Jedermann dazu. –

Er sprach noch allerhand wild und unzüchtig von der Gräfin und trug Friedrich'n noch einen zügellosen Gruß an Sie auf, als sie endlich von entgegengesetzten Seiten auseinanderritten. Friedrich wußte nicht, was er aus diesen wilden Reden machen sollte. Sie ärgerten ihn, denn er hielt die Gräfin hoch, und er konnte sich dabei der Besorgnis nicht enthalten, daß Leontins lebhafter Geist in solcher Art von Renommisterei am Ende sich selber aufreiben werde.

In solchen Gedanken war er einige Zeit fortgeritten, als er bei einer Beugung um eine Feldecke plötzlich das Schloß der Gräfin vor sich sah. Es stand wie eine Zauberei hoch über einem weiten, unbeschreiblichen Chaos von Gärten, Weinbergen, Bäumen und Flüssen, der Schloßberg selber war Ein großer Garten, wo unzählige Wasserkünste aus dem Grün hervorsprangen. Die Sonne ging eben hinter dem Berge unter und bedeckte das prächtige Bild mit Glanz und Schimmer, so daß man nichts deutlich unterscheiden konnte.

Überrascht und geblendet gab Friedrich seinem Pferde die Sporen und ritt die Höhe hinan. Er erstaunte über die seltsame Bauart des Schlosses, das durch eine fast barocke Pracht auffiel. Es war niemand zu sehen. Er trat in die weite, mit buntem Marmor getäfelte Vorhalle, durch deren Säulenreihen man von der anderen Seite in den Garten hinaussah. Dort standen die seltsamsten ausländischen Bäume und Pflanzen, wie halbausgesprochene, verzauberte Gedanken, schimmernde Wasserstrahlen durchkreuzten sich in krystallenen Bogen hoch über ihnen, ausländische Vögel saßen sinnend und traumhaft zwischen den dunkelgrünen Schatten umher.

Ein wunderschöner Knabe sprang indes so eben draußen im Hofe vom Pferde, stutzte, als er im Vorbeilaufen Friedrich'n erblickte, sah ihn einen Augenblick mit den großen, schönen Augen trotzig an, eilte sogleich wieder durch die Vorhalle weiter in den Garten hinaus. Friedrich sah, wie er dort mit bewunderungswürdiger Fertigkeit eine hohe, am Abhange des Gartens stehende Tanne bestieg, und aus dem höchsten Gipfel sich in die Gegend hinauslegte, als suche er fern etwas mit den Augen.

Da immer noch niemand kam, stellte sich Friedrich an ein hohes Bogenfenster, aus dem man die prächtigste Aussicht auf das Tal und die Gebirge hatte. Noch niemals hatte er eine so üppige Natur gesehen. Mehrere Ströme blickten wie Silber hin und her aus dem Grunde, freundliche Landstraßen, von hohen Nußbäumen reich beschattet, zogen sich bis in die weiteste Ferne nach allen Richtungen hin, der Abend lag warm und schallend über der Gegend, weit über die Gärten und Hügel hin hörte man ringsum das Jauchzen der Winzer. Friedrich'n wurde bei dieser Aussicht unsäglich bange in dem einsamen Schlosse, es war ihm, als wäre alles zu einem großen Feste hinausgezogen, und er konnte kaum mehr widerstehen, selber wieder hinunter zu reiten, als er auf einmal die Gräfin erblickte, die in einem langen grünen Jagdkleide in dem erquickenden Hauche des Abends auf der glänzenden Landstraße aus dem Tale heraufgeritten kam. Sie war allein, er erkannte sie sogleich an ihrer hohen, schönen Gestalt.

Als sie vor dem Schlosse vom Pferde stieg, kam der schöne Knabe, der vorhin auf der Tanne gelauert hatte, schnell herbeigesprungen, fiel ihr stürmisch um den Hals und küßte sie. Kleiner Ungestüm! sagte sie halb böse und wischte sich den Mund. Sie schien einen Augenblick verlegen, als sie so unvermutet Friedrich'n erblickte, und bemerkte, daß er diesen sonderbaren Empfang gesehen hatte. Sie schüttelte aber die flüchtige Scham bald wieder von sich und bewillkommte Friedrich'n mit einer Heftigkeit, die ihm auffiel. Ich bedaure nur, sagte sie, daß ich Sie nicht so bewirten kann, wie ich wünschte, alle meine Leute schwärmen schon den ganzen Tag bei der Weinlese, ich selbst bin seit frühem Morgen in der Gegend herumgeritten.

Sie nahm ihn bei der Hand und führte ihn in das Innere des Schlosses. Friedrich verwunderte sich, denn fast in allen Zimmern standen Türen und Fenster offen. Die hochgewölbten Zimmer selbst waren ein seltsames Gemisch von alter und neuer Zeit, einige standen leer und wüste, wie ausgeplündert, in anderen sah er alte Gemälde an der Wand herumhängen, die wie aus schändlichem Mutwillen mit Säbelhieben zerhauen schienen. Sie kamen in der Gräfin Schlafgemach. Das große Himmelbett war noch unzugerichtet, wie sie es frühmorgens verlassen, Strümpfe, Halstücher und allerlei Gerät lag bunt auf allen Stühlen umher. In dem einen Winkel hing ein Portrait, und er glaubte, soviel es die Dämmerung zuließ, zu seinem Erstaunen die Züge des Erbprinzen zu erkennen, dessen Schönheit in der Residenz einen so tiefen Eindruck auf ihn gemacht hatte.

Die Gräfin nahm den schönen Knaben, der ihnen immerfort gefolgt war, bei Seite und trug ihm heimlich etwas auf. Der Knabe schien durchaus nicht gehorchen zu wollen, er wurde immer lauter und ungebärdiger, stampfte endlich zornig mit dem Fuße, rannte hinaus und warf die Türe hinter sich zu, daß es durch das weite Haus erschallte. Er ist doch in einer Stunde wieder da, sagte Romana ihm nachsehend, nahm die Guitarre, die in einer Ecke auf der Erde lag, während sie Friedrich'n ein Körbchen mit Obst und Wein übergab, und führte ihn wieder weiter eine Stiege aufwärts.

Wie einem Nachtwandler, der plötzlich auf ungewohntem Ort aus schweren, ungläublichen Träumen erwacht, war Friedrich'n zu Mute, als er mit ihr die letzten Stufen erreichte, und sich auf einmal unter der weiten, freien, gestirnten Wölbung des Himmels erblickte. Es war nämlich eine große Terrasse, die nach italienischer Art über das Dach des Schlosses ging. Ringsum an der Galerie standen Orangenbäume und hohe ausländische Blumen, welche den himmlischen Platz mit Düften erfüllten.

Hier auf dem Dache, sagte Romana, ist mein liebster Aufenthalt. In den warmen Sommernächten schlafe ich oft hier oben. Sie setzte sich zu ihm, reichte ihm die Früchte und trank ihm von dem mitgenommenen Weine selber zu. Sie wohnen hier so schwindlig hoch, sagte Friedrich, daß Sie die ganze Welt mit Füßen treten. – Romana, die sogleich begriff, was er meinte, antwortete stolz und keck: Die Welt, der große Tölpel, der niemals gescheider wird, wäre freilich der Mühe wert, daß man ihm höflich und voll Ehrfurcht das Gesicht streichelte, damit er einen wohlwollend und voll

Applaus anlächle. Es ist ja doch nichts, als Magen und Kopf, und noch dazu ein recht breiter, übermütiger, selbstgefälliger, eitler, unerträglicher, den es eine rechte Götterlust ist aufs Maul zu schlagen. – Sie brach hierbei schnell ab und lenkte das Gespräch auf andere Gegenstände.

Friedrich mußte dabei mehr als einmal die fast unweibliche Kühnheit ihrer Gedanken bewundern, ihr Geist schien heut von allen Banden los. Sie ergriff endlich die Guitarre und sang einige Lieder, die sie selbst gedichtet und komponiert hatte. Die Musik war durchaus wunderbar, unbegreiflich und oft beinahe wild, aber es war eine unwiderstehliche Gewalt in ihrem Zusammenklange. Der weite, stille Kreis von Strömen, Seen, Wäldern und Bergen, die in großen, halbkenntlichen Massen übereinander ruhten, rauschten dabei feenhaft zwischen die hinausschiffenden Töne hinein. Die Zauberei dieses Abends ergriff auch Friedrichs Herz, und in diesem sinnenverwirrenden Rausche fand er das schöne Weib an seiner Seite zum erstenmale verführerisch. Wahrhaftig, sagte sie endlich aus tiefster Seele, wenn ich mich einmal recht verliebte, es würde mich gewiß das Leben kosten! – Es reiste einmal, fuhr sie fort, ein Student hier in der Nacht beim Schlosse vorbei, als ich eben auf dem Dache eingeschlummert war, der sang:

> Wenn die Sonne lieblich schiene
> Wie in Welschland lau und blau,
> Ging' ich mit der Mandoline
> Durch die überglänzte Au.

> In der Nacht dann Liebchen lauschte
> An dem Fenster süßverwacht,
> Wünschte mir und ihr – uns beiden
> Heimlich eine schöne Nacht.

> Wenn die Sonne lieblich schiene
> Wie in Welschland lau und blau,
> Ging' ich mit der Mandoline
> Durch die überglänzte Au.

Aber die Sonne scheint nicht wie in Welschland und der Student zog weiter und es ist eben alles nichts. – Geh'n wir schlafen, geh'n wir schlafen, setzte sie langweiliggähnend hinzu, nahm Friedrich'n bei der Hand und führte ihn wieder die Stiege hinab.

Er bemerkte, als sie wieder in den Zimmern angekommen waren, eine ungewöhnliche Unruhe an ihr, sie hing bewegt an seinem Arme. Sie schien ihm bei dem Mondenschimmer, der durch das offene Fenster auf ihr Gesicht fiel, totenblaß, eine Art von seltsamer Furcht befiel ihn da auf einmal vor Ihr und dem ganzen Feenschlosse, er gab ihr schnell eine gute Nacht und eilte in das ihm angewiesene Zimmer, wo er sich angekleidet auf das Bett hinwarf.

Das Gemach war nur um einige Zimmer von dem Schlafgemach der Gräfin entfernt. Die Türen dazwischen fehlten ganz und gar. Eine Lampe, die der Gräfin Zimmer matt erhellte, warf durch die offenen Türen ihren Schein grade auf einen großen, altmodischen Spiegel, der vor Friedrichs Bett an der Wand hing, so daß er in demselben fast ihr ganzes Schlafzimmer übersehen konnte. Er sah, wie der schöne Knabe, der sich unterdes wieder eingeschlichen haben mußte, quer über einigen Stühlen vor ihrem Bette eingeschlafen lag. Die Gräfin entkleidete sich nach und nach und stieg so über den Knaben weg ins Bett. Alles im Schlosse wurde nun totenstill und er wendete das Gesicht auf die andere Seite dem offenen Fenster zu. Die Bäume rauschten vor demselben, aus dem Tale kam von Zeit zu Zeit ein fröhliches Jauchzen, bald näher, bald wieder in weiter Ferne, dazwischen hörte er ausländische Vögel draußen im Garten in wunderlichen Tönen immerfort wie im Traume sprechen, das seltsame bleiche Gesicht der Gräfin, wie sie ihm zuletzt vorgekommen, stellte sich ihm dabei unaufhörlich vor die Augen, und so schlummerte er erst spät unter verworrenen Phantasien ein.

Mitten in der Nacht wachte er plötzlich auf, es war ihm, als hätte er Gesang gehört. Der Mond schien hell draußen über der Gegend und durch das Fenster herein. Mit Erstaunen hörte er neben sich atmen. Er sah umher und erblickte Romana, unangekleidet wie sie war, an dem Fuße seines Bettes eingeschlafen. Sie ruhte auf dem Boden, mit dem einen Arme und dem halben Leibe auf das Bett gelehnt. Die langen schwarzen Haare hingen aufgelöst über den weißen Nacken und Busen herab. Er betrachtete die wunderschöne Gestalt lange voll Verwunderung halbaufgerichtet. Da hörte er auf einmal die Töne wieder, die er schon im Schlummer vernommen hatte. Er horchte hinaus; das Singen kam jenseits von den Bergen über die stille Gegend herüber, er konnte folgende Worte verstehen:

> Vergangen ist der lichte Tag,
> Von ferne kommt der Glocken Schlag:
> So reist die Zeit die ganze Nacht,
> Nimmt manchen mit, der's nicht gedacht.
>
> Wo ist nun hin die bunte Lust,
> Des Freundes Trost und treue Brust,
> Des Weibes süßer Augenschein?
> Will keiner mit mir munter sein?
>
> Da 's nun so stille auf der Welt,
> Zieh'n Wolken einsam übers Feld,
> Und Feld und Baum besprechen sich, –
> O Menschenkind! was schauert dich?
>
> Wie weit die falsche Welt auch sei,
> Bleibt mir doch Einer nur getreu,
> Der mit mir weint, der mit mir wacht,
> Wenn ich nur recht an Ihn gedacht.
>
> Frischauf denn, liebe Nachtigall,
> Du Wasserfall mit hellem Schall!
> *Gott* loben wollen wir vereint,
> Bis daß der lichte Morgen scheint!

Friedrich erkannte die Weise, es war Leontins Stimme. – Ich

komme, herrlicher Gesell! rief er bewegt in sich und raffte sich schnell auf, ohne die Gräfin zu wecken. Nicht ohne Schauer ging er durch die totenstillen, weitöden Gemächer, zäumte sich im Hofe selber sein Pferd und sprengte den Schloßberg hinab.

Er atmete tief auf, als er draußen in die herrliche Nacht hineinritt, seine Seele war wie von tausend Ketten frei. Es war ihm, als ob er aus fieberhaften Träumen oder aus einem langen, wüsten, lüderlichen Lustleben zurückkehre. Das hohe Bild der Gräfin, das er mit hergebracht, war in seiner Seele durch diese sonderbare Nacht phantastisch verzerrt und zerrissen, und er verstand nun Leontins wilde Reden an dem Wirtshause.

Leontins Gesang war indes verschollen, er hatte nichts mehr gehört und schlug voller Gedanken den Weg nach der Residenz ein. Das Feenschloß hinter ihm war lange versunken, die Bäume an der Straße fingen schon an lange Schatten über das glänzende Feld zu werfen, Vögel wirbelten schon hin und her hoch in der Luft, die Residenz lag mit ihren Feuersäulen wie ein brennender Wald im Morgenglanze vor ihm.

VIERZEHNTES KAPITEL

Draußen über das Land jagten zerrissene Wolken, die Melusina sang an seufzenden Wäldern, Gärten und Zäunen ihr unergründlich einförmiges Lied, die Dörfer lagen selig verschneit. In der Residenz zog der Winter prächtig ein mit Schellengeklingel, frischen Mädchengesichtern, die vom Lande flüchteten, mit Bällen, Opern und Konzerten, wie eine lustige Hochzeit. Friedrich stand gegen Abend einsam an seinem Fenster, Leontin und Faber ließen noch immer nichts von sich hören, Rosa hatte ihn letzthin ausgelacht, als er voller Freuden zu ihr lief, um ihr eine politische Neuigkeit zu erzählen, die ihn ganz ergriffen hatte, an der Gräfin Romana hatte er seit jener Nacht keine Lust weiter, er hatte beide seitdem nicht wiedergesehen; vor den Fenstern fiel der Schnee langsam und bedächtig in großen Flocken, als wollte der graue Himmel die Welt verschütten. Da sah er unten zwei Reiter in langen Mänteln langsam die Straße zieh'n. Der eine sah sich um, Friedrich rief: Viktoria! es war Leontin und Faber, die so eben einzogen.

Friedrich sprang, ohne sich zu besinnen, zur Türe hinaus und die Stiege hinunter. Als er aber auf die Straße kam, waren sie schon verschwunden. Er schlenderte einige Gassen in dem Schneegestöber auf und ab. Da stieß der Marquis, den wir schon aus Rosa's Briefe kennen, die hervorragenden Steine mit den Zehen zierlich suchend, auf ihn. Er hing sich ihm sogleich, wie ein guter Bruder, in den Arm, und erzählte ihm in Einem Redestrome tausend Späße zum Totlachen, wie er meinte, die sich heut und gestern in der Stadt zugetragen, welche Damen heut vom Lande angekommen, wer verliebt sei und nicht wieder geliebt werde u. s. w. Friedrich'n war die flache Lustigkeit des Wichtes heut entsetzlich, und er ließ sich daher, da ihm dieser nur die Wahl ließ, ihn entweder zu sich nach Hause, oder in die Gesellschaft zum Minister zu begleiten, gern zu dem letzteren mit fortschleppen. Denn besser mit einem Haufen Narren, dachte er übellaunisch, als mit einem allein.

Er fand einen zahlreichen und glänzenden Zirkel. Die vielen Lichter, die prächtigen Kleider, der glatte Fußboden, die zierlichen Reden, die hin und wieder flogen, alles glänzte. Er wäre fast wieder umgekehrt, so ganz ohne Schein kam er sich da auf einmal vor. Vor allen erblickte er seine Rosa. Sie hatte ein Rosa-samtenes Kleid, ihre schwarzen Locken ringelten sich in den weißen Busen hinab. Der Erbprinz unterhielt sich lebhaft mit ihr. Sie sah inzwischen mehreremal mit einer Art von triumphierenden Blicken seitwärts auf Friedrich; sie wußte wohl, wie schön sie war. Friedrich unterhielt sich Gedankenvoll zerstreut rechts und links. Jene Frau vom Haus, bei der er die Teegesellschaft verlebt, war auch da und schien wieder an ihren ästhetischen Krämpfen zu leiden. Sie unterhielt sich sehr lebendig mit mehreren hübschen jungen Männern über die Kunst, und Friedrich verstand nur, wie sie zuletzt ausrief: O, ich möchte Millionen glücklich machen! – Da hörte man plötzlich ein lautes Lachen aus einem anderen abgelegenen Winkel des Zimmers erschallen. Friedrich erkannte mit Erstaunen sogleich Leontins Stimme. Die Männer bissen sich heimlich in die Lippen über dieses Lachen zu rechter Zeit, obschon keiner vermutete, daß es wirklich jenem Ausruf gelten sollte, da der Lacher fern in eine ganz andere Unterhaltung vertieft schien. Friedrich aber wußte gar wohl, wie es Leontin meinte. Er eilte sogleich auf ihn los und fand ihn zwischen zwei alten Herren mit Perücken und altfränkischen Gesichtern, mit denen sich niemand abgeben mochte, mit denen er sich aber kindlich besprach und gut zu vertragen schien. Er erzählte ihnen von seiner Gebirgsreise die wunderbarsten Geschichten vor, und lachte herzlich mit den beiden guten Alten, wenn sie ihn dabei über offenbaren, gar zu tollen Lügen ertappten. Er freute sich sehr, Friedrich'n noch heut zu seh'n, und sagte, wie es ihm eine gar wunderlichschauerliche Lust sei, so aus der Grabesstille der verschneiten Felder mitten in die glänzendsten Stadtzirkel hineinzureiten und umgekehrt.

Sie sprachen noch manches zusammen, als der Prinz hinzutrat und Friedrich'n in ein Fenster führte. Der Minister, sagte er zu ihm, als sie allein waren, hat Sie mir sehr warm, ja ich kann wohl sagen, mit Leidenschaft empfohlen. Es ist etwas außerordentliches, denn er empfiehlt sonst keinen Menschen auf diese Art. Friedrich äußerte darüber seine große Verwunderung, da er von dem Minister grade das Gegenteil erwartete. Der Minister, fuhr der Prinz fort, läßt sein Urteil nicht fangen und ich vertraue Ihnen daher. Unsere Zeit ist so gewaltig, daß die Tugend nichts gilt ohne Stärke. Die wenigen Mutigen aus aller Welt sollten sich daher treu zusammenhalten, als ein rechter Damm gegen das Böse. Es wäre nicht schön, lieber Graf, wenn Sie sich von der gemeinen Not absonderten. Gott behüte mich vor solcher Schande! erwiderte Friedrich halb betroffen, mein Leben gehört Gott und meinem rechtmäßigen Herrn. Es ist groß, sich selber, von aller Welt losgesagt, fromm und fleißig auszubilden, sagte darauf der Prinz begeistert, aber es ist größer, alle Freuden, alle eignen Wünsche und Bestrebungen wegzuwerfen für das Recht, alles – hier strich so eben die Gräfin Romana an ihnen vorüber. Der Prinz ergriff ihre Hand und sagte: So lange von uns wegzubleiben! – Sie zog langsam ihre Hand aus der seinigen und sah nur Friedrich'n groß an, als sähe sie ihn wieder zum erstenmale. Der Prinz lachte unerklärlich, drückte Friedrich'n flüchtig die Hand und wandte sich wieder in den Saal zurück.

Friedrich folgte der Gräfin mit ihren herausfordernden Augen. Sie war schwarz angezogen und fast furchtbarschön anzusehen. Von der Nacht auf dem Schlosse erwähnte sie kein Wort.

Leontin kam auf sie zu und erzählte ihr, wie er erst gestern bei ihrem Schlosse vorbeigezogen. Es war schon Nacht, sagte er, ich war so frei, mit Fabern und einer Flasche echten Rheinweins, die wir bei uns hatten, das oberste Dach des Schlosses zu besteigen. Der Garten, die Gegend und die Galerie oben war tief verschneit, eine Türe im Hause mußte offen steh'n, denn der Wind warf sie immerfort einförmig auf und zu, über der verstarrten Verwüstung hielt die Windsbraut einen lustigen Hexentanz, daß uns der Schnee ins Gesicht wirbelte, es war eine wahre Brockennacht. Ich trank dabei dem Dauernden im Wechsel ein Glas nach dem andern zu und rezitierte mehrere Stellen aus Göthe's Faust, die mir mit den Schneewirbeln alle auf einmal eiskalt auf Kopf und Herz zuflogen. Verfluchte Verse! rief Faber, schweig, oder ich werfe dich wahrhaftig über die Galerie hinunter! Ich habe ihn niemals so entrüstet geseh'n. Ich warf die Flasche ins Tal hinaus, denn mich fror, daß mir die Zähne klapperten. – Romana antwortete nichts, sondern setzte sich an den Flügel und sang ein wildes Lied, das nur aus dem tiefsten Jammer einer zerrissenen Seele kommen konnte. Ist das nicht schön? fragte sie einigemal dazwischen, sich mit Tränen in den Augen zu Friedrich'n herumwendend, und lachte abscheulich dabei. – Ah Pah! rief Leontin zornig, das ist nichts, es muß noch besser kommen! Er setzte sich hin und sang ein altes Lied aus dem dreißigjährigen Kriege, dessen fürchterliche Klänge wie blutige Schwerter durch Mark und Bein gingen. Friedrich bemerkte, daß Romana zitterte. Leontin war indes wieder aufgestanden und hatte sich aus der Gesellschaft fortgeschlichen, wie immer wenn er gerührt war.

Wir aber wenden uns ebenfalls von diesen Blasen der Phantasie, die, wie die Blasen auf dem Rheine, nahes Gewitter bedeuten, zu der Einsamkeit Friedrichs, wie er nun oft Nächtelang voller Gedanken unter Büchern saß und arbeitete. Wohl ist der Weltmarkt großer Städte eine rechte Schule des Ernstes für bessere, beschauliche Gemüter, als der getreueste Spiegel ihrer Zeit. Da haben sie den alten gewaltigen Strom in ihre Maschinen und Räder aufgefangen, daß er nur immer schneller und schneller fließe, bis er gar abfließt, da spreitet denn das arme Fabrikenleben in dem ausgetrockneten Bett seine hochmütigen Teppiche aus, deren inwendige Kehrseite eckle, kahle, farblose Fäden sind, verschämt hängen dazwischen wenige Bilder in uralter Schönheit verstaubt, die niemand betrachtet, das Gemeinste und das Größte, heftig aneinander geworfen, wird hier zu Wort und Schlag, die Schwäche wird dreist durch den Haufen, das Hohe ficht allein. Friedrich sah zum erstenmale so recht in den großen Spiegel, da schnitt ihm ein unbeschreiblicher Jammer durch die Brust, und die Schönheit und Hoheit und das heilige Recht, daß sie so allein waren, und wie er sich selber in dem Spiegel so winzig und verloren in dem Ganzen erblickte, schien es ihm herrlich, sich selber vergessend, dem Ganzen treulich zu helfen mit Geist, Mund und Arm. Er erstaunte, wie er noch so gar nichts getan, wie es ihn noch niemals lebendig erbarmet um die Welt. So schien das große Schauspiel des Lebens, manche besondere äußere Anregung, vor allem aber der furchtbare Gang der Zeit, der wohl keines der besseren Gemüter unberührt ließ, auf einmal alle die hellen Quellen in seinem Inneren, die sonst zum Zeitvertreibe wie lustige Springbrunnen spielten, in Einen großen Strom vereinigt zu haben. Ihn eckelten die falschen Dichter an mit ihren Taubenherzen, die, uneingedenk der himmelschreienden Mahnung der Zeit, ihre Nationalkraft in müßigem Spiele verliederten. Die unbestimmte Knaben-Sehnsucht, jener wunderbare Spielmann vom Venusberge, verwandelte sich in eine heilige Liebe und Begeisterung für den bestimmten und festen Zweck. Gar vieles, was ihn sonst beängstigte, wurde zu Schanden, er wurde reifer, klar, selbstständig und ruhig über das Urteil der Welt. Es genügte ihm nicht mehr, sich an sich allein zu ergötzen, er wollte lebendig eindringen. Desto tiefer und schmerzlicher mußte er sich überzeugen, wie schwer es sei, nützlich zu sein. Mit grenzenloser Aufopferung warf er sich daher auf das Studium der Staaten, ein neuer Weltteil für ihn, oder vielmehr die ganze Welt und was der ewige Geist des Menschen strebte, dachte und wollte, in wenigen großen Umrissen, vor dessen unermeßner Aussicht sein Innerstes aufjauchzte.

Ihm träumte einmal, als er in der Nacht einst so über seinen alten Büchern eingeschlummert, als weckte ihn ein glänzendes Kind aus langen lieblichen Träumen. Er konnte kaum die Augen auftun vor Licht, von so wunderbarer Hoheit und Schönheit war des Kindes Angesicht. Es wies mit seinem kleinen Rosenfinger von dem hohen Berge in die Gegend hinaus, da sah er ringsum eine unbegrenzte Runde, Meer, Ströme und Länder, ungeheure, umgeworfene Städte mit zerbrochenen Riesensäulen, das alte Schloß seiner Kinderjahre seltsam verfallen, einige Schiffe zogen hinten nach dem Meere, auf dem einen stand sein verstorbener Vater, wie er ihn oft auf Bildern gesehen, und sah ungewöhnlich ernsthaft, – alles doch wie in Dämmerung aufarbeitend, zweifelhaft und unkenntlich, wie ein verwischtes großes Bild, denn ein dunkler Sturm ging über die ganze Aussicht, als wäre die Welt verbrannt, und der ungeheure Rauch davon lege sich nun über die Verwüstung. Dort, wo des Vaters Schiff hinzog, brach darauf plötzlich ein Abendrot durch den Qualm hervor, die Sonne senkte sich fern nach dem Meere hinab. Als er ihr so nachsah, sah er dasselbe wunderschöne Kind, das vorhin neben ihm gewesen, recht mitten in der Sonne zwischen den spielenden Farbenlichtern traurig an ein großes Kreuz gelehnt, stehen. Eine unbeschreibliche Sehnsucht befiel ihn da, und Angst zugleich, daß die Sonne für immer in das Meer versinken werde. Da war ihm, als sagte das wunderschöne Kind, doch ohne den Mund zu bewegen oder aus seiner traurigen Stellung aufzublicken: Liebst du mich recht, so gehe mit mir unter, als Sonne wirst du dann wieder aufgeh'n, und die Welt ist frei! – Vor Lust und Schwindel wachte er auf. Draußen funkelte der heitere Wintermorgen schon über die Dächer, das Licht war herabgebrannt, Erwin saß bereits angekleidet ihm gegenüber und sah ihn mit den großen, schönen Augen still und ernsthaft an.

Zu solcher Lebensweise kam ein schöner Kreis neuer, rüstiger Freunde, die auf Reisen, an gleicher Gesinnung sich erkennend, aus verschiedenen deutschen Zonen sich nach und nach hier zusammengefunden hatten. Der Erbprinz, der mit einer fast grenzenlosen Leidenschaft an Friedrich'n hing, wußte den Bund durch seine hinreißende Glut und Beredsamkeit immer frisch zu stärken, so auch, obgleich auf ganz verschiedene Weise, der ältere, besonnene Minister, der nach einer herumschweifenden und wüst durchlebten Jugend, später, seiner größeren Entwürfe und seiner Kraft und Berufes vor allen andern, sie auszuführen, sich klar bewußt, auf einmal mehrere brave aber schwächere Männer gewaltsam unterdrückt, ja, selbst seinen eigensten Wunsch, eine Liebe aus früherer Zeit, aufgegeben und dafür eine freudenlose Ehe mit einem der vornehmsten Mädchen gewählt hatte, einzig um das Steuer des Staates in seine festere und sichere Hand zu erhalten. – Eine gleiche Gesinnung schien alle Glieder dieses Kreises zu verbrüdern. Sie arbeiteten fleißig, hoffend und glaubend, dem alten Recht in der engen Zeit Luft zu machen, auf Tod und Leben bereit.

Ganz anders, abgesondert und ohne alle Berührung mit diesem Kreise lebte Leontin in einem abgelegenen Quartiere der Residenz mit der Aussicht auf die beschneiten Berge über die weiten Vorstädte weg, wo er, mit Fabern zusammenwohnend, einen wunderlichen Haushalt führte. Alle die Begeisterungen, Freuden und Schmerzen, die sich Friedrich'n, dessen Bildung langsam aber sicherer fortschritt, erst jetzt neu aufdeckten, hatte er längst im Innersten empfunden. Ihn jammerte seine Zeit vielleicht wie keinen, aber er haßte es, davon zu sprechen. Mit der größten Geisteskraft hatte er schon oft redlich alles versucht, wo es etwas nützen konnte, aber immer überwiesen, wie die Menge reich an Wünschen, aber innerlich dumpf und gleichgültig sei, wo es gilt, und wie seine Gedanken jederzeit weiter reichten als die Kräfte der Zeit, warf er sich in einer Art von Verzweiflung immer wieder auf die Poesie zurück und dichtete oft Nächtelang ein wunderbares Leben, meist Tragödien, die er am Morgen wieder verbrannte. Seine alles verspottende Lustigkeit war im Grunde nichts, als diese Verzweiflung, wie sie sich an den bunten Bilder der Erde in tausend Farben brach und bespiegelte.

Friedrich besuchte ihn täglich, sie blieben einander wechselseitig noch immer durchaus unentbehrliche Freunde, wenn gleich Leontin auf keine Weise zu bereden war, an den Bestrebungen jenes Kreises Anteil zu nehmen. Er nannte unverholen das Ganze eine leidliche Komödie, und den Minister den unleidlichen Theaterprinzipal, der gewiß noch am Ende des Stückes herausgerufen werden würde, wenn nur darin das Wort: *deutsch* recht fleißig vorkäme, denn das mache in der undeutschen Zeit den besten Effekt. Besonders aber war er ein rechter Feind des Erbprinzen. Er sagte oft, er wünschte ihn mit einem großen Schwerte seiner Ahnherren aus Barmherzigkeit recht in der Mitte entzweihauen zu können, damit die eine ordinäre Hälfte vor der anderen närrischen, begeisterten einmal Ruhe hätte. – Dergleichen Reden verstand Friedrich zwar damals nicht recht, denn seine beste Natur sträubte sich gegen ihr Verständnis, aber sie machten ihn stutzig. Faber dagegen, welcher, der Dichtkunst treu ergeben, immer fleißig fortarbeitete, empfing ihn alle Tage gelassen mit derselben Frage: ob er noch immer weltbürgerlich sei? – Gott sei Dank, antwortete Friedrich ärgerlich, ich verkaufte mein Leben an den ersten besten Buchhändler, wenn es eng genug wäre, sich in einigen hundert Versen ausfingern zu lassen. Sehr gut, erwiderte Faber mit jener Ruhe, welche das Bewußtsein eines redlichen, ernsthaften Strebens gibt, wir alle sollen nach allgemeiner Ausbildung und Tätigkeit, nach dem Verein aller Dinge mit Gott streben; aber wer von seinem Einzelnen, wenn es überhaupt ein solches gibt, es sei Staats-, Dicht- oder Kriegs-Kunst, recht wahrhaft und innig, d. h. *christlich* durchdrungen ward, der ist ja eben dadurch allgemein. Denn nimm du einen einzelnen Ring aus der Kette, so ist es die Kette nicht mehr, folglich ist eben der Ring auch die Kette. Friedrich sagte: Um aber ein Ring der Kette zu sein, mußt du ebenfalls tüchtig von Eisen und aus Einem Gusse mit dem Ganzen sein, und das meinte ich. Leontin verwickelte sie hier durch ein vielfaches Wortspiel dergestalt in ihre Kette, daß sie beide nicht weiter konnten.

Diese strebende webende Lebensart schien Friedrich'n einigermaßen von Rosa zu entfernen, denn jede große innerliche Tätigkeit macht äußerlich still. Es schien aber auch nur so, denn eigentlich hatte seine Liebe zu Rosa, ohne daß er selbst es wußte, einen großen Anteil an seinem Ringen nach dem Höchsten. So wie die Erde in tausend Stämmen, Strömen und Blüten treibt und singt, wenn sie der alles belebenden Sonne zugewendet, so ist auch das menschliche Gemüt zu allem Großen freudig in der Sonnenseite der Liebe. Rosa nahm Friedrichs nur seltenen Besuche nicht in diesem Sinne, denn wenige Weiber begreifen der Männer Liebe in ihrem Umfange, sondern messen ungeschickt das Unermeßliche nach Küssen und eitlen Versicherungen. Es ist, als wären ihre Augen zu blöde, frei in die göttliche Flamme zu schauen, sie spielen nur mit ihrem spielenden Widerscheine. Friedrich fand sie überhaupt seit einiger Zeit etwas verändert. Sie war oft einsylbig, oft wieder bis zur Leichtfertigkeit munter, beides schien Manier. Sie mischte oft in ihre besten Unterhaltungen so Fremdartiges, als hätte ihr innerstes Leben sein altes Gleichgewicht verloren. Über seine seltenen Besuche machte sie ihm nie den kleinsten Vorwurf. Er war weit entfernt, den wahren Grund von allem diesen auch nur zu ahnden. Denn die rechte Liebe ist einfältig und sorglos.

Eines Tages kam er gegen Abend zu ihr. Das Zimmer war schon dunkel, sie war allein. Sie schien ganz atemlos vor Verlegenheit, als er so plötzlich in das Zimmer trat, und sah sich ängstlich einigemal nach der anderen Türe um. Friedrich bemerkte ihre Unruhe nicht, oder mochte sie nicht bemerken. Er hatte heute den ganzen Tag gearbeitet, geschrieben und gesonnen. Auf seiner unbekümmert unordentlichen Kleidung, auf dem verwachten, etwas bleichen Gesichte und den sinnigen Augen ruhte noch der Nachsommer der Begeisterung. Er bat sie, kein Licht zu machen, setzte sich, nach seiner Gewohnheit, mit der Guitarre ans Fenster und sang fröhlich ein altes Lied, das er Rosa'n oft im Garten bei ihrem Schlosse gesungen. Rosa saß dicht vor ihm, voll Gedanken, es war, je länger er sang, als müßte sie ihm etwas anvertrauen und könne sich nicht dazu entschließen. Sie sah ihn immerfort an. Nein, es ist mir nicht möglich! rief sie endlich und sprang auf. Er legte die Laute weg; sie war schnell durch die andere Türe verschwunden. Er stand noch einige Zeit nachdenkend, da aber niemand kam, ging er verwundert fort.

Es war ihm von jeher eine eigne Freude, wenn er so Abends durch die Gassen strich, in die unteren erleuchteten Fenster hineinzublicken, wie da alles, während es draußen stob und stürmte, gemütlich um den warmen Ofen saß, oder an reinlichgedeckten Tischen schmauste, des Tages Arbeit und Mühen vergessend, wie eine bunte Galerie von Weihnachtsbildern. Er schlug heute einen anderen, ungewohnten Weg ein, durch kleine, unbesuchte Gäßchen, da glaubte er auf einmal in dem einen Fenster den Prinzen zu sehen. Er blieb erstaunt stehen. Er war es wirklich. Er saß in einem schlechten Überrocke, den er noch niemals bei ihm gesehen, im Hintergrunde auf einem hölzernen Stuhle. Vor ihm saß ein junges Mädchen in bürgerlicher Kleidung auf einem Schemel, beide Arme auf seine Knie gestützt, und sah zu ihm herauf, während er etwas zu erzählen schien und ihr die Haare von beiden Seiten aus der heiteren Stirn strich. Ein flackerndes Herdfeuer, an welchem eine alte Frau etwas zubereitete, warf seine gemütlichen Scheine über die Stube.

Teller und Schüsseln waren in ihren Geländern ringsum an den Wänden blank und in zierlicher Ordnung aufgestellt, ein Kätzchen saß auf einem Großvaterstuhle am Ofen und putzte sich, im Hintergrunde hing ein Muttergottesbild, vom Kamine hellbeleuchtet. Es schien ein stilles, ordentliches Haus. Das Mädchen sprang fröhlich von ihrem Sitze auf, kam ans Fenster und sah einen Augenblick durch die Scheiben. Friedrich erstaunte über ihre Schönheit. Sie schüttelte sich darauf munter und ungemein lieblich, als fröre sie bei dem flüchtigen Blick in die stürmische Nacht draußen, stieg auf einen Stuhl und schloß die Fensterladen zu.

Den folgenden Morgen, als Friedrich mit dem Prinzen zusammenkam, sagte er ihm sogleich, was er gestern gesehen. Der Prinz schien betroffen, besann sich darauf einen Augenblick, und bat Friedrich'n, die ganze Begebenheit zu verschweigen. Er besuche, sagte er, das Mädchen schon seit langer Zeit und gebe sich für einen armen Studenten aus. Die Mutter und die Tochter, die wenig auskämen, hielten ihn wirklich dafür. Friedrich sagte ihm offen und ernsthaft, wie dies ein gefährliches Spiel sei, wobei das Mädchen verspielen müsse, er solle lieber alles aufgeben, ehe es zu weit käme, vor allem großmütig das Mädchen schonen, das ihm noch unschuldig schiene. Der Prinz war gerührt, drückte Friedrich'n die Hand und schwur, daß er das Mädchen zu sehr liebe, um sie unglücklich zu machen. Er nannte sie nur sein hohes Mädchen.

Später, an einem von jenen wunderbaren Tagen, wo die Bäche wieder ihre klaren Augen aufschlagen und einzelne Lerchen schon hoch in dem blauen Himmel singen, hatte Friedrich alle seine Fenster offen, die auf einen einsamen Spaziergang hinausgingen, den zu dieser Jahreszeit fast niemand besuchte. Es war ein Sonntag, unzählige Glocken schallten durch die stille, heitre Luft. Da sah er den Prinzen, wieder verkleidet, in der Ferne vorübergeh'n, neben ihm sein Bürgermädchen, im sonntäglichen Putze zierlich aufgeschmückt. Sie schien sehr zufrieden und glücklich und drückte sich oft fröhlich an seinen Arm. Friedrich nahm die Guitarre, setzte sich auf das Fenster und sang:

> Wann der kalte Schnee zergangen,
> Stehst du draußen in der Tür,
> Kommt ein Knabe schön gegangen,
> Stellt sich freundlich da zu dir,
> Lobet deine frischen Wangen,
> Dunkle Locken, Augen licht,
> Wann der kalte Schnee zergangen,
> Glaub' dem falschen Herzen nicht!
>
> Wann die lauen Winde wehen,
> Scheint die Sonne lieblich warm:
> Wirst du wohl spazieren gehen,
> Und Er führet dich am Arm,
> Tränen dir im Auge stehen,
> Denn so schön klingt, was er spricht,
> Wann die lauen Winde wehen,
> Glaub' dem falschen Herzen nicht!
>
> Wann die Lerchen wieder schwirren,
> Trittst du draußen vor das Haus,
> Doch Er mag nicht mit dir irren,
> Zog weit in das Land hinaus;
> Die Gedanken sich verwirren,
> Wie du siehst den Morgen rot,
> Wann die Lerchen wieder schwirren,
> Armes Kind, ach, wärst du tot!

Das Lied rührte Friedrich'n selbst mit einer unbeschreiblichen Gewalt. Die Glücklichen hatten ihn nicht bemerkt, er hörte das Mädchen noch munter lachen, als sie schon beide wieder verschwunden waren.

Der Winter neckte bald darauf noch einmal durch seine späten Züge. Es war ein unfreundlicher Abend, der Wind jagte den Schnee durch die Gassen, da ging Friedrich, in seinem Mantel fest eingewickelt, zu Rosa. Sie hatte ihm, da sie überhaupt jetzt mehr als sonst sich in Gesellschaften einließ, feierlich versprochen, ihn heute zu Hause zu erwarten. Er hatte eine Sammlung alter Bilder unter dem Mantel, die er erst unlängst aufgekauft, und an denen sie sich heute ergötzen wollten. Er freute sich unbeschreiblich darauf, ihr die Bedeutung und die alten Geschichten dazu zu erzählen. Wie groß war aber sein Erstaunen, als er alles im Hause still fand. Er konnte es noch nicht glauben, er stieg hinauf. Ihr Wohnzimmer war auch leer und kein Mensch zur Auskunft. Der Spiegel auf der Toilette stand noch aufgestellt, künstliche Blumen, goldene Kämme und Kleider lagen auf den Stühlen umher; sie mußte das Zimmer unlängst verlassen haben. Er setzte sich an den Tisch und schlug einsam seine Bilder auf. Die treue Farbenpracht, die noch so frisch aus den alten Bildern schaute, als wären sie heut gemalt, rührte ihn; wie da die Genovefa arm und bloß im Walde stand, das Reh vor ihr niederstürzt und hinterdrein der Landgraf mit Rossen, Jägern und Hörnern, wie da so bunte Blumen stehen, unzählige Vögel in den Zweigen mit den glänzenden Flügeln schlagen, wie die Genovefa so schön ist und die Sonne prächtig scheint, alles grün und golden musizierend, und Himmel und Erde voller Freude und Entzückung. – Mein Gott, mein Gott, sagte Friedrich, warum ist alles auf der Welt so anders geworden! – Er fand ein Blatt auf dem Tische, worauf Rosa die Zeichnung einer Rose angefangen. Er schrieb, ohne selbst recht zu wissen, was er tat: »Lebe wohl« auf das Blatt. Darauf ging er fort.

Draußen auf der Straße fiel ihm ein, daß heute Ball beim Minister sei. Nun übersah er den ganzen Zusammenhang, und ging sogleich hin, um sich näher zu überzeugen. Dicht und unkenntlich in seinen Mantel gehüllt, stellte er sich in die Türe unter die zusehenden Bedienten. Er mußte lachen, wie der Marquis so eben in festlichem Staate einzog und mit einer vornehmen Geckenhaftigkeit ihn mit den anderen Leuten auf die Seite schob. Er bemerkte wohl, wie die Bedienten heimlich lachten. Gott steh' dem Adel bei, dachte er dabei, wenn dies noch seine einzige Unterscheidung und Halt sein soll in der gewaltsam drängenden Zeit, wo untergehen muß, was sich nicht ernstlich rafft!

Die Tanzmusik schallte lustig über den Saal, wie ein wogendes Meer, wo unzählige Sterne glänzend auf- und untergingen. Da sah er Rosa mit dem Prinzen walzen. Alle sahen hin und machten willig Platz, so schön war das Paar. Sie langte im Fluge ohnweit der Türe an und warf sich atemlos in ein Sopha. Ihre Wangen glühten, ihr Busen, dessen Weiße die schwarz herabgeringelten Locken noch blendender machten, hob sich heftig auf und nieder; sie war überaus reizend. Er konnte sehen, wie sie dem Prinzen, der lange mit Bitten in sie zu dringen schien, tändelnd etwas reichte, das er schnell zu sich steckte. Der Prinz sagte ihr darauf etwas ins Ohr, worauf sie so leichtfertig lachte, daß es Friedrich'n durch die Seele schnitt.

Höchstsonderbar, erst hier, in diesem Taumel, in dieser Umgebung glaubte Friedrich auf einmal in des Prinzen Reden dieselbe Stimme wiederzuerkennen, die er auf dem Maskenballe, da er Rosa zum erstenmale wiedergesehen, bei ihrem Begleiter, und dann in dem dunklen Gäßchen, als er von der kleinen Marie herauskam, bei dem einen von den zwei verhüllten Männern gehört hatte. – Er erschrak innerlichst über diese Entdeckung. Er dachte an das arme Bürgermädchen, an Leontins Haß gegen den Prinzen, an die verlorene Marie, an alle die schönen auf immer vergangenen Zeiten und stürzte sich wieder hinunter in das lustige Schneegestöber.

Als er nach Hause kam, fand er Erwin auf dem Sopha eingeschlummert. Schreibzeug lag umher, er schien geschrieben zu haben. Er lag auf dem Rücken, in der rechten Hand, die auf dem Herzen ruhte, hielt er ein zusammengelegtes Papier lose zwischen den Fingern. Friedrich hielt es für einen Brief, da es immer Erwins liebstes Geschäft war, ihn mit den neuangekommenen Briefen bei seiner Nachhausekunft selbst zu überraschen. Er zog es dem Knaben leise aus der Hand und machte es, ohne es näher zu betrachten, schnell auf.

Er las: »Die Wolken zieh'n immerfort, die Nacht ist so finster. Wo führst du mich hin, wunderbarer Schiffer? Die Wolken und das Meer haben kein Ende, die Welt ist so groß und still, es ist entsetzlich, allein zu sein. –« Weiter unten stand: »Liebe Julie, denkst Du noch daran, wie wir im Garten unter den hohen Blumen saßen und spielten und sangen, die Sonne schien warm, Du warst so gut. Seitdem hat niemand mehr Mitleid mit mir.« – Wieder weiter: »Ich kann nicht länger schweigen, der Neid drückt mir das Herz ab.« – Friedrich bemerkte erst jetzt daß das Papier nur wie ein Brief zusammengelegt und ohne alle Aufschrift war. Voll Erstaunen legte er es wieder neben Erwin hin und sah den lieblichatmenden Knaben nachdenklich an.

Da wachte Erwin auf, verwunderte sich, Friedrich'n und den Brief neben sich zu sehen, steckte das Papier hastig zu sich und sprang auf. Friedrich faßte seine beiden Hände und zog ihn vor sich hin. Was fehlt dir? fragte er ihn unwiderstehlich gutmütig. Erwin sah ihn mit den großen, schönen Augen lange an, ohne zu antworten, dann sagte er auf einmal schnell, und eine lebhafte Fröhlichkeit flog dabei über sein seelenvolles Gesicht: Reisen wir aus der Stadt und weit fort von den Menschen, ich führ' dich in den großen Wald. – Von einem großen Walde darauf und einem kühlen Strome und einem Turm darüber, wo ein Verstorbener wohne, sprach er wunderbar wie aus dunklen, verworrenen Erinnerungen, oft alte Aussichten aus Friedrichs eigner Kindheit plötzlich aufdeckend. Friedrich küßte den begeisterten Knaben auf die Stirn. Da fiel er ihm um den Hals und küßte ihn heftig, mit beiden Armen fest umklammernd. Voll Erstaunen machte sich Friedrich nur mit Mühe aus seinen Armen los, es war etwas ungewöhnlich Verändertes in seinem Gesicht, eine seltsame Lust in seinen Küssen, seine Lippen brannten, das Herz schlug fast hörbar, er hatte ihn noch niemals so gesehen.

Der Bediente trat eben ein, um Friedrich'n auszukleiden. Erwin war verschwunden. Friedrich hörte, wie er darauf in seiner Stube sang:

> Es weiß und rät es doch keiner,
> Wie mir so wohl ist, so wohl!

Ach, wüßt' es nur Einer, nur Einer,
Kein Mensch sonst es wissen sollt'!

So still ist's nicht draußen im Schnee,
So stumm und verschwiegen sind
Die Sterne nicht in der Höhe,
Als meine Gedanken sind.

Ich wünscht', es wäre schon Morgen,
Da fliegen zwei Lerchen auf,
Die überfliegen einander,
Mein Herze folgt ihrem Lauf.

Ich wünscht', ich wäre ein Vöglein
Und zöge über das Meer,
Wohl über das Meer und weiter,
Bis daß ich im Himmel wär'!

FÜNFZEHNTES KAPITEL

Schwül und erwartungsvoll schauen wir in den dunkelblauen Himmel, schwere Gewitter steigen ringsum herauf, die über manche liebe Gegend und Freunde ergehen sollen, der Strom schießt dunkelglatt und schneller vorbei, als wollte er seinem Geschick entfliehen, die ganze Gegend verwandelt plötzlich seltsam ihre Miene. Keine Glockenklänge wehen mehr fromm über die Felder, die Wolken zu zerteilen, der Glaube ist tot, die Welt liegt stumm und viel Teures wird untergehen, eh' die Brust wieder frei aufatmet.

Friedrich fühlte diesen gewitternden Druck der Luft und waffnete sich nur desto frömmer mit jenem Ernst und Mute, den ein großer Zweck der Seele gibt. Er warf sich mit doppeltem Eifer wieder auf seine Studien, sein ganzes Sinnen und Trachten war endlich auf sein Vaterland gerichtet. Dies mochte ihn abhalten, Erwin damals genauer zu beobachten, der seit jenem Abend stiller als je geworden und sich an einem wunderbaren Triebe nach freier Luft und Freiheit langsam zu verzehren schien. Rosa'n mochte er seitdem nicht wieder besuchen. Romana hatte sich seit einiger Zeit seltsam von allen größeren Gesellschaften entfernt. – Wir aber stürzen uns lieber in die Wirbel der Geschichte, denn es wird der Seele wohler und weiter im Sturm und Blitzen, als in dieser feindlichlauernden Stille.

Es war ein Feiertag im März, da ritt Friedrich mit dem Prinzen auf einem der besuchtesten Spaziergänge. Nach allen Richtungen hin zogen unzählige bunte Schwärme zu den dunklen Toren aus und zerstreuten sich lustig in die neue, warme, schallende Welt. Schaukeln und Ringelspiele drehten sich auf den offenen Rasenplätzen, Musiken klangen von allen Seiten ineinander, eine unübersehbare Reihe prächtiger Wagen bewegte sich schimmernd die Allee hinunter. Romana teilte die Menge rasch zu Pferde wie eine Amazone. Friedrich hatte sie nie so schön und wild gesehen. Rosa war nirgends zu sehen. Als sie an das Ende der Allee kamen, hörten sie plötzlich einen Schrei. Sie sahen sich um und erblickten mehrere Menschen, die bemüht schienen, jemanden Hülfe zu leisten. Der Prinz ritt sogleich hinzu; alles machte ehrerbietig Platz und er erblickte sein Bürgermädchen, die ohnmächtig in den Armen ihrer Mutter lag. Wie versteinert schaute er in das totenbleiche Gesicht des Mädchens. Er bat Friedrich'n, für sie Sorge zu tragen, wandte sein Pferd und sprengte davon. Er hatte sie zum letztenmale gesehen.

Die Mutter, welche sich selbst von Staunen und Schreck nicht erholen konnte, erzählte Friedrich'n, nachdem er alle unnötige Gaffer zu entfernen gewußt, wie sie heut mit ihrer Tochter hieher spazieren gegangen, um einmal den Hof zu sehen, der, wie sie gehört, an diesem Tage gewöhnlich hier zu erscheinen pflege. Ihr Kind sei besonders fröhlich gewesen und habe noch oft gesagt: Wenn Er doch mit uns wäre, so könnte er uns alle die Herrschaften nennen! Auf einmal hörten sie hinter sich: Der Prinz! der Prinz! Alles blieb stehen und zog den Hut. So wie ihre Tochter den Prinzen nur erblickte, sei sie sogleich umgefallen. – Friedrich'n rührte die stille Schönheit des Mädchens mit ihren geschlossenen Augen tief. Er ließ sie sicher nach Hause bringen; er selbst wollte sie nicht begleiten, um alles Aufseh'n zu vermeiden.

Noch denselben Abend spät sprach er den Prinzen über diese Begebenheit. Dieser war sehr bewegt. Er hatte das Mädchen des Abends besucht. Sie aber wollte ihn durchaus nicht wiedersehen, und hatte eben so hartnäckig ein fürstliches Geschenk, das er ihr anbot, ausgeschlagen. Übrigens schiene sie, wie er hörte, ganz gesund.

Erwin fing um diese Zeit an zu kränkeln, es war als erdrückte ihn die Stadtluft. Seine seltsame Gewohnheit, die Nächte im Freien zuzubringen, hatte er hier ablegen müssen. Es schien seit frühester Kindheit eine wunderbare Freundschaft zwischen ihm und der Natur mit ihren Wäldern, Strömen und Felsen. Jetzt, da dieser Bund durch das beengte Leben zerstört war, schien er, wie ein erwachter Nachtwandler, auf einmal allein in der Welt.

So versank er mitten in der Stadt immer tiefer in Einsamkeit. Nur um Rosa bekümmerte er sich viel und mit einer auffallenden Leidenschaftlichkeit. Übrigens erlernte er noch immer nichts, obschon es nicht an gutem Willen fehlte. Eben so las er auch sehr wenig und ungern, desto mehr, ja fast unaufhörlich, schrieb er, seit er es beim Grafen gelernt, so oft er allein gewesen. Friedrich fand manchmal dergleichen Zettel. Es waren einzelne Gedanken, so seltsam weit abschweifend von der Sinnes- und Ausdrucksart unserer Zeit, daß sie oft unverständlich wurden, abgebrochene Bemerkungen über seine Umgebungen und das Leben, wie fahrende Blitze auf durchaus nächtlichem, melankolischen Grunde, wunderschöne Bilder aus der Erinnerung an eine früher verlebte Zeit und Anreden an Personen, die Friedrich gar nicht kannte, dazwischen Gebete wie aus der tiefsten Seelenverwirrung eines geängstigten Verbrechers, immerwährende Beziehung auf eine unselige verdeckte Leidenschaft, die sich selber nie deutlich schien, kein einziger Vers, keine Ruhe, keine Klarheit überall.

Friedrich versuchte unermüdlich seine frühere Lebensgeschichte auszuspüren, um nach so erkannter Wurzel des Übels vielleicht das aufrührerische Gemüt des Knaben sicherer zu beruhigen und ins Gleichgewicht zu bringen. Aber vergebens. Wir wissen, mit welcher Furcht er das Geheimnis seiner Kindheit hütete. Ich muß sterben, wenn es jemand erfährt, war dann jedesmal seine Antwort. Eine eben so unbegreifliche Angst hatte er auch vor allen Ärzten.

Sein Zustand wurde indes immer bedenklicher. Friedrich hatte daher alles einem verständigen Arzte von seiner Bekanntschaft anvertraut und bat denselben, ihn, ohne seine Absicht merken zu lassen, des Abends zu besuchen, wann Erwin bei ihm wäre.

Als Friedrich des Abends an Erwins Türe kam, hörte er ihn d'rin nach einer rührenden Melodie ohne alle Begleitung eines Instruments folgende Worte singen:

> Ich kann wohl manchmal singen,
> Als ob ich fröhlich sei,
> Doch heimlich Tränen dringen,
> Da wird das Herz mir frei.
>
> So lassen Nachtigallen,
> Spielt draußen Frühlingsluft,
> Der Sehnsucht Lied erschallen,
> Aus ihres Käfigts Gruft.
>
> Da lauschen alle Herzen,
> Und alles ist erfreut,
> Doch keiner fühlt die Schmerzen,
> Im Lied das tiefe Leid.

Friedrich trat während der letzten Strophe unbemerkt in die Stube. Der Knabe ruhte auf dem Bett und sang so liegend mit geschlossenen Augen.

Er richtete sich schnell auf, als er Friedrich'n erblickte. Ich bin nicht krank, sagte er, gewiß nicht! – damit sprang er auf. Er war sehr blaß. Er zwang sich, munter zu scheinen, lachte und sprach mehr und lustiger als gewöhnlich. Dann klagte er über Kopfweh. – Friedrich strich ihm die nußbraunen Locken aus den Augen. Tu' mir nicht schön, ich bitte dich! – sagte der Knabe da sonderbar und wie mit verhaltenen Tränen.

Der Arzt trat eben in das Zimmer. Erwin sprang auf. Er erriet ahnend sogleich, was der fremde Mann wolle, und machte Miene zu entspringen. Er wollte sich durchaus nicht von ihm berühren lassen und zitterte am ganzen Leibe. Der Arzt schüttelte den Kopf. Hier wird meine Kunst nicht ausreichen, sagte er zu Friedrich'n, und verließ das Zimmer bald wieder, um den Knaben in diesem Augenblick zu schonen. Da sank Erwin ermattet zu Friedrichs Füßen. Friedrich hob ihn freundlich auf seine Knie und küßte ihn. Er aber küßte und umarmte ihn nicht wieder wie damals, sondern saß still und sah, in Gedanken verloren, vor sich hin.

Schon spannen wärmere Sommernächte draußen ihre Zaubereien über Berge und Täler, da war es Friedrich'n einmal mitten in der Nacht, als riefe ihn ein Freund, auf den er sich nicht besinnen könnte, wie aus weiter Ferne. Er wachte auf, da stand eine lange Gestalt mitten in dem finsteren Zimmer. Er erkannte Leontinen an der Stimme. Frisch auf, Herzbruder! sagte dieser, die eine Halbkugel rührt sich hellbeleuchtet, die andere träumt; mir war nicht wohl, ich will den Rhein einmal wiedersehen, komm' mit! Er hatte die Fenster aufgemacht, einzelne graue Streifen langten schon über den Himmel, unten auf der Gasse blies der Postillon lustig auf dem Horne.

Da galt kein Staunen und kein Zögern, Friedrich mußte mit ihm hinunter in den Wagen. Auch Erwin war mit unbegreiflicher Schnelligkeit reisefertig. Friedrich erstaunte, ihn auf einmal ganz munter und gesund zu sehen. Mit funkelnden Augen sprang er mit in den Wagen, und so rasselten sie durch das stille Tor ins Freie hinaus.

Sie fuhren schnell durch unübersehbar stille Felder, durch einen dunkeldichten Wald, später zwischen engen hohen Bergen, an deren Fuß manch Städtlein zu liegen schien, ein Fluß, den sie nicht sahen, rauschte immerfort seitwärts unter der Straße, alles feenhaft verworren. Leontin erzählte ein Märchen, mit den wechselnden Wundern der Nacht, wie sie sich die Seele ausmalte, in Worten kühle spielend. Friedrich schaute still in die Nacht, Erwin ihm gegenüber hatte die Augen weit offen, die unausgesetzt, so lange es dunkel war, auf ihn geheftet schienen, der Postillon blies oft dazwischen. Der Tag fing indes an von der einen Seite zu hellen, sie erkannten nach und nach ihre Gesichter wieder, einzelne zu früh erwachte Lerchen schwirrten schon, wie halb im Schlafe, hoch in den Lüften ihr endloses Lied, es wurde herrlich kühl.

Bald darauf langten sie an dem Gebirgsstädtchen an, wohin sie wollten. Das Tor war noch geschlossen. Der Torwächter trat schlaftrunken heraus, wünschte ihnen einen guten Morgen und pries die Reisenden glückselig und beneidenswert in dieser Jahrszeit. In dem Städtchen war noch alles leer und still. Nur einzelne Nachtigallen von den Fenstern und unzählige von den Bergen über dem Städtchen schlugen um die Wette. Mehrere alte Brunnen mit zierlichem Gitterwerk rauschten einförmig auf den Gassen. In dem Wirtshause, wo sie abstiegen, war auch noch niemand auf. Der Postillon blies daher, um sie zu wecken, mehrere Stücke, daß es über die stillen Straßen weg in die Berge hineinschallte. Erwin saß indes auf einem Springbrunnen auf dem Platze und wusch sich die Augen klar.

Friedrich und Leontin ließen Erwin bei dem Wagen zurück und gingen von der anderen Seite ins Gebirge. Als sie aus dem Walde auf einen hervorragenden Felsen heraustraten, sahen sie auf einmal aus wunderreicher Ferne von alten Burgen und ewigen Wäldern kommend den Strom vergangener Zeiten und unvergänglicher Begeisterung, den königlichen Rhein. Leontin sah lange still in Gedanken in die grüne Kühle hinunter, dann fing er sich schnell an auszukleiden. Einige Fischer fuhren auf dem Rheine vorüber und sangen ihr Morgenlied, die Sonne ging eben prächtig auf, da sprang er mit ausgebreiteten Armen in die kühlen

Flammen hinab. Friedrich folgte seinem Beispiel und, beide
rüstige Schwimmer, rangen sich lange jubelnd mit den vom
Morgenglanze trunkenen, eisigen Wogen. Unbeschreiblich
leicht und heiter kehrten sie nach dem Morgenbade wieder in
das Städtchen zurück, wo unterdes alles schon munter geworden. Es war die Weihe der Kraft für lange Kämpfe, die
ihrer harrten.

Als die Sonne schon hoch war, bestiegen sie die alte wohlerhaltene Burg, die wie eine Ehrenkrone über der altdeutschen Gegend stand. Des Wirts Tochter ging ihnen mit einigen Flaschen Wein lustig die dunklen, mit Epheu überwachsenen Mauerpfade voran, ihr junges, blühendes Gesicht
nahm sich gar zierlich zwischen dem alten Gemäuer und
Bilderwerk aus. Sie legte vor der Sonne die Hand über die
Augen und nannte ihnen die zerstreuten Städte und Flüsse in
der unermeßlichen Aussicht, die sich unten auftat. Leontin
schenkte Wein ein, sie tat ihnen Bescheid und gab jedem willig zum Abschiede einen Kuß.

Sie stieg nun wieder den Berg hinab, die beiden schauten
fröhlich in das Land hinaus. Da sahen sie, wie jenseits des
Rheins zwei Jägerburschen aus dem Walde kamen und einen
Kahn bestiegen, der am Ufer lag. Sie kamen quer über den
Rhein auf das Städtchen zugefahren. Der eine saß tiefsinnig
im Kahne, der andere tat mehrere Schüsse, die vielfach in den
Bergen widerhallten. Erwin hatte sich in ein ausgebrochenes
Bogenfenster der Burg gesetzt, das unmittelbar über dem
Abgrunde stand. Ohne allen Schwindel saß er dort oben,
seine ganze Seele schien aus den sinnigen Augen in die
wunderbare Aussicht hinauszusehen. Er sagte voller Freuden, er erblicke ganz im Hintergrunde einen Berg und einen
hervorragenden Wald, den er gar wohl kenne. Leontin ließ
sich die Gegend zeigen und schien sie ebenfalls zu erkennen.
Er sah darauf den Knaben ernsthaft und verwundert an, der
es nicht bemerkte.

Erwin blieb in dem Fensterbogen sitzen, sie aber durchzogen das Schloß und den Berg in die Runde. Junge grüne
Zweige und wildbunte Blumen beugten sich überall über die

dunklen Trümmer der Burg, der Wald rauschte kühl, Quellen sprangen in hellen, frischlichen Bogen von den Steinen, unzählige Vögel sangen, von allen Seiten die unermeßliche Aussicht, die Sonne schien warm über der Fläche in tausend Strömen sich spiegelnd, es war, als sei die Natur hier rüstiger und lebendiger vor Erinnerung im Angesicht des Rheins und der alten Zeit. Wo ein Begeisterter steht, ist der Gipfel der Welt, rief Leontin fröhlich aus.

Willkommen, Freund, Bruder! sagte da auf einmal eine Stimme mit Pathos, und ein fremder junger Mann, den sie vorher nicht bemerkt hatten, faßte Leontin'n fest bei der Hand. Ach, was Bruder! fuhr Leontin heraus ärgerlich über die unerwartete Störung. Der Fremde ließ sich nicht abschrecken, sondern sagte: Jene Worte logen nicht, Sie sind ein Verehrer der Natur, ich bin auch stolz auf diesen Namen. Wahrhaftig, mein Herr, erwiderte Leontin geschwind sich komisch erwehrend, Sie irren sich entsetzlich, ich bin weder biederherzig, wie Sie sich vorstellen, noch begeistert, noch ein Verehrer der Natur, noch –. Der Fremde fuhr ganz blinderpicht fort: Lassen Sie die Gewöhnlichen sich ewig suchen und verfehlen, die Seltenen wirft ein magnetischer Zug einander an die männliche Brust, und der ewige Bund ist ohne Wort geschlossen in des Eichwalds heiligen Schatten, wenn die Orgel des Weltbaues gewaltig dahinbraust. – Bei diesen Worten fiel ihm ein Buch aus der Tasche. Sie verlieren Ihre Noten, sagte Leontin, Schillers Don Karlos erkennend. Warum Noten? fragte der Femde. Darum, sagte Leontin, weil euch die ganze Natur nur der Text dazu ist, den ihr nach den Dingern da aborgelt, und je schwieriger und würgender die Koleraturen sind, daß ihr davon ganz rot und blau im Gesicht werdet, und die Tränen samt den Augen heraustreten, je begeisterter und gerührter seid ihr. Macht doch die Augen fest zu in der Musik und im Sausen des Waldes, daß ihr die ganze Welt vergeßt und Euch vor allem!

Der Fremde wußte nicht recht, was er darauf antworten sollte. Leontin fand ihn zuletzt gar possierlich; sie gingen und sprachen noch viel zusammen und es fand sich am Ende, daß er ein abgedankter Liebhaber der Schmachtenden in der Residenz sei, den er früher manchmal bei ihr gesehen. Der Einklang der Seelen hatte sie zusammen, und ich weiß nicht was wieder auseinander geführt. Er rühmte viel, wie dieses Seelenvolle Weib mit Geschmack, treu und tugendhaft liebe. Treu? – sie ist ja verheiratet, sagte Friedrich unschuldig. Ei, was! fiel ihm Leontin ins Wort, diese Alwina's, diese neuen Heloisen, diese Erbschleicherinnen der Tugend sind pfiffiger als Gottes Wort. Nicht wahr, der Teufel stinkt nicht und hat keine Hörner, und Ehebrechen und Ehebrechen ist zweierlei? – Der Fremde war verlegen wie ein Schulknabe.

Es neigte sich indes zum Abend, aber die Luft war schwül geworden und man hörte von ferne donnern. Das letztere war dem Fremden eben recht; der Donner, den er nicht anders als rollend nannte, schien ihn mit einem neuen Anfalle von Genialität aufzublähen. Er versicherte, er müsse im Gewitter einsam und im Freien sein, das wäre von jeher so seine Art, und nahm Abschied von ihnen. Leontin klopfte ihn beim Weggeh'n tüchtig auf die Achsel: Beten und fasten Sie fleißig und dann schauen Sie wieder in Gottes Welt hinaus, wie da der *Herr* genialisch ist. Es ist doch nichts lächerlicher, sagte er, als jener fort war, als eine aus der Mode gekommene Genialität. Man weiß dann gar nicht, was die Kerls eigentlich haben wollen.

Es gewitterte indes immer stärker und näher. Leontin bestieg schnell eine hohe Tanne, die am Abhange stand, um das Wetter zu beschauen. Der Wind, der dem Gewitter vorausflog, rauschte durch die dunklen Äste des Baumes und neigte den Wipfel über den Abgrund hinaus. Ich sehe das Städtchen in alle Straßen hinab, rief Leontin von oben, wie die Leute eilig hin und her laufen und die Fenster und Türen schließen und mit den Laden klappern vor dem heranziehenden Wetter, es achtet ihrer doch nicht und zieht über sie weg. Unseren Don Karlos sehe ich auf einer Felsenspitze den Batterien des Gewitters gegenüber, er steht die Arme über der Brust verschränkt, den Hut tief in die Augen gedrückt, den einen Fuß trotzig vorwärts, pfui, pfui, über den Hochmut! Den Rhein seh' ich kommen, zu dem alle Flüsse des Landes flüchten, langsam und dunkelgrün, Schiffe rudern eilig ans Ufer, eines seh' ich mit Gott gradaus fahren, fahre, herrlicher Strom! Wie Gottes Flügel rauschen und die Wälder sich neigen, und die Welt still wird, wenn der Herr mit ihr spricht. Wo ist dein Witz, deine Pracht, deine Genialität? Warum wird unten auf den Flächen alles Eins und unkenntlich wie ein Meer, und nur die Burgen stehen einzeln und unterschieden zwischen den wehenden Glockenklängen und schweifenden Blitzen. Du könntest mich wahnwitzig machen unten erschreckliches Bild meiner Zeit, wo das zertrümmerte Alte in einsamer Höhe steht, wo nur das Einzelne gilt und sich, schroff und scharf im Sonnenlichte abgezeichnet, hervorhebt, während das Ganze in farblosen Massen Gestaltlos liegt, wie ein ungeheuerer, grauer Vorhang, an dem unsere Gedanken, gleich Riesenschatten aus einer anderen Welt, sich abarbeiten. – Der Wind verwehte seine Worte in die grenzenlose Luft. Es regnete schon lange. Der Regen und der Sturm wurden endlich so heftig, daß er sich nicht mehr auf dem Baume erhalten konnte. Er stieg herab und sie kehrten zu der Burg zurück.

Als das Wetter sich nach einiger Zeit wieder verzogen hatte, brachen sie aus ihrem Schlupfwinkel auf, um sich in das Städtchen hinunterzubegeben. Da trafen sie an dem Ausgange der Burg mit den zwei Jägern zusammen, die sie frühmorgens über den Rhein fahren gesehen, und die ebenfalls das Gewitter in der Burg belagert gehalten hatte. Es war schon dunkel geworden, so daß sie einander nicht wohl erkennen konnten. Die Bäume hingen voll heller Tropfen, der enge Fußsteig war durch den Regen äußerst glatt geworden. Die beiden Jäger gingen sehr vorsichtig und furchtsam, hielten sich an alle Sträucher und glitten mehreremal bald Friedrich'n, bald Leontin in die Arme, worüber sie vom letzteren viel Gelächter aussteh'n mußten, der ihnen durchaus nicht helfen wollte. Erwin sprang mit einer ihm sonst nie gewöhnlichen Wildheit allen weit voraus wie ein Gems den Berg hinab.

Allen wurde wohl, als sie nach der langen Einsamkeit in

das Städtchen hinunterkamen, wo es recht patriarchalisch aussah. Auf den Gassen ging Jung und Alt sprechend und lachend nach dem Regen spazieren, die Mädchen des Städtchens saßen draußen vor ihren Türen unter den Weinlauben. Der Abend war herrlich, alles erquickt nach dem Gewitter, das nur noch von ferne nachhallte, Nachtigallen schlugen wieder von den Bergen, vor ihren Augen rauschte der Rhein an dem Städtchen vorüber. Leontin zog mit seiner Guitarre wie ein reisender Spielmann aus alter Zeit von Haus zu Haus und erzählte den Mädchen Märchen, oder sang ihnen neue Melodieen auf ihre alten Lieder, wobei sie still mit ihren sinnigen Augen um ihn herumsaßen. Friedrich saß neben ihm auf der Bank, den Kopf in beide Arme auf die Knie gestützt, und erholte sich recht an den altfränkischen Klängen.

Die zwei Jäger hatten sich nicht weit von ihnen um einen Tisch gelagert, der auf dem grünen Platze zwischen den Häusern und dem Rheine aufgeschlagen war, und schäkerten mit den Mädchen, denen sie gar wohl zu gefallen schienen. Die Mädchen verfertigten schnell einen fröhlichen, übervollen Kranz von hellroten Rosen, den sie dem einen, welcher der lustigste schien, auf die Stirn drückten. Leontin, der wenig darauf Acht gab, begann folgendes Lied über ein am Rheine bekanntes Märchen:

> Es ist schon spät, es wird schon kalt,
> Was reit'st Du einsam durch den Wald?
> Der Wald ist lang, Du bist allein,
> Du schöne Braut! ich führ' Dich heim!

Da antwortete der Bekränzte drüben vom anderen Tische mit der folgenden Strophe des Liedes:

> »Groß ist der Männer Trug und List,
> Vor Schmerz mein Herz gebrochen ist,
> Wohl irrt das Waldhorn her und hin,
> O flieh'! Du weißt nicht, wer ich bin.«

Leontin stutzte und sang weiter:

> So reich geschmückt ist Roß und Weib,
> So wunderschön der junge Leib,
> Jetzt kenn' ich Dich – Gott steh' mir bei!
> Du bist die Hexe Lorelay.

Der Jäger antwortete wieder:

> »Du kennst mich wohl – von hohem Stein,
> Schaut still mein Schloß tief in den Rhein.
> Es ist schon spät, es wird schon kalt,
> Kommst nimmermehr aus diesem Wald!«

Der Jäger nahm nun ein Glas, kam auf sie los und trank Friedrich'n keck zu: Unsere Schönen sollen leben! Friedrich stieß mit an. Da zersprang der Römer des Jägers klingend an dem seinigen. Der Jäger erblaßte und schleuderte das Glas in den Rhein. –

Es war unterdes schon spät geworden, die Mädchen fingen an einzunicken, die Alten trieben ihre Kinder zu Bett und so verlor sich nach und nach eines nach dem andern, bis sich unsere Reisende allein auf dem Platze sahen. Die Nacht war sehr warm, Leontin schlug daher vor, die ganze Nacht über auf dem Rheine nach der Residenz hinunterzufahren, er sei ein guter Steuermann und kenne jede Klippe auswendig. Alle willigten sogleich ein, der eine Jäger nur mit Zaudern, und so bestiegen sie einen Kahn, der am Ufer angebunden war. Den Knaben Erwin, der während Leontins Liedern zu Friedrichs Füßen eingeschlafen, hatten sie, da er durchaus nicht zu ermuntern war, in den Kahn hineintragen müssen, wo er auch nach einem kurzen, halbwachen Taumel sogleich wieder in Schlaf versank. Friedrich saß vorn, die beiden Jäger in der Mitte, Leontin am Steuerruder lenkte keck grade auf die Mitte los, die Gewalt des Stromes faßte recht das Schiffchen, zu beiden Seiten flogen Weingärten, einsame Schlünde und Felsenriesen mit ausgespreiteten Eichen-

Armen, wechselnd vorüber, als gingen die alten Helden unsichtbar durch den Himmel und würfen so ihre streifenden Schatten über die stille Erde.

Der Himmel hatte sich indes von neuem überzogen, die Gewitter schienen wieder näher zu kommen. Der eine von den Jägern, der überhaupt fast noch gar nicht gesprochen, blieb fortwährend still. Der andere mit dem Rosenkranze dagegen saß schaukelnd und gefährlich auf dem Rande des Kahnes und hatte beide Beine darüber heruntergehangen, die bei jeder Schwankung die Wellen berührten. Er sah in das Wasser hinab, wie die flüchtigen Wirbel kühle aufrauschend, dann wieder still, wunderbar hinunterlockten. Leontin hieß ihn die Beine einstecken. Was schadt's, sagte der Jäger innerlich heftig, ich tauge doch nichts auf der Welt, ich bin schlecht, wär' ich da unten, wäre auf einmal alles still. – Oho! rief Leontin, Ihr seid verliebt, das sind verliebte Sprüche. Sag' an, wie sieht dein Liebchen aus? Ist's schlank, stolz, kühn, voll hohem Graus, ist's Hirsch, Pfau, oder eine kleine süße Maus? – Der Jäger sagte: Mein Schatz ist ein Hirsch, der wandelt in einer prächtigen Wildnis, die liegt so unbeschreiblich hoch und einsam und die ganze Welt übersieht man von dort, wie sich die Sonne ringsum in Seen und Flüssen und allen Kreaturen wunderbar bespiegelt. Es ist des Jägers dunkelwüste Lust, das Schönste, was ihn rührt, zu verderben. So nahm er Abschied von seinem alten Leben und folgte dem Hirsche immer höher mühsam hinauf. Als die Sonne aufging, legte er oben in der klaren Stille lauernd an. Da wandte sich der Hirsch plötzlich und sah ihn keck und fromm an wie den Herzog Hubertus. Da verließen den Jäger auf einmal seine Künste und seine ganze Welt, aber er konnte nicht niederknieen wie jener, denn ihm schwindelte vor dem Blick und der Höhe und es faßte ihn ein seltsamer Gelust, die dunkle Mündung auf seine eigne ausgestorbene Brust zu kehren. –

Die beiden Grafen überhörten bei dem Winde, der sich nach und nach zu erheben anfing, diese sonderbaren Worte des Verliebten. Fahrende Blitze erhellten inzwischen von

Zeit zu Zeit die Gegend und ihr Schein fiel auf die Gesichter der beiden Jäger. Sie waren gar lieblich anzusehen, schienen beide noch Knaben. Der eine hatte ein silbernes Horn an der Seite hängen. Leontin sagte, er solle eins blasen; er versicherte aber, daß er es nicht könne. Leontin lachte ihn aus, was sie für Jäger wären, nahm das Horn und blies sehr geschickt ein altes schönes Lied. Der eine gesprächige Jäger sagte, es fiele ihm dabei eben ein Lied ein, und sang zu den beiden Grafen mit einer angenehmen Stimme:

> Wir sind so tief betrübt, wenn wir auch scherzen,
> Die armen Menschen müh'n sich ab und reisen,
> Die Welt zieht ernst und streng in ihren Gleisen,
> Ein feuchter Wind verlöscht die lust'gen Kerzen. –
>
> Du hast so schöne Worte tief im Herzen,
> Du weißt so wunderbare alte Weisen,
> Und wie die Stern' am Firmamente kreisen,
> Zieh'n durch die Brust Dir ewig Lust und Schmerzen.
>
> So laß' Dein' Stimme hell im Wald erscheinen!
> Das Waldhorn fromm wird auf und nieder wehen,
> Die Wasser geh'n und Rehe einsam weiden.
>
> Wir wollen stille sitzen und nicht weinen,
> Wir wollen in den Rhein hinuntersehen,
> Und, wird es finster auf der Welt, nicht scheiden.

Kaum hatte er die letzten Worte ausgesungen, als Erwin, der durch den Gesang aufgewacht war, und bei einem langen Blitze das Gesicht des anderen stillen Jägers plötzlich dicht vor sich erblickte, mit einem lauten Schrei aufsprang und sich in demselben Augenblicke über den Kahn in den Rhein stürzte. Die beiden Jäger schrieen entsetzlich, der Knabe aber schwamm wie ein Fisch durch den Strom und war schnell hinter dem Gesträuch am Ufer verschwunden. Leontin lenkte sogleich ihm nach an's Ufer und alle eilten verwundert und bestürzt an's Land. Sie fanden sein Tuch zerrissen an den Sträuchen hängen; es war fast unbegreiflich, wie er durch diese Dickicht sich hindurchgearbeitet.

Friedrich und Leontin begaben sich in verschiedenen Richtungen ins Gebirge, sie durchkletterten alle Felsen und Schluften und riefen nach allen Seiten hin. Aber alles blieb nächtlich still, nur der Wald rauschte einförmig fort. Nach langem Suchen kamen sie endlich müde beide wieder auf der Höhe über ihrem Landungsplatze zusammen. Der Kahn stand noch am Ufer, die beiden Jäger aber unten waren verschwunden. Der Rhein rauschte prächtig funkelnd in der Morgensonne zwischen den Bergen hin. Erwin kehrte nicht mehr zurück.

SECHSZEHNTES KAPITEL

Die heftige Romana liebte Friedrich'n vom ersten Blicke an mit der ihr eigentümlichen Gewalt. Seitdem er aber in jener Nacht auf dem Schlosse von ihr fortgeritten, als sie bemerkte, wie ihre Schönheit, ihre vielseitigen Talente, die ganze Phantasterei ihres künstlich gesteigerten Lebens alle Bedeutung verlor und zu Schanden wurde an seiner höheren Ruhe, da fühlte sie zum erstenmale die entsetzliche Lücke in ihrem Leben und daß alle Talente Tugend werden müssen oder nichts sind und schauderte vor der Lügenhaftigkeit ihres ganzen Wesens. Friedrich's Verachtung war ihr durchaus unerträglich, obgleich sie sonst die Männer verachtete. Da raffte sie sich innerlichst zusammen, zerriß alle ihre alten Verbindungen und begrub sich in die Einsamkeit ihres Schlosses. Daher ihr plötzliches Verschwinden aus der Residenz.

Sie mochte sich nicht Stückweis bessern, ein ganz neues Leben der Wahrheit wollte sie anfangen. Vor allem bestrebte sie sich mit ehrlichem Eifer, den schönen verwilderten Knaben, den wir dort kennen gelernt, zu Gott zurückzuführen, und er übertraf mit seiner Kraft eines unabgenützten Gemütes gar bald seine Lehrerin. Sie knüpfte Bekanntschaften an mit einigen häuslichen Frauen der Nachbarschaft, die sie sonst unsäglich verachtet, und mußte beschämt vor mancher Trefflichkeit stehen, von der sie sich ehedem nichts träumen ließ. Die Fenster und Türen ihres Schlosses, die sonst Tag und Nacht offen standen, wurden nun geschlossen, sie wirkte still und fleißig nach allen Seiten und führte eine strenge Hauszucht. Friedrich sollte Ihrentwegen von alle dem nichts wissen, das war ihr, wie sie meinte, einerlei. –

Es war ihr redlicher Ernst, anders zu werden, und noch nie hatte sich ihre Seele so reintriumphierend und frei gefühlt, als in dieser Zeit. Aber es war auch nur ein Rausch, obgleich der schönste in ihrem Leben. Es gibt nichts erbarmungswürdigeres, als ein reiches, verwildertes Gemüt, das in verzweifelter Erinnerung an seine ursprüngliche alte Güte, sich lüderlich an dem Besten und Schlechtesten berauscht, um nur jenes Andenkens los zu werden, bis es, so ausgehöhlt, zu Grunde geht. Wenn uns der Wandel tugendhafter Frauen wie die Sonne erscheint, die in gleichverbreiteter Klarheit, still und erwärmend, täglich die vorgeschriebenen Kreise beschreibt, so möchten wir dagegen Romana's rasches Leben einer Rakete vergleichen, die sich mit schimmerndem Geprassel zum Himmel aufreißt und oben unter dem Beifallsgeklatsch der staunenden Menge in tausend funkelnde Sterne ohne Licht und Wärme prächtig zerplatzt.

Sie hatte die Einfalt, diese Grundkraft aller Tugend, leichtsinnig verspielt; sie kannte gleichsam alle Schliche und Kniffe der Besserung. Sie mochte sich stellen, wie sie wollte, sie konnte, gleich einem Somnambulisten, ihre ganze Bekehrungsgeschichte wie ein wohlgeschriebenes Gedicht Vers vor Vers inwendig vorauslesen und der Teufel saß gegenüber und lachte ihr dabei immerfort ins Gesicht. In solcher Seelenangst dichtete sie oft die herrlichsten Sachen, aber mitten im Schreiben fiel es ihr ein, wie doch das alles eigentlich nicht wahr sei – wenn sie betete, kreuzten ihr häufig unkeusche Gedanken durch den Sinn, daß sie erschrocken aufsprang.

Ein alter frommer Geistlicher vom Dorfe besuchte die

schöne Büßerin fleißig. Sie erstaunte, wie der Mann so eigentlich ohne alle Bildung und doch so hochgebildet war. Er sprach ihr oft Stundenlang von den tiefsinnigsten Wahrheiten seiner Religion und war dabei immer so herzlich heiter, ja, oft voll lustiger Schwänke, während Sie dabei jedesmal in eine peinliche, gedankenvolle Traurigkeit versank. Er fand manchmal geistliche Lieder und Legenden bei ihr, die sie so eben gedichtet. Nichts glich dann seiner Freude darüber; er nannte sie sein liebes Lämmchen, las die Lieder vielmal sehr aufmerksam und legte sie in sein Gebetbuch. Mein Gott! sagte da Romana, in Gedanken verloren, oft zu sich selbst, wie ist der gute Mann doch unschuldig! –

In dieser Zeit schrieb sie, weniger aus Freundschaft als aus Laune und Bedürfnis sich auszusprechen, mehrere Briefe an die Schmachtende in der Residenz, im tiefsten Jammer ihrer Seele verfaßt. Sie erstaunte über sich selbst, wie moralisch sie zu schreiben wußte, wie ganz klar ihr ihr Zustand vor Augen lag, und sie es doch nicht ändern konnte. Die Schmachtende konnte sich nicht enthalten, diese interessanten Briefe ihrem Abendzirkel mitzuteilen. Man nahm dieselben dort für Grundrisse zu einem Romane, und bewunderte die feine Anlage und den Geist der Gräfin.

Romana hielt es endlich nicht länger aus, sie mußte ihren hohen Feind und Freund, den Grafen Friedrich, wiedersehen. Kaum hatte sie sich diesen Wunsch einmal erlaubt, als sie auch schon auf dem Pferde saß und der Residenz zuflog. Dies war damals, als sie Friedrich an dem warmen Märzfeste so wild die Menge teilend vorüberreiten sah. Als sie nun ihren Geliebten wieder vor sich sah, noch immer unverändert ruhig und streng wie vorher, während eine ganz neue Welt in ihr auf- und untergegangen war, da schien es ihr unmöglich, seine Tugend und Größe zu erreichen. Die beiden vor ihr Leben gespannten, unbändigen Rosse, das schwarze und das weiße, gingen bei dem Anblick von neuem durch mit ihr, alle ihre schönen Pläne lagen unter den heißen Rädern des Wagens zerschlagen, sie ließ die Zügel schießen und gab sich selber auf.

Friedrich war indes noch mehrere Tage lang mit Leontin in dem Gebirge herumgestrichen, um Erwin wiederzufinden. Aber alle Nachforschungen blieben vergebens. Es blieb ihm nichts übrig, als auf immer Abschied zu nehmen von dem lieben Wesen, dessen wunderbare Nähe ihm durch die lange Gewohnheit fast unentbehrlich geworden war.

Rüstig und neugestärkt durch die kühle Wald- und Bergluft, die wieder einmal sein ganzes Leben angeweht, kehrte er in die Residenz zurück und ging freudiger als jemals wieder an seine Studien, Hoffnungen und Pläne. Aber wie vieles hatte sich gar bald verändert. Die braven Gesellen, welche der Winter tüchtig zusammengehalten, zerstreute und erschlaffte die warme Jahrszeit. Der eine hatte eine schöne reiche Braut gefunden und rechnete die gemeinsame Not seiner Zeit gegen sein eignes einzelnes Glück zufrieden ab, seine Rolle war ausgespielt. Andere fingen an auf öffentlichen Promenaden zu paradieren, zu spielen und zu liebeln und wurden nach und nach kalt und beinahe ganz geistlos. Mehrere rief der Sommer in ihre Heimat zurück. Aller Ernst war verwittert, und Friedrich stand fast allein. Mehr jedoch als diese Treulosigkeit Einzelner, auf die er doch nie gebaut, kränkte ihn die *allgemeine* Willenlosigkeit, von der er sich immer deutlicher überzeugen mußte. So bemerkte er, unter vielen anderen Zeichen der Zeit, oft an Einem Abend und in Einer Gesellschaft zwei Arten von Religionsnarren. Die einen prahlten da, daß sie das ganze Jahr nicht in die Kirche gingen, verspotteten freigeisterisch alle Heilige und hingen auf alle Weise, die, Gott sei Dank, bereits abgenutzte und schäbigte Paradedecke der Aufklärung aus. Aber es war nicht wahr, denn sie schlichen heimlich vor Tagesanbruch, wenn der Küster aufschloß, zum Hinterpförtchen in die Kirchen hinein und beteten fleißig. Die anderen fielen dagegen gar weidlich über diese her, verfochten die Religion und begeisterten sich durch ihre eignen schönen Redensarten. Aber es war auch nicht wahr, denn sie gingen in keine Kirche und glaubten heimlich selber nicht, was sie sagten. Das war es, was Friedrich'n empörte, die überhandnehmende Desorganisation grade unter den Besseren, daß niemand mehr wußte, wo er ist, die landesübliche Abgötterei unmoralischer Exaltation, die eine allgemeine Auflösung nach sich führen mußte.

Um diese Zeit erhielt Friedrich nach so vielen Monaten unerwartet einen Brief von dem Gute des Herrn v. A. An den langen Drudenfüßen sowohl, als an dem fast komisch falsch gesetzten Titel erkannte er sogleich den halbvergessenen Viktor. Er erbrach schnell und voll Freude das Siegel. Der Brief war folgenden Inhalts:

»Es wird uns alle sehr freuen, wenn wir hören, daß Sie und der Herr Graf Leontin sich wohl befinden, wir sind hier alle, Gott sei Dank, gesund. Als Sie beide weggereist sind, war's hier so still, als wenn ein Kriegslager aufgebrochen wäre und die Felder nun einsam und verlassen stünden, im ganzen Schlosse sieht's aus, wie in einer alten Rumpelkammer. Ich mußte Anfangs an den langen Abenden auf dem Schlosse aus dem Abraham a St. Klara vorlesen. Aber es ging gar nicht recht. Der Herr v. A. sagte: Ja, wenn der Leontin dabei wäre! Die gnädige Frau sagte: es wäre doch alles gar zu dummes Gewäsch durcheinander, und Fräulein Julie dachte Gott weiß an was, und paßte gar nicht auf. Es ist gar nichts mehr auf der Welt anzufangen. Ich kann das verdammte traurige Wesen nicht leiden! Ich bin daher schon über einen Monat weder auf's Schloß noch sonst wohin ausgekommen. Sie sind doch recht glücklich! Sie sehen immer neue Gegenden und neue Menschen. Ich weiß die vier Wände in meiner Kammer schon auswendig. Ich habe meine zwei kleinen Fenster mit Stroh verhangen, denn der Wind bläst schon infam kalt durch die Löcher herein, auch alle meine Wanduhren habe ich ablaufen lassen, denn das ewige Picken möcht' einen toll machen, wenn man so allein ist. Ich denke mir dann gar oft, wie Sie jetzt auf einem Balle mit schönen, vornehmen Damen tanzen oder weit von hier am Rheine fahren und reiten, und rauche Tabak, daß das Licht auf dem Tische oft auslicht. Gestern hat es zum erstenmale den ganzen Tag wie aus einem Sacke geschneit. Das ist meine größte Lust. Ich ging noch spät Abends, in Mantel gehüllt, auf den Berg hinaus, wo wir immer Nachmittags im Sommer zusammen gelegen haben. Das Rauchtal und die ganze schöne Gegend war verschneit und sah kurios aus. Es schneite immerfort tapfer zu. Ich tanzte, um mich zu erwärmen, über eine Stunde in dem Schneegestöber herum.«

»Dies hab' ich schon vor einigen Monaten geschrieben. Gleich nach jener Nacht, da ich draußen getanzt, verfiel ich in eine langwierige Krankheit. Alle Leute fürchteten sich vor mir, weil es ein hitziges Fieber war, und ich hätte wie ein Hund umkommen müssen; aber Fräulein Julie besuchte mich alle Tage und sorgte für Medizin und alles, wofür sie Gott belohnen wird. Ich wußte nichts von mir. Sie sagt mir aber, ich hätte immerfort von Ihnen beiden phantasiert und oft auch gar in Reimen gesprochen. Ich muß mir das Zeug durch die Erkältung zugezogen haben. – Jetzt bin ich, Gott sei Dank, wieder hergestellt und mache wieder fleißig Uhren. – Neues weiß ich weiter nichts, als daß seit mehreren Wochen ein fremder Kavalier, der in der Nachbarschaft große Herrschaften gekauft, zu uns auf das Schloß kommt. Er soll viele Sprachen kennen und sehr gelehrt und bereist sein und will unser Fräulein Julie haben. Die gnädige Frau möchte es gern sehen, aber dem Fräulein gefällt er gar nicht. Wenn sie Nachmittags oben im Garten beim Lusthause sitzt und ihn von weitem unten um die Ecke heranreiten sieht, klettert sie geschwinde über den Gartenzaun und kommt zu mir. Was will ich tun? Ich muß sie in meiner Kammer einsperren und gehe unterdes spazieren. Neulich, als ich schon ziemlich spät wieder zurückkam und meine Türe aufschloß, fand ich sie ganz blaß und am ganzen Leibe zitternd. Sie war noch völlig atemlos vor Schreck und fragte mich schnell, ob ich Ihn nicht gesehen? Dann erzählte sie mir: Als es angefangen finster zu werden, habe sie auf meinem Bett in Gedanken gesessen, da habe auf einmal etwas an das Fenster geklopft. Sie hätte den Atem eingehalten und unbeweglich gesessen, da wäre plötzlich das Fenster aufgegangen und Ihr leibhaftiger Page, der Erwin, habe mit totenblassem Gesicht und verwirrten Haaren in die Stube hineingeguckt. Als er sich überall umgesehen, und sie auf dem Bette erblickt, habe er ihr mit dem Finger gedroht und sei wieder verschwunden. Ich sagte ihr, sie sollte sich solches dummes Zeug nicht in den Kopf setzen. Sie aber hat es sich sehr zu Herzen genommen, und ist seitdem etwas traurig. Die Tante soll nichts davon wissen. Was gibt's denn mit dem guten Jungen, ist er nicht mehr bei Ihnen? – So eben wie ich dies schreibe, sieht Fräulein Julie drüben über'n Gartenzaun. – Wie ich sagte, daß ich an Sie schriebe, kam sie schnell aus dem Garten zu mir herüber und ich mußte ihr eine Feder schneiden; sie wollte selber etwas dazuschreiben. Dann wollte sie wieder nicht und lief davon. Sie sagte mir, ich soll Sie von ihr grüßen und bitten, Sie möchten auch den Herrn Grafen Leontin von ihr grüßen, wenn er bei Ihnen wäre. Kommen Sie beide doch bald wieder einmal zu uns! Es ist jetzt wieder sehr schön im Garten und auf den Feldern. Ich gehe wieder, wie damals, alle Morgen vor Tagesanbruch auf den Berg, wo Sie und Leontin mich immer auf meinem Sitze besucht haben. Die Sonne geht grade in der Gegend auf, wo Sie mir immer an den schwülen Nachmittagen beschrieben haben, daß die Residenz liegt und der Rhein geht. Ich rufe dann mein Hurra und werfe meinen Hut und Pfeife hoch in die Luft.«

»P. S. Die niedliche Braut, auf die Sie sich vielleicht noch von dem Tanze auf dem Jagdschlosse erinnern, besucht uns jetzt oft und empfiehlt sich. Sie leben recht gut in ihrer Wildnis, sie hat schon ein Kind und ist noch schöner geworden und sehr lustig. Adieu!«

Friedrich legte das Papier stillschweigend zusammen. Ihn befiel eine unbeschreibliche Wehmut bei der lebhaften Erinnerung an jene Zeiten. Er dachte sich, wie sie alle dort noch immer wie damals, seit hundert Jahren und immerfort, zwischen ihren Bergen und Wäldern friedlich wohnen, im ewiggleichen Wechsel einförmiger Tage frisch und arbeitsam Gott loben und glücklich sind und nichts wissen von der anderen Welt, die seitdem mit tausend Freuden und Schmerzen durch seine Seele gegangen. Warum konnte er, und, wie er wohl bemerkte, auch Viktor nicht eben so glücklich und ruhig sein? –

Dabei hatte ihn die Nachricht von Erwins unerklärlicher, flüchtiger Erscheinung heftig bewegt. Er ging sogleich mit dem Briefe zu Leontin. Aber er fand weder ihn noch Fabern zu Hause. Er sah durch das offene Fenster, der reine Himmel lag blau und unbegrenzt über den fernen Dächern und Kuppeln bis in die neblige Weite. Er konnt' es nicht aushalten; er nahm Hut und Stock und wanderte durch die Vorstädte ins Freie hinaus. Unzählige Lerchen schwirrten hoch in der warmen Luft, die neugeschmückte Frühlingsbühne sah ihn wie eine alte Geliebte an, als wollte ihn alles fragen: Wo bist du so lange gewesen? Hast du uns vergessen? – Ihm war so wohl zum Weinen. Da blies neben ihm ein Postillon lustig auf dem Horne. Eine schöne Reisekutsche mit einem Herrn und einem jungen Frauenzimmer fuhr schnell an ihm vorüber. Das Frauenzimmer sah lachend aus dem Wagen nach ihm zurück. Er täuschte sich nicht, es war Marie. Verwundert sah Friedrich dem Wagen nach, bis er weit in der heiteren Luft verschwunden war. Die Straße ging nach Italien hinunter.

Da es sich zum Abend neigte, wandte er sich wieder heimwärts. In den Vorstädten war überall ein sommerabendliches Leben und Weben, wie in den kleinen Landstädtchen. Die Kinder spielten mit wirrendem Geschrei vor den Häusern, junge Bursche und Mädchen gingen spazieren, der Abend wehte von draußen fröhlich durch alle Gassen. Da bemerkte Friedrich seitwärts eine alte abgelegene Kirche, die er sonst noch niemals gesehen hatte. Er fand sie offen und ging hinein.

Es schauderte ihn, wie er aus der warmen, fröhlichbunten Wirrung so auf einmal in diese ewigstille Kühle hineintrat. Es war alles leer und dunkel drinnen, nur die ewige Lampe brannte wie ein farbiger Stern in der Mitte vor dem Hochaltare; die Abendsonne schimmerte durch die gemalten gotischen Fenster. Er kniete in eine Bank hin. Bald darauf bemerkte er in einem Winkel eine weibliche Gestalt, die vor einem Seitenaltare, im Gebet versunken, auf den Knieen lag. Sie erhob sich nach einer Weile und sah ihn an. Da kam es ihm vor, als wäre es das Bürgermädchen, die unglückliche Geliebte des Prinzen. Doch konnte er sich gar nicht recht in die Gestalt finden; sie schien ihm weit größer und ganz verändert seitdem. Sie war ganz weiß angezogen und sah sehr blaß und seltsam. Sie schien weder erfreut noch verwundert über seinen Anblick, sondern ging, ohne ein Wort zu sprechen, tief in einen dunklen Seitengang hinein auf den Ausgang der Kirche zu. Friedrich ging ihr nach, er wollte mit ihr sprechen. Aber draußen fuhren und gingen die Menschen bunt durcheinander, und er hatte sie verloren.

Als er nach Hause kam, fand er den Prinzen bei sich, der, den Kopf in die Hand gestützt, am Fenster saß und ihn erwartete. Mein hohes Mädchen ist tot! rief er aufspringend, als Friedrich hereintrat. Friedrich fuhr zusammen: Wann ist sie gestorben? – Vorgestern. – Friedrich stand in tiefen Gedanken und hörte kaum, wie der Prinz erzählte, was er von der alten Mutter der Verschiedenen gehört: wie das Mädchen anfangs nach der Ohnmacht in allen Kirchen herumgezogen und Gott inbrünstig gebeten, daß Er sie doch noch einmal glücklich in der Welt machen möchte. – Nach und nach aber fing sie an zu kränkeln und wurde melankolisch. Sie sprach sehr zuversichtlich, daß sie bald sterben würde, und von einer großen Sünde, die sie abzubüßen hätte, und fragte die Mutter oft ängstlich, ob sie denn noch in den Himmel kommen könnte? Den Prinzen wollte sie noch immer nicht wiedersehen. Die letzten Tage vor ihrem Tode wurde sie merklich besser und heiter. Noch den letzten Tag kam sie sehr fröhlich nach Hause und sagte mit leuchtenden Augen, sie habe den Prinzen wiedergesehen; er sei, ohne sie zu bemerken, an ihr vorbeigeritten. Den Abend darauf starb sie. – Der Prinz zog hiebei ein Papier heraus und las Friedrich'n ein Totenopfer vor, welches er heute in einer Reihe von Sonetten auf den Tod des Mädchens gedichtet hatte. Die ersten

Sonetten enthielten eine wunderfeine Beschreibung, wie der Prinz das Mädchen verführt. Friedrich'n graute, wie schön sich da die Sünde ausnahm. Das letzte Sonett schloß:

> Einsiedler will ich sein und einsam stehen,
> Nicht klagen, weinen, sondern büßend beten,
> Du bitt' für mich dort, daß ich besser werde!
>
> Nur einmal, schönes Bild, laß Dich mir sehen,
> Nachts, wenn all' Bilder weit zurücketreten,
> Und nimm' mich mit Dir von der dunklen Erde!

Wie gefällt Ihnen das Gedicht? – Geh'n Sie in jene Kirche, die dort so dunkel hersieht, sagte Friedrich erschüttert, und wenn der Teufel mit meinen gesunden Augen nicht sein Spiel treibt, so werden Sie Sie dort wiedersehen. – Dort ist sie begraben, antwortete der Prinz und wurde blaß und immer blässer, als ihm Friedrich erzählte, was ihm begegnet. Warum fürchten Sie sich? sagte Friedrich hastig, denn ihm war, als sähe ihn das stille weiße Bild wie in der Kirche wieder an, wenn Sie den Mut hatten, das hinzuschreiben, warum erschrecken Sie, wenn es auf einmal Ernst wird und die Worte sich rühren und lebendig werden? Ich möchte nicht dichten, wenn es nur Spaß wäre, denn wo dürfen wir jetzt noch redlich und wahrhaft sein, wenn es nicht im Gedichte ist? Haben Sie den rechten Mut, besser zu werden, so geh'n Sie in die Kirche und bitten Sie Gott inbrünstig um seine Kraft und Gnade. Ist aber das Beten und alle unsere schönen Gedanken um des Reimes Willen auf dem Papiere, so hol' der Teufel auf ewig den Reim samt den Gedanken! –

Hier fiel der Prinz Friedrich'n ungestüm um den Hals. Ich bin durch und durch schlecht, rief er, Sie wissen gar nicht und niemand weiß es, wie schlecht ich bin! Die Gräfin Romana hat mich zuerst verdorben vor langer Zeit, das verstorbene Mädchen habe ich sehr künstlich verführt, der damals in der Nacht zu Marien bei Ihnen vorbeischlich, das war ich, der auf jener Redoute – hier hielt er inne. – Betrügerisch, verbuhlt, falsch und erbärmlich bin ich ganz, fuhr er weiter fort. Der Mäßigung, der Gerechtigkeit, der großen, schönen Entwürfe und was wir da zusammen beschlossen, geschrieben und besprochen, dem bin ich nicht gewachsen, sondern im Innersten voller Neid, daß ich's nicht bin. Es war mir nie Ernst damit und mit nichts in der Welt. – Ach, daß Gott sich meiner erbarme! – Hiebei zerriß er sein Gedicht in kleine Stückchen wie ein Kind, und weinte fast. Friedrich, wie aus den Wolken gefallen, sprach kein einziges Wort der Liebe und Tröstung, sondern, die Brust voll Schmerzen und kalt wandte er sich zum offenen Fenster von dem gefallenen Fürsten, der nicht einmal ein Mann sein konnte.

SIEBENZEHNTES KAPITEL

Rosa saß frühmorgens am Putztische und erzählte ihrem Kammermädchen folgenden Traum, den sie heut Nacht gehabt: Ich stand zu Hause in meiner Heimat im Garten. Der Garten war noch ganz so, wie er ehedem gewesen, ich erinnere mich wohl, mit allen den Alleen, Gängen und Figuren aus Buxbaum. Ich selber war klein wie damals, da ich als Kind in dem Garten gespielt. Ich verwunderte mich sehr darüber, und mußte auch wieder lachen, wenn ich mich so ansah, und fürchtete mich vor den seltsamen Baumfiguren. Dabei war es mir, als wäre mein vergangenes Leben und, daß ich schon einmal groß gewesen, nur ein Traum. Ich sang immerfort ein altes Lied, das ich damals als Kind alle Tage gesungen, und seitdem wieder vergessen habe. Es ist doch seltsam, wie ich es in der Nacht ganz auswendig wußte! Ich habe heut schon viel nachgesonnen, aber es fällt mir nicht wieder ein. Meine Mutter lebte auch noch. Sie stand seitwärts vom Garten an einem Teiche. Ich rief ihr zu, Sie sollte herüberkommen. Aber sie antwortete mir nicht, sondern stand still und unbeweglich, vom Kopf bis zu den Füßen in ein langes, weißes Tuch gehüllt. Da trat auf einmal Graf Friedrich zu mir. Es war mir, als sähe ich ihn zum erstenmale, und doch war er mir wie längst bekannt. Wir waren wieder gute Freunde wie sonst – ich habe ihn niemals so gut und freundlich gesehen. Ein schöner Vogel saß mitten im Garten auf einer hohen Blume und sang, daß es mir durch die Seele ging, meinen Bruder sah ich unten über das glänzende Land reiten, er hatte die kleine Marie vor sich auf dem Roß, die eine Zymbel hoch in die Luft hielt, die Sonne schien prächtig. Reisen wir nach Italien! sagte da Friedrich zu mir. – Ich folgte ihm gleich und wir gingen sehr schnell durch viele schöne Gegenden immer nebeneinander fort. So oft ich mich rückwärts umsah, sah ich hinten nichts als ein grenzenloses Abendrot und in dem Abendrot meiner Mutter Bild, die unterdes sehr groß geworden war, in der Ferne wie eine Statue stehen, immerfort so still nach uns zugewendet, daß ich vor Grauen davon wegsehen mußte. Es war unterdes Nacht geworden und ich vor uns unzählige Schlösser auf den Bergen brennen. Jenseits wanderten in dem Scheine, der von den brennenden Schlössern kam, viele Leute mit Weib und Kindern wie Vertriebene, sie waren alle in seltsamer, uralter Tracht; es kam mir vor, als säh' ich auch meinen Vater und meine Mutter unter ihnen, und mir war unbeschreiblich bange. Wie wir so fortgingen, schien es mir, als würde Friedrich selbst nach und nach immer größer und größer. Er war still und seine Mienen veränderten sich seltsam, so daß ich mich vor ihm fürchtete. Er hatte ein langes, blankes Schwert in der Hand, mit dem er vor uns her den Weg aushaute; so oft er es schwang, warf es einen weitblitzenden Schein über den Himmel und über die Gegend unten. Vor ihm ging sein langer Schatten, wie ein Riese, weit über alle Täler gestreckt. Die Gegend wurde indes immer seltsamer und wilder, wir gingen zwischen himmelhohen, zackigen Gebirgen. Wenn wir an einen Strom kamen, gingen wir auf unseren eigenen Schatten, wie auf einer Brücke, darüber. Wir kamen so auf eine weite Heide, wo ungeheuere Steine zerstreut umherlagen. Mich befiel eine niegefühlte Angst, denn je mehr ich die zerstreuten Steine betrachtete, je mehr kamen sie mir wie eingeschlafene Männer vor. Die Gegend lag unbeschreiblich hoch, die Luft war kalt und scharf. Da sagte Friedrich: Wir sind zu Hause! Ich sah ihn erschrocken an und erkannte ihn nicht wieder, er war völlig geharnischt, wie ein Ritter. Sonderbar! es hing ein altes Ritterbild sonst in einem Zimmer unseres Schlosses, vor dem ich oft als Kind gestanden. Ich hatte längst alle Züge davon vergessen, und grade so sah jetzt Friedrich auf einmal aus. – Ich fror entsetzlich. Da ging die Sonne plötzlich auf und Friedrich nahm mich in beide Arme und preßte mich so fest an seine Brust, daß ich vor Schmerz mit einem lauten Schrei erwachte. –

Glaubst du an Träume? sagte Rosa nach einer Weile in Gedanken zu dem Kammermädchen. Das Mädchen antwortete nicht. Wo mag nun wohl Marie sein, die ärmste? sagte Rosa unruhig wieder. – Dann stand sie auf und trat ans Fenster. Es war ein Gartenhaus der Gräfin Romana, das sie bewohnte; der Morgen blitzte unten über den kühlen Garten, weiterhin übersah man die Stadt mit ihren duftigen Kuppeln, die Luft war frisch und klar. Da warf sie plötzlich alle Schminkbüchschen, die auf dem Fenster standen, heimlich hinaus und zwang sich, zu lächeln, als es das Mädchen bemerkte. –

Denselben Tag Abends erhielt sie einen Brief von Romana, die wieder seit einiger Zeit auf einem ihrer entferntesten Landgüter im Gebirge sich aufhielt. Es war eine sehr dringende Einladung zu einer Gemsenjagd, die in wenigen Tagen dort gehalten werden sollte. Der Brief bestand nur in einigen Zeilen und war auffallend verwirrt und seltsam geschrieben, selbst ihre Züge schienen verändert und hatten etwas Fremdes und Verwildertes. Ganz unten stand noch: »Letzthin, als Du auf dem Balle beim Minister warst, war Friedrich unbemerkt auch dort und hat Dich gesehen.« –

Rosa versank über dieser Stelle tief in Gedanken. Sie erinnerte sich aller Umstände jenes Abends auf einmal sehr deutlich, wie sie Friedrich'n versprochen hatte, ihn zu Hause zu erwarten, und wie er seitdem nicht wieder bei ihr gewesen. Ein Schmerz, wie sie ihn noch nie gefühlt, durchdrang ihre Seele. Sie ging unruhig im Zimmer auf und ab. Sie konnte es endlich nicht länger aushalten, sie wollte alle Mädchenscheu abwerfen, sie wollte Friedrich'n, auf welche Art es immer sei, noch heute seh'n und sprechen. Sie war eben allein, draußen war es schon finster. Mehreremal nahm sie ihren Mantel um, und legte ihn zaudernd wieder hin. Endlich faßte sie ein Herz, schlich unbemerkt aus dem Hause und über die dunklen Gassen fort zu Friedrichs Wohnung. Atemlos und mit klopfendem Herzen flog sie die Stiegen hinauf, um, so ganz sein und um alle Welt nichts fragend, an seine Brust zu fallen. Aber das Unglück wollte, daß er eben nicht zu Hause war. Da stand sie im Vorhaus und weinte bitterlich. Mehrere Türen gingen indes im Hause auf und zu, Bediente eilten hin und her über die Gänge. Sie konnte nicht länger weilen, ohne verraten zu werden.

Die Furcht, so allein und zu dieser Zeit auf der Gasse erkannt zu werden, trieb sie schnell durch die Gassen zurück, das Gesicht tief in den seidenen Mantel gehüllt. Aber das Geschick war in seiner teuflischen Laune. Als sie eben um eine Ecke bog, stand der Prinz plötzlich vor ihr. Eine Laterne schien ihr grade ins Gesicht, er hatte sie erkannt. Ohne irgend ein Erstaunen zu äußern, bot er ihr den Arm, um sie nach Hause zu begleiten. Sie sagte nichts, sondern hing kraftlos und vernichtet vor Scham an seinem Arm. Er wunderte sich nicht, er lächelte nicht, er fragte um nichts, sondern sprach artig von gewöhnlichen Dingen. – Als sie an ihr Haus kamen, bat er sie scherzend um einen Kuß. Sie willigte verwirrt ein, er umschlang sie heftig und küßte sie zum erstenmal. Eine lange Gestalt stand indes unbemerkt gegenüber an der Mauer und kam plötzlich auf den Prinzen los. Der Prinz, der sich nichts Gutes versah, sprang schnell in ein Nebenhaus und schloß die Türe hinter sich zu. Es war Friedrich, den der Zufall eben hier vorbeigeführt hatte. Sie hatten beide einander nicht erkannt. Er saß noch die halbe Nacht dort auf der Schwelle des Hauses und lauerte auf den unbekannten Gast. Die wildesten Gedanken, wie er sie sein Lebelang nicht gehabt, durchkreuzten seine Seele. Aber der Prinz kam nicht wieder heraus. – Rosa hatte von der ganzen letzten Begebenheit nichts mehr gesehen. – Der Prinz hatte sie überrascht. Noch niemals war er ihr so bescheiden, so gut, so schön und liebenswürdig vorgekommen, und sein Kuß brannte die ganze Nacht verführerisch auf ihren schönen Lippen fort.

Es war ein herrlicher Morgen, als Friedrich und Leontin in den ewigen Zwinger der Alpen einritten, wohin auch sie von der Gräfin Romana zur Jagd geladen waren. Als sie um die letzte Bergesecke herumkamen, fanden sie schon die Gesellschaft auf einer schönen Wiese zwischen grünen Bergen bunt und schallend zerstreut. Einzelne Gruppen von Pferden und gekoppelten Hunden standen rings in der schönen Wildnis umher, im Hintergrunde erhob sich lustig ein farbiges Zelt. Mitten auf der glänzenden Wiese stand die zauberische Romana in einer grünen Jagdkleidung, sehr geschmückt, fast phantastisch, wie eine Waldfee anzuseh'n. Neben ihr auf ihre Achsel gelehnt stand Rosa in männlichen Jägerkleidern und versteckte ihr Gesicht an der Gräfin, da der Prinz eben zu ihr sprach, als sie Friedrich'n mit ihrem Bruder von der anderen Seite ankommen sah. Von allen Seiten vom Gebirge herab bliesen die Jäger auf ihren Hörnern, als bewillkommten sie die beiden neuangekommenen Gäste. Friedrich hatte Rosa'n noch nie in dieser Verkleidung gesehen und betrachtete lange ernsthaft das wunderschöne Mädchen.

Romana kam auf die beiden los und empfing sie mit einer auffallenden Heftigkeit. Nun entlud sich auch das Zelt auf einmal eines ganzen Haufens von Gästen und Leontin war in dem Gewirre gar bald in seine launigste Ausgelassenheit hineingeärgert, und spielte in kecken, barocken Worten, die ihm wie von den hellen Schneehäuptern der Alpen zuzufliegen schienen, mit diesem Jagdgesindel, das Ein einziger Auerochs verjagt hätte. Auch hier war die innerliche Antipathie zwischen ihm und dem Prinzen bemerkbar. Der Prinz wurde still und vermied ihn, wo er konnte, wie ein Feuer, das überall mit seinen Flammenspitzen nach ihm griff und ihn im Innersten versengte. Nur Romana war heute auf keine Weise aus dem Felde zu schlagen, sie schien sich vielmehr an seiner eignen Weise nur immer mehr zu berauschen. Er konnte sich, wie immer, wenn er sie sah, nicht enthalten, mit zweideutigen Witzen und Wortspielen ihre innerste Natur herauszukitzeln, und sie hielt ihm heute tapfer Stich, so daß Rosa mehreremal rot wurde und endlich fortgeh'n mußte. Gott segne uns alle, sagte er zuletzt zu einem vornehmen Männlein, das eben sehr komisch bei ihm stand, daß wir heute dort oben an einem schmalen Felsenabhange nicht etwa einem von unseren Ahnherren begegnen, denn die versteh'n keinen Spaß, und wir sind schwindlige Leute. –

Hier wurde er durch das Jagdgeschrei unterbrochen, das nun plötzlich von allen Seiten losbrach. Die Hörner forderten wie zum Kriege, die Hunde wurden losgelassen und alles griff nach den Gewehren. Leontin war bei dem ersten Signal mitten in seiner Rede fortgesprungen, er war der erste unter dem Haufen der anführenden Jäger. Mit einer schwindelerregenden Kühnheit sah man ihn sich, an die Sträucher haltend, geschickt von Fels zu Fels über die Abgründe immer höher hinaufschwingen; er hatte bald alle Jäger weit unter sich und verschwand in der Wildnis. Mehrere von der Gesellschaft schrieen dabei ängstlich auf. Romana sah ihm furchtlos mit unverwandten Blicken nach; wie sind die Männer beneidenswert! sagte sie, als er sich verloren hatte.

Die Gesellschaft hatte sich unterdes nach allen Richtungen hin zerstreut und die Jagd ging wie ein Krieg durch das Gebirge. In tiefster Abgeschiedenheit, wo Bäche in hellen Bogen von den Höhen sprangen, sah man die Gemsen schwindlig von Spitze zu Spitze hüpfen, einsame Jäger dazwischen auf den Klippen erscheinen und wieder verschwinden, einzelne Schüsse fielen hin und her, das Hüftthorn verkündigte von Zeit zu Zeit den Tod eines jeden Tieres. Da sah Friedrich auf einem einsamen Fleck nach mehreren Stunden seinen Leontin waghalsig auf der höchsten von allen den Felsenspitzen stehen, daß das Auge den Anblick kaum ertragen konnte. Er erblickte Friedrich'n und rief zu ihm hinab: Das Pack da unten ist mir unerträglich; wie sie hinter mir drein quickerten, als ich vorher hinaufstieg! Ich bleibe in den Bergen oben, lebe wohl, Bruder! Hierauf wandte er sich wieder weiter und kam nicht mehr zum Vorschein.

Der Abend rückte heran, in den Tälern wurde es schon dunkel. Die Jagd schien geendigt, nur einzelne kühne Schützen sah man noch hin und wieder an den Klippen hängen, von den letzten Widerscheinen der Abendsonne scharf beleuchtet. Friedrich stand eben in höchster Einsamkeit an seine Flinte gelehnt, als er in einiger Entfernung im Walde singen hörte:

> Dämm'rung will die Flügel spreiten,
> Schaurig rühren sich die Bäume,
> Wolken zieh'n wie schwere Träume –
> Was will dieses Grau'n bedeuten?
>
> Hast ein Reh Du, lieb vor andern,
> Laß es nicht alleine grasen,
> Jäger zieh'n im Wald' und blasen,
> Stimmen hin und wieder wandern.
>
> Hast Du einen Freund hienieden,
> Trau' ihm nicht zu dieser Stunde,
> Freundlich wohl mit Aug' und Munde,
> Sinnt er Krieg im tück'schen Frieden.
>
> Was heut müde gehet unter,
> Hebt sich morgen neugeboren.
> Manches bleibt in Nacht verloren –
> Hüte Dich, bleib' wach und munter!

Es wurde wieder still. Friedrich erschrak, denn es kam ihm nicht anders vor, als sei er selber mit dem Liede gemeint. Die Stimme war ihm durchaus unbekannt. Er eilte auf den Ort zu, woher der Gesang gekommen war, aber kein Laut ließ sich weiter vernehmen.

Als er eben so um eine Felsenecke bog, stand plötzlich

Rosa in ihrer Jägertracht vor ihm. Sie konnte der Sänger nicht gewesen sein, denn der Gesang hatte sich nach einer ganz anderen Richtung hin verloren. Sie schien heftig erschrocken über den unerwarteten Anblick Friedrichs. Hochrot im Gesicht, ängstlich und verwirrt, wandte sie sich schnell und sprang wie ein aufgescheuchtes Reh, ohne der Gefahr zu achten, von Klippe zu Klippe die Höhe hinab, bis sie sich unten im Walde verlor. Friedrich sah ihr lange verwundert nach. Später stieg auch er in's Tal hinab.

Dort fand er die Gesellschaft auf der schönen Wiese schon größtenteils versammelt. Das Zelt in der Mitte derselben schien von den vielen Lichtern wie in farbigen Flammen zu steh'n, eine Tafel mit Wein und allerhand Erfrischungen schimmerte lüsternlockend zwischen den buntgewirkten Teppichen hervor, Männer und Frauen waren in freien Scherzen ringsumher gelagert. Die vielen wandelnden Windlichter der Jäger, deren Scheine an den Felsenwänden und dem Walde auf und nieder schweiften, gewährten einen zauberischen Anblick. Mitten unter den Fröhlichgelagerten und den magischen Lichtern ging Romana für sich allein, eine Guitarre im Arme, auf der Wiese auf und ab. Friedrich glaubte eine auffallende Spannung in ihrem Gesichte und ganzem Wesen zu bemerken. Sie sang:

> In goldner Morgenstunde,
> Weil alles freudig stand,
> Da ritt im heitern Grunde
> Ein Ritter über Land.

> Rings sangen auf das Beste
> Die Vöglein mannigfalt,
> Es schüttelte die Äste
> Vor Lust der grüne Wald.

> Den Nacken stolz gebogen,
> Klopft er dem Rösselein –
> So ist er hingezogen
> Tief in den Wald hinein.

> Sein Roß hat er getrieben,
> *Ihn* trieb der frische Mut:
> »Ist alles fern geblieben,
> So ist mir wohl und gut!«

Sie ging während dem Liede immerfort unruhig auf und ab und sah mehreremal seitwärts in den Wald hinein, als erwartete sie jemanden. Auch sprach sie einmal heimlich mit einem Jäger, worauf dieser sogleich forteilte. Friedrich glaubte manchmal eine plötzliche, aber eben so schnell wieder verschwindende Ähnlichkeit ihres Gesanges mit jener Stimme auf dem Berge zu bemerken, da sie wieder weiter sang:

> Mit Freuden mußt' er sehen
> Im Wald' ein' grüne Au,
> Wo Brünnlein kühle gehen,
> Von Blumen rot und blau.

> Vom Roß ist er gesprungen,
> Legt sich zum kühlen Bach,
> Die Wellen lieblich klungen,
> Das ganze Herz zog nach.

> So grüne war der Rasen,
> Es rauschte Bach und Baum,
> Sein Roß tät stille grasen
> Und alles wie ein Traum.

> Die Wolken sah er gehen,
> Die schifften immerzu,
> Er konnt' nicht widerstehen, –
> Die Augen sank'n ihm zu.

> Nun hört' er Stimmen rinnen,
> Als wie der Liebsten Gruß,
> Er konnt' sich nicht besinnen –
> Bis ihn erweckt ein Kuß.

Wie prächtig glänzt die Aue!
Wie Gold der Quell nun floß,
Und einer süßen Fraue
Lag er im weichen Schoß.

»Herr Ritter! wollt Ihr wohnen
Bei mir im grünen Haus:
Aus allen Blumenkronen
Wind' ich Euch einen Strauß!

Der Wald ringsum wird wachen,
Wie wir beisammen sein,
Der Kuckuck schelmisch lachen,
Und alles fröhlich sein.«

Es bog ihr Angesichte
Auf ihn den süßen Leib,
Schaut mit den Augen lichte
Das wunderschöne Weib.

Sie nahm sein'n Helm herunter,
Löst' Krause ihm und Bund,
Spielt' mit den Locken munter,
Küßt ihm den roten Mund.

Und spielt' viel' süße Spiele
Wohl in geheimer Lust,
Es flog so kühl und schwüle
Ihm um die offne Brust.

Friedrichs Jäger trat hier eiligst zu seinem Herrn und zog ihn abseits in den Wald, wo er sehr bewegt mit ihm zu sprechen schien. Romana hatte es bemerkt. Sie verwandte gespannt kein Auge von Friedrich und folgte ihm in einiger Entfernung langsam in den Wald nach, während sie dabei weiter sang:

Um ihn nun tät sie schlagen
Die Arme weich und bloß,
Er konnte nichts mehr sagen,
Sie ließ ihn nicht mehr los.

Und diese Au' zur Stunde
Ward ein krystallnes Schloß,
Der Bach: ein Strom gewunden
Ringsum gewaltig floß.

Auf diesem Strome gingen
Viel' Schiffe wohl vorbei,
Es konnt' ihn keines bringen
Aus böser Zauberei.

Sie hatte kaum noch die letzten Worte ausgesungen, als Friedrich plötzlich auf sie zukam, daß sie innerlichst zusammenfuhr. Wo ist Rosa? fragte er rasch und streng. Ich weiß es nicht, antwortete Romana schnell wieder gefaßt, und suchte mit erzwungener Gleichgültigkeit auf ihrer Guitarre die alte Melodie wiederzufinden. Friedrich wiederholte die Frage noch einmal dringender. Da hielt sie sich nicht länger. Als wäre ihr innerstes Wesen auf einmal losgebunden, brach sie schnell und mit fast schreckhaften Mienen aus: Du kennst mich noch nicht und jene unbezwingliche Gewalt der Liebe, die wie ein Feuer alles verzehrt, um sich an dem freien Spiel der eigenen Flammen zu weiden und selber zu verzehren, wo Lust und Entsetzen in wildem Wahnsinn einander berühren. Auch die grünblitzenden Augen des buntschillernden, blutleckenden Drachen im Liebeszauber sind keine Fabel, ich kenne sie wohl und sie machen mich noch rasend. O, hätte ich Helm und Schwert wie Armida! – Rosa kann mich nicht hindern, denn ihre Schönheit ist blöde und dein nicht wert. Ja, gegen dich selber will ich um dich kämpfen. Ich liebe dich unaussprechlich, bleibe bei mir, wie ich nicht mehr von dir fort kann! – Sie hatte ihn bei den letzten Worten fest umschlungen. Friedrich fuhr auf einmal aus tiefen Gedanken auf, streifte schnell die blanken Arme von sich ab, und eilte, ohne ein Wort zu sagen, tief in den Wald, wo er sein Pferd bestieg, mit dem ihn der Jäger schon erwartete, und fort hinausprengte.

Romana war auf den Boden niedergesunken, das Gesicht mit beiden Händen verdeckt. Das fröhliche Lachen, Singen und Gläserklirren von der Wiese her schallte ihr wie ein höllisches Hohngelächter.

Rosa war, als sich Tag und Jagd zu Ende neigten, von Romana und aller Begleitung, wie durch Zufall, verlassen worden. Der Prinz hatte sie den ganzen Tag über beobachtet, war ihr überall im Grünen begegnet und wieder verschwunden. Sie hatte sich endlich halbzögernd entschlossen, ihn zu fliehen und höher in's Gebirge hinaufzusteigen. Sein blühendes Bild heimlich im Herzen, das die Waldhornsklänge immer wieder von neuem weckten, unschlüssig, träumend und halbverirrt, zuletzt noch von dem Liede des Unbekannten, das auch sie hörte, seltsam getroffen und verwirrt, so war sie damals bis zu dem Flecke hinaufgekommen, wo sie so auf einmal Friedrich'n vor sich sah. Der Ort lag sehr hoch und wie von aller Welt geschieden, sie dachte an ihren neulichen Traum und eine unbeschreibliche Furcht befiel sie vor dem Grafen, die sie schnell von dem Berge herabtrieb.

Unten, fern von der Jagd, saß der Prinz auf einem ungeheueren Baume. Da hörte er das Geräusch hinter sich durch das Dickicht brechen. Er sprang auf und Rosa fiel atemlos in seine ausgespreiteten Arme. Ihr gestörtes Verhältnis zu Friedrich, das Lied oben und tausend alte Erinnerungen, die in der grünen Einsamkeit wieder wach geworden, hatten das reizende Mädchen heftig bewegt. Ihr Schmerz machte sich hier endlich in einem Strome von Tränen Luft. Ihr Herz war zu voll, sie konnte nicht schweigen. Sie erzählte dem Prinzen alles aus tiefster, gerührter Seele.

Es ist gefährlich für ein junges Mädchen, einen schönen Vertrauten zu haben. Der Prinz setzte sich neben ihr auf den Rasen hin. Sie ließ sich willig von ihm in den Arm nehmen und lehnte ihr Gesicht müde an seine Brust. Die Abendscheine spielten schon zuckend durch die Wipfel, unzählige Vögel sangen von allen Seiten, die Waldhörner klangen wollüstig durch den warmen Abend aus der Ferne herüber. Der Prinz hatte ihre langen Haare, die aufgegangen waren, um seinen Arm gewickelt und sprach in einemfort so wunderliebliche, zauberische Worte, gleich sanfter Quellen Rauschen kühlelockend und Sinnenverwirrend, wie Töne alter Lieder aus der Ferne verführend herüberspielen. Rosa bemerkte endlich mit Schrecken, daß es indes schon finster geworden war, und drang ängstlich in den Prinzen, sie zu der Gesellschaft zurückzuführen. Der Prinz sprang sogleich seitwärts in den Wald und brachte zu ihrem Erstaunen zwei gesattelte Pferde mit hervor. Er hob sie schnell auf das eine hinauf, und sie ritten nun, so geschwind als es die Dunkelheit zuließ, durch den Wald fort.

Sie waren schon weit auf verschiedenen sich durchkreuzenden Wegen fortgetrabt, aber die Wiese mit dem Zelte wollte noch immer nicht erscheinen. Die Waldhornsklänge, die sie vorher gehört hatten, waren schon lange verstummt, der Mond trat schon zwischen den Wolken hervor. Rosa wurde immer ängstlicher, aber der Prinz wußte sie jedesmal wieder zu beruhigen.

Endlich hörten sie die Hörner von neuem aus der Ferne vor sich. Sie verdoppelten ihre Eile, die Klänge kamen immer näher. Doch wie groß war Rosa's Schreck, als sie auf einmal aus dem Walde herauskam, und ein ganz fremdes, unbekanntes Schloß vor sich auf dem Berge liegen sah. Entrüstet wollte sie umkehren und machte dem Prinzen weinend die bittersten Vorwürfe. Nun legte der Prinz die Maske ab. Er entschuldigte seine Kühnheit mit der unwiderstehlichen Gewalt seiner lange heimlich genährten Sehnsucht, umschlang und küßte die Weinende und beschwor alle Teufel seiner Liebe herauf. Die Hörner klangen lockend immerfort, und zitternd, halb gezwungen und halb verführt, folgte sie ihm endlich den Berg hinauf. Es war ein abgelegenes Jagdschloß des Prinzen. Nur wenige verschwiegene Diener hatten dort alles zu ihrem Empfange bereitet.

Friedrich ritt indes zwischen den Bergen fort. Sein Jäger, der gegen Abend weit von der Jagd abgekommen war, hatte zufällig Rosa mit dem Prinzen auf ihrer Flucht durch den Wald fortjagen gesehen, und war sogleich zu seinem Herrn zurückgeeilt, um ihm diese Entdeckung mitzuteilen. Dies war es, was Friedrich'n so schnell auf sein Pferd getrieben hatte.

Als er eben nach manchem Umwege an die letzten Felsen kam, welche die Wiese umschlossen, erblickte er plötzlich seitwärts im Walde eine weiße Figur, die, eine Flinte im Arm, grade auf seine Brust zielte. Ein flüchtiger Mondesblick beleuchtete die unbewegliche Gestalt und Friedrich glaubte mit Entsetzen Romana zu erkennen. Sie ließ erschrocken die Flinte sinken, als er sich nach ihr umwandte, und war im Augenblicke im Walde verschwunden. Ein seltsames Grau'n befiel dabei den Grafen. Er setzte die Sporen ein, bis er das ganze furchtbare Jagdrevier weit hinter sich hatte.

Unermüdet durchstreifte er nun den Wald nach allen Richtungen, denn jede Minute schien ihm kostbar, um der Ausführung dieser Verräterei zuvorzukommen. Aber kein Laut und kein Licht rührte sich weit und breit. So ritt er ohne Bahn fort und immerfort, und der Wald und die Nacht nahmen kein Ende.

DRITTES BUCH

ACHTZEHNTES KAPITEL

Wir finden Friedrich'n fern von dem wirrenden Leben, das ihn gereizt und betrogen, in der tiefsten Einsamkeit eines Gebirges wieder. Ein unaufhörlicher Regen war lange wie eine Sündflut herabgestürzt, die Wälder wogten wie Ährenfelder im feuchten Sturme. Als er endlich eines Abends auf die letzte Ringmauer von Deutschland kam, wo man nach Welschland hinuntersieht, fing das Wetter auf einmal an sich auszuklären und die Sonne brach warm durch den Qualm. Die Bäume tröpfelten in tausend Farben blitzend, unzählige Vögel begannen zu singen, das liebreizende, vielgepriesene Land unten schlug die Schleier zurück und blickte ihm wie eine Geliebte in's Herz.

Da er eben in die weite Tiefe zu den aufgehenden Gärten hinablenken wollte, sah er auf einer der Klippen einen jungen, schlanken Gemsenjäger keck und trotzig ihm gegenüber steh'n und seinen Stutz auf ihn anlegen. Er wandte schnell um und ritt auf den Jäger los. Das schien diesem zu gefallen, er kam schnell zu Friedrich'n herabgesprungen und sah ihn von Kopf bis Fuß groß an, während er dem Pferde desselben, das ungeduldig stampfte, mit vieler Freude den gebogenen Hals streichelte. Wer gibt dir das Recht Reisende aufzuhalten? fuhr ihn Friedrich an. Du sprichst ja deutsch, sagte der Jäger ihn ruhig auslachend, du könntest jetzt auch was besseres tun als reisen! Komm nur mit mir! Friedrich'n erfrischte recht das kecke, freie Wesen, das feine Gesicht voll Ehre, die gelenke, tapfere Gestalt; er hatte nie einen schöneren Jäger gesehen. Er zweifelte nicht, daß er einer von jenen sei, um derentwillen er schon seit mehreren Tagen das verlassene Gebirge vergebens durchschweift hatte, und trug daher keinen Augenblick Bedenken, dem Abenteuer zu folgen. Der Jäger ging singend voraus, Friedrich ritt in einiger Entfernung nach.

So zogen sie immer tiefer in das Gebirge hinein. Die Sonne war lange untergegangen, der Mond schien hell über die Wälder. Als sie ohngefähr eine halbe Stunde so gewandert waren, blieb der Jäger in einiger Entfernung plötzlich stehen, nahm sein Hüfthorn und stieß dreimal darein. Sogleich gaben unzählige Hörner nacheinander weit in das Gebirge hinein Antwort. Friedrich stutzte und wurde einen Augenblick an dem ehrlichen Gesichte irre. Er hielt sein Pferd an, zog sein Pistol heraus und hielt es, gefaßt gegen alles, was daraus werden dürfte, auf seinen Führer. Der Jäger bemerkte es. Lauter Landsleute! rief er lachend, und schritt ruhig weiter. Aller Argwohn war verschwunden, und Friedrich ritt wieder nach.

So kamen sie endlich schon bei finsterer Nacht auf einem hochgelegenen, freien Platze an. Ein Kreis bärtiger Schützen war dort um ein Wachtfeuer gelagert, grüne Reiser auf den Hüten und ihre Gewehre neben sich auf dem Boden. Friedrichs Führer war schon voraus mitten unter ihnen und hatte den Fremden angemeldet. Mehrere von den Schützen sprangen sogleich auf, umringten Friedrich'n bei seiner Ankunft und fragten ihn um Neuigkeiten aus dem flachen Lande. Friedrich wußte sie wenig zu befriedigen, aber seine Freude war unbeschreiblich, sich endlich am Ziele seiner Irrfahrt zu sehen. Denn dieser Trupp war, wie er gleich beim ersten Anblick vermutet, wirklich eine Partei des Landsturmes, den das Gebirgsvolk bei dem unlängst ausgebrochenen Kriege gebildet hatte.

Die Flamme warf einen seltsamen Schein über den soldatischen Kreis von Gestalten, die ringsumher lagen. Die Nacht war still und sternhell. Einer von den Jägern, die draußen auf den Felsen auf der Lauer lagen, kam und meldete, wie in dem Tale nach Deutschland zu ein großes Feuer zu sehen sei. Alles richtete sich auf und lief weiter an den Bergesrand. Man sah unten die Flammen aus der stillen Nacht sich erheben, und konnte ungeachtet der Entfernung die stürzenden Gebälke der Häuser deutlich unterscheiden. Die meisten kannten die Gegend, einige nannten sogar die Dörfer, welche brennen müßten. Alle aber waren sehr verwundert über die unerwartete Nähe des Feindes, denn *diesem* schrieben sie den Brand zu. Man erwartete mit Ungeduld die Zurückkunft eines Trupps, der schon gestern in die Täler auf Kundschaft ausgezogen war.

Einige Stunden nach Mitternacht ohngefähr hörte man in einiger Entfernung im Walde von mehreren Wachen das Losungswort erschallen; bald darauf erschienen einige Männer, die man sogleich für die auf Kundschaft ausgeschickten erkannte und begrüßte. Sie hatten einen jungen fremden Mann bei sich, der aber über der üblen Zeitung, welche die Kundschafter mitbrachten, anfangs von allen übersehen wurde. Sie sagten nämlich aus: Eine ansehnliche feindliche Abteilung habe ihre heimlichen Schlupfwinkel entdeckt und sie durch einen rastlosen, mühsamen Marsch umgangen. Der Feind stehe nun auf dem Gebirge selbst mitten zwischen ihren einzelnen auf den Höhen zerstreuten Haufen, um sie mit Tagesanbruch so einzeln aufzureiben. – Ein allgemeines Gelächter erscholl bei den letzten Worten im ganzen Trupp. Wir wollen seh'n, wer härter ist, sagte einer von den Jägern, unsere Steine oder ihre Köpfe! Die Jüngsten warfen ihre Hüte in die Luft, alles freute sich, daß es endlich zum Schlagen kommen sollte.

Man beratschlagte nun eifrig, was unter diesen Umständen das Klügste sei. Zum Überlegen war indes nicht lange Zeit, es mußte für den immer mehr herannahenden Morgen ein rascher Entschluß gefaßt werden. Friedrich, der allen wohlbehagte, gab den Rat: sie sollten sich heimlich auf Umwegen neben den feindlichen Posten hin vor Tagesanbruch mit allen den anderen zerstreuten Haufen auf Einem festen Fleck zu vereinigen suchen. Dies wurde einmütig angenommen und der älteste unter ihnen teilte hiemit alsogleich den ganzen Haufen in viele kleine Trupps und gab jedem einen jungen, rüstigen Führer zu, der alle Stege des Gebirges am besten kannte. Über die einsamsten und gefährlichsten Felsenpfade wollten sie heimlich mitten durch ihre Feinde gehen, alle ihre anderen Haufen, auf die sie unterwegs stoßen mußten, an sich zieh'n und auf dem höchsten Gipfel, wo sie wußten, daß ihr Hauptstamm sich befände, wieder zusammenkommen, um sich bei Anbruch des Tages von dort mit der Sonne auf den Feind zu stürzen.

Das Unternehmen war gefährlich und gewagt, doch nahmen sie sehr vergnügt Abschied von einander. Friedrich hatte sich auch ein grünes Reis auf den Hut gesteckt und auf das beste bewaffnet. Ihm war der junge Jäger, den er zuerst auf der Straße nach Italien getroffen, zum Führer bestimmt worden, zu seinen Begleitern hatte er noch zwei Schützen und den jungen Menschen, den die Kundschafter vorhin mitgebracht. Dieser hatte die ganze Zeit über, ohne einigen Anteil an der Begebenheit verspüren zu lassen, seitwärts auf einem Baumsturz gesessen, den Kopf in beide Hände gestützt, als schliefe er. Sie rüttelten ihn nun auf. Wie erstaunte da Friedrich, als er sich aufrichtete, und er in ihm denselben Studenten wiedererkannte, den er damals auf der Wiese unter den herumziehenden Komödianten getroffen hatte, als er auf Romanas Schloß zum Besuche ritt. Doch hatte er sich seitdem sehr verändert, er sah blaß aus, seine Kleidung war abgerissen, er schien ganz herunter. Sie setzten sich sogleich in Marsch, und da es zum Gesetz gemacht worden war, den ganzen Weg nichts miteinander zu sprechen, so konnte Friedrich nicht erfahren, wie derselbe aufs Gebirge und in diesen Zustand geraten war.

Sie gingen nun zwischen Wäldern, Felsenwänden und unabsehbaren Abgründen immerfort; der ganze Kreis der Berge lag still, nur die Wälder rauschten von unten herauf, ein scharfer Wind ging auf der Höhe. Der Gemsenjäger schritt frisch voran, sie sprachen kein Wort. Als sie einige Zeit so fortgezogen waren, hörten sie plötzlich über sich mehrere Stimmen in ausländischer Sprache. Sie blieben stehen und drückten sich alle hart an die Felsenwand an. Die Stimmen kamen auf sie los und schienen auf einmal dicht bei ihnen; dann lenkten sie wieder seitwärts und verloren sich schnell. Dies bewog den Führer, einen anderen mehr talwärts führenden Umweg einzuschlagen, wo sie sicherer zu sein hofften.

Sie hatten aber kaum die untere Region erlangt, als ihnen ein Gewirre von Reden, Lachen und Singen durcheinander entgegenscholl. Zum Umkehren war keine Zeit mehr, seitwärts von dem Platze, wo das Schallen sich verbreitet, führte nur ein einziger Steg über den Strom, der dort in das Tal hinauskam. Als sie an den Bach kamen, sahen sie zwei feindliche Reiter auf dem Stege, die beschäftigt waren, Wasser zu schöpfen. Sie streckten sich daher schnell unter die Sträucher auf den Boden nieder, um nicht bemerkt zu werden. Da konnten sie zwischen den Zweigen hindurch die vom Monde hell beleuchtete Wiese übersehen. Ringsum an dem Rande des Waldes stand dort ein Kreis von Pferden angebunden, eine Schar von Reitern war lustig über die Aue verbreitet. Einige putzten singend ihre Gewehre, andere lagen auf dem Rasen und würfelten auf ihren ausgebreiteten Mänteln, mehrere Offiziere saßen vorn um ein Feldtischchen und tranken. Der eine von ihnen hatte ein Mädchen auf dem Schoß, das ihn mit dem einen Arme umschlungen hielt. Friedrich erschrak im Innersten, denn der Offizier war einer seiner Bekannten aus der Residenz, das Mädchen die verlorene Marie. Es war einer von jenen leichten halbbärtigen Brüdern, die im Winter zu seinem Kreise gehört, und bei anbrechendem Frühling Ernst, Ehrlichkeit und ihre gemeinschaftlichen Bestrebungen mit den Bällen und anderen Winterunterhaltungen vergaßen.

Ihn empörte dieses Elend ohne Treue und Gesinnung, wie er mit vornehmer Zufriedenheit seinen Schnauzbart strich und auf seinen Säbel schlug, gleichviel für was oder gegen wen er zog. Der Lauf seines Gewehres war zufällig grade auf ihn gerichtet; er hätte es in diesem Augenblicke auf ihn losgedrückt, wenn ihn nicht die Furcht, alle zu verraten, davon abgehalten hätte.

Der Offizier stand auf, hob sein Glas in die Höh' und fing

an Schillers Reiterlied zu singen, die andern stimmten mit vollen Kehlen ein. Noch niemals hatte Friedrich'n das fürchterliche Lied so widerlich und höllischgurgelnd geklungen. Ein anderer Offizier mit einem feuerroten Gesichte, in dem alle menschliche Bildung zerfetzt war, trat dazu, schlug mit dem Säbel auf den Tisch, daß die Gläser klirrten, und pfiff durchdringend den Deßauer Marsch drein. Ein allgemeines wildes Gelächter belohnte seine Zote. –

Unterdes hatten die beiden Reiter den Steg wieder verlassen. Friedrich und seine Gesellen rafften sich daher schnell vom Boden auf und eilten über den Bach von der anderen Seite wieder ins Gebirge hinauf. Je höher sie kamen, je stiller wurde es ringsumher. Nach einer Stunde endlich wurden sie von den ersten Posten der Ihrigen angerufen. Hier erfuhren sie auch, daß fast alle die übrigen Abteilungen, die sich teils durchgeschlichen, teils mit vielem Mute durchgeschlagen hatten, bereits oben angekommen wären. Es war ein Freudenreicher Anblick, als sie bald darauf den weiten, freien Platz auf der letzten Höhe glücklich erreicht hatten. Die ganze unübersehbare Schar saß dort an ihre Waffen gestützt auf den Zinnen ihrer ewigen Burg, die großen Augen gedankenvoll nach *der* Seite hingerichtet, wo die Sonne aufgeh'n sollte. Friedrich lagerte sich vorn auf einem Felsen, der in das Tal hinausragte. Unten rings um den Horizont war bereits ein heller Morgenstreifen sichtbar, kühle Winde kamen als Vorboten des Morgens angeflogen. Eine feierliche, erwartungsvolle Stille war über die Schar verbreitet, einzelne Wachen nur hörte man von Zeit zu Zeit weit über das Gebirge rufen. Ein Jäger vorn auf dem Felsen begann folgendes Lied, in das immer zuletzt alle die anderen mit einfielen:

> In stiller Bucht, bei finst'rer Nacht,
> Schläft tief die Welt im Grunde,
> Die Berge rings steh'n auf der Wacht,
> Der Himmel macht die Runde,
> Geht um und um

>   Ums Land herum
>   Mit seinen goldnen Scharen
>   Die Frommen zu bewahren.
>
>   Kommt nur heran mit Eurer List,
>   Mit Leitern, Strick und Banden,
>   Der Herr doch noch viel stärker ist,
>   Macht Euern Witz zu Schanden.
>   Wie war't Ihr klug! –
>   Nun schwindelt Trug
>   Hinab vom Felsenrande –
>   Wie seid Ihr dumm! o Schande!
>
>   Gleichwie die Stämme in dem Wald
>   Woll'n wir zusammenhalten,
>   Ein' feste Burg, Trutz der Gewalt,
>   Verbleiben treu die alten.
>   Steig', Sonne, schön!
>   Wirf von den Höh'n
>   Nacht und die mit ihr kamen,
>   Hinab in Gottes Namen!

Friedrich'n ärgerte es recht, daß der Student immerfort so traurig dabei saß. Seine Komödiantin, wie er Friedrich'n hier endlich entdeckte, hatte ihn von neuem verlassen und diesmal auch alle seine Barschaft mitgenommen. Arm und bloß, und zum Tode verliebt, war er nun dem aufrührerischen Gebirge zugeeilt, um im Kriege sein Ende zu finden. Aber so seid nur nicht gar so talket! sagte ein Jäger, der seine Erzählung mit angehört hatte. Mein Schatz, sang ein anderer neben ihm:

>   Mein Schatz, das ist ein kluges Kind,
>   Die spricht: »Willst du nicht fechten:
>   Wir zwei geschiedne Leute sind,
>   Erschlagen dich die Schlechten:
>   Auch keins von beiden dran gewinnt.«

Mein Schatz, das ist ein kluges Kind,
Für die will ich *leb'n* und fechten!

Was ist das für eine Liebe, die so wehmütige, weichliche Tapferkeit erzeugt? sagte Friedrich zum Studenten, denn ihm kam seine Melankolie in dieser Zeit, auf diesen Bergen und unter diesen Leuten unbeschreiblich albern vor. Glaubt mir, das Sterben ist viel zu ernsthaft für einen sentimentalischen Spaß. Wer den Tod fürchtet und wer ihn sucht, sind beides schlechte Soldaten, wer aber ein schlechter Soldat ist, der ist auch kein rechter Mann.

Sie wurden hier unterbrochen, denn so eben fielen von mehreren Seiten Schüsse tiefer unten im Walde. Es war das verabredete Zeichen zum Aufbruch. Sie wollten den Feind nicht erwarten, sondern ihn von dieser Seite, wo er es nicht vermutete, selber angreifen. Alles sprang fröhlich auf und griff nach den herumliegenden Waffen. In kurzer Zeit hatten sie den Feind im Angesicht. Wie ein heller Strom brachen sie aus ihren Schlüften gegen den blinkenden Damm der feindlichen Glieder, die auf der halben Höhe des Berges steif gespreizt standen. Die ersten Reihen waren bald gebrochen, und das Gefecht zerschlug sich in so viele einzelne Zweikämpfe, als es Ehrenfeste Herzen gab, die es auf Tod und Leben meinten. Es kommandierte, wem Besonnenheit oder Begeisterung die Übermacht gab. Friedrich war überall zu sehen, wo es am gefährlichsten herging, selber mit Blut überdeckt. Einzelne rangen da auf schwindlichten Klippen, bis beide einander umklammernd in den Abgrund stürzten. Blutrot stieg die Sonne auf die Höhen, ein wilder Sturm wütete durch die alten Wälder, Felsenstücke stürzten zermalmend auf den Feind. Es schien das ganze Gebirge selbst wie ein Riese die steinernen Glieder zu bewegen, um die fremden Menschlein abzuschütteln, die ihn dreist geweckt hatten und an ihm heraufklettern wollten. Mit grenzenloser Unordnung entfloh endlich der Feind nach allen Seiten weit in die Täler hinaus.

Nur auf einem einzigen Fleck wurde noch immer fortgefochten. Friedrich eilte hinzu und erkannte immitten jenen Offizier wieder, der in der Residenz zu seinen Genossen gehörte. Dieser hatte sich, von den Seinigen getrennt, schon einmal gefangen gegeben, als er zufällig um den Anführer seiner Sieger fragte. Mehrere nannten einstimmig Friedrich'n. Bei diesem Namen hatte er plötzlich einem seiner Führer den Säbel entrissen und versuchte wütend noch einmal sich durchzuschlagen. Als er nun Friedrich'n selber erblickte, verdoppelte er seine fast schon erschöpften Kräfte von neuem, und hieb in Wut blind um sich, bis er endlich von der Menge entwaffnet wurde. Stillschweigend folgte er nun, wohin sie ihn führten, und wollte durchaus kein Wort sprechen. Friedrich mochte ihn in diesem Augenblicke nicht anreden.

Das Verfolgen des flüchtigen Feindes dauerte bis gegen Abend. Da langte Friedrich mit den Seinigen ermüdet auf einem altfränkischen Schlosse an, das am Abhange des Gebirges stand. Hof und Schloß stand leer; alle Bewohner hatten es aus Furcht vor Freund und Feind feigherzig verlassen. Der Trupp lagerte sich sogleich auf dem geräumigen Hofe, dessen Pflaster schon hin und wieder mit Gras überwachsen war. Rings um das Schloß wurden Wachen ausgestellt.

Friedrich fand eine Türe offen und ging in das Schloß. Er schritt durch mehrere leere Gänge und Zimmer und kam zuletzt in eine Kapelle. Ein einfacher Altar war dort aufgerichtet, mehrere alte Heiligenbilder auf Holz hingen an den Wänden umher, auf dem Altare stand ein Kruzifix. Er kniete vor dem Altar nieder und dankte Gott aus Grund der Seele für den heutigen Tag. Darauf stand er neugestärkt auf und fühlte die vielen Wunden kaum, die er in dem Gefechte erhalten. Er erinnerte sich nicht, daß ihm jemals in seinem Leben so wohl gewesen. Es war das erstemal, daß es ihm genügte, was er hier trieb und vorhatte. Er war völlig überzeugt, daß er das Rechte wolle, und sein ganzes voriges Leben, was er sonst einzeln versucht, gestrebt und geübt hatte, kam ihm nun nur wie eine lange Vorschule vor zu der sicheren, klaren und großen Gesinnung, die jetzt sein Tun und Denken regierte.

Er ging nun durch das Schloß, wo fast alle Türen geöffnet waren. In dem einen Gemache fand er ein altes Sopha. Er streckte sich darauf; aber er konnte nicht schlafen, so müde er auch war. Denn tausenderlei Gedanken zogen wechselnd durch seine Seele, während er dort von der einen Seite durch die offene Türe den Schloßhof übersah, wo die Schützen um ein Feuer lagen, das die alten Gemäuer seltsam beleuchtete, von der anderen Seite durchs Fenster die Wolkenzüge über den stillen, schwarzen Wäldern. Er gedachte seines vergangenen ruhigen Lebens, wie er noch mit seiner Poesie zufrieden und glücklich war, an seinen Leontin, an Rosa, an den stillen Garten beim Herrn v. A., wie das alles so weit von hier hinter den Bergen jetzt in ruhigem Schlafe ruhte.

Das Feuer aus dem Hofe warf indes einen hellen Widerschein über die eine Wand der Stube. Da wurde er auf ein großes, altes Bild aufmerksam, das dort hing. Es stellte die heilige Mutter Anna vor, wie sie die kleine Maria lesen lehrte. Sie hatte ein großes Buch vor sich auf dem Schoße. An ihren Knieen stand die kleine Maria mit vor der Brust gefalteten Händchen, die Augen fleißig auf das Buch niedergeschlagen. Eine wunderbare Unschuld und Frömmigkeit, wie die demütige Ahnung einer künftigen unbeschreiblichen Schönheit und Herrlichkeit, ruhte auf dem Gesichte des Kindes. Es war, als müßte sie jeden Augenblick die schönen, klaren Kindesaugen aufschlagen, um der Welt Trost und himmlischen Frieden zu geben. Friedrich war erstaunt; denn je länger er das stille Köpfchen ansah, je deutlicher schienen alle Züge desselben in ein ihm wohlbekanntes Gesicht zu verschwimmen. Doch verlor sich diese Erinnerung in seine früheste Kindheit und er konnte sich durchaus nicht genau besinnen. Er sprang auf und untersuchte das Bild von allen Seiten, aber nirgends war irgend ein Name oder besonderes Zeichen zu sehen.

Verwundert ging er in den Hof hinaus und fragte nach den Bewohnern des Schlosses. Nur einige wußten Bescheid und sagten aus, das Schloß werde gewöhnlich bloß von einem Vogte bewohnt und gehöre eigentlich einer Edelfrau im Auslande, die alle Jahre immer nur auf wenige Tage herkomme. Sonst konnte er nichts erfahren. Ihm fiel dabei unwillkürlich die weiße Frau ein, die er schon fast wieder vergessen hatte. –

Sein Schlaf war vorbei – er begab sich daher auf die alte steinerne Galerie, die auf der Waldseite über eine tiefe Schluft hinausging, um dort den Morgen abzuwarten. Dort fand er auch den gefangenen Offizier, der in einem dunklen Winkel zusammengekrümmt lag. Er setzte sich zu ihm auf das halbabgebrochene Geländer.

Das Unglück macht vieles wieder gut, sagte er, und reichte ihm die Hand. – Der Offizier wickelte sich fester in seinen Mantel, und antwortete nicht. – Hast du denn alles vergessen, fuhr Friedrich fort, was wir in der guten Zeit vorbereitet? Mir war es Ernst mit dem, was ich vorhatte. Ich war ein ehrlicher Narr, und ich will es lieber sein, als klug ohne Ehre. – Der Offizier fuhr auf, schlug seinen Mantel auseinander und rief: Schlag' mich tot wie einen Hund! – Laß diese weibische Wut, wenn du nichts besseres kannst, sagte Friedrich ruhig. Du siehst so wüst und dunkel aus, ich kenne dein Gesicht nicht mehr wieder. Ich liebte dich sonst, so bist du mir gar nichts wert. – Bei diesen Worten sprang der Offizier, der Friedrichs ruhige Züge nicht länger ertragen konnte, auf, packte ihn bei der Brust und wollte ihn über die Galerie in den Abgrund stürzen. Sie rangen einige Zeit miteinander; Friedrich war von vielem Blutverlust ermattet und taumelte nach dem schwindligen Rande zu. Da fiel ein Schuß aus einem Fenster des Schlosses; ein Schütze hatte alles mit angesehen. – Jesus Maria! rief der Offizier getroffen und stürzte über das Geländer in den Abgrund hinunter. – Da wurde es auf einmal still, nur der Wald rauschte finster von unten herauf. Friedrich wandte sich schaudernd von dem unheimlichen Orte.

Die Schützen hatten unterdes ausgerastet; das Morgenrot begann bereits sich zu erheben. Neue Nachrichten, die so eben eingelaufen waren, bestimmten die Truppe, sogleich von ihrem Schlosse aufzubrechen, um sich mit den anderen tiefer im Lande zu vereinigen.

Eine seltsame Erscheinung zog jedoch bald darauf Aller Augen auf sich. Als sie nämlich auf der einen Seite des Schlosses herauskamen, sahen sie jenseits zwischen den Bäumen auf einer hohen Klippe eine weibliche Gestalt stehen, welche zwei von den ihrigen, die ihr nachstiegen, mit dem Degen abwehrte. Friedrich wurde hinzugerufen. Er erfuhr, das Mädchen sei gegen Morgen allein mit verwirrtem Haar und einem Degen in der Hand an dem Schlosse herumgeirrt, als suche sie etwas. Als sie dann auf den erschossenen Offizier gestoßen, habe sie ihn schnell in die Arme genommen und den Leichnam mit einer bewunderungswürdigen Kraft und Geduld in das Gebirge hinaufgeschleppt. Zwei Schützen, denen ihr Herumschleichen verdächtig wurde, waren ihr bis zu diesem Felsen gefolgt, den sie nun wie ihre Burg verteidigte.

Als Friedrich näher kam, erkannte er in dem wunderbaren Mädchen sogleich Marie, sie kam ihm heute viel größer und schöner vor. Ihre langen, schwarzen Locken waren auseinandergerollt, sie hieb nach allen Seiten um sich, so daß keiner, ohne sie zu verletzen, die steile Klippe ersteigen konnte. Als sie Friedrich'n unter den fremden Männern erblickte, ließ sie plötzlich den Degen fallen, sank auf die Knie und verbarg ihr Gesicht an der kalten Brust ihres Geliebten. Die bärtigen Männer blieben erstaunt steh'n. Ist in dir eine solche Gewalt wahrhafter Liebe, sagte Friedrich gerührt zu ihr, so wende sie zu Gott, und du wirst noch große Gnade erfahren!

Die Umstände nötigten indes immer dringender zum Aufbruch. Friedrich ließ daher einen des Weges kundigen Jäger bei Marien zurück, der sie in Sicherheit bringen sollte. Das Mädchen richtete sich halb auf und sah still dem Grafen nach; sie aber zogen singend über die Berge weiter, über denen so eben die Sonne aufging.

NEUNZEHNTES KAPITEL

Der Krieg wütete noch lange fort. Friedrich hatte im Laufe desselben den Ruhm seines alten Namens durch alte Tugend wieder angefrischt. Der Fürst, dem er angehörte, war unter den Feinden. Friedrichs Güter wurden daher eingezogen. Das Kriegsglück wandte sich, die Seinigen wurden immer geringer und schwächer, alles ging schlecht: Er blieb allein desto hartnäckiger gut und wich nicht. Endlich wurde der Friede geschlossen. Da nahm er, zurückgedrängt auf die höchsten Zinnen des Gebirges, Abschied von seinen Hochländern und ritt güterlos und geächtet hinab. Über das platte Land verbreitete sich der Friede weit und breit in schallender Freude; er allein zog einsam hindurch, und seine Gedanken kann niemand beschreiben, als er die letzten Gipfel des Gebirges hinter sich versinken sah. Er gedachte wenig seiner eigenen Gefahr, da rings in dem Lande die feindlichen Truppen noch zerstreut lagen, von denen er wohl wußte, daß sie seiner habhaft zu werden trachteten. Er achtete sein Leben nicht, es schien ihm nun zu nichts mehr nütz. –

So langte er an einem unfreundlichen, stürmischen Abende in einem abgelegenen Dorfe an. Die Gärten waren alle verwüstet, die Häuser niedergebrannt, die wenigen übriggebliebenen schienen von den Bewohnern verlassen; es war ein trauriges Denkmal des kaum geendigten Krieges, der an diesen Gegenden besonders seine Wut recht ausgelassen hatte. An dem anderen Ende des Dorfes fand Friedrich endlich einen Mann, der auf einem schwarzgebrannten Balken seines umgerissenen Hauses saß und an einem Stück trockener Brotrinde nagte. Friedrich fragte um Unterkommen für sich und sein Pferd. Der Mann lachte ihm widerlich ins Gesicht und zeigte auf das abgebrannte Dorf.

Ermüdet band Friedrich sein Pferd an und setzte sich zu dem Manne hin. Er befragte ihn, wie so großes Unglück insonderheit dieses Dorf getroffen? – Der Mann sagte gleichgültig und wortkarg: Wir haben uns den Feinden widersetzt, worauf unser Dorf abgebrannt und mancher von uns erschossen wurde. Was kümmert mich aber das und das Land und die ganze Welt, fuhr er nach einer Weile fort, mir tut's nur leid um mich, denn zu fressen muß man doch haben! – Friedrich sah ihn von der Seite an, wie er so an seinem Brode käute, sein Gesicht war hager und bleichgelb und sah nach nichts Gutem aus.

Eine lustige Tanzmusik schallte inzwischen immerfort durch die Nacht zu ihnen herüber. Sie kam aus einem altertümlichen Schlosse, das dem Dorfe gegenüber auf einer Anhöhe stand. Die Fenster waren alle hellerleuchtet. Inwendig sah man eine Menge Leute sich dreh'n und wirren, manches Paar lehnte sich in die offenen Fenster und sah in die regnerische Gegend hinaus.

Wem gehört das Schloß da droben, wo es so lustig hergeht? fragte Friedrich. Der Gräfin Romana, war die Antwort. Unwillkürlich schauderte er bei dieser unerwarteten Antwort zusammen. Erstaunt drang er nun mit Fragen in den Mann und hörte mit den seltsamsten Empfindungen zu, als dieser erzählte: Als die letzte Schlacht verloren war und alles recht drunter und drüber ging, heisa! da wurde unsere Gräfin so lustig! – Ihr Vermögen war verloren, ihre Güter und Schlösser verwüstet, und, als unser Dorf in Flammen aufging, sahen wir sie mit einem feindlichen Offiziere an dem Brande vorbeireiten, der hatte sie vorn vor sich auf seinem Pferde, und so ging es fort in alle Welt. Seit einigen Tagen hatte der Feind dort unten auf den Feldern sein Lager aufgeschlagen; da war ein Trommeln, Jubeln, Musizieren, Saufen und Lachen Tag und Nacht, und unsere Gräfin mitten unter ihnen, wie eine Marketenderin. Gestern ist das Lager aufgebrochen und die Gräfin gibt den Offizieren, die heut auch noch nachziehen, droben den Abschiedsschmaus. – Friedrich war über dieser Erzählung in Nachdenken versunken. – Ich sehe den Offizier noch immer vor mir, fuhr der Mann bald darauf wieder fort, der den Befehl gab, unsere Häuser anzustecken. Ich lag eben hinter einem Zaune, ganz zusammengehauen. Er saß seitwärts nicht weit von mir auf seinem

Pferde, der Widerschein von den Flammen fiel ihm durch die dunkle Nacht grade auf sein wohlgenährtes, glattes Gesicht. Ich würde das Gesicht in hundert Jahren noch wieder erkennen. –

Die Lichter in dem Schlosse, während sie so sprachen, fingen indes an zu verlöschen, die Musik hörte auf und es wurde nach und nach immer stiller. Der Mann wurde seltsam unruhig. Jetzt werden die Offiziere auch fortzieh'n, wollen wir ihnen nicht sicheres Geleit geben? – sagte er, abscheulich lachend, und stand auf. Friedrich bemerkte dabei, daß er etwas blitzendes, wie ein Gewehr, unter seinem Kittel verborgen hatte. Eh' er sich aber besann, war der Mann schon hinter den Häusern in der Finsternis verschwunden. Friedrich traute ihm nicht recht, er zweifelte nicht, daß er etwas Gräßliches vorhabe. Er eilte ihm daher nach, um ihn auf alle Fälle zu verhindern. Tief im Walde sah er ihn noch einmal von weitem, wie er eben eilig um eine Felsenecke herumbog; darauf verschwand er ihm für immer, und er hatte sich vergebens ziemlich weit vom Dorfe in dem Gebirge verstiegen.

Als er eben auf einer Höhe ankam, um sich von dort wieder zurechtzufinden, stand sehr unerwartet die Gräfin Romana plötzlich vor ihm. Sie hatte eine kurze Flinte auf dem Rücken, und dieselbe feenhafte Jägerkleidung, in welcher er sie zum letztenmale auf der Gemsenjagd gesehen hatte. Versteinert wie eine Bildsäule blieb sie steh'n, als sie Friedrich'n so unverhofft erblickte. Dann sah sie rings herum und sagte: Ich habe mich hier oben verirrt, ich weiß den Weg nicht mehr nach Hause –, führe mich, wohin du willst, es ist alles einerlei! – Friedrich'n fiel das ungewohnte »Du« auf, auch bemerkte er in ihrem Gesichte jene leidenschaftliche Blässe, die ihn sonst schon oft an ihr gestört hatte. Die Nacht überdeckte schon unten die stillen Wälder, der Mond ging von der anderen Seite über den Bergen auf. Er führte sie an Klippen und schwindlichten Abhängen vorüber den hohen, langen Berg hinab, sie sprachen kein Wort miteinander.

So kamen sie endlich nach einem mühsamen Wege zu dem

Schlosse der Gräfin zurück. Es war eine alte Burg, mitten in der Wildnis, halb verfallen, kein Mensch war drin zu sehen. Das ist mein Stammschloß, sagte Romana, und ich bin die letzte des alten, berühmten Geschlechts.

Sie führte ihn durch die hohen, gewölbten Gemächer. In dem einen Zimmer lag alles vom Feste noch unordentlich umher, zerbrochene Weinflaschen und umgeworfene Stühle; durch das zerschlagene Fenster pfiff der Wind herein und flackerte mit dem einzigen Lichte, das, fast schon bis an den Leuchter herabgebrannt, in der Mitte auf einem Tische stand und spielende Scheine auf eine Reihe altväterischer Ahnenbilder warf, die rings an den Wänden umherhingen.

Sie sind alle schon morsch, die guten Gesellen, sagte Romana in einem Anfalle von gespannter, unmenschlicher Lustigkeit, als sie die Verwüstung betrat, die noch vor so kurzer Zeit von Getümmel und freudenreichem Schalle belebt war, nahm ihre Stutzflinte vom Rücken und stieß ein Bild nach dem andern von der Wand, daß sie zertrümmert auf die Erde fielen. Dazwischen kehrte sie sich auf einmal zu Friedrich und sagte: Als ich mich vorhin im Gebirge umwandte, um wieder zum Schloß zurückzukehren, sah ich plötzlich auf einer Klippe mir gegenüber einen langen, wilden Mann stehen, den ich sonst in meinem Leben nicht geseh'n, der hatte in der einsamen Stille seine Flinte unbeweglich angelegt, mit der Mündung grade auf mich. Ich sprang fort, denn mir kam es vor, als stünde der Mann seit tausend Jahren immer und ewig so dort oben. – Friedrich bemerkte bei diesen verwirrten Worten, die ihn an den Halbverrückten erinnerten, dem er vorhin gefolgt, daß der Hahn an ihrer Flinte, die sie unbekümmert in der Hand hielt und häufig gegen sich kehrte, noch gespannt sei. Er verwies es ihr. Sie sah in die Mündung hinein und lachte wild auf. Schweigen Sie still, sagte Friedrich ernst und streng und faßte sie unsanft an. –

Er trat an das eine Fenster, setzte sich in den Fensterbogen und sah in die vom Monde beschienenen Gründe hinab. Romana setzte sich zu ihm. Sie sah noch immer blaß, aber auch in der Verwüstung noch schön aus, ihr Busen war unanständig fast ganz entblößt; sie hielt seine Hand, er bemerkte, daß die ihrige bisweilen zuckte.

Heftiges, unbändiges Weib, sagte Friedrich, der sich nicht länger mehr hielt, sehr ernsthaft, geh'n Sie beten! Beschauen Sie recht den Wunderbau der hundertjährigen Stämme da unten, die alten Felsenriesen drüber und den ewigen Himmel, wie da die Elemente, sonst wechselseitig vernichtende Feinde gegeneinander, selber ihre rauhen, verwitterten Riesennacken und angeborene Wildheit vor ihrem Herrn beugend, Freundschaft schließen und in weiser Ordnung und Frommheit die Welt tragen und erhalten. Und so soll auch der Mensch die wilden Elemente, die in seiner eignen dunklen Brust nach der alten Willkür lauren und an ihren Ketten reißen und beißen, mit göttlichem Sinne besprechen und zu einem schönen, lichten Leben die Ehre, Tugend und Gottseligkeit in Eintracht verbinden und formieren. Denn es gibt etwas Festeres und Größeres, als der kleine Mensch in seinem Hochmut, das der Scharfsinn nicht begreift und die Begeisterung nicht erfindet und macht, die, einmal abtrünnig, in frecher, mutwilliger, verwilderter Willkür wie das Feuer alles ringsum zerstört und verzehrt, bis sie über dem Schutte in sich selber ausbrennt – Sie glauben nicht an Gott! –

Friedrich sprach noch viel. Romana saß still und schien ganz ruhig geworden zu sein, nur manchmal, wenn die Wälder heraufrauschten, schauerte sie, als ob sie der Frost schüttelte. Sie sah Friedrich'n mit ihren großen Augen unverwandt an, denn sie wußte alles, was er in der letzten Zeit getan und aufgeopfert, und es war im tiefsten Grunde nur ihre unbezwingliche Leidenschaft zu ihm im zerknirschenden Gefühl, ihn nie erreichen zu können, was das heftige Weib nach und nach bis zu diesem schwindlingen Abgrund verwildert hatte. Es war, als ginge bei seinem neuen Anblick die Erinnerung an ihre eigne ursprüngliche, zerstörte Größe noch einmal schneidend durch ihre Seele. Sie stand auf und ging, ohne ein Wort zu sagen, nach der einen Seite fort.

Friedrich blieb noch lange dort sitzen, denn sein Herz war noch nie so bekümmert und gepreßt, als diese Nacht. Da fiel plötzlich ganz nahe im Schlosse ein Schuß. Er sprang, wie vom Blitze gerührt, auf, eine entsetzliche Ahnung flog durch seine Brust. Er eilte durch mehrere Gemächer, die leer und offen standen, das letzte war fest verschlossen. Er riß die Türe mit Gewalt ein: welch' ein erschrecklicher Anblick versteinerte da alle seine Sinne! Über den Trümmern ihrer Ahnenbilder lag dort Romana in ihrem Blute hingestreckt, das Gewehr, wie ihren letzten Freund, noch fest in der Hand.

Ihn überfiel im ersten Augenblick ein seltsamer Zorn, er faßte sie in beide Arme, als müßte er sie mit Gewalt noch dem Teufel entreißen. Aber das wilde Spiel war für immer verspielt, sie hatte sich grade ins Herz geschossen. Der müde Leib ruhte schön und fromm, da ihn die heidnische Seele nicht mehr regierte. Er kniete neben ihr hin und betete für sie aus Herzensgrunde.

Da sah er auf einmal helle Flammen zu den Fenstern hereinschlagen, durch die offene Tür erblickte er auch schon die anderen Gemächer in vollem Brande. Kein Mensch war da, die Nacht auch Gewitterstill, sie mußte das Schloß in ihrer Raserei selber angesteckt haben, vielleicht um Friedrich'n zugleich mit *ihr* zu verderben. Er nahm den Leichnam und trug ihn durch das brennende Tor ins Freie hinaus. Dort legte er sie unter eine Eiche und bedeckte sie mit Zweigen, damit sie die Raben nicht fräßen, bis er im nächsten Dorfe die nötigen Vorkehrungen zu ihrem Begräbnis getroffen. Dann eilte er den Berg hinab und schwang sich auf sein Pferd.

Hinter ihm stieg die Flamme auf die höchste Zinne der Burg und warf gräßliche Scheine weit zwischen den Bäumen. Das Schloß sank wie ein dunkler Riese in dem feurigen Ofen zusammen, über der alten, guten Zeit hielt das Flammenspiel im Winde seinen wilden Tanz; es war, als ging der Geist ihrer Herrin noch einmal durch die Lohen. –

ZWANZIGSTES KAPITEL

Es war Friedrich'n seltsam zu Mute, als er den anderen Tag am Saume des Waldes herauskam, und den wirtlichen, zierlichbepflanzten Berg mit seinen bunten Lusthäusern und dunklen Lauben dort auf einmal vor sich sah, auf dem er bei Antritt seiner Reise die ersten einsamen fröhlichen Stunden nach der Trennung von seinen Universitäts-Freunden zugebracht hatte. Überrascht blieb er eine Weile vor der weiten, von der Sonne hellbeschienenen Gegend stehen, die ihm wie ein Traum, wie eine liebliche Zauberei vorkam; denn eine Gegend aus unserem ersten, frischen Jugendglanze bleibt uns wie das Bild der ersten Geliebten, ewig erinnerlich und reizend. Dann lenkte er langsam den lustigen Berg hinan.

Dort oben war alles noch wie damals, die Tische und Bänke im Grünen standen noch immer an derselben Stelle, mehrere Gesellschaften waren wieder bunt und fröhlich über den grünen Platz zerstreut und schmausten und lachten, aller kaum vergangenen Not vergessend. Auch der alte Harfenist lebte noch und sang draußen seine vorigen Lieder. Friedrich suchte das luftige Sommerhaus auf, wo er damals gespeist und den eben verlassenen Gesellen frisch zugetrunken hatte. Dort fand er den Namen Rosa wieder, den er an jenem schwülen Nachmittage mit seinem Ringe in die Fensterscheibe gezeichnet. – Er hielt beide Hände vor die Augen, so tief überfiel ihn die Gewalt dieser Erinnerung. Die treuen Züge blitzten noch frisch in der Sonne, aber die Züge jenes wunderschönen Bildes, das er damals in der Seele hatte, waren unterdes im Leben verworren und verloren für immer. –

Er lehnte sich zum Fenster hinaus und übersah die schöne, noch gar wohl bekannte Gegend und sein ganzer damaliger Zustand wurde ihm dabei so deutlich, wie wenn man ein langvergessenes, frühes Gedicht nach vielen Jahren wiederliest, wo alles vergangen ist, was einen zu dem Liede verführt. Wie anders war seitdem alles in ihm geworden! Damals segelten seine Gedanken und Wünsche mit den Wolken ins Blaue über das Gebirge fort, hinter dem ihm das Leben mit seinen Reise-Wundern wie ein schönes, überschwenglichreiches Geheimnis lag. Jetzt stand er an demselben Orte, wo er begonnen, wie nach einem mühsam beschriebenen Zirkel, frühzeitig an dem anderen, ernsteren und stilleren Ende seiner Reise und hatte keine Sehnsucht mehr nach dem Plunder hinter den Bergen und weiter. Die Poesie, seine damalige süße Reisegefährtin, genügte ihm nicht mehr, alle seine ernstesten, herzlichsten Pläne waren an dem Neide seiner Zeit gescheitert, seine Mädchenliebe mußte, ohne daß er es selbst bemerkte, einer höheren Liebe weichen, und jenes große, reiche Geheimnis des Lebens hatte sich ihm endlich in Gott gelöst.

Während er dies alles so überdachte, fiel ihm ein, wie Leontins Schloß ganz in der Nähe von hier sei. Er fühlte ein recht herzliches Verlangen, diesen seinen Bruder und jene Waldberge wiederzusehen. Der Gedanke bewegte ihn so, daß er sogleich sein Pferd bestieg und von dem Berge hinab die schattigte Landstraße wieder einschlug.

Die Sonne stand noch hoch, er hoffte den Wald noch vor Anbruch der Nacht zurückzulegen. Nach einiger Zeit erlangte er einen hohen Bergrücken. Die Lage der Wälder, der Kreis von niederen Bergen ringsumher, alles kam ihm so bekannt vor. Er ritt langsam und sinnend fort, bis er sich endlich erinnerte, daß es dieselbe Heide sei, über welche er in jener Nacht, da er sich verirrt und das seltsame Abenteuer in der Mühle bestanden, sein Pferd am Zügel geführt hatte. Der Schlag der Eisenhämmer kam nur schwach und verworren durch das Singen der Vögel und den schallenden Tag aus der fernen Tiefe herauf. Es war ihm, als rückte sein ganzes Leben Bild vor Bild so wieder rückwärts, wie ein Schiff nach langer Fahrt, die wohlbekannten Ufer wieder begrüßend, endlich dem alten, heimatlichen Hafen bereichert zufährt.

Ein Gebirgsbach fand sich dort in der Einsamkeit mit seiner plauderhaften Emsigkeit neben ihm ein. Er wußte, daß es der nämliche sei, der die schöne Wiese vor Leontins Schlosse durchschnitt, und folgte ihm daher auf einem Fußstege die Höhen hinab. Da erblickte er nach einem langen Wege unerwartet auch die berüchtigte Waldmühle im Grunde wieder. Wie anders, Gespensterhaft und voll wunderbarer Schrecken hatte ihm damals die phantastische Nacht diese Gegend ausgebildet, die heut recht behaglich im Sonnenscheine vor ihm lag. Der Bach rauschte melankolisch an der alten Mühle vorüber, die halbverfallen dastand, und schon lange verlassen zu sein schien; das Rad war zerbrochen und stand still.

Auf der einen Seite der Mühle war ein schöner, lichtgrüner Grund, über welchem frische Eichen ihre kühlen Hallen woben. Dort sah Friedrich ein Mädchen in einem reinlichen, weißen Kleide auf dem Boden sitzen, halb mit dem Rücken nach ihm gekehrt. Er hörte das Mädchen singen und konnte deutlich folgende Worte verstehen:

> In einem kühlen Grunde,
> Da geht ein Mühlenrad,
> Mein' Liebste ist verschwunden,
> Die dort gewohnet hat.
>
> Sie hat mir Treu' versprochen,
> Gab mir ein'n Ring dabei,
> Sie hat die Treu' gebrochen,
> Mein Ringlein sprang entzwei.
>
> Ich möcht' als Spielmann reisen,
> Weit in die Welt hinaus,
> Und singen meine Weisen
> Und geh'n von Haus zu Haus.
>
> Ich möcht' als Reiter fliegen,
> Wohl in die blut'ge Schlacht,
> Um stille Feuer liegen,
> Im Feld bei dunkler Nacht.
>
> Hör' ich das Mühlrad gehen,
> Ich weiß nicht, was ich will –

> Ich möcht' am liebsten sterben,
> Da wär's auf einmal still.

Diese Worte, so aus tiefster Seele herausgesungen, kamen Friedrich'n in dem Munde eines Mädchens sehr seltsam vor. Wie erstaunt, ja wunderbar erschüttert aber war er, als sich das Mädchen, während des Gesanges, ohne ihn zu bemerken, einmal flüchtig umwandte, und er bei dem Sonnenstreif, der durch die Zweige grade auf ihr Gesicht fiel, nicht nur eine auffallende Ähnlichkeit mit dem Mädchen, das ihm damals in der Mühle hinaufgeleuchtet, bemerkte, sondern in dieser Kleidung und Umgebung vielmehr jenes wunderschöne Kind aus längstverklungener Zeit wiederzusehen glaubte, mit der er als kleiner Knabe so oft zu Hause im Garten gespielt, und die er seitdem nie wiedergesehen hatte. Jetzt fiel es ihm auch plötzlich wie Schuppen von den Augen, daß dies dieselben Züge seien, die ihm in dem verlassenen Gebirgsschlosse auf dem Bilde der heiligen Anna in dem Gesichte des Kindes Maria so sehr aufgefallen waren. –

Verwirrt durch so viele sich durchkreuzende, uralte Erinnerungen, ritt er auf das Mädchen zu, da sie eben ihr Lied geendigt hatte. Sie aber, von dem Geräusche aufgeschreckt, sprang, ohne sich weiter umzusehen, fort, und war bald in dem Walde verschwunden.

Da sah er auf der Anhöhe, wohin sich das Mädchen geflüchtet, eine andere weibliche Gestalt zwischen den Bäumen erscheinen, groß, schön und herrlich. – Es war Friedrich'n, als begrüße ihn sein ganzes vergangenes Leben hier, wie in einem Traume, noch einmal in tausend schönwirrenden Verwandlungen; denn je näher er dem Berge kam, je deutlicher glaubte er in jener Gestalt Julien wieder zu erkennen. Er stieg vom Pferde und eilte die Anhöhe hinauf, wo unterdes die liebliche Erscheinung sich wieder verloren hatte.

Oben fand er sie ruhig auf dem Boden sitzend, es war wirklich Julie. Stille, stille! sagte sie, als er näher trat, nicht weniger überrascht, als er, und wies auf Leontin, der, neben ihr an einem Baume angelehnt, eingeschlummert lag. Er war auffallend blaß, sein linker Arm ruhte in einer Binde. Friedrich betrachtete verwundert bald Leontin bald Julien. Julien schien dabei das Unschickliche ihrer einsamen Lage mit Leontin einzufallen, und sie sah errötend in den Schoß. Leontin war indes erwacht und machte die Augen groß auf, da er neben der Geliebten auch noch den Freund vor sich sah. Da mag schlafen, wer Lust hat, wenn es wieder so lustig auf der Welt aussieht, sagte er, und sprang rasch auf. Friedrich erstaunte, wie männlicher seitdem sein ganzes Wesen geworden. Aber sage, wie hat dich der Himmel wieder hiehergebracht? fuhr er fort, ich dachte, diese Zeit würde uns beide mit verschlingen; aber ich glaube, sie fürchtet sich, uns nicht verdauen zu können. – Friedrich kam nun vor lauter Fragen nicht selber zum fragen, so sehr es ihm auch am Herzen lag, er mußte sich bequemen, die Geschichte seines Lebens seit ihrer Trennung zu erzählen. Als er auf den Tod der Gräfin Romana kam, wurde Leontin nachdenklich. Julie, die auch sonst schon viel von ihr gehört, konnte sich in diese ihre seltsame Verwilderung durchaus nicht finden und verdammte ihr schimpfliches Ende ohne Erbarmen, ja mit einer ihr sonst ungewöhnlichen Art von Haß.

Nach vielem Hin- und Herreden, das jedes Wiedersehen mit sich zu bringen pflegt, bat endlich auch Friedrich die beiden, seinen Bericht mit einer ausführlichen Erzählung ihrer seitherigen Begebenheiten zu erwidern, da er aus ihren kurzen, unzusammenhängenden Antworten noch immer nicht klug werden konnte. Vor allem erkundigte er sich um das Mädchen, das, wie er meinte, zu ihnen geflüchtet sein müsse. Julie sah dabei Leontinen unentschlossen an. – Lassen wir das jetzt! sagte dieser, die Gegend und meine Seele ist so klar und heiter wie nach einem Gewitter, es ist mir grade alles recht lebhaft erinnerlich, ich will dir erzählen, wie wir hier zusammengekommen.

Er nahm hiebei eine Flasche Wein aus einem Körbchen, das neben Julien stand, und setzte sich damit an den Abhang mit der Aussicht in die grüne Waldschluft bei der Mühle; Friedrich und Julie setzten sich zu beiden Seiten neben ihn.

Sie wollte ihm durchaus die Flasche wieder entreißen, da sie wohl wußte, daß er mehr trinken werde, als seinen Wunden noch zuträglich war. Aber er hielt sie fest in beiden Händen. Wo es, sagte er, wieder so gut frisch Leben gibt, wer fragt da, wie lange es dauert! Und Julie mußte sich am Ende selber bequemen mitzutrinken. Sie hatte sich mit beiden Armen auf seine Kniee gestützt, um die Geschichte, die sie beinah schon auswendig wußte, noch einmal recht aufmerksam anzuhören. Friedrich, der sie nun ruhiger betrachten konnte, bemerkte dabei, wie sich ihre ganze Gestalt seitdem entwickelt hatte. Alle ihre Züge waren entschiedener und Geistreich. So begann nun Leontin folgendermaßen:

Als ich auf jener Alpe während der Gemsenjagd von dir Abschied nahm, wurde mir sehr bange, denn ich wußte wahrhaftig nicht, was ich in der Welt eigentlich wollte und anfangen sollte. Was recht Tüchtiges war eben nicht zu tun, und meine Tätigkeit, gleichviel, ob am Guten oder Schlechten, bloß um der Tätigkeit willen abzuarbeiten, wie man etwa spazieren geht, um sich Motion zu machen, war von jeher meine größte Widerwärtigkeit. Wäre ich recht arm gewesen, ich hätte aus lauterer Langeweile arbeiten können, um mir Geld zu erwerben, und hinterdrein die Leute überredet, es geschehe alles um des Staates willen, wie die anderen tun. Unter solchen moralischen Betrachtungen ritt ich über das Gebirge fort, und es tat mir recht ohne allen Hochmut leid, wie da alle die Städte und Dörfer, gleich Ameisenhaufen und Maulwurfshügeln, so tief unter mir lagen; denn ich habe nie mehr Menschenliebe, als wenn ich weit von den Menschen bin. Da wurde es nach und nach schwül und immer schwüler unten über dem deutschen Reiche, die Donau sah ich wie eine silberne Schlange durch das unendliche, blauschwüle Land geh'n, zwei Gewitter, dunkel, schwer und langsam standen am äußersten Horizonte gegeneinander auf; sie blitzten und donnerten noch nicht, es war eine erschreckliche Stille. – Ich erinnere mich, wie frei mir zu Mute wurde, als ich endlich die ersten Soldaten unten über die Hügel kommen und hin und wiederreiten, wirren und blitzen sah.

Ich zog in den Krieg hinunter. Was da geschah, ist dir bekannt. Nach der großen Schlacht, die wir verloren, war das Korps, zu dem ich gehörte, erschlagen und zersprengt, ich selber von den Meinigen getrennt. Ich suchte durch verschiedene Umwege mich wieder zu vereinigen, aber je länger ich ritt, je tiefer verirrte ich mich in dem verteufelten Walde. Es regnete und stürmte in einem fort, aber ich mochte nirgends einkehren, denn ich war innerlichst so zornig, daß ich mich in dem Wetter noch am leidlichsten befand.

Am Abend des anderen Tages fingen endlich die Wolken an sich zu zerteilen, die Sonne brach wieder hindurch und schien warm und dampfend auf den Erdboden, da kam ich auf einer Höhe plötzlich aus dem Walde und stand – vor Juliens Gegend. Ich kann es nicht beschreiben, mit welcher Empfindung ich aus der kriegerischen Wildnis meines empörten Gemüts so auf einmal in die Friedens- und Segensreiche Gegend voll alter Erinnerungen und Anklänge hinaussah, die, wie du wissen wirst, zwischen ihren einsamen Bergen und Wäldern mitten im Kriege in tiefster Stille lag.

Überrascht blieb ich oben stehen. Da sah ich den blauen Strom unten wieder geh'n und Segel fahren, das freundliche Schloß am Hügel und den wohlbekannten Garten ringsumher, alles in alter Ruhe, wie damals. Den Herrn v. A. sah ich auf dem mittelsten Gange des Gartens hinab ruhig spazieren gehen. Auf den weiten Plänen jenseits des Stromes, über welche die eben untergehende Sonne schräge ihre letzten Strahlen warf, kam ein Reiter auf das Schloß zugezogen, ich konnte ihn nicht erkennen. Julien erblickte ich nirgends.

Es ließ mir da oben nicht länger Ruh; ich eilte den Berg hinunter, ich wollte Julien, ihren Vater, den Viktor wiedersehen, die ganze Vergangenheit noch einmal in Einem schnellen Zuge durchleben und genießen. Tiefer unten am Abhange erblickte ich den Reiter plötzlich wieder. Es war eine junge, hagere, verlebte Figur, durchaus modern, einer von den gang und gäben alten Jungen mit der Brille auf der Nase. Mich überlief ein Ärger, daß dieses modische, mir nur zu sehr bekannte Gezücht auch schon bis in diese glücklichverborgenen Täler gedrungen war. Er aber sah mich flüchtig vornehm an, lenkte auf einen bequemeren, aber weiteren Umweg nach dem Schloß, und verschwand bald wieder.

Ein Bauer aus dem Dorfe des Herrn v. A., der auch von der Arbeit nach Hause ging, hatte sich indes neben mir eingefunden. Ich erinnerte mich seines Gesichts sogleich wieder, er aber kannte mich nicht mehr. Von diesem erfuhr ich nach einem schnell angeknüpften Gespräche, daß die Tante schon seit längerer Zeit tot sei. – Ich fragte ihn darauf, wer der fremde Herr sei, der eben vorbei geritten. Er anwortete mir mit heimlicher Miene: Fräulein Juliens Bräutigam. –

Hier schüttelte Julie lächelnd den Kopf und wollte Leontins Erzählung unterbrechen. Leontin fuhr aber sogleich wieder fort:

Es war inzwischen völlig Nacht geworden, als ich das Dorf erreichte. Ich mochte nach jener Nachricht nun niemanden aus dem Hause sprechen noch sehen – nur einen flüchtigen Streifzug durch den alten, schuldlosen Garten wollt' ich machen, und sogleich wieder fort.

Ich band mein Pferd an einem Baume an und stieg übern Zaun in den Garten. Dort war jeder Gang, jede Bank, ja, jedes Blumenbeet noch immer auf dem alten Platze, so daß die Seele nach so viel inzwischen durchlebten Gedanken und Veränderungen diesen gemütlichen Stillstand kaum fassen konnte. Der Sturm wütete indes noch immer heftig fort, und riß ein Heer von Wolken nebst vielen verspäteten Abendvögeln, die kreischend dazwischenruderten, in einer unabsehbaren Flucht über den Garten hinaus, während unten die Bäume sich neigten und einzelne Nachtigallentöne aus den Tälern durch den Wind heraufklagten; es war eine rechte dunkelschwüle Gespensternacht.

Ein ungewöhnlich starkes Licht, das aus dem einen Fenster in den Garten hinausschien, zog mich zum Schlosse hin. Ich stellte mich grade vor das Fenster und konnte das ganze Zimmer übersehen, das von einem Kaminfeuer so hell erleuchtet wurde. Der Herr v. A. saß in einem Lehnstuhle und las Zeitungen, Julie saß am Kamine und sang, hatte aber den

Rücken gegen das Fenster gekehrt, so daß ich ihr Gesicht nicht sehen konnte. Was sie sang, war eine alte Romanze, die mir schon als Kind bekannt war. Sie ist mir noch erinnerlich:

>Hoch über den stillen Höhen
>Stand in dem Wald ein Haus,
>Dort war's so einsam zu sehen
>Weit über'n Wald hinaus.

>D'rin saß ein Mädchen am Rocken,
>Den ganzen Abend lang,
>Der wurden die Augen nicht trocken,
>Sie spann und sann und sang:

>»Mein Liebster der war ein Reiter,
>Dem schwur ich Treu' bis in Tod,
>Der zog über Land und weiter,
>Zu Krieges-Lust und Not.

>Und als ein Jahr war vergangen,
>Und wieder blühte das Land,
>Da stand ich voller Verlangen,
>Hoch an des Waldes Rand.

>Und zwischen den Bergesbogen,
>Wohl über den grünen Plan,
>Kam mancher Reiter gezogen,
>Der Meine kam nicht mit an.

>Und zwischen den Bergesbogen,
>Wohl über den grünen Plan,
>Ein Jägersmann kam geflogen,
>Der sah mich so mutig an.

>So lieblich die Sonne schiene,
>Das Waldhorn scholl weit und breit,
>Da führt' er mich in das Grüne,
>Das war eine schöne Zeit! –

> Der hat so lieblich gelogen
> Mich aus der Treue heraus,
> Der Falsche hat mich betrogen,
> Zog weit in die Welt hinaus.« –
>
> Sie konnte nicht weiter singen,
> Vor bitterem Schmerz und Leid,
> Die Augen ihr übergingen
> In ihrer Einsamkeit.

Julien ging es wohl nicht besser, denn sie stand plötzlich auf, öffnete das Fenster und lehnte sich in die Nacht hinaus. Überhaupt glaubte ich während dem Singen eine große Unruhe an ihr bemerkt zu haben. Was ist das für ein erschrecklicher Sturm! hört' ich den Herrn v. A. d'rin sagen, der bedeutet noch Krieg, Gott steh' unseren Leuten bei, die schlagen sich wohl jetzt wieder. – Und ich muß hier sitzen! sagte Julie aus tiefster Seele. – Ich stand seitwärts an einen Pfeiler gelehnt und die Töne gingen in dem rasenden Winde gar seltsam wehmütig über den Garten hinaus, in dem ich mir nun wie ein lange Verbannter vorkam, da Julie bald darauf in ihrem Gesange am offenen Fenster wieder also fortfuhr:

> Die Muhme, die saß beim Feuer
> Und wärmet sich am Kamin,
> Es flackert und sprüht das Feuer,
> Hell über die Stub' es schien.
>
> Sie sprach: »Ein Kränzlein in Haaren,
> Das stünde dir heut gar schön,
> Willst draußen auf dem See nicht fahren?
> Hohe Blumen am Ufer dort steh'n.«
>
> Ich kann nicht holen die Blumen,
> Im Hemdlein weiß am Teich
> Ein Mädchen hütet die Blumen,
> Die sieht so totenbleich.

»Und hoch auf des Sees Weite,
Wenn alles finster und still,
Da rudern zwei stille Leute, –
Der Eine dich haben will.«

Sie schauen wie alte Bekannte,
Still, ewig stille sie sind,
Doch einmal der Eine sich wandte,
Da faßt' mich ein eiskalter Wind. –

Mir ist zu wehe zum Weinen –
Die Uhr so gleichförmig pickt,
Das Rädlein, das schnurrt so in einem,
Mir ist, als wär' ich verrückt. –

Ach Gott! wann wird sich doch röten
Die fröhliche Morgenstund!
Ich möchte hinausgeh'n und beten,
Und beten aus Herzensgrund!

So bleich schon werden die Sterne,
Es rührt sich stärker der Wald,
Schon krähen die Hähne von Ferne,
Mich friert, es wird so kalt!

Ach, Muhme! was ist Euch geschehen?
Die Nase wird Euch so lang,
Die Augen sich seltsam verdrehen –
Wie wird mir vor Euch so bang! –

Und wie sie so grauenvoll klagte,
Klopft's draußen ans Fensterlein,
Ein Mann aus der Finsternis ragte,
Schaut still in die Stube herein.

Die Haare wild umgehangen,
Von blutigen Tropfen naß,

Zwei blutige Streifen sich schlangen,
Wie Kränzlein, um's Antlitz blaß.

Er grüßt' sie so fürchterlich heiter,
Er heißt sie sein' liebliche Braut,
Da kannt' sie mit Schaudern den Reiter,
Fällt nieder auf ihre Knie.

Er zielt' mit dem Rohre durchs Gitter,
Auf die schneeweiße Brust hin;
»Ach, wie ist das Sterben so bitter,
Erbarm' dich, weil ich so jung noch bin!« –

Stumm blieb sein steinerner Wille,
Es blitzte so rosenrot,
Da wurd' es auf einmal stille
Im Walde und Haus und Hof. –

Frühmorgens da lag so schaurig,
Verfallen im Walde das Haus,
Ein Waldvöglein sang so traurig,
Flog fort über den See hinaus.

Gegen das Ende ihres Gesanges hatte Julie von ohngefähr meinen Schatten bemerkt, den das Licht vom Zimmer lang und unbeweglich in den Garten warf. Sie sah sich stutzend um, und da sie nichts erblicken konnte, schloß sie nachdenklich und schweigend das Fenster. In diesem Augenblick klopfte es d'rin an die Stubentür. Sie fuhr erschrocken zusammen und vom Fenster auf. Ich blickte noch einmal hinein und sah jenen gehässigen Reiter, dem ich vorhin begegnet, eilfertig eintreten. Er lebt! rief Julie außer sich vor Freude und stürzte dem Manne um den Hals. –

Hatt' ich schon vorher draußen in dem Fremden sogleich einen von jenen poetischen Jüngern erkannt, die 's niemals zum Meister oder überhaupt zu einem Manne bringen, so kam mir jetzt der hagere, blasse Poet neben der gesunden

Julie, die unterdes so wunderbar hoch geworden war, und deren große Augen in diesem Augenblicke vor Freude ordentliche Strahlen warfen, gar erbärmlich vor. Mir kamen die Verse aus Göthe's Fischerin zwischen die Zähne:

> Wer soll Bräutigam sein?
> Zaunkönig soll Bräutigam sein!
> Zaunkönig sprach zu ihnen
> Hinwieder den Beiden:
> Ich bin ein sehr kleiner Kerl,
> Kann nicht Bräutigam sein,
> Ich kann nicht der Bräutigam sein!

Ich schwang mich sogleich wieder über den Gartenzaun, band mein Pferd los und ging, es hinter mir herführend, aus dem Dorfe hinaus.

Da kam ich am anderen Ende desselben an dem kleinen Häuschen Viktors vorüber. Ich guckte ihm ins Fenster hinein, das, wie du weißt, im Sommer Tag und Nacht offen steht. Er saß eben, mit dem Rücken gegen das Fenster, über einem alten dicken Buche, den Kopf in die Hand gestützt. Das Licht auf dem Tisch flackerte ungewiß umher, die vielen Uhren an den Wänden pickten einförmig immerfort, es war eine unendliche Einsamkeit drinnen. Ich begrüßte ihn endlich mit dem Vers, der ihm im ganzen Faust der liebste war: »Ich guckte der Eule in ihr Nest, Hu! die macht' ein Paar Augen!« Er wandte sich schnell um und als er mein Gesicht völlig erkannte, sprang er auf, warf die Bücher und alles, was auf dem Tische lag, auf die Erde und tanzte wie unsinnig in der Stube herum. Ich kletterte sogleich durchs Fenster zu ihm hinein, ergriff eine halbbespannte Geige, die an der Wand hing, und so walzten wir beide mit den seltsamsten Gebärden und großem Getös nebeneinander in der kleinen Stube auf und ab, bis er endlich erschöpft vor Lachen auf den Boden hinsank. Es dauerte lange, ehe wir zu einem vernünftigen Diskurs kamen, während welchem er einen ungeheueren Krug voll Wein anschleppte. Er ist noch immer der alte, noch immer nicht fetter, nicht ruhiger, nicht klüger, und, wie sonst, wütend kriegerisch gegen alle Sentimentalität, die er ordentlich mißhandelt.

Gegen Mitternacht endlich, soviel er auch dagegen hatte, zog ich wieder von dannen, das gelobte Land in ruhigem Schlafe hinter mir, und die weite Stille ringsumher gesegnend, während Viktor, der mich ein Stück begleitet hatte, auf der letzten Höhe mir wie eine Windmühle in der Dunkelheit mit dem Hute nachschwenkte und nachrief, bis alles in den großen, grauen Schoß versunken war.

In den Krieg denn von neuem in Gottes Namen hinaus! rief ich draußen und nahm die Richtung auf mein Schloß, da ich indes erfahren hatte, daß der Tummelplatz jetzt dort in der Nähe sei. Bei Sonnenaufgang sah ich die unsrigen in dem weiten Tale bunt und blitzend zerstreut wieder und das Herz ging mir auf bei dem Anblick. Die lustige Bewegung, die mir von weitem so mutig entgegenblitzte, war aber nichts anderes, als eine verworrene, grenzenlose Flucht. Der Feind war noch ziemlich weit, ich ritt daher an den zerstreuten Trupps langsam vorüber. Da sah ich den Haufen in dumpfer Resignation herumtaumeln, Mehrere weise Mienen achselzuckend zur Schau tragen, als steckten wohl ganz andere Plane dahinter – keinem hätte das Herz im Leibe zerspringen mögen. Da fiel mir ein, was mir Viktor oft in seinen melankolischsten Stunden gesagt: besser Uhren machen, als Soldaten spielen.

Ich meines Teils war fest entschlossen, da alles, was mir ehrwürdig und lieb auf Erden war, zu Grunde gehen sollte, lieber fechtend selber mit unterzugeh'n, als gefangen in der gemeinen Schande zurückzubleiben. Ich sprengte eilig auf mein Schloß und bot alle meine Jäger und Diener auf, deren Gesinnung und Treue ich kannte, viele Freiwillige von der Armee gesellten sich wacker dazu und so verschanzten und besetzten wir mein Schloß und Garten, da ich wohl wußte, daß der Feind bei seiner Verfolgung diesen Weg nehmen und demselben an dieser vorteilhaften Höhe besonders viel gelegen sein mußte. Wir wehrten uns verzweifelt oder vielmehr tollkühn gegen die Übermacht. Die feindlichen Kugeln hatten mein Schloß fürchterlich zerrissen, die Gesimse brannten, ein Burgtor nach dem anderen stürzte in den Lohen zusammen, alles war verloren, und ich fiel der letzte nieder. – Als ich die Augen wieder aufschlug, lag ich im Sonnenscheine in dem schönen Garten des Herrn v. A. vor der großen Aussicht, und Julie stand still neben mir. –

Hier hielt Leontin inne, denn Julie, die sich schon einige Zeit mit ängstlicher Unruhe umgesehen hatte, sagte ihm etwas ins Ohr, stand schnell auf und ging in den Wald hinein, worauf Leontin, nachdem er ihr eine Weile nachgesehen, folgendermaßen wieder fortfuhr:

Es war mir wie im Traume, als ich so wieder meinen ersten Blick in die Welt tat, alles auf einmal so stille um mich, und Julie neben mir, die mich schweigend und ernsthaft betrachtete. Sie sagte mir damals nichts, aber später erfuhr und erriet ich Folgendes: Der moderne Junge, dem ich damals in der Nacht auf dem Schlosse des Herrn v. A. begegnet, war ein Edelmann aus der Nachbarschaft, der erst unlängst von Universitäten auf seine Güter zurückgekehrt war. Seine fast täglichen Besuche bei Julien, seine ungebundene Art mit ihr umzugehen, und die voreilig geschwätzigen Andeutungen der anfangs noch lebenden Tante veranlaßten, daß er binnen kurzer Zeit allgemein für Juliens Bräutigam gehalten wurde. Er war nach seiner Art verliebt in Julien, aber ein Mädchen im Ernste zu lieben oder gar zu heiraten, hielt er für lächerlich, denn – er war zum Dichter berufen. Als nachher der Krieg ausbrach und das Gerücht mein Benehmen dabei auch bis dorthin trug, pries er mit grenzenlosem Enthusiasmus, doch immer mit der vornehmen Miene eines eigenen, höheren Standpunkts, solche erzgediegene, Lebenskräftige Naturen, ewig zusammenhaltende Granitblöcke des Gemeinwesens u. s. w., aber selbst mit dreinschlagen konnt' er nicht, denn – er war zum Dichter berufen. Übrigens hat er ein ganz ordinär sogenanntes gutes Herz. Daher ritt er, als mich allerhand widersprechende Gerüchte bald für tot, bald für verwundet ausgaben, aus Mitleid für Julien auf Kundschaft aus, und kehrte eben in jener Nacht, da ich ihm begegnete, mit der gewissen Botschaft meines Lebens zurück, und Juliens: »Er lebt!« das mich damals so schnell vom Fenster und übern Zaun und aus dem Dorfe trieb, galt *mir*.

Erstaunt erfuhr Julie am Morgen von Viktor meinen schnellen Durchzug und bald nachher auch das Los meiner Burg. Ohne Verwirrung im Schreck wie in der Freude, sattelte sie noch in der Nacht, wo sie die Nachricht erhalten, ihr Pferd, und ritt, ohne ihren Vater zu wecken, mit einem Bedienten nach meinem Schloß. Der vermeinte Bräutigam, der noch dort war, ließ es sich durchaus nicht nehmen, die Romanze, wie er es nannte, mitzumachen. Er schmückte sich in aller Eile sehr phantastisch und abenteuerlich aus, bewaffnete sich mit einem Schwert, einer Flinte und mehreren Pistolen, obschon die Feinde mein Schloß längst wieder verlassen hatten, da es ihnen jetzt, bei dem großen Vorsprunge der Unsrigen, ganz unnütz geworden war. Julie suchte unermüdlich zwischen den zusammengefallenen Steinen, erkannte mich endlich und trug mich selbst aus den dampfenden Trümmern. Der Bräutigam machte ein Sonett darauf und Julie heilte mich zu Hause aus.

Da aber meine Verteidigung des Schlosses als unberufen, und, in einem bereits eroberten Lande, als rebellisch angesehen wird, so wurde mir vom Feinde nachgestellt und ich befand mich auf dem Schlosse des Herrn v. A. nicht mehr sicher. Man brachte mich daher auf diese abgelegene Mühle hier, wo mich Julie täglich besucht, bis ich endlich jetzt wieder ganz hergestellt bin.

So endigte Leontin seine Erzählung. – Und wohin willst du nun? fragte Friedrich. Jetzt weiß ich nichts mehr in der Welt, sagte Leontin unmutig. – Sie mußten abbrechen, denn eben kam Julie wieder zurück und winkte Leontinen heimlich mit den Augen, als sei etwas Bewußtes glücklich vollbracht.

Sie hatten indes über diesen Unterhaltungen alle nicht bemerkt, daß es bereits anfing dunkel zu werden. Julie wurde es zuerst gewahr, und zwar nicht ohne sichtbare Verlegenheit, denn jetzt in der Nacht nach Hause zu reiten, war, wegen den noch immer herumstreifenden Soldaten, für ihr Geheimnis höchstbedenklich, andrerseits überfiel sie ein mädchenhafter Schauer bei dem Gedanken, so alleine mit zwei Männern im Walde über Nacht zu bleiben. Am Ende mußte sie sich doch zu dem letzteren bequemen, und so lagerten sie sich dann, so gut sie konnten, vergnüglich in das hohe Gras auf der Anhöhe.

Die Nacht dehnte langsam die ungeheueren Drachenflügel über den Kreis der Wildnis unter ihnen, die Wälder rauschten dunkel aus der grenzenlosen Stille herauf. Julie war ohne alle Furcht. Leontin aber, der noch matt war, fing endlich an, sich nach kräftiger Ruhe zu sehnen, und auch Julien wurde die zunehmende Frische der Nacht nach und nach empfindlich. Sie brachen daher auf und begaben sich zu der nahen, alten, verlassenen Mühle, wo Leontin, wie gesagt, schon seit einigen Tagen heimlich sein Quartier hatte. Friedrich wollte draußen auf der Schwelle bleiben und als wackerer Ritter die Jungfrau im Kastell bewachen, Julie bat ihn aber errötend mit hineinzugehen, und er willigte lächelnd ein, während einem Bedienten, den Julie mitgebracht, aufgetragen wurde, vor der Tür Haus und Pferde zu bewachen.

Das Stübchen, das sie in Beschlag nahmen, war eng und nur zur Not vor dem Wetter verwahrt. Ein Bett, das Julie für Leontin mitgebracht hatte, wurde verteilt und nebst einigem Stroh auf dem Fußboden ausgebreitet, so daß es für alle drei hinreichte; Licht wagte man nicht zu brennen. Die beiden Grafen nahmen das Fräulein in ihre Mitte, Leontin war vor Müdigkeit bald entschlafen. Friedrich bemerkte, wie Julie sich fest aufs Ohr legte und tat als ob sie schliefe, während sie beide Augen lauschend weit offen hatte und Leontinen in einemfort ungestört betrachtete, bis sie endlich auch mit einschlummerte.

Friedrich hatte sich mit halbem Leibe aufgerichtet und sah sich, auf den einen Arm gestützt, ringsum. Ein Schauder überlief ihn, sich wieder an demselben Orte zu erblicken, wo er damals die grausige Nacht verlebt. Er gedachte des jungen Mädchens wieder, das ihm damals in dieser Stube hier Feuer gepickt hatte, ihm fiel dabei die rätselhafte Gestalt ein, die er heut bei seiner Ankunft vor der Mühle getroffen, und ihre flüchtige Ähnlichkeit mit jener, und er versank in ein Meer von Erinnerungen und Verwirrung. Julien hörte er leise neben sich atmen, es war eine unendlich stille, mondhelle Nacht.

Da erhob sich auf einmal draußen ein Gesang, von einer Zitter begleitet, zuerst vom Walde, dann wie aus der Ferne melodisch schallend, das Haus mit wunderschönen Weisen erfüllend, dann wieder weiter verhallend. Friedrich wagte kaum zu atmen, um die Zauberei nicht zu stören. Doch, je länger er den leise verschwindenden Tönen lauschte, je unruhiger wurde er nach und nach; denn es war wieder jenes alte Lied aus seiner Kindheit, das er einmal in der Nacht auf Leontins Schlosse von Erwin auf der Mauer singen gehört; auch schien es dieselbe Stimme. Er raffte sich endlich auf und trat leise vor die Türe hinaus. Da lag und schlief der Bediente quer über der Schwelle wie ein Toter. Draußen sah er den Sänger im hellen Mondscheine unter den hohen Eichen wandeln. Er lief freudig auf ihn zu – es war Erwin! – Der Knabe wandte sich schnell, und als er Friedrich'n erblickte, stürzte er mit einem durchdringenden Schrei zu Boden, unter ihm lag seine Zitter zerbrochen.

Der Bediente auf der Schwelle fuhr über dem Schrei taumelnd auf. Verrückt! verrückt! rief er, sich aufmunternd, Friedrich'n zu, und eilte sehr ängstlich in das Haus hinein, um seine Herrschaft zu wecken. Friedrich'n schnitt dieser Ausruf wie Schwerter durchs Herz, denn er hatte es aus des Knaben unbegreiflicher Flucht längst gefürchtet.

Erwin sah indes wie aus einem langen Traume mit ungewißschweifenden Blicken rings um sich her und dann Friedrich'n an, während sehr heftige innerliche Zuckungen, die sich immer mehr dem Herzen zu nähern schienen, durch seinen Körper fuhren. Abgebrochen durch den Schmerz, aber ohne sein schones Gesicht zu verziehen, sagte er zu

Friedrich: »Es war ein tiefes, weites, rosenrotes Meer, dich sah ich darin auf dem Grunde immerfort über hohe Gebirge gehen, ich sang die besten alten Lieder, die ich wußte, aber du erinnertest dich nicht mehr daran, und ich konnte dich niemals erjagen, und unten stand der *Alte* tief im Meere, ich fürchtete mich vor seinen Augen. Manchmal ruhtest du, auf mich zugewendet, aus, da saß ich still dir gegenüber und sah dich viel hundert Jahre an – ach, ich war dir so gut, so gut! – Die Leute sagten, ich sei verrückt, ich hörte es wohl und auch draußen die Uhren schlagen und die Welt ordentlich gehen und schallen wie durch Glas, aber ich konnte nicht mit hinein. Damals war mir wohl, jetzt bin ich wieder krank. – Glaube nur nicht, daß ich jetzt irre spreche, jetzt weiß ich wohl recht gut, was ich rede und wo ich bin – das ist ja der Eichgrund, das ist die alte Mühle – bei diesen Worten versank er in ein starres Nachsinnen. Dann fuhr er unter immerwährenden Krämpfen wieder fort: Dort, wo die Sonne aufgeh'n wird, ist ein großer Wald, in dem Walde wohnt ein Mann mit dunklen Augen und einer langen Schramme über dem rechten Auge, der kennt mich und euch alle, er –« hier nahmen die Zuckungen in immer engeren Kreisen auf einmal sehr heftig zu. Der Knabe nahm Friedrichs Hand, drückte sie fest an seine Lippen und sagte: Mein lieber Herr! Ein plötzlicher Krampf streckte noch einmal seinen ganzen Leib und er hörte auf zu atmen.

Friedrich, außer sich, stürzte über ihn her und öffnete oben schnell sein Wams, denn es war dieselbe phantastische Kleidung, die der Knabe sonst auf dem Schlosse des Herrn v. A. getragen hatte. Wie sehr erschrak und erstaunte er, als ihm da der schönste Mädchenbusen entgegenschwoll, noch warm, aber nicht mehr schlagend. – Er blieb wie eingewurzelt auf seinen Knieen und starrte dem Mädchen in das stille Gesicht, als hätte er es noch nie vorher gesehen.

Leontin und Julie waren unterdes auch aus der Mühle herbeigeeilt. Sie schienen gar nicht erstaunt, Erwin hier zu sehen, noch weniger über die Entdeckung seines Geschlechts, sondern nur bestürzt über seinen jetzigen, unerwarteten Zustand. In stummer Geschäftigkeit, ohne sich wechselseitig zu erklären, waren alle nur bemüht, ihn ins Leben zurückzurufen – aber alles blieb vergebens, das schöne, seltsame Mädchen war tot.

Julie hatte sie trostlos vor sich auf dem Schoße liegen. Sie ruhte wie ein Engel still und schön. Kein Atem wehte mehr säuselnd durch die zarten, roten Lippen, die sonst zu so wunderschönen Tönen sich auftaten, ihre großen Augen, so lieblichwild, waren auf ewig verschlossen, nur eine einsame Nachtluft bewegte noch ihre Locken hin und her. Leontin und Friedrich saßen stillschweigend gegenüber. Friedrich, dem jetzt auf einmal viele Sonderbarkeiten des Mädchens nur zu klar wurden, klagte sich in tiefem, stummen Schmerze bei sich selber an, daß er ihre zerstörende, verhaltene Liebe zu ihm so schlecht belohnt, daß er sie bei größerer Achtsamkeit hätte schonen und retten können.

Während des fing jenseits über dem Walde der Morgen an zu dämmern und beleuchtete die seltsame Gruppe. Da kam plötzlich ein Bediente von dem Schlosse des Herrn v. A. angesprengt und brachte atemlos die Nachricht, daß ein feindlicher Offizier mit seinem Trupp in der Nähe herumstreife, und ihnen, wie er eben von Bauern erfahren, auf der Spur sei. Die Bestürzung Aller über diese unerwartete Begebenheit war nicht gering. Leontin und Friedrich, die Ein Schicksal verfolgte, waren in diesem Augenblick noch ohne weiteren Plan; so viel war gewiß, daß Julie zum Vater zurückkehren, und das tote Mädchen mitnehmen mußte. Die Leiche wurde daher eiligst auf ein lediges Handpferd gehoben. Dabei entdeckte Julie ein reichgefaßtes Medaillon, welches das Mädchen auf dem bloßen Leibe hängen hatte und das sonst niemand jemals bei ihr bemerkt. Es war das Portrait eines sehr schönen, etwa neunjährigen Mädchens. Sie nahm es ab und überreichte es Friedrich'n.

Sein Gesicht veränderte sich, als er den ersten Blick darauf warf; denn es waren die Züge der kleinen Angelina, mit der er als Kind so oft im Garten gespielt, und welcher, wie es ihm nun ganz klar wurde, das Kind Maria auf dem Heiligenbilde des verlassenen Gebirgsschlosses so auffallend ähnlich sah. Er betrachtete es lange gerührt und stillschweigend. Da fielen ihm die rätselhaften Worte wieder ein, die Erwin sterbend von dem Alten im Walde gesagt hatte. Er zweifelte nicht, daß dieser um Vieles wissen müsse, was ihnen Licht über das sonderbare Leben der Verstorbenen und ihrem Zusammenhang mit seiner eignen Kindheit geben könne. Er erzählte es Leontinen. Dieser erschrak darüber und wurde bei jedem Worte aufmerksamer; er schien den Alten selber schon gesehen zu haben, doch sagte er nicht, wann und wo.

Die beiden Freunde beschlossen nun, jenen Winken Erwins zufolge, die Richtung nach dem beschriebenen Walde hinzunehmen, um dort vielleicht eine erwünschte Auflösung zu erhalten, da überdies jene Wildnis von Feinden rein, und der Weg Leontinen ziemlich bekannt war. Es wurde schnell alles vorbereitet. Sie nahmen herzlichen Abschied von Julien, mit dem Versprechen, einander so bald als möglich wiederzusehen, und Julie ritt nun mit ihrer süßen, traurigen Last, die sie in ihrer bunten Kleidung wie eine abgebrochene Blume auf einem Pferde neben sich herführte, von der einen Seite nach Hause, während sie von der anderen gegen Sonnenaufgang in den großen Wald fortzogen.

EINUNDZWANZIGSTES KAPITEL

Der Morgen stieg dampfend aus den Wäldern, als die beiden Grafen schon ferne über einen einsamen Wiesengrund hinritten, der seltsamen Ereignisse dieser Nacht gedenkend. Der Weg war für jeden Fremdling fast ungangbar, die Entfernung, die sie in den wenigen Stunden zurückgelegt, ziemlich beträchtlich, sie konnten schon langsamer und gemächlicher zieh'n. Da erzählte Leontin Friedrich'n Folgendes:

Es war ein schöner Sommermorgen, da Julie in ihrem Schlafzimmer, das, wie du weißt, auf den Garten hinausgeht, noch schlummerte, als sie draußen von einer bekannten Stimme mit einem bekannten Liede geweckt wurde. Sie trat in den Garten hinaus und sah Erwin, der wieder auf der Blumenterrasse saß und in das glänzende Land hinaussang. Mit pochendem Herzen flog sie zu ihm und fragte ihn nach seinen Herren. Der Knabe sah sie aber starr an, er war blaß und seltsam verwildert im Gesichte, und aus seinen verwirrten Antworten bemerkte sie bald mit Schrecken, daß er verrückt sei. – In solchem Gemütszustande hatte er uns nämlich in jener Nacht auf dem Rheine so unbegreiflich verlassen, und auf unzähligen Umwegen zu dem Schlosse des Herrn v. A. sich geflüchtet, wahrscheinlich aus Eifersucht, denn die beiden Jäger, die wir damals in der alten Burg trafen, und die dann mit uns auf dem Rheine fuhren, waren, wie ich nachher erfuhr, niemand anders als Romana und meine Schwester Rosa, welche Erwin bei dem schnellen Lichte des Blitzes, gleichwie mit schärferen Sinnen, plötzlich erkannt hatte. – Friedrich verwunderte sich hier über die gewagte Kleidung der beiden Weiber und beklagte das unglückliche Ohngefähr, indem ihm dabei alles, was in jener Nacht vorgegangen, wieder erinnerlich ward. – Leontin fuhr fort: Erwin verriet durch seine jetzige verwirrte Unachtsamkeit gar bald sein Geschlecht und seine tiefe und unüberwindliche Neigung zu dir. Das unglückliche Mädchen sang sehr viel und ihre Lieder zeigten oft eine zeitig aufgereizte und heimlich genährte heftige Sinnlichkeit. Von ihrem frühesten Leben war auch jetzt nicht das mindeste herauszukriegen. Julie bot alles auf, sie zu retten. Sie nannte sie Erwine, gab ihr Frauenzimmerkleider, suchte überhaupt alles erinnernde Phantastische aus ihrer Lebensweise zu entfernen und taufte sie so, nach dem gewöhnlichen Verfahren in solchen Fällen, in gemeingültige Prosa. Das Mädchen wurde dadurch auch stiller, aber es war eine wahre Grabesstille, von der sie sich nur manchmal im Gesange wieder zu erholen schien.

So traf ich sie, als ich verwundet auf dem Schlosse ankam. Mein erster Anblick verdarb auf einmal wieder viel an ihr, doch nur vorübergehend. Viel heftiger, und uns allen unerklärlich aber erschütterte sie der Anblick der alten Mühle, wohin wir sie mitnahmen, als ich hingebracht wurde; sie zitterte am ganzen Leibe. Julie nahm sie daher künftig niemals mehr mit dorthin. Gestern aber war sie Ihr heimlich nachgeschlichen, und sie war es, die du im weißen Gewande singend vor der Mühle trafst. Wir waren in nicht geringer Besorgnis, daß sie dich nicht so plötzlich wiedersähe, und Julie schickte sie daher heimlich mit dem Bedienten sogleich wieder auf das Schloß zurück. Dort muß sie aber in der Nacht ihrer alten Knabentracht habhaft geworden und noch einmal entwichen sein.

Der Schluß von Leontins Erzählung bestätigte Friedrichs Ahnung, daß Erwin wirklich dasselbe Mädchen sein müsse, das ihm damals in jener fürchterlichen Nacht in der Mühle Feuer gemacht und hinaufgeleuchtet hatte, womit auch ihre schon bemerkte Ähnlichkeit vollkommen übereinstimmte. Er versank darüber in Gedanken und sie beschleunigten beide stillschweigend wieder ihre Reise.

Gegen Abend erblickten sie auf einmal von einer Höhe fern unten die Kuppeln der Residenz. Ein von plötzlichem Regen angeschwollener Gebirgsbach hinderte sie zugleich, ihren Weg in der bisherigen Richtung fortzusetzen. Sie blieben eine Weile unentschlossen stehen. Die Dämmerung fing indes an, sich niederzusenken, da bemerkten sie mit Verwunderung Feuerblicke und schnell entstehende und wieder verschwindende Sterne in der Gegend der Residenz, die sie für Raketen hielten. Das sieht recht lustig aus, sagte Leontin. Hier können wir ohnedies nicht weiter, laß uns einen Streifzug dorthinaus wagen und sehen, was es in der Stadt gibt. Wir kommen wohl in der Dunkelheit unerkannt durch und sind, ehe der Tag anbricht, wieder im Gebirge. – Friedrich willigte ein, und so zogen sie in's Tal hinunter.

Noch vor Mitternacht langten sie vor der Residenz an. Der ganze Kreis der Stadt war bis zu den höchsten Turmspitzen hinauf erleuchtet und lag mit seinen unzähligen Fenstern wie eine Feeninsel in der stillen Nacht vor ihnen. Sie hatten die Kühnheit bis ins Tor hineinzureiten. Ein verworrener Schwall von Musik und Lichtern quoll ihnen da entgegen. Herren und Damen wandelten, wie am Tage, geputzt durch die Gassen, unzählige Wagen mit Fackeln tosten dazwischen, sich mannigfaltig durchkreuzend, eine fröhliche Menge schwärmte hin und her. – Nun, was gibt's denn hier noch für eine rasende Freude? fragte Leontin endlich einen Handwerksmann, der, ein Schurzfell um den Leib, und ein Glas Branntwein hoch in der Hand, unaufhörlich Vivat rief. Der Mann machte eine verteufelt pfiffige Miene und hätte gern die Unwissenheit der beiden Fremden tüchtig abgeführt, wenn ihm nicht eben sein Witz versagt hätte. Endlich sagte er: Der Erbprinz hält heute Hochzeit mit der schönen Gräfin Rosa. Wer will mir da den Branntwein verbieten! Mag der Gräfin voriger Bräutigam Wasser saufen, denn er ist lange tot, und ihr Bruder mit den Engeln Milch und Honig trinken, denn er treibt sich in allen Wäldern herum. Hol' der Teufel alle Ruhestörer! Friede! Friede! Es leben alle Patrioten, Vivat hoch! – So taumelte der Branntweinzapf wieder weiter.

Die beiden Grafen sahen einander verwundert an. An Friedrichs Brust schallte die Neuigkeit ziemlich gleichgültig vorüber. Er hatte Rosa'n längst aufgegeben. Seine Phantasie, die Liebeskupplerin, war seitdem von größeren Bildern durchdrungen, alle die hellen Quellen seiner irdischen Liebe waren in Einen großen, ruhigen Strom gesammelt, der andere Wünsche und Hoffnungen zu einem anderen Geliebten trug. –

Ein Bürger, der ihr Gespräch mit dem Betrunkenen mit angehört hatte, war unterdes zu ihnen getreten und sagte: Es ist alles wahr, was der Kerl da so konfus vorgebracht. Die Gräfin Rosa hatte wirklich vorher schon einen Grafen zum Liebhaber. Der ist aber im Kriege geblieben, und es ist gut für ihn, denn er ist mit Lehn und Habe dem Staate verfallen. Der Bruder der Gräfin ebenfalls, aber wir wissen von sicherer Hand, daß man gegen diesen nicht streng verfahren wird und ihm gern verzeihen möchte, wenn er nur zurückkäme und Reue und Besserung verspüren lassen wollte. –

Leontin lachte bei diesen Worten laut auf und gab seinem Pferde die Sporen. Frischauf! sagte er zu Friedrich, ich ziehe mit den Toten, da die Lebendigen so abgestanden sind! Ich mag keinen von ihnen mehr wiedersehen, kommen wir wieder zurück auf unsere grünen Freiheitsburgen!

Sie waren indes an das fürstliche Schloß gekommen. Tanzmusik schallte aus den hellen Fenstern. Eine Menge Volks war unten versammelt und gebärdete sich wie unsinnig vor Entzücken. Denn Rosa zeigte sich eben an der Seite ihres Bräutigams am Fenster. Man konnte sie deutlich sehen. Ihre blendende Schönheit, mit einem reichen Diadem von Edelsteinen geschmückt, funkelte und blitzte bei den vielen Lichtern manches Herz unten zu Asche. – So hatte sie ihr höchstes Ziel, die weltliche Pracht und Herrlichkeit erreicht. – Sie taugte niemals viel, Weltfutter, nichts als Weltfutter! schimpfte Leontin ärgerlich immerfort. Friedrich drückte den Hut tief in die Augen und so zogen die beiden dunklen Gestalten einsam durch den Jubel hindurch, zum Tore hinaus und wieder in die Berge zurück.

Nach mehreren einsamen Tagereisen, wobei auch die schönen Nächte zur Hülfe genommen wurden, kamen sie endlich immer höher auf das Gebirge. Die Gegend wurde immer größer und ernster, kaum noch lagen mehr einzelne Hirtenhütten in den tiefen dunkelgrünen Schluften hin und her zerstreut, es war eine grenzenlose Einsamkeit, nebenaus oft Streifen von unermeßlicher Aussicht. Ihre Herzen wurden wieder stark und weit und voll kühler Freudenquellen.

Da erblickten sie sehr unerwartet mitten in der Wildnis einen niedrigen, zierlichen Zaun von weißem Birkenholz, dem es ordentlich Mühe zu kosten schien, die wilde Freiheit der Natur, die überall ihre grünen, festen Arme, wie zum Spotte, ungezogen durchstreckte, im Zaum zu halten. Sie lachten einander beide bei dem ersten Anblicke an, denn überraschender konnte ihnen nichts kommen, als gar eine moderne englische Anlage in dieser menschenleeren Gegend. Sie ritten längs des Zaunes hin, aber nirgends war die geringste Spur eines Einganges. Sie wußten wohl, daß sie bereits in dem großen Walde sein mußten, den Erwine sterbend meinte, auch waren sie nach der langen Tagereise begierig, endlich einmal Menschen, Speis und Trank wiederzufinden, sie banden daher ihre Pferde an und sprengten über den Zaun hinein.

Ein niedlicher Schlangenpfad, mit weißem Sande ausgestreut, führte sie dort bis an ein großes, dichtes Gebüsch von meist ausländischen Sträuchern, wo er sich plötzlich in zwei Arme teilte. Sie schlugen nun jeder für sich allein einen derselben ein, um so desto eher zu einer erwünschten Entdeckung zu gelangen. Doch diese schmalen Pfade gingen seltsam genug in einem ewigen Kreise immerfort um sich selber herum, so daß die beiden Grafen, je emsiger sie zuschritten, zwar immer ganz nahe blieben, aber einander niemals erjagen oder zusammenkommen konnten. Einigemal, wo die Gänge sich plötzlich durchkreuzten, stießen sie unverhofft aneinander, trennten sich von neuem, und standen endlich, nachdem sie sich beinah müde geirrt, auf einmal wieder vor dem Zaune, an demselben Orte, wo sie ausgelaufen waren.

Sie lachten und ärgerten sich zugleich über den sinnreichen Einfall. Doch machte sie diese kleine Probe aufmerksam und neugieriger auf die ganze sonderbare Anlage. Sie nahmen daher noch einmal einen beherzten Anlauf und drangen nun mitten durch das dicke Gehege grad hindurch. Da kamen sie bald auf einen freien Platz zu einem Gebäude. Ihre Augen konnten sich bei dem ersten verwirrenden Anblick durchaus nicht aus dem labyrinthischen, höchstabenteuerlichen Gemisch dieses Tempels herausfinden, so unförmlich, obgleich klein, war alles über- und durcheinander gebaut. Den Haupteingang nämlich bildete ein griechischer Tempel mit zierlichem Säulenportal, welches sehr komisch aussah, da alles überaus niedlich und nur aus angestrichenem Holze war. Sie traten hinein und fanden in der Halle einen hölzernen Apollo, der die Geige strich und dem der Kopf fehlte, weil nicht mehr Raum genug dazu übriggeblieben war. Gleich aus dem Tempel trat man in einen geschmackvollen Kuhstall nebst einer vollständigen holländischen Melerei in der neuesten Manier, aber alles leer.

Über der Meierei hing wie ein Bienenkorb eine Art von schwebender Einsiedelei. Den zweiten Eingang bildete ein viereckiger Turm, wie bei den alten Burgen, der eine Ruine vorstellen sollte, und auf dessen Mauer hin und her Blumentöpfe mit Moos umherstanden. Über das ganze Gemisch hinweg endlich erhob sich ein feingeschnitztes, buntes, chinesisches Türmchen, an welchem unzählige Glöcklein im Winde musizierten. Unter diesem Türmchen in dem innersten Gemache saß immitten des getäfelten Bodens ein unförmlicher, kleiner Chinese von Porzellan mit untergeschlagenen Beinen und dickem Bauche und wackelte einsam fort mit dem breiten Kahlkopfe, als der einzige Bewohner seines unsinnigen Palastes.

Nein, das ist zu toll! sagte Leontin, was gäb' ich d'rum, wenn wir den Phantasten von Baumeister noch selber in seinem Zauberneste überraschten! Das ist ja ein wahrer Surrogat-Tempel für alle Geschmäcke auf Erden.

Während des waren sie endlich in dem letzten Gemache des Gebäudes angekommen, welches mit großen goldenen Buchstaben: »Gesellschafts-Saal« überschrieben war. Sie erstaunten auch wirklich beim Eintritt nicht wenig über die ungeheure Gesellschaft, denn Wände und Decke bestanden daselbst aus künstlich-geschliffenen Spiegeln, die ihre Gestalten auf einmal ins Unendliche vervielfältigten. Ihr Kopf war ganz überfüllt und verwirrt von dem Gesehenen. Kein Mensch war in der weiten Runde zu hören, es grauste ihnen fast, länger in dieser Verrückung so einsam zu verweilen und sie begaben sich daher schnell wieder ins Freie.

Sie durchstrichen darauf noch den anderen Teil des Parks, der auf die alltäglichste Art mit Trauerweiden, Baumgruppchen, Brückchen u. s. w. angefüllt war. Auch die üblichen Aushängetafeln mit Inschriften waren im Überfluß vorhanden, nur mit dem Unterschiede, daß hier alle von einer ungeheueren Länge und Breite waren, so daß sie die jungen Bäume, an denen sie befestigt, fast bis auf die Erde herunterzogen. Unsere Reisenden verweilten verwundert hin und wieder, und lasen unter andern: »Wachsen, Blühen,

Staubwerden.« – Gleich daneben stand auf einer anderen Tafel die erste Strophe von: »Freut euch des Lebens!« u. s. w., nebst einigen Zotten.

So von groben Bäumen verfolgt, waren sie endlich am anderen Ende des sonderbaren Parks angekommen, wo derselbe wieder durch ein niedliches Zäunchen von dem Walde geschieden war. Noch eine ungeheuere Inschrift begrüßte sie dort folgendermaßen: »Gefühlvoller Wanderer! stehe still und vergieße einige Tränen über deine Narrheit!« Darunter stand nur noch halbleserlich mit Bleistift geschrieben: »und dann kehre wieder um, denn mir bist du doch nur langweilig.« Nicht ohne Bedeutung, wie es schien, stieß diese letzte Partie des Gartens, welche besonders kleinlich aus allerlei Zwergbäumchen nebst einem kaum bemerkbaren Wasserfalle bestand, auf einmal an den dunkelgrünen Saum des Hochwaldes. Zwischen Felsen stürzte dort ein einsamer Strom grad hinab, als wollte er den ganzen Garten vernichten, wandte sich dann am Fuß der Höhe plötzlich, wie aus Verachtung, wieder seitwärts in den Wald zurück, dessen ernstes, ewiggleiches Rauschen gegen die unruhig phantastische Spielerei der Gartenanlage fast schmerzlich abstach, so daß die beiden Freunde überrascht still standen. Sie sehnten sich recht in die große, ruhige, kühle Pracht hinaus und atmeten erst frei, als sie wirklich endlich wieder zu Pferde saßen.

Während sie sich so über das Gesehene besprachen, verwundert, keine menschliche Wohnung ringsum zu erblicken, fing indes die Gegend an etwas lieblicher und milder zu werden. Vor ihnen erhob sich ein freundlicher, bis an den Gipfel mit Laubwald bedeckter Berg aus dem dunkelzackigen Chaos von Gebirgen. Hinter dem Berge schien es nach der einen Seite hin auf einmal freier zu werden und versprach eine große Aussicht. Sie zogen langsam ihres Weges fort, der Himmel war unbeschreiblich heiter, der Abend sank schon hernieder und spielte mit seinen letzten Strahlen lustig in dem lichten Grün des Berges vor ihnen. Friedrich hatte lange unverwandt in die Gegend vor sich hinausgesehen, dann hielt er plötzlich an und sagte: Ich weiß nicht, wie mir ist, diese Aussicht ist mir so altbekannt, und doch war ich so lange ich lebe nicht hier. –

Je weiter sie kamen, je erinnernder und sehnsüchtiger sprach jede Stelle zu ihm; oft verwandelte sich auf einmal alles wieder, ein Baum, ein Hügel legte sich fremd vor seine Aussicht wie in eine uralte, wehmütige Zeit, doch konnte er sich durchaus nicht besinnen.

So hatten sie nach und nach den Gipfel des Berges erreicht. Freudig überrascht standen sie beide still, denn eine überschwengliche Aussicht über Städte, Ströme und Wälder, so weit die Blicke in das fröhlichbunte Reich hinauslangten, lag unermeßlich unter ihnen. Da erinnerte sich Friedrich auf einmal; das ist ja meine Heimat! rief er, mit ganzer Seele in die Aussicht versenkt. Was ich sehe, hier und in die Runde, alles gemahnt mich wie ein Zauberspiegel an den Ort, wo ich als Kind aufwuchs! Derselbe Wald, dieselbe Gänge – nur das schöne altertümliche Schloß finde ich nicht wieder auf dem Berge. –

Sie stiegen weiter und erblickten wirklich auf dem Gipfel im Gebüsche die Ruinen eines alten, verfallenen Schlosses. Sie kletterten über die umhergeworfenen Steine hinein, und erstaunten nicht wenig, als sie dort ein steinernes Grabmal fanden, das ihnen durch seine Schönheit sowohl, als durch seine mannigfaltige Bedeutsamkeit auffiel. Es stellte nämlich eine junge, schöne, fast wollüstiggebaute weibliche Figur vor, die tot über den Steinen lag. Ihre Arme waren mit künstlichen Spangen, ihr Haupt mit Pfauenfedern geschmückt. Eine große Schlange, mit einem Krönlein auf dem Kopfe, hatte sich ihr dreimal um den Leib geschlungen. Neben und zum Teil über dem schönen Leichnam lag ein altgeformtes Schwert, in der Mitte entzweigesprungen und ein zerbrochenes Wappen. Aus dieser Gruppe erhob sich ein hohes, einfaches Kreuz, mit seinem Fuße die Schlange erdrückend.

Friedrich traute seinen Augen kaum, da er bei genauerer Betrachtung auf dem zerbrochenen Schilde sein eigenes Familien-Wappen erkannte. Seine Augen fielen dabei noch einmal aufmerksamer auf die weibliche Gestalt, deren Gesicht so eben von einem glühenden Abendstrahle hell beleuchtet wurde. Er erschrak und wußte doch nicht, warum ihn diese Mienen so wunderbar anzogen. Endlich nahm er das kleine Portrait hervor, das sie auf Erwinens Brust gefunden hatten. Es waren dieselben Züge, es war das schöne Kind, mit dem er damals in dem Blumengarten seiner Heimat gespielt; nur das Leben schien seitdem viele Züge verwischt und seltsam entfremdet zu haben. Ein wehmütiger Strom von Erinnerung zog da durch seine Seele, dem er kaum mehr in jenes frühste, helldunkle Wunderland nachzufolgen vermochte. Er fühlte schaudernd seinen eignen Lebenslauf in den geheimnisvollen Kreis dieser Berge mit hineingezogen.

Er setzte sich voller Gedanken auf das steinerne Grabmal und sah in die Täler hinunter, wie die Welt da nur noch in einzelnen, großen Farbenmassen durcheinanderarbeitete, in welche Türme und Dörfer langsam versanken, bis es dann stille wurde wie über einem beruhigten Meere. Nur das Kreuz auf ihrem Berge oben funkelte noch lange golden fort.

Da hörten sie auf einmal hinter ihnen eine Schalmei über die Berge wehen; die Töne blieben oft in weiter Ferne aus, dann brachen sie auf einmal wieder mit neuer Gewalt durch die ziehenden Wolken herüber. Sie sprangen freudig auf. Sie zweifelten längst nicht mehr, daß sie sich in dem Gebiete des sonderbaren Mannes befänden, zu dem sie von Erwin hingewiesen worden. Um desto willkommener war es ihnen, endlich einen Menschen zu finden, der ihnen aus diesem wunderbaren Labyrinthe heraushelfe, in dem ihre Augen so wie Gedanken verwirrt und verloren waren. Sie bestiegen daher schnell ihre Pferde und ritten jenen Klängen nach.

Die Töne führten sie immerfort bergan zu einer ungeheueren Höhe, die immer öder und verlassener wurde. Ganz oben erblickten sie endlich einen Hirten, welcher, auf der Schalmei blasend, seine Herde in der Dämmerung vor sich her nach Hause trieb. Sie grüßten ihn, er dankte und sah sie ruhig und lange von oben bis unten an. Wem dient Ihr? fragte Leontin – Dem Grafen. – Wo wohnt der Graf? – Dort rechts auf dem letzten Berge in seinem Schlosse – Wer liegt dort, fuhr Leontin fort, auf der grünen Höhe unter den steinernen Figuren begraben? – Der Hirt sah ihn an und antwortete nicht; er wußte nichts davon und war noch niemals dort hinabgekommen. – Sie ritten langsam neben ihm her, da erzählte er ihnen, wie auch er weit von hier in den Tälern geboren und aufgewachsen sei, aber das ist lange her, sagte er, und weiß nicht mehr, wie es unten aussieht. Darauf wünschte er ihnen eine gute Nacht, nahm seine Schalmei wieder vor und lenkte links in das Gebirge hinein. – Sie blickten rings um sich, es war eine weite, kahle Heide und die Aussicht zwischen den einzelnen Fichten, die hin und her zerstreut standen, unbeschreiblich einsam, als wäre die Welt zu Ende. Es wurde ihnen Angst und weh an dem Orte. Sie gaben ihren Pferden die Sporen und schlugen rechts den Weg ein, den ihnen der einsylbige Hirt zu dem Schlosse des Grafen angezeigt hatte.

Es war indes völlig dunkel geworden. Die Gegend wurde noch immer höher, die Luft schärfer; sie wickelten sich fest in ihre Mäntel ein und ritten schnell fort. Da erblickten sie endlich auf dem höchsten Gipfel des Gebirges das verheißene Schloß. Es war, soviel sie in der Dunkelheit unterscheiden konnten, weitläufig gebaut und alt. Der Weg führte sie von selbst durch ein dunkles Bogentor in den altertümlichen, gepflasterten Hof, in dessen Mitte sich ein großer Baum über einem steinernen Springbrunnen wölbte.

Das erste, das ihnen dort auffiel, war ein seltsamer Mensch, mit einem langen, breiten Talar über den Achseln, einer Art von Krone, die etwas schief auf dem Kopfe saß, und einem langen Hirtenstabe in der Hand. Er näherte sich ihnen ein wenig, kehrte sich dann stolz wieder um und ging mit einem feierlich abgemessenen Schwebetritt langsam über den Hof, wobei der breite Mantel, wie der Schweif eines sich aufblähenden kalekuttischen Hahnes, hinter ihm dreinrauschte. Ein alter Mann war unterdes heruntergekommen, und sagte den beiden Gästen, sein Graf sei nicht zu Hause, bat sie aber abzusteigen. Sie hatten die Augen noch auf jene vorüberschwebende Figur gerichtet, und fragten erstaunt, was das zu bedeuten habe? Er sucht den Karfunkelstein, sagte der Alte trocken und führte ihre Pferde ab.

Ein junger Mensch, der sich inzwischen mit einem Lichte eingefunden hatte, bat sie, ihm zu folgen, und führte sie stillschweigend über verschiedene Wendeltreppen und einen langen Bogengang in ein großes, gotischgewölbtes Gemach mit zwei Himmelbetten, ein Paar großen, altmodischen Stühlen und einem ungeheueren runden Tische in der Mitte. Sie bemerkten mit Verwunderung, daß er ein ledernes Reiterwams trug und seine ganze Tracht überhaupt altdeutsch sei. Seine blonden Haare hatte er über der Stirne gescheitelt und in schönen Locken über die Schultern herabhängend.

Er setzte das Licht auf den Tisch und fragte sie, wann sie wieder weiter zu ziehen gedächten? Ach, fügte er hinzu, ohne erst ihre Antwort abzuwarten, ach, könnt' ich mitzieh'n! – Und wer hält Euch denn hier? fragte Leontin. – Es ist meine eigne Unwürdigkeit, entgegnete jener wieder, wohl fehlt mir noch viel zu der ehrenfesten Gesinnung, zu der Andacht und der beständigen Begeisterung, um der Welt wieder einmal Luft zum Himmel zu hauen. Ich bin geringe und noch kein Ritter, aber ich hoffe es durch fleißige Tugendübung mit Gottes Gnade zu werden und gegen die Heiden hinauszuzieh'n. Denn die Welt wimmelt wieder von Heiden. Die Burgen sind geschleift, die Wälder ausgehauen, alle Wunder haben Abschied genommen, und die Erde schämt sich recht in ihrer fahlen, leeren Nacktheit vor dem Kruzifixe, wo noch eines einsam auf dem Felde steht; aber die Heiden handtieren und gehen hochmütig vorüber und schämen sich nicht. – Er sprach dies mit einer wirklich rührenden Demut, doch selbst in der steigenden Begeisterung, in die er sich bei den letzten Worten hineingesprochen hatte, blieb etwas modern fades in seinen Zügen zurück. Leontin faßte ihn bei der Hand und wußte nicht, was er aus ihm machen sollte, denn für einen Menschen, der seine ordentliche Vernunft besitzt, hatte er ihm doch beinah zu gescheit gesprochen.

Unterdes hatte sich der Ritter nachlässig in einen Stuhl geworfen, zog eine Lorgnette unter dem Wams hervor, betrachtete die beiden Grafen flüchtig und sagte, seine letzten Worte wohlgefällig wiederholend: »aber die Heiden gehen vorüber und schämen sich nicht« –. Recht gut gesagt, nicht wahr, recht gut? – Beide sahen ihn erstaunt an. – Er lorgnierte sie von neuem. Aber ihr seid doch recht einfältig, fuhr er darauf lachend fort, daß ihr das alles eigentlich so für baren Ernst nehmt! Ihr seid wohl noch niemals in Berlin gewesen? Seht, ich möchte wohl eigentlich ein Ritter sein, aber, aufrichtig gesprochen, das ist doch im Grunde alles närrisches Zeug, welcher gescheide Mensch wird im Ernste an so etwas glauben! Überdies wäre es auch schrecklich langweilig, so strenge auf Tugend und Ehre zu halten. Ich versichere euch aber, ich bin wohl eigentlich ein Ritter, aber ihr faßt das nur nicht, ihr anderen Leute, ich halte aus ganzer Seele gleichsam auf die alte Ehre, aber seht, das ist ganz anders zu verstehen – das ist – aber ihr versteht mich doch nicht – das ist – hiebei schien er verwirrt und zerstreut zu werden. Er zog sein Ritterwams vom Leibe und erschien auf einmal in einem überaus modernen Negligé vom feinsten, weißen Perkal, von dem er mit vieler Grazie hin und wieder die Staubflecken abzuklopfen und wegzublasen bemüht war.

Nach einer Weile nahm er das Augenglas wieder vor und musterte die beiden Fremden, sich vornehm auf dem Sessel hin und herschaukelnd. Bei welchem Schneider lassen Sie arbeiten? sagte er endlich. Dann stand er auf und befühlte ihre Hemden an der Brust. Aber, mein Gott! wie kann man so etwas tragen? sagte er, bon soir, bon soir, mes amis! Hiemit ging er, laut ein französisches Liedchen trällernd, ab. In der Türe begegnete er einem Mädchen, das eben mit einem Korb voll Erfrischungen heraufkam. Er nahm sie sogleich in den Arm und wollte sie küssen. Sie schien aber keinen Spaß zu verstehen und warf den Ritter, wie sie an dem Gepolter wahrnehmen konnten, ziemlich unsanft die Stiege hinab.

Nun wahrhaftig, sagte Friedrich, hier geht es lustig zu, ich sehe nur, wann wir beide selber anfangen, mit verrückt zu werden. – Mir war bei dem Kerl zu Mute, meinte Leontin, als sollten wir ihn hundemäßig durchprügeln.

Das Mädchen hatte unterdes, ohne ein Wort zu sprechen, mit unglaublicher Geschwindigkeit den Tisch gedeckt und Essen aufgetragen. Ihre Hast fiel ihnen auf, sie betrachteten sie genauer und erschraken beide, als sie in ihr die verlorene Marie erkannten. Sie war Leichenblaß, ihr schönes Haar war seltsam aufgeputzt und phantastisch mit bunten Federn und Flitter geschmückt. Der überraschte Leontin nahm sie sanftstreichelnd bei dem weichen, vollen Arme und sah ihr in die sonst so frischen Augen, die er seit ihrem Abschiede auf der Gebirgsreise nicht wiedergesehen hatte. Sie aber wand die Hand los, legte den Finger geheimnisvoll auf den Mund und war so im Augenblicke zur Tür hinaus. Vergebens eilten und riefen sie ihr nach, sie war gleich einer Lazerte zwischen dem alten Gemäuer verschwunden.

Beide hatte dieses unerwartete Begegnis sehr bewegt. Sie lehnten sich in das Fenster und sahen über die Wälder hinaus, die der Mond herrlich beleuchtete. Leontin wurde immer stiller. Endlich sagte er: Es ist doch seltsam, wie gegenwärtig mir hier eine Begebenheit wird, die mich einst heftig erschütterte; und ich täusche mich nicht, daß ich hier endlich eine Auflösung darüber erhalten werde. Friedrich bat ihn, sie ihm mitzuteilen, und Leontin erzählte:

Ich hatte einst ein Liebchen hinter dem Walde bei meinem Schlosse, ein gutes, herziges, verliebtes Ding. Ich ritt gewöhnlich spät Abends zu ihr, und sie litt mich wohl manchmal über Nacht. Eines Abends, da ich eben auch hinkomme, sieht sie ungewöhnlich blaß und ernsthaft und empfängt mich fast feierlich, ohne mir wie sonst um den Hals zu fallen. Doch schien sie mehr traurig als schmollend. Wir gingen an dem Teiche spazieren, der bei ihrem Häuschen lag, wo sie mit ihrer Mutter einsam wohnte; da sagte sie mir: ich sei ja gestern Abends noch sehr spät bei ihr gewesen, und da sie mich küssen wollen, hätte ich sie ermahnt, lieber Gott als die Männer zu lieben, darauf hätte ich noch eine Weile sehr streng und ernsthaft mit ihr gesprochen, wovon sie aber nur wenig verstanden, und wäre dann ohne Abschied fortgegangen. –

Ich erschrak nicht wenig über diese Rede, denn ich war jenen Abend nicht von meinem Schlosse weggekommen. Während sie noch so erzählte, bemerkte ich, daß sie plötzlich blaß wurde und starr auf einen Fleck im Walde hinsah. Ich konnte nirgends etwas erblicken, aber Sie fiel auf einmal für tot auf die Erde. –

Als sie sich zu Hause, wohin ich sie gebracht, nach einiger Zeit wieder erholt hatte, schien sie sich ordentlich vor mir zu fürchten und bat mich in einer sonderbaren Gemütsbewegung, niemals mehr wieder kommen. Ich mußt' es ihr versprechen, um sie einigermaßen zu beruhigen. Demohngeachtet trieb mich die Besorgnis um das Mädchen und die Neugierde den folgenden Abend wieder hinaus, um wenigstens von der Mutter etwas zu erfahren.

Es war schon ziemlich spät, der Mond schien wie heute. Als ich in dem Walde, durch den ich hindurch mußte, eben auf einem etwas freien, mondhellen Platz herumbeuge, steigt auf einmal mein Pferd und mein eignes Haar vom Kopf in die Höh'. Denn einige Schritt' vor mir, lang und unbeweglich an einem Baume, stehe Ich selber leibhaftig. Mir fiel dabei ein, was das Mädchen gestern sagte; mir grauste durch Mark und Bein bei dem gräßlichen Anblick. Darauf faßte mich, ich weiß selbst nicht wie, ein seltsamer Zorn, das Phantom zu vernichten, das immer unbeweglich auf mich sah. Ich spornte mein Pferd, aber es stieg schnaubend in die Höh und wollte nicht d'ran. Die Angst steckte mich am Ende mit an, ich konnte es nicht aushalten, länger hinzuseh'n, mein Pferd kehrte unaufhaltsam um, eine unbeschreibliche Furcht bemächtige sich seiner und meiner, und so ging es Windschnell durch Sträucher und Hecken, daß die Äste mich hin und her blutig schlugen, bis wir beide atemlos wieder bei dem Schlosse anlangten. Das war jener Abend vor unserer Gebirgsreise, da ich so wild und ungebärdet tat, als du mit Faber ruhig am Tisch auf der Wiese saßest. – Später erfuhr ich, daß das Mädchen denselben Abend um dieselbe Stunde gestorben sei. – Und so wolle Gott jeden Schnapphahn kurieren, denn ich habe mich seitdem gebessert, das kann ich redlich sagen!

Friedrich erinnerte sich bei dieser wunderlichen Geschichte an eine Nacht auf Leontins Schlosse, wie er Erwinen einmal von der Mauer sich mit einem fremden Manne unterhalten gehört, und dann einen langen, dunklen Schatten von ihm in den Wald hineingeh'n gesehen hatte. – Allerdings, sagte Leontin, habe ich selber einmal dergleichen bemerkt, und es kam mir zu meinem Erstaunen vor, als wäre es dieselbe Gestalt, die mir im Walde erschienen. Aber du weißt, wie geheimnisvoll Erwine immer war und blieb; doch soviel wird mir, nach verschiedenen flüchtigen Äußerungen von ihr, immer wahrscheinlicher, daß dieses Bild hier in diesem Walde spuke oder lebe, es sei nun, was es wolle. – Ich weiß nicht, ob du noch unseres Besuches auf dem Schlosse der Frau v. A. gedenkest. Dort sah ich ein altes Ritterbild, vor dem ich augenblicklich zurückfuhr. Denn es war offenbar sein Portrait. Es waren meine eignen Züge, nur etwas älter und einen fremden Zug auf der Stirne über den Augen. –

Während Leontin noch so sprach, hörten sie auf einmal ein Geräusch auf dem Hofe unten und ein Reiter sprengte durch das Tor herein; mehrere Windlichter füllten sogleich den Platz, in deren über die Mauern hinschweifenden Scheinen sich alle Figuren nur noch dunkler ausnahmen. Er ist's! rief Leontin. – Der Reiter, welcher der Herr des Schlosses zu sein schien, stieg schnell ab und ging hinein, die Windlichter verschwanden mit ihm und es war plötzlich wieder dunkel und stille wie vorher.

Leontin war sehr bewegt, sie beide blieben noch lange voll Erwartung am Fenster, aber es rührte sich nichts im Schlosse. Ermüdet warfen sie sich endlich auf die großen, altmodischen Betten, um den Tag zu erwarten, aber sie konnten nicht einschlafen, denn der Wind knarrte und pfiff unaufhörlich an den Wetterhähnen und Pfeilern des alten, weitläufigen Schlosses, und ein seltsames Sausen, das nicht vom Walde herzukommen schien, sondern wie ferner Wellenschlag tönte, brauste die ganze Nacht hindurch.

ZWEIUNDZWANZIGSTES KAPITEL

Kaum fing der Morgen draußen an zu dämmern, so sprangen die Beiden schon von ihrem Lager auf und eilten aus ihrem Zimmer auf den Gang hinaus. Aber kein Mensch war noch da zu sehen, die Gänge und Stiegen standen leer, der steinerne Brunnen im Hofe rauschte einförmig fort. Sie gingen unruhig auf und ab; nirgends bemerkten sie einen neuen Bau oder Verzierung an dem Schlosse, es schien nur das Alte grade zur Notdurft zusammengehalten. Bunte Blumen und kleine grüne Bäumchen wuchsen hin und wieder auf dem hohen Dache, zwischen denen Vögel lustig sangen. Sie kamen endlich über mehrere Gänge in dem abgelegensten und verfallensten Teile des Schlosses in ein offenes, hochgelegenes Gemach, dessen Wände sie mit Kohle bemalt fanden. Es waren meist flüchtige Umrisse von mehr als lebensgroßen Figuren, Felsen und Bäumen, zum Teil halbverwischt und unkenntlich. Gleich an der Türe war eine seltsame Figur, die sie sogleich für den Eulenspiegel erkannten. Auf der anderen Wand erkannte Friedrich höchstbetroffen einen großen, ziemlich weitläufigen Umriß seiner Heimat, das große alte Schloß und den Garten auf dem Berge, den Strom unten, den Wald und die ganze Gegend. Aber es war so unbeschreiblich einsam anzusehen, denn ein ungeheuerer Sturm schien über die winterliche Gegend zu gehen, und beugte die entlaubten Bäume alle nach einer Seite, so wie auch eine wilde Flammenkrone, die aus dem Dache des Schlosses hervorbrach, welches zum Teil schon in der Feuersbrunst zusammenstürzte.

Friedrich konnte die Augen von diesen Zügen kaum wegwenden, als Leontin einen Haufen von Zeichnungen und Skizzen hervorzog, die ganz verstaubt und vermodert in einem Winkel des Zimmers lagen. Sie setzten sich beide auf den Fußboden hin und rollten eine nach der anderen auf. Die meisten Blätter waren komischen Inhalts, fast alle von einem ungewöhnlichen Umfang. Die Züge waren durchaus keck und oft bis zur Härte streng, aber keine der Darstellungen machte einen angenehmen, viele sogar ein widrigen Eindruck. Unter den komischen Gesichtern glaubte Friedrich zu seiner höchsten Verwunderung manche alte Bekannte aus seiner Kindheit wiederzufinden.

Der erste Morgenschein fiel indes so eben durch die hohen Bogenfenster und spielte gar seltsam an den Wänden der Polterkammer und in die wunderliche Welt der Gedanken und Gestalten hinein, die rings um sie her auf dem Boden zerstreut lagen. Es war ihnen dabei wie in einem Traume zu Mute. – Sie schoben endlich alle die Bilder wieder in den Winkel zusammen und lehnten sich zum Fenster hinaus.

Alles war noch nächtlich und grenzenlos still, nur einige frühe Vögel zogen pfeifend hin und her über den Wald und begrüßten die ersten Morgenstrahlen, die durch die Wipfel funkelten. Da hörten sie auf einmal draußen in einiger Entfernung folgendes Lied singen:

>   Ein Stern still nach dem andern fällt
>   Tief in des Himmels Kluft,
>   Schon zucken Strahlen durch die Welt,
>   Ich wittre Morgenluft.
>
>   In Qualmen steigt und sinkt das Tal;
>   Verödet noch vom Fest
>   Liegt still der weite Freudensaal,
>   Und tot noch alle Gäst'.
>
>   Da hebt die Sonne aus dem Meer
>   Eratmend ihren Lauf:
>   Zur Erde geht, was feucht und schwer,
>   Was klar, zu ihr hinauf.
>
>   Hebt grüner Wälder Trieb und Macht
>   Neurauschend in die Luft,
>   Zieht hinten Städte, eitel Pracht,
>   Blau' Berge durch den Duft.

> Spannt aus die grünen Tepp'che weich,
> Von Strömen hell durchrankt,
> Und schallend glänzt das frische Reich,
> So weit das Auge langt.
>
> Der Mensch nun aus der tiefen Welt
> Der Träume tritt heraus,
> Freut sich, daß alles noch so hält,
> Daß noch das Spiel nicht aus.
>
> Und nun geht's an ein Fleißigsein!
> Umsumsend Berg und Tal,
> Agieret lustig Groß und Klein
> Den Plunder allzumal.
>
> Die Sonne steiget einsam auf,
> Ernst über Lust und Weh
> Lenkt sie den ungestörten Lauf,
> In stiller Glorie. –
>
> Und *wie* er dehnt die Flügel aus,
> Und *wie* er auch sich stellt:
> Der Mensch kann nimmermehr hinaus
> Aus dieser Narrenwelt.

Die beiden Freunde eilten sogleich auf das sonderbare Lied hinunter und aus dem Schlosse hinaus. Die Wälder rauchten ringsum aus den Tälern, eine kühle Morgenluft griff stärkend an alle Glieder. Der Gesang hatte unterdes aufgehört, doch erblickten sie in jener Gegend, wo er hergekommen war, einen großen, schönen, ziemlich jungen Mann an dem Eingange des Waldes. Er stand auf und schien weggeh'n zu wollen, als er sie gewahr wurde; dann blieb er stehen und sah sie noch einmal an, kam darauf auf sie zu, faßte Friedrich'n bei der Hand und sagte sehr gleichgültig: Willkommen Bruder! –

Wie dem Schweizer in der Fremde, wenn plötzlich ein Alphorn ertönt, alle Berge und Täler, die ihn von der Heimat scheiden, in dem Klange versinken, und er sieht die Gletscher wieder und den alten, stillen Garten am Bergeshange und alle die morgenfrische Aussicht in das Wunderreich der Kindheit, so fiel auch Friedrich'n bei dem Tone dieser Stimme die mühsame Wand eines langen, verworrenen Lebens von der Seele nieder: – er erkannte seinen wilden Bruder Rudolph, der als Knabe fortgelaufen war, und von dem er seitdem nie wieder etwas gehört hatte.

Keine ruhige, segensreiche Vergangenheit schien aus diesen dunkelglühenden Blicken hervorzusehen, eine Narbe über dem rechten Auge entstellte ihn seltsam. Leontin stand still dabei und betrachtete ihn aufmerksam, denn es war wirklich dasselbe Bild, das ihm mitten im bunten Leben oft so schaurig begegnet. O, mein lieber Bruder, sagte Friedrich, so habe ich dich denn wirklich wieder! Ich habe dich immer geliebt. Und als ich dann größer wurde und die Welt immer kleiner und enger, und alles so Wunderlos und zahm, wie oft hab' ich da an dich zurückgedacht und mich nach deinem wunderbaren härteren Wesen gesehnt! – Rudolph schien wenig auf diese Worte zu achten, sondern wandte sich zu Leontinen und sagte: Wie geht es Euch, mein Signor Amoroso? Durch diesen Wald geht kein Weg zum Liebchen. – Und keiner in der Welt mehr, fiel ihm Leontin, der wohl wußte, was er meine, empfindlich ins Wort, denn Euere Possen haben das Mädchen ins Grab gebracht. – Besser tot, als eine H – sagte Rudolph gelassen. Aber, fuhr er fort, was treibt euch aus der Welt hier zu mir herauf? Sucht ihr Ruhe: ich habe selber keine, sucht ihr Liebe: ich liebe keinen Menschen, oder wollt ihr mich listig aussondieren, zerstreuen und lustig machen: so zieht nur in Frieden wieder hinunter, eßt, trinkt, arbeitet fleißig, schlaft bei eueren Weibern oder Mädchen, seid lustig und lacht, daß ihr euch krähend die Seiten halten müßt, und danket Gott, daß er euch weiße Lebern, einen ordentlichen Verstand, keinen überflüssigen Witz, gesellige Sitten und ein langes, wohlgefälliges Leben bescheret hat – denn mir ist das alles zuwider. – Friedrich sah den Bruder staunend an, dann sagte er: Wie ist dein Gemüt so feindselig und wüst geworden! Hat dich die Liebe – Nein, sagte Rudolph, ihr seid gar verliebt, da lebt recht wohl!

Hiemit ging er wirklich mit großen Schritten in den Wald hinein und war bald hinter den Bäumen verschwunden. Leontin lief ihm einige Schritte nach, aber vergebens. Nein, rief er endlich aus, er soll mich nicht so verachten, der wunderliche Gesell! Ich bin so reich und so verrückt wie Er! – Friedrich sagte: Ich kann es nicht mit Worten ausdrücken, wie es mich rührt, den tapferen, gerechten, rüstigen Knaben, der mir immer vorgeschwebt, wenn ich dich ansah, so verwildert wiederzusehen. Aber ich bleibe nun gewiß, auch wider seinen Willen, hier, ich will keine Mühe sparen, sein reines Gold, denn solches war in ihm, aus dem wüstverfallenen Schacht wieder ans Tageslicht zu fördern. – O, fiel ihm Leontin ins Wort, das Meer ist nicht so tief, als der Hochmütige in sich selber versunken ist! Nimm dich in Acht! er zieht dich eher schwindelnd zu sich hinunter, ehe du ihn zu dir hinauf.

Friedrich'n hatte der Anblick seines Bruders auf das heftigste bewegt. Er ging schnell von Leontinen fort und allein tief in den Wald hinein. Er brauchte der stillen, vollen Einsamkeit, um die neuen Erscheinungen, die auf einmal so gewaltsam auf ihn eindrangen, zu verarbeiten, und seine seltsam aufgeregten Geister zu beruhigen.

Lange war er so im Walde herumgeschweift, als auch Leontin wieder zu ihm stieß. Dieser hatte während des wieder jene Bilderstube bestiegen, und die Zeit unter den Zeichnungen gesessen. Dabei waren ihm in dieser Einsamkeit die Figuren oft wie lebendiggeworden vorgekommen und verschiedene Lieder eines Wahnsinnigen eingefallen, die er, wie Sprüche auf die alten Bilder, den Gestalten aus dem Munde auf die Wand aufgeschrieben hatte.

Die Sonne fing schon wieder an sich von der Mittagshöhe herabzuneigen. Weder Leontin noch Friedrich wußten recht, wo sie sich befanden, denn kein ordentlicher Weg führte vom Schlosse hieher. Sie schlugen daher die ohngefähre Richtung ein, sich über den melankolischen Rudolph besprechend. Als sie nach langem Irren eben auf einer Höhe angelangt waren, hörten sie plötzlich mehrere lebhafte Stimmen vor sich. Ein undurchdringliches Dickicht, durch welches von dieser Seite kein Eingang möglich war, trennte sie von den Sprechenden. Leontin bog die obersten Zweige mit Gewalt auseinander: da eröffnete sich ihnen auf einmal das seltsamste Gesicht. Mehrere auffallende Figuren nämlich, worunter sie sogleich Marie'n, den Karfunkelsteinspäher und den Ritter von Gestern erkannten, lagen und saßen dort auf einer grünen Wiese zerstreut umher. Die große Einsamkeit, die fremdartigen, zum Teil ritterlichen Trachten, womit die meisten angetan, gaben der Gruppe ein überraschendes, buntes und wundersames Anseh'n, als ob ein Zug von Rittern und Frauen aus alter Zeit hier ausraste.

Marie war ihnen besonders nahe, doch ohne sie zu bemerken. Sie war mit langen Kränzen von Gras behangen und hatte eine Guitarre vor sich auf dem Schoße. Auf dieser spielte sie und sang das Lied, das sie damals auf dem Rehe gesungen, als sie Friedrich zum erstenmale auf der Wiese bei Leontins Schlosse traf. Nach der ersten Strophe hielt sie, in Gedanken verloren, inne, als wollte sie sich auf das weitere besinnen, und fing dann das Lied immer wieder von Anfang an. –

Mitten unter den Narren saß Rudolph auf einem umgefallenen Baumstamme, den Kopf vornhin in beide Arme auf die Knie gestützt. Er war ohne Hut und sah sehr blaß. Mit Verwunderung hörten sie, wie er mit ihnen allen in ein lebhaftes Gespräch vertieft war. Er wußte dem Wahnsinn eines jeden eine Tiefe und Bedeutung zu geben, über welche sie erstaunten, und je verrückter die Narren sprachen, je witziger und ausgelassener wurde er in seinem wunderlichen Humor. Aber sein Witz war scharf ohne Heiterkeit, wie Dissonanzen einer großen zerstörten Musik, die keinen Einklang finden können oder mögen.

Leontin, der aufmerksam zugehört hatte, war es durchaus unmöglich, das wilde Spiel länger zu ertragen. Er hielt sich nicht mehr, riß mit Gewalt durch das Dickicht und eilte auf

Rudolphen zu. Rudolph, durch sein Gespräch exaltiert, sprang über der plötzlichen, unerwarteten Erscheinung rasch auf und riß dem verrückten Ritter, der neben ihm saß, den Degen aus der Scheide. So mit dem Degen aufgerichtet, sah der lange Mann mit seinen verworrenen Haaren und bleichem Gesichte fast Gespensterartig aus. Beide hieben in demselben Augenblicke wütend aufeinander ein, denn Leontin ging unter diesen Verrückten nicht unbewaffnet aus. Ein Strom von Blut drang plötzlich aus Rudolphs Arme und machte der seltsamen Verblendung ein Ende. Alles dieses war das Werk eines Augenblicks.

Friedrich war indes auch herbeigeeilt, und beide Freunde waren bemüht, das Blut des verwundeten Rudolphs mit ihren Tüchern zu stillen, worauf sie ihn näher an sein Schloß führten.

Als er sich nach einiger Zeit wieder erholt hatte, und die Gemüter beruhigt waren, äußerte Friedrich seine Verwunderung, wie er so einsam in dieser Gesellschaft aushalten könne.

Und was ist es denn mehr und anders, sagte Rudolph, als in der anderen gescheiden Welt? Da steht auch jeder mit seinen besonderen, eignen Empfindungen, Gedanken, Ansichten und Wünschen neben dem anderen wieder mit seinem besonderen Wesen, und, wie sie sich auch, gleichwie mit Polypenarmen, künstlich betasten und einander recht aus dem Grunde herauszufühlen trachten, es weiß ja doch am Ende keiner, was er selber ist oder was der andere eigentlich meint und haben will, und so muß jeder dem anderen verrückt sein, wenn es übrigens Narren sind, die überhaupt noch etwas meinen oder wollen. Das einzige Tolle bei jenen Verrückten von Profession aber ist nur, daß sie dabei noch glücklich sind.

Bei diesen Worten erblickte er das vielerwähnte Medaillon von Erwin, das Friedrich nur halbverborgen unter dem Rocke trug. Er ging schnell auf Friedrich'n zu. Woher hast du das? fragte er, und nahm das Bild zu sich. Er schien bewegt, als sie ihm erzählten, von wem sie es hatten, und daß

Erwin gestorben sei, doch konnte man nicht unterscheiden, ob es Zorn oder Rührung war. Er sah darauf das Bild lange Zeit an und sagte kein Wort.

Durch die Ermattung von dem Blutverluste, so wie durch den unerwarteten Anblick des Portraits schien seine Wildheit einigermaßen gebändiget. Die beiden Freunde drangen daher in ihn, ihnen endlich Aufschluß über das alles zu geben, und, wo möglich, seine Lebensgeschichte zu erzählen, auf welche sie beide sehr begierig waren, da sie wohl bemerkten, daß er mit diesem Mädchen und vielen anderen Rätseln in einem nahen Zusammenhange stehen müsse. Er war heut wirklich ruhig genug dazu. Er setzte sich, ohne sich weiter nötigen zu lassen, neben ihnen auf den Rasen, und begann sogleich folgendermaßen:

DREIUNDZWANZIGSTES KAPITEL

Wenn ich mein Leben überdenke, ist mir so totenstill und nüchtern, wie nach einem Balle, wenn der Saal noch wüst und schwüle qualmt und ein Licht nach dem anderen verlöscht, weil andere Lichter durch die zerschlagenen Fenster hineinschielen, und man reißt die Kleider von der Brust und steigt draußen auf den höchsten Berg und sieht der Sonne entgegen, ob sie nicht bald aufgeh'n will – Doch ich will ruhig erzählen:

Die erste Begebenheit meines Lebens, auf die ich mich wie auf einen Traum erinnere, war eine große Feuersbrunst. Es war in der Nacht, die Mutter fuhr mit uns und noch einigen fremden Leuten, auf die ich mich nicht mehr besinne, im Kahne über einen großen See. Mehrere Schlösser und Dörfer brannten ringsumher an den Ufern und der Widerschein von den Flammen spiegelte sich bis weit in den See hinein. Meine Wärterin hob mich aus dem Kahne hoch in die Höhe, und ich langte mit beiden Armen nach dem Feuer. Alle die fremden Leute im Kahne waren still, meine Mutter weinte sehr, man sagte mir, mein Vater sei tot.

Noch eines Umstandes muß ich dabei gedenken, weil er seltsam mit meinem übrigen Leben zusammenhängt. Als wir nämlich, soviel ich mich erinnere, gleichsam aus Flammen in den Kahn einstiegen, erblickte ich einen Knaben etwa von meinem Alter, den ich sonst nie gesehen hatte. Der lachte uns aus, tanzte an dem Feuer mit höhnenden Gebärden und schnitt mir Gesichter. Ich nahm schnell einen Stein und warf ihn ihm mit einer für mein Alter ungewöhnlichen Kraft an den Kopf, daß er umfiel. Sein Gesicht ist mir noch jetzt ganz deutlich und ich wurde des widrigen Eindrucks dieser Begebenheit niemals wieder los. – Das ist alles, was mir von jener merkwürdigen Nacht übrigblieb, deren Stille, Wunderbilder und feurige Widerscheine sich meinem kindischen Gemüte unverlöschlich einprägten. In dieser Nacht sah ich meine Mutter zum letztenmale.

Nachher erinnere ich mich wieder auf nichts, als Berge und Wälder, große Haufen von Soldaten und blitzenden Reitern, die mit klingendem Spiele über Brücken zogen, unbekannte Täler und Gegenden, die wie ein Schattenspiel schnell an meiner Seele vorüberflogen.

Als ich mich endlich zum erstenmale mit Besinnung in der Welt umzuschauen anfing, befand ich mich allein mit dir in einem fremden schönen Schloß und Garten unter fremden Leuten. Es war, wie du weißt, unser Vormund, und das Schloß, obschon unser Eigentum, doch nicht unser Geburtsort. Wir beide sind am Rheine geboren. – Es mochte mir hier bald nicht behagen. Besonders stach mir gegen das niemals in meiner Erinnerung erloschene Bild meiner Mutter, die ernst, hoch und schlank war, die neue, kleine, wirtschaftliche und dickliche Mutter zu sehr ab. Ich wollte ihr niemals die Hand küssen. Ich mußte viel sitzen und lernen, aber ich konnte nichts erlernen, besonders keine fremde Sprache. Am wenigsten aber wollte mir das sogenannte gewisse Etwas in Gesellschaften anpassen, wobei ich mich denn immer sehr schlecht und zu allgemeiner Unzufriedenheit präsentierte. Mir war dabei das Verstellen und das zierliche Niedlichtun der Vormünderin und des Hofmeisters unbegreiflich, die immer auf einmal ganz andere Leute waren, wenn Gäste kamen. Ja, ich erinnere mich, daß ich den letzteren einigemal, wenn er so außer dem gewöhnlichen Wege besonders klug sprach, hinten am Rocke zupfte und laut auflachte, worauf ich denn jedesmal mit drohenden Blicken aus dem Zimmer verwiesen wurde. Mit Prügeln war bei mir nichts auszurichten, denn ich verteidigte mich bis zum Tode gegen den Hofmeister und jedermann, der mich schlagen wollte. So kam es denn endlich, daß ich bei jeder Gelegenheit hintangesetzt wurde. Man hielt mich für einen trübseligen Einfaltspinsel, von dem weder etwas zu hoffen noch zu fürchten sei. Ich wurde dadurch nur noch immer tiefsinniger und einsamer und träumte unaufhörlich von einer geheimen Verschwörung Aller gegen mich, selbst dich nicht ausgenommen, weil du mit den meisten im Hause gut standst.

Ein einziges liebes Bild ging in dieser dunklen, schwerer Träume vollen, Zeit an mir vorüber. Es war die kleine *Angelina*, die Tochter eines verwandten italienischen Marchese, der sich auch vor den Unruhen in Italien zu uns geflüchtet hatte und lange Zeit dort blieb. Du wirst dich des lieblichen, wunderschönen Kindes erinnern, wie sie von uns Deutsch lernte und so schöne, welsche Lieder wußte. Ich hatte damals Tag und Nacht keine Seelensruh vor diesem schönen Bilde. Inzwischen glaubte ich zu bemerken, daß sie überall dich mehr begünstige, als mich; ich war ihr zu wild, sie schien sich vor mir zu fürchten. Mein alter Argwohn, Haß und Bangigkeit nahm täglich zu, ich saß, wie in mir selbst gefangen, bis endlich ein seltsamer Umstand alle die Engel und Teufel, die damals noch dunkel in mir rangen, auf einmal losmachte.

Ich war nämlich eines Abends eben mit Angelina im Garten an dem eisernen Gitter, durch das man auf die Straße hinaussah. Angelina stand am Springbrunnen und spielte mit den goldenen Kugeln, welche die Wasserkunst glänzend auf und nieder warf. Da kam eine alte Zigeunerin am Gitter vorbei und verlangte, als sie uns d'rinnen erblickte, auf die gewöhnliche ungestüme Art uns zu prophezeien. Ich streckte sogleich meine Hand hinaus. Sie las lange Zeit darin. Während des ritt ein junger Mensch, der ein Reisender schien, draußen die Straße vorbei und grüßte uns höflich. Die Zigeunerin sah erstaunt mich, Angelina und den vorüberziehenden Fremden wechselseitig an, endlich sagte sie, auf uns und ihn deutend: »Eines von euch dreien wird den anderen ermorden.« – Ich blickte dem Reiter scharf nach, er sah sich noch einmal um, und ich erkannte, erschrocken und zornig, sogleich das Gesicht desselben unbekannten Knaben wieder, der uns bei unserem Auszuge aus der Heimat an dem Feuer so verhöhnt hatte. – Die Zigeunerin war unterdes verschwunden, Angelina furchtsam fortgelaufen, und ich blieb allein in dem großen, dämmernden Garten und glaubte fest, nun, als Mörder, auch sogar von Gott verlassen zu sein; niemals fühlt' ich mich so finster und leer.

In der Nacht konnt' ich nicht schlafen, ich stand auf und zog mich völlig an. Es war alles still, nur die Wetterhähne knarrten im Hofe, der Mond schien sehr hell. Du schliefst still neben mir, das Gebetbuch lag noch halbaufgeschlagen bei dir, ich wußte nicht, wie du so ruhig sein könntest. Ich küßte dich auf den Mund, ging dann schnell aus dem Hause, durch den Garten, und kehrte niemals mehr wieder.

Von nun an geht mein Leben rasch, bunt, ungenügsamwechselnd und in allem Wechsel doch unbefriedigt. Ich will nur einige Augenblicke ausheben, die mich, wie einsamerleuchtete Berggipfel über dem dunkelwühlenden Gewirre, noch immer von weitem anseh'n.

Als ich zu Ende jener Nacht die letzte Höhe erreicht hatte, ging eben die Sonne prächtig auf. Die Gegend unten, so weit die Blicke langten, war mit bunten Zelten, unermeßlich blitzenden Reihen und Lust und Schallen überdeckt. Einzelne bunte Reiter flogen in allen Richtungen über den grünen Anger, einzelne Schüsse fielen bis in die tiefste Ferne hin und her im Walde. Ich stand wie eingewurzelt vor Lust bei dem Anblick. Ich glaubte, es nun auf einmal gefunden zu haben, was mir fehlte und was ich eigentlich wollte. Ich eilte daher schnell hinunter und ließ mich anwerben.

Wir brachen noch denselben Tag von dem Orte auf, aber

schon da auf dem Marsche fing ich an zu bemerken, daß dieses nicht das Leben war, das ich erwartete. Der platte Leichtsinn, das Prahlen und der geschäftige Müßiggang eckelte mich an, besonders unerträglich aber war mir, daß ein einziger, unbeschreiblicher Wille das Ganze , wie ein dunkles Fatum, regieren sollte, daß ich im Grunde nicht mehr wert sein sollte, als mein Pferd – und so versenkten mich diese Betrachtungen in eine fürchterliche Langeweile, aus der mich kaum die Signale, welche die Schlacht ankündigten, aufzurütteln vermochten.

Damals bekam mein Oberst von meinem Vormund, der mich aufgespürt hatte, einen Brief, worin er ihn bat mich auszuliefern. Aber es war zu spät, denn das Treffen war eben losgegangen. Mitten im blitzenden Dampfe und Todeswühlen erblickt' ich plötzlich das bleiche Gesicht des Unbekannten wieder mir feindlich gegenüber. – Wütend, daß das Gespenst mich überall verfolge, stürzte ich auf ihn ein. Er focht so gut wie ich. Endlich sah ich sein Pferd stürzen, während ich selbst, leicht verwundet, vor Ermattung bewußtlos hinsank. Als ich wieder erwachte, war alles ringsum finster und totenstill über der weiten Ebne, die mit Leichen bedeckt war. Mehrere Dörfer brannten in der Runde, und nur einzelne Figuren, wie am jüngsten Gericht, erhoben sich hin und her und wandelten dunkel durch die Stille. Ein unbeschreibliches Grausen überfiel mich vor dem wahnwitzigen Jammerspiel, ich raffte mich schnell auf und lief bis es Tag wurde.

In einem Städtchen las ich in der Zeitung die Bekanntmachung meines Vormunds, daß ich in dem Treffen geblieben sei, auch hörte ich, daß der Marchese mit seiner Tochter unser Schloß wieder verlassen habe. Ich war zu stolz und aufgeregt, um nach Hause zurückzukehren. Indes erwachte das Bild der kleinen Angelina von neuem in meinem Herzen. Ich bildete mir die liebliche Erinnerung mit allen Kräften meiner Seele aus und so malte ich damals jenes Engelsköpfchen, das du hier zu meinem Erstaunen mitgebracht hast. Es ist Angelinen's Portrait.

Mein unruhiges und doch immer in sich selbst verschlossenes Gemüt bekam nun auf einmal die erste entschiedene Richtung nach Außen. Ich warf mich mit einem unerhörten Fleiße auf die Malerei und streifte mit dem Gelde, das ich mir dadurch erwarb, in Italien herum. Ich glaubte damals, die Kunst werde mein Gemüt ganz befriedigen und ausfüllen. Aber es war nicht so. Es blieb immer ein dunkler, harter Fleck in mir, der keine Farben annahm, und doch mein eigentlicher, innerster Kern war. Ich glaube, wenn ich in meiner Angst einen neuen Münster hätte aus mir herausbauen können, mir wäre wohler geworden, so felsengroß lag immer meine Entzückung auf mir. Meine Skizzen waren immer besser als die Gemälde, weil ihre Ausführung meistens unmöglich war. Gar oft in guten Stunden ist mir wohl eine solche Glorie von niegesehenen Farben und unbeschreiblich himmlischer Schönheit vorgekommen, daß ich mich kaum zu fassen wußte. Aber dann war's auch wieder aus, und ich konnte sie niemals ausdrücken. – So schmückt sich wohl jede tüchtige Seele einmal ihren Kerker mit Künsten aus, ohne deswegen zum Künstler berufen zu sein. Und überhaupt ist es am Ende doch nur Putz und eitel Spielerei. Oder würdet ihr den nicht für töricht halten, der sich im Wirtshaus, wo er übernachtet, eifrig auszieren wollte? Und *wir* machen soviel Umstände mit dem Leben und wissen nicht, ob wir noch eine Stunde bleiben!

An einem schönen Sommerabende fuhr ich einmal in Venedig auf dem Golf spazieren. Der Halbkreis von Palästen mit ihren stillerleuchteten Fenstern gewährte einen prächtigen Anblick. Unzählige Gondeln glitten aneinander vorüber über das ruhige Wasser, Guitarren und tausend weiche Gesänge zogen durch die laue Nacht. Ich ruderte voll Gedanken fort und immerfort, bis nach und nach die Lieder verhallten und alles um mich her still und einsam geworden war. Ich dachte an die ferne Heimat und sang ein altes deutsches Lied, eines von denen, die ich noch als Knabe Angelinen gelehrt hatte. Wie sehr erstaunte ich, als mir da auf einmal eine wunderschöne weibliche Stimme von dem Altan eines Hauses mit der nächstfolgenden Strophe desselben Liedes antwortete. Ich sprang sogleich ans Ufer und eilte auf das Haus zu, von dem der Gesang herkam. Eine weiße Mädchengestalt neigte sich zwischen den Orangenbäumen und Blumen über den Balkon herab und sagte flüsternd: Rudolph! Ich erkannte bei dem hellen Mondscheine sogleich *Angelinen*. Sie schien noch mehr sprechen zu wollen, aber die Türe auf dem Balkon öffnete sich von innen, und sie war verschwunden.

Verwundert und entzückt in allen meinen Sinnen, setzt' ich mich an einen steinernen Springbrunnen, der auf dem weitstillen Platze vor dem Hause stand. Ich mochte ohngefähr eine Stunde dort gesessen haben, als ich die Glastüre oben leise wieder öffnen hörte. Angelina trat, sich furchtsam auf dem Platze umsehend, noch einmal auf den Balkon heraus. Ihre schönen Locken fielen auf den schneeweißen, nur halbverhüllten Busen herab, sie war barfuß und im leichtesten Nachtkleide. Sie erschrak, als sie mich wirklich noch unten erblickte. Sie legte den Finger auf den Mund, während sie mit der anderen Hand auf die Türe deutete, lehnte sich stillschweigend über das Geländer und sah mich so lange Zeit unbeschreiblich lieblich an. Darauf zog sie ein Papierchen hervor, warf es mir hinab, lispelte kaum hörbar: Gute Nacht! und ging zaudernd wieder hinein. – Auf dem Zettel stand mit Bleistift der Name einer Kirche aufgeschrieben.

Ich begab mich am Morgen zu der benannten Kirche und sah das Mädchen wirklich zur bestimmten Stunde mit einer ältlichen Frau, die ihre Vertraute schien, schon von weitem die Straße heraufkommen. Ich erschrak fast vor Freuden, so überaus schön war sie geworden. Als sie mich ebenfalls erblickte, wurde sie rot vor Scham über die vergangene Nacht und schlug den Schleier fest über das Gesicht. Auf dem Wege und in der Kirche erzählte sie mir nun ungestört, daß sie schon lange wieder in Italien zurückseien, daß ihr Vater, da ihre Mutter bei ihrer Geburt in Todesnot war, das feierliche Gelübde getan, sie, Angelina, als Klosterjungfrau dem Himmel zu weihen, und daß der dazu bestimmte Tag nicht mehr fern sei. – Das verliebte Mädchen sagte dies mit Tränen in den Augen.

Wir kamen darauf noch oft, bald in der Kirche, bald in der Nacht am Balkone zusammen; der Tag, wo Angelina aus dem väterlichen Hause fort ins Kloster sollte, rückte immer näher heran, und wir verabredeten endlich mit einander zu entfliehen.

In der Nacht, die wir zur Flucht bestimmt hatten, trat sie, mit dem Notwendigsten versehen und reichgeschmückt, wie eine Braut, hervor. Die heftige Bewegung, in der ihr Gemüt war, machte ihr Gesicht wunderschön, und ich sehe sie in diesem Zustande und diesem Kleide noch wie heute vor mir stehen. Sie war noch in ihrem Leben nicht um diese Zeit allein auf der Gasse gewesen, sie wurde daher noch im letzten Augenblick von neuem schüchtern und halbunschlüssig; sie weinte und fiel mir um den Hals. Ich faßte sie endlich um den Leib und trug sie in den Kahn, den ich im Golf bereit hielt. Ich stieß schnell vom Ufer ab, das Segel schwoll im lauen Winde, der Halbkreis der erleuchteten Fenster versank allmählich hinter uns und wir befanden uns allein auf der stillen, unermeßlichen Fläche.

Die Liebe hatte sie nun ganz in meine Gewalt gegeben. Sie wurde nun ruhig. Innerlichst fröhlich, aber still, saß sie fest an mich gedrückt und sah mit den weitoffnen, sinnigen Augen unverwandt ins Meer hinaus. Ich bemerkte, daß sie oft heimlich zusammenschauerte, bis sie endlich ermüdet einschlummerte.

Da rauschte plötzlich ein Kahn mit mehreren Leuten und Fackelschein vorüber nach Venedig zu. Der eine von ihnen schwang eben seine Fackel und ich erblickte bei dem flüchtigen Scheine den unbekannten, wunderbar mit mir verknüpften Fremden wieder, der mitten im Kahne aufrecht stand. Ich fuhr unwillkürlich bei dem Anblick zusammen, und höchstseltsam, obschon die ganze Erscheinung ohne das mindeste Geräusch vorübergeglitten war, so wachte doch Angelina in demselben Augenblicke von selber auf und sagte mir erschrocken, es habe ihr etwas fürchterliches geträumt, sie wisse sich nun aber nicht mehr darauf zu besinnen. Ich beruhigte sie, und sagte ihr nichts von dem Begegnis, worauf sie denn bald von neuem einschlief.

Ein lauter Freudenschrei entfuhr ihrer Brust, als sie nach einigen Stunden die hellen Augen aufschlug, denn die Sonne ging eben prächtig über der Küste von Italien auf, die in duftigem Wunderglanze vor uns da lag. Es war der erste überschwengliche Blick des jungen Gemütes in das freie, lüsternlockende, reiche, noch ungewisse Leben. Wir stiegen nun ans Land und setzten unsere Reise zu Pferde gen Rom fort. Dieses Ziehen in den blauen, lieblichen Tagen über grüne Berge, Täler und Flüsse, rollt sich noch jetzt blendend vor meiner Erinnerung auf, wie ein mit prächtigglänzenden, wunderbaren Blumen gestickter Teppich, auf dem ich mich selbst als lustige Figur mit buntgeflickter Narrenjacke erblicke.

In Rom nisteten wir uns in einem entlegenen Quartiere der Stadt ein, wo uns niemand bemerkte. Wir führten einen gar wunderlichen, ziemlich unordentlichen Haushalt miteinander, denn Angelina gewöhnte sich sehr bald auch an das freie, sorglose Künstler-Wesen. Sie hatte, gleich, als wir ans Land stiegen, Mannskleider anlegen müssen, um nicht erkannt zu werden, und ich gab sie so für meinen Vetter aus. Die Tracht, in der sie mich nun auch frei auf allen Spaziergängen begleitete, stand ihr sehr niedlich; sie sah oft aus wie Correggio's Bogenschütz. Sie mußte mir oft zum Modell sitzen, und sie tat es gern, denn sie wußte wohl, wie schön sie war. Damals wurden meine Gemälde weniger hart, angenehmer und sinnreicher in der Ausführung.

Indes entging es mir nicht, daß Angelina anfing, mit der Mädchentracht nach und nach auch ihr voriges mädchenhaftes, bei aller Liebe verschämtes, Wesen abzulegen, sie wurde in Worten und Gebärden kecker, und ihre sonst so schüchternen Augen schweiften lüstern rechts und links. Ja, es geschah wohl manchmal, wenn ich sie unter lustige Gesellen mitnahm, mit denen wir in einem Garten oft die Nacht durchschwärmten, daß sie sich berauschte, wo sie dann mit den furchtsam dreisten Mienen und glänzendschmachtenden Augen ein ungemein reizendes Spiel der Sinnlichkeit gab.

Weiber ertragen solche kühnere Lebensweise nicht. – Ein Jahr hatten wir so zusammengelebt, als mir Angelina eine

Tochter gebar. Ich hatte sie einige Zeit vorher auf einem Landhause bei Rom vor aller Welt Augen verborgen, und auf ihr eignes Verlangen, welches meiner Eifersucht auffiel, blieb sie nun auch noch lange nach ihrer Niederkunft mit dem Kinde dort. –

Eines Morgens, als ich eben von Rom hinkomme, find' ich alles leer. – Das alte Weib, welches das Haus hütete, erzählt mir zitternd: Angelina habe sich gestern Abend sehr zierlich als Jäger angezogen, sie habe darauf, da der Abend sehr warm war, lange Zeit bei ihr vor der Tür auf der Bank gesessen und angefangen so betrübt und melankolisch zu sprechen, daß es ihr durch die Seele ging, wobei sie öfters ausrief: Wär' ich doch lieber ins Kloster gegangen! Dann sagte sie wieder lustig: Bin ich nicht ein schöner Jäger? Darauf sei sie hinaufgegangen, habe, während schon alles schlief, noch immerfort Licht gebrannt und am offnen Fenster allerlei zur Laute gesungen. Besonders habe sie folgendes Liedchen zum öftern wiederholt, welches auch mir gar wohl bekannt war, da es Angelina von mir gelernt hatte:

>»Ich hab' geseh'n ein Hirschlein schlank
>Im Waldesgrunde steh'n,
>Nun ist mir draußen weh' und bang,
>Muß ewig nach *ihm* geh'n.
>
>Frischauf, ihr Waldgesellen mein!
>Ins Horn, ins Horn frischauf!
>Das lockt so hell, das lockt so fein,
>Aurora tut sich auf.«
>
>Das Hirschlein führt den Jägersmann
>In grüner Waldesnacht,
>Talunter schwindelnd und bergan
>Zu niegeseh'ner Pracht.
>
>»Wie rauscht schon abendlich der Wald,
>Die Brust mir schaurig schwellt!

Die Freunde fern, der Wind so kalt,
So tief und weit die Welt!«

Es lockt so tief, es lockt so fein
Durch's dunkelgrüne Haus,
Der Jäger irrt und irrt allein,
Find't nimmermehr heraus. –

Gegen Mitternacht ohngefähr, fuhr die Alte fort, hörte ich ein leises Händeklatschen vor dem Hause. Ich öffnete leise die Lade meines Guckfensters und sah einen großen Mann, bewaffnet und in einen langen Mantel vermummt, unter Angelinen's Fenster steh'n, seitwärts im Gebüsch hielt ein Wagen mit Bedienten und vier Pferden. In demselben Augenblicke kam auch Angelina, ihr Kind auf dem Arme, unten zum Hause heraus. Der fremde Herr küßte sie und hob sie geschwind in den Wagen, der pfeilschnell davonrollte. Eh' ich mich besann, herauslief und schrie, war alles in der dicken Finsternis verschwunden. –

Auf diesen verzweifelten Bericht der Alten stürzte ich in das Zimmer hinauf. Alles lag noch wie sonst umher, sie hatte nichts mitgenommen als ihr Kind. Ein Bild, das nach ihr kopiert war, stand noch ruhig auf der Staffelei, wie ich es verlassen. Auf dem Tische daneben lag ein ungeheurer Haufen von Goldstücken. Wütend und außer mir, warf ich alle das Gold, das Bild und alle andere Bilder und Zeichnungen hinterdrein zum Fenster hinaus. Die Alte tanzte unten mit widrig vor Staunen und Gier verzerrten Gebärden wie eine Hexe zwischen dem Goldregen herum, und ich glaubte da auf einmal in ihren Zügen dieselbe Zigeunerin zu erkennen, die mir damals an dem Gartengitter prophezeit hatte. – Ich eilte zu ihr hinunter, aber sie hatte sich bereits mit dem Golde verloren. – Ich lud nun meine Pistolen, warf mich auf mein Pferd und jagte der Spur des Wagens nach, die noch deutlich zu kennen war. Ich war vollkommen entschlossen, Angelina und ihren Entführer totzuschießen. – So erbärmliches Zeug ist die Liebe, diese liederliche Anspannung der Seele! –

So durchstreifte ich fast ganz Italien nach allen Richtungen, ich fand sie nimmermehr. Als ich endlich, erschöpft von den vielen Zügen, auf den letzten Gipfeln der Schweitz ankam, schauderte mir, als ich da auf einmal aus dem italienischen Glanze nach Deutschland hinab sah, wie das so ganz anders, still und ernsthaft mit seinen dunklen Wäldern, Bergen und dem königlichen Rheine da lag. – Ich hatte keine Sehnsucht mehr nach der Ferne und versank in eine öde Einsamkeit. Mit meiner Kunst war es aus. –

Dagegen lockte mich nun bald die Philosophie unwiderstehlich in ihre wunderbaren Tiefen. Die Welt lag wie ein großes Rätsel vor mir, die vollen Ströme des Lebens rauschten geheimnisvoll, aber vernehmlich, an mir vorüber, mich dürstete unendlich nach ihren heiligen, unbekannten Quellen. Der kühnere Hang zum Tiefsinn war eigentlich mein angebornes Naturell. Schon als Kind hatte ich oft meinen Hofmeister durch seltsame, ungewöhnliche Fragen in Verwirrung gebracht, und selbst meine ganze Malerei war im Grunde nur ein falsches Streben, das Unaussprechliche auszusprechen, das Undarstellbare darzustellen. Besonders verspürte ich schon damals dieses Gelüst vor manchen Bildern des großen Albrecht Dürers und Michel Angelo's. Ich studierte nun mit eisernem, unausgesetztem Fleiß fast alle Philosopheme, was die Alten ahndeten und Neuen grübelten oder phantasierten. Aber alle Systeme führten mich entweder von Gott ab, oder zu einem falschen Gott.

Alles aufgebend und verzweifelt, daß ich auf keine Weise die Schranken durchbrechen und aus mir selber herauskommen konnte, stürzt' ich mich nun wütend, mit wenigen lichten Augenblicken schrecklicher Reue, in den flimmernden Abgrund aller sinnlichen Ausschweifungen und Greuel, als wollt' ich mein eignes Bild aus meinem Andenken verwischen. Dabei wurde ich niemals fröhlich, denn mitten im Genuß mußte ich die Menschen verhöhnen, die, als wären sie meines Gleichen, halb schlecht und halb furchtsam, nach der Weltlust haschten, und dabei wirklich und in allem Ernst zufrieden und glücklich waren. Niemals ist mir das Handtieren und Treiben der Welt so erbärmlich vorgekommen, als damals, da ich mich selber darin untertauchte.

Eines Abends sitz' ich am Pharotisch, ohne aufzublicken und mich um die Gesellschaft zu bekümmern. Ich spielte diesen Abend, wider alle sonstige Gewohnheit, immerfort unglücklich, und wagte immer toller, je mehr ich verlor. Zuletzt setzte ich mein noch übriges Vermögen auf die Karte. – Verloren! hört' ich den Bankhalter am anderen Ende der Tafel rufen. Ich springe auf und erblicke den geheimnisvollen Unbekannten, den ich fast schon vergessen hatte. Er wurde sichtbar bleich, als er mich erkannte. Ich weiß nicht, mit welcher Medusengewalt grade in diesem Augenblicke sein Bild auf meine Seele wirkte. In der Verblendung dieses Anblicks warf ich alle Karten nach dem Orte, wo die Erscheinung gestanden, aber er war schon fort und schnell aus der Stube verschwunden. Alle sahen mich erstaunt an, einige murrten, ich stürzte zur Türe hinaus auf die Straße.

Ich ging eilig durch die Gassen und blickte rechts und links in die erleuchteten Fenster hinein, wie da einige so eben ruhig und vollauf zu Abend schmausten, dort andere ein Lombrechen spielten, anderswo wieder lustige Paare sich drehten und jubelten, und allen so philisterhaft wohl war. Mich hungerte gewaltig. Betteln mocht' ich nicht. Schmaust, jubelt und dreht euch nur, ihr Narren! rief ich und ging mit starken Schritten aus dem Tore aufs Feld hinaus. Es war eine stockfinstere Nacht, der Wind jagte mir den Regen ins Gesicht.

Als ich eben an den Saum eines Waldes kam, erblickte ich plötzlich hart vor mir zwei lange Männer, heimlich lauernd an eine Eiche gelehnt, die ich sogleich für Schnapphähne erkannte. Ich ging im Augenblick auf sie los, und packte den einen bei der Brust. Gebt mir was zu essen, ihr elenden Kerls! schrie ich sie an, und mußte auch gleich darauf laut auflachen, was sie über diese unerwartete Wendung der Sache für Gesichter schnitten. Doch schien ihnen das zu gefallen, sie betrachteten mich als einen würdigen Kumpan, und führten mich freundschaftlich tiefer in den Wald hinein.

Wir kamen bald auf einen freien, einsamen Platz, wo bärtige Männer, Weiber und Kinder um ein Feldfeuer herumlagen, und ich bemerkte nun wohl, daß ich unter einen Zigeunerhaufen geraten war. Da wurde geschlachtet, geschunden, gekocht und geschmort, alle sprachen und sangen ihr Kauderwelsch verworren durcheinander, dabei regnete und stürmte es immerfort; es war eine wahre Walburgisnacht. Mir war recht kannibalisch wohl. Übrigens war es, außer daß sie alle ausgemachte Spitzbuben waren, eine recht gute, unterhaltende Gesellschaft. Sie gaben mir zu essen, Branntwein zu trinken, tanzten, musizierten und kümmerten sich um die ganze Welt nicht.

Mitten in dem Haufen bemerkte ich bald darauf ein altes Weib, die ich bei dem Widerscheine der Flamme nicht ohne Schreck für dieselbe Zigeunerin wieder erkannte, die mir als Kind so fürchterlich geweissagt hatte. Ich ging zu ihr hin, sie kannte mich nicht mehr. – Von unserem letzten Zusammentreffen bei Rom wußte, oder mochte sie nichts wissen. – Ich reichte ihr noch einmal die Hand hin. Sie betrachtete alle Linien sehr genau, dann sah sie mir scharf in die Augen, und sagte, während sie mit seltsamen Gebärden nach allen Weltgegenden in die Luft focht: »Es ist hoch an der Zeit, der Feind ist nicht mehr weit, hüte dich, hüte dich!« Darauf verlor sie sich augenblicklich unter dem Haufen und ich sah sie nicht mehr wieder. Mir wurde dabei nicht wohl zu Mute und die abenteuerlichen Worte gingen mir wunderlich im Kopfe herum.

Indes brachten mich die anderen Gesellen wieder auf andere Gedanken. Denn sie drängten sich immer vertraulicher um mich und erzählten mir ihre verübten Schwänke und Schalkstaten, worunter eine besonders meine Aufmerksamkeit auf sich zog. Ein junger Bursch erzählte mir nämlich, wie seine Großmutter vor vielen Jahren einmal einer reisenden welschen Dame, die mit einem Herrn im Wirtshause übernachtete, ihr kleines Kind gestohlen habe, weil es so wunderschön aussah. Er beschrieb mir dabei alle Nebenumstände so genau, daß ich fast nicht zweifeln konnte, die reisende welsche Dame sei niemand anders als *Angelina* selbst gewesen. – Ich sprang auf und drang in ihn, mir die Geraubte sogleich zu zeigen. Bestürzt über meinen unerklärlichen Ungestüm, antwortete er mir: Das geraubte Fräulein wuchs teils unter uns, teils unter unseren Brüdern in einer Waldmühle auf, wo sie vor einigen Tagen plötzlich mit Mann und Maus verschwunden ist, ohne daß wir wissen, wohin? –

So war also Erwine deine Tochter! fiel hier Friedrich seinem Bruder erstaunt ins Wort. – Seit ich dieses kleine Bild hier gesehen, sagte dieser, und ihre weitere Geschichte und Namen von euch gehört, ist es mir gewiß. Ich habe sie später, nachdem ich schon von der Welt geschieden war, manchmal von der Mauer gesehen und gesprochen, wenn ich des Nachts an Leontins Schlosse vorbeistreifte. Aber mir war der Knabe, für den ich sie hielt, wie ihr, nur reizend als eine besondere neue Art von Narren, als von welcher mir noch keiner vorgekommen war. Denn auch ich konnte und mochte niemals etwas von ihrem früheren Leben aus ihr herauskriegen. Das gute Kind fürchtete wahrscheinlich noch immer Strafe für die unwillkürliche, schändliche Verbindung, in der sie ihre Kindheit zugebracht. – Doch, hört nun meine Geschichte völlig aus, denn das viele Plaudern ist mir schon zuwider:

Noch vor Tagesanbruch also, als wir so lagen und erzählten, kam ein junger Kerl von der Bande, der auf Kundschaft ausgeschickt worden war, mit fröhlicher Botschaft zurück, die sogleich den ganzen Haufen in Alarm brachte. Der reiche Graf, sagte er nämlich aus, wird heute Abend auf dem Schlosse seinen Geburtstag feiern, da gibt's was zu schmausen und zu verdienen! Es wurde sogleich beschlossen, dem Feste auf was immer für eine Art ungeladen beizuwohnen. Das Wetter hatte sich aufgeklärt, wir brachen daher alle schnell auf und zogen lustig über das Gebirge fort.

Gegen Abend lagerten wir uns auf einem schönen, waldigen Berge, dem gräflichen Schlosse gegenüber, das jenseits eines Stromes ebenfalls auf einer Anhöhe mit seinen Säulenportalen und italienischem Dache sich recht luftig ausnahm.

Wir wollten hier die Dunkelheit abwarten. Der letzte Widerschein der untergehenden Sonne flog eben wie ein Schattenspiel über die Gegend. Unten auf dem Flusse zogen mehrere aufgeschmückte Schiffe voll Herren und Damen mit bunten Tüchern und Federn lustig auf das Schloß zu, während von beiden Seiten Waldhörner weit in die Berge hinein verhallten.

Als es endlich ringsumher still und finster wurde, sahen wir, wie im Schlosse drüben ein Fenster nach dem anderen erleuchtet wurde und Kronleuchter mit ihren Kreisen von Lichtern sich langsam zu drehen anfingen. Auch im Garten entstand ein Licht nach dem andern, bis auf einmal der ganze Berg, mit Sternen, Bogengängen und Guirlanden von buntfarbigen Glaskugeln erleuchtet, sich wie eine Feeninsel aus der Nacht hervorhob. Ich überließ meine Begleiter ihren Beratschlagungen und Kunstgriffen und begab mich allein hinüber zu dem Feste, ohne eigentlich selber zu wissen, was ich dort wollte.

Von der Seite, wo ich auf dem Berge hinangekommen, war kein Eingang. Ich schwang mich daher auf die Mauer und sah, so da droben sitzend, in den Zaubergarten hinein, aus dem mir überall Musik entgegenschwoll. Herren und Frauen spazierten da in zierlicher Fröhlichkeit zwischen den magischen Lichtern, Klängen und schimmernden Wasserkünsten prächtig durcheinander. Auch mehrere Masken sah ich, wie Geister, durch den lebendigen Jubel auf und ab wandeln.

Mich faßte bei dem Anblick auf meiner Mauer oben ein blindes, wildes, unglückseliges Gelüst, mich mit hineinzumischen. Aber meine von Regen und Wind zerzauste Kleidung war wenig zu einem solchen Abenteuer eingerichtet. Da erblickte ich seitwärts durch ein offnes Fenster eine Menge verschiedener Masken in der Vorhalle des Schlosses umherliegen. Ohne mich zu besinnen, sprang ich von der Mauer herab und in das Vorhaus hinein. Eine Menge Bedienter, halb berauscht, rannten dort mit Gläsern und Tellern durcheinander, ohne mich zu bemerken oder doch weiter zu beachten. Ich zettelte daher den bunten Plunder von Masken ungestört auseinander und zog zufällig eine schwarze Rittertracht nebst Schwert und allem Zubehör hervor. Ich legte sie schnell an, nahm eine danebenliegende Larve vor und begab mich so mitten unter das Gewirre in den Glanz hinaus.

Ich kam mir in der Fröhlichkeit vor wie der Böse, denn mir war nicht anders zu Mute, als dem Zigeunerhauptmann auf dem Jahrmarkt zu Plundersweilen. Am Ende eines erleuchteten Bogenganges hörte ich auf einmal einige Damen ausrufen: Sieh da, die Frau vom Hause! Welche Perlen! Welche Juwelen! Ich sehe mich schnell um und erblicke – *Angelina*, die in voller Pracht ihrer Schönheit die Allee heraufkommt. – Mein mörderischer Zorn, der mich damals durch ganz Italien hin und her gehetzt hatte, war längst vorüber, denn ich war nicht mehr verliebt. Es war mir eben alles Einerlei auf der Welt. Ich wandte mich daher und wollte, ohne sie zu sprechen, in einen anderen Gang herumbeugen. Wie sehr erstaunte ich aber, als Angelina mir schnell nachhüpfte und sich vertraulich in meinen Arm hing. – Kennst du mich? rief ich ganz entrüstet. – Wie sollt' ich doch nicht, sagte sie scherzend, hab' ich dir denn nicht selber die Halskrause zu der Maske genäht? – Ich bemerkte nun wohl, daß sie mich verkannte, konnte aber nicht wissen, für wen sie mich hielt, und ging daher stillschweigend neben ihr her.

Wir waren unterdes von der Gesellschaft abgekommen, die Musik schallte nur noch schwach nach, die Beleuchtung ging gar aus, von Ferne gewitterte es hin und wieder. Warum bist du so still? sagte sie wieder. Ich weiß nicht, fuhr sie fort, ich bin heut traurig bei aller Lust, und ich könnte es auch nicht beschreiben, wie mir zu Mute ist. Aber ihr harten Männer achtet gar wenig darauf. – Wir kamen an eine Laube, in deren Mitte eine Guitarre auf einem Tischchen lag. Sie nahm dieselbe und fing an, ein italienisches Liedchen zu singen. Mitten im Liede brach sie aber wieder ab. Ach, in Italien war es doch schöner! sagte sie, und lehnte die Stirn an meine Brust. Angelina! rief ich, um sie zu ermuntern. Sie richtete sich schnell auf und lauschte dem Rufe, wie einem alten, wohlbekannten Tone, auf den sie sich nicht recht besinnen konnte. – Dann sagte sie: Ich bitte dich, singe etwas, denn mir ist zum sterben bange! Ich nahm die Guitarre und sang folgende Romanze, die mir in diesem Augenblick eben sehr deutlich durch den Sinn ging:

> Nachts durch die stille Runde
> Rauschte des Rheines Lauf,
> Ein Schifflein zog im Grunde,
> Ein Ritter stand darauf.

> Die Blicke irre schweifen
> Von seines Schiffes Rand,
> Ein blutigroter Streifen
> Sich um das Haupt ihm wand.

> Der sprach: »Da oben stehet
> Ein Schlößlein über'm Rhein,
> Die an dem Fenster stehet:
> Das wird die Liebste mein.

> Sie hat mir Treu' versprochen,
> Bis ich gekommen sei,
> Sie hat die Treu' gebrochen,
> Und alles ist vorbei.«

Ich bemerkte hier bei dem Scheine eines Blitzes, daß Angelina heftig geweint hatte und noch fortweinte. Ich sang weiter:

> Viel' Hochzeitleute drehen
> Da oben laut und bunt,
> Sie bleibet einsam stehen,
> Und lauschet in den Grund.

> Und wie sie tanzten munter,
> Und Schiff und Schiffer schwand,

Stieg sie vom Schloß hinunter,
Bis sie im Garten stand.

Die Spielleut' musizierten,
Sie sann gar mancherlei,
Die Töne sie so rührten,
Als müßt' das Herz entzwei.

Da trat ihr Bräut'gam süße
Zu ihr aus stiller Nacht,
So freundlich er sie grüßte,
Daß ihr das Herze lacht.

Er sprach: »Was willst Du weinen,
Weil alle fröhlich sei'n?
Die Stern' so helle scheinen,
So lustig geht der Rhein.

Das Kränzlein in den Haaren,
Steht Dir so wunderfein,
Wir wollen etwas fahren,
Hinunter auf dem Rhein.«

Zum Kahn' folgt' sie behende,
Setzt' sich ganz vorne hin,
Er setzt' sich an das Ende
Und ließ das Schifflein zieh'n.

Sie sprach: »Die Töne kommen
Verworren durch den Wind,
Die Fenster sind verglommen,
Wir fahren so geschwind.

Was sind das für so lange
Gebirge weit und breit?
Mir wird auf einmal bange
In dieser Einsamkeit!

>   Und fremde Leute stehen
>   Auf mancher Felsenwand,
>   Und stehen still und sehen
>   So schwindlig über'n Rand.« –
>
>   Der Bräut'gam schien so traurig
>   Und sprach kein einzig Wort,
>   Schaut in die Wellen schaurig
>   Und rudert immerfort.
>
>   Sie sprach: »Schon seh' ich Streifen
>   So rot im Morgen steh'n,
>   Und Stimmen hör' ich schweifen,
>   Am Ufer Hähne kräh'n.
>
>   Du siehst so still und wilde,
>   So bleich wird Dein Gesicht,
>   Mir graut vor Deinem Bilde –
>   Du bist mein Bräut'gam nicht!« –

Ich bitte dich um Gotteswillen, unterbrach mich hier Angelina dringend, nimm die Larve ab, ich fürchte mich vor dir. – Laß das, sagte ich abwehrend, es gibt fürchterliche Gesichter, die das Herz in Stein verwandeln, wie das Haupt der Medusa. – Ich hatte fast zu viel gesagt und griff rasch wieder in die Saiten:

>   Da stand er auf – das Sausen
>   Hielt an in Flut und Wald –
>   Es rührt mit Lust und Grausen
>   Das Herz Ihr die Gestalt.
>
>   Und wie mit steinern'n Armen
>   Hob er sie auf voll Lust,
>   Drückt ihren schönen, warmen
>   Leib an die eis'ge Brust.

Licht wurden Wald und Höhen,
Der Morgen schien blutrot,
Das Schifflein sah man gehen,
Die schöne Braut d'rin tot.

Kaum hatte ich noch die letzte Strophe geendiget, als Angelina mit einem lauten Schrei neben mir zu Boden fiel. Ich schaue ringsum und erblicke mein eignes, leibhaftiges Konterfei im Eingange des Boskets: dieselbe schwarze Rittermaske, die nämliche Größe und Gestalt. – Laß *mein Weib*, verführerisches Blendwerk der Hölle! rief die Maske, außer sich, und stürzte mit blankem Schwerte so wütend auf mich ein, daß ich kaum Zeit genug hatte, meinen eigenen Degen zu zieh'n. Ich erstaunte über die Ähnlichkeit seiner Stimme mit der meinigen, und begriff nun, daß mich Angelina für diesen ihren Mann, den Grafen selber, gehalten hatte. In der Bewegung des Gefechts war ihm indes die Larve vom Gesicht gefallen, und ich erkannte mit Grausen den fürchterlichen Unbekannten wieder, dessen Schreckbild mich durchs ganze Leben verfolgt. Mir fiel die Prophezeiung ein. Ich wich entsetzt zurück, denn er focht unbesonnen in blinder Eifersucht und ich war im Vorteil. Aber es war zu spät, denn in demselben Augenblicke rannte er sich wütend selber meine Degenspitze in die Brust und sank tot nieder.

Mein dunkler, wilder, halbunwillkürlicher Trieb war nun erfüllt. Finsterer, als die Nacht um mich, eilte ich den Garten hinab. Ein Kahn stand unten am Ufer des Stromes angebunden. Ich stieg hinein und ließ ihn den Strom hinabfahren. Die Nacht verging, die Sonne ging auf und wieder unter, ich saß und fuhr noch immerfort.

Den anderen Morgen verlor sich der Strom zwischen wilden, einsamen Wäldern und Schluften. Der Hunger trieb mich ans Land. Es war diese Gegend hier. Ich fand nach einigem Herumirren das Schloß, das ihr gesehen. Ein alter, verrückter Einsiedler wohnte damals darin, von dessen früherem Lebenslaufe ich nie etwas erfahren konnte. Es gefiel mir gar wohl in dieser Wüste und ich blieb bei ihm. Kurze Zeit darauf starb der Alte und hinterließ mir seine alten Bücher, sein verfallenes Schloß und eine Menge Goldes in den Kellern. Ich hätte nun wieder in die Welt zurückkehren können mit dem Schatze, zum allgemeinen Nutzen und Vergnügen. Aber ich passe nirgends mehr in die Welt hinein. Die Welt ist ein großer, unermeßlicher Magen und braucht leichte, weiche, bewegliche Menschen, die sie in ihren vielfachverschlungenen, langweiligen Kanälen verarbeiten kann. Ich tauge nicht dazu, und sie wirft solche Gesellen wieder aus, wie unverdauliches Eisen, fest, kalt, formlos und ewig unfruchtbar. –

So endigte Rudolph seine Erzählung, welche die beiden Grafen in eine nachdenkliche Stille versenkt hatte. Leontin hatte sich, als Rudolph das Schloß der Angelina beschrieb, an jenen kurzen Besuch erinnert, den er nach dem Brande mit Friedrich'n auf dem Schlosse der weißen Frau abgelegt, und konnte sich der Vermutung nicht erwehren, daß diese vielleicht Angelina selber war. – Es war unterdes dunkel geworden, der Mond trat eben über den einsamen Bergen hervor. Ihr wißt nun alles, gute Nacht! sagte Rudolph schnell und ging von ihnen fort. Sie sahen ihm lange nach, wie sein langer, dunkler Schatten sich zwischen den hohen Bäumen verlor.

Als sie wieder oben in ihrem Zimmer waren, ergriff Leontin Mariens Guitarre, die sie dort vergessen hatte, und sang über den stillen Kreis der Wälder hinaus:

> Nächtlich dehnen sich die Stunden,
> Unschuld schläft in stiller Bucht,
> Fernab ist die Welt verschwunden,
> Die das Herz in Träumen sucht.
>
> Und der Geist tritt auf die Zinne,
> Und noch stiller wird's umher,
> Schauet mit dem starren Sinne
> In das Wesenlose Meer.

> Wer ihn sah bei Wetterblicken
> Steh'n in seiner Rüstung blank:
> Den mag nimmermehr erquicken
> Reichen Lebens frischer Drang. –
>
> Fröhlich an den öden Mauern
> Schweift der Morgensonne Blick,
> Da versinkt das Bild mit Schauern,
> Einsam in sich selbst zurück.

VIERUNDZWANZIGSTES KAPITEL

Friedrich und Leontin vermehrten nun auch den wunderlichen Haushalt auf dem alten Waldschlosse. Der unglückselige Rudolph lag gegen beide und alle Welt mit Witz zu Felde, so oft er mit ihnen zusammenkam. Doch geschah dies nur selten, denn er schweifte oft Tagelang allein im Walde umher, wo er sich mit sich selber oder den Rehen, die er sehr zahm zu machen gewußt, in lange Unterredungen einzulassen pflegte. Ja, es geschah gar oft, daß sie ihn in einem lebhaften und höchstkomischen Gespräche mit irgend einem Felsen oder Steine überraschten, der etwa durch eine Mundähnliche Öffnung oder weise vorstehende Nase eine eigne, wunderliche Phisiognomie machte. Dabei bildeten die Narren, welche er auf seinen Streifzügen, die er noch bisweilen ins Land hinab machte, zusammengerafft, eine seltsame Akademie um ihn, alle ernsthaften Torheiten der Welt in fast schauerlicher und tragischer Karikatur travestierend. Jeder derselben hatte seine bestimmte Tagesarbeit im Hauswesen. Durch diese fortlaufende Beschäftigung, die Einsamkeit und reine Bergluft kamen viele von ihnen nach und nach wieder zur Vernunft, wo sie dann Rudolph wieder in die Welt hinaussandte und gerührt auf immer von ihnen Abschied nahm.

In Friedrich'n entwickelte diese Abgeschiedenheit endlich die ursprüngliche religiöse Kraft seiner Seele, die schon im Weltleben, durch gutmütiges Staunen geblendet, durch den

Drang der Zeiten oft verschlagen und falsche Bahnen suchend, aus allen seinen Bestrebungen, Taten, Poesieen und Irrtümern hervorleuchtete. Jetzt hatte er alle seine Pläne, Talentchen, Künste und Wissenschaften unten zurückgelassen, und las wieder die Bibel, wie er schon einmal als Kind angefangen. Da fand er Trost über die Verwirrung der Zeit und das einzige Recht und Heil auf Erden in dem heiligen Kreuze. Er hatte endlich den phantastischen, tausendfarbigen Pilgermantel abgeworfen und stand nun in blanker Rüstung als Kämpfer Gottes gleichsam an der Grenze zweier Welten. Wie oft, wenn er da über die Täler hinaussah, fiel er auf seine Kniee und betete inbrünstig zu Gott, ihm Kraft zu verleihen, was er in der Erleuchtung erfahren, durch Wort und Tat seinen Brüdern mitzuteilen. – Leontin dagegen wurde hier oben ganz melankolisch und wehmütig, wie ihn Friedrich noch niemals gesehen. Es fehlte ihm hier alle Handhabe, das Leben anzugreifen. –

Eines Tages, da sie beide zusammen einen, ihnen bis jetzt noch unbekannten Weg eingeschlagen und sich weiter als gewöhnlich von dem Schlosse verirrt hatten, kamen sie auf einmal auf einer Anhöhe zwischen den Bäumen heraus zu einer wundervollen Aussicht, die sie innigst überraschte. Mitten in der Waldeseinsamkeit stand nämlich ein Kloster auf einem Berge; hinter dem Berge lag plötzlich das Meer in seiner schauerlichen Unermeßlichkeit, von der anderen Seite sah man weit in das ebene Land hinaus. Es schien eben ein Fest in dem Kloster gewesen zu sein, denn lange bunte Züge von Wallfahrern wallten durch das Grün den Berg hinab und sangen geistliche Lieder, deren rührende Weise sich gar anmutig mit den Klängen der Abendglocken vermischte, die ihnen von dem Kloster nachhallten.

Leontin sahen ihnen stillschweigend nach, bis ihr Gesang in der Ferne verhallte und die Gegend in dämmernde Stille versank. Dann nahm er die Guitarre, die hier überall seine Begleiterin war, und sang folgendes Lied:

> Laß, mein Herz, das bange Trauern
> Um vergang'nes Erdenglück,

Ach, von dieser Felsen Mauern
Schweifet nur umsonst dein Blick!

Sind denn alle fortgegangen:
Jugend, Sang und Frühlingslust?
Lassen, scheidend, nur Verlangen
Einsam mir in meiner Brust?

Vöglein hoch in Lüften reisen,
Schiffe fahren auf der See,
Ihre Segel, ihre Weisen
Mehren nur des Herzens Weh.

Ist vorbei das bunte Ziehen,
Lustig über Berg und Kluft,
Wenn die Bilder wechselnd fliehen,
Waldhorn immer weiter ruft?

Soll die Lieb' auf sonn'gen Matten
Nicht mehr bau'n ihr prächtig Zelt,
Übergolden Wald und Schatten
Und die weite, schöne Welt? –

Laß das Bangen, laß das Trauern,
Helle wieder nur den Blick!
Fern von dieser Felsen Mauern,
Blüht dir noch gar manches Glück!

Beide Freunde wurden still nach dem Liede und gingen schweigend nebeneinander wieder nach dem Schlosse zurück. Die abgefallenen Blätter raschelten schon unter ihren Tritten auf dem Boden, ein herbstlicher Wind durchstrich den seufzenden Wald und verkündigte, daß die fröhliche Sommerszeit bald Abschied nehmen wolle. Sie schienen beide besonderen Gedanken und Entschlüssen nachzuhängen, die sie an jenem Platze gefaßt hatten.

Als der Mond die alten Zinnen des Schlosses beleuchtete,

trat Leontin auf einmal reisefertig vor Friedrich. Ich ziehe fort, sagte er, der Winter kommt bald, mir ist als läge das ganze Leben wie diese Felsen hier auf meiner Brust, und ein Strom von Tränen möchte aus dem tiefsten Herzen ausbrechen, um die Berge wegzuwälzen; ich muß fort, ziehe du auch mit! – Friedrich schüttelte lächelnd den Kopf, aber im Innersten war er traurig, denn er fühlte, daß sich ihr Lebenslauf nun bedeutend und vielleicht auf immer scheiden werde.

Leontin zog endlich sein Pferd hervor und führte es langsam am Zügel hinter sich her, während ihm Friedrich noch eine Strecke weit das Geleite gab. Der volle Mond ging eben über dem stillen Erdkreise auf, man konnte in der Tiefe weit hinaus den Lauf der Ströme deutlich unterscheiden. Leontin war ungewöhnlich gerührt und drang nochmals in Friedrich'n, mit hinunterzuzieh'n. Du weißt nicht, was du forderst, sagte dieser ernst, locke mich nicht noch einmal hinab in die Welt, mir ist hier oben unbeschreiblich wohl, und ich bin kaum erst ruhig geworden. Dich will ich nicht halten, denn *das* muß von Innen kommen, sonst tut es nicht gut. Und also ziehe mit Gott! Die beiden Freunde umarmten einander noch einmal herzlich, und Leontin war bald in der Dunkelheit verschwunden.

Ihm zogen nun bald auch Vögel, Laub, Blumen und alle Farben nach. Der alte grämliche Winter saß melankolisch mit seiner spitzen Schneehaube auf dem Gipfel des Gebirges, zog die bunten Gardinen weg, stellte wunderlich nach allen Seiten die Kulissen der lustigen Bühne, wie in einer Rumpelkammer, auseinander und durcheinander, baute sich phantastisch blitzende Eispaläste und zerstörte sie wieder und schüttelte unaufhörlich eisige Flocken aus seinem weiten Mantel darüber. Der stumme Wald sah aus wie die Säulen eines umgefallenen Tempels, die Erde war weiß, so weit die Blicke reichten, das Meer dunkel; es war eine unbeschreibliche Einsamkeit da droben.

Rudolphs seltsam verwildertem Gemüt war diese Zeit eben recht. Er streifte oft halbe Tage lang mitten im Sturm und Schneegestöber auf allen den alten Plätzen umher.

Abends pflegte er häufig bis tief in die Nacht auf seiner Sternwarte zu sitzen und die Konjunkturen der Gestirne zu beobachten. Eine Menge alter astrologischer Bücher lag dabei um ihn her, aus denen er verschiedenes auszeichnete und geheimnisvolle Figuren bildete.

Nach solchen Perioden machte er dann gewöhnlich wieder größere Streifzüge, manchmal bis ans Meer, wo es ihm eine eigne Lust war, ganz allein auf einem Kahne mit Lebensgefahr in die wilde, unermeßliche Einöde hinauszufahren. Bisweilen verirrte er sich auch wohl in den Tälern zu manchem einsamen Landschlosse, wenn er in der Faschingszeit die Fenster hellerleuchtet sah. Er betrachtete dann gewöhnlich draußen die Tanzenden durchs Fenster, wurde aber immer bald von dem rasenden Trompeten und Geigen wieder vertrieben.

Als er einmal von so einem Zuge zurückkam, erzählte er Friedrich'n, er habe unten weit von hier einen großen Leichenzug gesehen, der sich bei Fackelschein mit schwarzbehängten Pferden langsam über die beschneiten Felder hinbewegte. Er habe weder die Gegend, noch die Personen gekannt, die der Leiche im Wagen folgten. Aber *Leontin* sei bei dem Zuge, ohne ihn zu bemerken, an ihm vorübergesprengt. – Friedrich erschrak über diese düstere Botschaft. Aber er konnte nicht erraten, welchem alten Bekannten der Zug gegolten, da sich Rudolph weiter um nichts bekümmert hatte.

Friedrich setzte indes noch immer seine geistlichen Betrachtungen fort. Er besuchte, so oft es nur das Wetter erlaubte, das nahgelegene Kloster, das er an Leontins Abschiedstage zum erstenmal gesehen, und blieb oft Wochenlang dort. Rudolphen konnte er niemals bewegen, ihn zu begleiten, oder auch nur ein einzigesmal die Kirche zu besuchen. Er fand in dem Prior des Klosters einen frommen, erleuchteten Mann, der besonders auf der Kanzel in seiner Begeisterung, gleich einem Apostel, wunderbar und altertümlich erschien. Friedrich schied nie ohne Belehrung und himmlische Beruhigung von ihm und mochte sich bald gar nicht mehr von ihm trennen. Und so bildete sich denn sein Entschluß, selber ins Kloster zu gehen, immer mehr zur Reife.

———

Der Winter war vergangen, die schöne Frühlingszeit ließ die Ströme los und schlug weit und breit ihr liebliches Reich wieder auf, da erblickte Friedrich eines Morgens, da er eben von der Höhe schaute, unten in der Ferne zwei Reiter, die über die grünen Matten hinzogen. Sie verschwanden bald hinter den Bäumen, bald erschienen sie wieder auf einen Augenblick, bis sie Friedrich endlich in dem Walde völlig aus dem Gesichte verlor.

Er wollte nach einiger Zeit eben wieder in das Schloß zurückkehren, als die beiden Reiter plötzlich vor ihm aus dem Walde den Berg heraufkamen. Er erkannte sogleich seinen Leontin. Sein Begleiter, ein feiner, junger Jäger, sprang ebenfalls vom Pferde und kam auf ihn zu.

Setzen wir uns, sagte Leontin gleich nach der ersten Begrüßung munter; ich habe dir viel zu sagen. Vor allem: kennst du *den*? Hiebei hob er dem Jäger den Hut aus der Stirne, und Friedrich erkannte mit Erstaunen die schöne Julie, die in dieser Verkleidung mit niedergeschlagenen Augen vor ihm stand. Wir sind auf einer großen Reise begriffen, sagte er darauf. Die Jungfrau Europa, die so hochherzig mit ihren ausgebreiteten Armen dastand, als wolle sie die ganze Welt umspannen, hat die alten, sinnreichen, frommen, schönen Sitten abgelegt und ist eine Metze geworden. Sie buhlt frei mit dem gesunden Menschenverstande, dem Unglauben, Gewalt und Verrat, und ihr *Herz* ist dabei besonders eingeschrumpft. – Pfui, ich habe keine Lust mehr an der Philisterin! Ich reise weit fort von hier, in einen anderen Weltteil, und Julie begleitet mich. – Friedrich sah ihn bei diesen Worten groß an. – Es ist mein voller Ernst, fuhr Leontin fort, Juliens Vater ist auch gestorben, und *ich* kann hier nicht länger mehr leben, wie ich nicht mag und darf.

Friedrich erfuhr nun auch, daß sie Land und alles, was sie hier besessen, zu Gelde gemacht, und ein eigenes Schiff bereits in der abgelegenen Bucht, die an das erwähnte Kloster stieß, bereit liege, um sie zu jeder Stunde aufzunehmen. – Er konnte, ungeachtet der schmerzlichen Trennung, nicht umhin, sich über dieses Vorhaben zu freuen, denn er wußte wohl, daß nur ein frisches, weites Leben seinen Freund erhalten könne, der hier in der allgemeinen Misere durch fruchtlose Unruhe und Bestrebung nur sich selber vernichtet hätte.

Sie sprachen dort noch lange darüber. Julie saß unterdes still mit dem einen Arme auf Leontins Kniee gestützt und sah überaus reizend aus. – Seid ihr denn getraut? fragte Friedrich Leontinen leise. – Julie hatte es demohngeachtet gehört, und wurde über und über rot.

Es wurde nun sogleich beschlossen, die Trauung noch heute in dem Kloster zu vollziehen. Man begab sich daher in das alte Schloß, die Felleisen wurden abgeschnallt und Julie mußte sich umziehen. Friedrich bereitete unterdes fröhlich alles, was sich hier schaffen ließ, zu einem lustigen Hochzeitsfeste, während Leontin, der sich in dieser Lage als feierlicher Bräutigam gar komisch vorkam, allerhand Possen machte, und die seltsamsten Anstalten traf, um das Fest recht phantastisch auszuschmücken.

Endlich erschien Julie wieder. Sie hatte ein weißes Kleid, die schönen goldenen Haare fielen in langen Locken über den Nacken und die Schultern, man konnte sie nicht ansehen, ohne sich an irgend ein schönes altdeutsches Bild zu erinnern. Sie bestiegen nun alle ihre Pferde und zogen so, Julie'n in die Mitte nehmend, auf das Kloster zu. Als sie die letzte Höhe vor demselben erreichten, wo auf einmal das Meer durch die Wälder und Hügel seinen furchtbargroßen Geisterblick hinaufsandte, tat Julie einen Freudenschrei über den unerwarteten, noch nie gehabten Anblick, und sah dann den ganzen Weg über mit den großen, sinnigen Augen stumm in das wunderbare Reich, wie in eine unbekannte, gewaltige Zukunft. Die Glockenklänge von dem Klosterturme kamen ihnen wunderbartröstend aus der unermeßlichen Aussicht entgegen.

In dem Kloster selbst war eben das Wallfahrtsfest, das alle

Jahr einigemal gefeiert wurde, wiedergekehrt. Die Einsamkeit ringsherum war wieder bunt belebt, eine Menge Pilger war, als sie dort ankamen, in kleinen Haufen unter den grünen Bäumen vor der Kirche gelagert, die Kirche selbst mit Blumen und grünen Reisern freundlich geschmückt. Friedrich hatte schon früher den Prior von ihrer Ankunft benachrichtigen lassen, und so wurden denn Leontin und Julie noch diesen Vormittag in der Kirche feierlich zusammengegeben.

Die Menge fremder Pilger freute sich über das fremde Paar. Nur eine hohe, junge Dame, die einen dichten Schleier über das Gesicht geschlagen hatte, lag seitwärts vor einem einsamen Altare voll Andacht auf den Knieen und schien von allem, was hinter ihr in der Kirche vorging, nichts zu bemerken. Friedrich sah sie; sie kam ihm bekannt vor. – Diese einsame Gestalt, das unaufhörliche Ringen und Brausen der Orgeltöne, der fröhliche Sonnenschein, der draußen vor der offenen Türe auf dem grünen Platze spielte, alles drang so seltsam rührend auf ihn ein, als wollte das ganze vergangene Leben noch einmal mit den ältesten Erinnerungen und langvergessenen Klängen an ihm vorübergehen, um auf immer Abschied zu nehmen. Ihm fiel dabei recht ein, wie nun auch Leontin fortreise und wahrscheinlich nie mehr wiederkomme, und eine unbeschreibliche Wehmut bemächtigte sich seiner, so daß er ins Freie hinaus mußte. Er ging draußen unter den hohen Bäumen vor der Kirche auf und ab und weinte sich herzlich aus.

Die Zeremonie war unterdes geendigt, und sie ritten wieder nach dem alten Schlosse zurück. Auf dem grünen Platze vor demselben empfing sie unter den hohen Bäumen ein reinlich gedeckter Tisch; große Blumensträuße und vielfarbiges Obst stand in silbernen Gefäßen zwischen dem goldenblickenden Wein und hellgeschliffenen Gläsern, alle das fröhlichbunte Gemisch von Farben gab in dem Grün und unter blauheiterm Himmel einen frischerlockenden Schein. Man hatte, was in dem Schlosse nicht zu finden war, schnell aus dem Kloster herbeigeschafft. Rudolph ließ sich nirgends sehen.

Sie aßen und tranken nun in der grünen Einsamkeit, während der Kreis der Wälder in ihre Gespräche hineinrauschte. Julie saß still in die Zukunft versenkt und schien innerlich entzückt, daß nun endlich ihr ganzes Leben in des Geliebten Gewalt gegeben sei.

So kam der Abend heran. Da sahen sie zwei Männer, die in einem lebhaften Gespräche miteinander begriffen schienen, aus dem Walde zu ihnen heraufkommen. Sie erkannten Rudolphen an der Stimme. Kaum hatte ihn Julie, die schon von dem vielen Weine erhitzt war, erblickt, als sie laut aufschrie und sich furchtsam an Leontin andrückte. Es war dieselbe dunkle Gestalt, die sie bei dem Leichenzuge ihres Vaters aus dem Wagen einsam auf dem beschneiten Felde hatte stehen sehen. –

O seht, was ich da habe, rief ihnen Rudolph schon von weitem entgegen, ich habe im Walde einen Poeten gefunden, wahrhaftig, einen Poeten! Er saß unter einem Baume und schmälte laut auf die ganze Welt in schönen gereimten Versen, daß ich bis zu Tränen lachen mußte. Gib dich zufrieden, Gevatter! sagte ich so gelinde als möglich zu ihm, aber er nimmt keine Vernunft an, und schimpft immerfort. – Rudolph lachte hiebei so übermäßig und aus Herzensgrund, wie sie ihn noch niemals gesehen.

Sie hatten indes in seinem Begleiter mit Freuden den langentbehrten Herrn Faber erkannt. Leontin sprang sogleich auf, ergriff ihn und walzte mit ihm auf der Wiese herum, bis sie beide nicht mehr weiter konnten. Et tu Brute? – rief endlich Faber aus, als er wieder zu Atem gekommen war, nein, das ist zu toll, der Berg muß verzaubert sein! Unten begegne ich der kleinen Marie, ich will sie aus alter Bekanntschaft haschen und küssen, und bekomme eine Ohrfeige, weiter oben sitzt auf einer Felsenspitze eine Figur mit breitem Mantel und Krone auf dem Haupt, wie der Metallfürst, und will mir grämlich nicht den Weg weisen, ein als Ritter verkappter Phantast rennt mich fast um, dann falle ich jenem Melankolikus da in die Hände, der nicht weiß, warum er lacht, und nachdem ich mich endlich mit Lebensgefahr hinaufgearbeitet habe, seid ihr hier oben am Ende auch noch verrückt. – Das kann wohl sein, sagte Leontin lustig, denn ich bin verheiratet (hiebei küßte er Julien, die ihm die Hand auf den Mund legte) und Friedrich da, fuhr er fort, will ins Kloster geh'n. Aber du weißt ja den alten Spruch: sie haben sich zu Toren gemacht vor der Welt. – Und nun sage mir nur, wie in aller Welt du uns hier aufgefunden hast?

Faber erzählte nun, daß er auf einer Wallfahrt zu dem Kloster begriffen gewesen, von dessen schöner Lage er schon viel gehört. Unterwegs habe er am Meere von Schiffsleuten vernommen, daß sich Leontin hier oben aufhalte, und daher den Berg bestiegen. – Rudolph verwandte unterdes mit komischer Aufmerksamkeit kein Auge von dem kurzen, runden, wohllebigen Manne, der mit so lebhaften Gebärden sprach. Faber setzte sich zu ihnen und sie teilten ihm nun zu seiner Verwunderung ihre Plane mit. Rudolph war indes auch wieder still geworden, und saß wie der steinerne Gast unter ihnen am Tische. Julie blickte ihn oft seitwärts an und konnte sich noch immer einer heimlichen Furcht vor ihm nicht erwehren, denn es war ihr, als verginge diesem kalten und klugen Gesichte gegenüber ihre Liebe und alles Glück ihres Lebens zu nichts.

Die Nacht war indes angebrochen, die Sterne prangten an dem heiteren Himmel. Da erklang auf einmal Musik aus dem nächsten Gebüsche. Es waren Spielleute aus dem Kloster, die Leontin bestellt hatte. Rudolph stand bei den ersten Klängen auf, sah sich ärgerlich um und ging fort.

Leontin, von den plötzlichen Tönen wie im innersten Herzen erweckt, hob sein Glas hoch in die Höhe und rief: Es lebe die Freiheit! Wo? – fragte Faber, indem er selbst langsam sein Glas aufhob. – Nur nicht etwa in der Brust des Philosophen allein, erwiderte Leontin, unangenehm gestört. Diese allgemeine, natürliche, philosophische Freiheit, der jede Welt gut genug ist, um sich in ihrem Hochmute frei zu fühlen, ist mir eben so in der Seele zuwider, als jene natürliche Religion, welcher alle Religionen einerlei sind. Ich meine jene uralte, lebendige Freiheit, die uns in großen Wäldern wie mit wehmütigen Erinnerungen anweht, oder bei alten Burgen sich wie ein Geist auf die verfallene Zinne stellt, der das Menschenschifflein unten wohl zufahren heißt, jene frische, ewigjunge Waldesbraut, nach welcher der Jäger frühmorgens aus den Dörfern und Städten hinauszieht und sie mit seinem Horne lockt und ruft, jener reine, kühle Lebensatem, den die Gebirgsvölker auf ihren Alpen einsaugen, daß sie nicht anders leben können, als wie es der Ehre geziemt. – Aber damit ist es nun aus. – Wenn unserer Altvordern Herzen wohl mit dreifachem Erz gewappnet waren, das vor dem rechten Strahle erklang, wie das Erz von Dodona, so sind die unsrigen nun mit sechsfacher Butter des häuslichen Glückes, des guten Geschmacks, zarter Empfindungen und edelmütiger Handlungen umgeben, durch die kein Wunderlaut bis zu der Talggrube hindurchdringt. Zieht dann von Zeit zu Zeit einmal ein wunderbarer, altfränkischer Gesell, der es noch ehrlich und ernsthaft meint, wie Don Quixote, vorüber, so sehen Herren und Damen nach der Tafel, gebildet und gemächlich, zu den Fenstern hinaus, stochern sich die Zähne und ergötzen sich an seinen wunderliche Kapriolen, oder machen wohl gar auch Sonette auf ihn, und meinen, er sei eine recht *interessante* Erscheinung, wenn er nur nicht eigentlich verrückt wäre. – Das alte große Rache-Schwert haben sie sorglich vergraben und verschüttet, und keiner weiß den Fleck mehr, und darüber auf dem lockeren Schutt bauen sie nun ihre Villen, Parks, Eremitagen und Wohnstuben, und meinen in ihrer vernünftigen Dummheit, der Plunder könne so fortbesteh'n. Die Wälder haben sie ausgehauen, denn sie fürchten sich vor ihnen, weil sie von der alten Zeit zu ihnen sprechen und am Ende den Ort noch verraten könnten, wo das Schwert vergraben liegt. – Leontin ergriff hiebei hastig die Guitarre, die neben ihm auf dem Rasen lag, und sang:

> O könnt' ich mich niederlegen
> Weit in den tiefsten Wald,
> Zum Haupte den guten Degen,
> Der noch von den Vätern alt!

> Und dürft' von allem nichts spüren
> In dieser dummen Zeit,
> Was sie da unten handtieren,
> Von Gott verlassen, zerstreut;
>
> Von fürstlichen Taten und Werken,
> Von alter Ehre und Pracht,
> Und was die Seele mag stärken,
> Verträumend die lange Nacht!
>
> Denn eine Zeit wird kommen,
> Da macht der Herr ein End',
> Da wird den Falschen genommen
> Ihr unechtes Regiment.
>
> Denn, wie die Erze vom Hammer,
> So wird das lock're Geschlecht
> Gehau'n sein von Not und Jammer
> Zu festem Eisen recht.
>
> Da wird Aurora tagen
> Hoch über den Wald hinauf,
> Da gibt 's was zu siegen und schlagen,
> Da wacht, ihr Getreuen, auf!

Und so, sagte er, will ich denn in dem noch unberührten Waldesgrün eines anderen Weltteils Herz und Augen stärken, und mir die Ehre und die Erinnerung an die vergangene große Zeit, so wie den tiefen Schmerz über die gegenwärtige heilig bewahren, damit ich der künftigen besseren, die wir alle hoffen, würdig bleibe, und sie mich wach und rüstig finde. Und du, fuhr er zu Julien gewendet fort, wirst du ganz ein Weib sein, und, wie Shakespear sagt, dich dem Triebe hingeben, der dich zügellos ergreift und dahin oder dorthin reißt, oder wirst du immer Mut genug haben, dein Leben etwas Höherem unterzuordnen? Und dämmert endlich die Zeit heran, die mich Gott erleben lasse! wirst du fröhlich sagen können: Ziehe hin! denn was du willst und sollst, ist mehr wert, als dein und mein Leben? – Julie nahm ihm fröhlich die Guitarre aus der Hand und antwortete mit folgender Romanze:

VON DER DEUTSCHEN JUNGFRAU

Es stand ein Fräulein auf dem Schloß,
Erschlagen war im Streit ihr Roß,
Schnob wie ein See die finstre Nacht,
Wollt' überschrei'n die wilde Schlacht.

Im Tal die Brüder lagen tot,
Es brannt' die Burg so blutigrot,
In Lohen stand sie auf der Wand,
Hielt hoch die Fahne in der Hand.

Da kam ein röm'scher Rittersmann,
Der ritt keck an die Burg hinan,
Es blitzt sein Helm gar mannigfach,
Der schöne Ritter also sprach:

»Jungfrau, komm' in die Arme mein!
Sollst deines Siegers Herrin sein.
Will bau'n dir einen Palast schön,
In prächt'gen Kleidern sollst du geh'n.

Es tun dein' Augen mir Gewalt,
Kann nicht mehr fort aus diesem Wald.
Aus wilder Flammen Spiel und Graus
Trag' ich mir meine Braut nach Haus!«

Der Ritter ließ sein weißes Roß,
Stieg durch den Brand hinauf ins Schloß,
Viel Knecht' ihm waren da zur Hand,
Zu holen das Fräulein von der Wand.

> Das Fräulein stieß die Knecht' hinab,
> Den Liebsten auch ins heiße Grab,
> Sie selbst dann in die Flammen sprang,
> Über ihnen die Burg zusammensank.

Faber brach, als sie geendigt hatte, einen Eichzweig von einem herabhängenden Aste, bog ihn schnell zu einem Kranze zusammen und überreichte ihr denselben, indem er mit altritterlicher Galanterie vor ihr hinkniete. Julie drückte den Kranz mit seinen frischgrünen, vollen Blättern lächelnd in ihre blonden Locken über die ernsten, großen Augen, und sah so wirklich dem Bilde nicht unähnlich, das sie besungen. –

Es ist seltsam, sagte Faber darauf, wie sich unser Gespräch nach und nach beinah in einen Wechselgesang aufgelöst hat. Der weite, gestirnte Himmel, das Rauschen der Wälder ringsumher, der innere Reichtum und die überschwengliche Wonne, mit welcher neue Entschlüsse uns jederzeit erfüllen, alles kommt zusammen; es ist, als hörte die Seele in der Ferne unaufhörlich eine große, himmlische Melodie, wie von einem unbekannten Strome, der durch die Welt zieht, und so werden am Ende auch die Worte unwillkürlich melodisch, als wollten sie jenen wunderbaren Strom erreichen und mitzieh'n. So fällt auch mir jetzt ein Sonett ein, das euch am besten erklären mag, was ich von Leontins Vorhaben halte. Er sprach:

> In Wind verfliegen sah ich, was wir klagen,
>   Erbärmlich Volk um falscher Götzen Thronen,
>   Wen'ger Gedanken, deutschen Landes Kronen,
>   Wie Felsen, aus dem Jammer einsam ragen.
>
> Da mocht' ich länger nicht nach Euch mehr fragen,
>   Der Wald empfing, wie rauschend! den Entfloh'nen,
>   In Burgen alt, an Stromeskühle wohnen
>   Wollt' ich auf Bergen bei den alten Sagen.

Da hört' ich Strom und Wald dort *so* mich tadeln:
»Was willst, Lebend'ger du, hier über'm Leben,
Einsam verwildernd in den eignen Tönen?

Es soll im Kampf der rechte Schmerz sich adeln,
  Den deutschen Ruhm aus der Verwüstung heben,
Das will der alte Gott von seinen Söhnen!«

Friedrich sagte: Es ist sehr wahr, wovon Ihr Sonett da spricht, und doch billige ich Leontins Plan vollkommen. Denn wer, von Natur ungestüm, sich berufen fühlt, in das Räderwerk des Weltganges *unmittelbar* mit einzugreifen, der mag von hier flüchten so weit er kann. Es ist noch nicht an der Zeit zu bauen, so lange die Backsteine, noch weich und unreif, unter den Händen zerfließen. Mir scheint in diesem Elend, wie immer, keine andere Hülfe, als die *Religion.* Denn wo ist in dem Schwalle von Poesie, Andacht, Deutschheit, Tugend und Vaterländerei, die jetzt, wie bei der babylonischen Sprachverwirrung, schwankend hin und hersummen, ein sicherer Mittelpunkt, aus welchem alles dieses zu einem klaren Verständnis, zu einem lebendigen Ganzen gelangen könnte? Wenn das Geschlecht vor der Hand einmal alle seine irdischen Sorgen, Mühen und fruchtlosen Versuche, der Zeit wieder auf die Beine zu helfen, vergessen und wie ein Kleid abstreifen, und sich dafür mit voller, siegreicher Gewalt zu Gott wenden wollte, wenn die Gemüter auf solche Weise von den göttlichen Wahrheiten der Religion lange vorbereitet, erweitert, gereinigt und wahrhaft durchdrungen würden, daß der Geist Gottes und das Große im öffentlichen Leben wieder Raum in ihnen gewönne, dann erst wird es Zeit sein, unmittelbar zu handeln, und das alte Recht, die alte Freiheit, Ehre und Ruhm in das wiedereroberte Reich zurückzuführen. Und in dieser Gesinnung bleibe ich in Deutschland und wähle mir das Kreuz zum Schwerte. Denn wahrlich, wie man sonst Missionarien unter Kannibalen aussandte, so tut es jetzt viel mehr Not in Europa, dem *ausgebildeten* Heidensitze.

Faber kam aus tiefen Gedanken zurück, als Friedrich ausgeredet hatte. Wie Ihr da so sprecht, sagte er, ist mir gar seltsam zu Mute. War mir doch, als verschwände dabei die Poesie und alle Kunst wie in der fernsten Ferne, und ich hätte mein Leben an eine reizende Spielerei verloren. Denn das Haschen der Poesie nach Außen, das geistige Verarbeiten und Bekümmern um das, was eben vorgeht, das Ringen und Abarbeiten an der Zeit, so groß und lobenswert als Gesinnung, ist doch immer unkünstlerisch. Die Poesie mag wohl Wurzel schlagen in *demselben* Boden der Religion und Nationalität, aber unbekümmert, bloß um ihrer himmlischen Schönheit willen, als Wunderblume zu uns heraufwachsen. Sie will und soll zu nichts *brauchbar* sein. Aber das versteht Ihr nicht, und macht mich nur irre. Ein fröhlicher Künstler mag sich vor Euch hüten. Denn wer die Gegenwart aufgibt, wie Friedrich, wem die frische Lust am Leben und seinem überschwenglichen Reichtume gebrochen ist, mit dessen Poesie ist es aus. Er ist wie ein Maler ohne Farben.

Friedrich, den die Zurückrufung der großen Bilder seiner Hoffnungen innerlichst fröhlich gemacht hatte, nahm statt aller Antwort die Guitarre, und sang nach einer alten, schlichten Melodie:

>   Wo treues Wollen, redlich Streben
>   Und rechten Sinn der Rechte spürt,
>   Das muß die Seele ihm erheben,
>   Das hat mich jedesmal gerührt.
>
>   Das Reich des Glaubens ist geendet,
>   Zerstört die alte Herrlichkeit,
>   Die Schönheit weinend abgewendet,
>   So Gnadenlos ist unsre Zeit.
>
>   O Einfalt gut in frommen Herzen,
>   Du züchtig schöne Gottesbraut!
>   Dich schlugen sie mit frechen Scherzen,
>   Weil Dir vor ihrer Klugheit graut.

Wo find'st Du nun ein Haus, vertrieben,
Wo man Dir deine Wunder läßt,
Das treue Tun, das schöne Lieben,
Des Lebens fromm vergnüglich Fest?

Wo find'st Du Deinen alten Garten,
Dein Spielzeug, wunderbares Kind,
Der Sterne heil'ge Redensarten,
Das Morgenrot, den frischen Wind?

Wie hat die Sonne schön geschienen!
Nun ist so alt und schwach die Zeit,
Wie stehst so jung Du unter ihnen,
Wie wird mein Herz mir stark und weit!

Der Dichter kann nicht mit verarmen;
Wenn alles um ihn her zerfällt,
Hebt ihn ein göttliches Erbarmen,
Der Dichter ist das Herz der Welt.

Den blöden Willen aller Wesen,
Im Irdischen des Herren Spur,
Soll er durch Liebeskraft erlösen,
Der schöne Liebling der Natur.

D'rum hat ihm Gott das Wort gegeben,
Das kühn das Dunkelste benennt,
Den frommen Ernst im reichen Leben,
Die Freudigkeit, die keiner kennt.

Da soll er singen frei auf Erden,
In Lust und Not auf Gott vertrau'n,
Daß alle Herzen freier werden,
Eratmend in die Klänge schau'n.

Der Ehre sei er recht zum Horte,
Der Schande leucht' er ins Gesicht!

Viel Wunderkraft ist in dem Worte,
Das hell aus reinem Herzen bricht.

Vor Eitelkeit soll er vor allen
Streng hüten sein unschuld'ges Herz,
Im Falschen nimmer sich gefallen,
Um eitel Witz und blanken Scherz.

O laßt unedle Mühe fahren,
O klingelt, gleißt und spielet nicht
Mit Licht und Gnad', so ihr erfahren,
Zur Sünde macht ihr das Gedicht!

Den lieben Gott laß in dir walten,
Aus frischer Brust nur treulich sing'!
Was *wahr* in dir, wird sich gestalten,
Das andre ist erbärmlich Ding. –

Den Morgen seh' ich ferne scheinen,
Die Ströme zieh'n im grünen Grund,
Mir ist so wohl! – die 's ehrlich meinen,
Die grüß' ich all' aus Herzensgrund!

Faber reichte Friedrich'n, der die Guitarre wieder weglegte, die Hand zur Versöhnung. – Der Morgen warf unterdes wirklich schon vom Meere her ungewisse Scheine über den dämmernden Himmel, hin und wieder erwachten schon frühe Vögel im Walde, alle Wipfel fingen an sich frischer zu rühren. Da sprang Leontin fröhlich mitten auf den Tisch, hob sein Glas hoch in die Höh' und sang:

Kühle auf dem schönen Rheine
Fuhren wir vereinte Brüder,
Tranken von dem goldnen Weine,
Singend gute deutsche Lieder.
Was uns dort erfüllt die Brust,
Sollen wir halten,

Niemals erkalten
Und vollbringen treu mit Lust!
Und so wollen wir uns teilen,
Eines Fels verschiedne Quellen,
Bleiben so auf hundert Meilen
Ewig redliche Gesellen!

Alle stießen freudig mit ihren Gläsern an, und Leontin sprang wieder vom Tische herab. Denn so eben sahen sie Rudolphen, unter beiden Armen schwer bepackt, aus der Burg auf sie zukommen. Lustig! lustig! rief er, als er den Gläserklirrenden Jubel sah, frisch, spielt auf, Flöten und Geigen! Da habt ihr Gold! Hiebei warf er zwei große Geldsäcke vor ihnen auf die Erde, daß die Goldstücke nach allen Seiten in das Gras hervorrollten. – Das ist ein lustiges Metall, fuhr er fort, wie es in die fröhliche, unschuldige Welt hinaushüpft und rollt, mit den verwunderten Gräsern funkelnd spielt und mit dunkelroten, irren Flammen zuckt, liebäugelnd, klingend und lockend! Verfluchter, unterirdischer, rotäugiger Lügengeist, der niemals hält, was er verspricht! Da nehmt alles, greift zu! Kauft Ehre, kauft Liebe, kauft Ruhm, Lust und alles Ergötzen der Erde, seid immer satt und immer wieder durstiger bis ans Grab, und wenn ihr dabei einmal fröhlich und zufrieden werdet, so mögt ihr mir danken. –

Alle sahen ihn erstaunt an. Faber sagte: Ich achte das Geld nur, wenn ich es brauche. Aber Dichter brauchen immer Geld. Und hiemit packte er ruhig alle seine Taschen voll, so daß er mit dem aufgeschwollenen Rocke sehr lächerlich anzusehen war.

Rudolph nahm hierauf kurzen Abschied von allen und wandte sich wieder nach seinem Schlosse zurück. Friedrich eilte ihm nach, er wollte ihn so nicht geh'n lassen. Da kehrte er sich noch einmal zu ihm. Du willst ins Kloster? fragte er ihn, und blieb stehen. Ja, sagte Friedrich, und hielt seine Hand fest, und was willst *du* nun künftig beginnen? – Nichts –, war Rudolphs Antwort. – Ich bitte dich, sagte Friedrich, versenke dich nicht so fürchterlich in dich selbst. Dort findest du nimmermehr Trost. – Du gehst niemals in die Kirche. – In mir, erwiderte Rudolph, ist es wie ein unabsehbarer Abgrund und alles still. – Friedrich glaubte dabei zu bemerken, daß er heimlich im Innersten bewegt war. – O könnt' ich alles Große wecken, fuhr er dringender fort, was in dir verzweifelt und gebunden ringt! Hast du doch selber erzählt, daß dich alle wissenschaftliche Philosophie nicht befriedigte, daß du darin Gott und dich nie erkanntest. So wende dich denn zur Religion zurück, wo Gott selber unmittelbar zu dir spricht, dich stärkt, belehrt und tröstet! – Du meinst es gut, sagte Rudolph finster, aber das ist es eben in mir: ich kann nicht *glauben*. Und da mich denn der Himmel nicht mag, so will ich mich der Magie ergeben. Ich gehe nach Ägypten, dem Lande der alten Wunder. – Hiemit drückte er seinem Bruder schnell die Hand und ging mit großen Schritten in den Wald hinein. Sie sahen ihn nicht mehr wieder.

Lange blickten sie ihm nach und bedauerten den unglücklich verwirrten, als ein Schiffer ankam, um Leontinen an die Abfahrt zu mahnen, indem so eben ein günstiger Wind vom Lande trieb. Alle sahen einander stillschweigend an und schienen erschrocken, da nun der Augenblick wirklich da war, den sie selber lange vorbereitet hatten.

Der Schiffer übernahm das wenige Gepäck, und sie machten sich sogleich auf den Weg nach dem Meere. Friedrich begleitete sie. Langsam rückten Berge und Wälder bei jedem Schritte immer weiter hinter ihnen zurück, das Meer rollte sich vor ihren Blicken auseinander.

Friedrich sagte unterwegs: Mir gleicht unsere Zeit dieser weiten, ungewissen Dämmerung! Licht und Schatten ringen noch ungeschieden in wunderbaren Massen gewaltig miteinander, dunkle Wolken zieh'n Verhängnisschwer dazwischen, ungewiß, ob sie Tod oder Segen führen, die Welt liegt unten in weiter, dumpfstiller Erwartung. Kometen und wunderbare Himmelszeichen zeigen sich wieder, Gespenster wandeln wieder durch unsere Nächte, fabelhafte Syrenen selber tauchen, wie vor nahen Gewittern, von neuem über den

Meeresspiegel und singen, alles weist wie mit blutigem Finger warnend auf ein großes, unvermeidliches Unglück hin. *Unsere* Jugend erfreut kein sorglos leichtes Spiel, keine fröhliche Ruhe, wie unsere Väter, uns hat frühe der Ernst des Lebens gefaßt. Im Kampfe sind wir geboren, und im Kampfe werden wir, überwunden oder triumphierend, untergeh'n. Denn aus dem Zauberrauche unserer Bildung wird sich ein Kriegs-Gespenst gestalten, geharnischt, mit bleichem Totengesicht und blutigen Haaren; wessen Auge in der Einsamkeit geübt, der sieht schon jetzt in den wunderbaren Verschlingungen des Dampfes die Lineamente dazu aufringen und sich leise formieren. Verloren ist, wen die Zeit unvorbereitet und ungewaffnet trifft; und wie mancher, der weich und aufgelegt zu Lust und fröhlichem Dichten, sich so gern mit der Welt vertrüge, wird, wie Prinz Hamlet, zu sich selber sagen: Weh', daß ich zur Welt, sie einzurichten, kam! Denn aus ihren Fugen wird sie noch einmal kommen, ein unerhörter Kampf zwischen Altem und Neuem beginnen, die Leidenschaften, die jetzt verkappt schleichen, werden die Larven wegwerfen und flammender Wahnsinn sich mit Brandfackeln in die Verwirrung stürzen, als wäre die Hölle losgelassen, Recht und Unrecht, beide Parteien, in blinder Wut einander verwechseln, – Wunder werden zuletzt geschehen um der Gerechten willen, bis endlich die neue und doch ewig alte Sonne durch die Greuel bricht, die Donner rollen nur noch fernab an den Bergen, die weiße Taube kommt durch die blaue Luft geflogen und die Erde hebt sich verweint, wie eine befreite Schöne, in neuer Glorie empor. – O Leontin! wer von uns wird das erleben! –

Sie waren unterdes ans Gestade gekommen. Leontin umarmte hierauf noch einmal die Freunde, Friedrich küßte Julien auf die Stirne, und die drei bestiegen ihr Schiff. Faber ritt landeinwärts fort. Friedrich kehrte ins Kloster zurück, um es niemals mehr zu verlassen.

Als er in die Kirche eintrat, fand er dort noch alles leer und stille. Nur einige fromme Pilger waren noch hin und her in den Bänken zerstreut. Auch die hohe, verschleierte Dame von Gestern bemerkte er wieder unter ihnen. Er kniete vor ein Altar und betete. Als er wieder aufstand und sich umwandte, wobei ihm durch ein offnes Fenster die Morgenhelle grade auf Brust und Gesicht fiel, sank plötzlich die Dame ohnmächtig auf den Boden nieder. Mehrere Bediente sprangen herbei und brachten sie vor die Türe, wo ein Wagen ihrer zu warten schien. – Es war Rosa. –

Friedrich hatte nichts mehr davon bemerkt. Beruhigt und glückselig war er in den stillen Klostergarten hinausgetreten. Da sah er noch, wie von der einen Seite Faber zwischen Strömen, Weinbergen und blühenden Gärten in das blitzende, buntbewegte Leben hinauszog, von der anderen Seite sah er Leontins Schiff mit seinem weißen Segel auf der fernsten Höhe des Meeres zwischen Himmel und Wasser verschwinden. Die Sonne ging eben prächtig auf.

Ende.

DAS MARMORBILD

EINE NOVELLE

Es war ein schöner Sommerabend, als Florio, ein junger Edelmann, langsam auf die Tore von Lucca zuritt, sich erfreuend an dem feinen Dufte, der über der wunderschönen Landschaft und den Türmen und Dächern der Stadt vor ihm zitterte, so wie an den bunten Zügen zierlicher Damen und Herren, welche sich zu beiden Seiten der Straße unter den hohen Kastanien-Alleen fröhlichschwärmend ergingen.

Da gesellte sich, auf zierlichem Zelter desselben Weges ziehend, ein anderer Reiter in bunter Tracht, eine goldene Kette um den Hals und ein samtnes Barett mit Federn über den dunkelbraunen Locken, freundlich grüßend zu ihm. Beide hatten, so neben einander in den dunkelnden Abend hineinreitend, gar bald ein Gespräch angeknüpft, und dem jungen Florio dünkte die schlanke Gestalt des Fremden, sein frisches keckes Wesen, ja selbst seine fröhliche Stimme so überaus anmutig, daß er gar nicht von demselben wegsehen konnte.

Welches Geschäft führt Euch nach Lucca? fragte endlich der Fremde. Ich habe eigentlich gar keine Geschäfte, antwortete Florio ein wenig schüchtern. Gar keine Geschäfte? – Nun, so seid Ihr sicherlich ein Poet! versetzte jener lustig lachend. Das wohl eben nicht, erwiderte Florio und wurde über und über rot. Ich habe mich wohl zuweilen in der fröhlichen Sangeskunst versucht, aber wenn ich dann wieder die alten großen Meister las, wie da alles wirklich da ist und leibt und lebt, was ich mir manchmal heimlich nur wünschte und ahnete, da komm ich mir vor wie ein schwaches, vom Winde verwehtes Lerchenstimmlein unter dem unermeßlichen Himmelsdom. – Jeder lobt Gott auf seine Weise, sagte der Fremde, und alle Stimmen zusammen machen den Frühling. Dabei ruhten seine großen geistreichen Augen mit sichtbarem Wohlgefallen auf dem schönen Jünglinge, der so unschuldig in die dämmernde Welt vor sich hinaussah.

Ich habe jetzt, fuhr dieser nun kühner und vertraulicher

fort, das Reisen erwählt, und befinde mich wie aus einem
Gefängnis erlöst, alle alten Wünsche und Freuden sind nun
auf einmal in Freiheit gesetzt. Auf dem Lande in der Stille
aufgewachsen, wie lange habe ich da die fernen blauen Berge
sehnsüchtig betrachtet, wenn der Frühling wie ein zauberischer
Spielmann durch unsern Garten ging und von der
wunderschönen Ferne verlockend sang und von großer unermeßlicher
Lust. – Der Fremde war über den letzten Worten
in tiefe Gedanken versunken. Habt Ihr wohl jemals,
sagte er zerstreut aber sehr ernsthaft, von dem wunderbaren
Spielmann gehört, der durch seine Töne die Jugend in einen
Zauberberg hinein verlockt, aus dem Keiner wieder zurückgekehrt
ist? Hütet Euch! –

Florio wußte nicht, was er aus diesen Worten des Fremden
machen sollte, konnte ihn auch weiter darum nicht befragen;
denn sie waren so eben, statt zu dem Tore, unvermerkt dem
Zuge der Spaziergänger folgend, an einen weiten grünen
Platz gekommen, auf dem sich ein fröhlichschallendes Reich
von Musik, bunten Zelten, Reitern und Spaziergehenden
in den letzten Abendgluten schimmernd hin und her bewegte.

Hier ist gut wohnen, sagte der Fremde lustig, sich vom
Zelter schwingend; auf baldiges Wiedersehn! und hiermit
war er schnell in dem Gewühle verschwunden.

Florio stand vor freudigem Erstaunen einen Augenblick
still vor der unerwarteten Aussicht. Dann folgte auch er dem
Beispiele seines Begleiters, übergab das Pferd seinem Diener
und mischte sich in den muntern Schwarm.

Versteckte Musikchöre erschallten da von allen Seiten aus
den blühenden Gebüschen, unter den hohen Bäumen wandelten
sittige Frauen auf und nieder und ließen die schönen
Augen musternd ergehen über die glänzende Wiese, lachend
und plaudernd und mit den bunten Federn nickend im
lauen Abendgolde wie ein Blumenbeet, das sich im Winde
wiegt. Weiterhin auf einem heitergrünen Plan vergnügten
sich mehrere Mädchen mit Ballspielen. Die buntgefiederten
Bälle flatterten wie Schmetterlinge, glänzende Bogen hin

und her beschreibend, durch die blaue Luft, während die unten im Grünen auf und niederschwebenden Mädchenbilder den lieblichsten Anblick gewährten. Besonders zog die eine durch ihre zierliche, fast noch kindliche Gestalt und die Anmut aller ihrer Bewegungen Florio's Augen auf sich. Sie hatte einen vollen, bunten Blumenkranz in den Haaren und war recht wie ein fröhliches Bild des Frühlings anzuschauen, wie sie so überaus frisch bald über den Rasen dahinflog, bald sich neigte, bald wieder mit ihren anmutigen Gliedern in die heitere Luft hinauflangte. – Durch ein Versehen ihrer Gegnerin nahm ihr Federball eine falsche Richtung und flatterte gerade vor Florio nieder. Er hob ihn auf und überreichte ihn der nacheilenden Bekränzten. Sie stand fast wie erschrocken vor ihm und sah ihn schweigend aus den schönen großen Augen an. Dann verneigte sie sich errötend und eilte schnell wieder zu ihren Gespielinnen zurück.

Der größere funkelnde Strom von Wagen und Reitern, der sich in der Haupt-Allee langsam und prächtig fortbewegte, wendete indes auch Florio'n von jenem reizenden Spiele wieder ab, und er schweifte wohl eine Stunde lang allein zwischen den ewigwechselnden Bildern umher.

Da ist der Sänger *Fortunato*! hörte er da auf einmal mehrere Frauen und Ritter neben sich ausrufen. Er sah sich schnell nach dem Platze um, wohin sie wiesen, und erblickte zu seinem großen Erstaunen den anmutigen Fremden, der ihn vorhin hieher begleitet. Abseits auf der Wiese an einen Baum gelehnt, stand er so eben immitten eines zierlichen Kranzes von Frauen und Rittern, welche seinem Gesange zuhörten, der zuweilen von einigen Stimmen aus dem Kreise holdselig erwidert wurde. Unter ihnen bemerkte Florio auch die schöne Ballspielerin wieder, die in stiller Freudigkeit mit weiten offenen Augen in die Klänge vor sich hinaussah.

Ordentlich erschrocken gedachte da Florio, wie er vorhin mit dem berühmten Sänger, den er lange dem Rufe nach verehrte, so vertraulich geplaudert, und blieb scheu in einiger Entfernung stehen, um den lieblichen Wettstreit mit zu vernehmen. Er hätte gern die ganze Nacht hindurch dort ge standen, so ermutigend flogen diese Töne ihn an, und er ärgerte sich recht, als Fortunato nun so bald endigte, und die ganze Gesellschaft sich von dem Rasen erhob.

Da gewahrte der Sänger den Jüngling in der Ferne und kam sogleich auf ihn zu. Freundlich faßte er ihn bei beiden Händen und führte den Blöden, ungeachtet aller Gegenreden, wie einen lieblichen Gefangenen nach dem nahgelegenen offenen Zelte, wo sich die Gesellschaft nun versammelte und ein fröhliches Nachtmahl bereitet hatte. Alle begüßten ihn wie alte Bekannte, manche schöne Augen ruhten in freudigem Erstaunen auf der jungen blühenden Gestalt.

Nach mancherlei lustigem Gespräch lagerten sich bald alle um den runden Tisch, der in der Mitte des Zeltes stand. Erquickliche Früchte und Wein in hellgeschliffenen Gläsern funkelte von dem blendendweißen Gedeck, in silbernen Gefäßen dufteten große Blumensträuße, zwischen denen die hübschen Mädchengesichter anmutig hervorsahen; draußen spielten die letzten Abendlichter golden auf dem Rasen und dem Flusse, der spiegelglatt vor dem Zelte dahin glitt. Florio hatte sich fast unwillkürlich zu der niedlichen Ballspielerin gesellt. Sie erkannte ihn sogleich wieder und saß still und schüchtern da, aber die langen furchtsamen Augenwimper hüteten nur schlecht die tiefen dunkelglühenden Blicke.

Es war ausgemacht worden, daß jeder in die Runde seinem Liebchen mit einem kleinen improvisierten Liedchen zutrinken solle. Der leichte Gesang, der nur gaukelnd wie ein Frühlingswind die Oberfläche des Lebens berührte, ohne es in sich selbst zu versenken, bewegte fröhlich den Kranz heiterer Bilder um die Tafel. Florio war recht innerlichst vergnügt, alle blöde Bangigkeit war von seiner Seele genommen, und er sah fast träumerischstill vor fröhlichen Gedanken zwischen den Lichtern und Blumen in die wunderschöne, langsam in die Abendgluten versinkende Landschaft vor sich hinaus. Und als nun auch an ihn die Reihe kam, seinen Trinkspruch zu sagen, hob er sein Glas in die Höh' und sang:

> Jeder nennet froh die Seine,
> Ich nur stehe hier alleine,

> Denn was früge wohl die Eine:
> Wen der Fremdling eben meine?
> Und so muß ich wie im Strome dort die Welle
> Ungehört verrauschen an des Frühlings Schwelle.

Seine schöne Nachbarin sah bei diesen Worten beinah schelmisch an ihm herauf und senkte schnell wieder das Köpfchen, da sie seinem Blicke begegnete. Aber er hatte so herzlich bewegt gesungen und neigte sich nun mit den schönen bittenden Augen so dringend herüber, daß sie es willig geschehen ließ, als er sie schnell auf die roten heißen Lippen küßte. – Bravo, Bravo! riefen mehrere Herren, ein mutwilliges aber argloses Lachen erschallte um den Tisch. – Florio stürzte hastig und verwirrt sein Glas hinunter, die schöne Geküßte schauete hochrot in den Schoß und sah so unter dem vollen Blumenkranze unbeschreiblich reizend aus.

So hatte ein Jeder der Glücklichen sein Liebchen in dem Kreise sich heiter erkoren. Nur Fortunato allein gehörte Allen, oder Keiner an und erschien fast einsam in dieser anmutigen Verwirrung. Er war ausgelassen lustig und Mancher hätte ihn wohl übermütig genannt, wie er so wildwechselnd in Witz, Ernst und Scherz sich ganz und gar losließ, hätte er dabei nicht wieder mit so frommklaren Augen beinah wunderbar dreingeschaut. Florio hatte sich fest vorgenommen, ihm über Tische einmal so recht seine Liebe und Ehrfurcht, die er längst für ihn hegte, zu sagen. Aber es wollte heute nicht gelingen, alle leisen Versuche glitten an der spröden Lustigkeit des Sängers ab. Er konnte ihn gar nicht begreifen. –

Draußen war indes die Gegend schon stiller geworden und feierlich, einzelne Sterne traten zwischen den Wipfeln der dunkelnden Bäume hervor, der Fluß rauschte stärker durch die erquickende Kühle. Da war auch zuletzt an Fortunato die Reihe zu singen gekommen. Er sprang rasch auf, griff in seine Guitarre und sang:

> Was klingt mir so heiter
> Durch Busen und Sinn?

Zu Wolken und weiter
Wo trägt es mich hin?

Wie auf Bergen hoch bin ich
So einsam gestellt
Und grüße herzinnig,
Was schön auf der Welt.

Ja, Bachus, Dich seh' ich,
Wie göttlich bist Du!
Dein Glühen versteh' ich,
Die träumende Ruh.

O Rosenbekränztes
Jünglingesbild,
Dein Auge, wie glänzt es,
Die Flammen so mild!

Ist's Liebe, ist's Andacht,
Was so Dich beglückt?
Rings Frühling Dich anlacht,
Du sinnest entzückt. –

Frau Venus, du Frohe,
So klingend und weich,
In Morgenrots Lohe
Erblick' ich Dein Reich.

Auf sonnigen Hügeln
Wie ein Zauberring. –
Zart' Bübchen mit Flügeln
Bedienen Dich flink,

Durchsäuseln die Räume
Und laden, was fein,
Als goldene Träume
Zur Königin ein.

Und Ritter und Frauen
Im grünen Revier
Durchschwärmen die Auen
Wie Blumen zur Zier.

Und jeglicher hegt sich
Sein Liebchen im Arm,
So wirrt und bewegt sich
Der selige Schwarm. –

Hier änderte er plötzlich Weise und Ton und fuhr fort:

Die Klänge verrinnen,
Es bleichet das Grün,
Die Frauen stehn sinnend,
Die Ritter schaun kühn.

Und himmlisches Sehnen
Geht singend durch's Blau,
Da schimmert von Tränen
Rings Garten und Au. –

Und mitten im Feste
Erblick' ich, wie mild!
Den Stillsten der Gäste. –
Woher, einsam Bild?

Mit blühendem Mohne,
Der träumerisch glänzt,
Und Lilienkronen
Erscheint er bekränzt.

Sein Mund schwillt zum Küssen
So lieblich und bleich,
Als bräckt' er ein Grüßen
Aus himmlischem Reich.

> Eine Fackel wohl trägt er,
> Die wunderbar prangt.
> »Wo ist Einer, frägt er,
> Dem heimwärts verlangt?«
>
> Und manchmal da drehet
> Die Fackel er um –
> Tiefschauernd vergehet
> Die Welt und wird stumm.
>
> Und was hier versunken
> Als Blumen zum Spiel,
> Siehst oben Du funkeln
> Als Sterne nun kühl. –
>
> O Jüngling vom Himmel,
> Wie bist du so schön!
> Ich laß das Gewimmel,
> Mit Dir will ich gehn!
>
> Was will ich noch hoffen?
> Hinauf, ach hinauf!
> Der Himmel ist offen,
> Nimm, Vater, mich auf!

Fortunato war still und alle die Übrigen auch, denn wirklich draußen waren nun die Klänge verronnen und die Musik, das Gewimmel und alle die gaukelnde Zauberei nach und nach verhallend untergegangen vor dem unermeßlichen Sternenhimmel und dem gewaltigern Nachtgesange der Ströme und Wälder. Da trat ein hoher schlanker Ritter in reichem Geschmeide, das grünlichgoldene Scheine zwischen die im Winde flackernden Lichter warf, in das Zelt herein. Sein Blick aus tiefen Augenhöhlen war irre flammend, das Gesicht schön aber blaß und wüst. Alle dachten bei seinem plötzlichen Erscheinen unwillkürlich schaudernd an den stillen Gast in Fortunato's Liede. – Er aber begab sich nach einer flüchtigen Verbeugung gegen die Gesellschaft zu dem Buffet des Zeltwirtes und schlürfte hastig dunkelroten Wein mit den bleichen feinen Lippen in langen Zügen hinunter.

Florio fuhr ordentlich zusammen, als der Seltsame sich darauf vor allen Andern zu ihm wandte und ihn als einen früheren Bekannten in Lucca willkommen hieß. Erstaunt und nachsinnend betrachtete er ihn von oben bis unten, denn er wußte sich durchaus nicht zu erinnern, ihn jemals gesehen zu haben. Doch war der Ritter ausnehmend beredt und sprach viel über mancherlei Begebenheiten aus Florio's früheren Tagen. Auch war er so genau bekannt mit der Gegend seiner Heimat, dem Garten und jedem heimischen Platz, der Florio'n herzlich lieb war aus alter Zeit, daß sich derselbe bald mit der dunkeln Gestalt auszusöhnen anfing.

In die übrige Gesellschaft indes schien Donati, so nannte sich der Ritter, nirgends hinein zu passen. Eine ängstliche Störung, deren Grund sich Niemand anzugeben wußte, wurde überall sichtbar. Und da unterdes auch die Nacht nun völlig hereingekommen war, so brachen bald Alle auf.

Es begann nun ein wunderliches Gewimmel von Wagen, Pferden, Dienern und hohen Windlichtern, die seltsame Scheine auf das nahe Wasser, zwischen die Bäume und die schönen wirrenden Gestalten umherwarfen. Donati erschien in der wilden Beleuchtung noch viel bleicher und schauerlicher, als vorher. Das schöne Fräulein mit dem Blumenkranze hatte ihn beständig mit heimlicher Furcht von der Seite angesehen. Nun, da er gar auf sie loskam, um ihr mit ritterlicher Artigkeit auf den Zelter zu helfen, drängte sie sich scheu an den zurückstehenden Florio, der die Liebliche mit klopfendem Herzen in den Sattel hob. Alles war unterdes reisefertig, sie nickte ihm noch einmal von ihrem zierlichen Sitze freundlich zu, und bald war die ganze schimmernde Erscheinung in der Nacht verschwunden.

Es war Florio'n recht sonderbar zu Mute, als er sich plötzlich so allein mit Donati und dem Sänger auf dem weiten, leeren Platze befand. Seine Guitarre im Arm ging der Letztere am Ufer des Flusses vor dem Zelte auf und nieder und

schien auf neue Weisen zu sinnen, während er einzelne Töne
griff, die beschwichtigend über die stille Wiese dahinzogen.
Dann brach er plötzlich ab. Ein seltsamer Mißmut schien
über seine sonst immer klaren Züge zu fliegen, er verlangte
ungeduldig fort.

Alle Drei bestiegen daher nun auch ihre Pferde und zogen
mit einander der nahen Stadt zu. Fortunato sprach kein Wort
unterweges, desto freundlicher ergoß sich Donati in wohlgesetzten zierlichen Reden; Florio, noch im Nachklange der
Lust, ritt still wie ein träumendes Mädchen zwischen beiden.

Als sie an's Tor kamen, stellte sich Donati's Roß, das
schon vorher vor manchem Vorübergehenden gescheuet,
plötzlich fast gerade in die Höh und wollte nicht hinein. Ein
funkelnder Zornesblitz fuhr, fast verzerrend, über das Gesicht des Reiters und ein wilder, nur halbausgesprochener
Fluch aus den zuckenden Lippen, worüber Florio nicht wenig erstaunte, da ihm solches Wesen zu der sonstigen feinen
und besonnenen Anständigkeit des Ritters ganz und gar
nicht zu passen schien. Doch faßte sich dieser bald wieder.
Ich wollte Euch bis in die Herberg begleiten, sagte er lächelnd und mit der gewohnten Zierlichkeit, zu Florio gewendet, aber mein Pferd will es anders, wie Ihr seht. Ich be-
wohne hier vor der Stadt ein Landhaus, wo ich Euch recht
bald bei mir zu sehen hoffe. – Und hiermit verneigte er sich,
und das Pferd, in unbegreiflicher Hast und Angst kaum mehr
zu halten, flog pfeilschnell mit ihm in die Dunkelheit fort,
daß der Wind hinter ihm dreinpfiff.

Gott sei Dank, rief Fortunato aus, daß ihn die Nacht wieder verschlungen hat! Kam er mir doch wahrhaftig vor, wie
einer von den falben ungestalten Nachtschmetterlingen, die,
wie aus einem phantastischen Traume entflogen, durch die
Dämmerung schwirren und mit ihrem langen Katzenbarte
und gräßlich großen Augen ordentlich ein Gesicht haben
wollen. Florio, der sich mit Donati schon ziemlich befreun-
det hatte, äußerte seine Verwunderung über dieses harte Urteil. Aber der Sänger, durch solche erstaunliche Sanftmut nur
immer mehr gereizt, schimpfte lustig fort und nannte den

Ritter zu Florio's heimlichen Ärger, einen Mondscheinjäger, einen Schmachthahn, einen Renommisten in der Melancholie.

Unter solcherlei Gesprächen waren sie endlich bei der Herberge angelangt und Jeder begab sich bald in das ihm angewiesene Gemach.

Florio warf sich angekleidet auf das Ruhebett hin, aber er konnte lange nicht schlafen. In seiner von den Bildern des Tages aufgeregten Seele wogte und hallte und sang es noch immer fort. Und wie die Türen im Hause nun immer seltner auf und zugingen, nur manchmal noch eine Stimme erschallte, bis endlich Haus, Stadt und Feld in tiefe Stille versank: da war es ihm, als führe er mit schwanenweißen Segeln einsam auf einem mondbeglänzten Meer. Leise schlugen die Wellen an das Schiff, Sirenen tauchten aus dem Wasser, die alle aussahen wie das schöne Mädchen mit dem Blumenkranze vom vorigen Abend. Sie sang so wunderbar, traurig und ohne Ende, als müsse er vor Wehmut untergehen. Das Schiff neigte sich unmerklich und sank langsam immer tiefer und tiefer – da wachte er erschrocken auf.

Er sprang von seinem Bett und öffnete das Fenster. Das Haus lag am Ausgange der Stadt, er übersah einen weiten stillen Kreis von Hügeln, Gärten und Tälern, vom Monde klar beschienen. Auch da draußen war es überall in den Bäumen und Strömen noch wie im Verhallen und Nachhallen der vergangenen Lust, als sänge die ganze Gegend leise, gleich den Sirenen, die er im Schlummer gehört. Da konnte er der Versuchung nicht widerstehen. Er ergriff die Guitarre, die Fortunato bei ihm zurückgelassen, verließ das Zimmer und ging leise durch das ruhige Haus hinab. Die Türe unten war nur angelehnt, ein Diener lag eingeschlafen auf der Schwelle. So kam er unbemerkt in's Freie und wandelte fröhlich zwischen Weingärten durch leere Alleen an schlummernden Hütten vorüber immer weiter fort.

Zwischen den Rebengeländern hinaus sah er den Fluß im Tale; viele weißglänzende Schlösser hin und wieder zerstreut, ruhten wie eingeschlafene Schwäne unten in dem Meer von Stille. Da sang er mit fröhlicher Stimme:

Wie kühl schweift's sich bei nächt'ger Stunde,
Die Zitter treulich in der Hand!
Vom Hügel grüß' ich in die Runde
Den Himmel und das stille Land.

Wie ist da alles so verwandelt,
Wo ich so fröhlich war, im Tal,
Im Wald wie still! der Mond nur wandelt
Nun durch den hohen Buchensaal.

Der Winzer Jauchzen ist verklungen
Und all der bunte Lebenslauf,
Die Ströme nur, im Tal geschlungen,
Sie blicken manchmal silbern auf.

Und Nachtigallen wie aus Träumen
Erwachen oft mit süßem Schall,
Erinnernd rühren sich die Bäume,
Ein heimlich Flüstern überall. –

Die Freude kann nicht gleich verklingen,
Und von des Tages Glanz und Lust
Ist so auch mir ein heimlich Singen
Geblieben in der tiefsten Brust.

Und fröhlich greif' ich in die Saiten,
O Mädchen, jenseits über'm Fluß,
Du lauschest wohl und hörst's von weitem
Und kennst den Sänger an dem Gruß!

Er mußte über sich selber lachen, da er am Ende nicht wußte, wem er das Ständchen brachte. Denn die reizende Kleine mit dem Blumenkranze war es lange nicht mehr, die er eigentlich meinte. Die Musik bei den Zelten, der Traum auf seinem Zimmer, und sein, die Klänge und den Traum und die zierliche Erscheinung des Mädchens, nachträumendes Herz hatte ihr Bild unmerklich und wundersam verwandelt in ein viel schöneres, größeres und herrliches, wie er es noch nirgend gesehen.

So in Gedanken schritt er noch lange fort, als er unerwartet bei einem großen, von hohen Bäumen rings umgebenen Weiher anlangte. Der Mond, der eben über die Wipfel trat, beleuchtete scharf ein marmornes Venusbild, das dort dicht am Ufer auf einem Steine stand, als wäre die Göttin so eben erst aus den Wellen aufgetaucht und betrachte nun, selber verzaubert, das Bild der eigenen Schönheit, das der trunkene Wasserspiegel zwischen den leise aus dem Grunde aufblühenden Sternen widerstrahlte. Einige Schwäne beschrieben still ihre einförmigen Kreise um das Bild, ein leises Rauschen ging durch die Bäume rings umher.

Florio stand wie eingewurzelt im Schauen, denn ihm kam jenes Bild wie eine lang gesuchte, nun plötzlich erkannte Geliebte vor, wie eine Wunderblume, aus der Frühlingsdämmerung und träumerischen Stille seiner frühesten Jugend heraufgewachsen. Je länger er hinsah, je mehr schien es ihm, als schlüge es die seelenvollen Augen langsam auf, als wollten sich die Lippen bewegen zum Gruße, als blühe Leben wie ein lieblicher Gesang erwärmend durch die schönen Glieder herauf. Er hielt die Augen lange geschlossen vor Blendung, Wehmut und Entzücken. –

Als er wieder aufblickte, schien auf einmal alles wie verwandelt. Der Mond sah seltsam zwischen Wolken hervor, ein stärkerer Wind kräuselte den Weiher in trübe Wellen, das Venusbild, so fürchterlich weiß und regungslos, sah ihn fast schreckhaft mit den steinernen Augenhöhlen aus der grenzenlosen Stille an. Ein nie gefühltes Grausen überfiel da den Jüngling. Er verließ schnell den Ort, und immer schneller und ohne auszuruhen, eilte er durch die Gärten und Weinberge wieder fort der ruhigen Stadt zu; denn auch das Rauschen der Bäume kam ihm nun wie ein verständiges vernehmliches Geflüster vor, und die langen gespenstischen Pappeln schienen mit ihren weitgestreckten Schatten hinter ihm dreinzulangen.

So kam er sichtbar verstort an der Herberge an. Da lag der

Schlafende noch auf der Schwelle und fuhr erschrocken auf, als Florio an ihm vorüberstreifte. Florio aber schlug schnell die Türe hinter sich zu und atmete erst tief auf, als er oben sein Zimmer betrat. – Hier ging er noch lange auf und nieder, ehe er sich beruhigte. Dann warf er sich auf's Bett und schlummerte endlich unter den seltsamsten Träumen ein.

———

Am folgenden Morgen saßen Florio und Fortunato unter den hohen von der Morgensonne durchfunkelten Bäumen vor der Herberge mit einander beim Frühstück. Florio sah blässer, als gewöhnlich, und angenehm überwacht aus. – Der Morgen, sagte Fortunato lustig, ist ein recht kerngesunder, wildschöner Gesell, wie er so von den höchsten Bergen in die schlafende Welt hinunterjauchzt und von den Blumen und Bäumen die Tränen schüttelt und wogt und lärmt und singt. Der macht eben nicht sonderlich viel aus den sanften Empfindungen, sondern greift kühl an alle Glieder und lacht einem in's lange Gesicht, wenn man so preßhaft und noch ganz wie in Mondschein getaucht, vor ihn hinaustritt. – Florio schämte sich nun, dem Sänger, wie er sich anfangs vorgenommen, etwas von dem schönen Venusbilde zu sagen, und schwieg betreten still. Sein Spaziergang in der Nacht war aber von dem Diener an der Haustür bemerkt und wahrscheinlich verraten worden, und Fortunato fuhr lachend fort: Nun, wenn Ihr's nicht glaubt, versucht es nur einmal, stellt Euch jetzt hierher und sagt zum Exempel: »O schöne, holde Seele, o Mondschein, du Blütenstaub zärtlicher Herzen u. s. w.,« ob das nicht recht zum lachen wäre! Und doch, wette ich, habt Ihr diese Nacht dergleichen oft gesagt und gewiß ordentlich ernsthaft dabei ausgesehen. –

Florio hatte sich Fortunato'n ehedem immer so still und sanftmütig vorgestellt, nun verwundete ihn recht innerlichst die kecke Lustigkeit des geliebten Sängers. Er sagte hastig, und die Tränen traten ihm dabei in die seelenvollen Augen: Ihr sprecht da sicherlich anders, als Euch selber zu Mute ist, und das solltet Ihr nimmermehr tun. Aber ich lasse mich von Euch nicht irre machen, es gibt noch sanfte und hohe Empfindungen, die wohl schamhaft sind, aber sich nicht zu schämen brauchen, und ein stilles Glück, das sich vor dem lauten Tage verschließt und nur dem Sternenhimmel den heiligen Kelch öffnet wie eine Blume in der ein Engel wohnt. Fortunato sah den Jüngling verwundert an, dann rief er aus: Nun wahrhaftig, Ihr seid recht ordentlich verliebt!

Man hatte unterdes Fortunato'n, der spazieren reiten wollte, sein Pferd vorgeführt. Freundlich streichelte er den gebogenen Hals des zierlich aufgeputzten Rößleins, das mit fröhlicher Ungeduld den Rasen stampfte. Dann wandte er sich noch einmal zu Florio und reichte ihm gutmütig lächelnd die Hand. Ihr tut mir doch leid, sagte er, es gibt gar zu viele sanfte, gute, besonders verliebte junge Leute, die ordentlich recht versessen sind auf's Unglücklichsein. Laßt das, die Melancholie, den Mondschein und alle den Plunder; und geht's auch manchmal wirklich schlimm, nur frisch heraus in Gottes freien Morgen und da draußen sich recht abgeschüttelt; im Gebet aus Herzensgrund – und es müßte wahrlich mit dem Bösen zugehen, wenn Ihr nicht so recht durch und durch fröhlich und stark werdet! – Und hiermit schwang er sich schnell auf sein Pferd und ritt zwischen den Weinbergen und blühenden Gärten in das farbige, schallende Land hinein, selber so bunt und freudig anzuschauen wie der Morgen vor ihm.

Florio sah ihm lange nach, bis die Glanzeswogen über dem fernen Reiter zusammenschlugen. Dann ging er hastig unter den Bäumen auf und nieder. Ein tiefes, unbestimmtes Verlangen war von den Erscheinungen der Nacht in seiner Seele zurück geblieben. Dagegen hatte ihn Fortunato durch seine Reden seltsam verstört und verwirrt. Er wußte nun selbst nicht mehr, was er wollte, gleich einem Nachtwandler, der plötzlich bei seinem Namen gerufen wird. Sinnend blieb er oftmals vor der wunderreichen Aussicht in das Land hinab stehen, als wollte er das freudigkräftige Walten da draußen um Auskunft fragen. Aber der Morgen spielte nur einzelne Zauberlichter wie durch die Bäume über ihm in sein träumerisch funkelndes Herz hinein, das noch in anderer Macht stand. Denn drinnen zogen die Sterne noch immer fort ihre magischen Kreise, zwischen denen das wunderschöne Marmorbild mit neuer, unwiderstehlicher Gewalt heraufsah. – So beschloß er denn endlich, den Weiher wieder aufzusuchen, und schlug rasch denselben Pfad ein, den er in der Nacht gewandelt.

Wie sah aber dort nun alles so anders aus! Fröhliche Menschen durchirrten geschäftig die Weinberge, Gärten und Alleen, Kinder spielten ruhig auf dem sonnigen Rasen vor den Hütten, die ihn in der Nacht unter den traumhaften Bäumen oft gleich eingeschlafenen Sphinxen erschreckt hatten, der Mond stand fern und verblaßt am klaren Himmel, unzählige Vögel sangen lustig im Walde durcheinander. Er konnte gar nicht begreifen, wie ihn damals hier so seltsame Furcht überfallen konnte.

Bald bemerkte er indes, daß er in Gedanken den rechten Weg verfehlt. Er betrachtete aufmerksam alle Plätze und ging zweifelhaft bald zurück, bald wieder vorwärts; aber vergeblich; je emsiger er suchte, je unbekannter und ganz anders kam ihm alles vor.

Lange war er so umhergeirrt. Die Vögel schwiegen schon, der Kreis der Hügel wurde nach und nach immer stiller, die Strahlen der Mittagssonne schillerten segnend über der ganzen Gegend draußen, die wie unter einem Schleier von Schwüle zu schlummern und zu träumen schien. Da kam er unerwartet an ein Tor von Eisengittern, zwischen dessen zierlich vergoldeten Stäben hindurch man in einen weiten prächtigen Lustgarten hineinsehen konnte. Ein Strom von Kühle und Duft wehte den Ermüdeten erquickend daraus an. Das Tor war nicht verschlossen, er öffnete es leise und trat hinein.

Hohe Buchenhallen empfingen ihn da mit ihren feierlichen Schatten, zwischen denen goldene Vögel wie abgewehte Blüten hin und wieder flatterten, während große seltsame Blumen, wie sie Florio niemals gesehen, traumhaft mit ihren gelben und roten Glocken in dem leisen Winde hin und her schwankten. Unzählige Springbrunnen plätscherten, mit vergoldeten Kugeln spielend, einförmig in der großen Einsamkeit. Zwischen den Bäumen hindurch sah man in der Ferne einen prächtigen Palast mit hohen schlanken Säulen hereinschimmern. Kein Mensch war ringsum zu sehen, tiefe Stille herrschte überall. Nur hin und wieder erwachte manchmal eine Nachtigall und sang wie im Schlummer fast schluchzend. Florio betrachtete verwundert Bäume, Brunnen und Blumen, denn es war ihm, als sei das alles lange versunken, und über ihm ginge der Strom der Tage mit leichten, klaren Wellen, und unten läge nur der Garten gebunden und verzaubert und träumte von dem vergangnen Leben.

Er war noch nicht weit vorgedrungen, als er Lautenklänge vernahm, bald stärker, bald wieder in dem Rauschen der Springbrunnen leise verhallend. Lauschend blieb er stehn, die Töne kamen immer näher und näher, da trat plötzlich in dem stillen Bogengange eine hohe schlanke Dame von wundersamer Schönheit zwischen den grünen Bäumen hervor, langsam wandelnd und ohne aufzublicken. Sie trug eine prächtige mit goldnem Bildwerk gezierte Laute im Arm, auf der sie, wie in tiefe Gedanken versunken, einzelne Akkorde griff. Ihr langes goldenes Haar fiel in reichen Locken über die fast blassen, blendendweißen Achseln bis in den Rücken hinab, die langen weiten Ärmel, wie vom Blütenschnee gewoben, wurden von zierlichen goldnen Spangen gehalten, den schönen Leib umschloß ein himmelblaues Gewand, ringsum an den Enden mit buntglühenden, wunderbar in einander verschlungenen Blumen gestickt. Ein heller Sonnenblick durch eine Öffnung des Bogenganges schweifte so eben scharfbeleuchtend über die blühende Gestalt. Florio fuhr innerlichst zusammen – es waren unverkennbar die Züge, die Gestalt des schönen Venusbildes, das er heute Nacht am Weiher gesehen. – Sie aber sang, ohne den Fremden zu bemerken:

> Was weckst du, Frühling, mich von neuem wieder?
> Daß all' die alten Wünsche auferstehen,
> Geht über's Land ein wunderbares Wehen.

Das schauert mir so lieblich durch die Glieder.
Die schöne Mutter grüßen tausend Lieder,
Die, wieder jung, im Brautkranz süß zu sehen.
Der Wald will sprechen, rauschend Ströme gehen,
5 Najaden tauchen singend auf und nieder.
Die Rose seh' ich gehn aus grüner Klause
Und, wie so buhlerisch die Lüfte fächeln,
Errötend in die laue Flut sich dehnen.
So mich auch ruft ihr aus dem stillen Hause –
10 Und schmerzlich nun muß ich im Frühling lächeln,
Versinkend zwischen Duft und Klang vor Sehnen.

So singend wandelte sie fort, bald in dem Grünen verschwindend, bald wieder erscheinend, immer ferner und ferner, bis sie sich endlich in der Gegend des Palastes ganz verlor. Nun war es auf einmal wieder stille, nur die Bäume und die Wasserkünste rauschten wie vorher. Florio stand in blühende Träume versunken, es war ihm, als hätte er die schöne Lautenspielerin schon lange gekannt und nur in der Zerstreuung seines Lebens wieder vergessen und verloren, als ginge sie nun vor Wehmut zwischen dem Quellenrauschen unter und riefe ihn unaufhörlich, ihr zu folgen. – Tiefbewegt eilte er weiter in den Garten hinein auf die Gegend zu, wo sie verschwunden war. Da kam er unter uralten Bäumen an ein verfallen Mauerwerk, an dem noch hin und wieder schöne Bildereien halb kenntlich waren. Unter der Mauer auf zerschlagenen Marmorsteinen und Säulenknäufen, zwischen denen hohes Gras und Blumen üppig hervorschossen, lag ein schlafender Mann ausgestreckt. Erstaunt erkannte Florio den Ritter Donati. Aber seine Minen schienen im Schlafe sonderbar verändert, er sah fast wie ein Toter aus. Ein heimlicher Schauer überfiel Florio'n bei diesem Anblick. Er rüttelte den Schlafenden heftig. Donati schlug langsam die Augen auf und sein erster Blick war so fremd, stier und wild, daß sich Florio ordentlich vor ihm entsetzte. Dabei murmelte er noch zwischen Schlaf und Wachen einige dunkle Worte, die Florio nicht verstand. Als er sich endlich völlig ermuntert hatte, sprang er rasch auf und sah Florio, wie es schien, mit großem Erstaunen an. Wo bin ich? rief dieser hastig, wer ist die edle Herrin, die in diesem schönen Garten wohnt? – Wie seid Ihr, frug dagegen Donati sehr ernst, in diesen Garten gekommen? Florio erzählte kurz den Hergang, worüber der Ritter in ein tiefes Nachdenken versank. Der Jüngling wiederholte darauf dringend seine vorigen Fragen, und Donati sagte zerstreut: Die Dame ist eine Verwandte von mir, reich und gewaltig, ihr Besitztum ist weit im Lande verbreitet – Ihr findet sie bald da, bald dort – auch in der Stadt Lucca ist sie zuweilen. – Florio fielen diese flüchtig hingeworfenen Worte seltsam auf's Herz, denn es wurde ihm nun immer deutlicher, was ihm vorher nur vorübergehend angeflogen, nämlich, daß er die Dame schon einmal in früherer Jugend irgendwo gesehen, doch konnte er sich durchaus nicht klar besinnen.

Sie waren unterdes rasch fortgehend unvermerkt an das vergoldete Gittertor des Gartens gekommen. Es war nicht dasselbe, durch welches Florio vorhin eingetreten. Verwundert sah er sich in der unbekannten Gegend um, weit über die Felder lagen die Türme der Stadt im heitern Sonnenglanze. Am Gitter stand Donati's Pferd angebunden und scharrte schnaubend den Boden.

Schüchtern äußerte nun Florio den Wunsch, die schöne Herrin des Gartens künftig einmal wieder zu sehen. Donati, der bis dahin noch immer in sich versunken war, schien sich erst hier plötzlich zu besinnen. Die Dame, sagte er mit der gewohnten umsichtigen Höflichkeit, wird sich freuen, Euch kennen zu lernen. Heute jedoch würden wir sie stören, und auch mich rufen dringende Geschäfte nach Hause. Vielleicht kann ich Euch morgen abholen. – Und hierauf nahm er in wohlgesetzten Reden Abschied von dem Jüngling, bestieg sein Roß und war bald zwischen den Hügeln verschwunden.

Florio sah ihm lange nach, dann eilte er wie ein Trunkener der Stadt zu. Dort hielt die Schwüle noch alle lebendigen Wesen in den Häusern, hinter den dunkelkühlen Jalousieen. Alle Gassen und Plätze waren so leer, Fortunato auch noch nicht zurückgekehrt. Dem Glücklichen wurde es hier zu enge, in trauriger Einsamkeit. Er bestieg schnell sein Pferd und ritt noch einmal in's Freie hinaus.

Morgen, morgen! schallte es in einem fort durch seine Seele. Ihm war so unbeschreiblich wohl. Das schöne Marmorbild war ja lebend geworden und von seinem Steine in den Frühling hinunter gestiegen, der stille Weiher plötzlich verwandelt zur unermeßlichen Landschaft, die Sterne darin zu Blumen und der ganze Frühling ein Bild der Schönen. – Und so durchschweifte er lange die schönen Täler um Lucca, den prächtigen Landhäusern, Kaskaden und Grotten wechselnd vorüber, bis die Wellen des Abendrots über dem Fröhlichen zusammenschlugen.

Die Sterne standen schon klar am Himmel, als er langsam durch die stillen Gassen nach seiner Herberge zog. Auf einem der einsamen Plätze stand ein großes schönes Haus vom Monde hell erleuchtet. Ein Fenster war oben geöffnet, an dem er zwischen künstlich gezogenen Blumen hindurch zwei weibliche Gestalten bemerkte, die in ein lebhaftes Gespräch vertieft schienen. Mit Verwunderung hörte er mehreremal deutlich seinen Namen nennen. Auch glaubte er in den einzelnen abgerißnen Worten, die die Luft herüberwehte, die Stimme der wunderbaren Sängerin wieder zu erkennen. Doch konnte er vor den im Mondesglanz zitternden Blättern und Blüten nichts genau unterscheiden. Er hielt an, um mehr zu vernehmen. Da bemerkten ihn die beiden Damen, und es wurde auf einmal stille droben.

Unbefriedigt ritt Florio weiter, aber wie er so eben um die Straßenecke bog, sah er, daß sich die eine von den Damen noch einmal ihm nachblickend zwischen den Blumen hinauslehnte und dann schnell das Fenster schloß.

Am folgenden Morgen, als Florio so eben seine Traumblüten abgeschüttelt und vergnügt aus dem Fenster über die in der Morgensonne funkelnden Türme und Kuppeln der Stadt hinaussah, trat unerwartet der Ritter Donati in das Zimmer. Er war ganz schwarz gekleidet und sah heute ungewöhnlich verstört, hastig und beinah wild aus. Florio erschrak ordentlich vor Freude, als er ihn erblickte, denn er gedachte sogleich der schönen Frau. Kann ich sie sehen? rief er ihm schnell entgegen. Donati schüttelte verneinend mit dem Kopfe und sagte, traurig vor sich auf den Boden hinsehend: Heute ist Sonntag. – Dann fuhr er rasch fort, sich sogleich wieder ermannend: Aber zur Jagd wollt' ich Euch abholen. Zur Jagd? – erwiderte Florio höchst verwundert, heute am heiligen Tage? – Nun wahrhaftig, fiel ihm der Ritter mit einem ingrimmigen, abscheulichen Lachen in's Wort, Ihr wollt doch nicht etwa mit der Buhlerin unter'm Arm zur Kirche wandern und im Winkel auf dem Fußschämmel knien und andächtig Gotthelf sagen, wenn die Frau Base niest. – Ich weiß nicht, wie Ihr das meint, sagte Florio, und Ihr mögt immer über mich lachen, aber ich könnte heut nicht jagen. Wie da draußen alle Arbeit rastet, und Wälder und Felder so geschmückt aussehen zu Gottes Ehre, als zögen Engel durch das Himmelblau über sie hinweg – so still; so feierlich und gnadenreich ist diese Zeit! – Donati stand in Gedanken am Fenster, und Florio glaubte zu bemerken, daß er heimlich schauerte, wie er so in die Sonntagsstille der Felder hinaus sah.

Unterdes hatte sich Glockenklang von den Türmen der Stadt erhoben und ging wie ein Beten durch die klare Luft. Da schien Donati erschrocken, er griff nach seinem Hute und drang beinah ängstlich in Florio, ihn zu begleiten, der es aber beharrlich verweigerte. Fort, hinaus! – rief endlich der Ritter halblaut und wie aus tiefster, geklemmter Brust herauf, drückte dem erstaunten Jüngling die Hand, und stürzte aus dem Hause fort.

Florio'n wurde recht heimatlich zu Mute, als darauf der frische klare Sänger Fortunato, wie ein Bote des Friedens, zu ihm ins Zimmer trat. Er brachte eine Einladung auf morgen Abend nach einem Landhause vor der Stadt. Macht Euch nur gefaßt, setzte er hinzu, Ihr werdet dort eine alte Bekannte treffen! Florio erschrak ordentlich und fragte hastig: Wen? Aber Fortunato lehnte lustig alle Erklärungen ab und entfernte sich bald. Sollte es die schöne Sängerin sein – dachte Florio still bei sich, und sein Herz schlug heftig.

Er begab sich dann in die Kirche, aber er konnte nicht beten, er war zu fröhlich zerstreut. Müßig schlenderte er durch die Gassen. Da sah alles so rein und festlich aus, schöngeputzte Herren und Damen zogen fröhlich und schimmernd nach den Kirchen. Aber, ach! die Schönste war nicht unter ihnen! – Ihm fiel dabei sein Abenteuer beim gestrigen Heimzuge ein. Er suchte die Gasse auf und fand bald das große schöne Haus wieder; aber sonderbar! die Türe war geschlossen, alle Fenster fest zu, es schien Niemand darin zu wohnen.

Vergeblich schweifte er den ganzen folgenden Tag in der Gegend umher, um nähere Auskunft über seine unbekannte Geliebte zu erhalten, oder sie, wo möglich, gar wieder zu sehen. Ihr Palast, so wie der Garten, den er in jener Mittagsstunde zufällig gefunden, war wie versunken, auch Donati ließ sich nicht erblicken. Ungeduldig schlug daher sein Herz vor Freude und Erwartung, als er endlich am Abend der Einladung zufolge mit Fortunato, der fortwährend den Geheimnisvollen spielte, zum Tore hinaus dem Landhause zuritt.

Es war schon völlig dunkel, als sie draußen ankamen. Mitten in einem Garten, wie es schien, lag eine zierliche Villa mit schlanken Säulen, über denen sich von der Zinne ein zweiter Garten von Orangen und vielerlei Blumen duftig erhob. Große Kastanienbäume standen umher und streckten kühn und seltsam beleuchtet ihre Riesenarme zwischen den aus den Fenstern dringenden Scheinen in die Nacht hinaus. Der Herr vom Hause, ein feiner fröhlicher Mann von mittleren Jahren, den aber Florio früher jemals gesehen zu haben, sich nicht erinnerte, empfing den Sänger und seinen Freund herzlich an der Schwelle des Hauses und führte sie die breiten Stufen hinan in den Saal.

Eine fröhliche Tanzmusik scholl ihnen dort entgegen, eine große Gesellschaft bewegte sich bunt und zierlich durch einander im Glanze unzähliger Lichter, die gleich Sternenkreisen, in kristallenen Leuchtern über dem lustigen Schwarme schwebten. Einige tanzten, andere ergötzten sich in lebhaftem Gespräch, viele waren maskiert und gaben unwillkürlich durch ihre wunderliche Erscheinung dem anmutigen Spiele oft plötzlich eine tiefe fast schauerliche Bedeutung.

Florio stand noch still geblendet, selber wie ein anmutiges Bild, zwischen den schönen schweifenden Bildern. Da trat ein zierliches Mädchen an ihn heran, in griechischem Gewande leicht geschürzt, die schönen Haare in künstliche Kränze geflochten. Eine Larve verbarg ihr halbes Gesicht und ließ die untere Hälfte nun desto rosiger und reizender sehen. Sie verneigte sich flüchtig, überreichte ihm eine Rose und war schnell wieder in dem Schwarme verloren.

In demselben Augenblick bemerkte er auch, daß der Herr vom Hause dicht bei ihm stand, ihn prüfend ansah, aber schnell wegblickte, als Florio sich umwandte. –

Verwundert durchstrich nun der letztere die rauschende Menge. Was er heimlich gehofft, fand er nirgends, und er machte sich beinah Vorwürfe, dem fröhlichen Fortunato so leichtsinnig auf dieses Meer von Lust gefolgt zu sein, das ihn nun immer weiter von jener einsamen hohen Gestalt zu verschlagen schien. Sorglos umspülten indes die losen Wellen, schmeichlerisch neckend, den Gedankenvollen und tauschten ihm unmerklich die Gedanken aus. Wohl kommt die Tanzmusik, wenn sie auch nicht unser Innerstes erschüttert und umkehrt, recht wie ein Frühling leise und gewaltig über uns, die Töne tasten zauberisch wie die ersten Sommerblicke nach der Tiefe und wecken alle die Lieder, die unten gebunden schliefen, und die Quellen und Blumen und uralte Erinnerungen und das ganze eingefrorne, schwere, stockende Leben wird ein leichter klarer Strom, auf dem das Herz mit rauschenden Wimpeln den lange aufgegebenen Wünschen fröhlich wieder zufährt. So hatte die allgemeine Lust auch Florio'n gar bald angesteckt, ihm war recht leicht zu Mute, als müßten sich alle Rätsel, die so schwül auf ihm lasteten, lösen.

Neugierig suchte er nun die niedliche Griechin wieder auf. Er fand sie in einem lebhaften Gespräch mit andern Masken, aber er bemerkte wohl, daß auch ihre Augen mitten im Gespräch suchend abseits schweiften und ihn schon von Ferne wahrgenommen hatten. Er forderte sie zum Tanze. Sie verneigte sich freundlich, aber ihre bewegliche Lebhaftigkeit schien wie gebrochen, als er ihre Hand berührte und festhielt. Sie folgte ihm still und mit gesenktem Köpfchen, man wußte nicht, ob schelmisch, oder traurig. Die Musik begann, und er konnte keinen Blick verwenden von der reizenden Gauklerin, die ihn gleich den Zaubergestalten auf den alten fabelhaften Schildereien umschwebte. »Du kennst mich,« flüsterte sie kaum hörbar ihm zu, als sich einmal im Tanze ihre Lippen flüchtig beinah berührten.

Der Tanz war endlich aus, die Musik hielt plötzlich inne; da glaubte Florio seine schöne Tänzerin am anderen Ende des Saales *noch einmal* wieder zu sehen. Es war dieselbe Tracht, dieselben Farben des Gewandes, derselbe Haarschmuck. Das schöne Bild schien unverwandt auf ihn herzusehen und stand fortwährend still im Schwarme der nun überall zerstreuten Tänzer, wie ein heiteres Gestirn zwischen dem leichten fliegenden Gewölk bald untergeht, bald lieblich wieder erscheint. Die zierliche Griechin schien die Erscheinung nicht zu bemerken, oder doch nicht zu beachten, sondern verließ, ohne ein Wort zu sagen, mit einem leisen flüchtigen Händedruck eilig ihren Tänzer.

Der Saal war unterdes ziemlich leer geworden. Alles schwärmte in den Garten hinab, um sich in der lauen Luft zu ergehen, auch jenes seltsame Doppelbild war verschwunden. Florio folgte dem Zuge und schlenderte gedankenvoll durch die hohen Bogengänge. Die vielen Lichter warfen einen zauberischen Schein zwischen das zitternde Laub. Die hin und her schweifenden Masken mit ihren veränderten grellen Stimmen und wunderbarem Aufzuge nahmen sich hier in der ungewissen Beleuchtung noch viel seltsamer und fast gespenstisch aus.

Er war eben, unwillkürlich einen einsamen Pfad einschlagend, ein wenig von der Gesellschaft abgekommen, als er eine liebliche Stimme zwischen den Gebüschen singen hörte:

> Über die beglänzten Gipfel
> Fernher kommt es wie ein Grüßen,
> Flüsternd neigen sich die Wipfel
> Als ob sie sich wollten küssen.
>
> Ist er doch so schön und milde!
> Stimmen gehen durch die Nacht,
> Singen heimlich von dem Bilde –
> Ach, ich bin so froh verwacht!
>
> Plaudert nicht so laut, ihr Quellen!
> Wissen darf es nicht der Morgen!
> In der Mondnacht linde Wellen,
> Senk' ich stille Glück und Sorgen. –

Florio folgte dem Gesange und kam auf einen offnen runden Rasenplatz, in dessen Mitte ein Springbrunnen lustig mit den Funken des Mondlichts spielte. Die Griechin saß, wie eine schöne Najade, auf dem steinernen Becken. Sie hatte die Larve abgenommen und spielte gedankenvoll mit einer Rose in dem schimmernden Wasserspiegel. Schmeichlerisch schweifte der Mondschein über den blendendweißen Nacken auf und nieder, ihr Gesicht konnte er nicht sehen, denn sie hatte ihm den Rücken zugekehrt. – Als sie die Zweige hinter sich rauschen hörte, sprang das schöne Bildchen rasch auf, steckte die Larve vor und floh, schnell wie ein aufgescheuchtes Reh, wieder zur Gesellschaft zurück.

Florio mischte sich nun auch wieder in die bunten Reihen der Spaziergehenden. Manch zierliches Liebeswort schallte da leise durch die laue Luft, der Mondschein hatte mit seinen unsichtbaren Fäden alle die Bilder wie in ein goldnes Liebesnetz verstrickt, in das nur die Masken mit ihren ungeselligen Parodieen manche komische Lücke rissen. Besonders hatte Fortunato sich diesen Abend mehreremal verkleidet und trieb fortwährend seltsam wechselnd sinnreichen Spuk, immer neu und unerkannt, und oft sich selber überraschend durch die Kühnheit und tiefe Bedeutsamkeit seines Spieles, so daß er manchmal plötzlich still wurde vor Wehmut, wenn die anderen sich halb tot lachen wollten. –

Die schöne Griechin ließ sich indes nirgends sehen, sie schien es absichtlich zu vermeiden, dem Florio wieder zu begegnen.

Dagegen hatte ihn der Herr vom Hause recht in Beschlag genommen. Künstlich und weit ausholend befragte ihn derselbe weitläuftig um sein früheres Leben, seine Reisen und seinen künftigen Lebensplan. Florio konnte dabei gar nicht vertraulich werden, denn Pietro, so hieß jener, sah fortwährend so beobachtend aus, als läge hinter alle den feinen Redensarten irgend ein besonderer Anschlag auf der Lauer. Vergebens sann er hin und her, dem Grunde dieser zudringlichen Neugier auf die Spur zu kommen.

Er hatte sich so eben wieder von ihm losgemacht, als er, um den Ausgang einer Allee herumbeugend, mehreren Masken begegnete, unter denen er unerwartet die Griechin wieder erblickte. Die Masken sprachen viel und seltsam durcheinander, die eine Stimme schien ihm bekannt, doch konnte er sich nicht deutlich besinnen. Bald darauf verlor sich eine Gestalt nach der andern, bis er sich am Ende, eh' er sich dessen recht versah, allein mit dem Mädchen befand. Sie blieb zögernd stehen und sah ihn einige Augenblicke schweigend an. Die Larve war fort, aber ein kurzer blütenweißer Schleier, mit allerlei wunderlichen goldgestickten Figuren verziert, verdeckte das Gesichtchen. Er wunderte sich, daß die Scheue nun so allein bei ihm aushielt.

Ihr habt mich in meinem Gesange belauscht, sagte sie endlich freundlich. Es waren die ersten lauten Worte, die er von ihr vernahm. Der melodische Klang ihrer Stimme drang ihm durch die Seele, es war als rührte sie erinnernd an alles Liebe, Schöne und Fröhliche, was er im Leben erfahren. Er entschuldigte seine Kühnheit und sprach verwirrt von der Einsamkeit, die ihn verlockt, seiner Zerstreuung, dem Rauschen der Wasserkunst. – Einige Stimmen näherten sich währendes dem Platze. Das Mädchen blickte scheu um sich und ging rasch tiefer in die Nacht hinein. Sie schien es gern zu sehen, daß Florio ihr folgte.

Kühn und vertraulicher bat er sie nun, sich nicht länger zu verbergen, oder doch ihren Namen zu sagen, damit ihre liebliche Erscheinung unter den tausend verwirrenden Bildern des Tages ihm nicht wieder verloren ginge. Laßt das, erwiderte sie träumerisch, nehmet die Blumen des Lebens fröhlich wie sie der Augenblick gibt, und forscht nicht nach den Wurzeln im Grunde, denn unten ist es freudlos und still. Florio sah sie erstaunt an, er begriff nicht, wie solche rätselhafte Worte in den Mund des heitern Mädchens kamen. Das Mondlicht fiel eben wechselnd zwischen den Bäumen auf ihre Gestalt. Da kam es ihm auch vor, als sei sie nun größer, schlanker und edler, als vorhin beim Tanze und am Springbrunnen.

Sie waren indes bis an den Ausgang des Gartens gekommen. Keine Lampe brannte mehr hier, nur manchmal hörte man noch eine Stimme in der Ferne verhallend. Draußen ruhte der weite Kreis der Gegend still und feierlich im prächtigen Mondschein. Auf einer Wiese, die vor ihnen lag, bemerkte Florio mehrere Pferde und Menschen, in dem Dämmerlichte halbkenntlich durch einander wirrend.

Hier blieb seine Begleiterin plötzlich stehen. »Es wird mich freuen,« sagte sie »Euch einmal in meinem Hause zu sehen. Unser Freund wird Euch hingeleiten. – Lebt wohl!« – Bei diesen Worten schlug sie den Schleier zurück, und Florio fuhr erschrocken zusammen. – Es war die wunderbare Schöne, deren Gesang er in jenem mittagschwülen Garten belauscht. – Aber ihr Gesicht, das der Mond hell beschien, kam ihm bleich und regungslos vor, fast wie damals das Marmorbild am Weiher.

Er sah nun, wie sie über die Wiese dahinging, von mehreren reichgeschmückten Dienern empfangen wurde, und in einem schnell umgeworfenen schimmernden Jagdkleide einen schneeweißen Zelter bestieg. Wie festgebannt von Staunen, Freude und einem heimlichen Grauen, das ihn innerlichst überschlich, blieb er stehen, bis Pferde, Reiter und die ganze seltsame Erscheinung in der Nacht verschwunden war.

Ein Rufen aus dem Garten weckte ihn endlich aus seinen Träumen. Er erkannte Fortunato's Stimme und eilte, den Freund zu erreichen, der ihn schon längst vermißt und vergebens aufgesucht hatte. Dieser wurde seiner kaum gewahr, als er ihm schon entgegen sang:

    Still in Luft
    Es gebart
    Aus dem Duft
    Hebt's sich zart
    Liebchen ruft
    Liebster schweift
    Durch die Luft,
    Sternwärts greift
    Seufzt und ruft,
    Herz wird bang
    Matt wird Duft,
    Zeit wird lang. –
    Mondscheinduft
    Luft in Luft
    Bleibt Liebe und Liebste, wie sie gewesen!

Aber wo seid Ihr denn auch so lange herumgeschwebt? schloß er endlich lachend. – Um keinen Preis hätte Florio sein Geheimnis verraten können. Lange? – erwiderte er nur, selber erstaunt. Denn in der Tat war der Garten unterdes ganz leer geworden, alle Beleuchtung fast erloschen, nur wenige Lampen flackerten noch ungewiß, wie Irrlichter, im Winde hin und her.

Fortunato drang nicht weiter in den Jüngling, und schweigend stiegen sie in dem stillgewordnen Hause die Stufen hinan. Ich löse nun mein Wort, sagte Fortunato, indem sie auf der Terrasse über dem Dache der Villa anlangten, wo noch eine kleine Gesellschaft unter dem heiter gestirnten Himmel versammelt war. Florio erkannte sogleich mehrere Gesichter, die er an jenem ersten fröhlichen Abend bei den Zelten gesehen. Mitten unter ihnen erblickte er auch seine schöne

Nachbarin wieder. Aber der fröhliche Blumenkranz fehlte heute in den Haaren, ohne Band, ohne Schmuck wallten die schönen Locken um das Köpfchen und den zierlichen Hals. Er stand fast betroffen still bei dem Anblick. Die Erinnerung an jenen Abend überflog ihn mit einer seltsam wehmütigen Gewalt. Es war ihm, als sei das schon lange her, so ganz anders war alles seitdem geworden.

Das Fräulein wurde Bianka genannt und ihm als Pietro's Nichte vorgestellt. Sie schien ganz verschüchtert, als er sich ihr näherte, und wagte es kaum ihn aufzublicken. Er äußerte ihr seine Verwunderung, sie diesen Abend hindurch nicht gesehen zu haben. Ihr habt mich öfter gesehen, sagte sie leise, und er glaubte dieses Flüstern wieder zu erkennen. – Währenddes wurde sie die Rose an seiner Brust gewahr, welche er von der Griechin erhalten, und schlug errötend die Augen nieder. Florio bemerkte es wohl, ihm fiel dabei ein, wie er nach dem Tanze die Griechin doppelt gesehen. Mein Gott! dachte er verwirrt bei sich, wer war denn das? –

Es ist gar seltsam, unterbrach sie ablenkend das Stillschweigen, so plötzlich aus der lauten Lust in die weite Nacht hinauszutreten. Seht nur, die Wolken gehn oft so schreckhaft wechselnd über den Himmel, daß man wahnsinnig werden müßte, wenn man lange hineinsähe, bald wie ungeheure Mondgebirge mit schwindligen Abgründen und schrecklichen Zacken, ordentlich wie Gesichter, bald wieder wie Drachen, oft plötzlich lange Hälse ausstreckend, und drunter schießt der Fluß heimlich wie eine goldne Schlange durch das Dunkel, das weiße Haus da drüben sieht aus wie ein stilles Marmorbild – Wo? fuhr Florio, bei diesem Worte heftig erschreckt, aus seinen Gedanken auf. – Das Mädchen sah ihn verwundert an, und beide schwiegen einige Augenblicke still. – Ihr werdet Lucca verlassen? sagte sie endlich wieder zögernd und leise, als fürchtete sie sich vor einer Antwort. Nein, erwiderte Florio zerstreut, doch ja, ja, bald, recht sehr bald! – Sie schien noch etwas sagen zu wollen, wandte aber plötzlich, die Worte zurückdrängend, ihr Gesicht ab in die Dunkelheit.

Er konnte endlich den Zwang nicht länger aushalten. Sein Herz war so voll und gepreßt und doch so überselig. Er nahm schnell Abschied, eilte hinab und ritt ohne Fortunato und alle Begleitung in die Stadt zurück.

Das Fenster in seinem Zimmer stand offen, er blickte flüchtig noch einmal hinaus. Die Gegend draußen lag unkenntlich und still wie eine wunderbar verschränkte Hieroglyphe im zauberischen Mondschein. Er schloß das Fenster fast erschrocken und warf sich auf sein Ruhebett hin, wo er als wie ein Fieberkranker in die wunderlichsten Träume versank.

Bianka aber saß noch lange auf der Terrasse oben. Alle andern hatten sich zur Ruhe begeben, hin und wieder erwachte schon manche Lerche, mit ungewissem Liede hoch durch die stille Luft schweifend, die Wipfel der Bäume fingen an sich unten zu rühren, falbe Morgenlichter flogen wechselnd über ihr verwachtes, von den freigelaßnen Locken nachlässig umwalltes Gesicht. – Man sagt, daß einem Mädchen, wenn sie in einem aus neunerlei Blumen geflochtenen Kranze einschläft, ihr künftiger Bräutigam im Traume erscheine. So eingeschlummert hatte Bianka nach jenem Abend bei den Zelten Florio'n im Traume gesehen. – Nun war alles Lüge, er war ja so zerstreut, so kalt und fremde! – Sie zerflückte die trügerischen Blumen, die sie bis jetzt wie einen Brautkranz aufbewahrt. Dann lehnte sie die Stirn an das kalte Geländer und weinte aus Herzensgrunde.

Mehrere Tage waren seitdem vergangen, da befand sich Florio eines Nachmittags bei Donati auf seinem Landhause vor der Stadt. An einem mit Früchten und kühlem Wein besetzten Tische verbrachten sie die schwülen Stunden unter anmutigen Gesprächen bis die Sonne schon tief hinabgesunken war. Währenddes ließ Donati seinen Diener auf der Guitarre spielen, der ihr gar liebliche Töne zu entlocken wußte. Die großen, weiten Fenster standen dabei offen, durch welche die lauen Abendlüfte den Duft vielfacher Blumen, mit denen das Fenster besetzt war, hineinwehten. Draußen lag die Stadt im farbigen Duft zwischen den Gärten und Weinbergen, von denen ein fröhliches Schallen durch die Fenster heraufkam. Florio war innerlichst vergnügt, denn er gedachte im Stillen immerfort der schönen Frau.

Währenddem ließen sich draußen Waldhörner aus der Ferne vernehmen. Bald näher, bald weit, gaben sie einander unablässig anmutig Antwort von den grünen Bergen. Donati trat ans Fenster. Das ist die Dame, sagte er, die Ihr in dem schönen Garten gesehen habt, sie kehrt so eben von der Jagd nach ihrem Schlosse zurück. Florio blickte hinaus. Da sah er das Fräulein auf einem schönen Zelter unten über den grünen Anger ziehen. Ein Falke, mit einer goldenen Schnur an ihren Gürtel befestigt, saß auf ihrer Hand, ein Edelstein an ihrer Brust warf in der Abendsonne lange grünlichgoldne Scheine über die Wiese hin. Sie nickte freundlich zu ihnen herauf.

Das Fräulein ist nur selten zu Hause, sagte Donati, wenn es Euch gefällig wäre, könnten wir sie noch heute besuchen. Florio fuhr bei diesen Worten freudig aus dem träumerischen Schauen, in das er versunken stand, er hätte dem Ritter um den Hals fallen mögen. – Und bald saßen beide draußen zu Pferde.

Sie waren noch nicht lange geritten, als sich der Palast mit seiner heitern Säulenpracht vor ihnen erhob, ringsum von dem schönen Garten, wie von einem fröhlichen Blumenkranz umgeben. Von Zeit zu Zeit schwangen sich Wasserstrahlen von den vielen Springbrunnen, wie jauchzend, bis über die Wipfel der Gebüsche, hell im Abendgolde funkelnd. – Florio verwunderte sich, wie er bisher niemals den Garten wiederfinden konnte. Sein Herz schlug laut vor Entzücken und Erwartung, als sie endlich bei dem Schlosse anlangten.

Mehrere Diener eilten herbei, ihnen die Pferde abzunehmen. Das Schloß selbst war ganz von Marmor, und seltsam, fast wie ein heidnischer Tempel erbaut. Das schöne Ebenmaß aller Teile, die wie jugendliche Gedanken hochaufstrebenden Säulen, die künstlichen Verzierungen, sämtliche Geschichten aus einer fröhlichen, lange versunkenen Welt darstellend, die schönen marmornen Götterbilder endlich, die überall in den Nischen umher standen, alles erfüllte die Seele mit einer unbeschreiblichen Heiterkeit. Sie betraten nun die weite Halle, die durch das ganze Schloß hindurchging. Zwischen den luftigen Säulen glänzte und wehte ihnen überall der Garten duftig entgegen.

Auf den breiten glattpolierten Stufen, die in den Garten hinabführten, trafen sie endlich auch die schöne Herrin des Palastes, die sie mit großer Anmut willkommen hieß. – Sie ruhte, halb liegend, auf einem Ruhebett von köstlichen Stoffen. Das Jagdkleid hatte sie abgelegt, ein himmelblaues Gewand, von einem wunderbar zierlichen Gürtel zusammengehalten, umschloß die schönen Glieder. Ein Mädchen neben ihr kniend hielt ihr einen reich verzierten Spiegel vor, während mehrere andere beschäftigt waren, ihre anmutige Gebieterin mit Rosen zu schmücken. Zu ihren Füßen war ein Kreis von Jungfrauen auf den Rasen gelagert, die sangen mit abwechselnden Stimmen zur Laute, bald hinreißend fröhlich, bald leise klagend, wie Nachtigallen in warmen Sommernächten einander Antwort geben.

In dem Garten selbst sah man überall ein erfrischendes Wehen und Regen. Viele fremde Herren und Damen wandelten da zwischen den Rosengebüschen und Wasserkünsten in artigen Gesprächen auf und nieder. Reichgeschmückte Edelknaben reichten Wein und mit Blumen verdeckte Orangen und Früchte in silbernen Schalen umher. Weiter in der Ferne, wie die Lautenklänge und die Abendstrahlen so über die Blumenfelder dahinglitten, erhoben sich hin und her schöne Mädchen, wie aus Mittagsträumen erwachend, aus den Blumen, schüttelten die dunkeln Locken aus der Stirn, wuschen sich die Augen in den klaren Springbrunnen, und mischten sich dann auch in den fröhlichen Schwarm.

Florio's Blicke schweiften wie geblendet über die bunten Bilder, immer mit neuer Trunkenheit wieder zu der schönen Herrin des Schlosses zurückkehrend. Diese ließ sich in ihrem kleinen anmutigen Geschäft nicht stören. Bald etwas an ihrem dunkeln duftenden Lockengeflecht verbessernd, bald wieder im Spiegel sich betrachtend, sprach sie dabei fortwährend zu dem Jüngling, mit gleichgültigen Dingen in zierlichen Worten holdselig spielend. Zuweilen wandte sie sich plötzlich um und blickte ihn unter den Rosenkränzen so unbeschreiblich lieblich an, daß es ihm durch die innerste Seele ging. –

Die Nacht hatte indes schon angefangen, zwischen die fliegenden Abendlichter hinein zu dunkeln, das lustige Schallen im Garten wurde nach und nach zum leisen Liebesgeflüster, der Mondschein legte sich zauberisch über die schönen Bilder. Da erhob sich die Dame von ihrem blumigen Sitze und faßte Florio'n freundlich bei der Hand, um ihn in das Innere ihres Schlosses zu führen, von dem er bewundernd gesprochen. Viele von den andern folgten ihnen nach. Sie gingen einige Stufen auf und nieder, die Gesellschaft zerstreute sich inzwischen lustig, lachend und scherzend durch die vielfachen Säulengänge, auch Donati war im Schwarme verloren, und bald befand sich Florio mit der Dame allein in einem der prächtigsten Gemächer des Schlosses.

Die schöne Führerin ließ sich hier auf mehrere am Boden liegende seidene Kissen nieder. Sie warf dabei, zierlich wechselnd, ihren weiten, blütenweißen Schleier in die mannigfaltigsten Richtungen, immer schönere Formen bald enthüllend, bald lose verbergend. Florio betrachtete sie mit flammenden Augen. Da begann auf einmal draußen in dem Garten ein wunderschöner Gesang. Es war ein altes frommes Lied, das er in seiner Kindheit oft gehört und seitdem über den wechselnden Bildern der Reise fast vergessen hatte. Er wurde ganz zerstreut, denn es kam ihm zugleich vor, als wäre es Fortunato's Stimme. – Kennt Ihr den Sänger? fragte er rasch die Dame. Diese schien ordentlich erschrocken und verneinte es verwirrt. Dann saß sie lange im stummen Nachsinnen da.

Florio hatte unterdes Zeit und Freiheit, die wunderlichen Verzierungen des Gemaches genau zu betrachten. Es war nur matt durch einige Kerzen erleuchtet, die von zwei ungeheuren, aus der Wand hervorragenden Armen gehalten wurden. Hohe, ausländische Blumen, die in künstlichen Krügen umherstanden, verbreiteten einen berauschenden Duft. Gegenüber stand eine Reihe marmorner Bildsäulen, über deren reizende Formen die schwankenden Lichter lüstern auf und nieder schweiften. Die übrigen Wände füllten köstliche Tapeten mit in Seide gewirkten lebensgroßen Historien von ausnehmender Frische.

Mit Verwunderung glaubte Florio, in allen den Damen, die er in diesen letzteren Schildereien erblickte, die schöne Herrin des Hauses deutlich wieder zu erkennen. Bald erschien sie, den Falken auf der Hand, wie er sie vorhin gesehen hatte, mit einem jungen Ritter auf die Jagd reitend, bald war sie in einem prächtigen Rosengarten vorgestellt, wie ein andrer schöner Edelknabe auf den Knien zu ihren Füßen lag.

Da flog es ihn plötzlich wie von den Klängen des Liedes draußen an, daß er zu Hause in früher Kindheit oftmals ein solches Bild gesehen, eine wunderschöne Dame in derselben Kleidung, einen Ritter zu ihren Füßen, hinten einen weiten Garten mit vielen Springbrunnen und künstlich geschnittenen Alleen, gerade so wie vorhin der Garten draußen erschienen. Auch Abbildungen von Lucca und anderen berühmten Städten erinnerte er sich dort gesehen zu haben.

Er erzählte es nicht ohne tiefe Bewegung der Dame. Damals, sagte er in Erinnerungen verloren, wenn ich so an schwülen Nachmittagen in dem einsamen Lusthause unseres Gartens vor den alten Bildern stand und die wunderlichen Türme der Städte, die Brücken und Alleen betrachtete, wie da prächtige Karossen fuhren und stattliche Kavaliers einherritten, die Damen in den Wagen begrüßend – da dachte ich nicht, daß das alles einmal lebendig werden würde um mich herum. Mein Vater trat dabei oft zu mir und erzählte mir manch lustiges Abenteuer, das ihm auf seinen jugendlichen Heeresfahrten in der und jener von den abgemalten Städten begegnet. Dann pflegte er gewöhnlich lange Zeit nachdenklich in dem stillen Garten auf und ab zu gehen. – Ich aber warf mich in das tiefste Gras und sah stundenlang zu, wie die Wolken über die schwüle Gegend wegzogen. Die Gräser und Blumen schwankten leise hin und her über mir, als wollten sie seltsame Träume weben, die Bienen summten dazwischen so sommerhaft und in einem fort – ach! das ist alles wie ein Meer von Stille, in dem das Herz vor Wehmut untergehen möchte! – Laßt nur das! sagte hier die Dame wie in Zerstreuung, ein jeder glaubt mich schon einmal gesehen zu haben, denn mein Bild dämmert und blüht wohl in allen Jugendträumen mit herauf. Sie streichelte dabei beschwichtigend dem schönen Jüngling die braunen Locken aus der klaren Stirn. – Florio aber stand auf, sein Herz war zu voll und tief bewegt, er trat ans offene Fenster. Da rauschten die Bäume, hin und her schlug eine Nachtigall, in der Ferne blitzte es zuweilen. Über den stillen Garten weg zog immer fort der Gesang wie ein klarer kühler Strom, aus dem die alten Jugendträume herauf tauchten. Die Gewalt dieser Töne hatte seine ganze Seele in tiefe Gedanken versenkt, er kam sich auf einmal hier so fremde, und wie aus sich selber verirrt vor. Selbst die letzten Worte der Dame, die er sich nicht recht zu deuten wußte, beängstigten ihn sonderbar – da sagte er leise aus tiefstem Grunde der Seele: Herr Gott, laß mich nicht verloren gehen in der Welt! Kaum hatte er die Worte innerlichst ausgesprochen, als sich draußen ein trüber Wind wie von dem herannahenden Gewitter erhob und ihn verwirrend anwehte. Zu gleicher Zeit bemerkte er an dem Fenstergesimse Gras und einzelne Büschel von Kräutern wie auf altem Gemäuer. Eine Schlange fuhr zischend daraus hervor und stürzte mit dem grünlichgoldenen Schweife sich ringelnd in den Abgrund hinunter.

Erschrocken verließ Florio das Fenster und kehrte zu der Dame zurück. Diese saß unbeweglich still, als lausche sie. Dann stand sie rasch auf, ging ans Fenster und sprach mit anmutiger Stimme scheltend in die Nacht hinaus. Florio konnte aber nichts verstehen, denn der Sturm riß die Worte gleich mit sich fort. – Das Gewitter schien indes immer näher zu kommen, der Wind, zwischen dem noch immerfort einzelne Töne des Gesanges herzzerreißend heraufflogen, strich pfeifend durch das ganze Haus und drohte die wild hin und her flackernden Kerzen zu verlöschen. Ein langer Blitz erleuchtete so eben das dämmernde Gemach. Da fuhr Florio plötzlich einige Schritte zurück, denn es war ihm, als stünde die Dame starr mit geschlossenen Augen und ganz weißem Antlitz und Armen vor ihm. – Mit dem flüchtigen Blitzesscheine jedoch verschwand auch das schreckliche Gesicht wieder wie es entstanden. Die alte Dämmerung füllte wieder das Gemach, die Dame sah ihn wieder lächelnd an wie vorhin, aber stillschweigend und wehmütig wie mit schwerverhaltenen Tränen.

Florio hatte indes, im Schreck zurücktaumelnd, eines von den steinernen Bildern, die an der Wand herumstanden angestoßen. In demselben Augenblicke begann dasselbe sich zu rühren, die Regung teilte sich schnell den andern mit, und bald erhoben sich alle die Bilder mit furchtbarem Schweigen von ihrem Gestelle. Florio zog seinen Degen und warf einen ungewissen Blick auf die Dame. Als er aber bemerkte, daß dieselbe, bei den indes immer gewaltiger verschwellenden Tönen des Gesanges im Garten, immer bleicher und bleicher wurde, gleich einer versinkenden Abendröte, worin endlich auch die lieblich spielenden Augensterne unterzugehen schienen, da erfaßte ihn ein tödliches Grauen. Denn auch die hohen Blumen in den Gefäßen fingen an, sich wie buntgefleckte bäumende Schlangen gräßlich durch einander zu winden, alle Ritter auf den Wandtapeten sahen auf einmal aus wie er und lachten ihn hämisch an, die beiden Arme, welche die Kerzen hielten, rangen und reckten sich immer länger, als wollte ein ungeheurer Mann aus der Wand sich hervorarbeiten, der Saal füllte sich mehr und mehr, die Flammen des Blitzes warfen gräßliche Scheine zwischen die Gestalten, durch deren Gewimmel Florio die steinernen Bilder mit solcher Gewalt auf sich losdringen sah, daß ihm die Haare zu Berge standen. Das Grausen überwältigte alle seine Sinne, er stürzte verworren aus dem Zimmer durch die öden widerhallenden Gemächer und Säulengänge hinab.

Unten im Garten lag seitwärts der stille Weiher, den er in

jener ersten Nacht gesehen, mit dem marmornen Venusbilde. – Der Sänger Fortunato, so kam es ihm vor, fuhr abgewendet und hoch aufrecht stehend im Kahne mitten auf dem Weiher, noch einzelne Akkorde in seine Guitarre greifend. – Florio aber hielt auch diese Erscheinung für ein verwirrendes Blendwerk der Nacht und eilte fort und fort, ohne sich umzusehen, bis Weiher, Garten und Palast weit hinter ihm versunken waren. Die Stadt ruhte, hell vom Monde beschienen, vor ihm. Fernab am Horizonte verhallte nur leise ein leichtes Gewitter, es war eine prächtig klare Sommernacht.

Schon flogen einzelne Lichtstreifen über den Morgenhimmel, als er vor den Toren ankam. Er suchte dort heftig Donati's Wohnung auf, ihn wegen der Begebenheiten dieser Nacht zur Rede zu stellen. Das Landhaus lag auf einem der höchsten Plätze mit der Aussicht über die Stadt und die ganze umliegende Gegend. Er fand daher die anmutige Stelle bald wieder. Aber anstatt der zierlichen Villa, in der er gestern gewesen, stand nur eine niedere Hütte da, ganz von Weinlaub überrankt und von einem kleinen Gärtchen umschlossen. Tauben in den ersten Morgenstrahlen spiegelnd, gingen girrend auf dem Dache auf und nieder, ein tiefer heiterer Friede herrschte überall. Ein Mann mit dem Spaten auf der Achsel kam so eben aus dem Hause und sang:

> Vergangen ist die finstre Nacht,
> Des Bösen Trug und Zaubermacht,
> Zur Arbeit weckt der lichte Tag;
> Frisch auf, wer Gott noch loben mag!

Er brach sein Lied plötzlich ab, als er den Fremden so bleich und mit verworrenem Haar daherfliegen sah. – Ganz verwirrt fragte Florio nach Donati. Der Gärtner aber kannte den Namen nicht und schien den Fragenden für wahnsinnig zu halten. Seine Tochter dehnte sich auf der Schwelle in die kühle Morgenluft hinaus und sah den Fremden frisch und morgenklar mit den großen, verwunderten Augen an. – Mein Gott! wo bin ich denn so lange gewesen! sagte Florio halb leise in sich, und floh eilig zurück durch das Tor und die noch leeren Gassen in die Herberge.

Hier verschloß er sich in sein Zimmer und versank ganz und gar in ein hinstarrendes Nachsinnen. Die unbeschreibliche Schönheit der Dame, wie sie so langsam vor ihm verblich, und die anmutigen Augen untergingen, hatte in seinem tiefsten Herzen eine solche unendliche Wehmut zurückgelassen, daß er sich unwiderstehlich sehnte, hier zu sterben. –

In solchem unseligen Brüten und Träumen blieb er den ganzen Tag und die darauf folgende Nacht hindurch.

Die früheste Morgendämmerung fand ihn schon zu Pferde vor den Toren der Stadt. Das unermüdliche Zureden seines getreuen Dieners hatte ihn endlich zu dem Entschlusse bewogen, diese Gegend gänzlich zu verlassen. Langsam und in sich gekehrt zog er nun die schöne Straße, die von Lucca in das Land hinausführte, zwischen den dunkelnden Bäumen, in denen die Vögel noch schliefen, dahin. Da gesellten sich, nicht gar fern der Stadt, noch drei andere Reiter zu ihm. Nicht ohne heimlichen Schauer erkannte er in dem einen den Sänger Fortunato. Der andere war Fräulein Bianka's Oheim, in dessen Landhause er an jenem verhängnisvollen Abende getanzt. Er wurde von einem Knaben begleitet, der stillschweigend und ohne viel aufzublicken, neben ihm her ritt. Alle drei hatten sich vorgenommen, mit einander das schöne Italien zu durchschweifen und luden Florio freudig ein, mit ihnen zu reisen. Er aber verneigte sich schweigend, weder einwilligend, noch verneinend, und nahm fortwährend an allen ihren Gesprächen nur geringen Anteil.

Die Morgenröte erhob sich indes immer höher und kühler über der wunderschönen Landschaft vor ihnen. Da sagte der heitre Pietro zu Fortunato: Seht nur, wie seltsam das Zwielicht über dem Gestein der alten Ruine auf dem Berge dort spielt! Wie oft bin ich, schon als Knabe, mit Erstaunen, Neugier und heimlicher Scheu dort herumgeklettert! Ihr seid so vieler Sagen kundig, könnt Ihr uns nicht Auskunft geben von dem Ursprung und Verfall dieses Schlosses, von dem so wunderliche Gerüchte im Lande gehen? – Florio warf einen Blick nach dem Berge. In einer großen Einsamkeit lag da altes verfallenes Gemäuer umher, schöne halb in die Erde versunkene Säulen und künstlich gehauene Steine, alles von einer üppig blühenden Wildnis grünverschlungener Ranken, Hecken und hohen Unkrauts überdeckt. Ein Weiher befand sich daneben, über dem sich ein zum Teil zertrümmertes Marmorbild erhob, hell vom Morgen angeglüht. Es war offenbar dieselbe Gegend, dieselbe Stelle, wo er den schönen Garten und die Dame gesehen hatte. – Er schauerte innerlichst zusammen bei dem Anblicke. – Fortunato aber sagte: Ich weiß ein altes Lied darauf, wenn ihr damit fürlieb nehmen wollt. – Und hiermit sang er, ohne sich lange zu besinnen, mit seiner klaren fröhlichen Stimme in die heitere Morgenluft hinaus:

>Von kühnen Wunderbildern
>Ein großer Trümmerhauf,
>In reizendem Verwildern
>Ein blüh'nder Garten drauf.

>Versunknes Reich zu Füßen,
>Vom Himmel fern und nah,
>Aus andrem Reich ein Grüßen –
>Das ist Italia!

>Wenn Frühlingslüfte wehen
>Hold über'n grünen Plan,
>Ein leises Auferstehen
>Hebt in den Tälern an.

>Da will sich's unten rühren
>Im stillen Göttergrab,
>Der Mensch kann's schauernd spüren
>Tief in die Brust hinab.

Verwirrend durch die Bäume
Gehn Stimmen hin und her,
Ein sehnsuchtsvolles Träumen
Weht über's blaue Meer.

Und unter'm duft'gen Schleier,
So oft der Lenz erwacht,
Webt in geheimer Feier
Die alte Zaubermacht.

Frau Venus hört das Locken,
Der Vögel heitern Chor
Und richtet froh erschrocken
Aus Blumen sich empor.

Sie sucht die alten Stellen,
Das luft'ge Säulenhaus,
Schaut lächelnd in die Wellen
Der Frühlingsluft hinaus.

Doch öd' sind nun die Stellen,
Stumm liegt ihr Säulenhaus,
Gras wächst da auf den Schwellen,
Der Wind zieht ein und aus.

Wo sind nun die Gespielen?
Diana schläft im Wald,
Neptunus ruht im kühlen
Meerschloß, das einsam hallt.

Zuweilen nur Sirenen
Noch tauchen aus dem Grund
Und tun in irren Tönen
Die tiefe Wehmut kund. –

Sie selbst muß sinnend stehen
So bleich im Frühlingsschein,

>   Die Augen untergehen,
>   Der schöne Leib wird Stein. –
>
>   Denn über Land und Wogen
>   Erscheint, so still und mild,
>   Hoch auf dem Regenbogen 5
>   Ein andres Frauenbild.
>
>   Ein Kindlein in den Armen
>   Die Wunderbare hält
>   Und himmlisches Erbarmen
>   Durchdringt die ganze Welt. 10
>
>   Da in den lichten Räumen
>   Erwacht das Menschenkind
>   Und schüttelt böse Träume
>   Von seinem Haupt geschwind.
>
>   Und, wie die Lerche singend, 15
>   Aus schwülen Zaubers Kluft
>   Erhebt die Seele ringend
>   Sich in die Morgenluft.

Alle waren still geworden über dem Liede. – Jene Ruine, sagte endlich Pietro, wäre also ein ehemaliger Tempel der 20 Venus, wenn ich Euch sonst recht verstanden? Allerdings, erwiderte Fortunato, so viel man an der Anordnung des Ganzen und den noch übrig gebliebenen Verzierungen abnehmen kann. Auch sagt man, der Geist der schönen Heidengöttin habe keine Ruhe gefunden. Aus der erschreckli- 25 chen Stille des Grabes heißt sie das Andenken an die irdische Lust jeden Frühling immer wieder in die grüne Einsamkeit ihres verfallenen Hauses heraufsteigen und durch teuflisches Blendwerk die alte Verführung üben an jungen sorglosen Gemütern, die dann vom Leben abgeschieden, und 30 doch auch noch nicht aufgenommen in den Frieden der Toten, zwischen wilder Lust und schrecklicher Reue, an Leib und Seele verloren, umherirren, und in der entsetzlichsten Täuschung sich selber verzehren. Gar häufig will man auf demselben Platze Anfechtungen von Gespenstern verspürt haben, wo sich bald eine wunderschöne Dame, bald mehrere ansehnliche Kavaliers sehen lassen und die Vorübergehenden in einen dem Auge vorgestellten erdichteten Garten und Palast führen. – Seid Ihr jemals droben gewesen? fragte hier Florio rasch, aus seinen Gedanken erwachend. – Erst vorgestern Abends, entgegnete Fortunato. – Und habt Ihr nichts erschreckliches gesehen? – Nichts, sagte der Sänger, als den stillen Weiher und die weißen rätselhaften Steine im Mondlicht umher und den weiten unendlichen Sternenhimmel darüber. Ich sang ein altes frommes Lied, eines von jenen ursprünglichen Liedern, die, wie Erinnerungen und Nachklänge aus einer andern heimatlichen Welt, durch das Paradiesgärtlein unsrer Kindheit ziehn und ein rechtes Wahrzeichen sind, an dem sich alle Poetische später in dem ältergewordnen Leben immer wieder erkennen. Glaubt mir, ein redlicher Dichter kann viel wagen, denn die Kunst, die ohne Stolz und Frevel, bespricht und bändigt die wilden Erdengeister, die aus der Tiefe nach uns langen.

Alle schwiegen, die Sonne ging so eben auf vor ihnen und warf ihre funkelnden Lichter über die Erde. Da schüttelte Florio sich an allen Gliedern, sprengte rasch eine Strecke den andern voraus, und sang mit heller Stimme:

> Hier bin ich, Herr! Gegrüßt das Licht,
> Das durch die stille Schwüle
> Der müden Brust gewaltig bricht
> Mit seiner strengen Kühle.

> Nun bin ich frei! Ich taumle noch
> Und kann mich noch nicht fassen –
> O Vater du erkennst mich doch,
> Und wirst nicht von mir lassen!

Es kommt nach allen heftigen Gemütsbewegungen, die

unser ganzes Wesen durchschüttern, eine stillklare Heiterkeit über die Seele, gleich wie die Felder nach einem Gewitter frischer grünen und aufatmen. So fühlte sich auch Florio nun innerlichst erquickt, er blickte wieder recht mutig um sich und erwartete beruhigt die Gefährten, die langsam im Grünen nachgezogen kamen.

Der zierliche Knabe, welcher Pietro'n begleitete, hatte unterdes auch, wie Blumen vor den ersten Morgenstrahlen, das Köpfchen erhoben. – Da erkannte Florio mit Erstaunen Fräulein Bianka. Er erschrak, wie sie so bleich aussah gegen jenen Abend, da er sie zum erstenmal unter den Zelten im reizenden Mutwillen gesehen. Die Arme war mitten in ihren sorglosen Kinderspielen von der Gewalt der ersten Liebe überrascht worden. Und als dann der heißgeliebte Florio, den dunkeln Mächten folgend, so fremde wurde und sich immer weiter von ihr entfernte, bis sie ihn endlich ganz verloren geben mußte, da versank sie in eine tiefe Schwermut, deren Geheimnis sie Niemanden anzuvertrauen wagte. Der kluge Pietro wußte es aber wohl und hatte beschlossen, seine Nichte weit fortzuführen und sie in fremden Gegenden und in einem andern Himmelsstrich, wo nicht zu heilen, doch zu zerstreuen und zu erhalten. Um ungehinderter reisen zu können, und zugleich alles Vergangene gleichsam von sich abzustreifen, hatte sie Knabentracht anlegen müssen.

Mit Wohlgefallen ruhten Florio's Blicke auf der lieblichen Gestalt. Eine seltsame Verblendung hatte bisher seine Augen wie mit einem Zaubernebel umfangen. Nun erstaunte er ordentlich, wie schön sie war! Er sprach vielerlei gerührt und mit tiefer Innigkeit zu ihr. Da ritt sie, ganz überrascht von dem unverhofften Glück, und in freudiger Demut, als verdiene sie solche Gnade nicht, mit niedergeschlagenen Augen, schweigend neben ihm her. Nur manchmal blickte sie unter den langen schwarzen Augenwimpern nach ihm hinauf, die ganze klare Seele lag in dem Blick, als wollte sie bittend sagen: »Täusche mich nicht wieder!«

Sie waren unterdes auf einer luftigen Höhe angelangt, hinter ihnen versank die Stadt Lucca mit ihren dunkeln Türmen in dem schimmernden Duft. Da sagte Florio, zu Bianka gewendet: Ich bin wie neu geboren, es ist mir, als würde noch alles gut werden, seit ich Euch wiedergefunden. Ich möchte niemals wieder scheiden, wenn Ihr es vergönnt. –

Bianka blickte ihn, statt aller Antwort selber wie fragend, mit ungewisser, noch halb zurückgehaltener Freude an und sah recht wie ein heiteres Engelsbild auf dem tiefblauen Grunde des Morgenhimmels aus. Der Morgen schien ihnen, in langen goldenen Strahlen über die Fläche schießend, grad entgegen. Die Bäume standen hell angeglüht, unzählige Lerchen sangen schwirrend in der klaren Luft. Und so zogen die Glücklichen fröhlich durch die überglänzten Auen in das blühende Mailand hinunter.

DAS WIEDERSEHEN

Leonhardt und Ludwig entfernter Verwandten Söhne wuchsen miteinander auf in der träumerischen Stille einer schönen Landschaft, die ein einsames Schloß heiter umgab, und sahen mit ihren kindisch sinnigen Augen sehnsüchtig nach den fernen blauen Bergen, wenn der Frühling wie ein zauberischer Spielmann durch ihren Garten ging und von der wunderbaren Ferne verlockend sang.

Ihre Wünsche wurden reichlich erfüllt. Vielfache Studien und damit verbundene Reisen führten die beiden Freunde frühzeitig in die weite Welt hinaus und sie lernten viel; aber mitten in dem Glanze des großen Lebens deckte oft ein Lied, ein Vöglein das einsam vom Dache sang, und alle Jahr der Frühling die alte Heimat mit ihren gewaltigen Erinnerungen vor ihnen auf, wie ein Meer von Stille, in dem das Herz vor Wehmut untergehen möchte.

Es gibt in dem Leben jedes tüchtigen Menschen einen Gipfel, wo die ganze Seele plötzlich vor dem Morgenrot und der unermeßlichen Aussicht umher innerlichst erjauchzt, wo sie aufeinmal erwachend liebt, dichtet, kühne Entwürfe macht und das Größte ernstlich will, und die Welt langt ihnen überall liebend entgegen und glaubt, was sie versprechen, denn der Rausch der Jugend ist ansteckend und hinreißend.

In dieser schönsten Zeit waren die beiden Freunde angelangt. Da sie beide innerlich reich genug waren, so bildeten sie fast ohne alle anderweitige Verbindung miteinander ein eigentümliches wirksames Leben in Kunst und Wissenschaft und alle ihre Bildung war so notwendig in einander verwachsen, daß sie, obgleich jeder tüchtig für sich, doch nur erst beide ein Ganzes auszumachen schienen. Die lange Gewohnheit des Zusammenlebens hatte sich dabei in eine unwiderstehlich gewaltige Liebe zu einander verwandelt und sie gaben sich oft feierlich das Wort, nie zu heiraten, um bis zum Tode so miteinander fortleben zu können. So innig verbunden, durch Reichtum und Adel den Höchsten gesellt, nahmen sie sich ehrlich vor etwas Rechtes zu vollbringen und der Ruhm, dieser Gespiele frischer Jugend, fing an seine freudigen Lichter in das rastlos strebende Leben der rüstigen Freunde zu werfen.

Da erfolgte plötzlich ein Riß durch ihr ganzes Leben. Ludwigs Vater hatte durch unerwartete Unglücksfälle sein Vermögen verloren und Ludwig, dichterisch und der mildere von beiden, mußte die Residenz, wo er sich damals mit Leonhardt aufhielt, verlassen. Beide fühlten nur ihre Trennung und wußten nicht, wie das Leben nun noch weiter dauern sollte.

Der Wagen stand vor der Tür. »Wenn wir in der Ferne einander mit der Zeit fremde würden, wie andere Leute« – sagte Leonhardt zu Ludwig, und die Tränen brachen zum erstenmale in seinem Leben unaufhaltsam aus seinen Augen. Ludwig sagte nichts, denn diese Worte hatten ihn plötzlich mit einem eiskalten Schauer erfüllt, und er stürzte fast ohne Besinnung die Stiege herab. Langsam fuhr er durch die Straßen, die er so oft an lauen Sommerabenden sinnend und innerlichst fröhlich durchirrt, viele wohlbekannten Gesichter, in den täglichen Geschäften kreisend, wie ehedem in den guten Tagen, gingen gleichgültig vorbei, ein altbeliebter Platz nach dem anderen rückte vorüber. »Werde ich dich jemals wiedersehen?« sagte Ludwig immerfort still in sich. Und als endlich die letzten Häuser vorüberflogen und die Stadt hinter ihm in unkenntlichen Duft versank und draußen die ersten Lerchen ihn aus der heiteren Luft begrüßten, da weinte er aus ganzer Seele.

Leonhardt aber fand auf dem Tische folgendes Abschiedslied:

⟨Steig aufwärts, Morgenstunde!
Zerreiß die Nacht, daß ich meinem Wehe
Den Himmel wiedersehe,
Wo ew'ger Frieden in dem blauen Grunde!
Will Licht die Welt erneuen,
Mag auch der Schmerz in Tränen sich befreien.

Mein lieber Herzensbruder!
Still war der Morgen – *Ein* Schiff trug uns beide,
Wie war die Welt voll Freude!
Du faßtest ritterlich das schwanke Ruder,
Und beide treulich lenkend,
Auf froher Fahrt nur Einen Stern bedenkend.

Mich irrte manches Schöne,
Viel reizte mich und viel mußt' ich vermissen.
Von Lust und Schmerzen zerrissen,
Was so mein Herz hinausgeströmt in Töne:
Es waren Widerspiele
Von deines Busens ewigem Gefühle.

Da ward die Welt so trübe,
Rings stiegen Wetter von der Berge Spitzen,
Der Himmel borst in Blitzen,
Daß neugestärkt sich Deutschland draus erhübe. –
Nun ist das Schiff zerschlagen,
Wie soll ich ohne *dich* die Flut ertragen! –

Auf *Einem* Fels geboren,
Verteilen kühlerauschend sich zwei Quellen,
Die eigne Bahn zu schwellen.
Doch wie sie fern einander auch verloren:
Es treffen echte Brüder
Im ew'gen Meere doch zusammen wieder.

So wolle Gott du flehen,
Daß Er mit meinem Blut und Leben schalte,
Die Seele nur erhalte,
Auf daß wir freudig einst uns wiedersehen,
Wenn nimmermehr hienieden:
So dort, wo Heimat, Licht und ew'ger Frieden!⟩

Viele Jahre waren seitdem vergangen. Ludwig hatte anfangs
sehr oft geschrieben, aber mit einer innerlichen leidenschaft-

lichen Hast und Ungleichheit, die Leonhardten häufig betrübte. Dann wurden seine Briefe seltner und enthielten wohl manches, das Leonhardt kaum mehr erkannte, bis sie endlich wie das Rufen eines Wanderers, der sich verirrt und nicht wieder nach Hause finden kann, immer ferner und ferner gar verhallten.

Leonhardt selbst bildete ⟨sich⟩ ruhig und fleißig fort. Gar oft, wenn ihm in dem nun verödeten Zimmer, wo Ludwig sonst mit ihm gewohnt, zufällig einzelne beschriebene Blätter desselben in die Hände fielen, mußte er vor unbeschreiblicher Wehmut ins Freie hinauseilen, und ein nur desto tieferer Eifer folgte dann jedesmal dieser Wehmut, treu und heilig alles auszuführen, was sie in guten Tagen miteinander beschlossen. An Ludwig dachte er, wenn er dichtete, und schrieb aus den Lebenskräftigen Erinnerungen ihrer Jugend meist dramatische Werke, die auf den besten Bühnen mit jenem Staunen aufgenommen wurden, in das allemal der Blick in die unverstellte Tiefe eines reichen Gemütes versenkt. So wurde er, was immer Ludwigs sehnlichster Wunsch gewesen, ein Dichter, ohne es selbst zu wissen oder zu achten.

Damals brach der große Befreiungs-Krieg aus, und machte plötzlich auch sein innerstes Leben frei, größer und umfassender. Er wurde Soldat und überall ausgezeichnet, und selbst, wenn die Waffen ruhten, häufig beraten und zu bedeutenden Verhandlungen verschickt. So durchschweifte er Frankreich, England und das schöne Italien. Es glückte ihm alles und er war seines Glückes würdiger Meister. Von Ludwigen hatte er seit Jahren gar nichts mehr gehört. Der Krieg hatte ihn verhindert, sich näher nach seinem Geschicke zu erkundigen und das Bild des geliebten Freundes versank immer tiefer und unkenntlicher in dem alles überbrausenden Strome der letzten Zeit.

Der Kampf war indes beendigt, die verbündeten Heere in Paris eingezogen und Leonhardt mit ihnen. Müde des bunten Schwärmens, das ihn hier mehrere Tage hindurch im fröhlichen Sieger-Gefühle ergötzt, verließ er eines Morgens früher als gewöhnlich sein Quartier, um wieder einmal nach guter alter Art im Freien von Lust und Leiden auszuruhen. Ein Paket an ihn gerichteter Briefe, das er unterweges auf der Post in Empfang genommen, schob er gleichgültig in die Tasche, und trat so durch die luftigen Säulenhallen in den Garten der Thuillerien. Es war ein heiterer Frühlingsmorgen. Der schöne Garten mit seinen Blumen, Wasserkünsten, hohen Bäumen und weiten Gängen lag noch still und leer, nur einzelne Lerchenlieder hoch in der Luft schweiften über die elysäischen Felder herüber. Er stand lange voll Gedanken in der unerwarteten Einsamkeit und wußte nicht, welche Zauberei diese Plätze über ihn übten. Endlich besann er sich, daß er vor vielen Jahren auf einer Kunstreise diese Gänge gar oft mit Ludwig durchstrichen, voll jugendlich frischer Gedanken und die Seele noch ganz erfüllt von der Göttlichkeit der Kunstwerke, die sie damals täglich in den Museen sahen. Er mußte das Gesicht mit den Händen verdecken vor der Übermacht, mit welcher ihn plötzlich diese Erinnerung anfiel, denn die marmornen Bildsäulen, die Gänge, die leise über den Wasserspiegeln kreisenden Schwäne, alles war noch wie damals. Er warf sich endlich auf eine steinerne Bank, wo sie oft miteinander gesessen und gedachte ahndend der heut erhaltenen Briefe. Er zog sie hastig hervor und bald leuchteten ihm Ludwigs geliebte, langentbehrte Schriftzüge wirklich entgegen. Mit klopfendem Herzen erbrach er den Brief, er war fast schon ein Jahr alt. – Aber kein Wort von seinem Tun und Treiben, seinem Aufenthalte war darin – er fand nichts als folgendes Gedicht:

> O Herbst! betrübt verhüllst du
> Strom, Wald und Blumenlust,
> Erbleichte Flur, wie füllst du
> Mit Sehnsucht mir die Brust!
>
> Weit hinter diesen Höhen,
> Die hier mich eng umstellt,
> Hör' ich eratmend gehen
> Den großen Strom der Welt.

> Es steigt die Erd' verwandelt,
> Aus ihrer Söhne Blut,
> In lichtem Glanze wandelt
> Der Helden heilger Mut.
>
> Auch mich füllt' männlich Trauern
> Wie Euch, bei Deutschlands Weh'n –
> Und muß in müß'gen Schauern
> Hier Ruhmlos untergehn!
>
> Sind das die goldnen Brücken,
> Die sich mein Hoffen schlug,
> Das himmlische Beglücken,
> Das ich im Herzen trug?
>
> Spurlos und kalt verschweben
> Seh' ich so Mond auf Mond –
> O wildes schönes Leben
> Du hast mir schlecht gelohnt!
>
> So nimm dich recht zusammen:
> Erdrück' den eitlen Schmerz,
> Behüte deine Flammen,
> Sei ruhig, wildes Herz!
>
> Das Rechte redlich wollen
> Das kann der Mensch allein,
> Was wir *vollbringen* sollen,
> O Gott! das ist ja *Dein*!

Leonhardt war erschüttert, dieses herbstliche Hinlegen der Natur, der Jugend und aller Herzenswünsche jetzt im erwachenden Frühling und im Glanze seiner eigenen Gegenwart rührte ihn tief. Er durchsuchte noch einmal alle Seiten des Briefes, um Ludwigs Aufenthalt zu entdecken, aber vergebens, nur aus dem auf dem Kuvert mit roter Tinte unleserlich gezogenen Namen des Ortes, wo der Brief wahrscheinlich auf die Post gegeben worden, vermutete er endlich, daß sich Ludwig in ihrer gemeinschaftlichen Heimat befinden müsse. Er ließ die Arme mit dem Briefe sinken, eine alte Gegend, ein halbvergessenes Bild nach dem anderen zog rührend durch seine Seele, und er bemerkte es nicht, wie die Sonne indes schon hoch gestiegen, der Garten sich nach und nach mit Spazierengehenden gefüllt und die Welt hinter dem Zauberflor seiner Erinnerungen sich bunt durcheinander bewegte. Einige Pariser, die ihn durch ihre Lorgnetten unverschämt ansahen, störten ihn endlich. Er sprang schnell auf, fest entschlossen, die Heimat und seinen Ludwig wiederzusehen. – So rasch es gehen mochte, machte er sich von seinen neuen Verhältnissen los und eilte von Paris, durch Frankreich, über den Rhein.

───

Nach einer weiten aber schnellen Reise befand sich Leonhardt auf der letzten Station vor seiner Heimat. Mit wehmütigem Lächeln betrachtete er das Städtchen, wo er in seiner Kindheit gar oft recht von Herzen fröhlich gewesen, der zum Teil begrasete Markt, die Häuser, die Gassen, alles kam ihm heut so klein, eng, einsam und ganz anders vor als damals. Er erkannte mehrere, seitdem altgewordene, Gesichter wieder, aber sie kannten ihn nicht mehr, sondern zogen vor seiner Uniform und Ordenssternen ehrerbietig den Hut und gingen vorüber. Mit Herzklopfen erkundigte er sich auf der Post nach Ludwigen. Der Postmeister wiederholte den Namen nachsinnend mehremal vor sich; ach ja, sagte er endlich, er lebt in B. – Hier wurde er so eben hinausgerufen. Leonhardt wußte genug. B. lag nicht weit von hier und er beschloß daher, sogleich zu Fuß hinzugehen, um seinen Freund desto vollkommener zu überraschen.

Es war nach Mittag, die Luft sommerlich still und schwül, als Leonhardt aus dem Walde trat und ein Mann, der dort auf dem Felde arbeitete, ihm das Dörfchen B. und das Pachterhaus, wo Ludwig wohnen sollte, in einiger Entfernung wies. Es lag einsam zwischen unbedeutenden, teils bebauten, teils mit Birkenbüschen bedeckten Bergen in schillerndem Sonnenscheine. Ein unbeschreibliches Stilleben war über die ganze Gegend verbreitet. Mein Gott, mein Gott, rief Leonhardt überrascht, hier hat er so lange gelebt! und schritt schneller dem Dorfe zu.

Ziemlich ermüdet langte er endlich auf dem Pachterhofe an. Da war alles leer, die Bewohner schienen draußen in der Arbeit zu sein, nur ein buntes Volk von Hühnern und sich brüstenden Auerhähnen spazierte durch diese Stille. Auf der Türschwelle des Hauses saß ein Knabe mit einem frischen, blondgelockten Engelsköpfchen und spielte mit einem großen Hunde, der freundlich wedelnd vor ihm stand. Der Knabe sprang auf, als er den Fremden erblickte und sah ihn verwundert an. Leonhardt glaubte da in des Kindes großen blauen sinnigen Augen eine flüchtige Ähnlichkeit mit Ludwig zu erkennen. Er hob ihn in die Höhe und küßte ihn herzlich. Der, bald vertrauter gewordene, Knabe erzählte ihm nun, sein Vater sei bis zum Abende im nächsten Marktflecken, um Getreide zu verkaufen, die Mutter im Hofe in der Wirtschaft, reichte ihm dabei das kleine Händchen und führte ihn mit reizender Geschäftigkeit in das Haus hinein.

Das Gebäude war klein, eng und niedrig, aber die freundliche Ordnung im Inneren verriet überall den stillgemütlichen Sinn einer verständigen Hausfrau. In dem Zimmer, wohin ihn der Kleine geführt, fiel Leonhardten sogleich ein zierlich bedecktes großes Ehebett auf, eine Wiege stand daneben, in der ein Kind ruhigatmend schlief. Ein anderes, noch kleineres Bübchen wurde von einer Wärterin im Zimmer herum getänzelt, welche dem Gaste die Frau herbeizurufen versprach, sobald sie das Kind eingeschläfert haben würde. Hier schien Ludwigs Schlaf - Wohn- und Studier-Zimmer zugleich zu sein, denn Leonhardt erblickte auch einen offenstehenden alten Schreibtisch; aber es lag nichts darin, als einige flüchtig gekritzelte Rechnungen über verkaufte Butter, Käse u. s. w., und die Tinte war, wie er lächelnd bemerkte, gar im Glase eingetrocknet. In einem Winkel entdeckte Leonhardt endlich auch eine Guitarre, an welcher er noch jeden Bug und Strich, aus voriger Zeit sogleich wiedererkannte, denn Ludwig hatte sie in ihren frei herumschweifenden Tagen zauberisch gespielt. Jetzt hatte sie nur noch drei Saiten, die anderen waren gesprungen und hingen halb vermodert herab; auf dem schlanken Halse des Instruments waren nasse Kinderwindeln zum Trocknen aufgehängt. Er konnte der Versuchung nicht widerstehen. Mit behutsamer Ehrfurcht, doch nicht ohne einigen Eckel, hob er mit zwei Fingerspitzen die ungewohnte Ware von der Guitarre auf den Ofen und warf dabei heimliche Blicke auf die alte Wärterin, ob sie nicht diese Junggesellen-Frechheit vielleicht übel deute. Die alte liebe gerettete Freundin im Arme, trat er nun ans Fenster und stellte sie wieder her, so gut es gehen wollte. Darüber erwachte das Bübchen in der Wiege, beide Kinder schrieen aus vollen Kehlen, die Alte schleuderte unwillige Blicke auf den Fremden, der große Hund unterm Ofen kratzte sich mit großem Getöse hinter dem Ohre, ein Kanarienvogel schmetterte gellend dazwischen. – Leonhardt dachte an Ludwig und blickte unbeweglich mit einem wunderbaren Gemisch kämpfender Gefühle und einem Lächeln, das fast wie verdecktes Weinen aussah, aus dieser Arche Noäh durchs Fenster, wie da draußen die Wolken frei, kühn und leicht über das schwere Leben unten wegflogen.

Da öffnete sich die Türe und eine unendlichfrische kräftigweibliche Gestalt in einfacher reinlicher Kleidung mit still verständigen Augen trat, vor dem unerwarteten Fremden leicht errötend und sich verbeugend, herein. Es war Ludwigs Frau. Die Kinder lächelten und langten mit den Ärmchen ihr entgegen, der Tumult legte sich plötzlich von allen Seiten, und so war sie Leonhardten wie eine ruhig beschwichtigende Zauberin erschienen.

Als Leonhardt ihr seinen Namen genannt hatte, fehlte nicht viel, daß sie in einen lauten Freudenausruf ausgebrochen wäre, und sie sah ihn darauf, ohne sich von seinem fremden weltgewandten Wesen im geringsten stören und irren zu lassen, aus ihren klaren Augen mit einer so tiefen Freundlichkeit und doch so fest und ergründend an, daß fast er selber einer Verlegenheit nahe war. Sie gestand dann mit liebenswürdiger Freimütigkeit, daß sie ihn lange durch die Erzählungen ihres Mannes, wie ihren eignen Bruder kenne, und daß ihr Mann oft sehnlichst den Wunsch geäußert, ihn wenigstens noch einmal vor seinem Tode wieder zu sehen. Leonhardt schwieg bei diesen Worten tief erschüttert einige Augenblicke still. – Beide wurden indes durch dieses offene Wesen der Frau bald wie alte Bekannte. Ihre ganze Erscheinung hatte etwas unbeschreiblich vertrauliches, mildes und beruhigendes.

Sie hatte viel mit dem Kinde in der Wiege zu schaffen, er konnte daher gar noch nicht recht zum Fragen kommen, und ach, er hatte so viel, so unendlich viel zu fragen! Er bemerkte, daß das Kind verwüstend mit einem alten Blatte spielte, worauf sich Verse von Ludwigs Hand befanden. Er bat darum. »Ich verstehe nicht viel von Gedichten und gelehrten Sachen«, sagte die schöne Mutter mit einem, wie es ihm schien, schmerzlichen Lächeln, und reichte ihm das Blatt. Leonhardt freute sich innig, das Gedicht war an ihn selbst gerichtet und nach dem oben bemerkten Datum bereits bei Ausbruch des Krieges geschrieben. Er las still für sich:

⟨Ach, daß auch wir schliefen!
Die blühenden Tiefen,
Die Ströme, die Auen
So heimlich aufschauen,
Als ob sie all' riefen:
»Dein Bruder ist tot!
Unter Rosen rot
Ach, daß wir auch schliefen!«

»Hast doch keine Schwingen,
Durch Wolken zu dringen!
Mußt immerfort schauen
Die Ströme, die Auen –
Die werden dir singen
Von Ihm Tag und Nacht,

Mit Wahnsinnesmacht
Die Seele umschlingen.«

So singt, wie Sirenen,
Von hellblauen, schönen
Vergangenen Zeiten
Der Abend von weiten,
Versinkt dann im Tönen,
Erst Busen, dann Mund
Im blühenden Grund.
O schweiget Sirenen!

O wecket nicht wieder!
Denn zauberische Lieder
Gebunden hier träumen
Auf Feldern und Bäumen,
Und ziehen mich nieder
So müde vor Weh
Zu tiefstillem See –
O weckt nicht die Lieder!

Du kennst ja die Wellen
Des Sees, sie schwellen
In magischen Ringen.
Ein wehmütig Singen
Tief unter den Quellen
Im Schlummer dort hält
Verzaubert die Welt.
Wohl kennst du die Wellen!

Kühl wird's auf den Gängen,
Vor alten Gesängen
Möcht's Herz mir zerspringen.
So will ich denn singen!
Schmerz fliegt ja auf Klängen
Zu himmlischer Lust,
Und still wird die Brust
Auf kühlgrünen Gängen.

Laß fahren die Träume!
Der Mond scheint durch Bäume,
Die Wälder nur rauschen,
Die Täler still lauschen,
Wie einsam die Räume!
Ach, niemand ist mein!
Herz, wie so allein!
Laß fahren die Träume!

Der Herr wird dich führen.
Tief kann ich ja spüren
Der Sterne still Walten.
Der Erde Gestalten
Kaum hörbar sich rühren.
Durch Nacht und durch Graus
Gen Morgen, nach Haus –
Ja, Gott wird mich führen!⟩

Ein tiefer Schmerz schnitt durch seine Seele, als er ausgelesen hatte. »Welche uralte Melodie! sagte er in Gedanken versunken und halblaut, welche träumerische Verwirrung der Gedanken, wie das Bild eines müden, halbwahnsinnigen Schmerzes.« – Johanna, so hieß Ludwigs Frau, sah ihn bei diesen fast unwillkürlich ausgesprochenen Worten erschrocken und fragend an. »Ich bitte Sie, fuhr Leonhardt sehr gerührt fort, erzählen Sie mir recht ausführlich, wie es meinem lieben Ludwig durch die lange lange Zeit ergangen, es ist nicht möglich, es kann mir da nichts fremde sein.« – »Das Leben ist anders, als es sich die Jugend denkt«, sagte Johanna und lächelte, um die Tränen wegzulächeln, von denen ihre schönen Augen feucht wurden. Darauf ordnete sie noch ruhig einiges in dem Zimmer und führte Leonhardten ins Freie. Eine angenehme Abendkühle wehte schon von den Bergen hernieder. Sie setzten sich auf die steinerne Bank vor der Haustür und Johanna begann folgendermaßen zu erzählen:

Es war ein schöner Sommerabend, wie heute, mein Vater

saß hier auf der Bank, ich stand auf der Schwelle und fütterte die Tauben, als ein fremder Herr zu Pferde in unseren Hof gesprengt kam. Ich wollte zürnen, denn er verscheuchte mir alle Tauben, die ich mit vieler Mühe kirre gemacht und um mich her versammelt hatte. Aber ich konnte nicht böse sein, als ich ihn ansah. – Es war Ludwig. Er hatte nach seines Vaters Tode mit dem meinigen ein Geldgeschäft zu berichtigen, und wir gingen daher in das Haus hinein. Da ich verschiedenemal aus und eingehn mußte, um Obst und Wein zu holen, bemerkte ich wohl, daß er mich allemal ansah und wenig auf die Rechnungen Acht gab, die ihm mein Vater vorlegte. Es fing indes an, dunkel zu werden. Ludwig kam eben vom Hofe, wo er zu seinem Pferde gesehen hatte, als auch ich von einem kleinen Gange in das Zimmer zurückkehren wollte. Ich eilte was ich konnte, da ich ihn hinter mir kommen sah, aber er holte mich an der Türe ein. »Du bist recht schön, Schneewitchen!« flüsterte er mir leise ins Ohr. Ich antwortete vor Angst nichts, sondern trat schnell vor ihm ins Zimmer.

Hier errötete Johanna, weil sie das gesagt hatte. Sie hatte, während der Erzählung das kleinste Kind an der Brust und säugte es. Der ältere Knabe saß zu ihren Füßen eingeschlummert. Die untergehende Sonne warf ihre Rosen auf die liebliche Gruppe und gern hätte Leonhardt mit gerufen: Du bist recht schön, Schneewitchen. Sie fuhr weiter fort:

AUS DEM LEBEN EINES TAUGENICHTS / DER NEUE TROUBADOUR

AUS DEM LEBEN
EINES TAUGENICHTS

NOVELLE

ERSTES KAPITEL

Das Rad an meines Vaters Mühle brauste und rauschte schon wieder recht lustig, der Schnee tröpfelte emsig vom Dache, die Sperlinge zwitscherten und tummelten sich dazwischen; ich saß auf der Türschwelle und wischte mir den Schlaf aus den Augen, mir war so recht wohl in dem warmen Sonnenscheine. Da trat der Vater aus dem Hause; er hatte schon seit Tagesanbruch in der Mühle rumort und die Schlafmütze schief auf dem Kopfe, der sagte zu mir: »Du Taugenichts! da sonnst du dich schon wieder und dehnst und reckst dir die Knochen müde, und läßt mich alle Arbeit allein tun. Ich kann dich hier nicht länger füttern. Der Frühling ist vor der Türe, geh auch einmal hinaus in die Welt und erwirb dir selber dein Brot.« – »Nun,« sagte ich, »wenn ich ein Taugenichts bin, so ist's gut, so will ich in die Welt gehen und mein Glück machen.« Und eigentlich war mir das recht lieb; denn es war mir kurz vorher selber eingefallen, auf Reisen zu gehn, da ich den Goldammer, der im Herbst und Winter immer betrübt an unserem Fenster sang: »Bauer, miet' mich, Bauer miet' mich!« nun in der schönen Frühlingszeit wieder ganz stolz und lustig vom Baume rufen hörte: »Bauer, behalt deinen Dienst!« – Ich ging also in das Haus hinein und holte meine Geige, die ich recht artig spielte, von der Wand, mein Vater gab mir noch einige Groschen Geld mit auf den Weg, und so schlenderte ich durch das lange Dorf hinaus. Ich hatte recht meine heimliche Freud', als ich da alle meine alten Bekannten

DER NEUE TROUBADOUR

EIN KAPITEL
AUS DEM LEBEN EINES
ARMEN TAUGENICHTS,
mitgeteilt durch
J. Frhrn. v. E. J.

Das Rad an meines Vaters Mühle brauste und rauschte schon wieder recht lustig, der Schnee tröpfelte emsig vom Dache, die Sperlinge zwitscherten und tummelten sich dazwischen; ich saß auf der Türschwelle und wischte mir den Schlaf aus den Augen mir war so recht wohl in dem warmen Frühlingssonnenscheine. Da trat der Vater aus dem Hause, er hatte schon seit Tagesanbruch in der Mühle rumort und die Schlafmütze schief auf dem Kopfe, der sagte zu mir: »Du Taugenichts! da sonnst du dich schon wieder und dehnst und reckst dir die Knochen müde, und läßt mir alle Arbeit allein tun. Ich kann dich hier nicht länger füttern. Der Frühling ist vor der Tür, geh auch einmal hinaus in die Welt und erwirb dir selber dein Brot.« »Nun, sagte ich, wenn ich ein Taugenichts bin, so ist's gut, so will ich in die Welt gehn und mein Glück machen.« Und eigentlich war mir das recht lieb, denn es war mir kurz vorher selber eingefallen, auf Reisen zu gehn, da ich den Goldammer, der im Herbst und Winter immer betrübt an unserem Fenster sang »Bauer, miet' mich!«, nun in der schönen Frühlingszeit wieder ganz stolz und lustig vom Baume rufen hörte: »Bauer ich – dir in dein Dienst!«

Ich ging also in das Haus hinein und holte meine Geige, die ich recht artig spiele, von der Wand, mein Vater gab mir noch einige Groschen Geld auf den Weg, und so schlenderte ich durch das lange Dorf hinaus. Ich hatte recht meine heimliche Freud', als ich da alle meine alten Kameraden und Be-

und Kameraden rechts und links, wie gestern und vorgestern und immerdar, zur Arbeit hinausziehen, graben und pflügen sah, während ich so in die freie Welt hinausstrich. Ich rief den armen Leuten nach allen Seiten recht stolz und zufrieden Adjes zu, aber es kümmerte sich eben keiner sehr darum. Mir war es wie ein ewiger Sonntag im Gemüte. Und als ich endlich ins freie Feld hinaus kam, da nahm ich meine liebe Geige vor, und spielte und sang, auf der Landstraße fortgehend:

> Wem Gott will rechte Gunst erweisen,
> Den schickt er in die weite Welt,
> Dem will er seine Wunder weisen
> In Fels und Wald und Strom und Feld.
>
> Die Trägen, die zu Hause liegen,
> Erquicket nicht das Morgenrot,
> Sie wissen nur vom Kinderwiegen
> Von Sorgen, Last und Not um Brot.
>
> Die Bächlein von den Bergen springen,
> Die Lerchen schwirren hoch vor Lust,
> Was sollt' ich nicht mit ihnen singen
> Aus voller Kehl' und frischer Brust?
>
> Den lieben Gott laß ich nur walten;
> Der Bächlein, Lerchen, Wald und Feld
> Und Erd' und Himmel will erhalten,
> Hat auch mein' Sach' auf's Best' bestellt!

Indem wie ich mich so umsehe, kömmt ein köstlicher Reisewagen ganz nahe an mich heran, der mochte wohl schon einige Zeit hinter mir drein gefahren sein, ohne daß ich es merkte, weil mein Herz so voller Klang war, denn es ging ganz langsam, und zwei vornehme Damen steckten die Köpfe aus dem Wagen und hörten mir zu. Die eine war besonders schön und jünger als die andere, aber eigentlich gefielen sie mir alle beide. Als ich nun aufhörte zu singen, ließ kannte rechts und links, wie gestern und vorgestern und immerdar, zur Arbeit hinausziehn, graben und pflügen sah, während ich so in die freie Welt hinausstrich. Ich rief den armen Leuten nach allen Seiten Adies zu aber es kümmerte sich eben keiner sehr darum. Mir aber war es wie ein ewiger Sonntag im Gemüte. Und als ich endlich ins freie Feld hinaus kam, da nahm ich meine liebe Geige vor und spielte und sang, auf der Landstraße fortgehend:

Wem Gott will rechte Gunst erweisen
Den schickt er in die weite Welt,
Dem will Er seine Wunder weisen
In Fels und Wald und Strom und Feld.

Die Trägen, die zu Hause liegen,
Erquicket nicht das Morgenrot
Sie wissen nur vom Kinderwiegen,
Von Sorge, List und Not ums Brot.

Die Bächlein von den Bergen springen,
Die Lerchen schwirren hoch vor Lust,
Was sollt' ich nicht mit ihnen singen
Aus voller Kehl' und frischer Brust?

Den lieben Gott laß' ich nur walten,
Der Bächlein, Lerchen, Wald und Feld
Und Erd' und Himmel will erhalten,
Hat auch mein Sach' aufs Best' bestellt!

Indem, wie ich mich so umsehe, kommt ein köstlicher Reisewagen ganz nahe an mich heran, der mochte wohl schon einige Zeit hinter mir drein gefahren sein ohne daß ich es merkte, weil mein Herz so voller Klang war, denn es ging ganz langsam und zwei vornehme Damen steckten die Köpfe aus dem Wagen und hörten mir zu. Die eine war besonders schön und jünger als die andere, aber eigentlich gefielen mir alle beide. Als ich nun aufhörte zu singen, ließ die ältere still halten und redete mich holdselig an: »Ei, lustiger Gesell, Er weiß ja recht hübsche Lieder zu singen.« Ich nicht zu faul dagegen: »Ew. Gnaden aufzuwarten, wüßt' ich noch viel schönere.« Darauf fragte sie mich wieder: »Wohin wandert Er denn schon so am frühen Morgen?« Da schämte ich mich, daß ich das selber nicht wußte, und sagte dreist: »Nach W.«; nun sprachen beide mit einander in einer fremden Sprache, die ich nicht verstand. Die jüngere schüttelte einigemal mit dem Kopfe, die andere lachte aber in einem fort und rief mir endlich zu: »Spring Er nur hinten mit auf, wir fahren auch nach W.« Wer war froher als ich! Ich machte einen Reverenz und war mit einem Sprunge hinter dem Wagen, der Kutscher knallte und wir flogen über die glänzende Straße fort, daß mir der Wind am Hute pfiff.

Hinter mir gingen nun Dorf, Gärten und Kirchtürme unter, vor mir neue Dörfer, Schlösser und Berge auf; unter mir Saaten, Büsche und Wiesen bunt vorüberfliegend, über mir unzählige Lerchen in der klaren blauen Luft – ich schämte mich laut zu schreien, aber innerlichst jauchzte ich und strampelte und tanzte auf dem Wagentritt herum, daß ich bald meine Geige verloren hätte, die ich unterm Arme hielt. Wie aber denn die Sonne immer höher stieg, rings am Horizont schwere weiße Mittagswolken aufstiegen, und alles in der Luft und auf der weiten Fläche so leer und schwül und still wurde über den leise wogenden Kornfeldern, da fiel mir erst wieder mein Dorf ein und mein Vater und unsere Mühle, wie es da so heimlich kühl war an dem schattigen Weiher, und daß nun alles so weit, weit hinter mir lag. Mir war dabei so kurios zu Mute, als müßt' ich wieder umkehren; ich steckte meine Geige zwischen Rock und Weste, setzte mich voller Gedanken auf den Wagentritt hin und schlief ein.

Als ich die Augen aufschlug, stand der Wagen still unter hohen Lindenbäumen, hinter denen eine breite Treppe zwischen Säulen in ein prächtiges Schloß führte. Seitwärts durch die Bäume sah ich die Türme von W. Die Damen waren, wie es schien, längst ausgestiegen, die Pferde abgespannt. Ich erschrak sehr, da ich auf einmal so allein saß, und sprang gedie ältere still halten und redete mich holdselig an: »Ei, lustiger Gesell, Er weiß ja recht hübsche Lieder.« Ich, nicht zu faul, dagegen: »Ew. Gnaden aufzuwarten, wüßt' ich noch viel schönere.« Darauf fragte Sie mich wieder: »Wohin wandert Er denn schon so am frühen Morgen?« Da schämte ich mich, daß ich das selber nicht wußte, und sagte drauf: nach W. Nun sprachen beide miteinander in einer fremden Sprache, die ich nicht verstand. Die jüngere schüttelte einigemal mit dem Kopfe, die andere aber lachte in einemfort und rief mir endlich zu: »Spring' Er nur hinten mit auf, wir fahren auch nach W.« Wer war froher als ich! Ich machte einen Reverenz und war mit Einem Sprunge hinter dem Wagen, der Kutscher knallte und wir flogen über die glänzende Straße fort, daß mir der Wind am Hute pfiff.

Hinter mir gingen nun Dorf, Gärten und Kirchturm unter, vor mir neue Dörfer, Schlösser und Berge auf, unter mir Saaten, Büsche und Wiesen bunt vorüberfliegend, über mir unzählige Lerchen in der klaren blauen Luft – ich schämte mich laut zu schreien, aber innerlichst jauchzte ich und strampelte und tanzte auf dem Wagentritt herum, daß ich bald meine Geige verloren hätte, die ich unterm Arme hielt. Wie aber dann die Sonne immer höher stieg, rings am Horizont schwere, weiße Mittagswolken aufstiegen und alles in der Luft und auf der weiten Fläche so leer und schwül und still wurde über den leise wogenden Kornfeldern, da fiel mir erst wieder mein Dorf ein und mein Vater und unsere Mühle, wie es da so heimlich kühl war an dem schattigen Weiher und daß das nun alles so weit, weit von hier lag. Mir war dabei so kurios zu Mute, als müßt' ich wieder umkehren, ich steckte meine Geige zwischen Rock und Weste, setzte mich voller Gedanken auf den Wagentritt hin und schlief ein.

Als ich die Augen wieder aufschlug, stand der Wagen still unter hohen Lindenbäumen, hinter denen eine breite Stiege zwischen Säulen in ein prächtiges Schloß führte. Seitwärts durch die Bäume sah ich die Türme von W. Die Damen waren, wie es schien, längst ausgestiegen, die Pferde abgespannt. Ich erschrak sehr, da ich auf einmal so allein saß, und schwind in das Schloß hinein, da hörte ich von oben aus dem Fenster lachen.

In diesem Schlosse ging es mir wunderlich. Zuerst wie ich mich in der weiten kühlen Vorhalle umschaue, klopft mir Jemand mit dem Stocke auf die Schulter. Ich kehre mich schnell herum, da steht ein großer Herr in Staatskleidern, ein breites Bandelier von Gold und Seide bis an die Hüften übergehängt, mit einem oben versilberten Stabe in der Hand, und einer außerordentlich langen gebognen kurfürstlichen Nase im Gesicht, breit und prächtig wie ein aufgeblasener Puter, der mich frägt, was ich hier will. Ich war ganz verblüfft und konnte vor Schreck und Erstaunen nichts hervor bringen. Darauf kamen mehrere Bedienten die Treppe herauf und herunter gerennt, die sagten gar nichts, sondern sahen mich nur von oben bis unten an. Sodann kam eine Kammerjungfer (wie ich nachher hörte) grade auf mich los und sagte: ich wäre ein scharmanter Junge, und die gnädige Herrschaft ließe mich fragen, ob ich hier als Gärtnerbursche dienen wollte? – Ich griff nach der Weste; meine paar Groschen, weiß Gott, sie müssen beim herum tanzen auf dem Wagen aus der Tasche gesprungen sein, waren weg, ich hatte nichts als mein Geigenspiel, für das mir überdies auch der Herr mit dem Stabe, wie er mir im Vorbeigehn sagte, nicht einen Heller geben wollte. Ich sagte daher in meiner Herzensangst zu der Kammerjungfer: Ja, noch immer die Augen von der Seite auf die unheimliche Gestalt gerichtet, die immerfort wie der Perpendikel einer Turmuhr in der Halle auf und ab wandelte, und eben wieder majestätisch und schauerlich aus dem Hintergrunde heraufgezogen kam. Zuletzt kam endlich der Gärtner, brummte was von Gesindel und Bauerlümmel unterm Bart, und führte mich nach dem Garten, während er mir unterwegs noch eine lange Predigt hielt: wie ich nur fein nüchtern und arbeitsam sein, nicht in der Welt herumvagieren, keine brotlosen Künste und unnützes Zeug treiben solle, da könnt ich es mit der Zeit auch einmal zu was Rechtem bringen. – Es waren noch mehr sehr hübsche, gutgesetzte, nützliche Lehren, ich habe nur seitdem fast alles sprang geschwind in das Schloß hinein, da hörte ich von oben aus dem Fenster lachen.

In diesem Schlosse ging es mir verwunderlich. Zuerst, wie ich mich in der weiten kühlen Vorhalle umschaue, klopft mir jemand mit einem Stocke auf die Schulter. Ich kehre mich schnell herum, da steht ein großer Herr in Staatskleidern, ein breites Bandelier von Gold und Seide bis an die Hüfte übergehängt, mit einem oben versilberten Stabe in der Hand und einer außerordentlichen langen, gebogenen kurfürstlichen Nase im Gesicht, breit und prächtig wie ein aufgeblasener Puter, der frägt mich, was ich hier will? Ich war ganz verblüfft und konnte vor Schreck und Erstaunen nichts hervorbringen. Darauf kamen mehrere Bediente die Stiege herauf und heruntergerannt, die sagten gar nichts, sondern sahen mich nur von oben bis unten an. Sodann kam eine Kammerjungfer (wie ich nachher hörte) grade auf mich los und sagte: ich wäre ein scharmanter Junge, und die gnädige Herrschaft ließe mich fragen, ob ich hier als Gärtnerbursch dienen wollte? – Ich griff nach der Weste, meine Paar Groschen, weiß Gott sie müssen beim Herumtanzen auf dem Wagen aus der Tasche gesprungen sein, waren weg, ich hatte nichts als mein Geigenspiel, für das mir überdies auch der Herr mit dem Stabe, wie er im Vorbeigehn sagte, nicht einen Heller geben wollte. Ich sagte daher in meiner Herzensangst zu der Kammerjungfer: Ja, noch immer die Augen von der Seite auf die unheimliche Gestalt gerichtet, die immerfort wie der Perpendikel einer Turmuhr in der Halle auf und abwandelte, und so eben wieder majestätisch und schauerlich aus dem Hintergrunde heraufgezogen kam. Zuletzt kam endlich auch der Gärtner, brummte was von Gesindel und Bauerbengel unter'm Bart und führte mich nach dem Garten, während er mir unterwegs noch eine lange Predigt hielt: wie ich nur fein nüchtern und arbeitsam sein, nicht in der Welt herumvagieren, keine brotlosen Künste und unnützes Zeug treiben, sondern fleißig beim Handwerk bleiben solle, da könnt' ich's mit der Zeit auch einmal zu was rechtem bringen. – Es waren nochmehr sehr hübsche, gutgesetzte, nützliche Lehren, ich wieder vergessen. Überhaupt weiß ich eigentlich gar nicht recht, wie doch alles so gekommen war, ich sagte nur immerfort zu allem: Ja, – denn mir war wie einem Vogel, dem die Flügel begossen worden sind. – So war ich denn, Gott sei Dank, im Brote. –

In dem Garten war schön leben, ich hatte täglich mein warmes Essen vollauf, und mehr Geld als ich zu Weine brauchte, nur hatte ich leider ziemlich viel zu tun. Auch die Tempel, Lauben und schönen grünen Gänge, das gefiel mir alles recht gut, wenn ich nur hätte ruhig drin herumspazieren können und vernünftig diskurrieren, wie die Herren und Damen, die alle Tage dahin kamen. So oft der Gärtner fort und ich allein war, zog ich sogleich mein kurzes Tabakspfeifchen heraus, setzte mich hin, und sann auf schöne höfliche Redensarten, wie ich die eine junge schöne Dame, die mich in das Schloß mitbrachte, unterhalten wollte, wenn ich ein Kavalier wäre und mit ihr hier herumginge. Oder ich legte mich an schwülen Nachmittagen auf den Rücken hin, wenn alles so still war, daß man nur die Bienen sumsen hörte, und sah zu wie über mir die Wolken nach meinem Dorfe zuflogen und die Gräser und Blumen sich hin und her bewegten, und gedachte an die Dame, und da geschah es denn oft, daß die schöne Frau mit der Guitarre oder einem Buche in der Ferne wirklich durch den Garten zog, so still, groß und freundlich wie ein Engelsbild, so daß ich nicht recht wußte, ob ich träumte oder wachte.

So sang ich auch einmal, wie ich eben bei einem Lusthause zur Arbeit vorbei ging, für mich hin:

>Wohin ich geh' und schaue,
>In Feld und Wald und Tal
>Vom Berg' in's Himmelsblaue
>Viel schöne gnäd'ge Fraue,
>Grüß' ich Dich tausendmal.

Da seh' ich aus dem dunkelkühlen Lusthause zwischen den halbgeöffneten Jalousien und Blumen, die dort standen, habe nur seitdem fast alles wieder vergessen. Überhaupt weiß ich eigentlich gar nicht recht, wie das alles so gekommen war, ich sagte nur immerfort zu allem: Ja, denn mir war wie einem Vogel, dem die Flügel begossen worden sind. – So war ich denn, Gott sei Dank, im Brote. –

In dem Garten war schön leben, ich hatte täglich mein warmes Essen vollauf und mehr Geld als ich zu Weine brauchte, nur hatte ich leider ziemlich viel zu tun. Auch die Tempel, Lauben und schönen grünen Gänge, das gefiel mir alles sehr gut, wenn ich nur hätte ruhig drin herumspazieren können und vernünftig diskurrieren, wie die Herren und Damen, die alle Tage dahinkamen. So oft der Gärtner fort und ich allein war, zog ich sogleich mein kurzes Tabakspfeifchen heraus, setzte mich hin und sann auf schöne höfliche Redensarten, wie ich die eine junge schöne Dame, die mich in das Schloß mitgebracht, unterhalten wollte, wenn ich ein Kavalier wäre und mit Ihr hier herumginge. Oder ich legte mich an schwülen Nachmittagen auf den Rücken hin, wenn alles so still war daß man nur die Bienen sumsen hörte, und sah zu, wie über mir die Wolken nach meinem Dorfe zuflogen und die Gräser und Blumen sich hin und her bewegten, und gedachte an die Dame, und da geschah es denn oft, daß die schöne Frau mit der Guitarre oder einem Buche in der Ferne wirklich durch den Garten zog, so still, groß und freundlich wie ein Engelsbild, so daß ich nicht recht wußte, ob ich träumte oder wachte.

So sang ich auch einmal, wie ich eben bei einem Lusthause zur Arbeit vorbeiging, für mich hin:

> Wohin ich geh' und schaue,
> In Feld und Wald und Tal,
> Vom Berg' ins Himmelsblaue:
> Viel schöne gnäd'ge Fraue,
> Grüß' ich Dich tausendmal!

Da seh' ich aus dem dunkelkühlen Lusthause zwischen den halbgeöffneten Jalousieen und Blumen, die dort standen, zwei schöne junge frische Augen hervorfunkeln. Ich war ganz erschrocken, ich sang das Lied nicht aus, sondern ging, ohne mich umzusehen, fort an die Arbeit.

Abends, es war grade an einem Sonnabend, und ich stand eben in der Vorfreude kommenden Sonntags mit der Geige im Gartenhause am Fenster und dachte noch an die funkelnden Augen, da kommt auf einmal die Kammerjungfer durch die Dämmerung dahergestrichen. »Da schickt Euch die vielschöne gnädige Frau was, das sollt Ihr auf ihre Gesundheit trinken. Eine gute Nacht auch!« Damit setzte sie mir fix eine Flasche Wein auf's Fenster und war sogleich wieder zwischen den Blumen und Hecken verschwunden, wie eine Eidechse.

Ich aber stand noch lange vor der wundersamen Flasche, und wußte nicht wie mir geschehen war. – Und hatte ich vorher lustig die Geige gestrichen, so spielt' und sang ich jetzt erst recht, und sang das Lied von der schönen Frau ganz aus und alle meine Lieder, die ich nur wußte, bis alle Nachtigallen draußen erwachten und Mond und Sterne schon lange über dem Garten standen. Ja, das war einmal eine gute schöne Nacht!

Es wird keinem an der Wiege gesungen, was künftig aus ihm wird, eine blinde Henne find't manchmal auch ein Korn, wer zuletzt lacht, lacht am besten, unverhofft kommt oft, der Mensch denkt und Gott lenkt, so meditiert' ich, als ich am folgenden Tage wieder mit meiner Pfeife im Garten saß und es mir dabei, da ich so aufmerksam an mir herunter sah, fast vorkommen wollte, als wäre ich doch eigentlich ein rechter Lump. – Ich stand nunmehr, ganz wider meine sonstige Gewohnheit, alle Tage sehr zeitig auf, eh' sich noch der Gärtner und die andern Arbeiter rührten. Da war es so wunderschön draußen im Garten. Die Blumen, die Springbrunnen, die Rosenbüsche und der ganze Garten funkelten von der Morgensonne wie lauter Gold und Edelstein. Und in den hohen Buchen-Alleen, da war es noch so still, kühl und andächtig wie in einer Kirche, nur die Vögel flatterten und pickten auf dem Sande. Gleich vor dem Schlosse, grade unter den Fenstern, wo die schöne Frau wohnte, war ein blühender zwei schöne, junge, frische Augen hervorfunkeln. Ich war ganz erschrocken, ich sang das Lied nicht aus, sondern ging, ohne mich umzusehen, fort an die Arbeit.

Abends, es war ein Sonnabend und ich stand eben in der Vorfreude des kommenden Sonntags mit der Geige im Gartenhause am Fenster und dachte noch an die funkelnden Augen, da kommt aufeinmal die Kammerjungfer durch die Dämmerung dahergestrichen. »Da schickt Euch die vielschöne gnädige Frau was, das sollt Ihr auf ihre Gesundheit trinken. Eine gute schöne Nacht auch!« Damit setzte sie mir fix eine Flasche Wein aufs Fenster und war sogleich wieder zwischen den Blumen und Hecken verschwunden, wie eine Eidechse. Ich aber stand noch lange vor der wundersamen Flasche und wußte nicht, wie mir geschehen war. – Und hatte ich vorher lustig die Geige gestrichen, so spielt' und sang ich jetzt erst recht und sang das Lied von der schönen Fraue ganz aus und alle Lieder, die ich nur wußte, bis alle Nachtigallen draußen aufwachten und Mond und Sterne schon lange über dem Garten standen. Ja, das war einmal eine gute schöne Nacht!

Es wird keinem an der Wiege gesungen, was künftig aus ihm wird, eine blinde Henne find't manchmal auch ein Korn, wer zuletzt lacht, lacht am besten, unverhofft kommt oft, der Mensch denkt und Gott lenkt – so meditiert' ich, als ich am folgenden Tage wieder mit meiner Pfeife im Garten saß und es mir dabei, da ich so aufmerksam an mir heruntersah, fast vorkommen wollte, als wär' ich doch eigentlich ein rechter Lump. – Ich stand nunmehr, ganz wider meine sonstige Gewohnheit, alle Tage sehr zeitig auf, eh sich noch der Gärtner und die anderen Arbeiter rührten. Da war es immer so wunderschön draußen im Garten. Die Blumen, die Springbrunnen, die Rosenbüsche und der ganze Garten funkelte vor der Morgensonne wie lauter Gold und Edelgestein. Und in den hohen Buchen-Alleen, da war es noch so still, kühl und andächtig, wie in einer leeren Kirche, nur die Vöglein flatterten und pickten auf dem Sande. Gleich vor dem Schlosse grade unter den Fenstern, wo die schöne Frau wohnte, war

Strauch. Dorthin ging ich dann immer am frühesten Morgen und duckte mich hinter die Äste, um so nach den Fenstern zu sehen, denn mich im Freien zu produzieren hatt' ich keine Courage. Da sah ich nun allemal die allerschönste Dame noch heiß und halb verschlafen im schneeweißen Kleide an das offne Fenster hervortreten. Bald flocht sie sich die dunkelbraunen Haare und ließ dabei die anmutig spielenden Augen über Busch und Garten ergehen, bald bog und band sie die Blumen, die vor ihrem Fenster standen, oder sie nahm auch die Guitarre in den weißen Arm und sang dazu so wundersam über den Garten hinaus, daß sich mir noch das Herz umwenden will vor Wehmut, wenn mir eins von den Liedern bisweilen einfällt – und ach das alles ist schon lange her!

So dauerte das wohl über eine Woche. Aber das einemal, sie stand grade wieder am Fenster und alles war stille rings umher, fliegt mir eine fatale Fliege in die Nase und ich gebe mich an ein erschreckliches Niesen, das gar nicht enden will. Sie legt sich weit zum Fenster hinaus und sieht mich Ärmsten hinter dem Strauch lauschen. – Nun schämte ich mich und kam viele Tage nicht hin.

Endlich wagte ich es wieder, aber das Fenster blieb diesmal zu, ich saß vier, fünf, sechs Morgen hinter dem Strauche, aber sie kam nicht wieder an's Fenster. Da wurde mir die Zeit lang, ich faßte ein Herz und ging nun alle Morgen frank und frei längs dem Schlosse unter allen Fenstern hin. Aber die liebe schöne Frau blieb immer und immer aus. Eine Strecke weiter sah ich dann immer die andere Dame am Fenster stehn. Ich hatte sie sonst so genau noch niemals gesehen. Sie war wahrhaftig recht schön rot und dick und gar prächtig und hoffärtig anzusehn, wie eine Tulipane. Ich machte ihr immer ein tiefes Kompliment, und, ich kann nicht anders sagen, sie dankte mir jedesmal und nickte und blinzelte mit den Augen dazu ganz außerordentlich höflich. – Nur ein einzigesmal glaub' ich gesehn zu haben, daß auch die Schöne an ihrem Fenster hinter der Gardine stand und versteckt hervor guckte. –

ein blühender Strauch. Dorthin ging ich dann immer am frühesten Morgen und duckte mich hinter die Äste, um so nach den Fenstern zu sehen, denn mich im Freien zu produzieren hatt' ich keine Courage. Da sah ich nun allemal die allerschönste Dame noch heiß und halbverschlafen im schneeweißen Kleide an das offene Fenster hervortreten. Bald flocht sie sich die dunkelbraunen Haare und ließ dabei die anmutig spielenden Augen über Busch und Garten ergehen, bald bog und band sie die Blumen, die vor ihrem Fenster standen, oder sie nahm auch die Guitarre in den weißen Arm und sang dazu so wundersam über den Garten hinaus, daß sich mir noch das Herz umwenden will vor Wehmut, wenn mir eins von den Liedern bisweilen einfällt – und ach! das alles ist doch schon so lange her!

So dauerte das wohl über eine Woche. Aber das einemal, Sie stand grade wieder am Fenster und alles war stille ringsumher, fliegt mir eine fatale Fliege an die Nase und ich gebe mich an ein erschreckliches Niesen, das gar nicht enden will. Sie legt sich weit zum Fenster hinaus und sieht mich Ärmsten hinter dem Strauche lauschen. – Nun schämte ich mich und kam viele Tage nicht wieder hin.

Endlich wagte ich's von neuem, aber das Fenster blieb diesmal zu, ich saß vier, fünf, sechs Morgen hinter dem Strauche, aber Sie kam nicht wieder ans Fenster. Da wurde mir die Zeit zu lang, ich faßte ein Herz und ging nun alle Morgen frank und frei längst dem Schlosse unter allen Fenstern hin. Aber die liebe schöne Fraue blieb immer und immer aus. Eine Strecke weiter sah ich da jedesmal nun die andere Dame am Fenster stehen. Ich hatte sie sonst noch niemals so genau gesehen. Sie war wahrhaftig recht schön rot und dick und gar prächtig und hoffärtig anzusehen, wie eine Tulipane. Ich machte ihr immer ein tiefes Kompliment, und, ich kann nicht anders sagen, sie dankte mir jedesmal und nickte und zwinkerte mit den Augen dazu ganz außerordentlich höflich. – Nur ein einzigesmal glaub' ich geseh'n zu haben, daß auch die Schöne an ihrem Fenster hinter der Gardine stand und versteckt hervorguckte. –

Viele Tage gingen jedoch ins Land, ohne daß ich sie sah. Sie kam nicht mehr in den Garten, sie kam nicht mehr an's Fenster. Der Gärtner schalt mich einen faulen Bengel, ich war verdrüßlich, meine eigne Nasenspitze war mir im Wege, wenn ich in Gottes freie Welt hinaus sah.

So lag ich eines Sonntags Nachmittag im Garten und ärgerte mich, wie ich so in die blauen Wolken meiner Tabakspfeife hinaussah, daß ich mich nicht auf ein anderes Handwerk gelegt, und mich also morgen nicht auch wenigstens auf einen blauen Montag zu freuen hätte. Die andern Bursche waren indes alle wohlausstaffiert nach den Tanzböden in der nahen Vorstadt hinausgezogen. Da wallte und wogte alles im Sonntagsputze in der warmen Luft zwischen den lichten Häusern und wandernden Leierkasten schwärmend hin und zurück. Ich aber saß wie ein Rohrdommel im Schilfe eines einsamen Weihers im Garten und schaukelte mich auf dem Kahne, der dort angebunden war, während die Vesperglocken aus der Stadt über den Garten herüberschallten und die Schwäne auf dem Wasser langsam neben mir hin und her zogen. Mir war zum Sterben bange. –

Während des hörte ich von weitem allerlei Stimmen, lustiges Durcheinandersprechen und Lachen, immer näher und näher, dann schimmerten rot' und weiße Tücher, Hüte und Federn durch's Grüne, auf einmal kommt ein heller lichter Haufen von jungen Herren und Damen vom Schlosse über die Wiese auf mich los, meine beiden Damen mitten unter ihnen. Ich stand auf und wollte weggehen, da erblickte mich die ältere von den schönen Damen. »Ei, das ist ja wie gerufen,« rief sie mir mit lachendem Munde zu, »fahr' Er uns doch an das jenseitige Ufer über den Teich!« Die Damen stiegen nun eine nach der andern vorsichtig und furchtsam in den Kahn, die Herren halfen ihnen dabei und machten sich ein wenig groß mit ihrer Kühnheit auf dem Wasser. Als sich darauf die Frauen alle auf die Seitenbänke gelagert hatten, stieß ich vom Ufer. Einer von den jungen Herren, der ganz vorn stand, fing unmerklich an zu schaukeln. Da wandten sich die Damen furchtsam hin und her, einige schrien gar.

Viele Tage gingen jedoch ins Land, ohne daß ich Sie sah, Sie kam nicht mehr in den Garten, Sie kam nicht mehr an's Fenster. Der Gärtner schalt mich einen faulen Bengel, ich war ganz verdrießlich, meine eigne Nasenspitze war mir im Wege, wenn ich in Gottes freie Welt hinaussah.

So lag ich eines Sonntags Nachmittag im Garten und ärgerte mich, wie ich so in die blauen Wolken meiner Tabakspfeife hinaussah, daß ich mich nicht auf ein anderes Handwerk gelegt und mich also morgen nicht auch wenigstens auf einen blauen Montag zu freuen hätte. Die andern Bursche waren indes alle wohlausstaffiert nach den Tanzböden in der nahen Vorstadt hinausgezogen. Da wallte und wogte alles im Sonntagsputze in der warmen Luft zwischen den lichten Häusern und wandernden Leierkasten schwärmend hin und zurück. Ich aber saß wie ein Rohrdommel im Schilfe eines einsamen Weihers im Garten und schaukelte mich auf dem Kahne, das dort angebunden war, während die Vesperglocken aus der Stadt über den Garten herüberschallten und die Schwäne auf dem Wasser langsam neben mir hin und herzogen. Mir war zum Sterben bange. –

Währenddes hörte ich von weitem allerlei Stimmen, lustiges Durcheinandersprechen und Lachen, immer näher und näher, dann schimmerten rote und weiße Tücher, Hüte und Federn durch's Grüne, aufeinmal kommt ein heller lichter Haufe von jungen Herren und Damen vom Schlosse über die Wiese auf mich los, meine beiden Damen mitten unter ihnen. Ich stand auf und wollte weggeh'n, da erblickte mich die ältere von den beiden schönen Damen. »Ei, das ist ja wie gerufen,« rief sie mir mit lachendem Munde zu, »fahr' Er uns doch da ans jenseitige Ufer über den Teich!«

Die Damen stiegen nun eine nach der anderen vorsichtig und furchtsam in das Kahn, die Herren halfen ihnen dabei und machten sich nicht wenig groß mit ihrer Kühnheit auf dem Wasser. Als sich darauf die Frauen alle auf die Seitenbänke gelagert hatten, stieß ich vom Ufer. Einer von den jungen Herren, der ganz vorn stand, fing unmerklich an zu schaukeln. Da wandten sich die Damen furchtsam hin und

Die schöne Frau welche eine Lilie in der Hand hielt, saß dicht am Bord des Schiffleins und sah stillächelnd in die klaren Wellen hinunter, die sie mit der Lilie berührte, so daß ihr ganzes Bild zwischen den widerscheinenden Wolken und Bäumen im Wasser noch einmal zu sehen war, wie ein Engel, der leise durch den tiefen blauen Himmelsgrund zieht.

Wie ich noch so auf sie hinsehe, fällt's auf einmal der andern lustigen Dicken von meinen zwei Damen ein, ich sollte ihr während der Fahrt Eins singen. Geschwind dreht sich ein sehr zierlicher junger Herr mit einer Brille auf der Nase, der neben ihr saß, zu ihr herum, küßt ihr sanft die Hand und sagt: »Ich danke Ihnen für den sinnigen Einfall! ein Volkslied, *gesungen* vom Volk in freiem Feld und Wald, ist ein Alpenröslein auf der Alpe selbst, – die Wunderhörner sind nur Herbarien, – ist die Seele der National-Seele.« Ich aber sagte, ich wisse nichts zu singen, was für solche Herrschaften schön genug wäre. Da sagte die schnippische Kammerjungfer, die mit einem Korbe voll Tassen und Flaschen hart neben mir stand und die ich bis jetzt noch gar nicht bemerkt hatte: »Weiß Er doch ein recht hübsches Liedchen von einer vielschönen Fraue.« – »Ja, ja, das sing Er nur recht dreist weg,« rief darauf sogleich die Dame wieder. Ich wurde über und über rot. – Indem blickte auch die schöne Frau auf einmal vom Wasser auf, und sah mich an, daß es mir durch Leib und Seele ging. Da besann ich mich nicht lange, faßt' ein Herz, und sang so recht aus voller Brust und Lust:

> Wohin ich geh' und schaue,
> In Feld und Wald und Tal
> Vom Berg' hinab in die Aue:
> Viel schöne, hohe Fraue,
> Grüß ich Dich tausendmal.

> In meinem Garten find' ich
> Viel Blumen, schön und fein,
> Viel Kränze wohl d'raus wind' ich
> Und tausend Gedanken bind' ich
> Und Grüße mit darein.

her, einige schrieen gar. Die schöne Fraue, die eine Lilie in der Hand hielt, saß dicht am Bord des Schiffleins und sah still-lächelnd in die klaren Wellen hinunter, die sie mit der Lilie berührte, so daß ihr ganzes Bild zwischen den widerscheinenden Wolken und Bäumen im Wasser noch einmal zu sehen war, wie ein Engel, der leise durch den tiefen blauen Himmelsgrund zieht.

Wie ich noch so auf Sie hinsehe, fällt's aufeinmal der anderen lustigen dicken von meinen zwei Damen ein, ich sollte ihr während der Fahrt Eins singen. Geschwind dreht sich ein sehr zierlicher junger Herr mit einer Brille auf der Nase, der neben ihr saß, zu ihr herum, küßt ihr sanft die Hand und sagt: »Ich danke Ihnen für den sinnigen Einfall! ein Volkslied, *gesungen* vom Volk in freiem Feld und Wald ist ein Alpenröslein auf der Alpe selbst, die Wunderhörner sind nur Herbarien, ist die Seele der National-Seele.« Ich aber sagte, ich wisse nichts zu singen was für solche Herrschaften schön genug wäre. Da sagte die schnippische Kammerjungfer, die mit einem Korbe voll Tassen und Flaschen hart neben mir stand und die ich bis jetzt noch gar nicht bemerkt hatte: »Weiß Er doch ein recht hübsches Liedchen von einer vielschönen Fraue.« Ja, ja, das singe nur recht dreist weg, rief darauf sogleich die Dame wieder. Ich wurde über und über rot. – Indem blickte auch die *schöne* Frau aufeinmal vom Wasser auf und sah mich an, daß es mir durch Leib und Seele ging. Da besann ich mich nicht lange, faßt' ein Herz und sang so recht aus voller Brust und Lust:

1.	2.
Wohin ich geh' und schaue,	In meinem Garten find' ich
In Feld und Wald und Tal,	Viel' Blumen, schön und fein
Vom Berg' hinab in die Aue:	Viel' Kränze wohl draus
Vielschöne, hohe Fraue,	wind' ich
Grüß' ich Dich tausendmal!	Und tausend Gedanken
	bind' ich
	Und Grüße mit darein.

Ihr darf ich keinen reichen,
Sie ist zu hoch und schön,
Die müssen alle verbleichen,
Die Liebe nur ohne Gleichen
Bleibt ewig im Herzen stehn.

Ich schein' wohl froher Dinge
Und schaffe auf und ab,
Und, ob das Herz zerspringe,
Ich grabe fort und singe
Und grab' mir bald mein Grab.

Wir stießen ans Land, die Herrschaften stiegen alle aus, viele von den jungen Herren hatten mich, ich bemerkt' es wohl, während ich sang mit listigen Mienen und Flüstern verspottet vor den Damen. Der Herr mit der Brille faßte mich im Weggehen bei der Hand und sagte mir, ich weiß selbst nicht mehr was, die ältere von meinen Damen sah mich sehr freundlich an. Die schöne Frau hatte während meines ganzen Liedes die Augen niedergeschlagen und ging nun auch fort und sagte gar nichts. – Mir aber standen die Tränen in den Augen schon wie ich noch sang, das Herz wollte mir zerspringen von dem Liede vor Scham und vor Schmerz, es fiel mir jetzt auf einmal alles recht ein, wie *Sie* so schön ist und ich so arm bin und verspottet und verlassen von der Welt, – und als sie alle hinter den Büschen verschwunden waren, da konnt' ich mich nicht länger halten, ich warf mich in das Gras hin und weinte bitterlich.

ZWEITES KAPITEL

Dicht am herrschaftlichen Garten ging die Landstraße vorüber, nur durch eine hohe Mauer von derselben geschieden. Ein gar sauberes Zollhäuschen mit rotem Ziegeldache war da erbaut, und hinter demselben ein kleines buntumzäuntes Blumengärtchen, das durch eine Lücke in der Mauer des

3.
Ihr darf ich keinen reichen,
Sie ist zu hoch und schön,
Die müssen alle verbleichen,
Die Liebe nur ohne Gleichen
Bleibt ewig im Herzen stehn.

4.
Ich schein' wohl froher
            Dinge
Und schaffe auf und ab,
Und, ob das Herz
            zerspringe,
Ich grabe fort und singe
Und grab' mir bald mein
            Grab.

Wir stießen ans Land, die Herrschaften stiegen alle aus, viele von den jungen Herren hatten mich, ich bemerkt' es wohl, während ich sang mit lustigen Mienen und Flüstern vor den Damen verspottet. Der Herr mit der Brille faßte mich im Weggehn bei der Hand und sagte mir ich weiß nicht mehr was, die ältere von meinen Damen sah mich sehr freundlich an. Die schöne Frau hatte während meines ganzen Liedes die Augen niedergeschlagen – und ging nun auch fort und sagte gar nichts. – Mir aber standen die Tränen in den Augen schon wie ich noch sang, das Herz wollte mir zerspringen von dem Liede und vor Scham und vor Schmerz, es fiel mir jetzt aufeinmal alles recht ein, wie Sie so schön ist und ich so arm bin und verspottet und verlassen in der Welt – und als sie endlich alle hinter den Büschen verschwunden waren, da konnt' ich mich nicht länger halten, ich warf mich in das Gras hin und weinte bitterlich.

Dicht am herrschaftlichen Garten ging die Landstraße vorüber, nur durch eine hohe Mauer von derselben geschieden. Ein gar sauberes Zollhäuschen mit rotem Ziegeldache war da erbaut und hinter demselben ein kleines buntumzäuntes Blumengärtchen, das durch eine Lücke in der Mauer des

Schloßgartens hindurch an den schattigsten und verborgensten Teil des letzteren stieß. Dort war eben der Zolleinnehmer gestorben, der das alles sonst bewohnte. Da kam des einen Morgens frühzeitig, da ich noch im tiefsten Schlafe lag, der Schreiber vom Schlosse zu mir und rief mich schleunigst zum Herrn Amtmann. Ich zog mich geschwind an und schlenderte hinter dem luftigen Schreiber her, der unterwegs bald da bald dort eine Blume abbrach und vorn an den Rock steckte, bald mit seinem Spazierstöckchen künstlich in der Luft herumfocht und allerlei zu mir in den Wind hineinparlierte, wovon ich aber nichts verstand, weil mir die Augen und Ohren noch voller Schlaf lagen. Als ich in die Kanzlei trat, wo es noch gar nicht recht Tag war, sah der Amtmann hinter einem ungeheuren Dintenfasse und Stößen von Papier und Büchern und einer ansehnlichen Perücke, wie die Eule aus ihrem Nest, auf mich und hob an: »Wie heißt Er? Woher ist Er? Kann Er schreiben, lesen und rechnen?« Da ich das bejahte, versetzte er: »Na, die gnädige Herrschaft hat Ihm, in Betrachtung Seiner guten Aufführung und besondern Meriten, die ledige Einnehmer-Stelle zugedacht.« – Ich überdachte in der Geschwindigkeit für mich meine bisherige Aufführung und Manieren, und ich mußte gestehen, ich fand am Ende selber, daß der Amtmann Recht hatte. – Und so war ich denn wirklich Zolleinnehmer, ehe ich mich's versah.

Ich bezog nun sogleich meine neue Wohnung und war in kurzer Zeit eingerichtet. Ich hatte noch mehrere Gerätschaften gefunden, die der selige Einnehmer seinem Nachfolger hinterlassen, unter andern einen prächtigen roten Schlafrock mit gelben Punkten, grüne Pantoffeln, eine Schlafmütze und einige Pfeifen mit langen Röhren. Das alles hatte ich mir schon einmal gewünscht als ich noch zu Hause war, wo ich immer unsern Pfarrer so kommode herumgehen sah. Den ganzen Tag, (zu tun hatte ich weiter nichts) saß ich daher auf dem Bänkchen vor meinem Hause in Schlafrock und Schlafmütze, rauchte Tabak aus dem längsten Rohre, das ich nach dem seligen Einnehmer gefunden hatte, und sah zu, wie die

Schloßgartens an den schattigsten und verborgensten Teil des letzteren stieß. Dort war eben der Zolleinnehmer gestorben, der das alles sonst bewohnte. Da kam des einen Morgens frühzeitig, da ich noch im tiefsten Schlafe lag, der Schreiber vom Schloß zu mir und rief mich schleunigst zum Herrn Amtmann. Ich zog mich geschwind an und schlenderte hinter dem luftigen Schreiber her, der unterweges bald da bald dort eine Blume abbrach und vorn an den Rock steckte, bald mit seinem Spazierstöckchen künstlich in der Luft herumfocht und allerlei zu mir in den Wind hineinparlierte, wovon ich aber nichts verstand, weil mir Augen und Ohren noch voller Schlaf lagen. Als ich in die Kanzlei trat, wo es noch gar nicht recht Tag war, sah der Herr Amtmann hinter einem ungeheueren Dintenfasse aus Stößen von Papier und Büchern und einer ansehnlichen Perücke wie die Eule aus ihrem Nest auf mich und hub an: »Wie heißt Er? Woher ist Er? Kann Er lesen, schreiben und rechnen?« Da ich das bejahte, versetzte er: »Na, die gnädige Herrschaft hat Ihm, in Betrachtung Seiner guten Aufführung und besonderen Meriten, die ledige Einnehmer-Stelle zugedacht.« – Ich überdachte in der Geschwindigkeit für mich meine bisherige Aufführung und Manieren, und ich muß gestehen, ich fand am Ende, daß der Amtmann Recht hatte. – Und so war ich denn wirklich Zolleinnehmer, eh' ich mich's versah.

Ich bezog nun sogleich meine neue Wohnung und war in kurzer Zeit vollkommen eingerichtet. Ich hatte noch mehrere Gerätschaften gefunden, die der selige Einnehmer seinem Nachfolger hinterlassen, unter anderen einen prächtigen roten Schlafrock mit gelben Punkten, grüne Pantoffeln, eine Schlafmütze und einige Pfeifen mit langen Röhren. Das alles hatte ich mir schon lange einmal gewünscht, noch als ich zu Hause war, wo ich immer unseren Pfarren so kommode herumgehen sah. Den ganzen Tag (zu tun hatte ich weiter nichts) saß ich daher nun auf dem Bänkchen vor meinem Hause im Schlafrocke und mit der Schlafmütze, rauchte Tobak aus dem längsten Rohre, das ich nach dem seligen Einnehmer gefunden hatte, und sah zu, wie die Leute auf der

Leute auf der Landstraße hin- und hergingen, fuhren und ritten. Ich wünschte nur immer, daß auch einmal ein paar Leute aus meinem Dorfe, die immer sagten, aus mir würde mein Lebtage nichts, hier vorüber kommen und mich so sehen möchten. – Der Schlafrock stand mir schön zu Gesichte, und überhaupt das alles behagte mir sehr gut. So saß ich denn da und dachte mir mancherlei hin und her, wie aller Anfang schwer ist, wie das vornehmere Leben doch eigentlich recht kommode sei, und faßte heimlich den Entschluß, nunmehr alles Reisen zu lassen, auch Geld zu sparen wie die andern, und es mit der Zeit gewiß zu etwas Großem in der Welt zu bringen. Inzwischen vergaß ich über meinen Entschlüssen, Sorgen und Geschäften die allerschönste Frau keineswegs.

Die Kartoffeln und anderes Gemüse, das ich in meinem kleinen Gärtchen fand, warf ich hinaus und bebaute es ganz mit den auserlesensten Blumen, worüber mich der Portier vom Schlosse mit der großen kurfürstlichen Nase, der, seitdem ich hier wohnte, oft zu mir kam und mein intimer Freund geworden war, bedenklich von der Seite ansah, und mich für einen hielt, den sein plötzliches Glück verrückt gemacht hätte. Ich aber ließ mich das nicht anfechten. Denn nicht weit von mir im herrschaftlichen Garten hörte ich feine Stimmen sprechen, unter denen ich die meiner schönen Frau zu erkennen meinte, obgleich ich wegen des dichten Gebüsches Niemand sehen konnte. Da band ich denn alle Tage einen Strauß von den schönsten Blumen die ich hatte, stieg jeden Abend, wenn es dunkel wurde, über die Mauer, und legte ihn auf einen steinernen Tisch hin, der dort inmitten einer Laube stand; und jeden Abend wenn ich den neuen Strauß brachte, war der alte von dem Tische fort.

Eines Abends war die Herrschaft auf die Jagd geritten; die Sonne ging eben unter und bedeckte das ganze Land mit Glanz und Schimmer, die Donau schlängelte sich prächtig wie von lauter Gold und Feuer in die weite Ferne, von allen Bergen bis tief ins Land hinein sangen und jauchzten die Winzer. Ich saß mit dem Portier auf dem Bänkchen vor meinem Hause, und freute mich in der lauen Luft, und wie der

Landstraße hin und her gingen, fuhren und ritten. Ich wünschte nur immer, daß auch einmal ein Paar Leute aus meinem Dorfe, die immer sagten aus mir würde mein Lebtag nichts, hier vorüberkommen und mich so sehen möchten. – Der Schlafrock stand mir schön zu Gesichte und überhaupt das alles behagte mir sehr gut. So saß ich denn da und dachte mir so mancherlei hin und her, wie aller Anfang schwer ist, wie das vornehmere Leben doch eigentlich recht kommode sei, und faßte heimlich den Entschluß, nunmehr alles Reisen zu lassen, auch Geld zu sparen wie die anderen, und es mit der Zeit gewiß zu etwas Großem in der Welt zu bringen. Inzwischen vergaß ich über meinen Entschlüssen, Sorgen und Geschäften die allerschönste Frau keineswegs.

Die Kartoffeln und anderes Gemüse, das ich in meinem kleinen Gärtchen fand, warf ich heraus und bebaute es ganz mit den auserlesensten Blumen, worüber mich der Portier vom Schloß mit der großen kurfürstlichen Nase, der seitdem ich hier wohnte häufig zu mir kam und mein intimer Freund geworden war, bedenklich von der Seite ansah und für einen hielt, den sein plötzliches Glück verrückt gemacht hätte. Ich aber ließ mich das nicht anfechten. Denn nicht weit von mir im herrschaftlichen Garten hörte ich oftmals feine Stimmen sprechen, unter denen ich die meiner schönen Frau zu erkennen meinte, obgleich ich wegen des dichten Gebüsches niemand sehen konnte. Da band ich denn alle Tage einen Strauß von den schönsten Blumen die ich hatte, stieg jeden Abend, wenn es dunkel wurde über die alte Mauer und legte ihn auf einen steinernen Tisch hin, der dort inmitten einer Laube stand. Und jeden Abend, wenn ich den neuen Strauß brachte, war der alte von dem Tischchen fort.

Eines Abends, die Herrschaft war auf die Jagd geritten, die Sonne ging eben unter und bedeckte das ganze Land mit Glanz und Schimmer, die Donau schlängelte sich prächtig wie von lauter Gold und Feuer in die weite Ferne, von allen Bergen bis tief ins Land hinein sangen und jauchzten die Winzer. Ich saß mit dem Portier auf dem Bänkchen vor meinem Hause und freute mich an der lauen Luft, und wie der lustige Tag so langsam vor uns verdunkelte und verhallte. Da ließen sich auf einmal die Hörner der zurückkehrenden Jäger von Ferne vernehmen, die von den Bergen gegenüber einander von Zeit zu Zeit lieblich Antwort gaben. Ich war recht im innersten Herzen vergnügt und sprang auf und rief wie bezaubert und verzückt vor Lust: »Nein, das ist mir doch ein Metier, die edle Jägerei!« Der Portier aber klopfte sich ruhig die Pfeife aus und sagte: »Das denkt Ihr Euch just so. Ich habe es auch mitgemacht, man verdient sich kaum die Sohlen, die man sich abläuft; und Husten und Schnupfen wird man erst gar nicht los, das kommt von den ewig nassen Füßen.« – Ich weiß nicht, mich packte da ein närrischer Zorn, daß ich ordentlich am ganzen Leibe zitterte. Mir war auf einmal der ganze Kerl mit seinem langweiligen Mantel, die ewigen Füße, sein Tabaksschnupfen, die große Nase und alles abscheulich. – Ich faßte ihn, wie außer mir, bei der Brust und sagte: »Portier, jetzt schert Ihr Euch nach Hause, oder ich prügle Euch hier sogleich durch!« Den Portier überfiel bei diesen Worten seine alte Meinung, ich wäre verrückt geworden. Er sah mich bedenklich und mit heimlicher Furcht an, machte sich, ohne ein Wort zu sprechen, von mir los und ging, immer noch unheimlich nach mir zurück blickend, mit langen Schritten nach dem Schlosse, wo er atemlos aussagte, ich sei nun wirklich rasend geworden.

Ich aber mußte am Ende laut auflachen und war herzlich froh, den superklugen Gesellen los zu sein, denn es war grade die Zeit, wo ich den Blumenstrauß immer in die Laube zu legen pflegte. Ich sprang auch heute schnell über die Mauer und ging eben auf das steinerne Tischchen los, als ich in einiger Entfernung Pferdetritte vernahm. Entspringen konnt' ich nicht mehr, denn schon kam meine schöne gnädige Frau selber, in einem grünen Jagdhabit und mit nickenden Federn auf dem Hute, langsam und wie es schien in tiefen Gedanken die Allee herabgeritten. Es war mir nicht anders zu Mute, als da ich sonst in den alten Büchern bei meinem Vater von der schönen Magelone gelesen, wie sie so zwischen den immer näher schallenden Waldhornsklängen und lustige Tag so langsam vor uns verdunkelte und verhallte. Da ließen sich aufeinmal die Hörner der zurückkehrenden Jäger von Ferne vernehmen, die von den Bergen gegenüber einander von Zeit zu Zeit lieblich Antwort gaben. Ich war recht im innersten Herzen vergnügt und sprang auf und rief wie verzückt und verzaubert vor Lust. »Nein, das ist mir doch ein Metier, die edle Jägerei!« Der Portier aber klopfte sich ruhig die Pfeife aus und sagte: »Das denkt Ihr Euch just so. Ich habe es auch mitgemacht, man verdient sich dabei kaum die Sohlen, die man sich abläuft. Und Husten und Schnupfen wird man erst gar nicht los, das kommt von den ewig nassen Füßen.« – Ich weiß nicht, mich packte da ein närrischer Zorn, daß ich ordentlich am ganzen Leibe zitterte. Mir war aufeinmal der ganze lange Kerl mit seinem langweiligen Mantel, die ewigen Füße, sein Tobakschnupfen, die große Nase und alles abscheulich. – Ich faßte ihn, wie außer mir, bei der Brust und sagte: »Portier, jetzt schert Ihr Euch nach Hause, oder ich prügele Euch hier sogleich durch!« Den Portier überfiel bei diesen Worten seine alte Meinung, ich wäre verrückt geworden. Er sah mich bedenklich und mit heimlicher Furcht an, machte sich, ohne ein Wort zu sprechen, von mir los und ging, immer noch unheimlich nach mir zurückblickend, mit langen Schritten nach dem Schlosse, wo er atemlos aussagte, ich sei nun wirklich rasend geworden.

Ich aber mußte am Ende laut auflachen und war herzlich froh, den superklugen Gesellen los zu sein, denn es war grade die Zeit, wo ich den Blumenstrauß immer in die Laube zu legen pflegte. Ich sprang auch heute schnell über die Mauer und ging eben auf das steinerne Tischchen los, als ich in einiger Entfernung Pferdetritte vernahm. Entspringen konnt' ich nicht mehr, denn schon kam meine schöne gnädige Frau selber in einem grünen Jagdhabit und mit nickenden Federn auf dem Hute langsam und, wie es schien, in tiefen Gedanken die Allee herabgeritten. Es war mir nicht anders zu Mute, als da ich sonst in den alten Büchern bei meinem Vater von der schönen Magelona gelesen, wie sie so zwischen den immer näher schallenden Waldhornsklängen und wechselnden Abendlichtern unter den hohen Bäumen hervor kam, – ich konnte nicht vom Fleck. Sie aber erschrak heftig, als sie mich auf einmal gewahr wurde, und hielt fast unwillkürlich still. Ich war wie betrunken vor Angst, Herzklopfen und großer Freude, und da ich bemerkte, daß sie wirklich meinen Blumenstrauß von gestern an der Brust hatte, konnte ich mich nicht länger halten, sondern sagte ganz verwirrt: »Schönste gnädige Frau, nehmt auch noch diesen Blumenstrauß von mir, und alle Blumen aus meinem Garten und alles was ich habe. Ach könnt' ich nur für Euch in's Feuer springen!« – Sie hatte mich gleich anfangs so ernsthaft und fast böse angeblickt, daß es mir durch Mark und Bein ging, dann aber hielt sie, so lange ich redete, die Augen tief niedergeschlagen. So eben ließen sich einige Reuter und Stimmen im Gebüsch hören. Da ergriff sie schnell den Strauß aus meiner Hand und war bald, ohne ein Wort zu sagen, am andern Ende des Bogenganges verschwunden.

Seit diesem Abend hatte ich weder Ruh' noch Rast mehr. Es war mir beständig zu Mute wie sonst immer, wenn der Frühling anfangen sollte, so unruhig und fröhlich, ohne daß ich wußte warum, als stünde mir ein großes Glück oder sonst etwas Außerordentliches bevor. Besonders das fatale Rechnen wollte mir nun erst gar nicht mehr von der Hand, und ich hatte, wenn der Sonnenschein durch den Kastanienbaum vor dem Fenster grüngolden auf die Ziffern fiel, und so fix vom Transport bis zum Latus und wieder hinauf und hinab addierte, gar seltsame Gedanken dabei, so daß ich manchmal ganz verwirrt wurde, und wahrhaftig nicht bis drei zählen konnte. Denn die acht kam mir immer vor wie meine dicke enggeschnürte Dame mit dem breiten Kopfputz, die böse sieben war gar wie ein ewig rückwärts zeigender Wegweiser oder Galgen. – Am meisten Spaß machte mir noch die neun, die sich mir so oft, eh' ich mich's versah, lustig als sechs auf den Kopf stellte, während die zwei wie ein Fragezeichen so pfiffig drein sah, als wollte sie mich fragen: Wo soll das am Ende noch hinaus mit dir, du arme Null? Ohne *Sie*, diese schlanke Eins und Alles, bleibst du doch ewig Nichts!

wechselnden Abendlichtern unter den hohen Bäumen hervorkam, – ich konnte nicht vom Fleck. Sie aber erschrak heftig, als sie mich aufeinmal gewahr wurde, und hielt fast unwillkürlich still. Ich war wie betrunken vor Angst, Herzklopfen und großer Freude, und da ich bemerkte, daß sie wirklich meinen Blumenstrauß von gestern an der Brust hatte, konnte ich mich nicht länger halten sondern sagte ganz verwirrt: »Schönste gnädige Frau, nehmt auch noch diesen Strauß von mir, und alle Blumen aus meinem Garten und alles was ich habe. Ach, könnt' ich nur für Euch ins Feuer springen!« – Sie hatte mich gleich anfangs so ernsthaft und fast böse angeblickt, daß es mir durch Mark und Bein ging, dann aber hielt Sie, so lange ich redete, die Augen tief niedergeschlagen. So eben ließen sich einige Reiter und Stimmen im fernen Gebüsch hören. Da ergriff Sie schnell den Strauß aus meiner Hand, und war bald, ohne ein Wort zu sagen, am andern Ende des Bogenganges verschwunden.

Seit diesem Abend hatte ich weder Ruh noch Rast mehr. Es war mir beständig zu Mute, wie sonst immer zu Hause, wenn der Frühling anfangen sollte, so unruhig und fröhlich, ohne daß ich wußte warum, als stünde mir ein großes Glück oder sonst was Außerordentliches bevor. Besonders das fatale Rechnen wollte mir nun erst gar nicht mehr von der Hand, und ich hatte, wenn der Sonnenschein durch den Kastanienbaum vor dem Fenster grüngolden auf die Ziffern fiel und so fix vom Transport bis zum Latus und wieder hinauf ab und auf addierte, gar seltsame Gedanken dabei, so daß ich manchmal ganz verwirrt wurde und wahrhaftig nicht auf Drei zählen konnte. (Denn die 8 kamen mir immer vor, wie meine dicke enggeschnürte Dame mit dem breiten Kopfputz, die böse 7 war gar wie ein ewig rückwärts zeigender Wegweiser oder Galgen. – Am meisten Spaß machten mir noch die 9, die sich mir so oft, eh ich's mich versah, lustig als 6 auf den Kopf stellten, während die 2, wie ein Fragezeichen, so pfiffig dreinsah, als wollte sie mich fragen:) Wo soll das alles am Ende noch hinaus mit dir, du arme Null? Ohne *Sie*, diese schlanke Eins und Alles, bleibst du doch ewig Nichts!

Auch das Sitzen draußen vor der Tür wollte mir nicht mehr behagen. Ich nahm mir, um es kommoder zu haben, einen Schemel mit heraus und streckte die Füße darauf, ich flickte ein altes Parasol vom Einnehmer, und steckte es gegen die Sonne wie ein chinesisches Lusthaus über mich. Aber es half nichts. Es schien mir, wie ich so saß und rauchte und spekulierte, als würden mir allmählich die Beine immer länger vor Langerweile, und die Nase wüchse mir vom Nichtstun, wenn ich so stundenlang an ihr herunter sah. – Und wenn denn manchmal noch vor Tagesanbruch eine Extrapost vorbei kam, und ich trat halb verschlafen in die kühle Luft hinaus, und ein niedliches Gesichtchen, von dem man in der Dämmerung nur die funkelnden Augen sah, bog sich neugierig zum Wagen hervor und bot mir freundlich einen guten Morgen, in den Dörfern aber ringsumher krähten die Hähne so frisch über die leisewogenden Kornfelder herüber, und zwischen den Morgenstreifen hoch am Himmel schweiften schon einzelne zu früh erwachte Lerchen, und der Postillon nahm dann sein Posthorn und fuhr weiter und blies und blies – da stand ich lange und sah dem Wagen nach, und es war mir nicht anders, als müßt' ich nur sogleich mit fort, weit, weit in die Welt. –

Meine Blumensträuße legte ich indes immer noch, sobald die Sonne unterging, auf den steinernen Tisch in der dunkeln Laube. Aber das war es eben: damit war es nun aus seit jenem Abend. – Kein Mensch kümmerte sich darum: so oft ich des Morgens frühzeitig nachsah, lagen die Blumen noch immer da wie gestern, und sahen mich mit ihren verwelkten niederhängenden Köpfchen und darauf stehenden Tautropfen ordentlich betrübt an, als ob sie weinten. – Das verdroß mich sehr. Ich band gar keinen Strauß mehr. In meinem Garten mochte nun auch das Unkraut treiben wie es wollte, und die Blumen ließ ich ruhig stehn und wachsen bis der Wind die Blätter verwehte. War mir's doch eben so wild und bunt und verstört im Herzen.

In diesen kritischen Zeitläuften geschah es denn, daß einmal, als ich eben zu Hause im Fenster liege und verdrüßlich

Auch das Sitzen draußen vor der Tür wollte mir nicht mehr behagen. Ich nahm mir, um es kommoder zu haben, einen Schemel mit heraus und streckte die Füße drauf, ich flickte ein altes Parasol vom alten Einnehmer und steckte es gegen die Sonne wie ein chinesisches Lusthaus über mich. Aber es half alles nichts. Es schien mir, wie ich so saß und rauchte und spekulierte, als würden mir die Beine allmählich länger vor Langerweile und die Nase wüchse mir vor Nichtstun, wenn ich so Stundenlang an ihr heruntersah. – Und wenn dann manchmal noch vor Tagesanbruch eine Extrapost vorbeikam, und ich trat halbverschlafen in die kühle Luft hinaus, und ein niedliches Gesichtchen, von dem man in der Dämmerung nur die funkelnden Augen sah, bog sich neugierig zum Wagen hervor und bot mir freundlich einen guten Morgen, in den Dörfern aber ringsherum krähten die Hähne so frisch über die leisewogenden Kornfelder herüber und zwischen den Morgenstreifen hoch am Himmel schweiften schon einzelne zu früh erwachte Lerchen, und der Postillon nahm dann sein Posthorn und fuhr weiter und blies und blies – da stand ich lange und sah dem Wagen nach, und es war mir nicht anders, als müßt' ich nur sogleich mit fort, weit weit in die Welt. –

Meine Blumensträuße legte ich indes immer noch, sobald die Sonne unterging, auf den steinernen Tisch in der dunkelen Laube. Aber das war es eben: damit war es nun aus seit jenem Abend. – Kein Mensch kümmerte sich mehr darum, und so oft ich des Morgens frühzeitig nachsah, lagen die Blumen noch immer da wie gestern, und sahen mich mit ihren verwelkten niederhängenden Köpfchen und darauf stehenden Tautropfen ordentlich betrübt an, als ob sie weinten. – Das verdroß mich sehr. Ich band gar keinen Strauß mehr. In meinem Garten mochte nun auch das Unkraut treiben wie es wollte, und die Blumen ließ ich ruhig stehn und wachsen, bis der Wind die Blätter verwehte. War mir's doch eben so wild und bunt und verstört im Herzen.

In diesen kritischen Zeitläufen geschah es denn, daß einmal, als ich eben zu Hause im Fenster liege und verdrießlich in die leere Luft hinaus sehe, die Kammerjungfer vom Schlosse über die Straße daher getrippelt kommt. Sie lenkte, da sie mich erblickte, schnell zu mir ein und blieb am Fenster stehen. – »Der gnädige Herr ist gestern von seiner Reise zurückgekommen,« sagte sie eilfertig. »So?« entgegnete ich verwundert – denn ich hatte mich schon seit einigen Wochen um nichts bekümmert, und wußte nicht einmal, daß der Herr auf Reisen war, – »da wird seine Tochter, die junge gnädige Frau, auch große Freude gehabt haben.« – Die Kammerjungfer sah mich kurios von oben bis unten an, so daß ich mich ordentlich selber besinnen mußte, ob ich was Dummes gesagt hätte. – »Er weiß aber auch gar nichts,« sagte sie endlich und rümpfte das kleine Näschen. »Nun,« fuhr sie fort, »es soll heute Abend dem Herrn zu Ehren Tanz im Schlosse sein und Maskerade. Meine gnädige Frau wird auch maskiert sein, als Gärtnerin – versteht Er auch recht – als Gärtnerin. Nun hat die gnädige Frau gesehen, daß Er besonders schöne Blumen hat in Seinem Garten.« – Das ist seltsam, dachte ich bei mir selbst, man sieht doch jetzt fast keine Blumen mehr vor Unkraut. – Sie aber fuhr fort: »Da nun die gnädige Frau schöne Blumen zu ihrem Anzuge braucht, aber ganz frische, die eben vom Beete kommen, so soll Er ihr welche bringen und heute Abend, wenns dunkel geworden ist, damit unter dem großen Birnbaum im Schloßgarten warten, da wird sie dann kommen und die Blumen abholen.«

Ich war ganz verblüfft vor Freude über diese Nachricht, und lief in meiner Entzückung vom Fenster zu der Kammerjungfer hinaus.

»Pfui, der garstige Schlafrock!« rief diese aus, da sie mich auf einmal so in meinem Aufzuge im Freien sah. Das ärgerte mich, ich wollte auch nicht dahinter bleiben in der Galanterie, und machte einige artige Kapriolen, um sie zu erhaschen und zu küssen. Aber unglücklicher Weise verwickelte sich mir dabei der Schlafrock, der mir viel zu lang war, unter den Füßen, und ich fiel der Länge nach auf die Erde. Als ich mich wieder zusammen raffte, war die Kammerjungfer schon weit fort, und ich hörte sie noch von Ferne lachen, daß sie sich die Seiten halten mußte.

in die leere Luft hinaussehe, die Kammerjungfer vom Schloß über die Straße dahergetrippelt kommt. Sie lenkte, da sie mich erblickte, schnell zu mir ein und blieb am Fenster stehen. – Der gnädige Herr ist gestern Abends von seiner Reise zurückgekommen, sagte sie eilfertig. So? entgegnete ich verwundert – denn ich hatte mich schon seit einigen Wochen um nichts bekümmert, und wußte nicht einmal daß der Herr auf Reisen war – da wird seine Tochter, die junge gnädige Frau auch große Freude gehabt haben. – Die Kammerjungfer sah mich kurios von oben bis unten an, so daß ich mich ordentlich selber besinnen mußte, ob ich was Dummes gesagt hätte. – Er weiß aber auch gar nichts, sagte sie endlich wieder und rümpfte das kleine Näschen –. Nun, fuhr sie fort, es soll heute Abend dem Herrn zu Ehren Tanz im Schlosse sein und Maskerade. Meine gnädige Frau wird auch maskiert sein, als Gärtnerin – versteh' Er mich recht – als Gärtnerin. Nun hat die gnädige Frau gesehen, daß er besonders schöne Blumen in seinem Garten hat –. Das ist seltsam, dachte ich bei mir selbst, man sieht ja doch jetzt fast keine Blume mehr drin vor Unkraut. – Sie aber fuhr fort: Da nun die gnädige Frau schöne Blumen zu ihrem Anzuge braucht, aber ganz frische, die eben vom Beete kommen, so soll Er ihr welche bringen und heute Abend, wenns dunkel geworden ist, damit unter dem großen Birnbaum im Schloßgarten warten, da wird sie dann hinkommen und die Blumen abholen.

Ich war ganz verblüfft vor Freude über diese Nachricht und lief in meiner Entzückung schnell vom Fenster zu der Kammerjungfer hinaus. –

Pfui, der garstige Schlafrock! rief diese aus, da sie mich aufeinmal so in meinem Aufzuge im Freien vor sich sah. Das ärgerte mich, ich wollte auch nicht dahinten bleiben in der Galanterie und machte einige artige Kapriolen, um sie zu erhaschen und zu küssen. Aber unglücklicherweise verwickelte sich mir dabei der Schlafrock, der mir viel zu lang war, unter den Füßen, und ich fiel der Länge nach auf die Erde. Als ich mich wieder aufklaubte, war die Kammerjungfer schon weit fort, und ich hörte sie noch von ferne lachen, daß sie sich die Seiten halten mußte.

Nun aber hatt' ich was zu sinnen und mich zu freuen. *Sie* dachte ja noch immer an mich und meine Blumen! Ich ging in mein Gärtchen und riß hastig alles Unkraut von den Beeten, und warf es hoch über meinen Kopf weg in die schimmernde Luft, als zög' ich alle Übel und Melancholie mit der Wurzel heraus. Die Rosen waren nun wieder wie *ihr* Mund, die himmelblauen Winden wie ihre Augen, die schneeweiße Lilie mit ihrem schwermütig gesenkten Köpfchen sah ganz aus wie *Sie*. Ich legte alle sorgfältig in einem Körbchen zusammen. Es war ein stiller schöner Abend und kein Wölkchen am Himmel. Einzelne Sterne traten schon am Firmamente hervor, von weitem rauschte die Donau über die Felder herüber, in den hohen Bäumen im herrschaftlichen Garten neben mir sangen unzählige Vögel lustig durcheinander. Ach, ich war so glücklich!

Als endlich die Nacht hereinbrach, nahm ich mein Körbchen an den Arm und machte mich auf den Weg nach dem großen Garten. In dem Körbchen lag alles so bunt und anmutig durcheinander, weiß, rot, blau und duftig, daß mir ordentlich das Herz lachte, wenn ich hinein sah.

Ich ging voller fröhlicher Gedanken bei dem schönen Mondschein durch die stillen, reinlich mit Sand bestreuten Gänge über die kleinen weißen Brücken, unter denen die Schwäne eingeschlafen auf dem Wasser saßen, an den zierlichen Lauben und Lusthäusern vorüber. Den großen Birnbaum hatte ich gar bald aufgefunden, denn es war derselbe, unter dem ich sonst, als ich noch Gärtnerbursche war, an schwülen Nachmittagen gelegen.

Hier war es so einsam dunkel. Nur eine hohe Espe zitterte und flüsterte mit ihren silbernen Blättern in einem fort. Vom Schlosse schallte manchmal die Tanzmusik herüber. Auch Menschenstimmen hörte ich zuweilen im Garten, die kamen oft ganz nahe an mich heran, dann wurde es auf einmal wieder ganz still.

Mir klopfte das Herz. Es war mir schauerlich und seltsam zu Mute, als wenn ich jemanden bestehlen wollte. Ich stand lange Zeit stockstill an den Baum gelehnt und lauschte nach

Nun aber hatt' ich was zu sinnen und mich zu freuen. *Sie* dachte ja noch immer an mich und meine Blumen! Ich ging in mein Gärtchen und riß hastig alles Unkraut von den Beeten und warf es hoch über meinen Kopf weg in die schimmernde Luft, als zög' ich alle Übel und Melankolie mit der Wurzel heraus. (Die Rosen waren wie Ihr Mund, die himmelblauen Winden wie Ihre Augen, die schneeweiße schlanke Hiazinthe mit ihrem schwermütig gesenkten Köpfchen sah ganz aus wie Sie.) Ich legte die noch übrigen Blumen sorgfältig in meinem Körbchen zusammen. Es war ein schöner stiller Abend und kein Wölkchen am Himmel. Einzelne Sterne traten schon am Firmamente hervor, von weitem rauschte die Donau über die Felder herüber, in den hohen Bäumen im herrschaftlichen Garten neben mir sangen unzählige Vögel lustig durcheinander. Ach, ich war so glückselig!

Als nun endlich die Nacht hereinbrach, nahm ich mein Körbchen an den Arm und machte mich auf den Weg nach dem großen Garten. In dem Körbchen lag alles so bunt und anmutig durcheinander, weiß, rot, blau und duftig, daß mir ordentlich selber das Herz lachte, wenn ich hineinsah.

Ich ging voll fröhlicher Gedanken bei dem schönen Mondschein durch die stillen, reinlich mit Sand bestreuten Gänge, über die kleinen weißen Brücken, unter denen die Schwäne eingeschlafen auf dem Wasser saßen, an den zierlichen Lauben und Lusthäusern vorüber. Den großen Birnbaum hatte ich gar bald aufgefunden, denn es war derselbe, unter dem ich sonst, als ich noch Gärtnerbursche war, so oft an schwülen Nachmittagen gelegen. Hier war alles so einsam und dunkel. Nur eine hohe Espe zitterte und flüsterte mit ihren silbernen Blättern in einemfort. Vom Schlosse schallte manchmal die Tanzmusik herüber. Auch Menschenstimmen hörte ich zuweilen im Garten, die kamen oft ganz nahe an mich heran, dann wurde es aufeinmal wieder stille.

Mir klopfte das Herz. Es war mir so schauerlich und seltsam zu Mute, als ob ich jemanden bestehlen wollte. Ich stand lange Zeit stockstill an den Baum gelehnt und lauschte

allen Seiten, da aber immer Niemand kam, konnt' ich es
nicht länger aushalten. Ich hing mein Körbchen an den Arm
und kletterte schnell auf den Birnbaum hinauf, um wieder im
Freien Luft zu schöpfen.

Da droben schallte mir die Tanzmusik erst recht über die
Wipfel entgegen. Ich übersah den ganzen Garten und grade
in die hellerleuchteten Fenster des Schlosses hinein. Dort
drehten sich die Kronleuchter langsam wie Kränze von Sternen,
unzählige geputzte Herren und Damen, wie in einem
Schattenspiele, wogten und walzten und wirrten da bunt und
unkenntlich durcheinander, manchmal legten sich welche ins
Fenster und sahen hinunter in den Garten. Draußen vor dem
Schlosse aber waren der Rasen, die Sträucher und die Bäume
von den vielen Lichtern aus dem Saale wie vergoldet, so daß
ordentlich die Blumen und die Vögel aufzuwachen schienen.
Weiterhin um mich herum und hinter mir lag der Garten so
schwarz und still.

Da tanzt *Sie* nun, dacht' ich in dem Baume droben bei mir
selber, und hat gewiß lange wieder Dich und Deine Blumen
vergessen. Alles ist so fröhlich, um Dich kümmert sich kein
Mensch. – Und so geht es mir überall und immer. Jeder hat
sein Plätzchen auf der Erde ausgesteckt, hat seinen warmen
Ofen, seine Tasse Kaffee, seine Frau, sein Glas Wein zu
Abend, und ist so recht zufrieden; selbst dem Portier ist ganz
wohl in seiner langen Haut. – Mir ist's nirgends recht. Es ist,
als wäre ich überall eben zu spät gekommen, als hätte die
ganze Welt gar nicht auf mich gerechnet. –

Wie ich eben so philosophiere, höre ich auf einmal unten
im Grase etwas einherrascheln. Zwei feine Stimmen sprachen
ganz nahe und leise miteinander. Bald darauf bogen
sich die Zweige in dem Gesträuch auseinander, und die Kammerjungfer
steckte ihr kleines Gesichtchen, sich nach allen
Seiten umsehend, zwischen der Laube hindurch. Der Mondschein
funkelte recht auf ihren pfiffigen Augen, wie sie hervorguckten.
Ich hielt den Atem an mich und blickte unverwandt
hinunter. Es dauerte auch nicht lange, so trat wirklich
die Gärtnerin, ganz so wie mir sie die Kammerjungfer ge-

nach allen Seiten. Da aber immer niemand kam konnt' ich's endlich nicht länger aushalten: Ich hing mein Körbchen an den Arm und kletterte schnell auf den Birnbaum hinauf, um wieder im Freien Luft zu schöpfen.

Da droben schallte mir die Tanzmusik erst recht über die Wipfel entgegen. Ich übersah den ganzen Garten und grade in die hellerleuchteten Fenster des Schlosses hinein. Dort drehten sich die Kronleuchter langsam, wie Kränze von Sternen, unzählige geputzte Herren und Damen wie in einem Schattenspiele wogten und walzten und wirrten da bunt und unkenntlich durcheinander, manchmal legten sich welche ins Fenster und sahen in den Garten hinaus. Draußen vor dem Schlosse aber war der Rasen, die Sträucher und die Bäume von den vielen Lichtern aus dem Saale wie vergoldet, so daß ordentlich die Blumen und die Vögel aufzuwachen schienen. Weiterhin um mich herum und hinter mir lag der Garten schwarz und still.

Da tanzt Sie nun, dacht' ich in dem Baume droben bei mir selber, und hat gewiß lange wieder auf dich und deine Blumen vergessen. Alles ist so fröhlich, um dich kümmert sich kein Mensch. – Und so geht es mir überall und immer. Jeder hat sich sein Plätzchen auf der Erde ausgesteckt, hat seinen warmen Ofen, seine Tasse Kaffee, seine Frau, sein Glas Wein zu Abend und ist so recht zufrieden; selbst dem Portier ist ganz wohl in seiner langen Haut. – Mir ist's nirgends recht. Es ist, als wäre ich eben überall zu spät gekommen, als hätte die ganze Welt gar nicht auf mich gerechnet. –

Wie ich eben noch so mit mir selber philosophiere, höre ich aufeinmal unten was im Grase einherrascheln. Zwei feine Stimmen sprachen ganz nahe leise miteinander. Bald darauf bogen sich in dem Gesträuch unten die Zweige auseinander und die Kammerjungfer streckte ihr kleines Gesichtchen, sich nach allen Seiten umsehend, zwischen dem Laube hindurch. Der Mondschein funkelte recht auf ihren pfiffigen Augen, wie sie so hervorguckte. Ich hielt den Atem an mich und blickte unverwandt hinunter. Es dauerte auch nicht lange, so trat wirklich die Gärtnerin, ganz so wie mir sie die stern beschrieben hatte, zwischen den Bäumen heraus. Mein Herz klopfte mir zum zerspringen. Sie aber hatte eine Larve vor und sah sich, wie mir schien, verwundert auf dem Platze um. – Da wollt's mir vorkommen, als wäre sie gar nicht recht schlank und niedlich. – Endlich trat sie ganz nahe an den Baum und nahm die Larve ab. – Es war wahrhaftig die andere ältere gnädige Frau!

Wie froh war ich nun, als ich mich vom ersten Schreck erholt hatte, daß ich mich hier oben in Sicherheit befand. Wie in aller Welt, dachte ich, kommt *die* nur jetzt hierher? wenn nun die liebe schöne gnädige Frau die Blumen abholt, – das wird eine schöne Geschichte werden! Ich hätte am Ende weinen mögen vor Ärger über den ganzen Spektakel.

Indem hub die verkappte Gärtnerin unten an: »Es ist so stickend heiß droben im Saale, ich mußte mich ein wenig abkühlen gehen in der freien schönen Natur.« Dabei fächelte sie sich mit der Larve in einem fort und blies die Luft von sich. Bei dem hellen Mondschein konnt' ich deutlich erkennen, wie ihr die Flechsen am Halse ordentlich aufgeschwollen waren; sie sah ganz erbost aus und ziegelrot im Gesichte. Die Kammerjungfer suchte unterdes hinter allen Hecken herum, als hätte sie eine Stecknadel verloren. –

»Ich brauche so notwendig noch frische Blumen zu meiner Maske,« fuhr die Gärtnerin von neuem fort, »wo er auch stecken mag!« – Die Kammerjungfer suchte und kicherte dabei immer fort heimlich in sich selbst hinein. – »Sagtest du was, Rosette?« fragte die Gärtnerin spitzig. – »Ich sage was ich immer gesagt habe,« erwiderte die Kammerjungfer und machte ein ganz ernsthaftes treuherziges Gesicht, »der ganze Einnehmer ist und bleibt ein Lümmel, er liegt gewiß irgendwo hinter einem Strauche und schläft.«

Mir zuckte es in allen meinen Gliedern, herunter zu springen und meine Reputation zu retten – da hörte man auf einmal ein großes Pauken und Musizieren und Lärmen vom Schlosse her.

Nun hielt sich die Gärtnerin nicht länger. »Da bringen die Menschen,« fuhr sie verdrüßlich auf, »dem Herrn das Vivat.

Kammerjungfer gestern beschrieben hatte, zwischen den Bäumen heraus. Mein Herz klopfte mir zum Zerspringen. Sie aber hatte eine Larve vor und sah sich, wie mir schien, verwundert auf dem Platze um. – Da wollt's mir vorkommen, als wäre sie gar nicht recht schlank und niedlich. – Endlich trat sie ganz nahe an den Baum und nahm die Larve ab – es war wahrhaftig die andere ältere gnädige Frau!

Wie froh war ich nun, als ich mich vom ersten Schreck erholt hatte, daß ich mich hier oben in Sicherheit befand! Wie in aller Welt dachte ich, kommt *die* nur jetzt hieher? Wenn nun die liebe schöne gnädige Frau die Blumen abholt – das wird eine schöne Geschichte werden! Ich hätte am Ende weinen mögen vor Ärgernis über den ganzen Spektakel.

Indem hub die verkappte Gärtnerin unten an: Es ist so stickend heiß droben in dem Saale, ich mußte mich ein wenig abkühlen gehn in der schönen freien Natur. Dabei fächelte sie sich mit der Larve in einem fort und blies die Luft von sich. Bei dem hellen Mondschein konnt' ich deutlich erkennen, wie ihr die Flechsen am Halse ordentlich aufgeschwollen waren; sie sah ganz erbost und ziegelrot im Gesichte aus. Die Kammerjungfer suchte unterdes hinter allen Hecken umher, als hätt' sie eine Stecknadel verloren.

Ich brauche so notwendig noch frische Blumen zu meiner Maske, fuhr die Gärtnerin von neuem fort, wo Er auch nur stecken mag! – Die Kammerjungfer suchte und kickerte dabei immerfort heimlich in sich selbst hinein. – Sagtest du was, Rosette? fragte die Gärtnerin spitzig. – Ich sage, was ich immer gesagt habe, erwiderte die Kammerjungfer und machte ein ganz ernsthaftes und treuherziges Gesicht, der ganze Einnehmer ist und bleibt ein Lümmel, er liegt gewiß irgendwo hinter einem Strauche und schläft.

Mir zuckte es in allen Gliedern, hinunterzuspringen, und meine Reputation zu retten – da hörte man aufeinmal ein großes Pauken, Musizieren und Lärmen vom Schlosse her.

Nun hielt sich die Gärtnerin nicht länger. Da bringen die Leute, fuhr sie verdrießlich auf, dem Herren und seiner schö-

Komm, man wird uns vermissen!« – Und hiermit steckte sie die Larve schnell vor und ging wütend mit der Kammerjungfer nach dem Schlosse zu fort. Die Bäume und Sträucher wiesen kurios, wie mit langen Nasen und Fingern hinter ihr drein, der Mondschein tanzte noch fix, wie über eine Klaviatur, über ihre breite Taille auf und nieder, und so nahm sie, so recht wie ich auf dem Theater manchmal die Sängerinnen gesehn, unter Trompeten und Pauken schnell ihren Abzug.

Ich aber wußte in meinem Baume droben eigentlich gar nicht recht, wie mir geschehen, und richtete nunmehr meine Augen unverwandt auf das Schloß hin; denn ein Kreis hoher Windlichter unten an den Stufen des Einganges warf dort einen seltsamen Schein über die blitzenden Fenster und weit in den Garten hinein. Es war die Dienerschaft, die so eben ihrer jungen Herrschaft ein Ständchen brachte. Mitten unter ihnen stand der prächtig aufgeputzte Portier wie ein Staatsminister, vor einem Notenpulte, und

⟨Fortsetzung des Textes auf S. 486⟩

nen jungen Frau das Vivat. Schön und jung ist sie freilich, aber, Gott verzeih' es meinem seligen Bruder! für meine Nichte wahrlich nicht jung genug. Komm, man wird die Tante vermissen! – Und hiemit steckte sie schnell die Larve wieder vor und ging wütend mit der Kammerjungfer nach dem Schlosse zu fort. Die Bäume und Sträucher wiesen kurios, wie mit langen Nasen und Fingern hinter ihr drein, der Mondschein tanzte noch fix, wie über eine Klaviatur, über ihre breite Taille auf und nieder, und so nahm sie, gleichwie ich auf dem Theater manchmal die Sängerinnen gesehen, unter Pauken und Trompetenschall ihren Abzug.

Ich aber wußte in meinem Baume droben eigentlich gar nicht recht, wie mir geschehen, und richtete nunmehr meine Augen unverwandt auf das Schloß hin. Denn ein Kreis hoher Windlichter unten an den Stufen des Einganges warf dort einen seltsamen Schein über die blitzenden Fenster und weit in den Garten hinein. Es war die Dienerschaft, die so eben ihrer jungen Herrschaft ein Ständchen brachte. Mitten unter ihnen stand der prächtigaufgeputzte Portier, wie ein Staatsminister, vor einem hohen Notenpulte, und

⟨Ende des Textes⟩

arbeitete sich emsig an einem Fagott ab.

Wie ich mich so eben zurecht setzte, um der schönen Serenade zuzuhören, gingen auf einmal oben auf dem Balkon des Schlosses die Flügeltüren auf. Ein hoher Herr, schön und stattlich in Uniform und mit vielen funkelnden Sternen, trat auf den Balkon heraus, und an seiner Hand – die schöne junge gnädige Frau, in ganz weißem Kleide, wie eine Lilie in der Nacht, oder wie wenn der Mond über das klare Firmament zöge.

Ich konnte keinen Blick von dem Platze verwenden, und Garten, Bäume und Felder gingen unter vor meinen Sinnen, wie sie so wundersam beleuchtet von den Fackeln, hoch und schlank da stand, und bald anmutig mit dem schönen Offizier sprach, bald wieder freundlich zu den Musikanten herunter nickte. Die Leute unten waren außer sich vor Freude, und ich hielt mich am Ende auch nicht mehr und schrie immer aus Leibeskräften Vivat mit. –

Als sie aber bald darauf wieder von dem Balkon verschwand, unten eine Fackel nach der andern verlöschte, und die Notenpulte weggeräumt wurden, und nun der Garten rings um her auch wieder finster wurde und rauschte wie vorher – da merkt' ich erst alles – da fiel es mir auf einmal auf's Herz, daß mich wohl eigentlich nur die Tante mit den Blumen bestellt hatte, daß die Schöne gar nicht an mich dachte und lange verheiratet ist, und daß ich selber ein großer Narr war.

Alles das versenkte mich recht in einen Abgrund von Nachsinnen. Ich wickelte mich, gleich einem Igel, in die Stacheln meiner eignen Gedanken zusammen; vom Schlosse schallte die Tanzmusik nur noch seltner herüber, die Wolken wanderten einsam über den dunkeln Garten weg. Und so saß ich auf dem Baume droben, wie die Nachteule, in den Ruinen meines Glück's die ganze Nacht hindurch.

Die kühle Morgenluft weckte mich endlich aus meinen Träumereien. Ich erstaunte ordentlich, wie ich so auf einmal um mich her blickte. Musik und Tanz war lange vorbei, im Schlosse und rings um das Schloß herum auf dem Rasenplatze und den steinernen Stufen und Säulen sah alles so still, kühl und feierlich aus; nur der Springbrunnen vor dem Eingange plätscherte einsam in einem fort. Hin und her in den Zweigen neben mir erwachten schon die Vögel, schüttelten ihre bunten Federn und sahen, die kleinen Flügel dehnend, neugierig und verwundert ihren seltsamen Schlafkameraden an. Fröhlich schweifende Morgenstrahlen funkelten über den Garten weg auf meine Brust.

Da richtete ich mich in meinem Baume auf, und sah seit langer Zeit zum erstenmale wieder einmal so recht weit in das Land hinaus, wie da schon einzelne Schiffe auf der Donau zwischen den Weinbergen herabfuhren, und die noch leeren Landstraßen wie Brücken über das schimmernde Land sich fern über die Berge und Täler hinausschwangen.

Ich weiß nicht wie es kam – aber mich packte da auf einmal wieder meine ehemalige Reiselust: alle die alte Wehmut und Freude und große Erwartung. Mir fiel dabei zugleich ein, wie nun die schöne Frau droben auf dem Schlosse zwischen Blumen und unter seid'nen Decken schlummerte, und ein Engel bei ihr auf dem Bette säße in der Morgenstille. – Nein, rief ich aus, fort muß ich von hier, und immer fort, so weit als der Himmel blau ist!

Und hiermit nahm ich mein Körbchen, und warf es hoch in die Luft, so daß es recht lieblich anzusehen war, wie die Blumen zwischen den Zweigen und auf dem grünen Rasen unten bunt umher lagen. Dann stieg ich selber schnell herunter und ging durch den stillen Garten auf meine Wohnung zu. Gar oft blieb ich da noch stehen auf manchem Plätzchen, wo ich sie sonst wohl einmal gesehen, oder im Schatten liegend an *Sie* gedacht hatte.

In und um mein Häuschen sah alles noch so aus, wie ich es gestern verlassen hatte. Das Gärtchen war geplündert und wüst, im Zimmer drin lag noch das große Rechnungsbuch aufgeschlagen, meine Geige, die ich schon fast ganz vergessen hatte, hing verstaubt an der Wand. Ein Morgenstrahl aber, aus dem gegenüberstehenden Fenster, fuhr grade blitzend über die Saiten. Das gab einen rechten Klang in meinem Herzen. Ja, sagt' ich, komm nur her, du getreues Instrument! Unser Reich ist nicht von dieser Welt! –

Und so nahm ich die Geige von der Wand, ließ Rechnungsbuch, Schlafrock, Pantoffeln, Pfeifen und Parasol liegen und wanderte, arm wie ich gekommen war, aus meinem Häuschen und auf der glänzenden Landstraße von dannen.

Ich blickte noch oft zurück; mir war gar seltsam zu Mute, so traurig und doch auch wieder so überaus fröhlich, wie ein Vogel, der aus seinem Käufig ausreißt. Und als ich schon eine weite Strecke gegangen war, nahm ich draußen im Freien meine Geige vor und sang:

> Den lieben Gott laß ich nur walten;
> Der Bächlein, Lerchen, Wald und Feld
> Und Erd' und Himmel tut erhalten,
> Hat auch mein Sach' auf's Best' bestellt!

Das Schloß, der Garten und die Türme von Wien waren schon hinter mir im Morgenduft versunken, über mir jubilierten unzählige Lerchen hoch in der Luft; so zog ich zwischen den grünen Bergen und an lustigen Städten und Dörfern vorbei gen Italien hinunter.

DRITTES KAPITEL

Aber das war nun schlimm! Ich hatte noch gar nicht daran gedacht, daß ich eigentlich den rechten Weg nicht wußte. Auch war rings umher kein Mensch zu sehen in der stillen Morgenstunde, den ich hätte fragen können, und nicht weit von mir teilte sich die Landstraße in viele neue Landstraßen, die gingen weit, weit über die höchsten Berge fort, als führten sie aus der Welt hinaus, so daß mir ordentlich schwindelte, wenn ich recht hinsah.

Endlich kam ein Bauer des Weges daher, der, glaub ich, nach der Kirche ging, da es heut eben Sonntag war, in einem altmodischen Überrocke mit großen silbernen Knöpfen und einem langen spanischen Rohr mit einem sehr massiven silbernen Stockknopf darauf, der schon von weiten in der Sonne funkelte. Ich frug ihn sogleich mit vieler Höflichkeit: »Können Sie mir nicht sagen, wo der Weg nach Italien geht?« – Der Bauer blieb stehen, sah mich an, besann sich dann mit weit vorgeschobner Unterlippe, und sah mich wieder an. Ich sagte noch einmal: »Nach Italien, wo die Pomeranzen wachsen.« – »Ach was gehn mich Seine Pomeranzen an!« sagte der Bauer da, und schritt wacker wieder weiter. Ich hätte dem Manne mehr Konduite zugetraut, denn er sah recht stattlich aus.

Was war nun zu machen? Wieder umkehren und in mein Dorf zurückgehn? Da hätten die Leute mit den Fingern auf mich gewiesen, und die Jungen wären um mich herumgesprungen: Ei, tausend willkommen aus der Welt! wie sieht es denn aus in der Welt? hat Er uns nicht Pfefferkuchen mitgebracht aus der Welt? – Der Portier mit der kurfürstlichen Nase, welcher überhaupt viele Kenntnisse von der Weltgeschichte hatte, sagte oft zu mir: »Wertgeschätzter Herr Einnehmer! Italien ist ein schönes Land, da sorgt der liebe Gott für alles, da kann man sich im Sonnenschein auf den Rücken legen, so wachsen einem die Rosinen ins Maul, und wenn einen die Tarantel beißt, so tanzt man mit ungemeiner Gelenkigkeit, wenn man auch sonst nicht tanzen gelernt hat.« – Nein, nach Italien, nach Italien! rief ich voller Vergnügen aus, und rannte, ohne an die verschiedenen Wege zu denken, auf der Straße fort, die mir eben vor die Füße kam.

Als ich eine Strecke so fort gewandert war, sah ich rechts von der Straße einen sehr schönen Baumgarten, wo die Morgensonne so lustig zwischen den Stämmen und Wipfeln hindurch schimmerte, daß es aussah, als wäre der Rasen mit goldenen Teppichen belegt. Da ich keinen Menschen erblickte, stieg ich über den niedrigen Gartenzaun und legte mich recht behaglich unter einem Apfelbaum ins Gras, denn von dem gestrigen Nachtlager auf dem Baume taten mir noch alle Glieder weh. Da konnte man weit in's Land hinaussehen, und da es Sonntag war, so kamen bis aus der weitesten Ferne

Glockenklänge über die stillen Felder herüber und geputzte
Landleute zogen überall zwischen Wiesen und Büschen nach
der Kirche. Ich war recht fröhlich im Herzen, die Vögel sangen
über mir im Baume, ich dachte an meine Mühle und an
den Garten der schönen gnädigen Frau, und wie das alles
nun so weit weit lag – bis ich zuletzt einschlummerte. Da
träumte mir, als käme die schöne Fraue aus der prächtigen
Gegend unten zu mir gegangen oder eigentlich langsam geflogen
zwischen den Glockenklängen, mit langen weißen
Schleiern, die im Morgenrote wehten. Dann war es wieder,
als wären wir gar nicht in der Fremde, sondern bei meinem
Dorfe an der Mühle in den tiefen Schatten. Aber da war alles
still und leer, wie wenn die Leute Sonntag in der Kirche sind
und nur der Orgelklang durch die Bäume herüber kommt,
daß es mir recht im Herzen weh tat. Die schöne Frau aber
war sehr gut und freundlich, sie hielt mich an der Hand und
ging mit mir, und sang in einemfort in dieser Einsamkeit das
schöne Lied, das sie damals immer frühmorgens am offenen
Fenster zur Guitarre gesungen hat, und ich sah dabei ihr Bild
in dem stillen Weiher, noch viel tausendmal schöner, aber
mit sonderbaren großen Augen, die mich so starr ansahen,
daß ich mich beinah gefürchtet hätte. – Da fing auf einmal die
Mühle, erst in einzelnen langsamen Schlägen, dann immer
schneller und heftiger an zu gehen und zu brausen, der Weiher
wurde dunkel und kräuselte sich, die schöne Fraue wurde
ganz bleich und ihre Schleier wurden immer länger und länger
und flatterten entsetzlich in langen Spitzen, wie Nebelstreifen,
hoch am Himmel empor; das Sausen nahm immer
mehr zu, oft war es, als bliese der Portier auf seinem
Fagott dazwischen, bis ich endlich mit heftigem Herzklopfen
aufwachte.

Es hatte sich wirklich ein Wind erhoben, der leise über mir
durch den Apfelbaum ging; aber was so brauste und rumorte,
war weder die Mühle noch der Portier, sondern derselbe
Bauer, der mir vorhin den Weg nach Italien nicht zeigen wollte.
Er hatte aber seinen Sonntagsstaat ausgezogen und stand
in einem weißen Kamisol vor mir. »Na,« sagte er, da ich mir

noch den Schlaf aus den Augen wischte, »will Er etwa hier Poperenzen klauben, daß Er mir das schöne Gras so zertrampelt, anstatt in die Kirche zu gehen, Er Faulenzer!« – Mich ärgert' es nur, daß mich der Grobian aufgeweckt hatte. Ich sprang ganz erbost auf und versetzte geschwind: »Was, Er will mich hier ausschimpfen? Ich bin Gärtner gewesen, eh' Er daran dachte, und Einnehmer, und wenn Er zur Stadt gefahren wäre, hätte Er die schmierige Schlafmütze vor mir abnehmen müssen, und hatte mein Haus und meinen roten Schlafrock mit gelben Punkten.« – Aber der Knollfink scherte sich gar nichts darum, sondern stemmte beide Arme in die Seiten und sagte bloß: »Was will Er denn? he! he!« Dabei sah ich, daß es eigentlich ein kurzer, stämmiger, krummbeiniger Kerl war, und vorstehende glotzende Augen und eine rote etwas schiefe Nase hatte. Und wie er immer fort nichts weiter sagte als: »He! – he!« – und dabei jedesmal einen Schritt näher auf mich zukam, da überfiel mich auf einmal eine so kuriose grausliche Angst, daß ich mich schnell aufmachte, über den Zaun sprang und, ohne mich umzusehen, immer fort querfeldein lief, daß mir die Geige in der Tasche klang.

Als ich endlich wieder still hielt um Atem zu schöpfen, war der Garten und das ganze Tal nicht mehr zu sehen, und ich stand in einem schönen Walde. Aber ich gab nicht viel darauf acht, denn jetzt ärgerte mich das Spektakel erst recht, und daß der Kerl mich immer *Er* nannte, und ich schimpfte noch lange im Stillen für mich. In solchen Gedanken ging ich rasch fort und kam immer mehr von der Landstraße ab, mitten in das Gebirge hinein. Der Holzweg, auf dem ich fortgelaufen war, hörte auf und ich hatte nur noch einen kleinen wenig betretenen Fußsteig vor mir. Ringsum war Niemand zu sehen und kein Laut zu vernehmen. Sonst aber war es recht anmutig zu gehn, die Wipfel der Bäume rauschten und die Vögel sangen sehr schön. Ich befahl mich daher Gottes Führung, zog meine Violine hervor und spielte alle meine liebsten Stücke durch, daß es recht fröhlich in dem einsamen Walde erklang.

Mit dem Spielen ging es aber auch nicht lange, denn ich stolperte dabei jeden Augenblick über die fatalen Baumwurzeln, auch fing mich zuletzt an zu hungern, und der Wald wollte noch immer gar kein Ende nehmen. So irrte ich den ganzen Tag herum, und die Sonne schien schon schief zwischen den Baumstämmen hindurch, als ich endlich in ein kleines Wiesental hinaus kam, das rings von Bergen eingeschlossen und voller roter und gelber Blumen war, über denen unzählige Schmetterlinge im Abendgolde herum flatterten. Hier war es so einsam, als läge die Welt wohl hundert Meilen weit weg. Nur die Heimchen zirpten, und ein Hirt lag drüben im hohen Grase und blies so melancholisch auf seiner Schalmei, daß einem das Herz vor Wehmut hätte zerspringen mögen. Ja, dachte ich bei mir, wer es so gut hätte, wie so ein Faulenzer! unser einer muß sich in der Fremde herumschlagen und immer attent sein. – Da ein schönes klares Flüßchen zwischen uns lag, über das ich nicht herüber konnte, so rief ich ihm von weiten zu: wo hier das nächste Dorf läge? Er ließ sich aber nicht stören, sondern streckte nur den Kopf ein wenig aus dem Grase hervor, wies mit seiner Schalmei auf den andern Wald hin und blies ruhig wieder weiter.

Unterdes marschierte ich fleißig fort, denn es fing schon an zu dämmern. Die Vögel, die alle noch ein großes Geschrei gemacht hatten, als die letzten Sonnenstrahlen durch den Wald schimmerten, wurden auf einmal still, und mir fing beinah an angst zu werden, in dem ewigen einsamen Rauschen der Wälder. Endlich hörte ich von ferne Hunde bellen. Ich schritt rascher fort, der Wald wurde immer lichter und lichter, und bald darauf sah ich zwischen den letzten Bäumen hindurch einen schönen grünen Platz, auf dem viele Kinder lärmten, und sich um eine große Linde herumtummelten, die recht in der Mitte stand. Weiterhin an dem Platze war ein Wirtshaus, vor dem einige Bauern um einen Tisch saßen und Karten spielten und Tabak rauchten. Von der andern Seite saßen junge Bursche und Mädchen vor der Tür, die die Arme in ihre Schürzen gewickelt hatten und in der Kühle miteinander plauderten.

Ich besann mich nicht lange, zog meine Geige aus der Tasche, und spielte schnell einen lustigen Ländler auf, während ich aus dem Walde hervortrat. Die Mädchen verwunderten sich, die Alten lachten, daß es weit in den Wald hineinschallte. Als ich aber so bis zu der Linde gekommen war, und mich mit dem Rücken dran lehnte, und immer fort spielte, da ging ein heimliches Rumoren und Gewisper unter den jungen Leuten rechts und links, die Bursche legten endlich ihre Sonntagspfeifen weg, jeder nahm die Seine, und eh' ich's mich versah, schwenkte sich das junge Bauernvolk tüchtig um mich herum, die Hunde bellten, die Kittel flogen, und die Kinder standen um mich im Kreise, und sahen mir neugierig ins Gesicht und auf die Finger, wie ich so fix damit handtierte.

Wie der erste Schleifer vorbei war, konnte ich erst recht sehen, wie eine gute Musik in die Gliedmaßen fährt. Die Bauerburschen, die sich vorher, die Pfeifen im Munde, auf den Bänken reckten und die steifen Beine von sich streckten, waren nun auf einmal wie umgetauscht, ließen ihre bunten Schnupftücher vorn am Knopfloch lang herunter hängen und kapriolten so artig um die Mädchen herum, daß es eine rechte Lust anzuschauen war. Einer von ihnen, der sich schon für was Rechtes hielt, haspelte lange in seiner Westentasche, damit es die andern sehen sollten, und brachte endlich ein kleines Silberstück heraus, das er mir in die Hand drücken wollte. Mich ärgerte das, wenn ich gleich dazumal kein Geld in der Tasche hatte. Ich sagte ihm, er sollte nur seine Pfennige behalten, ich spielte nur so aus Freude, weil ich wieder bei Menschen wäre. Bald darauf aber kam ein schmuckes Mädchen mit einer großen Stampe Wein zu mir. »Musikanten trinken gern,« sagte sie, und lachte mich freundlich an, und ihre perlweißen Zähne schimmerten recht scharmant zwischen den roten Lippen hindurch, so daß ich sie wohl hätte darauf küssen mögen. Sie tunkte ihr Schnäbelchen in den Wein, wobei ihre Augen über das Glas weg auf mich herüber funkelten, und reichte mir darauf die Stampe hin. Da trank ich das Glas bis auf den Grund aus, und spielte dann wieder von Frischem, daß sich alles lustig um mich herumdrehte.

Die Alten waren unterdes von ihrem Spiel aufgebrochen, die jungen Leute fingen auch an müde zu werden und zerstreuten sich, und so wurde es nach und nach ganz still und leer vor dem Wirtshause. Auch das Mädchen, das mir den Wein gereicht hatte, ging nun nach dem Dorfe zu, aber sie ging sehr langsam, und sah sich zuweilen um, als ob sie was vergessen hätte. Endlich blieb sie stehen und suchte etwas auf der Erde, aber ich sah wohl, daß sie, wenn sie sich bückte, unter dem Arme hindurch nach mir zurückblickte. Ich hatte auf dem Schlosse Lebensart gelernt, ich sprang also geschwind herzu und sagte: »Haben Sie etwas verloren, schönste Mamsell?« – »Ach nein,« sagte sie und wurde über und über rot, »es war nur eine Rose – will Er sie haben?« – Ich dankte und steckte die Rose ins Knopfloch. Sie sah mich sehr freundlich an und sagte: »Er spielt recht schön.« – »Ja,« versetzte ich, »das ist so eine Gabe Gottes.« – »Die Musikanten sind hier in der Gegend sehr rar,« hub das Mädchen dann wieder an und stockte und hatte die Augen beständig niedergeschlagen. »Er könnte sich hier ein gutes Stück Geld verdienen – auch mein Vater spielt etwas die Geige und hört gern von der Fremde erzählen – und mein Vater ist sehr reich.« – Dann lachte sie auf und sagte: »Wenn Er nur nicht immer solche Grimassen machen möchte, mit dem Kopfe, beim Geigen!« – »Teuerste Jungfer,« erwiderte ich, »erstlich: nennen Sie mich nur nicht immer Er; sodann mit dem Kopf-Tremulenzen, das ist einmal nicht anders, das haben wir Virtuosen alle so an uns.« – »Ach so!« entgegnete das Mädchen. Sie wollte noch etwas mehr sagen, aber da entstand auf einmal ein entsetzliches Gepolter im Wirtshause, die Haustüre ging mit großem Gekrache auf und ein dünner Kerl kam wie ein ausgeschoßner Ladstock herausgeflogen, worauf die Tür sogleich wieder hinter ihm zugeschlagen wurde.

Das Mädchen war bei dem ersten Geräusch wie ein Reh davon gesprungen und im Dunkel verschwunden. Die Figur vor der Tür aber raffte sich hurtig wieder vom Boden auf und fing nun an mit solcher Geschwindigkeit gegen das Haus loszuschimpfen, daß es ordentlich zum Erstaunen war. »Was!« schrie er, »ich besoffen? ich die Kreidestriche an der verräucherten Tür nicht bezahlen? Löscht sie aus, löscht sie aus! Hab' ich Euch nicht erst gestern über'n Kochlöffel balbiert und in die Nase geschnitten, daß Ihr mir den Löffel morsch entzwei gebissen habt? Balbieren macht einen Strich – Kochlöffel, wieder ein Strich – Pflaster auf die Nase, noch ein Strich – wieviel solche hundsföttische Striche wollt Ihr denn noch bezahlt haben? Aber gut, schon gut! ich lasse das ganze Dorf, die ganze Welt ungeschoren. Lauft meinetwegen mit euren Bärten, daß der liebe Gott am jüngsten Tage nicht weiß, ob ihr Juden seid oder Christen! Ja, hängt euch an euren eignen Bärten auf, ihr zottigen Landbären!« Hier brach er auf einmal in ein jämmerliches Weinen aus und fuhr ganz erbärmlich durch die Fistel fort: »Wasser soll ich saufen, wie ein elender Fisch? ist das Nächstenliebe? Bin ich nicht ein Mensch und ein ausgelernter Feldscher? Ach, ich bin heute so in der Rage! Mein Herz ist voller Rührung und Menschenliebe!« Bei diesen Worten zog er sich nach und nach zurück, da im Hause alles still blieb. Als er mich erblickte, kam er mit ausgebreiteten Armen auf mich los, ich glaube der tolle Kerl wollte mich ambrassieren. Ich sprang aber auf die Seite, und so stolperte er weiter, und ich hörte ihn noch lange, bald grob bald fein, durch die Finsternis mit sich diskurrieren.

Mir aber ging mancherlei im Kopfe herum. Die Jungfer, die mir vorhin die Rose geschenkt hatte, war jung, schön und reich – ich konnte da mein Glück machen, eh' man die Hand umkehrte. Und Hammel und Schweine, Puter und fette Gänse mit Äpfeln gestopft – ja, es war mir nicht anders, als säh' ich den Portier auf mich zukommen: »Greif zu, Einnehmer, greif zu! jung gefreit hat Niemand gereut, wer's Glück hat, führt die Braut heim, bleibe im Lande und nähre dich tüchtig.« In solchen philosophischen Gedanken setzte ich mich auf dem Platze, der nun ganz einsam war, auf einen Stein nieder, denn an das Wirtshaus anzuklopfen traute ich mich nicht, weil ich kein Geld bei mir hatte. Der Mond schien prächtig, von den Bergen rauschten die Wälder durch die stille Nacht herüber, manchmal schlugen im Dorfe die Hunde an, das weiter im Tale unter Bäumen und Mondschein wie begraben lag. Ich betrachtete das Firmament, wie da einzelne Wolken langsam durch den Mondschein zogen und manchmal ein Stern weit in der Ferne herunterfiel. So, dachte ich, scheint der Mond auch über meines Vaters Mühle und auf das weiße gräfliche Schloß. Dort ist nun auch schon alles lange still, die gnädige Frau schläft, und die Wasserkünste und Bäume im Garten rauschen noch immer fort wie damals, und allen ist's gleich, ob ich noch da bin, oder in der Fremde, oder gestorben. – Da kam mir die Welt auf einmal so entsetzlich weit und groß vor, und ich so ganz allein darin, daß ich aus Herzensgrunde hätte weinen mögen.

Wie ich noch immer so dasitze, höre ich auf einmal aus der Ferne Hufschlag im Walde. Ich hielt den Atem an und lauschte, da kam es immer näher und näher, und ich konnte schon die Pferde schnauben hören. Bald darauf kamen auch wirklich zwei Reiter unter den Bäumen hervor, hielten aber am Saume des Waldes an und sprachen heimlich sehr eifrig miteinander, wie ich an den Schatten sehen konnte, die plötzlich über den mondbeglänzten Platz vorschossen, und mit langen dunklen Armen bald dahin bald dorthin wiesen. – Wie oft, wenn mir zu Hause meine verstorbene Mutter von wilden Wäldern und martialischen Räubern erzählte, hatte ich mir sonst immer heimlich gewünscht, eine solche Geschichte selbst zu erleben. Da hatt' ich's nun auf einmal für meine dummen frevelmütigen Gedanken! – Ich streckte mich nun an dem Lindenbaum, unter dem ich gesessen, ganz unmerklich so lang aus, als ich nur konnte, bis ich den ersten Ast erreicht hatte und mich geschwinde hinaufschwang. Aber ich baumelte noch mit halbem Leibe über dem Aste und wollte so eben auch meine Beine nachholen, als der eine von den Reitern rasch hinter mir über den Platz daher trabte. Ich drückte nun die Augen fest zu in dem dunkeln Laube, und rührte und regte mich nicht. – »Wer ist da?« rief es auf einmal dicht hinter mir. »Niemand!« schrie ich aus Leibeskräften vor

Schreck, daß er mich doch noch erwischt hatte. Insgeheim mußte ich aber doch bei mir lachen, wie die Kerls sich schneiden würden, wenn sie mir die leeren Taschen umdrehten. – »Ei ei,« sagte der Räuber wieder, »wem gehören denn aber die zwei Beine, die da herunter hängen?« – Da half nichts mehr. »Nichts weiter,« versetzte ich, »als ein paar arme, verirrte Musikantenbeine,« und ließ mich rasch wieder auf den Boden herab, denn ich schämte mich auch, länger wie eine zerbrochene Gabel da über dem Aste zu hängen.

Das Pferd des Reiters scheute, als ich so plötzlich vom Baume herunterfuhr. Er klopfte ihm den Hals und sagte lachend: »Nun wir sind auch verirrt, da sind wir rechte Kameraden; ich dächte also, du hälfest uns ein wenig den Weg nach B. aufsuchen. Es soll dein Schade nicht sein.« Ich hatte nun gut beteuern, daß ich gar nicht wüßte, wo B. läge, daß ich lieber hier im Wirtshause fragen, oder sie in das Dorf hinunter führen wollte. Der Kerl nahm gar keine Raison an. Er zog ganz ruhig eine Pistole aus dem Gurt, die recht hübsch im Mondschein funkelte. »Mein Liebster,« sagte er dabei sehr freundschaftlich zu mir, während er bald den Lauf der Pistole abwischte, bald wieder prüfend an die Augen hielt, »mein Liebster, du wirst wohl so gut sein, selber nach B. vorauszugehn.‹«⟩

Da war ich nun recht übel daran. Traf ich den Weg, so kam ich gewiß zu der Räuberbande und bekam Prügel, da ich kein Geld bei mir hatte, traf ich ihn nicht – so bekam ich auch Prügel. Ich besann mich also nicht lange und schlug den ersten besten Weg ein, der an dem Wirtshause vorüber vom Dorfe abführte. Der Reiter sprengte schnell zu seinem Begleiter zurück, und beide folgten mir dann in einiger Entfernung langsam nach. So zogen wir eigentlich recht närrisch auf gut Glück in die mondhelle Nacht hinein. Der Weg lief immerfort im Walde an einem Bergeshange fort. Zuweilen konnte man über die Tannenwipfel, die von unten herauflangten und sich dunkel rührten, weit in die tiefen stillen Täler hinaussehen, hin und her schlug eine Nachtigall, Hunde bellten in der Ferne in den Dörfern. Ein Fluß rauschte beständig aus der Tiefe und blitzte zuweilen im Mondschein auf. Dabei das einförmige Pferdegetrappel und das Wirren und Schwirren der Reiter hinter mir, die unaufhörlich in einer fremden Sprache mit einander plauderten, und das helle Mondlicht und die langen Schatten der Baumstämme, die wechselnd über die beiden Reiter wegflogen, daß sie mir bald schwarz, bald hell, bald klein, bald wieder riesengroß vorkamen. Mir verwirrten sich ordentlich die Gedanken, als läge ich in einem Traum und könnte gar nicht aufwachen. Ich schritt immer stramm vor mich hin. Wir müssen, dachte ich, doch am Ende aus dem Walde und aus der Nacht herauskommen.

Endlich flogen hin und wieder schon lange rötliche Scheine über den Himmel, ganz leise, wie wenn man über einen Spiegel haucht, auch eine Lerche sang schon hoch über dem stillen Tale. Da wurde mir auf einmal ganz klar im Herzen bei dem Morgengruße, und alle Furcht war vorüber. Die beiden Reiter aber streckten sich, und sahen sich nach allen Seiten um, und schienen nun erst gewahr zu werden, daß wir doch wohl nicht auf dem rechten Wege sein mochten. Sie plauderten wieder viel, und ich merkte wohl, daß sie von mir sprachen, ja es kam mir vor, als finge der eine sich vor mir zu fürchten an, als könnt ich wohl gar so ein heimlicher Schnapphahn sein, der sie im Walde irre führen wollte. Das machte mir Spaß, denn je lichter es ringsum wurde, je mehr Courage kriegt' ich, zumal da wir so eben auf einen schönen freien Waldplatz herauskamen. Ich sah mich daher nach allen Seiten ganz wild um, und pfiff dann ein Paarmal auf den Fingern, wie die Spitzbuben tun, wenn sie sich einander Signale geben wollen.

»Halt!« rief auf einmal der Eine von den Reitern, daß ich ordentlich zusammen fuhr. Wie ich mich umsehe, sind sie beide abgestiegen und haben ihre Pferde an einen Baum angebunden. Der Eine kommt aber rasch auf mich los, sieht mir ganz starr ins Gesicht, und fängt auf einmal ganz unmäßig an zu lachen. Ich muß gestehen, mich ärgerte das unvernünftige Gelächter. Er aber sagte: »Wahrhaftig, das ist der Gärtner, wollt' sagen: Einnehmer vom Schloß!«

Ich sah ihn groß an, wußt' mich aber seiner nicht zu erinnern, hätt' auch viel zu tun gehabt, wenn ich mir alle die jungen Herren hätte ansehen wollen, die auf dem Schloß ab und zu ritten. Er aber fuhr mit ewigem Gelächter fort: »Das ist prächtig! Du vazierst, wie ich sehe, wir brauchen eben einen Bedienten, bleib bei uns, da hast du ewige Vakanz.« – Ich war ganz verblüfft und sagte endlich, daß ich so eben auf einer Reise nach Italien begriffen wäre. – »Nach Italien?!« entgegnete der Fremde, »eben dahin wollen auch wir!« – »Nun, wenn *das* ist!« rief ich aus und zog voller Freude meine Geige aus der Tasche und strich, daß die Vögel im Walde aufwachten. Der Herr aber erwischte geschwind den andern Herrn und walzte mit ihm wie verrückt auf dem Rasen herum.

Dann standen sie plötzlich still. »Bei Gott,« rief der Eine, »da seh' ich schon den Kirchturm von B.! nun, da wollen wir bald unten sein.« Er zog seine Uhr heraus und ließ sie repetieren, schüttelte mit dem Kopfe, und ließ noch einmal schlagen. »Nein,« sagte er, »das geht nicht, wir kommen so zu früh hin, das könnte schlimm werden!«

Darauf holten sie von ihren Pferden Kuchen, Braten und Weinflaschen, breiteten eine schöne bunte Decke auf dem grünen Rasen aus, streckten sich darüber hin und schmausten sehr vergnüglich, teilten auch mir von Allem sehr reichlich mit, was mir gar wohl bekam, da ich seit einigen Tagen schon nicht mehr vernünftig gespeist hatte. – »Und daß du's weißt,« sagte der Eine zu mir, – »aber du kennst uns doch nicht?« – ich schüttelte mit dem Kopfe. – »Also, daß du's weißt: ich bin der Maler Leonhard, und das dort ist – wieder ein Maler – Guido geheißen.⟨«⟩

Ich besah mir nun die beiden Maler genauer bei der Morgendämmerung. Der Eine, Herr Leonhard, war groß, schlank, braun, mit lustigen feurigen Augen. Der Andere war viel jünger, kleiner und feiner, auf altdeutsche Mode gekleidet, wie es der Portier nannte, mit weißem Kragen und bloßen Hals, um den die dunkelbraunen Locken herab hingen, die er oft aus dem hübschen Gesichte wegschütteln mußte. – Als dieser genug gefrühstuckt hatte, griff er nach meiner

Geige, die ich neben mir auf den Boden gelegt hatte, setzte sich damit auf einen umgehauenen Baumast, und klimperte darauf mit den Fingern. Dann sang er dazu so hell wie ein Waldvögelein, daß es mir recht durch's ganze Herz klang:

5   Fliegt der erste Morgenstrahl
         Durch das stille Nebeltal
         Rauscht erwachend Wald und Hügel:
         Wer da fliegen kann, nimmt Flügel!

         Und sein Hütlein in die Luft
10   Wirft der Mensch vor Lust und ruft:
         Hat Gesang doch auch noch Schwingen,
         Nun so will ich fröhlich singen!

Dabei spielten die rötlichen Morgenscheine recht anmutig über sein etwas blasses Gesicht und die schwarzen verliebten Augen. Ich aber war so müde, daß sich mir die Worte und Noten, während er so sang, immer mehr verwirrten, bis ich zuletzt fest einschlief.

Als ich nach und nach wieder zu mir selber kam, hörte ich wie im Traume die beiden Maler noch immer neben mir sprechen und die Vögel über mir singen, und die Morgenstrahlen schimmerten mir durch die geschlossenen Augen, daß mir's innerlich so dunkelhell war, wie wenn die Sonne durch rotseidene Gardinen scheint. Come è bello! hört' ich da dicht neben mir ausrufen. Ich schlug die Augen auf, und erblickte den jungen Maler, der im funkelnden Morgenlicht über mich hergebeugt stand, so daß beinah nur die großen schwarzen Augen zwischen den herabhängenden Locken zu sehen waren.

Ich sprang geschwind auf, denn es war schon heller Tag geworden. Der Herr Leonhard schien verdrüßlich zu sein, er hatte zwei zornige Falten auf der Stirn und trieb hastig zum Aufbruch. Der andere Maler aber schüttelte seine Locken aus dem Gesicht und trällerte, während er sein Pferd aufzäumte, ruhig ein Liedchen vor sich hin, bis Leonhard zuletzt plötzlich auflachte, schnell eine Flasche ergriff, die noch auf dem Rasen stand und den Rest in die Gläser einschenkte. »Auf eine glückliche Ankunft!« rief er aus, sie stießen mit den Gläsern zusammen, es gab einen schönen Klang. Darauf schleuderte Leonhard die leere Flasche hoch ins Morgenrot, daß es lustig in der Luft funkelte.

Endlich setzten sie sich auf ihre Pferde, und ich marschierte frisch wieder neben her. Gerade vor uns lag ein unübersehliches Tal, in das wir nun hinunter zogen. Da war ein Blitzen und Rauschen und Schimmern und Jubilieren! Mir war so kühl und fröhlich zu Mute, als sollt' ich von dem Berge in die prächtige Gegend hinausfliegen.

VIERTES KAPITEL

Nun Ade, Mühle und Schloß und Portier! Nun ging's, daß mir der Wind am Hute pfiff. Rechts und links flogen Dörfer, Städte und Weingärten vorbei, daß es einem vor den Augen flimmerte; hinter mir die beiden Maler im Wagen, vor mir vier Pferde mit einem prächtigen Postillon, ich hoch oben auf dem Kutschbock, daß ich oft Ellenhoch in die Höhe flog.

Das war so zugegangen: Als wir vor B. ankommen, kommt schon am Dorfe ein langer, dürrer, grämlicher Herr im grünen Flauschrock uns entgegen, macht viele Bücklinge vor den Herrn Malern und führt uns in das Dorf hinein. Da stand unter den hohen Linden vor dem Posthause schon ein prächtiger Wagen mit vier Postpferden bespannt. Herr Leonhard meinte unterwegs, ich hätte meine Kleider ausgewachsen. Er holte daher geschwind andere aus seinem Mantelsack hervor, und ich mußte einen ganz neuen schönen Frack und Weste anziehn, die mir sehr vornehm zu Gesicht standen, nur daß mir alles zu lang und weit war und ordentlich um mich herum schlotterte. Auch einen ganz neuen Hut bekam ich, der funkelte in der Sonne, als wär' er mit frischer Butter überschmiert. Dann nahm der fremde grämliche Herr die beiden Pferde der Maler am Zügel, die Maler sprangen in den Wagen, ich auf den Bock, und so flogen wir schon fort, als eben der Postmeister mit der Schlafmütze aus dem Fenster guckte. Der Postillon blies lustig auf dem Horne, und so ging es frisch nach Italien hinein.

Ich hatte eigentlich da droben ein prächtiges Leben, wie der Vogel in der Luft, und brauchte doch dabei nicht selbst zu fliegen. Zu tun hatte ich auch weiter nichts, als Tag und Nacht auf dem Bocke zu sitzen, und bei den Wirtshäusern manchmal Essen und Trinken an den Wagen herauszubringen, denn die Maler sprachen nirgends ein, und bei Tage zogen sie die Fenster am Wagen so fest zu, als wenn die Sonne sie erstechen wollte. Nur zuweilen steckte der Herr Guido sein hübsches Köpfchen zum Wagenfenster heraus und diskurrierte freundlich mit mir und lachte dann den Herrn Leonhard aus, der das nicht leiden wollte, und jedesmal über die langen Diskurse böse wurde. Ein paarmal hätte ich bald Verdruß bekommen mit meinem Herrn. Das einemal, wie ich bei schöner, sternklarer Nacht droben auf dem Bock die Geige zu spielen anfing, und sodann späterhin wegen des Schlafes. Das war aber auch ganz zum Erstaunen! Ich wollte mir doch Italien recht genau besehen, und riß die Augen alle Viertelstunden weit auf. Aber kaum hatte ich ein Weilchen so vor mich hingesehen, so verschwirrten und verwickelten sich mir die sechzehn Pferdefüße vor mir wie Filet so hin und her und übers Kreuz, daß mir die Augen gleich wieder übergingen, und zuletzt geriet ich in ein solches entsetzliches und unaufhaltsames Schlafen, daß gar kein Rat mehr war. Da mocht' es Tag oder Nacht, Regen oder Sonnenschein, Tyrol oder Italien sein, ich hing bald rechts, bald links, bald rücklings über den Bock herunter, ja manchmal tunkte ich mit solcher Vehemenz mit dem Kopfe nach dem Boden zu, daß mir der Hut weit vom Kopfe flog, und der Herr Guido im Wagen laut aufschrie.

So war ich, ich weiß selbst nicht wie, durch halb Welschland, das sie dort Lombardey nennen, durchgekommen, als wir an einem schönen Abend vor einem Wirtshause auf dem Lande stillhielten. Die Post-Pferde waren in dem daranstoßenden Stations-Dorfe erst nach ein paar Stunden bestellt, die Herren Maler stiegen daher aus und ließen sich in ein besonderes Zimmer führen, um hier ein wenig zu rasten und einige Briefe zu schreiben. Ich aber war sehr vergnügt darüber, und verfügte mich sogleich in die Gaststube, um endlich wieder einmal so recht mit Ruhe und Kommodität zu essen und zu trinken. Da sah es ziemlich lüderlich aus. Die Mägde gingen mit zerzottelten Haaren herum, und hatten die offnen Halstücher unordentlich um das gelbe Fell hängen. Um einen runden Tisch saßen die Knechte vom Hause in blauen Überzieh-Hemden beim Abendessen, und glotzten mich zuweilen von der Seite an. Die hatten alle kurze, dicke Haarzöpfe und sahen so recht vornehm wie junge Herrlein aus. – Da bist du nun, dachte ich bei mir, und aß fleißig fort, da bist du nun endlich in dem Lande, woher immer die kuriosen Leute zu unserm Herrn Pfarrer kamen, mit Mausefallen und Barometern und Bildern. Was der Mensch doch nicht alles erfährt, wenn er sich einmal hinterm Ofen hervormacht!

Wie ich noch eben so esse und meditiere, wuscht ein Männlein, das bis jetzt in einer dunklen Ecke der Stube bei seinem Glase Wein gesessen hatte, auf einmal aus seinem Winkel wie eine Spinne auf mich los. Er war ganz kurz und bucklicht, hatte aber einen großen grauslichen Kopf mit einer langen römischen Adlernase und sparsamen roten Backenbart, und die gepuderten Haare standen ihm von allen Seiten zu Berge, als wenn der Sturmwind durchgefahren wäre. Dabei trug er einen altmodischen, verschossenen Frack, kurze plüschene Beinkleider und ganz vergelbte seidene Strümpfe. Er war einmal in Deutschland gewesen, und dachte Wunder wie gut er deutsch verstünde. Er setzte sich zu mir und frug bald das, bald jenes, während er immerfort Tabak schnupfte: ob ich der Servitore sei? wenn wir arriware? ob wir nach Roma kehn? aber das wußte ich alles selber nicht, und konnte auch sein Kauderwelsch gar nicht verstehn. »Parlez vous français?« sagte ich endlich in meiner Angst zu ihm. Er schüttelte mit dem großen Kopfe, und das war mir sehr lieb, denn ich konnte ja auch nicht französisch. Aber das half alles nichts. Er hatte mich einmal recht auf's Korn genommen, er frug und frug immer wieder; je mehr wir parlierten, je weniger verstand einer den andern, zuletzt wurden wir beide schon hitzig, so daß mir's manchmal vorkam, als wollte der Signor mit seiner Adlernase nach mir hacken, bis endlich die Mägde, die den babilonischen Diskurs mit angehört hatten, uns beide tüchtig auslachten. Ich aber legte schnell Messer und Gabel hin und ging vor die Haustür hinaus. Denn mir war in dem fremden Lande nicht anders, als wäre ich mit meiner deutschen Zunge tausend Klafter tief ins Meer versenkt, und allerlei unbekanntes Gewürm ringelte sich und rauschte da in der Einsamkeit um mich her, und glotzte und schnappte nach mir.

Draußen war eine warme Sommernacht, so recht um passatim zu gehn. Weit von den Weinbergen herüber hörte man noch zuweilen einen Winzer singen, dazwischen blitzte es manchmal von ferne, und die ganze Gegend zitterte und säuselte im Mondenschein. Ja manchmal kam es mir vor, als schlüpfte eine lange dunkle Gestalt hinter den Haselnußsträuchen vor dem Hause vorüber und guckte durch die Zweige, dann war alles auf einmal wieder still. – Da trat der Herr Guido eben auf den Balkon des Wirtshauses heraus. Er bemerkte mich nicht, und spielte sehr geschickt auf einer Zitter, die er im Hause gefunden haben mußte, und sang dann dazu wie eine Nachtigall.

> Schweigt der Menschen laute Lust:
> Rauscht die Erde wie in Träumen
> Wunderbar mit allen Bäumen,
> Was dem Herzen kaum bewußt,
> Alte Zeiten, linde Trauer,
> Und es schweifen leise Schauer
> Wetterleuchtend durch die Brust.

Ich weiß nicht, ob er noch mehr gesungen haben mag, denn ich hatte mich auf die Bank vor der Haustür hingestreckt, und schlief in der lauen Nacht vor großer Ermüdung fest ein.

Es mochten wohl ein paar Stunden ins Land gegangen sein, als mich ein Posthorn aufweckte, das lange Zeit lustig in meine Träume hereinblies, ehe ich mich völlig besinnen konnte. Ich sprang endlich auf, der Tag dämmerte schon an den Bergen, und die Morgenkühle rieselte mir durch alle Glieder. Da fiel mir erst ein, daß wir ja um diese Zeit schon wieder weit fort sein wollten. Aha, dachte ich, heut ist einmal das Wecken und Auslachen an mir. Wie wird der Herr Guido mit dem verschlafenen Lockenkopfe herausfahren, wenn er mich draußen hört! So ging ich in den kleinen Garten am Hause dicht unter die Fenster, wo meine Herren wohnten, dehnte mich noch einmal recht ins Morgenrot hinein und sang fröhlichen Mutes:

> Wenn der Hoppevogel schreit,
> Ist der Tag nicht mehr weit,
> Wenn die Sonne sich auftut,
> Schmeckt der Schlaf noch so gut! –

Das Fenster war offen, aber es blieb alles still oben, nur der Nachtwind ging noch durch die Weinranken, die sich bis in das Fenster hineinstreckten. – Nun was soll denn das wieder bedeuten? rief ich voll Erstaunen aus, und lief in das Haus und durch die stillen Gänge nach der Stube zu. Aber da gab es mir einen rechten Stich ins Herz. Denn wie ich die Türe aufreiße, ist alles leer, darin kein Frack, kein Hut, kein Stiefel. – Nur die Zitter, auf der Herr Guido gestern gespielt hatte, hing an der Wand, auf dem Tische mitten in der Stube lag ein schöner voller Geldbeutel, worauf ein Zettel geklebt war. Ich hielt ihn näher ans Fenster, und traute meinen Augen kaum, es stand wahrhaftig mit großen Buchstaben darauf: Für den Herrn Einnehmer!

Was war mir aber das alles nütze, wenn ich meine lieben lustigen Herrn nicht wieder fand? Ich schob den Beutel in meine tiefe Rocktasche, das plumpte wie in einen tiefen Brunn, daß es mich ordentlich hinten über zog. Dann rannte ich hinaus, machte einen großen Lärm und weckte alle

Knechte und Mägde im Hause. Die wußten gar nicht, was ich wollte, und meinten, ich wäre verrückt geworden. Dann aber verwunderten sie sich nicht wenig, als sie oben das leere Nest sahen. Niemand wußte etwas von meinen Herren. Nur die eine Magd – wie ich aus ihren Zeichen und Gestikulationen zusammenbringen konnte – hatte bemerkt, daß der Herr Guido, als er gestern Abends auf dem Balkon sang, auf einmal laut aufschrie, und dann geschwind zu dem andern Herrn in das Zimmer zurückstürzte. Als sie hernach in der Nacht einmal aufwachte, hörte sie draußen Pferdegetrappel. Sie guckte durch das kleine Kammerfenster und sah den bucklichten Signor, der gestern so viel mit mir gesprochen hatte, auf einem Schimmel im Mondschein quer übers Feld galoppieren, daß er immer Ellen hoch überm Sattel in die Höhe flog und die Magd sich bekreuzte, weil es aussah, wie ein Gespenst, das auf einem dreibeinigen Pferde reitet. – Da wußt' ich nun gar nicht, was ich machen sollte.

Unterdes aber stand unser Wagen schon lange vor der Türe angespannt und der Postillon stieß ungeduldig ins Horn, daß er hätte bersten mögen, denn er mußte zur bestimmten Stunde auf der nächsten Station sein, da alles durch Laufzettel bis auf die Minute voraus bestellt war. Ich rannte noch einmal um das ganze Haus herum und rief die Maler, aber Niemand gab Antwort, die Leute aus dem Hause liefen zusammen und gafften mich an, der Postillon fluchte, die Pferde schnaubten, ich, ganz verblüfft, springe endlich geschwind in den Wagen hinein, der Hausknecht schlägt die Türe hinter mir zu, der Postillon knallt und so ging's mit mir fort in die weite Welt hinein.

FÜNFTES KAPITEL

Wir fuhren nun über Berg und Tal Tag und Nacht immer fort. Ich hatte gar nicht Zeit, mich zu besinnen, denn wo wir hinkamen, standen die Pferde angeschirrt, ich konnte mit den Leuten nicht sprechen, mein Demonstrieren half also nichts; oft, wenn ich im Wirtshause eben beim besten Essen war, blies der Postillon, ich mußte Messer und Gabel wegwerfen und wieder in den Wagen springen, und wußte doch eigentlich gar nicht, wohin und weswegen ich just mit so ausnehmender Geschwindigkeit fortreisen sollte.

Sonst war die Lebensart gar nicht so übel. Ich legte mich, wie auf einem Kanapee, bald in die eine, bald in die andere Ecke des Wagens, und lernte Menschen und Länder kennen, und wenn wir durch Städte fuhren, lehnte ich mich auf beide Arme zum Wagenfenster heraus und dankte den Leuten, die höflich vor mir den Hut abnahmen oder ich grüßte die Mädchen an den Fenstern wie ein alter Bekannter, die sich dann immer sehr verwunderten, und mir noch lange neugierig nachguckten.

Aber zuletzt erschrak ich sehr. Ich hatte das Geld in dem gefundenen Beutel niemals gezählt, den Postmeistern und Gastwirten mußte ich überall viel bezahlen, und ehe ich mich's versah, war der Beutel leer. Anfangs nahm ich mir vor, sobald wir durch einen einsamen Wald führen, schnell aus dem Wagen zu springen und zu entlaufen. Dann aber tat es mir wieder leid, nun den schönen Wagen so allein zu lassen, mit dem ich sonst wohl noch bis ans Ende der Welt fortgefahren wäre.

Nun saß ich eben voller Gedanken und wußte nicht aus noch ein, als es auf einmal seitwärts von der Landstraße abging. Ich schrie zum Wagen heraus, auf den Postillon: wohin er denn fahre? Aber ich mochte sprechen was ich wollte, der Kerl sagte immer bloß: »Si, Si, Signore!« und fuhr immer über Stock und Stein, daß ich aus einer Ecke des Wagens in die andere flog.

Das wollte mir gar nicht in den Sinn, denn die Landstraße lief grade durch eine prächtige Landschaft auf die untergehende Sonne zu, wohl wie in ein Meer von Glanz und Funken. Von der Seite aber, wohin wir uns gewendet hatten, lag ein wüstes Gebürge vor uns mit grauen Schluchten, zwischen denen es schon lange dunkel geworden war. – Je weiter wir fuhren, je wilder und einsamer wurde die Gegend.

Endlich kam der Mond hinter den Wolken hervor, und schien auf einmal so hell zwischen die Bäume und Felsen herein, daß es ordentlich grauslich anzusehen war. Wir konnten nur langsam fahren in den engen steinigten Schluchten, und das einförmige ewige Gerassel des Wagens schallte an den Steinwänden weit in die stille Nacht, als führen wir in ein großes Grabgewölbe hinein. Nur von vielen Wasserfällen, die man aber nicht sehen konnte, war ein unaufhörliches Rauschen tiefer im Walde, und die Käuzchen riefen aus der Ferne immerfort: »Komm mit, Komm mit!« – Dabei kam es mir vor, als wenn der Kutscher, der, wie ich jetzt erst sah, gar keine Uniform hatte und kein Postillon war, sich einigemal unruhig umsahe und schneller zu fahren anfing, und wie ich mich recht zum Wagen herauslegte, kam plötzlich ein Reiter aus dem Gebüsch hervor, sprengte dicht vor unseren Pferden quer über den Weg, und verlor sich sogleich wieder auf der andern Seite im Walde. Ich war ganz verwirrt, denn, soviel ich bei dem hellen Mondschein erkennen konnte, war es dasselbe bucklige Männlein auf seinem Schimmel, das in dem Wirtshause mit der Adlernase nach mir gehackt hatte. Der Kutscher schüttelte den Kopf und lachte laut auf über die närrische Reiterei, wandte sich aber dann rasch zu mir um, sprach sehr viel und sehr eifrig, wovon ich leider nichts verstand, und fuhr dann noch rascher fort.

Ich aber war froh, als ich bald darauf von ferne ein Licht schimmern sah. Es fanden sich nach und nach noch mehrere Lichter, sie wurden immer größer und heller, und endlich kamen wir an einigen verräucherten Hütten vorüber, die wie Schwalbennester auf dem Felsen hingen. Da die Nacht warm war, so standen die Türen offen, und ich konnte darin die hell erleuchteten Stuben und allerlei lumpiges Gesindel sehen, das wie dunkle Schatten um das Herdfeuer herumhockte. Wir aber rasselten durch die stille Nacht einen Steinweg hinan, der sich auf einen hohen Berg hinaufzog. Bald überdeckten hohe Bäume und herabhängende Sträucher den ganzen Hohlweg, bald konnte man auf einmal wieder das ganze Firmament, und in der Tiefe die weite stille Runde von Bergen,

Wäldern und Tälern übersehen. Auf dem Gipfel des Berges stand ein großes altes Schloß mit vielen Türmen im hellsten Mondenschein. – »Nun Gott befohlen!« rief ich aus, und war innerlich ganz munter geworden vor Erwartung, wo sie mich da am Ende noch hinbringen würden.

Es dauerte wohl noch eine gute halbe Stunde, ehe wir endlich auf dem Berge am Schloßtore ankamen. Das ging in einen breiten runden Turm hinein, der oben schon ganz verfallen war. Der Kutscher knallte dreimal, daß es weit in dem alten Schlosse widerhallte, wo ein Schwarm von Dohlen ganz erschrocken plötzlich aus allen Luken und Ritzen herausfuhr und mit großem Geschrei die Luft durchkreuzte. Darauf rollte der Wagen in den langen, dunklen Torweg hinein. Die Pferde gaben mit ihren Hufeisen Feuer auf dem Steinpflaster, ein großer Hund bellte, der Wagen donnerte zwischen den gewölbten Wänden. Die Dohlen schrien noch immer dazwischen – so kamen wir mit einem entsetzlichen Spektakel in den engen gepflasterten Schloßhof.

Eine kuriose Station! dachte ich bei mir, als nun der Wagen still stand. Da wurde die Wagentür von draußen aufgemacht, und ein alter langer Mann mit einer kleinen Laterne sah mich unter seinen dicken Augenbrauen grämlich an. Er faßte mich dann unter den Arm und half mir, wie einem großen Herrn, aus dem Wagen heraus. Draußen vor der Haustür stand eine alte, sehr häßliche Frau im schwarzen Kamisol und Rock, mit einer weißen Schürze und schwarzen Haube, von der ihr ein langer Schnipper bis an die Nase herunter hing. Sie hatte an der einen Hüfte einen großen Bund Schlüssel hängen und hielt in der andern einen altmodischen Armleuchter mit zwei brennenden Wachskerzen. Sobald sie mich erblickte, fing sie an tiefe Knixe zu machen und sprach und frug sehr viel durcheinander. Ich verstand aber nichts davon und machte immerfort Kratzfüße vor ihr, und es war mir eigentlich recht unheimlich zu Mute.

Der alte Mann hatte unterdes mit seiner Laterne den Wagen von allen Seiten beleuchtet und brummte und schüttelte den Kopf, als er nirgend einen Koffer oder Bagage fand. Der

Kutscher fuhr darauf, ohne Trinkgeld von mir zu fordern, den Wagen in einen alten Schoppen, der auf der Seite des Hofes schon offen stand. Die alte Frau aber bat mich sehr höflich durch allerlei Zeichen, ihr zu folgen. Sie führte mich mit ihren Wachskerzen durch einen langen schmalen Gang, und dann eine kleine steinerne Treppe herauf. Als wir an der Küche vorbei gingen, streckten ein paar junge Mägde neugierig die Köpfe durch die halbgeöffnete Tür und guckten mich so starr an, und winkten und nickten einander heimlich zu, als wenn sie in ihrem Leben noch kein Mannsbild gesehen hätten. Die Alte machte endlich oben eine Türe auf, da wurde ich anfangs ordentlich ganz verblüfft. Denn es war ein großes schönes herrschaftliches Zimmer mit goldenen Verzierungen an der Decke, und an den Wänden hingen prächtige Tapeten mit allerlei Figuren und großen Blumen. In der Mitte stand ein gedeckter Tisch mit Braten, Kuchen, Salat, Obst, Wein und Konfekt, daß einem recht das Herz im Leibe lachte. Zwischen den beiden Fenstern hing ein ungeheurer Spiegel, der vom Boden bis zur Decke reichte.

Ich muß sagen, das gefiel mir recht wohl. Ich streckte mich ein Paarmal und ging mit langen Schritten vornehm im Zimmer auf und ab. Dann konnt' ich aber doch nicht widerstehen, mich einmal in einem so großen Spiegel zu besehen. Das ist wahr, die neuen Kleider vom Herrn Leonhard standen mir recht schön, auch hatte ich in Italien so ein gewisses feuriges Auge bekommen, sonst aber war ich grade noch so ein Milchbart, wie ich zu Hause gewesen war, nur auf der Oberlippe zeigten sich erst ein paar Flaumfedern.

Die alte Frau mahlte indes in einem fort mit ihrem zahnlosen Munde, daß es nicht anders aussah, als wenn sie an der langen herunterhängenden Nasenspitze kaute. Dann nötigte sie mich zum Sitzen, streichelte mir mit ihren dürren Fingern das Kinn, nannte mich poverino! wobei sie mich aus den roten Augen so schelmisch ansah, daß sich ihr der Mundwinkel bis an die halbe Wange in die Höhe zog, und ging endlich mit einem tiefen Knix zur Türe hinaus.

Ich aber setzte mich zu dem gedeckten Tisch, während eine

junge hübsche Magd herein trat, um mich bei der Tafel zu bedienen. Ich knüpfte allerlei galanten Diskurs mit ihr an, sie verstand mich aber nicht, sondern sah mich immer ganz kurios von der Seite an, weil mir's so gut schmeckte, denn das Essen war delikat. Als ich satt war und wieder aufstand, nahm die Magd ein Licht von der Tafel und führte mich in ein anderes Zimmer. Da war ein Sopha, ein kleiner Spiegel und ein prächtiges Bett mit grün-seidenen Vorhängen. Ich frug sie mit Zeichen, ob ich mich da hineinlegen sollte? Sie nickte zwar: »Ja,« aber das war denn doch nicht möglich, denn sie blieb wie angenagelt bei mir stehen. Endlich holte ich mir noch ein großes Glas Wein aus der Tafelstube herein und rief ihr zu: »felicissima notte!« denn so viel hatt' ich schon italienisch gelernt. Aber wie ich das Glas so auf einmal ausstürzte, bricht sie plötzlich in ein verhaltnes Kichern aus, wird über und über rot, geht in die Tafelstube und macht die Türe hinter sich zu. »Was ist da zu lachen?« dachte ich ganz verwundert, »ich glaube die Leute in Italien sind alle verrückt.«

Ich hatte nun nur immer Angst vor dem Postillon, daß der gleich wieder zu blasen anfangen würde. Ich horchte am Fenster, aber es war alles stille draußen. Laß ihn blasen! dachte ich, zog mich aus und legte mich in das prächtige Bett. Das war nicht anders, als wenn man in Milch und Honig schwämme! Vor den Fenstern rauschte die alte Linde im Hofe, zuweilen fuhr noch eine Dohle plötzlich vom Dache auf, bis ich endlich voller Vergnügen einschlief.

SECHSTES KAPITEL

Als ich wieder erwachte, spielten schon die ersten Morgenstrahlen an den grünen Vorhängen über mir. Ich konnte mich gar nicht besinnen, wo ich eigentlich wäre. Es kam mir vor, als führe ich noch immer fort im Wagen, und es hätte mir von einem Schlosse im Mondschein geträumt und von einer alten Hexe und ihrem blassen Töchterlein.

Ich sprang endlich rasch aus dem Bette, kleidete mich an, und sah mich dabei nach allen Seiten in dem Zimmer um. Da bemerkte ich eine kleine Tapetentür, die ich gestern gar nicht gesehen hatte. Sie war nur angelehnt, ich öffnete sie, und erblickte ein kleines nettes Stübchen, das in der Morgendämmerung recht heimlich aussah. Über einen Stuhl waren Frauenkleider unordentlich hingeworfen, auf einem Bettchen daneben lag das Mädchen, das mir gestern Abends bei der Tafel aufgewartet hatte. Sie schlief noch ganz ruhig und hatte den Kopf auf den weißen bloßen Arm gelegt, über den ihre schwarzen Locken herabfielen. Wenn die wüßte, daß die Tür offen war! sagte ich zu mir selbst und ging in mein Schlafzimmer zurück, während ich hinter mir wieder schloß und verriegelte, damit das Mädchen nicht erschrecken und sich schämen sollte, wenn sie erwachte.

Draußen ließ sich noch kein Laut vernehmen. Nur ein früherwachtes Waldvöglein saß vor meinem Fenster auf einem Strauch, der aus der Mauer heraus wuchs, und sang schon sein Morgenlied. »Nein,« sagte ich, »du sollst mich nicht beschämen und allein so früh und fleißig Gott loben!« – Ich nahm schnell meine Geige, die ich gestern auf das Tischchen gelegt hatte, und ging hinaus. Im Schlosse war noch alles totenstill, und es dauerte lange, ehe ich mich aus den dunklen Gängen ins Freie heraus fand.

Als ich vor das Schloß heraus trat, kam ich in einen großen Garten, der auf breiten Terrassen, wovon die eine immer tiefer war als die andere, bis auf den halben Berg herunter ging. Aber das war eine lüderliche Gärtnerei. Die Gänge waren alle mit hohem Grase bewachsen, die künstlichen Figuren von Buchsbaum waren nicht beschnitten und streckten, wie Gespenster, lange Nasen oder ellenhohe spitzige Mützen in die Luft hinaus, daß man sich in der Dämmerung ordentlich davor hätte fürchten mögen. Auf einige zerbrochene Statuen über einer vertrockneten Wasserkunst war gar Wäsche aufgehängt, hin und wieder hatten sie mitten im Garten Kohl gebaut, dann kamen wieder ein paar ordinaire Blumen, alles unordentlich durcheinander, und von hohem wilden Unkraut überwachsen, zwischen dem sich bunte Eidechsen schlängelten. Zwischen den alten hohen Bäumen hindurch aber war überall eine weite, einsame Aussicht, eine Bergkoppe hinter der andern, so weit das Auge reichte.

Nachdem ich so ein Weilchen in der Morgendämmerung durch die Wildnis umherspaziert war, erblickte ich auf der Terrasse unter mir einen langen schmalen blassen Jüngling in einem langen braunen Kaputrock, der mit verschränkten Armen und großen Schritten auf und ab ging. Er tat als sähe er mich nicht, setzte sich bald darauf auf eine steinerne Bank hin, zog ein Buch aus der Tasche, las sehr laut, als wenn er predigte, sah dabei zuweilen zum Himmel, und stützte dann den Kopf ganz melankolisch auf die rechte Hand. Ich sah ihm lange zu, endlich wurde ich doch neugierig, warum er denn eigentlich so absonderliche Grimassen machte, und ging schnell auf ihn zu. Er hatte eben einen tiefen Seufzer ausgestoßen und sprang erschrocken auf, als ich ankam. Er war voller Verlegenheit, ich auch, wir wußten beide nicht, was wir sprechen sollten, und machten immerfort Komplimente voreinander, bis er endlich mit langen Schritten in das Gebüsch Reißaus nahm. Unterdes war die Sonne über dem Walde aufgegangen, ich sprang auf die Bank hinauf und strich vor Lust meine Geige, daß es weit in die stillen Täler herunter schallte. Die Alte mit dem Schlüsselbunde, die mich schon ängstlich im ganzen Schlosse zum Frühstück aufgesucht hatte, erschien nun auf der Terrasse über mir, und verwunderte sich, daß ich so artig auf der Geige spielen konnte. Der alte grämliche Mann vom Schlosse fand sich dazu und verwunderte sich ebenfalls, endlich kamen auch noch die Mägde, und Alles blieb oben voller Verwunderung stehen, und ich fingerte und schwenkte meinen Fiedelbogen immer künstlicher und hurtiger und spielte Kadenzen und Variationen, bis ich endlich ganz müde wurde.

Das war nun aber doch ganz seltsam auf dem Schlosse! Kein Mensch dachte da ans Weiterreisen. Das Schloß war auch gar kein Wirtshaus, sondern gehörte, wie ich von der Magd erfuhr, einem reichen Grafen. Wenn ich mich dann manchmal bei der Alten erkundigte, wie der Graf heiße, wo er wohne? Da schmunzelte sie immer bloß, wie den ersten Abend, da ich auf das Schloß kam, und kniff und winkte mir so pfiffig mit den Augen zu, als wenn sie nicht recht bei Sinne wäre. Trank ich einmal an einem heißen Tage eine ganze Flasche Wein aus, so kicherten die Mägde gewiß, wenn sie die andere brachten, und als mich dann gar einmal nach einer Pfeife Tabak verlangte, ich ihnen durch Zeichen beschrieb was ich wollte, da brachen Alle in ein großes unvernünftiges Gelächter aus. – Am verwunderlichsten war mir eine Nachtmusik, die sich oft, und grade immer in den finstersten Nächten, unter meinem Fenster hören ließ. Es griff auf einer Guitarre immer nur von Zeit zu Zeit einzelne, ganz leise Klänge. Das einemal aber kam es mir vor, als wenn es dabei von unten: »pst! pst!« herauf rief. Ich fuhr daher geschwind aus dem Bett, und mit dem Kopf aus dem Fenster. »Holla! heda! wer ist da draußen?« rief ich hinunter. Aber es antwortete Niemand, ich hörte nur etwas sehr schnell durch die Gesträuche fortlaufen. Der große Hund im Hofe schlug über meinem Lärm ein paarmal an, dann war auf einmal alles wieder still, und die Nachtmusik ließ sich seit dem nicht wieder vernehmen.

Sonst hatte ich hier ein Leben, wie sich's ein Mensch nur immer in der Welt wünschen kann. Der gute Portier! er wußte wohl was er sprach, wenn er immer zu sagen pflegte, daß in Italien einem die Rosinen von selbst in den Mund wüchsen. Ich lebte auf dem einsamen Schlosse wie ein verwunschener Prinz. Wo ich hintrat, hatten die Leute eine große Ehrerbietung vor mir, obgleich sie schon alle wußten, daß ich keinen Heller in der Tasche hatte. Ich durfte nur sagen: »Tischchen deck' dich!« so standen auch schon herrliche Speisen, Reis, Wein, Melonen und Parmesankäse da. Ich ließ mir's wohlschmecken, schlief in dem prächtigen Himmelbett, ging im Garten spazieren, musizierte und half wohl auch manchmal in der Gärtnerei nach. Oft lag ich auch Stundenlang im Garten im hohen Grase, und der schmale Jüngling (es war ein Schüler und Verwandter der Alten, der eben jetzt hier zur Vakanz war), ging mit seinem langen Kaputrock in weiten Kreisen um mich herum, und murmelte dabei, wie ein Zauberer, aus seinem Buche, worüber ich dann auch jedesmal einschlummerte. – So verging ein Tag nach dem andern, bis ich am Ende anfing, von dem guten Essen und Trinken ganz melankolisch zu werden. Die Glieder gingen mir von dem ewigen Nichtstun ordentlich aus allen Gelenken, und es war mir, als würde ich vor Faulheit noch ganz auseinander fallen.

In dieser Zeit saß ich einmal an einem schwülen Nachmittage im Wipfel eines hohen Baumes, der am Abhange stand, und wiegte mich auf den Ästen langsam über dem stillen, tiefen Tale. Die Bienen summten zwischen den Blättern um mich herum, sonst war alles wie ausgestorben, kein Mensch war zwischen den Bergen zu sehen, tief unter mir auf den stillen Waldwiesen ruhten die Kühe auf dem hohen Grase. Aber ganz von weiten kam der Klang eines Posthorns über die waldigen Gipfel herüber, bald kaum vernehmbar, bald wieder heller und deutlicher. Mir fiel dabei auf einmal ein altes Lied recht aufs Herz, das ich noch zu Hause auf meines Vaters Mühle von einem wandernden Handwerksburschen gelernt hatte, und ich sang:

> Wer in die Fremde will wandern,
> Der muß mit der Liebsten gehn,
> Es jubeln und lassen die Andern
> Den Fremden alleine stehn.
>
> Was wisset Ihr, dunkele Wipfeln
> Von der alten schönen Zeit?
> Ach, die Heimat hinter den Gipfeln,
> Wie liegt sie von hier so weit.
>
> Am liebsten betracht ich die Sterne,
> Die schienen, wenn ich ging zu ihr,
> Die Nachtigall hör' ich so gerne,
> Sie sang vor der Liebsten Tür.

> Der Morgen, das ist meine Freude!
> Da steig ich in stiller Stund'
> Auf den höchsten Berg in die Weite,
> Grüß Dich Deutschland aus Herzensgrund!

Es war, als wenn mich das Posthorn bei meinem Liede aus der Ferne begleiten wollte. Es kam, während ich sang, zwischen den Bergen immer näher und näher, bis ich es endlich gar oben auf dem Schloßhofe schallen hörte. Ich sprang rasch vom Baume herunter. Da kam mir auch schon die Alte mit einem geöffneten Pakete aus dem Schlosse entgegen. »Da ist auch etwas für Sie mitgekommen,« sagte sie, und reichte mir aus dem Paket ein kleines niedliches Briefchen. Es war ohne Aufschrift, ich brach es schnell auf. Aber da wurde ich auch auf einmal im ganzen Gesichte so rot, wie eine Päonie, und das Herz schlug mir so heftig, daß es die Alte merkte, denn das Briefchen war von – meiner schönen Frau, von der ich manches Zettelchen bei dem Herrn Amtmann gesehen hatte. Sie schrieb darin ganz kurz: »Es ist alles wieder gut, alle Hindernisse sind beseitigt. Ich benutzte heimlich diese Gelegenheit, um die erste zu sein, die Ihnen diese freudige Botschaft schreibt. Kommen, eilen Sie zurück. Es ist so öde hier und ich kann kaum mehr leben, seit Sie von uns fort sind. Aurelie.«

Die Augen gingen mir über, als ich das las, vor Entzücken und Schreck und unsäglicher Freude. Ich schämte mich vor dem alten Weibe, die mich wieder abscheulich anschmunzelte, und flog wie ein Pfeil bis in den allereinsamsten Winkel des Gartens. Dort warf ich mich unter den Haselnußsträuchern ins Gras hin, und las das Briefchen noch einmal, sagte die Worte auswendig für mich hin, und las dann wieder und immer wieder, und die Sonnenstrahlen tanzten zwischen den Blättern hindurch über den Buchstaben, daß sie sich wie goldene und hellgrüne und rote Blüten vor meinen Augen in einander schlangen. Ist sie am Ende gar nicht verheiratet gewesen? dachte ich, war der fremde Offizier damals vielleicht ihr Herr Bruder, oder ist er nun tot, oder bin ich toll, oder – »Das ist alles einerlei!« rief ich endlich und sprang auf, »nun ist's ja klar, sie liebt mich ja, sie liebt mich!«

Als ich aus dem Gesträuch wieder hervor kroch, neigte sich die Sonne zum Untergange. Der Himmel war rot, die Vögel sangen lustig in allen Wäldern, die Täler waren voller Schimmer, aber in meinem Herzen war es noch viel tausendmal schöner und fröhlicher!

Ich rief in das Schloß hinein, daß sie mir heut das Abendessen in den Garten herausbringen sollten. Die alte Frau, der alte grämliche Mann, die Mägde, sie mußten alle mit heraus und sich mit mir unter dem Baume an den gedeckten Tisch setzen. Ich zog meine Geige hervor und spielte und aß und trank dazwischen. Da wurden sie alle lustig, der alte Mann strich seine grämlichen Falten aus dem Gesicht und stieß ein Glas nach dem andern aus, die Alte plauderte in einem fort, Gott weiß was; die Mägde fingen an auf dem Rasen mit einander zu tanzen. Zuletzt kam auch noch der blasse Student neugierig hervor, warf einige verächtliche Blicke auf das Spektakel, und wollte ganz vornehm wieder weiter gehen. Ich aber nicht zu faul, sprang geschwind auf, erwischte ihn, eh' er sich's versah, bei seinem langen Überrock, und walzte tüchtig mit ihm herum. Er strengte sich nun an, recht zierlich und neumodisch zu tanzen, und füßelte so emsig und künstlich, daß ihm der Schweiß vom Gesicht herunterfloß und die langen Rockschöße wie ein Rad um uns herum flogen. Dabei sah er mich aber manchmal so kurios mit verdrehten Augen an, daß ich mich ordentlich vor ihm zu fürchten anfing und ihn plötzlich wieder los ließ.

Die Alte hätte nun gar zu gern erfahren, was in dem Briefe stand, und warum ich denn eigentlich heut' auf einmal so lustig war. Aber das war ja viel zu weitläuftig, um es ihr auseinandersetzen zu können. Ich zeigte bloß auf ein paar Kraniche, die eben hoch über uns durch die Luft zogen, und sagte: »ich müßte nun auch so fort und immer fort, weit in die Ferne!« – Da riß sie die vertrockneten Augen weit auf, und blickte, wie ein Basilisk, bald auf mich, bald auf den alten Mann hinüber. Dann bemerkte ich, wie die beiden heimlich die Köpfe zusammensteckten, so oft ich mich wegwandte, und sehr eifrig miteinander sprachen, und mich dabei zuweilen von der Seite ansahen.

Das fiel mir auf. Ich sann hin und her, was sie wohl mit mir vorhaben möchten. Darüber wurde ich stiller, die Sonne war auch schon lange untergegangen, und so wünschte ich Allen gute Nacht und ging nachdenklich in meine Schlafstube hinauf.

Ich war innerlich so fröhlich und unruhig, daß ich noch lange im Zimmer auf und niederging. Draußen wälzte der Wind schwere schwarze Wolken über den Schloßturm weg, man konnte kaum die nächsten Bergkoppen in der dicken Finsternis erkennen. Da kam es mir vor, als wenn ich im Garten unten Stimmen hörte. Ich löschte mein Licht aus, und stellte mich ans Fenster. Die Stimmen schienen näher zu kommen, sprachen aber sehr leise mit einander. Auf einmal gab eine kleine Laterne, welche die eine Gestalt unterm Mantel trug, einen langen Schein. Ich erkannte nun den grämlichen Schloßverwalter und die alte Haushälterin. Das Licht blitzte über das Gesicht der Alten, das mir noch niemals so gräßlich vorgekommen war, und über ein langes Messer, das sie in der Hand hielt. Dabei konnte ich sehen, daß sie beide eben nach meinem Fenster hinaufsahen. Dann schlug der Verwalter seinen Mantel wieder dichter um, und es war bald Alles wieder finster und still.

Was wollen die, dachte ich, zu dieser Stunde noch draußen im Garten? Mich schauderte, denn es fielen mir alle Mordgeschichten ein, die ich in meinem Leben gehört hatte, von Hexen und Räubern, welche Menschen abschlachten, um ihre Herzen zu fressen. Indem ich noch so nachdenke, kommen Menschentritte, erst die Treppe herauf, dann auf dem langen Gange ganz leise, leise auf meine Türe zu, dabei war es, als wenn zuweilen Stimmen heimlich mit einander wisperten. Ich sprang schnell an das andere Ende der Stube hinter einen großen Tisch, den ich, sobald sich etwas rührte, vor mir aufheben, und so mit aller Gewalt auf die Türe losrennen wollte. Aber in der Finsternis warf ich einen Stuhl um, daß es ein entsetzliches Gepolter gab. Da wurde es auf einmal ganz still draußen. Ich lauschte hinter dem Tisch und sah immerfort nach der Tür, als wenn ich sie mit den Augen durchstechen wollte, daß mir ordentlich die Augen zum Kopfe heraus standen. Als ich mich ein Weilchen wieder so ruhig verhalten hatte, daß man die Fliegen an der Wand hätte gehen hören, vernahm ich, wie Jemand von draußen ganz leise einen Schlüssel ins Schlüsselloch steckte. Ich wollte nun eben mit meinem Tische losfahren, da drehte es den Schlüssel langsam dreimal in der Tür um, zog ihn vorsichtig wieder heraus und schnurrte dann sachte über den Gang und die Treppe hinunter.

Ich schöpfte nun tief Atem. Oho, dachte ich, da haben sie Dich eingesperrt, damit sie's kommode haben, wenn ich erst fest eingeschlafen bin. Ich untersuchte geschwind die Tür. Es war richtig, sie war fest verschlossen, eben so die andere Tür, hinter der die hübsche bleiche Magd schlief. Das war noch niemals geschehen, so lange ich auf dem Schlosse wohnte.

Da saß ich nun in der Fremde gefangen! Die schöne Frau stand nun wohl an ihrem Fenster und sah über den stillen Garten nach der Landstraße hinaus ob ich nicht schon am Zollhäuschen mit meiner Geige dahergestrichen komme, die Wolken flogen rasch über den Himmel, die Zeit verging – und ich konnte nicht fort von hier! Ach, mir war so weh im Herzen, ich wußte gar nicht mehr, was ich tun sollte. Dabei war mir's auch immer, wenn die Blätter draußen rauschten, oder eine Ratte am Boden knosperte, als wäre die Alte durch eine verborgene Tapetentür heimlich hereingetreten und lauere und schleiche leise mit dem langen Messer durch's Zimmer.

Als ich so voll Sorgen auf dem Bette saß, hörte ich auf einmal seit langer Zeit wieder die Nachtmusik unter meinen Fenstern. Bei dem ersten Klange der Guitarre war es mir nicht anders, als wenn mir ein Morgenstrahl plötzlich durch die Seele führe. Ich riß das Fenster auf und rief leise herunter, daß ich wach sei. »Pst, pst!« antwortete es von unten. Ich besann mich nun nicht lange, steckte das Briefchen und meine

Geige zu mir, schwang mich aus dem Fenster, und kletterte an der alten, zersprungenen Mauer hinab, indem ich mich mit den Händen an den Sträuchern, die aus den Ritzen wuchsen, anhielt. Aber einige morsche Ziegel gaben nach, ich kam ins Rutschen, es ging immer rascher und rascher mit mir, bis ich endlich mit beiden Füßen aufplumpte, daß mir's im Gehirnkasten knisterte.

Kaum war ich auf diese Art unten im Garten angekommen, so umarmte mich Jemand mit solcher Vehemenz, daß ich laut aufschrie. Der gute Freund aber hielt mir schnell die Finger auf den Mund, faßte mich bei der Hand und führte mich dann aus dem Gesträuch ins Freie hinaus. Da erkannte ich mit Verwunderung den guten langen Studenten, der die Guitarre an einem breiten, seidenen Bande um den Hals hängen hatte. – Ich beschrieb ihm nun in größter Geschwindigkeit, daß ich aus dem Garten hinaus wollte. Er schien aber das alles schon lange zu wissen, und führte mich auf allerlei verdeckten Umwegen zu dem untern Tore in der hohen Gartenmauer. Aber da war nun auch das Tor wieder fest verschlossen! Doch der Student hatte auch das schon vorbedacht, er zog einen großen Schlüssel hervor und schloß behutsam auf.

Als wir nun in den Wald hinaustraten und ich ihn eben noch um den besten Weg zur nächsten Stadt fragen wollte, stürzte er plötzlich vor mir auf ein Knie nieder, hob die eine Hand hoch in die Höh, und fing an zu fluchen und an zu schwören, daß es entsetzlich anzuhören war. Ich wußte gar nicht, was er wollte, ich hörte nur immerfort: Idio und cuore und amore und furore! Als er aber am Ende gar anfing, auf beiden Knien schnell und immer näher auf mich zuzurutschen, da wurde mir auf einmal ganz grauslich, ich merkte wohl, daß er verrückt war, und rannte, ohne mich umzusehen, in den dicksten Wald hinein.

Ich hörte nun den Studenten wie rasend hinter mir drein schreien. Bald darauf gab noch eine andere grobe Stimme vom Schlosse her Antwort. Ich dachte mir nun wohl, daß sie mich aufsuchen würden. Der Weg war mir unbekannt, die

Nacht finster, ich konnte ihnen leicht wieder in die Hände fallen. Ich kletterte daher auf den Wipfel einer hohen Tanne hinauf, um bessere Gelegenheit abzuwarten.

Von dort konnte ich hören, wie auf dem Schlosse eine Stimme nach der andern wach wurde. Einige Windlichter zeigten sich oben und warfen ihre wilden roten Scheine über das alte Gemäuer des Schlosses und weit vom Berge in die schwarze Nacht hinein. Ich befahl meine Seele dem lieben Gott, denn das verworrene Getümmel wurde immer lauter und näherte sich immer mehr und mehr. Endlich stürzte der Student mit einer Fackel unter meinem Baum vorüber, daß ihm die Rockschöße weit im Winde nachflogen. Dann schienen sie sich alle nach und nach auf eine andere Seite des Berges hinzuwenden, die Stimmen schallten immer ferner und ferner, und der Wind rauschte wieder durch den stillen Wald. Da stieg ich schnell von dem Baume herab, und lief atemlos weiter in das Tal und die Nacht hinaus.

SIEBENTES KAPITEL

Ich war Tag und Nacht eilig fortgegangen, denn es sauste mir lange in den Ohren, als kämen die von dem Berge mit ihrem Rufen, mit Fackeln und langen Messern noch immer hinter mir drein. Unterwegs erfuhr ich, daß ich nur noch ein paar Meilen von Rom wäre. Da erschrak ich ordentlich vor Freude. Denn von dem prächtigen Rom hatte ich schon zu Hause als Kind viele wunderbare Geschichten gehört, und wenn ich dann an Sonntags-Nachmittagen vor der Mühle im Grase lag und alles ringsum so stille war, da dachte ich mir Rom wie die ziehenden Wolken über mir, mit wundersamen Bergen und Abgründen am blauen Meer, und goldnen Toren und hohen glänzenden Türmen, von denen Engel in goldenen Gewändern sangen. – Die Nacht war schon wieder lange hereingebrochen, und der Mond schien prächtig, als ich endlich auf einem Hügel aus dem Walde heraustrat, und auf einmal die Stadt in der Ferne vor mir sah. – Das Meer leuchtete von weiten, der Himmel blitzte und funkelte unübersehbar mit unzähligen Sternen, darunter lag die heilige Stadt, von der man nur einen langen Nebelstreif erkennen konnte, wie ein eingeschlafner Löwe auf der stillen Erde, und Berge standen daneben, wie dunkle Riesen, die ihn bewachten.

Ich kam nun zuerst auf eine große, einsame Heide, auf der es so grau und still war, wie im Grabe. Nur hin und her stand ein altes verfallenes Gemäuer oder ein trockener wunderbar gewundener Strauch; manchmal schwirrten Nachtvögel durch die Luft, und mein eigener Schatten strich immerfort lang und dunkel in der Einsamkeit neben mir her. Sie sagen, daß hier eine uralte Stadt und die Frau Venus begraben liegt, und die alten Heiden zuweilen noch aus ihren Gräbern heraufsteigen und bei stiller Nacht über die Heide gehn und die Wanderer verwirren. Aber ich ging immer grade fort und ließ mich nichts anfechten. Denn die Stadt stieg immer deutlicher und prächtiger vor mir herauf, und die hohen Burgen und Tore und goldenen Kuppeln glänzten so herrlich im hellen Mondschein, als ständen wirklich die Engel in goldenen Gewändern auf den Zinnen und sängen durch die stille Nacht herüber.

So zog ich denn endlich, erst an kleinen Häusern vorbei, dann durch ein prächtiges Tor in die berühmte Stadt Rom hinein. Der Mond schien zwischen den Palästen, als wäre es heller Tag, aber die Straßen waren schon alle leer, nur hin und wieder lag ein lumpiger Kerl, wie ein Toter, in der lauen Nacht auf den Marmorschwellen und schlief. Dabei rauschten die Brunnen auf den stillen Plätzen, und die Gärten an der Straße säuselten dazwischen und erfüllten die Luft mit erquickenden Düften.

Wie ich nun eben so weiter fort schlendere, und vor Vergnügen, Mondschein und Wohlgeruch gar nicht weiß, wohin ich mich wenden soll, läßt sich tief aus dem einen Garten eine Guitarre hören. Mein Gott, denk' ich, da ist mir wohl der tolle Student mit dem langen Überrock heimlich nachgesprungen! Darüber fing eine Dame in dem Garten an überaus lieblich zu singen. Ich stand ganz wie bezaubert, denn es war die Stimme der schönen gnädigen Frau, und dasselbe welsche Liedchen, das sie gar oft zu Hause am offnen Fenster gesungen hatte.

Da fiel mir auf einmal die schöne alte Zeit mit solcher Gewalt auf's Herz, daß ich bitterlich hätte weinen mögen, der stille Garten vor dem Schloß in früher Morgenstunde, und wie ich da hinter dem Strauch so glückselig war, ehe mir die dumme Fliege in die Nase flog. Ich konnte mich nicht länger halten. Ich kletterte auf den vergoldeten Zierraten über das Gittertor, und schwang mich in den Garten hinunter, woher der Gesang kam. Da bemerkte ich, daß eine schlanke weiße Gestalt von fern hinter einer Pappel stand und mir erst verwundert zusah, als ich über das Gitterwerk kletterte, dann aber auf einmal so schnell durch den dunklen Garten nach dem Hause zuflog, daß man sie im Mondschein kaum füßeln sehen konnte. »Das war sie selbst!« rief ich aus, und das Herz schlug mir vor Freude, denn ich erkannte sie gleich an den kleinen, geschwinden Füßchen wieder. Es war nur schlimm, daß ich mir beim Herunterspringen vom Gartentore den rechten Fuß etwas vertreten hatte, ich mußte daher erst ein paarmal mit dem Beine schlenkern, eh' ich zu dem Hause nachspringen konnte. Aber da hatten sie unterdes Tür und Fenster fest verschlossen. Ich klopfte ganz bescheiden an, horchte und klopfte wieder. Da war es nicht anders, als wenn es drinnen leise flüsterte und kicherte, ja einmal kam es mir vor, als wenn zwei helle Augen zwischen den Jalousien im Mondschein hervorfunkelten. Dann war auf einmal wieder alles still.

»Sie weiß nur nicht, daß *ich* es bin,« dachte ich, zog die Geige, die ich allzeit bei mir trage, hervor, spazierte damit auf dem Gange vor dem Hause auf und nieder, und spielte und sang das Lied von der schönen Frau, und spielte voll Vergnügen alle meine Lieder durch, die ich damals in den schönen Sommernächten im Schloßgarten, oder auf der Bank vor dem Zollhause gespielt hatte, daß es weit bis in die Fenster des Schlosses hinüber klang. Aber es half alles nichts, es rührte und regte sich Niemand im ganzen Hause. Da steckte ich endlich meine Geige traurig ein, und legte mich auf die Schwelle vor der Haustür hin, denn ich war sehr müde von dem langen Marsch. Die Nacht war warm, die Blumenbeete vor dem Hause dufteten lieblich, eine Wasserkunst weiter unten im Garten plätscherte immerfort dazwischen. Mir träumte von himmelblauen Blumen, von schönen, dunkelgrünen, einsamen Gründen, wo Quellen rauschten und Bächlein gingen, und bunte Vögel wunderbar sangen, bis ich endlich fest einschlief.

Als ich aufwachte, rieselte mir die Morgenluft durch alle Glieder. Die Vögel waren schon wach und zwitscherten auf den Bäumen um mich herum, als ob sie mich für'n Narren haben wollten. Ich sprang rasch auf und sah mich nach allen Seiten um. Die Wasserkunst im Garten rauschte noch immerfort, aber in dem Hause war kein Laut zu vernehmen. Ich guckte durch die grünen Jalousien in das eine Zimmer hinein. Da war ein Sopha, und ein großer runder Tisch mit grauer Leinwand verhangen, die Stühle standen alle in großer Ordnung und unverrückt an den Wänden herum; von außen aber waren die Jalousien an allen Fenstern heruntergelassen, als wäre das ganze Haus schon seit vielen Jahren unbewohnt. – Da überfiel mich ein ordentliches Grausen vor dem einsamen Hause und Garten und vor der gestrigen weißen Gestalt. Ich lief, ohne mich weiter umzusehen, durch die stillen Lauben und Gänge, und kletterte geschwind wieder an dem Gartentor hinauf. Aber da blieb ich wie verzaubert sitzen, als ich auf einmal von dem hohen Gitterwerk in die prächtige Stadt hinunter sah. Da blitzte und funkelte die Morgensonne weit über die Dächer und in die langen stillen Straßen hinein, daß ich laut aufjauchzen mußte, und voller Freude auf die Straße hinunter sprang.

Aber wohin sollt' ich mich wenden in der großen fremden Stadt? Auch ging mir die konfuse Nacht und das welsche Lied der schönen gnädigen Frau von gestern noch immer im Kopfe hin und her. Ich setzte mich endlich auf den steinernen Springbrunnen, der mitten auf dem einsamen Platze stand, wusch mir in dem klaren Wasser die Augen hell und sang dazu:

> Wenn ich ein Vöglein wär',
> Ich wüßt' wohl, wovon ich sänge,
> Und auch zwei Flüglein hätt',
> Ich wüßt' wohl, wohin ich mich schwänge!

»Ei, lustiger Gesell, du singst ja wie eine Lerche beim ersten Morgenstrahl!« sagte da auf einmal ein junger Mann zu mir, der während meines Liedes an den Brunnen heran getreten war. Mir aber, da ich so unverhofft Deutsch sprechen hörte, war es nicht anders im Herzen, als wenn die Glocke aus meinem Dorfe am stillen Sonntagsmorgen plötzlich zu mir herüber klänge. »Gott, willkommen, bester Herr Landsmann!« rief ich aus und sprang voller Vergnügen von dem steinernen Brunnen herab. Der junge Mann lächelte und sah mich von oben bis unten an. »Aber was treibt Ihr denn eigentlich hier in Rom?« fragte er endlich. Da wußte ich nun nicht gleich, was ich sagen sollte, denn daß ich so eben der schönen gnädigen Frau nachspränge, mocht' ich ihm nicht sagen. »Ich treibe,« erwiderte ich, »mich selbst ein bißchen herum, um die Welt zu sehn.« – »So so!« versetzte der junge Mann und lachte laut auf, »da haben wir ja *ein* Metier. Das tu' ich eben auch, um die Welt zu sehn, und hinterdrein abzumalen.« – »Also ein Maler!« rief ich fröhlich aus, denn mir fiel dabei Herr Leonhard und Guido ein. Aber der Herr ließ mich nicht zu Worte kommen. »Ich denke,« sagte er, »du gehst mit und frühstückst bei mir, da will ich dich selbst abkonterfeien, daß es eine Freude sein soll!« – Das ließ ich mir gern gefallen, und wanderte nun mit dem Maler durch die leeren Straßen, wo nur hin und wieder erst einige Fensterladen aufgemacht wurden und bald ein paar weiße Arme, bald ein verschlafnes Gesichtchen in die frische Morgenluft hinausguckte.

Er führte mich lange hin und her durch eine Menge konfuser enger und dunkler Gassen, bis wir endlich in ein altes verräuchertes Haus hineinwuschten. Dort stiegen wir eine finstre Treppe hinauf, dann wieder eine, als wenn wir in den Himmel hineinsteigen wollten. Wir standen nun unter dem Dache vor einer Tür still, und der Maler fing an in allen Taschen vorn und hinten mit großer Eilfertigkeit zu suchen. Aber er hatte heute früh vergessen zuzuschließen und den Schlüssel in der Stube gelassen. Denn er war, wie er mir unterweges erzählte, noch vor Tagesanbruch vor die Stadt hinausgegangen, um die Gegend bei Sonnenaufgang zu betrachten. Er schüttelte nur mit dem Kopfe und stieß die Türe mit dem Fuße auf.

Das war eine lange, lange große Stube, daß man darin hätte tanzen können, wenn nur nicht auf dem Fußboden alles voll gelegen hätte. Aber da lagen Stiefeln, Papiere, Kleider, umgeworfene Farbentöpfe, alles durcheinander; in der Mitte der Stube standen große Gerüste, wie man zum Birnenabnehmen braucht, ringsum an der Wand waren große Bilder angelehnt. Auf einem langen hölzernen Tische war eine Schüssel, worauf, neben einem Farbenkleckse, Brot und Butter lag. Eine Flasche Wein stand daneben.

»Nun eß't und trinkt erst, Landsmann!« rief mir der Maler zu. – Ich wollte mir auch sogleich ein Paar Butterschnitten schmieren, aber da war wieder kein Messer da. Wir mußten erst lange in den Papieren auf dem Tische herumraschen, ehe wir es unter einem großen Pakete endlich fanden. Darauf riß der Maler das Fenster auf, daß die frische Morgenluft fröhlich das ganze Zimmer durchdrang. Das war eine herrliche Aussicht weit über die Stadt weg in die Berge hinein, wo die Morgensonne lustig die weißen Landhäuser und Weingärten beschien. – »Vivat unser kühlgrünes Deutschland da hinter den Bergen!« rief der Maler aus und trank dazu aus der Weinflasche, die er mir dann hinreichte. Ich tat ihm höflich Bescheid, und grüßte in meinem Herzen die schöne Heimat in der Ferne noch viel tausendmal.

Der Maler aber hatte unterdes das hölzerne Gerüst, worauf ein sehr großes Papier aufgespannt war, näher an das Fenster herangerückt. Auf dem Papiere war bloß mit großen schwarzen Strichen eine alte Hütte gar künstlich abgezeichnet. Darin saß die heilige Jungfrau mit einem überaus schönen, freudigen und doch recht wehmütigen Gesichte. Zu ihren Füßen auf einem Nestlein von Stroh lag das Jesuskind, sehr freundlich, aber mit großen ernsthaften Augen. Draußen auf der Schwelle der offnen Hütte aber knieten zwei Hirten-Knaben mit Stab und Tasche. – »Siehst du,« sagte der Maler, »dem einen Hirtenknaben da will ich deinen Kopf aufsetzen, so kommt dein Gesicht doch auch etwas unter die Leute, und will's Gott, sollen sie sich daran noch erfreuen, wenn wir beide schon lange begraben sind und selbst so still und fröhlich vor der heiligen Mutter und ihrem Sohn knien, wie die glücklichen Jungen hier.« – Darauf ergriff er einen alten Stuhl, von dem ihm aber, da er ihn aufheben wollte, die halbe Lehne in der Hand blieb. Er paßte ihn geschwind wieder zusammen, schob ihn vor das Gerüst hin, und ich mußte mich nun darauf setzen und mein Gesicht etwas von der Seite, nach dem Maler zu, wenden. – So saß ich ein paar Minuten ganz still, ohne mich zu rühren. Aber ich weiß nicht, zuletzt konnt' ich's gar nicht recht aushalten, bald juckte mich's da, bald juckte mich's dort. Auch hing mir grade gegenüber ein zerbrochner halber Spiegel, da mußt ich immerfort hineinsehn, und machte, wenn er eben malte, aus Langeweile allerlei Gesichter und Grimassen. Der Maler, der es bemerkte, lachte endlich laut auf und winkte mir mit der Hand, daß ich wieder aufstehen sollte. Mein Gesicht auf dem Hirten war auch schon fertig, und sah so klar aus, daß ich mir ordentlich selber gefiel.

Er zeichnete nun in der frischen Morgenkühle immer fleißig fort, während er ein Liedchen dazu sang und zuweilen durch das offne Fenster in die prächtige Gegend hinausblickte. Ich aber schnitt mir unterdes noch eine Butterstolle und ging damit vergnügt im Zimmer auf und ab und besah mir die Bilder, die an der Wand aufgestellt waren. Zwei darunter gefielen mir ganz besonders gut. »Habt Ihr die auch gemalt?« frug ich den Maler. »Warum nicht gar!« erwiderte er, »die sind von den berühmten Meistern Leonardo da Vinci und Guido Reni – aber da weißt du ja doch nichts davon!« –

Mich ärgerte der Schluß der Rede. »O,« versetzte ich ganz gelassen, »die beiden Meister kenne ich wie meine eigne Tasche.« – Da machte er große Augen. »Wie so?« frug er geschwind. »Nun,« sagte ich, »bin ich nicht mit ihnen Tag und Nacht fortgereist, zu Pferde und zu Fuß und zu Wagen, daß mir der Wind am Hute pfiff, und hab' sie alle beide in der Schenke verloren, und bin dann allein in ihrem Wagen mit Extrapost immer weiter gefahren, daß der Bombenwagen immerfort auf zwei Rädern über die entsetzlichen Steine flog, und« – »Oho! Oho!« unterbrach mich der Maler, und sah mich starr an, als wenn er mich für verrückt hielte. Dann aber brach er plötzlich in ein lautes Gelächter aus. »Ach,« rief er, »nun versteh' ich erst, du bist mit zwei Malern gereist, die Guido und Leonhard hießen?« – Da ich das bejahte, sprang er rasch auf und sah mich nochmals von oben bis unten ganz genau an. »Ich glaube gar,« sagte er, »am Ende – spielst du die Violine?« – Ich schlug auf meine Rocktasche, daß die Geige darin einen Klang gab. – »Nun wahrhaftig,« versetzte der Maler, »da war eine Gräfin aus Deutschland hier, die hat sich in allen Winkeln von Rom nach den beiden Malern und nach einem jungen Musikanten mit der Geige erkundigen lassen.« – »Eine junge Gräfin aus Deutschland?« rief ich voller Entzücken aus, »ist der Portier mit?« – »Ja das weiß ich alles nicht,« erwiderte der Maler, »ich sah sie nur einigemal bei einer Freundin von ihr, die aber auch nicht in der Stadt wohnt. – Kennst du die?« fuhr er fort, indem er in einem Winkel plötzlich eine Leinwanddecke von einem großen Bilde in die Höhe hob. Da war mir's doch nicht anders, als wenn man in einer finstern Stube die Lade aufmacht und einem die Morgensonne auf einmal über die Augen blitzt, es war – die schöne gnädige Frau! – sie stand in einem schwarzen Samt-Kleide im Garten, und hob mit der einen Hand den Schleier vom Gesicht und sah still und freundlich in eine weite prächtige Gegend hinaus. Je länger ich hinsah, je mehr kam es mir vor, als wäre es der Garten am Schlosse, und die Blumen und Zweige wiegten sich leise im Winde, und unten in der Tiefe sähe ich mein Zollhäuschen und die Landstraße weit durchs Grüne, und die Donau und die fernen blauen Berge.

»Sie ist's, sie ist's!« rief ich endlich, erwischte meinen Hut, und rannte rasch zur Tür hinaus, die vielen Treppen hinunter, und hörte nur noch, daß mir der verwunderte Maler nachschrie, ich sollte gegen Abend wieder kommen, da könnten wir vielleicht mehr erfahren!

ACHTES KAPITEL

Ich lief mit großer Eilfertigkeit durch die Stadt, um mich sogleich wieder in dem Gartenhause zu melden, wo die schöne Frau gestern Abend gesungen hatte. Auf den Straßen war unterdes alles lebendig geworden, Herren und Damen zogen im Sonnenschein und neigten sich und grüßten bunt durcheinander, prächtige Karossen rasselten dazwischen, und von allen Türmen läutete es zur Messe, daß die Klänge über dem Gewühle wunderbar in der klaren Luft durcheinander hallten. Ich war wie betrunken von Freude und von dem Rumor, und rannte in meiner Fröhlichkeit immer grade fort, bis ich zuletzt gar nicht mehr wußte, wo ich stand. Es war wie verzaubert, als wäre der stille Platz mit dem Brunnen, und der Garten, und das Haus bloß ein Traum gewesen, und beim hellen Tageslicht alles wieder von der Erde verschwunden.

Fragen konnte ich nicht, denn ich wußte den Namen des Platzes nicht. Endlich fing es auch an sehr schwül zu werden, die Sonnenstrahlen schossen recht wie sengende Pfeile auf das Pflaster, die Leute verkrochen sich in die Häuser, die Jalousien wurden überall wieder zugemacht, und es war auf einmal wie ausgestorben auf den Straßen. Ich warf mich zuletzt ganz verzweifelt vor einem großen schönen Hause hin, vor dem ein Balkon mit Säulen breiten Schatten warf, und betrachtete bald die stille Stadt, die in der plötzlichen Einsamkeit bei heller Mittagstunde ordentlich schauerlich aussah, bald wieder den tiefblauen, ganz wolkenlosen Himmel, bis ich endlich vor großer Ermüdung gar einschlummerte. Da träumte mir, ich läge bei meinem Dorfe auf einer einsamen grünen Wiese, ein warmer Sommerregen sprühte und glänzte in der Sonne, die so eben hinter den Bergen unterging, und wie die Regentropfen auf den Rasen fielen, waren es lauter schöne bunte Blumen, so daß ich davon ganz überschüttet war.

Aber wie erstaunte ich, als ich erwachte, und wirklich eine Menge schöner frischer Blumen auf und neben mir liegen sah! Ich sprang auf, konnte aber nichts besonderes bemerken, als bloß in dem Hause über mir ein Fenster ganz oben voll von duftenden Sträuchen und Blumen, hinter denen ein Papagei unablässig plauderte und kreischte. Ich las nun die zerstreuten Blumen auf, band sie zusammen und steckte mir den Strauß vorn ins Knopfloch. Dann aber fing ich an, mit dem Papagei ein wenig zu diskurrieren, denn es freute mich, wie er in seinem vergoldeten Gebauer mit allerlei Grimassen herauf und herunter stieg und sich dabei immer ungeschickt über die große Zehe trat. Doch ehe ich mich's versah, schimpfte er mich »furfante!« Wenn es gleich eine unvernünftige Bestie war, so ärgerte es mich doch. Ich schimpfte ihn wieder, wir gerieten endlich beide in Hitze, je mehr ich auf Deutsch schimpfte, je mehr gurgelte er auf italienisch wieder auf mich los.

Auf einmal hörte ich Jemanden hinter mir lachen. Ich drehte mich rasch um. Es war der Maler von heute früh. »Was stellst du wieder für tolles Zeug an!« sagte er, »ich warte schon eine halbe Stunde auf dich. Die Luft ist wieder kühler, wir wollen in einen Garten vor der Stadt gehen, da wirst du mehrere Landsleute finden und vielleicht etwas näheres von der deutschen Gräfin erfahren.«

Darüber war ich außerordentlich erfreut, und wir traten unsern Spaziergang sogleich an, während ich den Papagei noch lange hinter mir drein schimpfen hörte.

Nachdem wir draußen vor der Stadt auf schmalen steinigten Fußsteigen lange zwischen Landhäusern und Weingärten hinaufgestiegen waren, kamen wir an einen kleinen hochgelegenen Garten, wo mehrere junge Männer und Mädchen im Grünen um einen runden Tisch saßen. Sobald wir hinein traten, winkten uns alle zu, uns still zu verhalten, und zeigten auf die andere Seite des Gartens hin. Dort saßen in einer großen, grünverwachsenen Laube zwei schöne Frauen an einem Tisch einander gegenüber. Die eine sang, die andere spielte Guitarre dazu. Zwischen beiden hinter dem Tische stand ein freundlicher Mann, der mit einem kleinen Stäbchen zuweilen den Takt schlug. Dabei funkelte die Abendsonne durch das Weinlaub, bald über die Weinflaschen und Früchte, womit der Tisch in der Laube besetzt war, bald über die vollen, runden, blendendweißen Achseln der Frau mit der Guitarre. Die andere war wie verzückt und sang auf italienisch ganz außerordentlich künstlich, daß ihr die Flechsen am Halse aufschwollen.

Wie sie nun so eben, mit zum Himmel gerichteten Augen, eine lange Kadenz anhielt, und der Mann neben ihr mit aufgehobenem Stäbchen auf den Augenblick paßte, wo sie wieder in den Takt einfallen würde, und keiner im ganzen Garten zu atmen sich unterstand, da flog plötzlich die Gartentüre weit auf, und ein ganz erhitztes Mädchen und hinter ihr ein junger Mensch mit einem feinen, bleichen Gesicht stürzten in großem Gezänke herein. Der erschrockene Musikdirektor blieb mit seinem aufgehobenen Stabe wie ein versteinerter Zauberer stehen, obgleich die Sängerin schon längst den langen Triller plötzlich abgeschnappt hatte, und zornig aufgestanden war. Alle übrigen zischten den Neuangekommenen wütend an. »Barbar!« rief ihm einer von dem runden Tische zu, »du rennst da mitten in das sinnreiche Tableau von der schönen Beschreibung hinein, welche der selige Hoffmann, Seite 347 des ›Frauentaschenbuchs für 1816,‹ von dem schönsten Hummelschen Bilde gibt, das im Herbst 1814 auf der Berliner Kunstausstellung zu sehen war!« – Aber das half alles nichts. »Ach was!« entgegnete der junge Mann, »mit euren Tableau's von Tableaus! Mein selbst erfundenes Bild für die andern, und mein Mädchen für mich allein! So will ich es halten! Oh du Ungetreue, du Falsche!« fuhr er dann von neuem gegen das arme Mädchen fort, »du kritische Seele, die in der Malerkunst nur den Silberblick, und in der Dichtkunst nur den goldenen Faden sucht, und keinen Liebsten, sondern nur lauter Schätze hat! Ich wünsche dir hinfüro, anstatt eines ehrlichen malerischen Pinsels, einen alten Duca mit einer ganzen Münzgrube von Diamanten auf der Nase, und mit hellen Silberblick auf der kahlen Platte, und mit Goldschnitt auf den paar noch übrigen Haaren! Ja nur heraus mit dem verruchten Zettel, den du da vorhin vor mir versteckt hast! Was hast du wieder angezettelt? Von wem ist der Wisch, und an wen ist er?«

Aber das Mädchen sträubte sich standhaft, und je eifriger die Andern den erbosten jungen Menschen umgaben und ihn mit großem Lärm zu trösten und zu beruhigen suchten, desto erhitzter und toller wurde er von dem Rumor, zumal da das Mädchen auch ihr Mäulchen nicht halten konnte, bis sie endlich weinend aus dem verworrenen Knäuel hervorflog, und sich auf einmal ganz unverhofft an meine Brust stürzte, um bei mir Schutz zu suchen. Ich stellte mich auch sogleich in die gehörige Positur, aber da die Andern in dem Getümmel so eben nicht auf uns Acht gaben, kehrte sie plötzlich das Köpfchen nach mir herauf und flüsterte mir mit ganz ruhigem Gesicht sehr leise und schnell ins Ohr: »Du abscheulicher Einnehmer! um dich muß ich das alles leiden. Da steck' den fatalen Zettel geschwind zu dir, du findest darauf bemerkt, wo wir wohnen. Also zur bestimmten Stunde, wenn du in's Tor kommst, immer die einsame Straße rechts fort! –«

Ich konnte vor Verwunderung kein Wort hervorbringen, denn wie ich sie nun erst recht ansah, erkannte ich sie auf einmal: es war wahrhaftig die schnippische Kammerjungfer vom Schloß, die mir damals an dem schönen Samstag's-Abende die Flasche mit Wein brachte. Sie war mir sonst niemals so schön vorgekommen, als da sie sich jetzt so erhitzt an mich lehnte, daß die schwarzen Locken über meinen Arm herabhingen. – »Aber, verehrteste Mamsell,« sagte ich voller Erstaunen, »wie kommen Sie« – »Um Gotteswillen, still nur, jetzt still!« erwiderte sie, und sprang geschwind von mir fort auf die andere Seite des Gartens, eh' ich mich noch auf alles recht besinnen konnte.

Unterdes hatten die Andern ihr erstes Thema fast ganz vergessen, zankten aber untereinander recht vergnüglich weiter, indem sie dem jungen Menschen beweisen wollten, daß er eigentlich betrunken sei, was sich für einen ehrliebenden Maler gar nicht schicke. Der runde fixe Mann aus der Laube, der – wie ich nachher erfuhr – ein großer Kenner und Freund von Künsten war, und aus Liebe zu den Wissenschaften gern alles mitmachte, hatte auch sein Stäbchen weggeworfen, und flankierte mit seinem fetten Gesicht das vor Freundlichkeit ordentlich glänzte, eifrig mitten in dem dicksten Getümmel herum, um alles zu vermitteln und zu beschwichtigen, während er dazwischen immer wieder die lange Kadenz und das schöne Tableau bedauerte, das er mit vieler Mühe zusammengebracht hatte.

Mir aber war es so sternklar im Herzen, wie damals an dem glückseligen Sonnabend, als ich am offnen Fenster vor der Weinflasche bis tief in die Nacht hinein auf der Geige spielte. Ich holte, da der Rumor gar kein Ende nehmen wollte, frisch meine Violine wieder hervor und spielte, ohne mich lange zu besinnen, einen welschen Tanz auf, den sie dort im Gebirge tanzen, und den ich auf dem alten, einsamen Waldschlosse gelernt hatte.

Da reckten sie alle die Köpfe in die Höh. »Bravo, bravissimo! ein deliziöser Einfall!« rief der lustige Kenner von den Künsten, und lief sogleich von einem zum andern, um ein ländliches Divertissement, wie er's nannte, einzurichten. Er selbst machte den Anfang, indem er der Dame die Hand reichte, die vorhin in der Laube Guitarre gespielt hatte. Er begann darauf außerordentlich künstlich zu tanzen, schrieb mit den Fußspitzen allerlei Buchstaben auf den Rasen, schlug ordentliche Triller mit den Füßen, und machte von Zeit zu Zeit ganz passable Luftsprünge. Aber er bekam es bald satt, denn er war etwas korpulent. Er machte immer kürzere und ungeschicktere Sprünge, bis er endlich ganz aus dem Kreise heraustrat und heftig pustete und sich mit seinem schneeweißen Schnupftuch unaufhörlich den Schweiß abwischte. Unterdes hatte auch der junge Mensch, der nun wieder ganz gescheut geworden war, aus dem Wirtshause Kastagnetten herbeigeholt, und ehe ich mich's versah, tanzten alle unter den Bäumen bunt durcheinander. Die untergegangene Sonne warf noch einige rote Widerscheine zwischen die dunklen Schatten und über das alte Gemäuer und die von Epheu wild überwachsenen halb versunkenen Säulen hinten im Garten, während man von der andern Seite tief unter den Weinbergen die Stadt Rom in den Abendgluten liegen sah. Da tanzten sie alle lieblich im Grünen in der klaren stillen Luft, und mir lachte das Herz recht im Leibe, wie die schlanken Mädchen, und die Kammerjungfer mitten unter ihnen, sich so mit aufgehobenen Armen wie heidnische Waldnymphen zwischen dem Laubwerk schwangen, und dabei jedesmal in der Luft mit den Kastagnetten lustig dazu schnalzten. Ich konnte mich nicht länger halten, ich sprang mitten unter sie hinein und machte, während ich dabei immerfort geigte, recht artige Figuren.

Ich mochte eine ziemliche Weile so im Kreise herum gesprungen sein, und merkte gar nicht, daß die andern unterdes anfingen müde zu werden und sich nach und nach von dem Rasenplatze verloren. Da zupfte mich Jemand von hinten tüchtig an den Rockschößen. Es war die Kammerjungfer. »Sei kein Narr,« sagte sie leise, »du springst ja wie ein Ziegenbock! Studiere deinen Zettel ordentlich, und komm bald nach, die schöne junge Gräfin wartet.« – Und damit schlüpfte sie in der Dämmerung zur Gartenpforte hinaus, und war bald zwischen den Weingärten verschwunden.

Mir klopfte das Herz, ich wäre am liebsten gleich nachgesprungen. Zum Glück zündete der Kellner, da es schon dunkel geworden war, in einer großen Laterne an der Gartentür Licht an. Ich trat heran und zog geschwind den Zettel heraus. Da war ziemlich kritzlig mit Bleifeder das Tor und die Straße beschrieben, wie mir die Kammerjungfer vorhin gesagt hatte. Dann stand: »Elf Uhr an der kleinen Türe.« –

Da waren noch ein paar lange Stunden hin! – Ich wollte mich demungeachtet sogleich auf den Weg machen, denn ich hatte keine Rast und Ruhe mehr; aber da kam der Maler, der mich hierher gebracht hatte, auf mich los. »Hast du das Mädchen gesprochen?« frug er, »ich seh' sie nun nirgends mehr; das war das Kammermädchen von der deutschen Gräfin.« »Still, still!« erwiderte ich, »die Gräfin ist noch in Rom.« »Nun desto besser,« sagte der Maler, »so komm und trink' mit uns auf ihre Gesundheit!« und damit zog er mich, wie sehr ich mich auch sträubte, in den Garten zurück.

Da war es unterdes ganz öde und leer geworden. Die lustigen Gäste wanderten, jeder sein Liebchen am Arm, nach der Stadt zu, und man hörte sie noch durch den stillen Abend zwischen den Weingärten plaudern und lachen, immer ferner und ferner, bis sich endlich die Stimmen tief in dem Tale im Rauschen der Bäume und des Stromes verloren. Ich war nur noch mit meinem Maler, und dem Herrn Eckbrecht – so hieß der andre junge Maler, der sich vorhin so herum gezankt hatte – allein oben zurück geblieben. Der Mond schien prächtig im Garten zwischen die hohen dunklen Bäume herein, ein Licht flackerte im Winde auf dem Tische vor uns und schimmerte über den vielen vergoßnen Wein auf der Tafel. Ich mußte mich mit hinsetzen und mein Maler plauderte mit mir über meine Herkunft, meine Reise, und meinen Lebensplan. Herr Eckbrecht aber hatte das junge hübsche Mädchen aus dem Wirtshause, nachdem sie uns Flaschen auf den Tisch gestellt, vor sich auf den Schoß genommen, legte ihr die Guitarre in den Arm, und lehrte sie ein Liedchen darauf klimpern. Sie fand sich auch bald mit den kleinen Händchen zurecht, und sie sangen dann zusammen ein italienisches Lied, einmal er, dann wieder das Mädchen eine Strophe, was sich in dem schönen stillen Abend prächtig ausnahm. – Als das Mädchen dann weggerufen wurde, lehnte sich Herr Eckbrecht mit der Guitarre auf der Bank zurück, legte seine Füße auf einen Stuhl, der vor ihm stand, und sang nun für sich allein viele herrliche deutsche und italienische Lieder, ohne sich weiter um uns zu bekümmern. Dabei schienen die

Sterne prächtig am klaren Firmament, die ganze Gegend war wie versilbert vom Mondschein, ich dachte an die schöne Fraue, an die ferne Heimat, und vergaß darüber ganz meinen Maler neben mir. Zuweilen mußte Herr Eckbrecht stimmen, darüber wurde er immer ganz zornig. Er drehte und riß zuletzt an dem Instrument, daß plötzlich eine Saite sprang. Da warf er die Guitarre hin und sprang auf. Nun wurde er erst gewahr, daß mein Maler sich unterdes über seinen Arm auf den Tisch gelegt hatte und fest eingeschlafen war. Er warf schnell einen weißen Mantel um, der auf einem Aste neben dem Tische hing, besann sich aber plötzlich, sah erst meinen Maler, dann mich ein paarmal scharf an, setzte sich darauf, ohne sich lange zu bedenken, grade vor mich auf den Tisch hin, räusperte sich, rückte an seiner Halsbinde, und fing dann auf einmal an, eine Rede an mich zu halten. »Geliebter Zuhörer und Landsmann!« sagte er, »da die Flaschen beinah leer sind, und da die Moral unstreitig die erste Bürgerpflicht ist, wenn die Tugenden auf die Neige gehen, so fühle ich mich aus landsmännlicher Sympathie getrieben, dir einige Moralität zu Gemüte zu führen. – Man könnte zwar meinen,« fuhr er fort, »du sei'st ein bloßer Jüngling, während doch dein Frack über seine besten Jahre hinaus ist; man könnte vielleicht annehmen, du habest vorhin wunderliche Sprünge gemacht, wie ein Satyr; ja, einige möchten wohl behaupten, du seiest wohl gar ein Landstreicher, weil du hier auf dem Lande bist und die Geige streichst; aber ich kehre mich an solche oberflächliche Urteile nicht, ich halte mich an deine feingespitzte Nase, ich halte dich für ein vazierendes Genie.« – Mich ärgerten die verfänglichen Redensarten, ich wollte ihm so eben recht anworten. Aber er ließ mich nicht zu Worte kommen. »Siehst du,« sagte er, »wie du dich schon aufblähst von dem bißchen Lobe. Gehe in dich, und bedenke dieses gefährliche Metier! Wir Genie's – denn ich bin auch eins – machen uns aus der Welt eben so wenig, als sie aus uns, wir schreiten vielmehr ohne besondere Umstände in unsern Siebenmeilenstiefeln, die wir bald mit auf die Welt bringen, grade auf die Ewigkeit los. O höchst klägliche, unbequeme, breitgespreizte Position, mit dem einen Beine in der Zukunft, wo nichts als Morgenrot und zukünftige Kindergesichter dazwischen, mit dem andern Beine noch mitten in Rom auf der Piazza del Popolo, wo das ganze Säkulum bei der guten Gelegenheit mitwill und sich an den Stiefel hängt, daß sie einem das Bein ausreißen möchten! Und alle das Zucken, Weintrinken und Hungerleiden lediglich für die unsterbliche Ewigkeit! Und siehe meinen Herrn Kollegen dort auf der Bank, der gleichfalls ein Genie ist; ihm wird die *Zeit* schon zu lang, was wird er erst in der Ewigkeit anfangen?! Ja, hochgeschätzter Herr Kollege, du und ich und die Sonne, wir sind heute früh zusammen aufgegangen, und haben den ganzen Tag gebrütet und gemalt, und es war alles schön – und nun fährt die schläfrige Nacht mit ihrem Pelzärmel über die Welt und hat alle Farben verwischt.« Er sprach noch immerfort und war dabei mit seinen verwirrten Haaren von dem Tanzen und Trinken im Mondschein ganz leichenblaß anzusehen.

Mir aber graute schon lange vor ihm und seinem wilden Gerede, und als er sich nun förmlich zu dem schlafenden Maler herum wandte, benutzte ich die Gelegenheit, schlich, ohne daß er es bemerkte, um den Tisch, aus dem Garten heraus, und stieg, allein und fröhlich im Herzen, an dem Rebengeländer in das weite, vom Mondschein beglänzte Tal hinunter.

Von der Stadt her schlugen die Uhren Zehn. Hinter mir hörte ich durch die stille Nacht noch einzelne Guitarren-Klänge und manchmal die Stimmen der beiden Maler, die nun auch nach Hause gingen, von ferne herüberschallen. Ich lief daher so schnell, als ich nur konnte, damit sie mich nicht weiter ausfragen sollten.

Am Tore bog ich sogleich rechts in die Straße ein, und ging mit klopfendem Herzen eilig zwischen den stillen Häusern und Gärten fort. Aber wie erstaunte ich, als ich da auf einmal auf dem Platze mit dem Springbrunnen heraus kam, den ich heute am Tage gar nicht hatte finden können. Da stand das einsame Gartenhaus wieder, im prächtigsten

Mondschein, und auch die schöne Fraue sang im Garten wieder dasselbe italienische Lied, wie gestern Abend. – Ich rannte voller Entzücken erst an die kleine Tür, dann an die Haustür, und endlich mit aller Gewalt an das große Gartentor, aber es war alles verschlossen. Nun fiel mir erst ein, daß es noch nicht Elf geschlagen hatte. Ich ärgerte mich über die langsame Zeit, aber über das Gartentor klettern, wie gestern, mochte ich wegen der guten Lebensart nicht. Ich ging daher ein Weilchen auf dem einsamen Platze auf und ab, und setzte mich endlich wieder auf den steinernen Brunnen voll Gedanken und stiller Erwartung hin.

Die Sterne funkelten am Himmel, auf dem Platze war alles leer und still, ich hörte voll Vergnügen dem Gesange der schönen Frau zu, der zwischen dem Rauschen des Brunnens aus dem Garten herüberklang. Da erblickt ich auf einmal eine weiße Gestalt, die von der andern Seite des Platzes herkam, und grade auf die kleine Gartentür zuging. Ich blickte durch den Mondflimmer recht scharf hin – es war der wilde Maler in seinem weißen Mantel. Er zog schnell einen Schlüssel hervor, schloß auf, und ehe ich mich's versah, war er im Garten drin.

Nun hatte ich gegen den Maler schon von Anfang eine absonderliche Pike wegen seiner unvernünftigen Reden. Jetzt aber geriet ich ganz außer mir vor Zorn. Das liederliche Genie ist gewiß wieder betrunken, dachte ich, den Schlüssel hat er von der Kammerjungfer, und will nun die gnädige Frau beschleichen, verraten, überfallen. – Und so stürzte ich durch das kleine, offengebliebene Pförtchen in den Garten hinein.

Als ich eintrat, war es ganz still und einsam darin. Die Flügeltür vom Gartenhause stand offen, ein milchweißer Lichtschein drang daraus hervor, und spielte auf dem Grase und den Blumen vor der Tür. Ich blickte von weitem herein. Da lag in einem prächtigen grünen Gemach, das von einer weißen Lampe nur wenig erhellt war, die schöne gnädige Frau, mit der Guitarre im Arm, auf einem seidenen Faulbettchen, ohne in ihrer Unschuld an die Gefahren draußen zu denken.

Ich hatte aber nicht lange Zeit, hinzusehen, denn ich bemerkte so eben, daß die weiße Gestalt von der andern Seite ganz behutsam hinter den Sträuchern nach dem Gartenhause zuschlich. Dabei sang die gnädige Frau so kläglich aus dem Hause, daß es mir recht durch Mark und Bein ging. Ich besann mich daher nicht lange, brach einen tüchtigen Ast ab, rannte damit gerade auf den Weißmantel los, und schrie aus vollem Halse »Mordio!« daß der ganze Garten erzitterte.

Der Maler, wie er mich so unverhofft daherkommen sah, nahm schnell Reißaus, und schrie entsetzlich. Ich schrie noch besser, er lief nach dem Hause zu, ich ihm nach – und ich hätt' ihn beinah schon erwischt, da verwickelte ich mich mit den Füßen in den fatalen Blumenstücken, und stürzte auf einmal der Länge nach vor der Haustür hin.

»Also du bist es, Narr!« hört' ich da über mir ausrufen, »hast du mich doch fast zum Tode erschreckt!« – Ich raffte mich geschwind wieder auf, und wie ich mir den Sand und die Erde aus den Augen wische, steht die Kammerjungfer vor mir, die so eben bei dem letzten Sprunge den weißen Mantel von der Schulter verloren hatte. »Aber,« sagte ich ganz verblüfft, »war denn der Maler nicht hier?« – »Ja freilich,« entgegnete sie schnippisch, »sein Mantel wenigstens, den er mir, als ich ihn vorhin im Tor begegnete, umgehangen hat, weil mich fror.« – Über dem Geplauder war nun auch die gnädige Frau von ihrem Sopha aufgesprungen, und kam zu uns an die Tür. Mir klopfte das Herz zum Zerspringen. Aber wie erschrak ich, als ich recht hinsah und, anstatt der schönen gnädigen Frau, auf einmal eine ganz fremde Person erblickte!

Es war eine etwas große korpulente, mächtige Dame mit einer stolzen Adlernase und hochgewölbten schwarzen Augenbrauen, so recht zum Erschrecken schön. Sie sah mich mit ihren großen funkelnden Augen so majestätisch an, daß ich mich vor Ehrfurcht gar nicht zu lassen wußte. Ich war ganz verwirrt, ich machte in einem fort Komplimente, und wollte ihr zuletzt gar die Hand küssen. Aber sie riß ihre Hand schnell weg, und sprach dann auf italienisch zu der Kammerjungfer, wovon ich nichts verstand.

Unterdes aber war von dem vorigen Geschrei die ganze Nachbarschaft lebendig geworden. Hunde bellten, Kinder schrien, zwischen durch hörte man einige Männerstimmen, die immer näher und näher auf den Garten zukamen. Da blickte mich die Dame noch einmal an, als wenn sie mich mit feurigen Kugeln durchbohren wollte, wandte sich dann rasch nach dem Zimmer zurück, während sie dabei stolz und gezwungen auflachte, und schmiß mir die Türe vor der Nase zu. Die Kammerjungfer aber erwischte mich ohne weiteres beim Flügel, und zerrte mich nach der Gartenpforte.

»Da hast du wieder einmal recht dummes Zeug gemacht,« sagte sie unterweges voller Bosheit zu mir. Ich wurde auch schon giftig. »Nun zum Teufel!« sagte ich, »habt Ihr mich denn nicht selbst hierher bestellt?« – »Das ist's ja eben,« rief die Kammerjungfer, »meine Gräfin meinte es so gut mit dir, wirft dir erst Blumen aus dem Fenster zu, singt Arien – und *das* ist nun ihr Lohn! Aber mit dir ist nun einmal nichts anzufangen, du trittst dein Glück ordentlich mit Füßen.« – »Aber,« erwiderte ich, »ich meinte die Gräfin aus Deutschland, die schöne gnädige Frau« – »Ach,« unterbrach sie mich, »die ist ja lange schon wieder in Deutschland, mit samt deiner tollen Amour. Und da lauf du nur auch wieder hin! Sie schmachtet ohnedies nach dir, da könnt' ihr zusammen die Geige spielen und in den Mond gucken, aber daß du mir nicht wieder unter die Augen kommst!«

Nun aber entstand ein entsetzlicher Rumor und Spektakel hinter uns. Aus dem anderen Garten kletterten Leute mit Knüppeln hastig über den Zaun, andere fluchten und durchsuchten schon die Gänge, desperate Gesichter mit Schlafmützen guckten im Mondschein bald da bald dort über die Hecken, es war, als wenn der Teufel auf einmal aus allen Hecken und Sträuchern Gesindel heckte. – Die Kammerjungfer fackelte nicht lange. »Dort, dort läuft der Dieb!« schrie sie den Leuten zu, indem sie dabei auf die andere Seite des Gartens zeigte. Dann schob sie mich schnell aus dem Garten, und klappte das Pförtchen hinter mir zu.

Da stand ich nun unter Gottes freiem Himmel wieder auf

dem stillen Platze mutterseelen allein, wie ich gestern angekommen war. Die Wasserkunst, die mir vorhin im Mondschein so lustig flimmerte, als wenn Englein darin auf und nieder stiegen, rauschte noch fort wie damals, mir aber war unterdes alle Lust und Freude in den Brunn gefallen. – Ich nahm mir nun fest vor, dem falschen Italien mit seinen verrückten Malern, Pomeranzen und Kammerjungfern auf ewig den Rücken zu kehren, und wanderte noch zur selbigen Stunde zum Tore hinaus.

NEUNTES KAPITEL

Die treuen Berg' steh'n auf der Wacht:
»Wer streicht bei stiller Morgenzeit
Da aus der Fremde durch die Heid'?« –
Ich aber mir die Berg' betracht'
Und lach' in mich vor großer Lust,
Und rufe recht aus frischer Brust
Parol und Feldgeschrei sogleich:
Vivat Östreich!

Da kennt mich erst die ganze Rund,
Nun grüßen Bach und Vöglein zart
Und Wälder rings nach Landesart,
Die Donau blitzt aus tiefem Grund,
Der Stephansturm auch ganz von fern
Guckt übern Berg und säh' mich gern,
Und ist er's nicht, so kommt er doch gleich,
Vivat Östreich!

Ich stand auf einem hohen Berge, wo man zum erstenmal nach Östreich hineinsehen kann, und schwenkte voller Freude noch mit dem Hute und sang die letzte Strophe, da fiel auf einmal hinter mir im Walde eine prächtige Musik von Blasinstrumenten mit ein. Ich dreh' mich schnell um und erblicke drei junge Gesellen in langen blauen Mänteln, davon bläst der Eine Oboe, der Andere die Klarinett, und der Dritte, der einen alten Dreistutzer auf dem Kopfe hatte, das Waldhorn – die akkompagnierten mich plötzlich, daß der ganze Wald erschallte. Ich, nicht zu faul, ziehe meine Geige hervor, und spiele und singe sogleich frisch mit. Da sah Einer den Andern bedenklich an, der Waldhornist ließ dann zuerst seine Bausbacken wieder einfallen und setzte sein Waldhorn ab, bis am Ende Alle stille wurden, und mich anschauten. Ich hielt verwundert ein, und sah sie auch an. – »Wir meinten,« sagte endlich der Waldhornist, »weil der Herr so einen langen Frack hat, der Herr wäre ein reisender Engländer, der hier zu Fuß die schöne Natur bewundert; da wollten wir uns ein Viatikum verdienen. Aber, mir scheint, der Herr ist selber ein Musikant.« – »Eigentlich ein Einnehmer,« versetzte ich, »und komme direkt von Rom her, da ich aber seit geraumer Zeit nichts mehr eingenommen, so habe ich mich unterweges mit der Violine durchgeschlagen.« – »Bringt nicht viel heut zu Tage!« sagte der Waldhornist, der unterdes wieder an den Wald zurückgetreten war, und mit seinem Dreistutzer ein kleines Feuer anfachte, das sie dort angezündet hatten. »Da gehn die blasenden Instrumente schon besser,« fuhr er fort; »wenn so eine Herrschaft ganz ruhig zu Mittag speist, und wir treten unverhofft in das gewölbte Vorhaus und fangen alle drei aus Leibeskräften zu blasen an – gleich kommt ein Bedienter herausgesprungen mit Geld oder Essen, damit sie nur den Lärm wieder los werden. Aber will der Herr nicht eine Kollation mit uns einnehmen?«

Das Feuer loderte nun recht lustig im Walde, der Morgen war frisch, wir setzten uns alle rings umher auf den Rasen, und zwei von den Musikanten nahmen ein Töpfchen, worin Kaffee und auch schon Milch war, vom Feuer, holten Brot aus ihren Manteltaschen hervor, und tunkten und tranken abwechselnd aus dem Topfe, und es schmeckte ihnen so gut, daß es ordentlich eine Lust war anzusehen. – Der Waldhornist aber sagte: »Ich kann das schwarze Gesöff nicht vertragen,« und reichte mir dabei die eine Hälfte von einer großen übereinander gelegten Butterschnitte, dann brachte er eine Flasche Wein zum Vorschein. »Will der Herr nicht auch einen Schluck?« – Ich tat einen tüchtigen Zug, mußte aber schnell wieder absetzen und das ganze Gesicht verziehn, denn es schmeckte wie Drei-Männer-Wein. »Hiesiges Gewächs,« sagte der Waldhornist, »aber der Herr hat sich in Italien den deutschen Geschmack verdorben.«

Darauf kramte er eifrig in seinem Schubsack und zog endlich unter allerlei Plunder eine alte zerfetzte Landkarte hervor, worauf noch der Kaiser in vollem Ornate zu sehen war, den Szepter in der rechten, den Reichsapfel in der linken Hand. Er breitete sie auf dem Boden behutsam auseinander, die Andern rückten näher heran, und sie beratschlagten nun zusammen, was sie für eine Marschroute nehmen sollten.

»Die Vakanz geht bald zu Ende,« sagte der Eine, »wir müssen uns gleich von Linz links abwenden, so kommen wir noch bei guter Zeit nach Prag.« – »Nun wahrhaftig!« rief der Waldhornist, »wem willst du da was vorpfeifen? nichts als Wälder und Kohlenbauern, kein geläuterter Kunstgeschmack, keine vernünftige freie Station!« – »O Narrenspossen!« erwiderte der Andere, »die Bauern sind mir grade die Liebsten, die wissen am Besten wo einen der Schuh drückt, und nehmens nicht so genau, wenn man manchmal eine falsche Note bläst.« – »Das macht, du hast kein point d'honneur,« versetzte der Waldhornist, »odi profanum vulgus et arceo, sagt der Lateiner.« – »Nun, Kirchen aber muß es auf der Tour doch geben,« meinte der Dritte, »so kehren wir bei den Herren Pfarrern ein.« – »Gehorsamster Diener!« sagte der Waldhornist, »die geben kleines Geld und große Sermone, daß wir nicht so unnütz in der Welt herumschweifen, sondern uns besser auf die Wissenschaften applizieren sollen, besonders wenn sie in mir den künftigen Herren Konfrater wittern. Nein, nein, Clericus clericum non decimat. Aber was gibt es denn da überhaupt für große Not? die Herren Professoren sitzen auch noch im Karlsbade, und halten selbst den Tag nicht so genau ein.« – »Ja, distinguendum est inter et inter,« erwiderte der Andere, »quod licet Jovi, non licet bovi!«

Ich aber merkte nun, daß es Prager Studenten waren, und bekam einen ordentlichen Respekt vor ihnen, besonders da ihnen das Latein nur so wie Wasser vom Munde floß. – »Ist der Herr auch ein Studierter?« fragte mich darauf der Waldhornist. Ich erwiderte bescheiden, daß ich immer besondere Lust zum studieren, aber kein Geld gehabt hätte. – »Das tut gar nichts,« rief der Waldhornist, »wir haben auch weder Geld, noch reiche Freundschaft. Aber ein gescheuter Kopf muß sich zu helfen wissen. Aurora musis amica, das heißt zu deutsch: mit vielem frühstücken sollst du dir nicht die Zeit verderben. Aber wenn dann die Mittagsglocken von Turm zu Turm und von Berg zu Berg über die Stadt gehen, und nun die Schüler auf einmal mit großem Geschrei aus dem alten finstern Kollegium heraus brechen und im Sonnenscheine durch die Gassen schwärmen – da begeben wir uns bei den Kapuzinern zum Pater Küchenmeister und finden unsern gedeckten Tisch, und ist er auch nicht gedeckt, so steht doch für jeden ein voller Topf darauf, da fragen wir nicht viel darnach und essen, und perfektionieren uns dabei noch im Lateinischsprechen. Sieht der Herr, so studieren wir von einem Tage zum andern fort. Und wenn dann endlich die Vakanz kommt, und die Andern fahren und reiten zu ihren Eltern fort, da wandern wir mit unsern Instrumenten unter'm Mantel durch die Gassen zum Tore hinaus, und die ganze Welt steht uns offen.«

Ich weiß nicht – wie er so erzählte – ging es mir recht durch's Herz, daß so gelehrte Leute so ganz verlassen sein sollten auf der Welt. Ich dachte dabei an mich, wie es mir eigentlich selber nicht anders ginge, und die Tränen traten mir in die Augen. – Der Waldhornist sah mich groß an. »Das tut gar nichts,« fuhr er wieder weiter fort, »ich möchte gar nicht so reisen: Pferde und Kaffee und frischüberzogene Betten, und Nachtmützen und Stiefelknecht vorausbestellt. Das ist just das Schönste, wenn wir so frühmorgens heraustreten, und die Zugvögel hoch über uns fortziehn, daß wir gar nicht wissen, welcher Schornstein heut für uns raucht, und gar nicht voraussehen, was uns bis zum Abend noch für ein besonderes Glück begegnen kann.« – »Ja,« sagte der Andere, »und wo wir hinkommen und unsere Instrumente herausziehen, wird alles fröhlich, und wenn wir dann zur Mittagsstunde auf dem Lande in ein Herrschaftshaus treten, und im Hausflur blasen, da tanzen die Mägde mit einander vor der Haustür, und die Herrschaft läßt die Saaltür etwas aufmachen, damit sie die Musik drin besser hören, und durch die Lücke kommt das Tellergeklapper und der Bratenduft in den freudenreichen Schall heraus gezogen, und die Fräuleins an der Tafel verdrehen sich fast die Hälse, um die Musikanten draußen zu sehn.« – »Wahrhaftig,« rief der Waldhornist mit leuchtenden Augen aus, »laßt die Andern nur ihre Kompendien repetieren, *wir* studieren unterdes in dem großen Bilderbuche, das der liebe Gott uns draußen aufgeschlagen hat! Ja glaub' nur der Herr, aus uns werden grade die rechten Kerls, die den Bauern dann was zu erzählen wissen und mit der Faust auf die Kanzel schlagen, daß den Knollfinken unten vor Erbauung und Zerknirschung das Herz im Leibe bersten möchte.«

Wie sie so sprachen, wurde mir so lustig in meinem Sinn, daß ich gleich auch hätte mit studieren mögen. Ich konnte mich gar nicht satt hören, denn ich unterhalte mich gern mit studierten Leuten, wo man etwas profitieren kann. Aber es konnte gar nicht zu einem recht vernünftigen Diskurse kommen. Denn dem einen Studenten war vorhin angst geworden, weil die Vakanz so bald zu Ende gehen sollte. Er hatte daher hurtig sein Klarinett zusammen gesetzt, ein Notenblatt vor sich auf das aufgestemmte Knie hingelegt, und exerzierte sich eine schwierige Passage aus einer Messe ein, die er mitblasen sollte, wenn sie nach Prag zurückkamen. Da saß er nun und fingerte und pfiff dazwischen manchmal so falsch, daß es einem durch Mark und Bein ging und man oft sein eigenes Wort nicht verstehen konnte.

Auf einmal schrie der Waldhornist mit seiner Baßstimme. »Topp, da hab' ich es,« er schlug dabei fröhlich auf die Landkarte neben ihm. Der Andere ließ auf einen Augenblick von seinem fleißigen Blasen ab, und sah ihn verwundert an.

»Hört,« sagte der Waldhornist, »nicht weit von Wien ist ein Schloß, auf dem Schlosse ist ein Portier, und der Portier ist mein Vetter! Teuerste Kondiszipels, da müssen wir hin, machen dem Herrn Vetter unser Kompliment, und er wird dann schon dafür sorgen, wie er uns wieder weiter fortbringt!« – Als ich das hörte, fuhr ich geschwind auf. »Bläst er nicht auf dem Fagott?« rief ich, »und ist von langer grader Leibesbeschaffenheit, und hat eine große vornehme Nase?« – Der Waldhornist nickte mit dem Kopfe. Ich aber embrassierte ihn vor Freuden, daß ihm der Dreistutzer vom Kopfe fiel, und wir beschlossen nun sogleich, alle miteinander im Postschiffe auf der Donau nach dem Schloß der schönen Gräfin hinunter zu fahren.

Als wir an das Ufer kamen, war schon alles zur Abfahrt bereit. Der dicke Gastwirt, bei dem das Schiff über Nacht angelegt hatte, stand breit und behaglich in seiner Haustür, die er ganz ausfüllte, und ließ zum Abschied allerlei Witze und Redensarten erschallen, während in jedem Fenster ein Mädchenkopf herausfuhr und den Schiffern noch freundlich zunickte, die so eben die letzten Pakete nach dem Schiffe schafften. Ein ältlicher Herr mit einem grauen Überrock und schwarzen Halstuch, der auch mitfahren wollte, stand am Ufer, und sprach sehr eifrig mit einem jungen schlanken Bürschchen, das mit langen ledernen Beinkleidern und knapper, scharlachroter Jacke vor ihm auf einem prächtigen Engländer saß. Es schien mir zu meiner großen Verwunderung, als wenn sie beide zuweilen nach mir hinblickten und von mir sprächen. – Zuletzt lachte der alte Herr, das schlanke Bürschchen schnalzte mit der Reitgerte, und sprengte, mit den Lerchen über ihm um die Wette, durch die Morgenluft in die blitzende Landschaft hinein.

Unterdes hatten die Studenten und ich unsere Kasse zusammengeschossen. Der Schiffer lachte und schüttelte den Kopf, als ihm der Waldhornist damit unser Fährgeld in lauter Kupferstücken aufzählte, die wir mit großer Not aus allen unsern Taschen zusammen gebracht hatten. Ich aber jauchzte laut auf, als ich auf einmal wieder die Donau so recht vor mir sah; wir sprangen geschwind auf das Schiff hinauf, der Schiffer gab das Zeichen, und so flogen wir nun im schönsten Morgenglanze zwischen den Bergen und Wiesen hinunter.

Da schlugen die Vögel im Walde, und von beiden Seiten klangen die Morgenglocken von fern aus den Dörfern, hoch in der Luft hörte man manchmal die Lerchen dazwischen. Von dem Schiffe aber jubilierte und schmetterte ein Kanarienvogel mit darein, daß es eine rechte Lust war.

Der gehörte einem hübschen jungen Mädchen, die auch mit auf dem Schiffe war. Sie hatte den Käfig dicht neben sich stehen, von der andern Seite hielt sie ein feines Bündel Wäsche unterm Arm, so saß sie ganz still für sich und sah recht zufrieden bald auf ihre neue Reiseschuhe, die unter dem Röckchen hervorkamen, bald wieder in das Wasser vor sich hinunter, und die Morgensonne glänzte ihr dabei auf der weißen Stirn, über der sie die Haare sehr sauber gescheitelt hatte. Ich merkte wohl, daß die Studenten gern einen höflichen Diskurs mit ihr angesponnen hätten, denn sie gingen immer an ihr vorüber, und der Waldhornist räusperte sich dabei und rückte bald an seiner Halsbinde, bald an dem Dreistutzer. Aber sie hatten keine rechte Courage, und das Mädchen schlug auch jedesmal die Augen nieder, sobald sie ihr näher kamen.

Besonders aber genierten sie sich vor dem ältlichen Herrn, mit dem grauen Überrock, der nun auf der andern Seite des Schiffes saß, und den sie gleich für einen Geistlichen hielten. Er hatte ein Brevier vor sich, in welchem er las, dazwischen aber oft in die schöne Gegend von dem Buche aufsah, dessen Goldschnitt und die vielen dareingelegten bunten Heiligenbilder prächtig im Morgenschein blitzten. Dabei bemerkte er auch sehr gut, was auf dem Schiffe vorging, und erkannte bald die Vögel an ihren Federn; denn es dauerte nicht lange, so redete er einen von den Studenten lateinisch an, worauf alle drei heran traten, die Hüte vor ihm abnahmen und ihm wieder lateinisch antworteten.

Ich aber hatte mich unterdes ganz vorn auf die Spitze des Schiffes gesetzt, ließ vergnügt meine Beine über dem Wasser

herunter baumeln, und blickte, während das Schiff so fort
flog und die Wellen unter mir rauschten und schäumten, immerfort in die blaue Ferne, wie da ein Turm und ein Schloß
nach dem andern aus dem Ufergrün hervorkam, wuchs und
wuchs, und endlich hinter uns wieder verschwand. Wenn ich
nur *heute* Flügel hätte! dachte ich, und zog endlich vor Ungeduld meine liebe Violine hervor, und spielte alle meine ältesten Stücke durch, die ich noch zu Hause und auf dem
Schloß der schönen Frau gelernt hatte.

Auf einmal klopfte mir Jemand von hinten auf die Achsel.
Es war der geistliche Herr, der unterdes sein Buch wegge-
legt, und mir schon ein Weilchen zugehört hatte. »Ei,« sagte
er lachend zu mir, »ei, ei, Herr Ludi magister, Essen und
Trinken vergißt er.« Er hieß mich darauf meine Geige einstecken, um einen Imbiß mit ihm einzunehmen, und führte
mich zu einer kleinen lustigen Laube, die von den Schiffern
aus jungen Birken und Tannenbäumchen in der Mitte des
Schiffes aufgerichtet worden war. Dort hatte er einen Tisch
hinstellen lassen, und ich, die Studenten, und selbst das junge
Mädchen mußten uns auf die Fässer und Pakete ringsherum
setzen.

Der geistliche Herr packte nun einen großen Braten und
Butterschnitten aus, die sorgfältig in Papier gewickelt waren,
zog auch aus einem Futteral mehrere Weinflaschen und einen
silbernen, innerlich vergoldeten Becher hervor, schenkte ein,
kostete erst, roch daran und prüfte wieder und reichte dann
einem Jeden von uns. Die Studenten saßen ganz kerzen-
grade auf ihren Fässern, und aßen und tranken nur sehr wenig vor großer Devotion. Auch das Mädchen tauchte bloß
das Schnäbelchen in den Becher, und blickte dabei schüchtern bald auf mich, bald auf die Studenten, aber je öfter sie
uns ansah, je dreister wurde sie nach und nach.

Sie erzählte endlich dem geistlichen Herrn, daß sie nun
zum erstenmale von Hause in Kondition komme, und so
eben auf das Schloß ihrer neuen Herrschaft reise. Ich wurde
über und über rot, denn sie nannte dabei das Schloß der schönen gnädigen Frau. – Also das soll meine zukünftige Kam-

merjungfer sein! dachte ich und sah sie groß an, und mir schwindelte fast dabei. – »Auf dem Schlosse wird es bald eine große Hochzeit geben,« sagte darauf der geistliche Herr. »Ja,« erwiderte das Mädchen, die gern von der Geschichte mehr gewußt hätte; »man sagt, es wäre schon eine alte, heimliche Liebschaft gewesen, die Gräfin hätte es aber niemals zugeben wollen.« Der Geistliche anwortete nur mit: »Hm, hm!« während er seinen Jagdbecher vollschenkte, und mit bedenklichen Mienen daraus nippte. Ich aber hatte mich mit beiden Armen weit über den Tisch vorgelegt, um die Unterredung recht genau anzuhören. Der geistliche Herr bemerkte es. »Ich kann's Euch wohl sagen,« hub er wieder an, »die beiden Gräfinnen haben mich auf Kundschaft ausgeschickt, ob der Bräutigam schon vielleicht hier in der Gegend sei. Eine Dame aus Rom hat geschrieben, daß er schon lange von dort fort sei. –« Wie er von der Dame aus Rom anfing, wurd' ich wieder rot. »Kennen denn Ew. Hochwürden den Bräutigam?« fragte ich ganz verwirrt. – »Nein,« erwiderte der alte Herr, »aber er soll ein luftiger Vogel sein.« – »O ja,« sagte ich hastig, »ein Vogel, der aus jeden Käfig ausreißt, sobald er nur kann, und lustig singt, wenn er wieder in der Freiheit ist.« – »Und sich in der Fremde herumtreibt,« fuhr der Herr gelassen fort, »in der Nacht passatim geht, und am Tage vor den Haustüren schläft.« – Mich verdroß das sehr. »Ehrwürdiger Herr,« rief ich ganz hitzig aus, »da hat man Euch falsch berichtet. Der Bräutigam ist ein moralischer, schlanker, hoffnungsvoller Jüngling, der in Italien in einem alten Schlosse auf großen Fuß gelebt hat, der mit lauter Gräfinnen, berühmten Malern und Kammerjungfern umgegangen ist, der sein Geld sehr wohl zu Rate zu halten weiß, wenn er nur welches hätte, der« – »Nun, nun, ich wußte nicht, daß Ihr ihn so gut kennt,« unterbrach mich hier der Geistliche, und lachte dabei so herzlich, daß er ganz blau im Gesichte wurde, und ihm die Tränen aus den Augen rollten. – »Ich hab' doch aber gehört,« ließ sich nun das Mädchen wieder vernehmen, »der Bräutigam wäre ein großer, überaus reicher Herr.« – »Ach Gott, ja doch, ja! Konfusion, nichts als

Konfusion!« rief der Geistliche und konnte sich noch immer vor Lachen nicht zu Gute geben, bis er sich endlich ganz verhustete. Als er sich wieder ein wenig erholt hatte, hob er den Becher in die Höh und rief: »das Brautpaar soll leben!« – Ich wußte gar nicht, was ich von dem Geistlichen und seinem Gerede denken sollte, ich schämte mich aber, wegen der römischen Geschichten, ihm hier vor allen Leuten zu sagen, daß ich selber der verlorene glückselige Bräutigam sei.

Der Becher ging wieder fleißig in die Runde, der geistliche Herr sprach dabei freundlich mit Allen, so daß ihm bald ein Jeder gut wurde, und am Ende alles fröhlich durcheinander sprach. Auch die Studenten wurden immer redseliger und erzählten von ihren Fahrten im Gebirge, bis sie endlich gar ihre Instrumente holten und lustig zu blasen anfingen. Die kühle Wasserluft strich dabei durch die Zweige der Laube, die Abendsonne vergoldete schon die Wälder und Täler, die schnell an uns vorüberflogen, während die Ufer von den Waldhornsklängen widerhallten. – Und als dann der Geistliche von der Musik immer vergnügter wurde und lustige Geschichten aus seiner Jugend erzählte: wie auch er zur Vakanz über Berge und Täler gezogen, und oft hungrig und durstig, aber immer fröhlich gewesen, und wie eigentlich das ganze Studentenleben eine große Vakanz sei zwischen der engen düstern Schule und der ernsten Amtsarbeit – da tranken die Studenten noch einmal herum, und stimmten dann frisch ein Lied an, daß es weit in die Berge hineinschallte:

> Nach Süden nun sich lenken
> Die Vöglein allzumal,
> Viel' Wandrer lustig schwenken
> Die Hüt' im Morgenstrahl.
> Das sind die Herrn Studenten,
> Zum Tor hinaus es geht,
> Auf ihren Instrumenten
> Sie blasen zum Valet:
> Ade in die Läng' und Breite
> O Prag, wir ziehn in die Weite!

Et habeat bonam pacem,
Qui sedet post fornacem!

Nachts wir durch's Städtlein schweifen,
Die Fenster schimmern weit,
Am Fenster dreh'n und schleifen
Viel schön geputzte Leut.
Wir blasen vor den Türen
Und haben Durst genung,
Das kommt vom Musizieren,
Herr Wirt, einen frischen Trunk!
Und siehe über ein Kleines
Mit einer Kanne Weines
Venit ex sua domo –
Beatus ille homo!

Nun weht schon durch die Wälder
Der kalte Boreas,
Wir streichen durch die Felder,
Von Schnee und Regen naß,
Der Mantel fliegt im Winde,
Zerrissen sind die Schuh,
Da blasen wir geschwinde
Und singen noch dazu:
Beatus ille homo
Qui sedet in sua domo
Et sedet post fornacem
Et habet bonam pacem!

Ich, die Schiffer und das Mädchen, obgleich wir alle kein Latein verstanden, stimmten jedesmal jauchzend in den letzten Vers mit ein, ich aber jauchzte am allervergnügtesten, denn ich sah so eben von fern mein Zollhäuschen und bald darauf auch das Schloß in der Abendsonne über die Bäume hervorkommen.

ZEHNTES KAPITEL

Das Schiff stieß an das Ufer, wir sprangen schnell ans Land und verteilten uns nun nach allen Seiten im Grünen, wie Vögel, wenn das Gebauer plötzlich aufgemacht wird. Der geistliche Herr nahm eiligen Abschied und ging mit großen Schritten nach dem Schlosse zu. Die Studenten dagegen wanderten eifrig nach einem abgelegenen Gebüsch, wo sie noch geschwind ihre Mäntel ausklopfen, sich in dem vorüberfließenden Bache waschen, und einer den andern rasieren wollten. Die neue Kammerjungfer endlich ging mit ihrem Kanarienvogel und ihrem Bündel unterm Arm nach dem Wirtshause unter dem Schloßberge, um bei der Frau Wirtin, die ich ihr als eine gute Person rekommandiert hatte, ein besseres Kleid anzulegen, ehe sie sich oben im Schlosse vorstellte. Mir aber leuchtete der schöne Abend recht durchs Herz, und als sie sich nun alle verlaufen hatten, bedachte ich mich nicht lange und rannte sogleich nach dem herrschaftlichen Garten hin.

Mein Zollhaus, an dem ich vorbei mußte, stand noch auf der alten Stelle, die hohen Bäume aus dem herrschaftlichen Garten rauschten noch immer darüber hin, ein Goldammer, der damals auf dem Kastanienbaume vor dem Fenster jedesmal bei Sonnenuntergang sein Abendlied gesungen hatte, sang auch wieder, als wäre seitdem gar nichts in der Welt vorgegangen. Das Fenster im Zollhause stand offen, ich lief voller Freuden hin und steckte den Kopf in die Stube hinein. Es war Niemand darin, aber die Wanduhr pickte noch immer ruhig fort, der Schreibtisch stand am Fenster, und die lange Pfeife in einem Winkel, wie damals. Ich konnte nicht widerstehen, ich sprang durch das Fenster hinein, und setzte mich an den Schreibtisch vor das große Rechenbuch hin. Da fiel der Sonnenschein durch den Kastanienbaum vor dem Fenster wieder grüngolden auf die Ziffern in dem aufgeschlagenen Buche, die Bienen summten wieder an dem offnen Fenster hin und her, der Goldammer draußen auf dem Baume sang fröhlich immerzu. – Auf einmal aber ging die Türe aus der Stube auf, und ein alter, langer Einnehmer in meinem punktierten Schlafrock trat herein! Er blieb in der Türe stehen, wie er mich so unversehens erblickte, nahm schnell die Brille von der Nase, und sah mich grimmig an. Ich aber erschrak nicht wenig darüber, sprang, ohne ein Wort zu sagen, auf, und lief aus der Haustür durch den kleinen Garten fort, wo ich mich noch bald mit den Füßen in dem fatalen Kartoffelkraut verwickelt hätte, das der alte Einnehmer nunmehr, wie ich sah, nach des Portiers Rat statt meiner Blumen angepflanzt hatte. Ich hörte noch, wie er vor die Tür herausfuhr und hinter mir drein schimpfte, aber ich saß schon oben auf der hohen Gartenmauer, und schaute mit klopfendem Herzen in den Schloßgarten hinein.

Da war ein Duften und Schimmern und Jubilieren von allen Vöglein; die Plätze und Gänge waren leer, aber die vergoldeten Wipfel neigten sich im Abendwinde vor mir, als wollten sie mich bewillkommnen, und seitwärts aus dem tiefen Grunde blitzte zuweilen die Donau zwischen den Bäumen nach mir herauf.

Auf einmal hörte ich in einiger Entfernung im Garten singen:

> Schweigt der Menschen laute Lust:
> Rauscht die Erde wie in Träumen
> Wunderbar mit allen Bäumen,
> Was dem Herzen kaum bewußt,
> Alte Zeiten, linde Trauer,
> Und es schweifen leise Schauer
> Wetterleuchtend durch die Brust.

Die Stimme und das Lied klang mir so wunderlich, und doch wieder so altbekannt, als hätte ich's irgend einmal im Traume gehört. Ich dachte lange, lange nach. – »Das ist der Herr Guido!« rief ich endlich voller Freude, und schwang mich schnell in den Garten hinunter – es war dasselbe Lied, das er an jedem Sommerabend auf dem Balkon des italienischen Wirtshauses sang, wo ich ihn zum letztenmal gesehn hatte.

Er sang noch immer fort, ich aber sprang über Beete und Hecken dem Liede nach. Als ich nun zwischen den letzten Rosensträuchern hervor trat, blieb ich plötzlich wie verzaubert stehen. Denn auf dem grünen Platze am Schwanenteich, recht vom Abendrot beschienen, saß die schöne gnädige Frau, in einem prächtigen Kleide und einem Kranz von weißen und roten Rosen in dem schwarzen Haar, mit niedergeschlagenen Augen auf einer Steinbank und spielte während des Liedes mit ihrer Reitgerte vor sich auf dem Rasen, grade so wie damals auf dem Kahne, da ich ihr das Lied von der schönen Frau vorsingen mußte. Ihr gegenüber saß eine andre junge Dame, die hatte den weißen runden Nacken voll brauner Locken gegen mich gewendet, und sang zur Guitarre, während die Schwäne auf dem stillen Weiher langsam im Kreise herumschwammen. – Da hob die schöne Frau auf einmal die Augen, und schrie laut auf, da sie mich erblickte. Die andere Dame wandte sich rasch nach mir herum, daß ihr die Locken ins Gesicht flogen, und da sie mich recht ansah, brach sie in ein unmäßiges Lachen aus, sprang dann von der Bank und klatschte dreimal mit den Händchen. In demselben Augenblick kam eine große Menge kleiner Mädchen in blütenweißen kurzen Kleidchen mit grünen und roten Schleifen zwischen den Rosensträuchern hervorgeschlüpft, so daß ich gar nicht begreifen konnte, wo sie alle gesteckt hatten. Sie hielten eine lange Blumenguirlande in den Händen, schlossen schnell einen Kreis um mich, tanzten um mich herum und sangen dabei:

> Wir bringen Dir den Jungfernkranz
> Mit veilchenblauer Seide,
> Wir führen Dich zu Lust und Tanz,
> Zu neuer Hochzeitsfreude.
> Schöner, grüner Jungfernkranz,
> Veilchenblaue Seide.

Das war aus dem Freischützen. Von den kleinen Sängerinnen erkannte ich nun auch einige wieder, es waren Mädchen aus dem Dorfe. Ich kneipte sie in die Wangen und wäre gern aus dem Kreise entwischt, aber die kleinen schnippischen Dinger ließen mich nicht heraus. – Ich wußte gar nicht, was die Geschichte eigentlich bedeuten sollte, und stand ganz verblüfft da.

Da trat plötzlich ein junger Mann in feiner Jägerkleidung aus dem Gebüsch hervor. Ich traute meinen Augen kaum – es war der fröhliche Herr Leonhard! – Die kleinen Mädchen öffneten nun den Kreis und standen auf einmal wie verzaubert, alle unbeweglich auf einem Beinchen, während sie das andere in die Luft streckten, und dabei die Blumenguirlanden mit beiden Armen hoch über den Köpfen in die Höh' hielten. Der Herr Leonhard aber faßte die schöne gnädige Frau, die noch immer ganz still stand und nur manchmal auf mich herüber blickte, bei der Hand, führte sie bis zu mir und sagte:

»Die Liebe – darüber sind nun alle Gelehrten einig – ist eine der kuragiösesten Eigenschaften des menschlichen Herzens, die Bastionen von Rang und Stand schmettert sie mit einem Feuerblicke darnieder, die Welt ist ihr zu eng und die Ewigkeit zu kurz. Ja, sie ist eigentlich ein Poeten-Mantel, den jeder Phantast einmal in der kalten Welt umnimmt, um nach Arkadien auszuwandern. Und je entfernter zwei getrennte Verliebte von einander wandern, in desto anständigern Bogen bläst der Reisewind den schillernden Mantel hinter ihnen auf, desto kühner und überraschender entwickelt sich der Faltenwurf, desto länger und länger wächst der Talar den Liebenden hinten nach, so daß ein Neutraler nicht über Land gehen kann, ohne unversehens auf ein Paar solche Schleppen zu treten. O teuerster Herr Einnehmer und Bräutigam! obgleich Ihr in diesem Mantel bis an den Gestaden der Tiber dahinrauschtet, das kleine Händchen Eurer gegenwärtigen Braut hielt Euch dennoch am äußersten Ende der Schleppe fest, und wie Ihr zucktet und geigtet und rumortet, Ihr mußtet zurück in den stillen Bann ihrer schönen Augen. –

Und nun dann, da es so gekommen ist, ihr zwei lieben, lieben närrischen Leute! schlagt den seligen Mantel um euch, daß die ganze andere Welt rings um euch untergeht – liebt euch wie die Kaninchen und seid glücklich!«

Der Herr Leonhard war mit seinem Sermon kaum erst fertig, so kam auch die andere junge Dame, die vorhin das Liedchen gesungen hatte, auf mich los, setzte mir schnell einen frischen Mirtenkranz auf den Kopf, und sang dazu sehr neckisch, während sie mir den Kranz in den Haaren festrückte und ihr Gesichtchen dabei dicht vor mir war:

> Darum bin ich Dir gewogen,
> Darum wird Dein Haupt geschmückt,
> Weil der Strich von Deinem Bogen
> Öfters hat mein Herz entzückt.

Dann trat sie wieder ein paar Schritte zurück. – »Kennst du die Räuber noch, die dich damals in der Nacht vom Baume schüttelten?« sagte sie, indem sie einen Knix mir machte und mich so anmutig und fröhlich ansah, daß mir ordentlich das Herz im Leibe lachte. Darauf ging sie, ohne meine Antwort abzuwarten, rings um mich herum. »Wahrhaftig noch ganz der Alte, ohne allen welschen Beischmack! aber nein, sieh doch nur einmal die dicken Taschen an!« rief sie plötzlich zu der schönen gnädigen Frau, »Violine, Wäsche, Barbiermesser, Reisekoffer, alles durcheinander!« Sie drehte mich dabei nach allen Seiten, und konnte sich vor Lachen gar nicht zu Gute geben. Die schöne gnädige Frau war unterdes noch immer still, und mochte gar nicht die Augen aufschlagen vor Scham und Verwirrung. Oft kam es mir vor, als zürnte sie heimlich über das viele Gerede und Spaßen. Endlich stürzten ihr plötzlich Tränen aus den Augen, und sie verbarg ihr Gesicht an der Brust der andern Dame. Diese sah sie erst erstaunt an, und drückte sie dann herzlich an sich.

Ich aber stand ganz verdutzt da. Denn je genauer ich die fremde Dame betrachtete, desto deutlicher erkannte ich sie, es war wahrhaftig niemand anders, als – der junge Herr Maler Guido!

Ich wußte gar nicht was ich sagen sollte, und wollte so eben näher nachfragen, als Herr Leonhard zu ihr trat und heimlich mit ihr sprach. »Weiß er denn noch nicht?« hörte ich ihn fragen. Sie schüttelte mit dem Kopfe. Er besann sich darauf einen Augenblick. »Nein, nein,« sagte er endlich, »er muß schnell alles erfahren, sonst entsteht nur neues Geplauder und Gewirre.«

»Herr Einnehmer,« wandte er sich nun zu mir, »wir haben jetzt nicht viel Zeit, aber tue mir den Gefallen und wundere dich hier in aller Geschwindigkeit aus, damit du nicht hinterher durch Fragen, Erstaunen und Kopfschütteln unter den Leuten alte Geschichten aufrührst, und neue Erdichtungen und Vermutungen ausschüttelst.« – Er zog mich bei diesen Worten tiefer in das Gebüsch hinein, während das Fräulein mit der, von der schönen gnädigen Frau weggelegten Reitgerte in der Luft focht und alle ihre Locken tief in das Gesichtchen schüttelte, durch die ich aber doch sehen konnte, daß sie bis an die Stirn rot wurde. – »Nun denn,« sagte Herr Leonhard, »Fräulein Flora, die hier so eben tun will, als hörte und wüßte sie von der ganzen Geschichte nichts, hatte in aller Geschwindigkeit ihr Herzchen mit Jemandem vertauscht. Darüber kommt ein Andrer und bringt ihr mit Prologen, Trompeten und Pauken wiederum *sein* Herz dar und will ihr Herz dagegen. Ihr Herz ist aber schon bei Jemand, und Jemands Herz bei ihr, und der Jemand will sein Herz nicht wieder haben, und ihr Herz nicht wieder zurück geben. Alle Welt schreit – aber du hast wohl noch keinen Roman gelesen?« – Ich verneinte es. – »Nun, so hast du doch einen mitgespielt. Kurz: das war eine solche Konfusion mit den Herzen, daß der Jemand – das heißt ich – mich zuletzt selbst ins Mittel legen mußte. Ich schwang mich bei lauer Sommernacht auf mein Roß, hob das Fräulein als Maler Guido auf das andere und so ging es fort nach Süden, um sie in einem meiner einsamen Schlösser in Italien zu verbergen, bis das Geschrei wegen der Herzen vorüber wäre. Unterweges aber kam man uns auf die Spur, und von dem Balkon des welschen Wirtshauses, vor dem du so vortrefflich Wache schliefst, erblickte Flora plötzlich unsere Verfolger.« – »Also der bucklichte Signor?« – »War ein Spion. Wir zogen uns daher heimlich in die Wälder, und ließen dich auf dem vorbestellten Postkurse allein fortfahren. Das täuschte unsere Verfolger, und zum Überfluß auch noch meine Leute auf dem Bergschlosse, welche die verkleidete Flora stündlich erwarteten, und mit mehr Diensteifer als Scharfsinn dich für das Fräulein hielten. Selbst hier auf dem Schlosse glaubte man, daß Flora auf dem Felsen wohne, man erkundigte sich, man schrieb an sie – hast du nicht ein Briefchen erhalten?« – Bei diesen Worten fuhr ich blitzschnell mit dem Zettel aus der Tasche. – »Also dieser Brief?« – »Ist an mich,« sagte Fräulein Flora, die bisher auf unsre Rede gar nicht Acht zu geben schien, riß mir den Zettel rasch aus der Hand, überlas ihn und steckte ihn dann in den Busen. – »Und nun,« sagte Herr Leonhard, »müssen wir schnell in das Schloß, da wartet schon Alles auf uns. Also zum Schluß, wie sich's von selbst versteht und einem wohlerzognen Romane gebührt: Entdeckung, Reue, Versöhnung, wir sind alle wieder lustig beisammen, und übermorgen ist Hochzeit!«

Da er noch so sprach, erhob sich plötzlich in dem Gebüsch ein rasender Spektakel von Pauken und Trompeten, Hörnern und Posaunen; Böller wurden dazwischen gelöst und Vivat gerufen, die kleinen Mädchen tanzten von neuem, und aus allen Sträuchern kam ein Kopf über dem andern hervor, als wenn sie aus der Erde wüchsen. Ich sprang in dem Geschwirre und Geschleife Ellenhoch von einer Seite zur andern, da es aber schon dunkel wurde, erkannte ich erst nach und nach alle die alten Gesichter wieder. Der alte Gärtner schlug die Pauken, die Prager Studenten in ihren Mänteln musizierten mitten darunter, neben ihnen fingerte der Portier wie toll auf seinem Fagott. Wie ich den so unverhofft erblickte, lief ich sogleich auf ihn zu, und embrassierte ihn heftig. Darüber kam er ganz aus dem Konzept. »Nun wahrhaftig und wenn der bis ans Ende der Welt reist, er ist und bleibt ein Narr!« rief er den Studenten zu, und blies ganz wütend weiter.

Unterdes war die schöne gnädige Frau vor dem Rumor heimlich entsprungen, und flog wie ein aufgescheuchtes Reh über den Rasen tiefer in den Garten hinein. Ich sah es noch zur rechten Zeit und lief ihr eiligst nach. Die Musikanten merkten in ihrem Eifer nichts davon, sie meinten nachher: wir wären schon nach dem Schlosse aufgebrochen, und die ganze Bande setzte sich nun mit Musik und großem Getümmel gleichfalls dorthin auf den Marsch.

Wir aber waren fast zu gleicher Zeit in einem Sommerhause angekommen, das am Abhange des Gartens stand, mit dem offnen Fenster nach dem weiten tiefen Tale zu. Die Sonne war schon lange untergegangen hinter den Bergen, es schimmerte nur noch wie ein rötlicher Duft über dem warmen, verschallenden Abend, aus dem die Donau immer vernehmlicher herauf rauschte, je stiller es ringsum wurde. Ich sah unverwandt die schöne Gräfin an, die ganz erhitzt vom Laufen dicht vor mir stand, so daß ich ordentlich hören konnte, wie ihr das Herz schlug. Ich wußte nun aber gar nicht, was ich sprechen sollte vor Respekt, da ich auf einmal so allein mit ihr war. Endlich faßte ich ein Herz, nahm ihr kleines weißes Händchen – da zog sie mich schnell an sich und fiel mir um den Hals, und ich umschlang sie fest mit beiden Armen.

Sie machte sich aber geschwind wieder los und legte sich ganz verwirrt in das Fenster, um ihre glühenden Wangen in der Abendluft abzukühlen. – »Ach,« rief ich, »mir ist mein Herz recht zum Zerspringen, aber ich kann mir noch alles nicht recht denken, es ist mir alles noch wie ein Traum!« – »Mir auch,« sagte die schöne gnädige Frau. »Als ich vergangenen Sommer,« setzte sie nach einer Weile hinzu, »mit der Gräfin aus Rom kam, und wir das Fräulein Flora glücklich gefunden hatten, und mit zurückbrachten, von dir aber dort und hier nichts hörten – da dacht' ich nicht, daß alles noch so kommen würde! Erst heut zu Mittag sprengte der Jockey, der gute flinke Bursch, atemlos auf den Hof und brachte die Nachricht, daß du mit dem Postschiffe kämst.« – Dann lachte sie still in sich hinein. »Weißt du noch,« sagte sie, »wie du mich damals auf dem Balkon zum letztenmal sahst? das war grade wie heute, auch so ein stiller Abend, und Musik im Garten.« – »Wer ist denn eigentlich gestorben?« frug ich hastig. – »Wer denn?« sagte die schöne Frau und sah mich erstaunt an. – »Der Herr Gemahl von Ew. Gnaden,« erwiderte ich, »der damals mit auf dem Balkon stand.« – Sie wurde ganz rot. »Was hast du auch für Seltsamkeiten im Kopfe!« rief sie aus, »das war ja der Sohn von der Gräfin, der eben von Reisen zurückkam, und es traf grade auch mein Geburtstag, da führte er mich mit auf den Balkon hinaus, damit ich auch ein Vivat bekäme. – Aber deshalb bist du wohl damals von hier fortgelaufen?« – »Ach Gott, freilich!« rief ich aus, und schlug mich mit der Hand vor die Stirn. Sie aber schüttelte mit dem Köpfchen und lachte recht herzlich.

Mir war so wohl, wie sie so fröhlich und vertraulich neben mir plauderte, ich hätte bis zum Morgen zuhören mögen. Ich war so recht seelenvergnügt, und langte eine Hand voll Knackmandeln aus der Tasche, die ich noch aus Italien mitgebracht hatte. Sie nahm auch davon, und wir knackten nun und sahen zufrieden in die stille Gegend hinaus. – »Siehst du,« sagte sie nach einem Weilchen wieder, »das weiße Schlößchen, das da drüben im Mondschein glänzt, das hat uns der Graf geschenkt, samt dem Garten und den Weinbergen, da werden wir wohnen. Er wußt es schon lange, daß wir einander gut sind, und ist dir sehr gewogen, denn hätt' er dich nicht mitgehabt, als er das Fräulein aus der Pensions-Anstalt entführte, so wären sie beide erwischt worden, ehe sie sich vorher noch mit der Gräfin versöhnten, und alles wäre anders gekommen.« – »Mein Gott, schönste, gnädigste Gräfin,« rief ich aus, »ich weiß gar nicht mehr, wo mir der Kopf steht vor lauter unverhofften Neuigkeiten; also der Herr Leonhard?« – »Ja, ja,« fiel sie mir in die Rede, »so nannte er sich in Italien; dem gehören die Herrschaften da drüben, und er heiratet nun unserer Gräfin Tochter, die schöne Flora. – Aber was nennst du mich denn Gräfin?« – Ich sah sie groß an. »Ich bin ja gar keine Gräfin,« fuhr sie fort, »unsere gnädige Gräfin hat mich nur zu sich auf's Schloß genommen, da mich mein Onkel, der Portier, als kleines Kind und arme Waise mit hierher brachte.«

Nun war's mir doch nicht anders, als wenn mir ein Stein vom Herzen fiele! »Gott segne den Portier,« versetzte ich ganz entzückt, »daß er unser Onkel ist! ich habe immer große Stücke auf ihn gehalten.« – »Er meint es auch gut mit dir,« erwiderte sie, »wenn du dich nur etwas vornehmer hieltest, sagt er immer. Du mußt dich jetzt auch eleganter kleiden.« – »O,« rief ich voller Freuden, »englischen Frack, Strohhut und Pumphosen und Sporen! und gleich nach der Trauung reisen wir fort nach Italien, nach Rom, da gehn die schönen Wasserkünste, und nehmen die Prager Studenten mit und den Portier!« – Sie lächelte still und sah mich recht vergnügt und freundlich an, und von fern schallte immerfort die Musik herüber, und Leuchtkugeln flogen vom Schloß durch die stille Nacht über die Gärten, und die Donau rauschte dazwischen herauf – und es war alles, alles gut!

KOMMENTAR

EICHENDORFF UND SEINE ZEIT

LEBENSSPUREN

Ein Jahr war Joseph von Eichendorff alt, als die Französische Revolution 1789 die alte Ordnung in Europa erschütterte und George Washington im gleichen Jahr erster Präsident der USA wurde. Achtzehn Jahre war er alt, als die antiquierte friderizianische Militärmaschinerie Preußens in der Schlacht bei Jena und Auerstedt eine vernichtende Niederlage erlitt und auf Napoleons Geheiß das tausendjährige Heilige Römische Reich deutscher Nation liquidiert wurde (1806). Mit fünfundzwanzig Jahren (1813) zog er begeistert für die innere und äußere Freiheit gegen Napoleon in den Krieg und kehrte enttäuscht und ernüchtert daraus zurück; mit siebenundzwanzig Jahren (1815) heiratete er, gegen den Willen der Mutter, die Tochter eines armen schlesischen Gutsbesitzers. Sein erster Sohn wurde fünf Monate nach der Hochzeit geboren, zu einem Zeitpunkt, da der Vater nochmals »einen Anfall von Patriotismus« (HKA 12, S. 15) erlitten und seine hochschwangere Frau, des Krieges wegen, allein in Berlin zurückgelassen hatte. Im Alter von dreiunddreißig Jahren bezog Eichendorff erstmals ein eigenes Gehalt, das ihm erlaubte, seine Familie zu ernähren, und er war achtunddreißig Jahre alt, als er, nach der Edition der Erzählung *Aus dem Leben eines Taugenichts*, seinen ersten größeren literarischen Erfolg erlebte. Zweiundvierzig Jahre schließlich war Eichendorff alt, ein erfahrener, in seinem beruflichen Ehrgeiz aber nie zufriedengestellter Beamter der preußischen Provinzialverwaltung, als die neuen revolutionären Erschütterungen in den Staaten Europas (1830) das Gespenst der Revolution als ein politisches Prinzip kenntlich machten, das von nun an die Geschichte der alten und der neuen Welt begleitete.

Als die Brüder Wilhelm (geboren 1786) und Joseph von Eichendorff (geboren 1788) 1805 die Universität Halle bezogen, war diese mit 1400 Studenten die bedeutendste Universität Preußens, eine der größten Universitäten Deutschlands; und doch erlebten die schlesischen Barone, wie ›ihre‹ Universität jäh aus der Fülle ihres Lebens und ihres Einflusses in die Bedeutungslosigkeit stürzte. Am 17. 10. 1806 wurden die preußischen Truppen durch Napoleons Armee an der Saalebrücke bei eben jenem Passendorf geworfen, das für die hallischen Studenten der Inbegriff des fröhlichen Studentenlebens war, wohin »die fidelen Burschen zu steigen, und wo sie zu kommerschiren pflegten, da sie das Merseburger Bier aus großen Schleifkannen tranken« (Henne/Objartel 2, S. 178). Nach heftigen Straßenkämpfen wurde Halle durch französische und bayerische Truppen noch am gleichen Tag erobert und geplündert. Die Brüder Eichendorff waren zu dieser Zeit aus der Vakanz vom bedrohten Lubowitz aus nicht mehr in das ebenfalls von den Kriegsereignissen bedrohte Halle zurückgekehrt, wo die Universität auf Napoleons Geheiß am 19. 10. 1806 geschlossen wurde. Die Studenten, von denen ein bewaffneter Aufstand befürchtet wurde, mußten innerhalb von vierundzwanzig Stunden die Stadt verlassen. So wanderten sie »denn auch in Hauffen von 3-400 auf einmal, alle zu Fuß und sans Spieß aus, begleitet von dem Jammergeschrey der hallischen Philister, die bey ihrem Ausmarsche mehr weinten, als beym Einmarsche der Franzosen« (HKA 11, S. 161). Im Tagebuch von Eichendorffs Studienfreund Wilhelm Budde, einem Schüler Friedrich Schleiermachers, ist der Abschiedsschmerz einer Stadt, die von den Studenten und für die Studenten lebte, besonders deutlich zu vernehmen:

> Wie Apostel des Herrn zogen wir aus. Neumann Neander, Toedter, Strauß und ich; ganz leichten Muthes; ein Stück Comißbrod, Schinken und ein griechisches Testament war unser weniges Gepäck.

Erschütternd war mir der Anblick, so viele hunderte Jünger der Wissenschaft zerstreut zu sehen, und plötzlich, wie der Tod das Lebendige trennt. ⟨...⟩ Mehrere Professoren lagen in ihren Fenstern und weinten, auch die Einwohner, die ihren noch übrigen Reichthum fortziehen sahen; schwer für meine Seele war der Abschied von Professor Schleiermacher. Auch er war ganz geplündert und mußte von Brod und Wasser subsistiren; ich hätte in dem Augenblicke, als er mir dies sagte, mit der größten Aufopferung ein besseres Loos für ihn erkaufen mögen. Lebendig fühlte ich, was ich ihm schuldig war. Sein hoher Geist war ihm gegenwärtig. »Sie sind wohl dran«, sprach er, »Exulanten geht es immer wohl; aber vergessen Sie mich nicht, wir sind uns immer nahe.«
(Eichendorff-Kalender 1926, S. 71 f.)

Die Brüder Eichendorff wurden am 30. 10. 1806 durch »die Nachricht von Halles traurigem Schiksal wahrhaft« erschüttert (HKA 11, S. 158). »Schwartze Bangigkeit« notierte Joseph von Eichendorff in sein Tagebuch, also jene gelegentlich wiederkehrende Formel, welche die individuell durch die vielen Momente des »zu spät« verstärkte Zeitkrankheit der Melancholie meint, mit der Eichendorff gerungen hat bis an sein Ende. Am 11. 11. 1806 brachte dann der Kürassier-Offizier Karl von Porembsky, Augenzeuge der Eroberung Halles, genauere Nachrichten über das Schicksal der Stadt nach Lubowitz. Erst 1827 hatte die Universität Halle mit 1330 Studenten annähernd wieder die Größe, die sie zum Zeitpunkt der Schließung hatte, erst um 1880 gelang es ihr, wieder den Rang zu erreichen, den sie vor der zweimaligen Schließung durch Napoleon (19. 10. 1806 bis 29. 12. 1807; 19. 7. bis 23. 11. 1813) innehatte.

Für das Memoiren-Kapitel *Halle* notierte sich Eichendorff im Alter ausschließlich Stichworte über das »damalige poetisch rohe Studentenleben«, für das Kapitel *Heidelberg* aber die Namen »Görres, Arnim, Brentano«. Als die Brüder Eichendorff nämlich nach der durch den Krieg erzwungenen Studienpause im Sommersemester 1807 das Studium an der Universität Heidelberg fortsetzten und sich dort sogleich der Partei der Romantiker anschlossen, hatte diese ihren Kampf gegen die »Vossische Partei« um den Einfluß und die Pfründen an der Universität im Grunde schon verloren. Zwar verlebten Wilhelm und Joseph von Eichendorff dort zwei Semester, die ihnen im Rückblick fast einen Rausch im Gefühl der Jugend, der Liebe und der Poesie bescherten, doch besteht kein Zweifel, daß die Romantiker trotz aller Mühen ihre schwache Stellung an der von rationalistischen Juristen und Theologen beherrschten Universität nicht festigen konnten. Görres fand das Leben in Heidelberg »etwas gar zu solide 〈...〉 und das Studium wird getrieben, als ob es das ganze Jahr Karwoche wäre« (Aurora 1954, S. 80). Nur ein letzter Strahl der Heidelberger Romantik hat die schlesischen Studiosi in Heidelberg noch berührt; er genügte, um ein ganzes Leben zu bestrahlen. Die Studiensemester in Halle hatten das Erlebnis studentischer Gemeinschaft gebracht, die in Heidelberg gaben Joseph von Eichendorff das Gefühl des Einverständnisses in der Poesie; erst nach dem Abschied von den Heidelberger Freunden aber gelang es ihm, den eigenen unverwechselbaren Ton zu finden.

Zwar nennen Eichendorffs Tagebücher in Heidelberg Vorlesungen u. a. bei den Juristen Thibaut, Kopp, Heise, Martin, bei dem Philologen Heinrich Voß und dem Anatomen Jakob Fidelis Ackermann, doch hat von allen Heidelberger Lehrern am stärksten der Privatdozent Joseph Görres auf ihn gewirkt. Von Görres behaupteten seine damaligen Gegner, er habe in seinen Kollegs vor allem die Studenten der Medizin »mit einem Hange zu philosophischen Träumereien angesteckt«, Johann Georg Müller nannte ihn einen »philosophischen Laffen«, andere wieder meinten, sein Vortrag sei »Gewäsch ohne Zusammenhang«; er habe sich bis zu der Behauptung verstiegen, »die Dichtkunst der Deutschen sei kalt wie eine Hundeschnauze« (Görres 2, S. 800 f.). Görres also lehrte seine Schüler offenkundig den

Enthusiasmus einer poetischen Existenz; in ihrer Begeisterung über diese »göttlichen« Vorlesungen (HKA 11, S. 219) haben sie die Logik des entwickelnden Gedankenganges nicht vermißt. Georg Reinbeck blieb es »ganz unbegreiflich, wie man Herrn Görres ⟨...⟩ den Hörsaal eröffnen konnte; und gesetzt, diesem verwirrten Kopfe entsprühten zuweilen Lichtfunken: können diese bei jungen Feuerköpfen anders als zerstörend wirken? Es sind elektrische Funken einer hagel-schwangern Wolke« (Görres 2, S. 801). Joseph von Eichendorff bewahrte sich den durch Görres in ihm erweckten Enthusiasmus, der ihm die »schwarze Bangigkeit« seines Herzens überwinden half. Noch in den letzten Lebensjahren erinnerte er sich der unglaublichen Gewalt, welche »dieser Mann, damals selbst noch jung und unberühmt, über alle Jugend, die irgend geistig mit ihm in Berührung kam, nach allen Richtungen hin ausübte. ⟨...⟩ Wenn Gott noch in unserer Zeit einzelne mit prophetischer Gabe begnadigt, so war Görres ein Prophet, in Bildern denkend und überall auf den höchsten Zinnen der wildbewegten Zeit weissagend, mahnend und züchtigend, auch darin den Propheten vergleichbar, daß das ›Steiniget ihn!‹ häufig genug über ihm ausgerufen wurde.« (HKA 10, S. 421.) Die Teilung der Welt in Studenten und Philister hatte Joseph von Eichendorff schon in Halle erlebt, nun aber wurde diese Welt gleichsam poetisch verklärt, wurde der Philister zum Antityp des poetischen Menschen schlechthin deklariert. Görres nämlich soll seine Vorlesung *Über den Bau des Himmels* mit den Worten begonnen haben: »Meine Herren, es giebt nur zwei Klassen von Menschen, 1) die mit poetischem Geist gesalbet sind, 2) die Philister, und so ging er zu seiner Metaphysik des Weltgebäudes über.« (Görres 2, S. 800.) Auf die charismatische Wirkung, welche Görres auf die vom Staub der Pandekten-Paukerei geistig fast ausgetrockneten Jura-Studenten ausübte, ist die Typisierung des Menschenbildes in Eichendorffs poetischem Werk zurückzuführen. Kein Wunder, daß – nach Clemens Brentanos Zeugnis – die Brüder

Eichendorff einige Zeit »wie die Narren« alles im Stile von Görres geschrieben haben (Frühwald, Chronik, S. 45).

Das Ende der Heidelberger Romantik haben die Brüder Eichendorff nicht mehr miterlebt. Als im August 1808 die erst im Januar des gleichen Jahres gegründete ›Zeitung für Einsiedler‹, das Kampforgan der Romantik gegen den Heidelberger Rationalismus, ihr Erscheinen einstellte, waren sie schon wieder nach Lubowitz zurückgekehrt. Im August 1808 reiste Clemens Brentano, der Ludwig Tieck – vergeblich – für die Universität Heidelberg hatte gewinnen wollen, von Heidelberg in das bayerische Landshut, wo sein Schwager Friedrich Karl von Savigny nun lehrte; Anfang Oktober 1808 ging Görres enttäuscht zurück nach Koblenz; im November 1808 verließ auch Achim von Arnim die Stadt, in deren Mauern die Romantik tatsächlich nur »wie eine prächtige Rakete, funkelnd zum Himmel« emporgestiegen »und nach kurzer wunderbarer Beleuchtung der nächtlichen Gegend, oben in tausend bunte Sterne spurlos« zerplatzt war (Eichendorff, *Über die ethische und religiöse Bedeutung der neueren romantischen Poesie in Deutschland*, 1847).

Als die Brüder Eichendorff nach den Heidelberger Studiensemestern (1808) in ihrer Ausbildung so weit gelangt waren, daß sie den alternden Vater bei der Verwaltung seiner Güter unterstützen konnten, waren diese Güter schon so stark verschuldet, daß das Experiment im Sommer 1810 abgebrochen werden mußte. Wilhelm und Joseph von Eichendorff immatrikulierten sich am 29. 11. 1810 an der Universität Wien als »juris privatim studiosi« und schlossen im September 1812 ihr Studium dort mit den letzten Examina ab.

In der Eichendorff-Literatur wurde seit Hermann von Eichendorffs Biographie seines Vaters das Porträt, das im siebten Kapitel von *Ahnung und Gegenwart* von dem Herrn v. A. gezeichnet ist, häufig als eine Charakteristik des Adolf von Eichendorff (1756-1818), also des Vaters von Wilhelm und Joseph von Eichendorff, gelesen. Karoline von

Eichendorff (1766-1822), die Mutter der Brüder, soll sich im Jugendroman ihres jüngeren Sohnes ebenfalls (wohl in der »Tante«) porträtiert gesehen haben, »worüber sie aber beleidigt war« (HKA 18,1, S. 74). Herr v. A., mit der für den Adel des 18. Jahrhunderts charakteristischen Abneigung gegen die Dichtkunst, wird im Roman als einer von jenen Menschen geschildert, »die, durch einseitige Erziehung und eine Reihe schmerzlicher Erfahrungen ermüdet, den lebendigen Glauben an Poesie, Liebe, Heldenmut und alles Große und Ungewöhnliche im Leben aufgegeben haben, weil es sich so ungefüge gebärdet und nirgends mehr in die Zeit hineinpassen will« (S. 130 f.). Die in diesem Kapitel offen ausgesprochene Liebeserklärung an den Vater – er war »bis zur Sonderbarkeit einfach, redlich und gutmütig und Friedrich liebte ihn unaussprechlich« (S. 131). – hat Eichendorffs Blick für die mangelnden wirtschaftlichen Fähigkeiten des Vaters nicht getrübt. Bei aller Stilisierung der Figuren des Herrn v. A. und seiner Schwester ist eine Ähnlichkeit mit Eichendorffs Eltern wohl deutlich: »Die geistige Atmosphäre des Elternhauses samt einer gewissen Gegensätzlichkeit von Vater und Mutter, zugleich ein Gegensatz zwischen naiver, guter alter Herzlichkeit und hausbacken fortschrittsnüchterner ›Aufklärung‹ (dieses Wort fällt bei der Schilderung der Frau von A. und ihrer Kreise) – diese Atmosphäre war genau getroffen, mit einer spöttischen kühnen Direktheit des Details, die an ähnliche Taten Thomas Manns erinnert.« (Stöcklein, S. 37.) Im Gegensatz zu der nüchternen und tatkräftigen Mutter, die am Rande der Legalität aus dem Ruin ihres Besitzes rettete, was zu retten war, war Adolf von Eichendorff ein liebenswürdiger und warmherziger, aber auch schwacher, gelegentlich auf Kosten anderer ängstlicher und wenig widerstandsfähiger Mann. Als Leiter eines großen landwirtschaftlichen Betriebes war er mit Sicherheit überfordert; er bevorzugte »eine sprunghafte, von Unsicherheit gekennzeichnete Betriebsführung, die immer wieder von den instabilen Finanzierungsgrundlagen der Produktion und des Absatzes erschüttert wird. Diese Unruhe findet eine zusätzliche Erklärung in der inneren Persönlichkeitsstruktur Adolf von Eichendorffs, die von deutlicher Neigung zur Nervosität und von niedrigem Standhaltevermögen gekennzeichnet ist. Panik und Fluchtreaktionen bei Krisen sind Ausdruck dieser Eigenheit.« (Stutzer, S. 32) In der ungesunden Atmosphäre des Aufwindes der schlesischen Agrarkonjunktur, kurz vor der um die Jahrhundertwende einsetzenden Agrardepression, zeigte sich sein ruinöser Hang zur Güterspekulation, unternahm er den Versuch, »zeitweise neunzehn Betriebe allein zu führen, wozu längst eine Domänenkammer nötig gewesen wäre« (Stutzer, S. 33). Adolf von Eichendorff war den Anforderungen einer stabilen landwirtschaftlichen Betriebsführung im Umbruch vom Zeitalter der Naturphilosophie zur Zeit der chemieabhängigen Landwirtschaft moderner Industriestaaten nicht gewachsen. Der völlige Verlust des Vermögens der Familie Eichendorff in der großen Agrarkrise der zwanziger Jahre des 19. Jahrhunderts ist nicht nur auf die Kriegseinwirkungen und die wirtschaftliche Depression, sondern auch auf die Unfähigkeit des Vaters der Brüder Eichendorff zu einer wirtschaftlichen Betriebsleitung zurückzuführen.

Seit 1785 waren Schloß und Gut Lubowitz, wo Joseph von Eichendorff geboren wurde, im Besitz der Familie Eichendorff. Im fruchtbarsten Teil der preußischen Provinz Schlesien gelegen, war das Gut »ein reiner Ackerbaubetrieb mit den Schwerpunkten Getreidebau und Schafhaltung« (Stutzer, S. 115). Der 1785/86 fertiggestellte Rokoko-Neubau des Schlosses auf der Oder-Terrasse, mit Park, Hasengarten, weiten Ackerflächen im Odertal und großen nahegelegenen Wäldern, war Mittelpunkt eines lebhaften gesellschaftlichen Lebens; in Lubowitz soll man in der Kindheit Joseph von Eichendorffs gelebt haben »wie im ewigen Leben« (Nowack, S. 81). Um die Zeit von Eichendorffs Geburt war die Situation des schlesischen Landadels und zumal die Situation der Bewohner von Lubowitz, die von Bauernunruhen verschont geblieben waren, noch die einer ländlichen Idylle des Rokoko inmitten aufziehender revolutionärer Gewitter. Das Leben und Treiben dieser kleineren Gutsbesitzer »in ihrer fast insularischen Abgeschiedenheit«, die durch die Oderüberschwemmungen gelegentlich tatsächlich wie auf Inseln hausten, hat Eichendorff im Alter verklärend nachgezeichnet. Schon 1801 aber war Adolf von Eichendorff monatelang auf der Flucht vor seinen Gläubigern: »Ich habe niemandem was getan, nur bezahlen kann ich nicht. Gott, meine Kinderle, wenn ich daran gedenke, so blutet mir das Herze.« (Brief Adolf von Eichendorffs an seine Frau, Juni 1801; Aurora 1934, S. 22.) Seit 1809 vermutlich waren die Eltern Eichendorffs, deren Schulden wenigstens 300 000 Taler betrugen, nahezu ohne Einkommen, da der Kapitaldienstbedarf von etwa 13 500 Talern pro Jahr »das verfügbare Jahreseinkommen um mindestens 100% übertraf« (Stutzer, S. 20). Da die Personalkosten durch die Auswirkungen der Bauernbefreiung in Schlesien enorm angestiegen waren, brachte die Mitarbeit der Brüder bei der Verwaltung der Güter eine – freilich nur kurzfristig spürbare – finanzielle Entlastung; vor dem Bankrott wurden die Eichendorffs nur durch das 1807 erlassene preußische Generalmoratorium noch geschützt. Als 1815 Adolf von Eichendorffs Antrag auf Spezialverlängerung des Moratoriums vom Oberlandesgericht abgelehnt wurde, stand die Liquidation der Güter, für Joseph von Eichendorff damit auch der Verlust der Heimat Lubowitz, unmittelbar bevor. Adolf von Eichendorff hat die Liquidation seines Vermögens nicht mehr erlebt; er starb am 27. 4. 1818, am 29. 4. 1819 wurden die unter Zwangsverwaltung stehenden Güter zur Versteigerung freigegeben. 1823 wurde Lubowitz, 1824 Radoschau, 1831 Slawikau zwangsversteigert. Karoline von Eichendorff hatte noch kurz vor der Zwangsversteigerung eine Lücke im Gesetz dazu ausgenützt, den zu Slawikau gehörenden Summiner Forst abholzen zu lassen und ihre Privatschulden damit zu bezahlen. Nur das kleine österreichische Gut Sedlnitz gehörte als ein Besitz anderen Rechtes nicht zur Konkursmasse. Die Einkünfte aus diesem Besitz haben es Joseph von Eichendorff ermöglicht, die schweren Jahre des Vorbereitungsdienstes für die höhere Beamtenlaufbahn (1816-19) ohne Gehalt zu überstehen.

Das Lebensgefühl, nicht nur ein spätgeborener Romantiker zu sein, sondern auch sonst vom Fatum des »zu spät« bedroht zu sein, hat Joseph von Eichendorff auch nach dem Abschluß seines Studiums begleitet. In den Befreiungskriegen war dieses Gefühl vielleicht sogar lebensrettend, da es in einem mit Ungestüm und poetisierendem Enthusiasmus geführten Leben die notwendige Retardierung bedeutete.

Als Joseph von Eichendorff und sein Freund Philipp Veit sich, von Wien kommend, 1813 in Breslau als Freiwillige beim Lützower Korps zu melden versuchten, war dieses bereits ausmarschiert. Erst am 29. 4. 1813 wurde Eichendorff in Grimma bei Leipzig dem dritten Bataillon des Freikorps zugeteilt und mit diesem zum Streifzug-Krieg hinter den feindlichen Linien kommandiert, bis der im Juni 1813 geschlossene Waffenstillstand auch diesen Abenteuern ein Ende bereitete. Fast grotesk muten Eichendorffs Versuche an, in der Folgezeit als Offizier in das Hauptquartier der preußischen Armee, zu den brandenburgischen Kürassier-Jägern oder wenigstens zur österreichischen Landwehr zu kommen; alle diese Versuche scheiterten daran, daß der verarmte schlesische Landedelmann kein Geld hatte, um sich zu montieren, das heißt um sich Uniform, Waffen und ein Pferd zu beschaffen. Erst im September 1814 wurde er durch die Vermittlung seines Onkels Offiziersanwärter in einem schlesischen Landwehrregiment, mit dem er das öde Besatzungsleben in Torgau teilen mußte.

Auch 1815, als sich Eichendorff wenige Tage nach der Hochzeit von seiner schwangeren Frau trennte und bei der Rheinischen Landwehr als Offizier eintrat, erreichte sein Regiment erst am Tag nach der Schlacht bei Waterloo das

Kampfgelände. So hat Eichendorff auch in diesem Feldzug nur »fürchterlich exerziert«, im Unterschied zum Hungerleben 1814 aber »zu Compiegne, Noyon und Ham in der Picardie tüchtig gegessen und getrunken« (HKA 12, S. 15).

Als alle Versuche, außerhalb der strengen Karrierevorschriften des preußischen Beamtendienstes eine seinen Fähigkeiten und seinen Vorstellungen entsprechende Stellung zu finden, gescheitert waren, hat sich Eichendorff für die »gewöhnliche juristische Laufbahn« entschieden – und ist auch hier wieder »zu spät« gekommen. Als Schüler Theodor von Schöns identifizierte er sich mit den Zielen des preußischen Reformbeamtentums in den Provinzen des Königreiches, als dieses in einem restaurativ erstarrenden Staat die Auseinandersetzung mit der absolutistisch gesinnten Berliner Administration und deren zentralistischem Staatsdenken schon verloren hatte. So wurde der Dichter in einer normalen juristischen Karriere Referendar, Assessor und schließlich am 31. 1. 1821 Konsistorial- und Schulrat bei der westpreußischen Provinzialregierung in Danzig. Zehn Jahre lang blieb er Assistent des Oberpräsidenten Heinrich Theodor von Schön, ehe er 1831, ohne Versetzungserlaubnis, ja ohne dort auch nur willkommen zu sein, mit Urlaub aus Königsberg nach Berlin reiste – und dort 13 Jahre lang, stets aushilfsweise, in den verschiedensten Ministerialbehörden beschäftigt wurde. Alle seine Versuche, eine feste Anstellung in Berlin, ein einflußreiches Amt in einer der Zentralbehörden zu finden, schlugen fehl. Ständig in der Gefahr, wieder nach Ostpreußen, an die »Schneelinie«, abgeschoben zu werden, bewarb er sich um die unterschiedlichsten Ämter, um eine Anstellung beim Generalpostmeister, beim Außenministerium, beim Kultusministerium, um die Intendanz der königlichen Museen; 1841 wurde er für das zu reorganisierende Oberzensurkollegium in Aussicht genommen, am 1. 7. 1844 schließlich auf eigenen Wunsch pensioniert.

Das Problem dieser entbehrungs- und enttäuschungsreichen Dienstjahre in Berlin war, daß Eichendorff in Danzig und in Königsberg die fruchtbare Symbiose von Beamten- und Dichtertum kennengelernt hatte, die er nach 1831 vergeblich in Berlin, dem kulturellen Zentrum des Königreiches, anzuwenden versuchte. Die Berliner Amtsjahre aber bedeuten nichts anderes als die kontinuierliche Demontage dieses Idealbildes vom gebildeten preußischen Beamten, das er nur noch in seinen Schriften bewahren, im Beruf jedoch nicht mehr realisieren konnte.

Die vielen Momente des »zu spät« in seinem Leben hat Eichendorff zunächst zu einem Motiv seines Werkes gemacht, ehe er sie als ein gnädiges Schicksal auch für sein Leben akzeptieren konnte. Der Taugenichts denkt zuerst diesen melancholischen Gedanken, der dann zum Lebensmotto seines Zwillingsbruders, des Unstern, wird. »Und so geht es mir überall und immer«, denkt der Taugenichts auf seinem Baum. »Jeder hat sein Plätzchen auf der Erde ausgesteckt, hat seinen warmen Ofen, seine Tasse Kaffee, seine Frau, sein Glas Wein zu Abend, und ist so recht zufrieden; selbst dem Portier ist ganz wohl in seiner langen Haut. – Mir ist's nirgends recht. Es ist, als wäre ich überall eben zu spät gekommen, als hätte die ganze Welt gar nicht auf mich gerechnet.« (S. 480.)

Um 1830/31 wohl hat Eichendorff jene Fragment gebliebene Erzählung begonnen, in deren Mittelpunkt die von Ludwig Uhland erfundene Figur des Unstern stehen sollte. Er ist »durch und durch poetisch und antiphilistros«, so daß ihm »alles beinahe glückt und doch alles mißglückt«. Den Gedanken gelebter Poesie also hat Eichendorff als das Glück und das Unglück seines Lebens zugleich erkannt; die Trennung der Welt der Ideen von der Welt der Realitäten schien ihm das Schicksal seiner Zeit. So gestaltete er den *Unstern* zum satirischen Modell des raschen Verfallsprozesses idealistischer Dichtungstheorie und ihrer Autorität, zum Modell des sich beschleunigenden Resonanzverlustes klassisch-romantischer Poesie. Goethe und Uhland zugleich parodierend, leitet die *Unstern*-Novelle eine neue

Werkphase ein, die mit dem Vordringen des Insel-Topos und der Selbstzitate nicht nur Eichendorffs isolierte Situation während der Berliner Amtsjahre, sondern auch die Lage des Reformkonservativismus in der Zeit des Vormärz und die Position des ästhetischen Denkens aus Preußens Reformzeit im Bannkreis von Revolution und antirevolutionärer Ordnungspolitik spiegelt. Durch einen Zufall nur wird im zweiten Kapitel dieses Novellenfragmentes die günstige Geburtskonstellation verfehlt, die vielleicht die Kongruenz von Idealität und Realität, von Traum und Wirklichkeit ermöglicht hätte. Zur Unzeit werden die Freudenböller gelöst; die Mutter fällt in Ohnmacht, »die Konstellation, trotz den vortrefflichen Aspekten, war verpaßt, ich wurde grade um anderthalb Minuten zu spät geboren. – Eine lumpige Spanne Zeit! u. doch holt sie keiner wieder ein, das Glück ist einmal im Vorsprung, er im Nachtrab, u. es ist schlecht traben, wenn man vor lauter Eile mit der einen Hand in den falschen Ärmel gefahren, u. mit der andern, um keine Zeit zu verlieren, sich die Beinkleider halten muß. Um ein Haar ist er überall der erste, um ein Haar macht er die brillantesten Partien im Lande, um ein Haar bekommt er einen Lorbeerkranz im Morgenblatt u. Orden mit Eichenlaub, Bändern u. Schleifen wie ein Festochs; kurz: er findet überall ein Haar, bis er selber keins mehr auf dem Kopfe hat.«

SPRACHMUSTER

Unter dem Datum des 30. 4. 1805 notierte der eben 17 Jahre alt gewordene Joseph von Eichendorff in sein Tagebuch:

Schon auf der Hälfte des Weges ⟨von Lubowitz nach Halle⟩ hatten wir in einem Wirthshause, wo wir ein wenig ausstiegen, Gelegenheit, den Respect der Haller Bürger (Philister) vor einem Burschen kennen zu lernen. Ein Haller Uhrmacher nemlich, der sich auch daselbst befand, beneventirte uns, sobald er erfuhr, wer wir sind, aufs geschmeidigste u. wagte es nicht wieder den Hut aufzusetzen. Bald darauf erblikten wir endlich mit pochendem Hertzen die Thürme von Halle, u. mehrere Burschen, welche zu Pferde in Stürmern u. Kanonen bey uns vorbeysprengten, erinnerten uns, daß wir uns einer anderen fremden Welt näherten. (HKA 11, S. 97.)

Die »fremde Welt« begrüßte die Musensöhne aus dem fernen Breslau aber nicht nur mit neuen Sitten, sondern auch und gerade mit einer neuen Sprache, die Joseph von Eichendorff bereitwillig in sein Tagebuch aufgenommen hat und die aus seinem poetischen Werk nicht mehr wegzudenken ist. Im Unterschied zu den Tagebüchern, wo zumal 1805 die »burschikose«, das heißt die den Studenten eigentümliche Sprache gehäuft und gleichsam in Rohform zu finden ist, enthalten die literarischen Schriften Eichendorffs einen stilisierten Burschendialekt; die Studentensprache wird im gleichen Maße poetisch weiterentwickelt, wie das freie, ungezwungene Leben der Burschen in den Universitätsstädten zum Bild eines jugendlich-begeisterten, innerlich freien, von Ideen geleiteten Lebens überhaupt wird. Nicht nur zentrale Termini der Burschensprache hat Eichendorff in seinem Werk bewahrt, dieses Werk wird vielmehr von einem Netz studentensprachlicher Worte und analoger Bildungen überzogen, wobei der studentische Wortschatz – Eichendorff belegt es deutlich – reicher und differenzierter ist, als es die Wörterbücher der Studentensprache seit 1749 ausweisen. An Eichendorffs Tagebüchern ist der lebende Gebrauch der hallischen Studentensprache zu beobachten, der sich im »Kontext von Sprachvielfalt, Sprachmischung und Sprachspiel« vollzogen hat (Henne/Objartel 1, S. 52); an den poetischen Texten aber ist die Transformation studentischer Kastensprache in die Bildsprache der romantischen Literatur abzulesen. Schon Christian Friedrich Augustin (1771-1856) hat in seinem der Friedrichs-Universität zu Halle zum »Fest ihrer hundertjährigen Stiftung« gewidmeten *Idiotikon der Burschensprache* (1795) darauf hingewiesen, wie stark studentensprachliche Elemente in die Sprache der Bürger von Halle eingegangen sind, in welch breitem Strom sie in die Sprache der Gebildeten eingedrungen sind: »Die Burschensprache wird ⟨...⟩ allgemein gesprochen und ist selbst unter den Professoren bekannt. Ein berühmter Theologe lächelt immer, wenn er in seinen Vorlesungen über die Kirchengeschichte auf die *Manichäer* kommt.« (Henne/Objartel 2, S. 330) – (Denn ein Manichäer ist in der Sprache der Studenten ein Gläubiger, ein Kreditgeber, und »manichäern« oder »manichieren« heißt »die Schulden anmahnen«, »Geld zurückfordern«.)

Schon im ersten Tagebucheintrag aus der Zeit des Studiums in Halle dominiert also die Studentensprache. Der »Philister« ist in dieser Sprache, wie es das Tagebuch belegt, der »Bürger«, eben jeder »Nichtstudent« – und die begeisterten studentischen Leser von Goethes Roman *Wilhelm Meisters Lehrjahre* fanden ihre von »Philister« abgeleitete Bezeichnung der Haustochter, der filia hospitalis: »Philine«, dort wieder als den Namen der liebenswert-leichtfertigen Lehrerin Wilhelms in der Kunst der Liebe. Der Uhrmacher aus Halle »beneventirte« die neu angekommenen Studenten, das heißt er hieß sie herzlich willkommen, er beglückwünschte sie zu ihrer Ankunft. In »Stürmern« und »Kanonen« sprengten die Burschen vorbei, was bedeutet, daß sie Sturmhüte mit Schwungfedern in den Farben ihrer Landsmannschaft und hohe, bis zu den Schenkeln reichende Reitstiefel trugen. Ein saloppes »Prosit« aber, wie es Eichendorff an der gleichen Tagebuchstelle vermerkt, war – nach Augustin – »der gewöhnliche und beständige Gruß der hallischen Studenten« (Henne/Objartel 2, S. 414), vor denen die Bürger und sogar die Offiziere furchtsam »schon von weitem vom breiten Steine weichen« (HKA 11, S. 97). »*Breiter Stein*«, ist in Augustins *Idiotikon* zu lesen: »So nennt man den mittlern Weg auf den hallischen Straßen, der durch eine Reihe etwas breiterer Steine bezeichnet ist. Man darf sich aber darunter keine breiten Quadersteine vorstellen, sondern es sind ganz gewöhnliche Kiesel, die nur etwas breiter sind, als die übrigen Pflastersteine. Hier läßt es sich wenigstens erträglicher gehn, als auf dem übrigen Theile des Steinpflasters, wenn schon der Unterschied nicht sehr beträchtlich ist. Daher ist denn auch wahrscheinlich die Mode der hallischen Burschen entstanden, Keinem als Studenten den breiten Stein zu überlassen; ja selbst die Neuangekommenen davon auszuschließen. Ein Bursch soll dem Andern die Hälfte desselben überlassen; dies geschieht aber nicht immer und hat der breite Stein zu vielen Händeln Veranlassung gegeben.« (Henne/Objartel 2, S. 357 f.)

Nach Passendorf, in das schon im Sächsischen gelegene Dorf, das Arkadien der hallischen Studenten, »welches durch ein Cafféhaus und einen Garten, den, wie alle schönen öffentlichen Oerter um Halle, blos Studenten besezt halten u. durch die Contrebande an Tabak, Pfeiffen etc. bekannt ist« (HKA 11, S. 98), ist Joseph von Eichendorff häufig zu fröhlichen »Kommerschen« (Kommersen, feierlichen Trinkgesellschaften) gezogen, die Leipziger Studenten aber bedauerte er, weil »deren akademische Freyheit, uneingedenk ihrer eignen Kraft in dem Meere von Schwengeln u. anderen Philistern ⟨also: von Kaufleuten und Bürgern⟩ versinkt« (HKA 11, S. 101). An den »Suiten« (den mehr oder weniger lustigen Streichen) der Studenten nahm er lebhaften Anteil, er freute sich, wenn die Burschen den »Häschern« (das heißt: der akademischen Polizei) ihre »Bleistifte«, also die unten mit Eisen beschlagenen Stangen, wegnahmen, welche die Häscher bei den häufigen Tumulten »von der Seite zwischen die Fliehenden« warfen, »um sie zum Fallen zu bringen. Diese Stangen sind rund und glatt gehobelt, man nennt sie Spottweise *Bleistifte*, sie thun aber keine Wirkung, so lange der Haufen der Tumultuirenden geschlossen bleibt und nicht die Flucht ergreift« (vgl. HKA 11, S. 104 f.; Henne/Objartel 2, S. 423).

Eichendorff brüllte heute bei einem »Vivat« auf den neuen Prorektor mit, morgen bei einem »Pereat« auf eine spröde Schöne; er »stieß« im September 1805 beim Grafen Matuschka »eine Schokoladecondition«, im Februar 1806 bei dem gleichen Kommilitonen eine »Punschcondition« und nahm im Januar 1806 an einer »bachantischen Condition« teil, die ein anderer Kommilitone stieß (HKA 11, S. 108, 135 f.), wobei »einem eine Condition stoßen« bedeutet, daß ein Student auf seiner Bude die Kommilitonen mit Kaffee, Schokolade, Punsch, Wein oder Bier bewirtet, »eine Condition stoßen« meint: an einer solchen Trinkgesellschaft teilnehmen. Daß Eichendorff der »Minkenwelt« (also den Bürgermädchen) in Halle, Lauchstaedt und Leipzig zugetan war (HKA 11, S. 141), daß er »schmollierte« (Brüderschaft trank), »sponsierte« (flirtete) und »Scandal machte« (sich bis zur Duellforderung stritt), versteht sich fast von selbst. Am 17. 5. 1806 vermerkte er stolz, daß er einen »Knoten ⟨einen Handwerksburschen⟩ bey der Brust gerüttelt u. zu Boden geworfen« habe (HKA 11, S. 138), und von famosen oder solennen (feierlichen) »Comitaten« ist Monat für Monat die Rede (vgl. HKA 11, S. 137 f.). »*Comitat*«, so ist in einem 1813 erschienenen Wörterbuch der Studentensprache zu lesen, »ist das Geleite, welches die Freunde einem abgehenden Mitburschen geben. Sie bringen ihn zu Pferde und zu Wagen im wohlgeordneten Zuge bis zum nächsten Dorf, oder der nächsten Station, wo man noch einmal zu guter Letzt im frohen Vereine zecht, bis der Postwagen vorfährt und ihn zu der gemischten Gesellschaft in sein melancholisches Innere ruft.« (Henne/Objartel 3, S. 66 f.)

Ein ganzes Wörterbuch der hallischen Studentensprache könnte so aus Eichendorffs Werken und Schriften gewonnen werden, das Wörterbuch einer Sprache, die sich des makkaronischen Latein bedient, in der englische Brocken sich meist auf das unmäßige Pfeifenrauchen beziehen, in der griechische Buchstaben, zusammen mit kleinen Zeichnungen, wie sie auch in den Flugschriften zum Wartburgfest (1817) erscheinen, eine Art geheimer Bildersprache (u. a. für Mensuren und Duelle) konstituieren. Diese Studenten laufen nicht, sie »donnern«; sie wecken den schlafenden Wirt nicht aus seinem Schlummer, dieser wird vielmehr »aufgerumpelt« oder »aufgebollert«; sie singen nicht, sondern brüllen pleno choro, bis der ans Fenster gebrüllte Professor seiner Vergeßlichkeit wegen mehrfach »deprecirt« (Abbitte leistet); und das Lieblingslied der studentischen Massenversammlungen ist der Chor aus Schillers *Räubern*: »Ein freies Leben führen wir« (HKA 11, S. 104 f.).

An vielen Stellen sind Eichendorffs Tagebücher der studentensprachlichen Einsprengsel wegen nicht ohne Übersetzung verständlich; so wenn der begeisterte Student vom schlesischen »Fuchscommersch« in Passendorf berichtet und dabei »das schöne Schauspiel der den Markt durchkreuzenden Ritter« rühmt. Er meint, daß die »Ritter«, die »alten Häuser«, die Studenten im und nach dem siebten Semester, über den »Markt«, das heißt den Sammelplatz der »Füchse«, also der Studenten in den beiden ersten Semestern, schlenderten. Wenn schließlich die Studenten »sans Spieß« Halle verlassen mußten, so bedeutet dies in ihrer Sprache, daß sie ohne einen Batzen Geld in der Tasche aus dem Ort ihres ruhmreichen Wirkens vertrieben wurden.

Die besonders reiche Dokumentation der hallischen Studentensprache in den Wörterbüchern belegt die Bedeutung dieser Universität für das Studentenleben im Deutschland des 18. Jahrhunderts, die Zeit der Dokumentation aber belegt, daß die Blütejahre dieser Sprache die Mitte und das Ende des 18. Jahrhunderts sind, daß sie um die Wende vom 18. zum 19. Jahrhundert ihren Rang als Kastensprache verloren hat und allmählich mit ihren zentralen Termini in die Sprache der Gebildeten aufgenommen wurde. Das frühe Werk Eichendorffs hat teil an diesem Vorgang, es ist ein relativ später Beleg dafür, wie sehr die deutsche Romantik eine akademische Bewegung gewesen ist, eine Bewegung von Studenten und (jüngeren) Professoren, die sich an Sitten, Gebräuchen und eben an ihrer Sprache auch später im Leben wiedererkannt haben. Eichendorff hat – mit unterschiedlich starker Akzentverschiebung – an den Universitäten in Halle, Heidelberg und Wien das Studentenleben und das romantische Denken zusammen als integrative Faktoren einer Aufbruchsstimmung erlebt, die unmittelbar in die patriotische Begeisterung der Freiheitskriege mündete. Clemens Brentano, dessen antiphiliströse Sprache (besonders der Philistersatire von 1811) zu den prägenden Sprachvorbildern Eichendorffs gehört, hat 1805 die Generationenspaltung innerhalb der Heidelberger Professorenschaft, wie sie die Brüder Eichendorff noch miterlebten, deutlich – wenn auch, wie üblich, satirisch – gekennzeichnet. An seinen Schwager Savigny schrieb er am 30. 3. 1805: »Die alten Professoren treten und werden gedrängt immer mehr in den Hintergrund. Zu den alten gehören alle, die keine neumodischen Röcke anhaben, nicht schön meublirt sind und um 12 Uhr zu Mittag essen.«

Daß Eichendorff 1828, nach dem Regierungsantritt Ludwigs I. in Bayern, nach München strebte, um nochmals an jener ins Leben übertretenden Poesie teilzuhaben, der stets seine Sehnsucht gegolten hat, weil sie seine ganze Jugend geprägt hatte, daß er aus der von ihm meist als philiströs empfundenen Atmosphäre der preußischen Verwaltung in das zensurfreie, von einer letzten Welle romantischen Geistes erfaßte Bayern strebte, ist die Konsequenz seines die Freiheit des (durchaus entbehrungsreichen, aber fröhlichen) Studentenlebens, die jugendliche Kraft der Ideen und die begeisterte Bildsprache romantischer Kunst identifizierenden Denkens. An Joseph Görres schrieb er am 30. 8. 1828 aus Königsberg: »Ich habe ehrlich gekämpft, so gut ich's vermag, aber ich bewege mich hier wie in Fesseln, ohne Hoffnung lohnenden Erfolgs und sehe mit Gewißheit voraus, mich in diesem Verhältnisse nicht lange mehr halten zu können. Auch die Dichtkunst kommt mir läppisch vor in Zeiten, wo der Herr wieder einmal unmittelbar die Sprache der Poesie zu den Völkern redet. Denn *so* erscheint mir jetzt die tiefe Bewegung, der junge König und das ganze großartige Walten in Bayern« (HKA 12, S. 30). Eine Antwort auf diesen Brief ist nicht bekanntgeworden. Auch an dieser Station seines Lebens scheint Eichendorff »zu spät« gekommen zu sein; Joseph Görres hatte in Bayern nicht den Einfluß, den er ihm zugeschrieben hat; er hat sich

1829 ganz in seine Arbeit an der *Christlichen Mystik* zurückgezogen.

Die studentensprachliche Färbung von Eichendorffs poetischen Texten ist von den Freunden offenkundig als ein Signal verstanden worden, welche die eigene Jugend und die Zeit der Reformen im Ton dieser Poesie wiedererkannten. Insbesondere das Aufsehen, das der *Taugenichts* im Kreise der Berliner Mittwochsgesellschaft erregte, ist auf diesen, alles Philisterhafte verspottenden, die Jugend des einzelnen Bürgers wie die des Staates evozierenden Klang zurückzuführen. Die Prager Studenten in dieser Erzählung sprechen und singen ein makkaronisches Latein und mischen in all ihre Sätze die Kennworte studentischen Lebens. Sie sprechen vom Kollegium (der Vorlesung), vom Kompendien repetieren (der Wiederholung des Lehrstoffes), von den Kondiszipels (den Mitschülern), von der Vakanz (den Semesterferien) und von den Knollfinken; wobei in der Studentensprache der Knollfink nicht einfach einen Bauern meint, sondern »Knoll« einen Menschen bedeutet, der sich grob und ungesittet gebärdet, und »Fink« im Burschenjargon einen Obskuranten oder einen Studenten meint, der weder Comment noch Burschenart versteht, also einen studentischen Philister, so daß »Knollfinken« jene groben und unwissenden Menschen sind, denen nie der Vorzug zuteil wurde, die Luft akademischer Freiheit zu atmen (oder Menschen, die sich selbst dieser freien Luft beraubten). Doch auch der Taugenichts selbst spricht eine durch Formeln des Studentenidioms angereicherte Sprache. Der Sohn des Müllers ist zwar kein »Studierter«, hatte freilich »immer besondere Lust zum studieren, aber kein Geld« (S. 544). So wird er von den Studenten als ihresgleichen akzeptiert und stimmt, ohne Latein zu können, »jedesmal jauchzend in den letzten Vers« des Studentenliedes mit ein:

> Beatus ille homo
> Qui sedet in sua domo
> Et sedet post fornacem
> Et habet bonam pacem. (S. 551.)

In des Taugenichts Wortschatz sind wie selbstverständlich zentrale Begriffe der Studentensprache enthalten; da wird »vaziert«, »vagiert«, »spekuliert«, »parliert« und »akkompagniert«, da gibt es »tolle Amouren« und immer wieder »Rumor und Spectakel«. Zu »Rumor« finden sich in den Wörterbüchern der Studentensprache die Bedeutungen »der Lärm«, »der Randal«, »der Scandal«; zu »Spectakel« ganz ähnlich: »der Randal«, »der Scandal«, »der Rumor«, »der Tumult«, »der Aufstand«. John Meier meint in einer Untersuchung über die *Hallische Studentensprache* (1894): »Daß *Spectakel* in unsrer Verwendung als ›Lärm‹ aus dem Studentenjargon in die burschikose Sprache gekommen ist, scheinen die ›Briefe über Jena‹ vom Jahre 1793 (S. 129) nahe zu legen, wo gesagt wird, daß die Bürger von der Burschikosität der Studenten angesteckt sind und deren Sprache reden: ›Der Bürger sagt nicht, auf der Oelmühle ist Tanz oder Musik, sondern es ist Spectakel da.‹ Ebenso für Halle die ›Prorektorwahl‹ von 1789 (S. 11: ›in Halle sei Spectakel‹).« (Henne/Objartel 5, S. 37.) Dabei wird freilich übersehen, daß der Lärm auf Halles Straßen z. B. zur Zeit der Wahl des Prorektors nur die Begleiterscheinung eines grandiosen Schauspieles gewesen ist, das in Eichendorffs Tagebüchern ausladend beschrieben wird (HKA 11, S. 103–105). Um sieben Uhr schon versammelte sich die ganze Universität auf dem Paradeplatz, um in einem farbenprächtigen Zug zum Haus des Prorektors zu ziehen, dem ein dreifaches Vivat gebracht wurde. Im großen Saal des Rathauses fand dann der »famose Kellercommerce« statt, bei dem keine Scheibe im Ratskeller heil geblieben ist. Von einem »horrenden Gebrülle« berichtet Eichendorff, verstärkt durch das Geklirr der Hieber, die nach jeder Strophe der Burschenlieder auf den Tisch geschlagen wurden.

Auch von »Pinsel« ist im *Taugenichts* die Rede (S. 532), wobei das Wort schon in den ältesten Dokumentationen der Studentensprache als ein spezifisch studentischer Terminus mit »Einfaltspinsel« und »dummer Mensch« übersetzt wird; und der Taugenichts verwendet jenes rätselhafte

»passatim«, das in vielen modernen Eichendorff-Ausgaben in das bekanntere studentensprachliche »gassatim« verändert wurde, im *Taugenichts* aber mehrfach und in mehreren Auflagen ausdrücklich in der in den Wörterbüchern nicht belegten Form »passatim« erscheint. Vielleicht hat der Sohn des Müllers, der so gerne ein Student gewesen wäre, das »gassatim gehen« der Studenten, das in ihrer Sprache seit dem Ende des 15. Jahrhunderts heimisch ist, charakteristisch entstellt; vielleicht aber ist auch das »passatim gehen« eine ähnliche Bildung, abgeleitet von einem makkaronischen Verbum, wie das »stellatim gehen« (nach den Sternen sehen), das »oppidatim« (in die Stadt) oder das »dorfatim« (ins Dorf) gehen der Studentensprache. Wenn »gassatim« von einem makkaronischen Verbum »gassari«, wie »fenstratum« von einem vermeintlichen Verbum »fenstrari«, abgeleitet ist, so könnte »passatim gehen« von einem (makkaronischen oder eben dem italienischen) Verbum »passare« = »hindurchgehen, bummeln, schlendern« abgeleitet sein.

»Der Student des Reformationszeitalters ging gassatum oder gassatim, wenn er mit allerlei unmöglicher Musik unter Absingung von Liedern, gelegentlich auch vermummt, lärmend und schreiend durch die Gassen, d. h. durch die Straßen zog; wie ein Prediger des 16. Jahrhunderts bezeugt, gehören zum Gassieren bei Nacht ›das Raßbarlament, Rumpelscheit, Triangel oder Klingeisen‹. Und aus diesen selben Kreisen und den gleichen Zuständen entsprang auch die Bezeichnung einer besonderen Liederart, die beim Gassieren im Schwange war, die Gassenhauer. Das waren eben jene Lieder, mit denen schwärmende Studenten ihr nächtliches Treiben auffällig zu machen verstanden.« (Kluge, in: Henne/Objartel 5, S. 141.) War »gassatim gehen« auch in späteren Zeiten noch mit »Rumor und Spectakel« verbunden, so meinte »passatim gehen« vielleicht: »durch die abendlichen und die nächtlichen Straßen der Stadt bummeln, nach den Fenstern der Mädchen sehen und ihnen Ständchen singen«. So nämlich wird die studentensprachliche Formel im *Taugenichts* gebraucht: »Draußen war eine warme Sommernacht, so recht um passatim zu gehn.« (S. 504) Dieses »passatim gehen« aber liegt auch nahe an der Bedeutung: »die Zeit totschlagen«, »das Studium verbummeln«:

»Kennen denn Ew. Hochwürden den Bräutigam?« fragte ich ganz verwirrt. – »Nein,« erwiderte der alte Herr, »aber er soll ein luftiger Vogel sein.« – »O ja,« sagte ich hastig, »ein Vogel, der aus jeden Käfig ausreißt, sobald er nur kann, und lustig singt, wenn er wieder in der Freiheit ist.« – »Und sich in der Fremde herumtreibt,« fuhr der Herr gelassen fort, »in der Nacht passatim geht, und am Tag vor den Haustüren schläft.« (S. 549.)

Der Taugenichts also, der Sohn des Müllers, der ja nur von den Philistern für einen wahren Taugenichts gehalten wird, spricht prononciert die Sprache der Studenten als die Sprache jugendfrischer Poesie. Trotz aller Entbehrungen, trotz Hunger und Durst, Examensnöten und Abschiedsschmerzen wird im *Taugenichts* das Studentenleben verklärt:

Und als dann der Geistliche von der Musik immer vergnügter wurde und lustige Geschichten aus seiner Jugend erzählte: wie auch er zur Vakanz über Berge und Täler gezogen, und oft hungrig und durstig, aber immer fröhlich gewesen, und wie eigentlich das ganze Studentenleben eine große Vakanz sei zwischen der engen düstern Schule und der ernsten Amtsarbeit – ⟨...⟩. (S. 550.)

An der Figur des Taugenichts wird so erkennbar, wie die aus dem Geist des Volkes (im Verständnis von Herder und Görres) hervorgegangene Kunst einen jugendfrischen Bildungsdialekt spricht, die fröhlich-unbekümmerte Sprache jener akademischen Jugend, welche – nach romantischer Vorstellung – die Welt von der Tyrannei Napoleons befreit und die Poesie ins Leben gemischt hat. Der Taugenichts ist, sowohl als eine autobiographisch gekennzeichnete Figur wie als Gestaltallegorie, Inbegriff der spätromantischen Kunstauffassung, in deren Bildersprache sich volkstümliche, liedhafte und studenten- (oder bildungs-)sprachliche

Elemente so mischen, daß nicht nur seinem Autor, sondern auch seinen Lesern darin »das gelobte Land der Jugend« wiedergewonnen schien (*Dichter und ihre Gesellen*, 3. Kapitel). Theodor Fontane hat aus London, in Eichendorffs Todesjahr, am 6. 1. 1857 in einem Brief an Paul Heyse, durch Heimweh inspiriert, diese künstlerische Leistung Joseph von Eichendorffs ins Symbolhafte erweitert und damit der Eichendorff-Kritik des 19. und des frühen 20. Jahrhunderts jene Stichworte gegeben, die nur allzu häufig – gegen Eichendorffs und gegen Fontanes Intention – nationalistisch verengt worden sind:

> Ich kann mich hier nicht lang und breit darüber auslassen, was mir jene einzig dastehende Arbeit des liebenswürdigen Schlesiers so lieb und werth macht; der Taugenichts ist after all nicht mehr und nicht weniger als eine Verkörperung des deutschen Gemüths, die liebenswürdige Type nicht eines Standes bloß, sondern einer ganzen Nation. Kein andres Volk hat solch Buch. Ein Buch aber in dem sich vor einem, auf wenigen Blättern und mit der Naivetät eines Märchens, die tiefsten Seiten unsres Lebens erschließen, ein solches Buch muß was apartes sein. ⟨...⟩ Es lag nur in ihm diese *eine* Figur zu zeichnen, er war dazu geboren.

Das von Eichendorff in den literarischen Schriften seit *Dichter und ihre Gesellen* nochmals laut gepriesene Studentenleben in Halle (und in Heidelberg) hat ihm offenkundig ein so starkes Gefühl der Zugehörigkeit zu einer Gemeinschaft gegeben, daß damit nur noch das Gefühl für Heimat, Familie und Religion verglichen werden kann. Das studentische Gemeinschaftsbewußtsein wirkt später um so stärker nach, als die in den Freiheitskriegen gesuchte Gemeinschaft, auch die bei den Lützower Jägern, für Eichendorff eine Enttäuschung geworden ist. Die Bildfelder »Heimat« und »Jugend« sind deshalb die zentralen Bildbereiche im Werke Eichendorffs von *Ahnung und Gegenwart* bis zu den wohl erst 1857 ausgeführten Memoiren-Kapiteln.

In der Studentensprache, mit ihrer Verwurzelung in der

grobianischen Sprache des 16. und des 17. Jahrhunderts, eröffnete sich Eichendorff, als ein lebendiger Teil seiner Sprache, jene Tradition, welche durch die aktualisierende Wiederentdeckung frühneuzeitlicher Literatur im Kreise der Romantiker dann potenziert in seine Sprache eingeflossen ist. »Herzbruder« oder »Herzensbruder« sind jene Worte, in denen sich frühneuzeitliche Sprachtradition, Studentensprache, Romantik und Heimatgefühl treffen. In der Sprache der Burschen nämlich ist »Herzbruder« – im Anklang an Ulrich Hertzbruder, den vertrauten Freund des Simplicius – der liebste Kommilitone in der gegen die Philister verschworenen Brüderschaft; daß sich diese hallischen Studenten in Schillers *Räubern* gespiegelt sahen, wo Razmann (II 3) den Spiegelberg mit den Worten begrüßt: »So laß dich doch zu Brei zusammendrucken, lieber Herzbruder Moritz! Willkommen in den böhmischen Wäldern!« –, wird durch ihr Lieblingslied, eben das Räuberlied aus Schillers Schauspiel, bestätigt. »Herzbruder« war die vertraute Anrede zwischen den Freunden Achim von Arnim und Clemens Brentano, die sich beim Studium in Göttingen zusammengefunden hatten, und »Herzensbruder« nannte Joseph von Eichendorff seinen älteren Bruder Wilhelm, mit dem er alle Freuden und Leiden der Kindheit und des Studentenlebens geteilt hat. Wilhelm Müllers *Brüderschaft* überschriebenes Lied aus den *Wanderliedern eines rheinischen Handwerksburschen* (1821) belegt dann den studentensprachlichen Ausdruck als einen gemeinromantischen Terminus, als den Bruderschaftstopos einer ganzen Generation von Dichtern, die sich als Landsleute (aus dem Reich der Poesie) in der abweisenden Fremde der Realität wiederfanden:

> Da sah auch mir ins Auge
> Der fremde Wandersmann,
> Und füllte meinen Becher,
> Und sah mich wieder an.

> Hei, was die Becher klangen,
> Wie brannte Hand in Hand:
> »Es lebe die Liebste deine,
> Herzbruder, im Vaterland!«

Joseph von Eichendorffs späte Erzählung *Die Glücksritter* (1840) ist, in der sprachlichen Mischung von Rotwelsch und Studentenjargon, eine Novelle aus dem hallischen Studentenleben und über das hallische Studentenleben – in der Zeit des Thronwechsels in Preußen Mahnung und Erinnerung an die Versprechen der Reformzeit. In der Erzählung *Aus dem Leben eines Taugenichts* ist die Integration von Studentensprache und romantischer Bildsprache auch deshalb geglückt, weil die heiter-ironische Geschichte der sehnsuchtsvoll bis ins Paradies schweifenden Poesie auch sprachlich jene »Vakanz« des Daseins abbildet, welche Kunst, Liebe und Religion dem Menschen zu gewähren imstande sind. Im Unterschied dazu ist die Burschensprache in *Ahnung und Gegenwart* noch als eine Art Geheimsprache eingesetzt, an deren Signalen sich alle Gleichgesinnten erkennen konnten. *Ahnung und Gegenwart* ist in diesem Verständnis noch das Werk eines Studenten, der mit diesem Roman Abschied genommen hat von seiner Jugend. Mit der Schilderung eines fröhlichen Studentenkomitats beginnt daher der Roman, in dem schon die einführende Darstellung Friedrichs – er »zeichnete sich durch ein einfaches, freies, fast altritterliches Ansehen aus« (S. 57) – in studentischen Ohren anders klang als im Verständnis gleichsam »naiver« Leser; ist der »Ritter« doch der Student in Examensnähe, dessen »Rittertum« auch eine ethische Verpflichtung ist. Die Abschiedsworte der Kommilitonen aber – »werde niemals ein trauriger, vornehmer, schmunzelnder, bequemer Philister!« (S. 63) – belegen die Verwischung der Standesgrenzen (zwischen hohem und niederem Adel, zwischen Adel und Bürgertum) in der Brüderschaft der Studenten; sie halten den Ursprung der Bezeichnung »Philister« noch gegenwärtig, von der es in

Christian Wilhelm Kindlebens *Studenten-Lexicon* (Halle 1781) heißt:

> Philister, heist in der Sprache der Studenten alles, was nicht Student ist; insonderheit werden Bürger, welche Studenten im Hause wohnen haben, so genannt. Pferdephilister, Pferdeverleiher. Sobald der Bursche die Universität verläst und Kandidat wird, sobald wird er auch Philister. Man leitet dieses Wort, welches sich zunächst aus Jena, dem Vaterlande der Renommisten, herschreibt, daher: In Jena (so erzählt man) in einem vor der Stadt belegenen Wirthshause, wo sich Bürger und Studenten des Trinkens und der Belustigung wegen zu versammeln pflegen, sind ehemals zwey Studenten erschlagen worden. Der Verdacht wegen dieser Mordthat fiel auf die Bürger, wovon viele gefänglich eingezogen, aber nicht verurtheilt wurden, weil man den Thäter nicht herausbringen konnte. Der Superintendent des Orts hielt den Erschlagenen eine Leichen= oder Gedächtnißpredigt, wobey sehr viele Studenten zugegen waren; er bediente sich in dieser Predigt, indem er die unbekannten Mörder anredete, unter andern des Ausdrucks: Philister, über dir, Simson! welches sogleich unter den Musensöhnen ein wohlgefälliges Gemurmele erregte, und als sie haufenweis aus der Kirche kamen, riefen sie den Bürgern zu: Pereant die Philister tief! welche Benennung nachher, obrigkeitlicher Verbote ohngeachtet, zur Gewohnheit geworden ist. (Henne/Objartel 2, S. 181 f.)

Jena also soll nach dieser Definition auch der Ursprungsort der Unsitte sein, welche Friedrich an Leontin ärgert, da er befürchtet, »daß Leontins lebhafter Geist in solcher Art von Renommisterei am Ende sich selber aufreiben werde« (S. 219). »Von Renommist kommt renommiren, das heist: sich als einen Menschen aufführen, der weder göttliche noch menschliche Gesetze anerkennt, sondern sich alles für erlaubt hält und aller Welt zum Trotze lebt.« (Henne/Objartel 2, S. 199.) Die Erkennungsmelodie der Brüder Eichendorff sowohl wie ihrer studentischen Freunde ist der in

Ahnung und Gegenwart mehrfach wiederholte und auch von Wilhelm von Eichendorff zitierte Schlußchor aus dem Trinklied *Der Fürst von Thoren*: »In's Horn, in's Horn, in's Jägerhorn!« (S. 63.)

Eichendorffs Jugendroman also, Strukturmuster der Prosaschriften bis in die vierziger Jahre hinein, von den Schlegels und von Fouqué freundlich aufgenommen, von Loeben fast enthusiastisch begrüßt und auch von Wilhelm von Eichendorff verstanden, ist nicht nur ein Zeitroman in der Nachfolge des *Wilhelm Meister* und Achim von Arnims *Gräfin Dolores*, sondern auch Beleg für die beginnende und im *Taugenichts* so glückhaft vollendeten Transformation der studentischen Eigensprache in Literatur. Dieser Roman ist schließlich auch das Bekenntnis des Autors, zeitlebens nicht der Melancholie und dem Stumpfsinn des Philistertums zu verfallen, so daß sich – am Ende von Eichendorffs Leben – der Schluß des Memoirenkapitels *Halle und Heidelberg* wie die letzte Bestätigung eines Lebensmottos liest: »Die Jugend ist die Poesie des Lebens, und die äußerlich ungebundene und sorgenlose Freiheit der Studenten auf der Universität die bedeutendste Schule dieser Poesie, und man möchte ihr beständig zurufen: sei nur vor allen Dingen *jung*! Denn ohne Blüte keine Frucht.« (HKA 10, S. 441.)

ZU TEXTGESTALT
UND KOMMENTARANLAGE

Der vorliegende Band der Eichendorff-Ausgabe des Deutschen Klassiker Verlages enthält die Prosa-Werke Joseph von Eichendorffs von etwa 1808/09 bis 1826. Die Reihe der Texte beginnt mit dem ersten tastenden Versuch des zwanzigjährigen Dichters, einem Novellen-Märchen im Stile Ludwig Tiecks, dem sich Eichendorff, trotz Tiecks negativen Urteilen über seine späten Erzählungen und seine literaturpolemischen Schriften, lebenslang verbunden fühlte. Dem zu Eichendorffs Lebzeiten nicht veröffentlichten Novellen-Märchen *Die Zauberei im Herbste* folgen die Fragmente mündlich tradierter Sagen und Märchen aus Schlesien, zu deren Sammlung Eichendorff wohl durch die Heidelberger Romantiker, insbesondere durch seinen Lehrer Joseph Görres, angeregt worden ist.

Der Jugendroman *Ahnung und Gegenwart*, der, als »ein getreues Bild jener gewitterschwülen Zeit, der Erwartung, der Sehnsucht und Verwirrung« (S. 55) vor Napoleons Rußlandfeldzug und vor den Freiheitskriegen, schon 1812 fertiggestellt war, aber durch die Zeitumstände erst 1815 erscheinen konnte, entwirft dann zum ersten Mal jenes Panorama des jugendfrohen Dichterlebens in einer von Krieg, Sozial- und Wirtschaftsrevolution erschütterten Welt, das zum Modell von Eichendorffs Gesamtwerk geworden ist.

Die für Fouqués *Frauentaschenbuch* (1819) geschriebene allegorische Erzählung *Das Marmorbild* ist an Friedrich von Hardenbergs (Novalis) arabeskem Roman *Heinrich von Ofterdingen* orientiert und deutet im Bild der Entwicklung eines jungen Dichters ebenso individuelle wie menschheitliche Reifungsprozesse.

Das Fragment der Erzählung *Das Wiedersehen*, das ebenfalls erst postum veröffentlicht worden ist, verdeutlicht noch Jahre nach Joseph von Eichendorffs Trennung von seinem Bruder Wilhelm, wie tief und schmerzlich dieses, zunächst vom Überschwang patriotischer Begeisterung und dann vom Glück und von den Sorgen der jungen Ehe überdeckte, Ereignis in das Leben des Dichters eingegriffen hat.

Der Band schließt mit dem größten Bucherfolg Joseph von Eichendorffs, der berühmten Erzählung *Aus dem Leben eines Taugenichts*, welche die in der ›Vossischen Zeitung‹ (am 31. 5. 1826) erschienene Besprechung dem in der deutschen Literatur seltenen Genre des »komischen Romans« zurechnete (S. 728). Der Fassung des Erstdruckes wurde hier die in einem Faksimiledruck erhaltene, stark abweichende Fassung der beiden ersten Kapitel der Erzählung gegenübergestellt, um die Wandlung von der melancholisch-tragisch angelegten Frühfassung zur idyllisch-heiteren Druckfassung sichtbar zu machen.

Damit gehören alle Texte des Bandes (vielleicht mit Ausnahme der *Zauberei im Herbste*) jener zentralen Phase im Werke des Dichters zu, die mit dem von Volkmar Stein mehrfach hervorgehobenen Briefentwurf an den Grafen Otto Heinrich von Loeben (vom Juni 1809) beginnt und mit Eichendorffs entschiedener Wendung zur Geschichte (um 1830) endet. Der Entwurf des Briefes an Loeben ist dabei Zeugnis für Eichendorffs Lösung von der schwärmerischen, novalisierenden Ideenpoesie Loeben'scher Prägung, die den Bezug zur Realität programmatisch aufgegeben und sich in Esoterik und Elitarismus zurückgezogen hatte: »Nein, dieses unendliche Streben, Gott hat es nicht bloß darum in die Brust der Dichter gesenkt, damit sich diese wenigen daran erfreuen, es soll, wie es in lebendiger Freiheit triumphiert, die Welt umarmen und ihr die Freiheit wiedergeben. Das ist kein Zweck, sondern die Natur der Poesie.« (HKA 12, S. 5.) Spätestens mit der Erzählung *Aus dem Leben eines Taugenichts* aber sind Eichendorffs künstlerische Sprache, die Welt seiner Formen und Bilder so weit entwickelt, daß sie zwar um 1830 noch um das Element historischen Denkens bereichert, insgesamt aber nur noch weiter entfaltet werden können.

Alle Texte des Bandes folgen dem Erstdruck oder den Handschriften; sie sind in der (vermutlichen) Reihenfolge ihrer Entstehung angeordnet. Damit bewahren sie, nicht nur in *Ahnung und Gegenwart*, wo die Zahl der Texteingriffe im zweiten autorisierten Druck von 1841 besonders groß ist, die ursprünglichen, dem 18. Jahrhundert stärker als dem 19. verhafteten Texte; diese Fassungen wurden in Eichendorffs *Werken* (1841) und in allen dieser ersten Gesamtausgabe folgenden Editionen modernisiert, in der Wortwahl und der Satzstellung geglättet und insgesamt den Schreib- und Druckkonventionen des Buchzeitalters angeglichen. Die für Eichendorffs Werk charakteristischen studentensprachlichen Wendungen und Lautungen sind in den Fassungen der Erstdrucke in einen Stil eingebettet, der sie noch nicht als archaisierende und häufig ironisierende Relikte einer vergangenen, aufbruchsbereiten und reformfreudigen Zeit erscheinen ließ; Aufbruch und Reform wurden bis 1841 – nicht allein in der Literatursprache und den Druck- und Schreibkonventionen, aber daran besonders kenntlich – der Ordnungspolitik des Metternich'schen Systems und den zentralisierenden Tendenzen sich emanzipierender Administrationen unterworfen. In der Zeit des Vormärz – und dem ihr verhafteten Stil – wirken die studentensprachlichen Lautungen und Wendungen in Eichendorffs Sprache auffällig, fast revolutionär oder nur noch nostalgisch.

Von Konjekturen und stillschweigenden Berichtigungen hält sich die vorliegende Ausgabe weitgehend frei, nachdem die bekannteste, bis in die historisch-kritische Ausgabe (1984) nachwirkende Konjektur, die Paul Stöcklein für eine Stelle in *Ahnung und Gegenwart* vorgeschlagen hat, sich doch als zweifelhaft erwiesen hat. Im 14. Kapitel dieses Romans wird beschrieben, wie sich Friedrich aus der »flachen Lustigkeit« und den »ästhetischen Krämpfen« (S. 226) des Salonlebens in der Residenzstadt auf sich selbst zurückzog, »wie er nun oft Nächtelang voller Gedanken unter Büchern saß und arbeitete« (S. 229). Die unbestimmte Sehnsucht seines Herzens richtete sich auf einen rechten Zweck, die Poesie des Lebens ergriff ihn und gab seiner Arbeit die Richtung auf das Ganze des Daseins und die Gemeinschaft aller Lebenden: »Ihn eckelten die falschen Dichter an mit ihren Taubenherzen, die, uneingedenk der himmelschreienden Mahnung der Zeit, ihre Nationalkraft in müßigem Spiele verliederten.« (S. 229 f.) In der Eichendorff-Ausgabe von Jost Perfahl und Ansgar Hillach (Bd. 2 [1970], S. 158) und in der historisch-kritischen Eichendorff-Ausgabe (Bd. 3 [1984], S. 180) wurde nach einer mündlich mitgeteilten Konjektur Paul Stöckleins »Taubenherzen« in »tauben Herzen« geändert, da die im DWb angeführten Belege »unter Taubenherz und taub ⟨...⟩ eine Verwendung gerade dieses Bildes an dieser Stelle unwahrscheinlich« machten (HKA 3, 1984, S. 470). Deutet man allerdings, einem Hinweis Karl Eibls folgend, die Taube als den Vogel Anakreons, so sind die Dichter »mit ihren Taubenherzen«, die »ihre Nationalkraft in müßigem Spiele« verliedern, die der poésie fugitive folgenden deutschen Anakreontiker, deren Stil und tändelnd-geistreiche Salonkunst in einem breiten Traditionsstrang in Romantik und Biedermeierzeit hineinreicht. Loebens Versuche in schäferlicher Poesie gehörten für Dorothea und Friedrich Schlegel, wie für ihren Schüler Joseph von Eichendorff, zu den Beispielen einer so »verliederten«, das heißt »liederlichen«, »leichtfertigen«, »genußsüchtigen« Poesie, wobei sich die ursprüngliche Bedeutung des Wortes »verliedert« (von »verliederlichen«) gut der wortspielerischen Absicht des Autors einfügt.

Gerade diese Stelle des Romans aber wurde häufig autobiographisch interpretiert, da Eichendorff, dem Friedrich seines Romanes ähnlich, in Wien von »der himmelschreienden Mahnung der Zeit« ergriffen worden sei. In einer handschriftlichen Notiz aus der Wiener Zeit hat Eichendorff ähnliche Gedanken festgehalten, so daß eine Konjektur tiefer in das Gefüge des Romanes eingreift, als es zunächst den Anschein haben mag: »Morgengesang. Große Gedanken gehn in mir. Das Spiel der Poesie genügt mir nicht. Gott laß mich was Rechtes vollbringen ⟨...⟩. Denn die Poesie, die nicht aufs Ganze Bezug hat, ist ein leeres Spiel.« (HKA 3 [1913], S. 517.)

Auf wessen Einfluß die auffallenden Änderungen in Wortwahl und Satzstellung der *Werke* (1841) zurückgehen, ist bisher nicht geklärt. Daß es sich um Setzereingriffe handelt, ist angesichts von Zahl und Qualität dieser Eingriffe nicht wahrscheinlich. Zu fragen ist also, ob der Autor (oder der Verleger) sich ähnlich wie bei der Ausgabe der *Gedichte* (1837) der Hilfe eines weitgehend selbständig arbeitenden Redaktors bediente, was angesichts der konsequenten Modernisierung z. B. der Satzstellung möglich ist. 1837 jedenfalls hat Eichendorff, nach einer Mitteilung seines Sohnes Hermann an Richard Dietze, »die Anordnung, Gruppierung, die Überschriften und die Textredaktion« der *Gedichte* durch »einen jüngeren Freund« (Gustav Adolf Schöll) besorgen lassen, da er selbst »im Drange amtlicher Geschäfte an der unmittelbaren persönlichen Teilnahme verhindert war« (Dietze 1, S. 405). Es sind allerdings auch Eingriffe des Autors möglich, obwohl er nach dem mit dem Berliner Verleger M. Simion am 15. 4. 1840 geschlossenen Vertrag »über eine zu veranstaltende Ausgabe der von Eichendorff'schen Schriften« nur zur Korrektur der aufzunehmenden »noch ungedruckten Schriften« verpflichtet war. »Die Correctur der anderen Schriften bleibt dem Verleger überlassen.« (HKA 13, S. 300-302.) Von Teilen der *Werke* (1841) also hat Eichendorff durchaus Korrektur gelesen; so ist es möglich, daß er auch in die vertraglich von einer Autorkorrektur ausgeschlossenen Texte nochmals eingegriffen hat, vor allem in den Text seines ältesten gedruckten Werkes, dessen Erstdruck-Korrekturen er der Kriegsereignisse wegen nie zu Gesicht bekommen hatte und von dem es in § VI. des Vertrages mit Simion heißt:

»Geschichtlich wird bemerkt, daß die Novelle ›Ahnung und Gegenwart‹, erschienen bei Schrag in Nürnberg im Jahre 1815, nach der Ansicht der Contrahenten jetzt in Gemäßheit des Bundesbeschlusses von 1837 beliebig wieder aufgelegt werden kann, und daß ⟨, da⟩ überdies der Herr Schrag schon vor längerer Zeit den Wunsch bezeigt hat, eine neue Auflage zu veranstalten, angenommen werden muß, daß die gedachte Novelle bereits vergriffen sei.« (HKA 13, S. 302.)

In *Ahnung und Gegenwart* sind die Abweichungen vom Erstdruck wegen der großen Zahl am deutlichsten zu markieren und zu analysieren, doch finden sich auch in anderen Texten der *Werke* sinnverändernde Abweichungen vom Erstdruck, so daß sich auch hier die Frage nach Setzer-, Redaktor- oder Autoreingriffen stellt. So heißt es z. B. im *Marmorbild* an jener Stelle, an der Florio morgens dem fröhlich in das Land hineinreitenden Fortunat nachsieht: »Florio sah ihm lange nach, bis die Glanzeswogen über dem fernen Reiter zusammenschlugen.« (S. 399) In der Ausgabe der *Werke* (1841) aber, der als Vorlage wohl der Druck der Erzählung von 1826 diente, findet sich der gegenüber dem Erstdruck sowohl wie gegenüber der Fassung von 1826 veränderte Text: »Florio sah ihm lange nach, bis die Glanzes-Wogen über dem fernen Meer zusammenschlugen.«

Der Textkonstitution liegen die für die Bibliothek deutscher Klassiker im Deutschen Klassiker Verlag geltenden Prinzipien zugrunde, die anstreben, die originalen Sprach-, Schreib- und Interpunktionsformen weitgehend zu bewahren.

Bei der behutsamen Modernisierung der Orthographie wurde der Lautstand gewahrt.

Belassen wurde die in Eichendorffs frühen Schriften häufig begegnende Dativ-Akkusativ-Vertauschung, z. B. S. 37,16: gab auf keinem acht; S. 38,36 f.: mit warmen Wasser; S. 315,13: in ⟨...⟩ stummen Schmerze; S. 316,6 f.: über ⟨...⟩ ihrem Zusammenhang mit; S. 395,1: zu Florio's heimlichen Ärger; S. 549,20: aus jeden Käfig; S. 549,28: auf großen Fuß.

Ebenfalls beibehalten wurde die Schreibung »hin und wieder«, da aus dem Kontext nicht immer zweifelsfrei zu entscheiden ist, ob die Formel in der Bedeutung »hin und her« oder in der Bedeutung »gelegentlich«, »ab und an« gebraucht ist; z.B.: S. 58,37; S. 87,12; S. 96,26 f.; S. 117,25; S. 121,27; S. 134,30; S. 136,24; S. 208,26 f.; S. 270,6; S. 270,18; S. 400,34; S. 498,13.

Interpunktion und Apostrophgebrauch folgen den jeweiligen Druckvorlagen. Die an wenigen Stellen erforderliche Einfügung fehlender Abführungszeichen wurde durch Winkelklammern kenntlich gemacht.

Abweichend von der generellen Beibehaltung der Groß- und Kleinschreibung wurden die Anredeformen innerhalb wörtlicher Rede vereinheitlicht. Außerdem wurde gelegentlich begegnende Kleinschreibung am Beginn wörtlicher Rede verbessert.

Die wenigen korrigierenden Eingriffe in die Druckvorlage wurden im Stellenkommentar nachgewiesen.

Folgende Zeichen werden verwendet:

[ ] = Durch den Autor getilgter Text.
[ ] = Vom Autor hinzugefügter Text.
⟨ ⟩ = Zusätze der Herausgeber.

Ein im Kommentar verwendetes »ursprünglich« bedeutet, daß der diesem Wort folgende mit dem Lemma nicht übereinstimmende Text vom Autor in der Handschrift gestrichen wurde. Seiten- und Zeilenzahlen ohne nähere Angaben verweisen auf den Text des vorliegenden Bandes.

Der jeweilige Übersichtskommentar unterrichtet über Druckvorlage, Erstdruck, Entstehung, Quellen und zeitgenössische Rezeption der abgedruckten Texte; der Stellenkommentar gibt Wort- und Sacherklärungen, erläutert Anspielungen, historische Fakten, Personen und lebensgeschichtliche Parallelen, er verweist auf Separatdrucke der in die Prosatexte eingefügten Gedichte und deren wechselnde

Überschriften vom *Liederanhang* (1826) über die *Gedichte* (1837) bis zur Sammlung der Gedichte in den *Werken* (1841). Gedruckte Entwürfe des Autors und wichtigere, sinnverändernde Textvarianten sind im Übersichts- und im Stellenkommentar angeführt, Quellen- und Rezeptionsdokumente an entsprechendem Ort abgedruckt. Für den Stellenkommentar wurden u. a. folgende Ausgaben und Einzelerläuterungen eingesehen; wo der Kommentar ihnen folgt, werden sie zitiert:

Eichendorffs Werke, hg. v. Richard Dietze. Kritisch durchgesehene und erläuterte Ausgabe, 2 Bde., Leipzig und Wien 1891.

Eichendorffs Werke. Auswahl in vier Teilen, hg., mit Einleitungen und Anmerkungen versehen v. Ludwig Krähe, Berlin, Leipzig, Wien, Stuttgart o.J.

Ahnung und Gegenwart. Ein Roman v. Freiherrn von Eichendorff, hg. v. Wilhelm Kosch und Marie Speyer, Regensburg 1913 (HKA 3, 1913).

Joseph von Eichendorff, Gesammelte Werke, hg. v. Manfred Häckel. Textrevision und Erläuterungen v. Regine Otto, 4 Bde., Berlin (Ost) 1962.

Joseph von Eichendorff, Werke. Bd. 2: Romane, Erzählungen. Nach den Ausgaben letzter Hand unter Hinzuziehung der Erstdrucke. Verantwortlich für die Textredaktion: Jost Perfahl. Mit einer Einführung und einer Zeittafel (in Band 1) sowie Anmerkungen v. Ansgar Hillach, München 1970.

Carel ter Haar, Joseph von Eichendorff »Aus dem Leben eines Taugenichts«. Text, Materialien, Kommentar, München 1977.

Joseph von Eichendorff, Das Marmorbild. Erläuterungen und Dokumente, hg. v. Hanna M. Marks, Stuttgart 1984.

Sämtliche Werke des Freiherrn Joseph von Eichendorff. Historisch-kritische Ausgabe. Begründet v. Wilhelm Kosch und August Sauer. Fortgeführt und hg. v. Hermann Kunisch und Helmut Koopmann. Bd. 3.: Ahnung

und Gegenwart, hg. v. Christiane Briegleb und Clemens Rauschenberg, Stuttgart, Berlin, Köln, Mainz 1984.
Joseph von Eichendorff, Ahnung und Gegenwart. Ein Roman, hg. v. Gerhart Hoffmeister, Stuttgart 1984.
Meistererzählungen der deutschen Romantik, hg. und kommentiert v. Albert Meier, Walter Schmitz, Sibylle von Steinsdorff und Ernst Weber. Mit Beiträgen von Friedhelm Auhuber und Friedrich Vollhardt, München 1985.
Für die Textgestalt des vorliegenden Bandes ist Brigitte Schillbach, für den Kommentar Wolfgang Frühwald verantwortlich. Die Herausgeber haben ihre Arbeitsanteile gegenseitig überprüft und ergänzt. Sie danken für Hilfe bei der Texteinrichtung und für das Mitlesen von Korrekturen Ulrike Ehmann (München) und Elisabeth Günther (München).

DIE ZAUBEREI IM HERBSTE

TEXTGRUNDLAGE

Erstdruck: *Aus dem Nachlaß des Freiherrn Josef von Eichendorff. Briefe und Dichtungen.* Im Auftrag seines Enkels Karl Freiherrn von Eichendorff hg., eingeleitet und erläutert von Wilhelm Kosch (Görres-Gesellschaft zur Pflege der Wissenschaft im katholischen Deutschland. Dritte Vereinsschrift für 1906), Köln 1906, S. 81-94.

ENTSTEHUNG

Nach Kosch (S. 4) ist das Märchen »in einer alten, augenscheinlich für den Druck bestimmten Abschrift« überliefert, »die nicht von der Hand Josefs Freiherrn von Eichendorff herrührt, aber mit seinem Pseudonym ›Florens‹ unterzeichnet ist«. Joseph von Eichendorff, der zusammen mit seinem Bruder Wilhelm und den Studenten Otto Heinrich Graf von Loeben, Gerhard Friedrich Abraham Strauß, Heinrich Wilhelm Budde in Heidelberg einen engen Freundschaftsbund geschlossen hatte, erhielt an seinem Namenstag, das heißt am 19. 3. 1808, von Loeben den Dichternamen »Florens«. Loeben wählte das Pseudonym in Anlehnung an Florens, den »verkannten Kaisersohn des Volksbuches« vom Kaiser Oktavianus, das er in Tiecks Bearbeitung soeben »mit Lust« gelesen hatte. Noch in der Manuskriptfassung seines Jugendromans *Ahnung und Gegenwart* bediente sich Eichendorff dieses Pseudonyms, das er dann – auf Fouqués Rat hin – in der Druckfassung des Romans ablegte. »Der Mündigkeit und Kraft Ihrer Poesie«, schrieb Fouqué am 26. 11. 1814 an Eichendorff, »scheint mir das pseudonyme Spiel nicht mehr zuzusagen.« (HKA 13, S. 67)

Der 19. 3. 1808 also ist der Terminus a quo für die Entstehung der *Zauberei im Herbste*. Das von Hermann von Eichendorff in SW (1, S. 588 f.) aus dem Nachlaß seines Vaters edierte und auf 1809 datierte Gedicht *Gebet*, das die Strophen 2 und 3 des Klausnerliedes (»Aus der Kluft treibt mich das Bangen«) variiert, bestätigt nicht nur die Echtheit des Textes, zu dem es auch eigenhändige Entwürfe Eichendorffs gibt, sondern auch seine Entstehung in den Jahren 1808/09.

QUELLEN

Vorlage von Eichendorffs Märchen ist, wie schon Kosch (S. 8) bemerkte, ohne Zweifel die Tannhäuser-Sage in Ludwig Tiecks Bearbeitung *Der getreue Eckart und der Tannenhäuser*, die erstmals in Tiecks *Romantischen Dichtungen* (Bd. 1, 1799) erschienen war. Zweifelhaft ist die von Ursula Wendler (*Eichendorff und das musikalische Theater. Untersuchungen zum Erzählwerk*, Bonn 1969, S. 169) behauptete »weitgehende« Übereinstimmung zwischen der *Zauberei im Herbste* und Karl Friedrich Henslers (1759-1825) komisch-romantischer Volksoper *Das Donauweibchen*, die Eichendorff am 10. 1. 1802 in Breslau gesehen hat (HKA 11, S. 15).

Das Motiv des Zaubervogels könnte Eichendorff Tiecks Märchenerzählung *Der blonde Eckbert* (1797) entnommen haben, zumal in der *Zauberei im Herbste* und im *Blonden Eckbert* die weiblichen Hauptfiguren den Namen Berta tragen. Der von Kosch zusätzlich vermutete Einfluß von Clemens Brentanos *Romanzen vom Rosenkranz*, in welche die Tannhäuser-Sage in einer Tiecks Bearbeitung kontrastierenden Form verflochten ist, ist wenig wahrscheinlich, da Brentano seinem jungen Verehrer Eichendorff erst am 3. 3. 1810 in Berlin »fast 2 Stunden lang in einem fort den Plan zu seinen Romantzen« erzählt hat (HKA 11, S. 258).

Das Motiv der zauberischen Venus haben, als ein romantisches Grundmotiv für die Gefahren der Liebe und der Poesie, die Brüder Eichendorff mehrfach gestaltet: Wilhelm von Eichendorff u. a. in der Romanze *Die zauberische Venus*, Joseph von Eichendorff, außer in Gedichten, auch in der Erzählung *Das Marmorbild* (1819).

STELLENKOMMENTAR

12,18-29 *Gott! Inbrünstig möcht' ich beten*] Vgl. das Gedicht *Gebet* (SW 1, S. 588 f.):

> Gott, inbrünstig möcht' ich beten,
> Doch der Erde Bilder treten
> Immer zwischen dich und mich,
> Und die Seele muß mit Grauen
> Wie in einen Abgrund schauen,
> Strenger Gott, ich fürchte dich!
>
> Ach, so brich auch meine Ketten!
> Alle Menschen zu erretten,
> Gingst du ja in bittern Tod.
> Irrend an der Hölle Toren,
> Ach, wie bald bin ich verloren,
> Hilfst du nicht in meiner Not!

13,26 f. *fast furchtbaren*] Eichendorff verwendet »fast« häufig in der bis zum 17. Jahrhundert allgemein gebräuchlichen doppelten Bedeutung von ›sehr‹, ›ganz‹ oder von ›schier‹, ›beinahe‹. Die exakte Bedeutung kann jeweils nur aus dem Kontext erschlossen werden. Hier bedeutet »fast« jedenfalls eine Verstärkung, keine Abschwächung.

14,14 f. *Liede der Sirenen*] Sirenen sind in der *Odyssee* dämonische Wesen, die, im fernen Westen auf einer Insel wohnend, vorüberfahrende Schiffer mit ihrem Zaubergesang anlocken und töten. Die Loreley und das ihr verwandte Zauberfräulein aus Eichendorffs *Märchen* gehören zum Geschlecht der Sirenen und Melusinen, deren Zauberklängen der arme Raimund erliegt.

15,18 *Gottfried und die anderen Helden]* Gottfried von Bouillon, Herzog des Heiligen Grabes, zog zusammen mit seinen Brüdern Eustach und Balduin 1096 zum Kreuzzug in das Gelobte Land; er gilt als der Eroberer Jerusalems (1099) und wurde (1100) auf dem Kalvarienberg, neben dem Grab Christi begraben. Die Tannhäuser-Sage wird von Eichendorff also mit dem Ersten Kreuzzug verknüpft, während die historischen Figuren der Sage in das 13. Jahrhundert gehören. Vermutlich wurde auch von Eichendorffs Zeitgenossen der Papst Urban des Liedes *Der Tannhäuser* aus *Des Knaben Wunderhorn* (Bd. 1, 1806) mit dem berühmten Kreuzzugspapst Urban II. identifiziert, nicht mit Urban IV., dem Feind der Hohenstaufen.

15,37 *Alles war nun fortgezogen]* Zu dieser Stelle gehört ein erster, von Weschta (S. 89 f.) mitgeteilter Entwurf Eichendorffs:

Das Herbst-Mährchen.

Alles fortgeritten: Lied des Ritters. Er geht auf die Jagd. Die Geliebte begegnet ihm zu Pferde auch jagend, u. gesteht ihm zur Verwunderung, daß sie es vor Sehnsucht nicht aushalten kann u. daher hier jage. Reitzend. Er folgt ihr auf ihr Schloß. Alles Feenhaft. [Beschreibung des Winters.] Wie der Frühling anbricht, [ge] kommt ihm alles so sonderbar vor. Er geht allein bis an die Gränze des Zauberringes, u. sizt sinnend auf sein Schwert gestützt. So findet ihn sein alter Freund (rüstig). Er macht mit ihm den Heereszug, findet dabey die eigentliche Geliebte alt, mit Kindern, verblühend schön, ihn nicht mehr kennend. [Er wird wahnsinnig] [Er] findet [drauf] seine Burg verfallen wieder Herbst, wie damals, er geht wahnsinnig auf immer in den Wald zurück. S: wo anders.

Das in diesem Entwurf genannte Lied des Ritters ist vermutlich das von Weschta (S. 89) ebenfalls mitgeteilte

Herbstliedchen Zum Märchen.

Herbstnebel ziehn über den Weiher,
Das ist recht des Todes Bild!
Und tagelang lauert der Reiher
Am Ufer dort einsamwild.

Mein Liebchen, das hat mich verlaßen
Und sagte kein einzig Wort,
Nun müßen die Felder verblaßen,
Und alle Vögel ziehn fort.

Verschneit liegt die Welt (das Feld) bald darnieder,
Wir selber, wir werden alt,
Wir kennen die Stellen (den Garten) nicht wieder
Einander selber nicht mehr. –

Mein Reiher! wir wollen eins jagen!
Schwing' auf dich! – Wie Sehnsucht brennt,
Ich kann es doch niemand recht sagen,
Ach, wer mit dir fliegen könnt'!

Das Gedicht erschien in überarbeiteter Fassung unter dem Titel *Herbstklage* erstmals in Loebens ›Die Hesperiden‹ (1816).

17,1 *Golden meine Locken wallen*] Vgl. dazu Eichendorffs spätere Darstellung der Loreley in dem Gedicht *Waldgespräch* (um 1812).

20,7 f. *in flammendem Schauer*] Vielleicht Lesefehler für: in flammendem Schauen.

21,20 *Herzensbruder*] Die Bezeichnung des Freundes als »Herzensbruder« belegt die autobiographische Orientierung des Textes (vgl. dazu auch den Namen »Wilhelm« im zweiten Entwurf zur *Zauberei im Herbste*). Das enge Zusammenleben der Brüder Wilhelm und Joseph von Eichendorff (bis 1813), ihre gemeinsamen Lebens- und von Eifersucht nicht freien Liebesabenteuer in diesen Jahren spiegeln sich in allen Werken Joseph von Eichendorffs. Vgl. Anm. 244,22 f.

21,22 *Da taten sich die Torflügel schnell auf]* Hier ist ein zweiter von Weschta (S. 90) mitgeteilter Entwurf Eichendorffs zu seinem Herbstmärchen zuzuordnen:

Sie empfängt ihn u. ganz verwandelt wollüstig. [ganz hingegeben ihm als ihrem Gebieter und Herrn.] [Gesang] [Waldhorn] Viele wollüstige Tage etc: [Laßt mich davon schweigen] Eines Nachts erwacht er bei ihr S: oben. Die 2 Kerle unten rollen den Kopf des Freundes vom Berge, u. sein Rumpf trägt ihn wieder herauf vielleicht. – NB: Die blutige Gestalt sieht dann lachend aus dem Fenster seines Schloßes zulezt. Jezt: Von der Pracht der Gemächer, den Wogen von magischem Licht und Musik, von der wilden, namenlosen Lust, die ich in den Armen des Fräuleins – –

bei diesen Worten hört man an der Burg die [vier] Clarinetten-Töne dahinfahren. Er fährt auf. Ritter beruhigt ihn. Er fährt nach einer Pause fort, gesammelter, aber nicht mehr so ruhig, wie vorher.

NB: Der Geist des Jugendfreundes [auf] am Fenster erscheint ihm unendlich rührend u. an die alte Zeit mahnend, wie der verstorbene Wilhelm.

Am Schluße, da Er auf seiner Burg, hört er wieder unten die Clarinettentöne u. sieht die Zauberin zwischen fliegenden farbigen Herbstgespinsten über die Haide wunderschön reiten. [*Aster.*] Er folgt, die Clarinettentöne verwandeln sich nach u. nach in den alten Gesang S: oben, einzelne Verse etc. Er verrückt. –

23,18 *ein steinernes Bild]* Die Umkehrung des Pygmalion-Mythos, die Versteinerung der Frau, als Pendant zu ihrer Dämonisierung, gehört in den Motivumkreis romantischer Statuenbildlichkeit und ist u. a. in Clemens

Brentanos Roman *Godwi oder Das steinerne Bild der Mutter* im *Lied von der Marmorfrau* vorgebildet (FBA 16, S. 171 f.).

23,19 f. *Basiliskenaugen]* Schon bei Plinius ist der Blick des Basilisken, einer ungeheuren Schlange, tödlich; ihre Stimme vertreibt alles Lebendige aus ihrer Nähe.

23,29 *Mädchen in schneeweißen Gewändern]* Elfen, Luftgeister, die durch Gesang und Tanz die Menschen anlocken und verführen.

24,11 *Da ging die Sonne prächtig auf]* Eine der formelhaften Lieblingswendungen Joseph von Eichendorffs, in seinem Werk vielfach wiederholt; vgl. z. B. den Anfangs- und den Schlußsatz von *Ahnung und Gegenwart*.

24,17 *Ich begriff und begreife noch jetzt nicht]* Dieser Stelle ist ein letzter, von Weschta (S. 91) mitgeteilter Entwurf Joseph von Eichendorffs zuzuordnen. Die weiteren von Weschta (S. 91-95) mitgeteilten Entwürfe gehören zu Eichendorffs Erzählung *Das Marmorbild*:

Jezt: Ich möchte so [mit dieser Brust voll Sünde u. ungezügelter Lust] nicht in die Welt zurückkehren, ich schämte mich, daher + Einsiedler etc: Erkennungsscene: vielleicht Er in der Erzählung stokkend: Wer seid denn Ihr?, da der Ritter ihn Raimund nennt. Oder Ritter sagt, ihn mitleidvoll ansehend: Armer Raymond! Er springt auf. Woher wißt ihr meinen Namen? Wer seyd ihr? Ritter lieb ihn umarmend sagt alles. S: oben. Er erkennt [mit hohlen Augen] sie u. Dame u. läuft fort. S: oben.

Jezt: [Gleich von Anfang merkt' ich es, aber ... schwieg ich. Vielleicht dieß vielleicht. Als er auf der Burg, schmerzt es ihn auch um den Ruhm seiner vergeudeten Jugend. –]

+ Glockenklänge etc. langten nach mir. etc: Ich Einsiedler, wo ihr mich traft. Aber die Reue daß ists ohne Gnade, goldgrün lockte Lust in d. Wald etc etc schimmernde sch. – Armer Raymond! etc.

25,12 *Armer Raimund!]* Anspielung auf die Melusinen-

Sage, einen Lieblingsstoff romantischer Poesie, Eichendorff durch Tiecks *Sehr wunderbare Historie von der Melusina* (1800) bekannt.

⟨MÄRCHEN⟩

TEXTGRUNDLAGE

Erstdruck: *Märchen*. Von Joseph Freiherr von Eichendorff. Aus dem Nachlaß erstmals veröffentlicht von Karl Freiherr von Eichendorff, in: Der Wächter 8, Köln 1925, S. 10-20. Neudruck: Albrecht Schau: *Eichendorffs oberschlesische Märchen- und Sagensammlung*, in: Aurora. Jahrbuch der Eichendorffgesellschaft 30/31 (1970/71), S. 57-72.

ENTSTEHUNG

Karl von Eichendorff hat Joseph von Eichendorffs Aufzeichnung »meist dem Volksmunde abgelauschter Sagen und Märchen« aus Oberschlesien in die Jahre 1808/09 verlegt, in eine Zeit also, in welcher die Brüder Eichendorff (zwischen dem Heidelberger und dem Berliner Aufenthalt) »den alternden Vater in der Bewirtschaftung seines Besitztums« unterstützten (Biographie, S. 49), ohne aber die rapide zunehmende Verschuldung der Güter aufhalten zu können. Eichendorffs Interesse an der Sammlung von Volkssagen und -märchen ist ein Nachklang seiner Heidelberger Studienzeit, da Görres, Brentano und die Brüder Grimm seit 1807 mit der Sammlung von Sagen und Märchen beschäftigt waren. Eichendorff hat vermutlich die ihm im wasserpolnischen Dialekt seiner Heimat erzählten Märchen sogleich bei der Aufzeichnung ins Hochdeutsche übersetzt, ist aber dabei – nach Karl von Eichendorff – »mit einer stellenweise geradezu verblüffenden Sorglosigkeit« verfahren. Die Textwiedergabe im Erstdruck »entspricht im allgemeinen der Urschrift, doch sind offenbare Flüchtigkeitsfehler, stilistischer und anderer Art, stillschweigend berichtigt worden. Rechtschreibung und Zeichensetzung folgen dem heutigen Brauch«. Albrecht Schau hat den Texten folgende Überschriften gegeben: ⟨1⟩: *Das Märchen von der schönen Craßna, der wunderbaren Rose und dem Ungeheuer;* ⟨2⟩: *Das Märchen von dem Amulettring und den zwei Königskindern;* ⟨3⟩: *Das Märchen von dem Faulpelz, dem wunderbaren Fisch und der Prinzessin;* ⟨4⟩: *Das Märchen von der schönen Sophie und ihren neidischen Schwestern;* ⟨5⟩: *Das Märchen vom Vogel Venus, dem Pferd Pontifar und der schönen Amalia aus dem schwarzen Wald;* ⟨6⟩: *Die Sage vom häßlichen Schuster, der zwölf Jahre Teufelsbündler war und ein reicher Mann wurde;* ⟨7⟩: *Das Märchen von der in der Wildnis ausgesetzten Königin und ihren Söhnen Josaphat und Löwiath.*

STELLENKOMMENTAR

31,5 *hieß Craßna]* Der Name ist vielleicht von dem polnischen Wort krasa (»die Röte«, »die Schönheit«) abgeleitet, wie ja das ganze Märchen offensichtlich eine Fassung des u. a. im französischen Sprachraum weit verbreiteten Märchens *Die Schöne und das Biest* wiedergibt.

36,9 *das neue Mensch]* ›Das Mensch‹, mit dem Plural ›die Menscher‹, ist mundartlich – wie allgemein bis in das 18. Jahrhundert hinein – ohne verächtlichen Nebensinn gebraucht und meint einen weiblichen Dienstboten, häufig auch die junge, unverheiratete Frau.

36,17 *Faulpelz]* Paul Stöcklein hat darauf hingewiesen, daß in diesem Fragment »in einem derben, wohl slavischen Kleid viel von jenem Märchen-Hans, Taugenichts, Glückspilz« zu finden ist, »den Eichendorff aus der Märchenwelt in seine Taugenichtsnovelle hineingestaltet hat« (S. 81).

38,8 f. *fing ⟨...⟩ bitterlich an zu weinen]* Die bibelsprachliche Formel »und weinte bitterlich« findet sich in Anlehnung an Jes. 33,7 und Matth. 26,75 häufig in Eichendorffs

Werk; vgl. z. B. *Ahnung und Gegenwart* S. 183,10 f. und *Aus dem Leben eines Taugenichts* S. 464,25.

40,24 *Vogel Venus*] Nach Schau »spricht vieles dafür, daß dieses Märchen aus dem donauländischen Raum nach Oberschlesien eingewandert ist. Zwei österreichische Märchen mit verwandtem Thema kennen gleichfalls einen ähnlich lautenden Wundervogel. In dem Märchen ›Die Vögel Phönus und Floribunda‹ ⟨...⟩ trägt er den Namen ›Phönus‹. Im anderen Märchen, ›Der Vogel Wehmus‹ ⟨...⟩ heißt er ›Wehmus‹. Es wäre durchaus denkbar, daß als gemeinsame Wurzel aller drei Märchen der Vogel ›Phönix‹ anzusetzen ist« (S. 59).

41,29 *200 Rthr.*] Gemeint sind Reichstaler, also Silberstücke.

42,7 *Begeize dich* ⟨...⟩ *nicht*] Sich geizen, sich begeizen entspricht: ›nach etwas gierig sein‹.

44,5 *wie ihn der Fuchs befohlen*] Vermutlich kein Druckfehler, sondern die ältere Verbindung des Verbs ›befehlen‹ mit dem Akkusativ.

45,23-46,23] Der fragmentarische Text gehört nach Schau (S. 58) zum Typus der Teufelsbündler-Sagen.

45,25 *des Arrendators*] Des Pächters; von arrendieren (»ein Gut in Pacht geben und nehmen«, »pachten«).

46,3 f. *mit dem Teufel akkordiert hatte*] Mit dem Teufel vereinbart hatte.

AHNUNG UND GEGENWART

TEXTGRUNDLAGE

Erstdruck: *Ahnung und Gegenwart. Ein Roman* von Joseph Freiherrn von Eichendorff. Mit einem Vorwort von de la Motte Fouqué. Nürnberg, bei Johann Leonhard Schrag. 1815. Verglichen mit: *Ahnung und Gegenwart. Ein Roman.* In: *Joseph Freiherrn von Eichendorff's Werke,* Bd. 2, Berlin 1841, S. 3-382.

Ob die »knapp 500, meist nur eine Worteinheit« (HKA 3, 1984, S. 356) umfassenden Abweichungen des Druckes in der Gesamtausgabe vom Erstdruck ohne Autorisation durch den Verfasser vorgenommen wurden, ist zweifelhaft. Insgesamt ist die zweite Fassung gegenüber dem Erstdruck geglättet und modernisiert, der Autor hat sich seinem Jugendwerk entfremdet. Einzelne – im Stellenkommentar angeführte – Korrekturen greifen jedenfalls so stark in den Text ein, daß Autor- oder Redaktorkorrekturen zu vermuten sind.

ENTSTEHUNG

Eichendorffs Jugendroman *Ahnung und Gegenwart* wurde zwischen 1810 und 1812 konzipiert und niedergeschrieben, 1814 durch Vermittlung Friedrich Baron de la Motte Fouqués zum Druck gegeben und erschien zur Ostermesse, Ende März 1815, bei Johann Leonhard Schrag, Fouqués Nürnberger Verleger.

Die Jahre der Entstehung dieses Romans haben Eichendorffs Leben entscheidend geprägt. Schon im Frühjahr 1810 zeigte sich, daß der wirtschaftliche Verfall der Familiengüter nicht mehr aufzuhalten war. Wenn Joseph von Eichendorff dann trotzdem – gegen den Willen der Mutter – nicht die von ihr ausgesuchte reiche Erbin, sondern (am 7. 4. 1815) die arme Luise von Larisch heiratete, so hatte er sich damit im Grunde gegen das Leben eines schlesischen Gutsbesitzers und für das mühsamere Beamtendasein entschieden, für welches er sich mit dem 1812 in Wien abgeschlossenen Studium der Jurisprudenz eine Basis geschaffen hatte. In Berlin wurde Joseph von Eichendorff – freilich in einer durch ein Nervenfieber »fürchterlichen, verödeten, grausenhaften Leidensperiode« (HKA 11, S. 254) – endgültig dem novalisierenden Einfluß des Grafen Loeben entzogen und durch Arnim und Brentano für die am ›Volkston‹ orientierte Schreibweise der Hochromantik gewonnen; in Wien gewannen Dorothea und Friedrich Schlegel Einfluß auf sein Denken; und mit der Trennung von seinem Bruder Wilhelm (am 5. 4. 1813), das heißt mit der Abreise zu den Lützower Jägern, nahm Joseph von Eichendorff Abschied von der trotz aller Sorgen durchsonnten und zukunftgewissen Jugend.

In Otto Heinrich Graf von Loebens Brief an Wilhelm von Eichendorff (aus Wittenberg am 27. 12. 1810) ist wohl ein erster Hinweis auf *Ahnung und Gegenwart* gegeben, denn es heißt in der Nachschrift: »Eure Romane zu lesen und zu lieben bin ich sehr ungeduldig. Kann mein Wunsch nicht erfüllt werden?« (HKA 13, S. 240) In den Jahren 1811 und 1812 berichten dann Joseph von Eichendorffs Tagebücher von einer intensiven Arbeit am Roman, dessen Titel damals wohl noch nicht festlag. Am 26. 6. 1811 ist zu lesen: »Diesen Monath fleißig am Romane. Immer vorm Schlafengehn Glas Bier beim Lothringer getrunken.« (HKA 11, S. 279) Am 29. 9. 1811 notierte Eichendorff zur Tagesordnung des ganzen Monats: »Erschöpfung manchmal von Hunger u. Arbeit. Abends bei Licht immer fröhlich am Romane gedichtet oder Schlegels Geschichte gelesen. Alles wird schon winterlich und gemüthlich.« (HKA 11, S. 293) Am 16. 11. 1811 ist zu lesen: »Diese gantze Zeit über folgende Lebensweise. Früh von 7-1 Uhr Röm. Recht. Dann geschwind Brodt mit Saltz u. Loebens Hespero als Desert dazu. Darauf einen girò. Dann französ. Stunde u. Dr. Zas. Um 5 Uhr wieder ein girò ⟨d.h. ein Glas sardinischen Süßweins⟩ u. Castanien auf dem Graben vom Weibe. Darauf am Roman geschrieben bis 9 Uhr, wo Souper beim Lothringer.« (HKA 11, S. 300) Am 16. 1. 1812 schließlich lesen wir: »Fieng ich wieder an (das Feuerzeug, Uhr etc auf dem Stuhle beim Bett) früh um 5 Uhr aufzustehen, wo ich bis nach 7 in der ungeheizten Stube am Romane schrieb.« (HKA 11, S. 304)

Nimmt man Eichendorffs Hinweis, daß er seinen Roman vollendet habe, »ehe noch die Franzosen in Moskau waren« (HKA 12, S. 8), ernst, so wurde die Niederschrift vor dem 14. 9. 1812 in Lubowitz abgeschlossen. Wenn aber nach Thomas Riley (Riley, S. 66) für das letzte Kapitel eine Zeitungsmeldung im ›Österreichischen Beobachter‹ vom 28. 9. 1812 als Quelle gedient hat, so ist anzunehmen, daß Eichendorff das Manuskript Ende September/Anfang Oktober 1812 nochmals durchgesehen und dann Dorothea und Friedrich Schlegel übergeben hat.

Wie Eichendorff am 3. 10. 1814 an Loeben schrieb, hatte er »ursprünglich nicht den Vorsatz, diesen Roman drucken zu lassen, und hätte ihn schwerlich jemals gefaßt, wenn es mir nicht Friedrich und Dorothea ⟨Schlegel⟩, denen ich ihn in Wien noch mitteilte, eifrig angeraten hätten. Möchte der Beifall dieser beiden Vortrefflichen (von Dorothea rühren die vielen Korrekturen und kleinen Abänderungen dieses Manuskriptes *eigenhändig* her) Dich zu einiger Nachsicht verleiten« (Aurora 1 [1929], S. 70). Nach Hermann von Eichendorffs Mitteilung soll Dorothea Schlegel auch den Titel des Romans vorgeschlagen haben; sein Vater hat das heute verschollene Manuskript »lange als ein Andenken ihrer liebevollen Teilnahme« aufbewahrt (HKA 18, 1, S. 62).

Friedrich Schlegels Bemühungen um einen Wiener Verleger für die poetischen Werke der in akute Geldnot geratenen Brüder Eichendorff blieben in der schwierigen Zeit unmittelbar vor dem Beginn der Freiheitskriege ohne Erfolg. Nach dem Krieg aber wollte sich Friedrich de la Motte Fouqué, den Eichendorff im Herbst 1813 auf dem Marsch durch Böhmen kennengelernt hatte, des Romans – auf Vermittlung von Philipp Veit hin – annehmen. Von diesen Plänen berichtete Eichendorff im April 1814 seinem Freunde Loeben, der zunächst zustimmte – »In Hinsicht des Bekanntwerdens Deines Romans ist es klüglich getan, daß ihn ein vom ganzen Publikum beachteter Dichter wie Fouqué herausgibt.« (HKA 13, S. 23) –, dann aber (am 22. 8. 1814) meinte: »Ich ergebe mich ganz darein, daß jemand, der Dir ferner steht als Dein erster und treuester Freund, daß Fouqué Dein Werk herausgibt. Er hat und liebt die Gunst eines vielartigen Publikums, er ist ohne Mystisches und Antikes in seinen Werken, und es ist ein Mittel für Deinen Roman, bekannt zu werden; ich billige die Maßregel zu vieler Rücksicht, obwohl die erste Idee, *Fr. Schlegel* sollte Dein Werk herausgeben (oder Adam Müller), mir analoger erschien. *Ein* Recht aber habe ich doch vielleicht auf das Erzeugnis Deiner Poesie und Liebe; nämlich Dich zu bitten, mir die fertige Handschrift zu *meinem Vorgenuß* hierher zu senden, ich schicke sie dann unmittelbar und unverzüglich an Fouqué!« (HKA 13, S. 57) Am 3. 10. 1814 sandte Eichendorff das Originalmanuskript mit Dorothea Schlegels Korrekturen über Loeben an Fouqué und fügte für letzteren einen auf den 1. 10. 1814 datierten Brief bei, in dem es heißt:

Teuerster Herr Baron!

Die aufrichtige Achtung, Bewunderung und Liebe, mit welcher Ihre Werke meine ganze Seele erfüllen, die freundliche Zuversicht endlich, die Ihre persönliche Bekanntschaft (im vorigen Herbste auf dem Marsche durch Böhmen) für immer in mir erweckte, macht mich so kühn, Ew. Hochwohlgeboren das Manuskript eines Romans zu übersenden, zu gütiger Durchsicht und meiner Belehrung. Es ist so traurig, für sich allein zu schreiben, wenn man es mit dem Leben überhaupt ernsthaft und redlich meint. Ich möchte am liebsten mein ganzes Sinnen, Trachten und Leben, mit allen seinen Bestrebungen, Hoffnungen, Mängeln und Irrtümern, meiner Nation, der es geweiht ist, zu strenger Würdigung und Beratung darlegen, und komme dabei natürlich auf die wenigen würdigen Repräsentanten derselben und Kernhalter deutschen Sinnes zurück. Ich wüßte unter diesen keinen, dem ich herzlicher vertraute, von dem ich den Beifall erneuter und den Tadel demutsvoller annähme, als von Ihnen, Herr Baron. Und in diesem Sinne bitte ich Sie, die Mitteilung meines Romans, der eben auch ein Stück meines innersten Lebens ausmacht, nachsichtsvoll anzunehmen. Ich hatte denselben vollendet, ehe noch die Franzosen in Moskau waren, und teilte ihn Fried. Schlegeln und seiner Frau mit. Der Beifall dieser beiden Vortrefflichen überraschte und entzückte mich. Sie ermunterten mich, ihn drucken zu lassen und von der letzteren Hand rühren zu diesem Endzwecke die vielen Korrekturen her, die sich in diesem Manuskripte befinden und mir als ein Andenken an ihre liebevolle Sorgfalt teuer sind. Kein Buchhändler mochte indessen damals und auch noch später bei der mißlichen Lage der guten Sache, den Druck des Buches übernehmen, da ich darin Anspielungen auf die neuesten Begebenheiten nicht vermeiden konnte und wollte. Endlich faßte der Strom unserer großen Zeit mich selbst und ließ mich nicht wieder los bis jetzt, da ich, bald nach meiner Trennung von Ew. Hochwohlgeboren in Böhmen, das Glück hatte, meinen Wunsch zu erreichen und als Offizier bei einem Landwehrregimente angestellt zu werden. Ich sehe nun wohl ein, daß, währenddes der eigentliche Zeitpunkt eines allgemeinen Interesses für diesen Roman verstrichen ist; ich konnte mich aber nicht entschließen, etwas daran zu ändern, teils, weil er sonst etwas ganz anderes und kein volles Bild mehr jener seltsamen gewitterschwülen Zeit der Erwartung, Sehnsucht und Schmerzen wäre, teils aber, weil unser neuester, gegenwärtiger Zustand, in welchen ich doch die Geschichte hinüberkünsteln müßte, mir noch zu unentwickelt, schwankend, formlos und blendend erscheint, um mir einen ruhigen Überblick zu vergönnen. Ew. Hoch- und Wohlgeboren erhalten demnach den Roman wörtlich so, wie er damals niedergeschrieben wurde. Sollte er in dieser Gestalt, als Erinnerung jener männlichen Trauer, jener ersten Vorzeichen der göttlichen Gnade und Wunder, die wir nun erfahren, noch eines öffentlichen Anteils fähig und in poetischer Hinsicht überhaupt des Druckes wert sein, und Ew. Hoch- und Wohlgeboren dort ein Verleger dafür bewußt sein, so bitte ich, über das Manuskript, Titel, Zueignung u.s.w. ganz nach Gutdünken zu verfügen und sich meines innigsten Dankes zu versichern.

Loeben, welcher neulich einen durch die Zeitereignisse und die Verschiedenheit unserer Naturen und Sinnesart lange unterbrochenen Briefwechsel mit mir wieder anknüpfte, bat mich so dringend und liebevoll um eine vorläufige Mitteilung dieses Romans, daß ich es ihm nicht abschlagen konnte, obschon ich zweifle, daß er ihm gefallen wird.

(HKA 12, S. 8 f.)

Im Begleitbrief an Loeben (3. 10. 1814) meinte Eichendorff, er übergebe sein Manuskript dem Freunde »nicht ohne Schüchternheit. Ich fürchte, Du wirst Dich bei der liebevollen Erwartung, mit welcher Du diesem Romane entgegensiehst, verdrießlich täuschen und wenigstens etwas anderes finden, als Du vielleicht erwartest. Denn er ist leider von aller mystischen Romantik eben so weit entfernt, als die Zeit, in welcher er handelt, von jener alten wunderbaren Welt, in die sich Dein Gemüt jetzt wahrscheinlich am liebsten versenkt. Doch wirst Du vielleicht hin und wieder eine gewisse Frischheit des Lebens, tiefe Sehnsucht und den aufrichtigen Willen, das Beste zu erlangen, nicht vermissen. ⟨...⟩ Roman, Titel u. Zueignung ist wörtlich geblieben, wie es niedergeschrieben war.« (Aurora 1 [1929], S. 70 und 72)

Loeben antwortete auf die Zusendung des Manuskriptes in einem »Radmeritz. 20. Okt. 1814« datierten Brief, der nicht nur als Freundeskommentar aufschlußreich ist (noch in seinen Mißverständnissen), sondern auch wegen Eichendorffs eigenhändiger Kommentierung des Briefes und seiner Urteile. Im nachfolgenden Druck des Briefes (nach HKA 13, S. 58-64) werden Eichendorffs Marginalien im Anschluß an den Text zusammengefaßt:

»Wo ein Begeisterter steht, da ist der Gipfel der Welt!«

Deinem reichen, blühenden Romane danke ich Stunden die ich zu den schönsten meines Lebens rechne, mein Geliebter! Ich wußte mich lange nicht zu entsinnen wann ein Werk mich *so* unwiderstehlich angezogen hätte. Ja so übel ich es der Staël genommen habe wenn sie den Anteil an einem Werk das wir lesen Neugierde benennt, so möchte ich beinahe sagen, daß ein solches Gefühl in mir war, zur Entwickelung Deiner Zaubernetze zu gelangen. Du hast förmlich Zauber an mir geübt mein lieber Florens, Deine Strafe ist, unauslöschlich in meinem liebenden Herzen zu glühen. Leugnen will ich es nicht, daß ein leiser Tadel darin liegt, daß mich Dein Roman unwiderstehlich neugierig gemacht hat; denn ist man auf die Hälfte der Dichtung zugerückt, so fühlt man wohl, daß die ganze Darstellung anstatt an lösender Ruhe zu gewinnen, sich und den Leser vielmehr wachsend verwickelt[1], und man muß sich den unbefriedigenden Schluß gefallen lassen, insofern er Deinen Worten nach ein Abbild unseres Zustandes vor dem Ausbruche des rettenden Kriegs ist und der darin vorkommende den von 1809 bedeutet. Fühlte ich doch selbst, wie ich Dir wohl auch geschrieben, Anregung, in ein Kloster zu gehen, wenn sich der damalige Waffenstillstand in einen Frieden verwandelt hätte. Kontrastierend mit unserem gegenwärtigen Gefühl – obwohl wir noch nicht im höchsten Besitze der

Freiheit sind – wirkt nun allerdings der Schluß Deines Romans; ich würde an Deiner Stelle eine Andeutung über die Zeit seiner Entstehung und Vollendung hinzufügen[2].

Wie sehnlich wünschte ich Dich jetzt zu sprechen; ich kann Dir nur einzelne Worte über das schreiben was mich so sehr, so unaussprechlich entzückt hat, es sind bloße Striche, und ich möchte Dir so gern alles malen und beseelen was ich Dir darüber zu sagen habe. Wenn ich es der Welt zusammenhängend sage, ist es doch anders, als wenn ich es Dir unmittelbar darbringe.

Bewundert habe ich die sich immer gleich bleibende Fülle, Zartheit, Duftigkeit und Anmut Deiner Darstellung, die unendlich reiche malerische Romantik Deines Gemüts und die köstlichen Adern von Ironie welche das Ganze ebenso zierlich als gediegen durchlaufen. Im ganzen gibt sich eine durch Arnims Erscheinung und Brentanos Zeitverachtung angeregte Stimmung zu erkennen, ein lebendiges Studium des Don Quixote und Tiecks hat die Elemente Deiner Dichtung bestrahlt und diese vier Ideale haben sich in ihr zu einer neuen, reizenden Darstellung voll eigentümlicher Ansicht und Gemütlichkeit und Welterfahrung verbunden. Die letztere habe ich sehr anteilsvoll bemerkt[3], und Du bist mir oft im Geiste eines verklärten Simplizissimus erschienen. Was Du von Mangel an mystischem Geiste usw. sagst, und wie eine Art Entschuldigung vor die Einseitigen bringst, begreife ich sehr wenig: oder wenigstens nur insofern, als ein anderes, Goethisches Geheimnisvolles, eine vielleicht zu große Rolle spielt. Denn Dein Roman enthält wohl zu viel unaufgelöst rätselhafte Gestalten[4], Erscheinungen und kleine seltsame Begebenheiten[5], die den Leser nur unruhig machen, und so den Eindruck des Ganzen durch zu große Mannigfaltigkeiten schwächen; Du hast im ganzen zu wenig Ruhepunkte angebracht. Nicht zu leugnen ist; daß der Roman des Gegebenen manches hat; aber die Darstellung und Behandlung ist eine so eigentümlich zarte, reiche, erfinderische, unerschöpfliche, daß ich damit keinen Tadel aussprechen will. Zu einem solchen Gegebenen, was ich *tadeln* möchte, gehört mehr die Gestalt des Prinzen als Geliebter des Bürgermädchens[6]. Doch nach der Szene, in der Du geradezu die Stelle des Malers zu vertreten und den Auftritt im Trauerspiele darzustellen scheinst, endigt sich diese Geschichte wieder so eigentümlich schön; Erwin ist eine Mignon, interessiert aber nicht wie diese, unter allen Gestalten Deines Romanes erscheint mir eine leicht ganz wegzuwünschen; Romanas Ende erinnert an Armandas Verbrennung[7], sogar die Erscheinung der weißen Frau. – Die Persiflagen auf die erdichtete, fühllose, ruhelose Poesie sind alle köstlich, überhaupt die ganze Behandlung des Lächerlichen ist entzückend, und ich halte alle diese Szenen beinahe für die unvergleichlichsten des ganzen Romans; sie haben mich unwiderstehlich durchdrungen und ergriffen, je mehr ich Wehmut und Sehnsucht und reichere Poesie als ihren Quell erkenne. Wie einzig z. B. ist es, wenn der Prinz seinem Klärchen in einigen Sonetten zu Grabe läutet; wenn die parfümierte Teegesellschaft den Brief der Gräfin Romana für Entwürfe zu einem Roman hält; wie echt komisch, wenn sich Faber mit dem Waldhorn des Jägers, dem dieser wie ein Triton mitspielt, zankt! Wie wunderschön ist schon der Eingang des Romans, die Weihe zum Meister bezeichnend! Ja, sprechen möchte ich Dich, Geliebter! Denn ich kann Dir nicht $1/1000$ Teil von dem erwähnen, was mich entzückt hat, was ich ganz reizend finde! Auch zanken möchte ich mich so gern von Mund zu Mund mit Dir, bis ein Kuß den Beschluß machte! Zanken über dies und jenes, manche mir noch nicht universell genug[8] erscheinende Ansicht; schriftlich ist das alles mit zu wichtiger Miene verbunden; schreib ich es nieder, mir ist als würde das Blatt zum Spiegel und ich müßte den schreibenden Herrn Dozenten recht lächerlich und pedantisch finden. So geht es mir auch manchmal, wenn ich in meiner Kritik der Staël lese;

und es muß doch auch sein. Jetzt ist nur das gedruckte Wort elastisch; einst bekommt das geflügelte seine himmlischen Flügel wieder und viel schwarze Worte werden Totenkreuze, denen Engel entschwebt sind. Aber jetzt laß uns die Bücher noch sehr ehren! Ohne Samen keine Frucht, ohne Grablegung kein Leben! – Überhaupt mein Lieber, Teurer! können wir von der Vielseitigkeit aller Gegenstände unserer Ansichten und Darstellungen nicht genug durchdrungen sein; »der ist der Liebendste«, schrieb ich neulich, »der die meisten Gegensätze in einer höheren Einheit zu versöhnen weiß.« Die Heraushebung der Schwächen als Gegenstände des Lächerlichen wirkt negativ, reinigend, wie die Kritik; sie ist Kritik; je rücksichtsloser, allgemeiner, *zweckloser* das Lachen, je freier von Bitterkeit, desto reiner von prosaischer Beimischung, desto poetischer wird es sein! Es erhebt sich zum reinen Zwecklosen, – zum Geiste der Kunst. Ich kann nicht leugnen, daß ich *bisweilen* in Faber und Leontin etwas *Manier*[9] der Zeitverachtung und Männlichkeit u.s.w. bemerke. Das Bäumebesteigen nimmt z. B. kein Ende[10]. Ich gehöre nun einmal nicht unter die, welche eine Rückkehr zum Waldleben für das Höchste der Freiheit halten würden. Ihre Freiheit war animalisch; fröhlich als solche! denn wo gab es Wilde wie unsere Deutschen im Walde waren? – Die unsere soll musikalisch, also durch das Gesetz der Harmonie errungen werden. Verachtet die moderne Bildung nicht! wahrlich, die Zeit ist groß und hat das Höchste gemeint – läßt die Zeitlinge unter ihr weglaufen! Wir wollen zur Ewigkeit, und die versöhnt alle Zeiten. Dafür sind wir Deutsche, daß sich in unserer Ansicht *alles* versöhnt. Wenn ich aber gegen die Verachtung mich erkläre, so rede ich drum doch der Sehnsucht gewiß ewig das Wort! Alle Sehnsucht aber hat Eine Heimat[11].

Viktor, die Familie des Herrn v. A. während sich die zwei Freunde dort aufhalten, und die Gräfin Romana und Leontin offenbar noch mehr, halte ich für die vollendetsten Gestalten Deiner Darstellung. In Viktor glaube ich bisweilen Züge von Wilhelm entdecken zu sollen, dann wieder von Brentano, in Faber ist wieder Brentano öfters gemeint, wie Leontin unverkennbar Arnims Ideale nachgebildet[12] ist; zu der Gräfin Romana, – einer herrlich hingestellten Figur, die eines großen Dichters würdig ist – hat Dir *leiblich* irgend ein weibliches Wunderwesen gesessen, und Du hast bestimmt die Idee dazu in irgend einem Abenteuer empfangen[13]. Ich habe Dich besonders in Schilderung der patriotischen Momente der Gräfin hoch bewundert – da ist alles Leben und Bild, ebenso herzzerreißend als herzergründend – eine furchtbare Wahrheit aus unserer Zeit! Rosas Verderbnis ist tief rührend und sehr sinnvoll in bezug auf unsere Zeit – das mir schon bekannte, ewig rührende Lied: der armen Schönheit Lebenslauf, ist der Text und Rosas, Romanas, Angelinas und Mariens Verirrung sind die Variationen darauf[14]. Etwas zu viel Gestalten scheinen auf diese Seite der Weiblichkeit gestellt, Julie ist kein ausreichendes Ideal für die anderen; Du hast den Sturm auf der Lyra der Weiblichkeit den Virtuosen sein lassen[15], hierin glaube ich wird man Dich beschuldigen, Einen Gedanken durch zu viele Figuren ausgedrückt zu haben. Daß Leontin sich gar nicht um Rosas Sinken bekümmert, werden sie Dir ebenfalls für einen Verstoß gegen Anstand, Kostüm und Wahrscheinlichkeit anrechnen[16]! Was man überhaupt dem Ganzen wohl vorwerfen kann, ist daß alle Erscheinungen mehr überraschen, als vorbereitet werden; recht tiefe, organische Entwicklung aus der ersten Erscheinung heraus scheint mir nur bei der Gf. Romana, bei Viktor und der ganzen Gesellschaft des v. A... stattzufinden. Leontin erscheint anfangs viel prosaischer und in den Tag hineinlebend[17], als später; Friedrichs Geschichte behält in der Mitte einen nicht ausgefüllten Riß[18]. Unter dem Dithyrambisten beschuldige ich Dich, einen unserer Freunde persifliert zu haben. Ich irre mich ganz gewiß nicht; die Ahnungen sind überhaupt Töne die auf Saiten in uns hindeuten die ein geistiger Hauch berührt. Ich lasse mir es nicht nehmen, daß Du so im Schmachtenden eine kranke Lebensperiode eines Menschen darstellen wolltest, der mir allerdings näher steht als der nächste Herzensfreund – gestehe mir nur, daß ich recht habe[19].

Während Du in der Prosa die Zartheit und romantische Duftigkeit Tiecks besitzest, sind es mehr Deine Lieder, in denen Du Dich der Volkspoesie Arnims und Brentanos, mit einer wieder eigentümlichen Zartheit näherst, die in seinen Gedichten Arnim gar nicht, Brentano auf eine südlichere Weise besitzt. Deine Lieder in diesem Romane gehören zu dem Schönsten, was ich, nicht nur von Dir, sondern überhaupt unter uns kenne. Nimm auch *meinen* Dank für diese echten Poesien, in denen sich die höhere Vollendung Deiner letzten Jahre, wie überhaupt in diesem Romane, so überzeugend und ausgezeichnet ausspricht. Diese Lieder, dann die Glasmalerei aller Deiner Darstellungen, die zugleich duftig und so nahe sind, daß ich alles vor Augen habe, dann die Ironie im Roman, endlich die vielen Worte, Töne und Bilder der Sehnsucht geben Deiner Dichtung in meinen Augen einen Wert der an sich schon in der Bedeutung höher steht als, alle Vollendung die Du Deinem Werk vielleicht noch hättest geben können.

Ich werde Deinen Roman alsobald an Fouqué befördern. Eine Bemerkung mußt Du mir erlauben: wenn ich mich irre, was sehr möglich ist, so nimm es für nicht gesagt. Die Einleitungsstanzen sind mir sehr wert und ich verstehe sie; aber für die meisten Leser werden sie dunkler und weniger klar und gerundet hintreten, als das übrige; z. B. der Steine *Zinn*; oder antwortest Du mir darauf: es sei ja *für die Freunde* nur überschrieben, und das übrige nur für alle? Das läßt sich hören. Ich habe heute an den herrlichen Perthes geschrieben, ihm aber von Deinem Romane nichts gesagt, da Du ihn Fouqué übergibst und ich mich bescheiden werde ihm der erste Liebende zu sein. ⟨...⟩

⟨Marginalien Eichendorffs:⟩
1 Natürlich, wie die verworrene, unbefriedigende Zeit, deren Bild der Roman sein soll. Der Schluß ist auch in höherem Sinne befriedigend, denn alle Helden des Romanes erscheinen zuletzt in einem Gottesfrieden beruhigt, das ist ein Waffenstillstand der Gemüter. Die jetzige Zeit ist und sollte der 2. Teil meines Romanes sein.
2 Ist bereits geschehen.
3 Gar zu großes Lob.
4 Sehr wahr.
5 Sehr wahr.
6 Der Prinz soll ja eben ein bloßer wirklicher Nachahmer des Erdichteten, Gelesenen sein. (Egmont und Klärchen.)
7 Ist mir gar nicht bekannt.
8 ei! ei!
9 Faber soll ein manierierter Kerl sein, und kein Ideal eines vollkommenen Mannes, was keiner ist, der bloß Dichter ist.
10 Sehr wahr!
11 Bravo!
12 Gar nicht, denn Arnim hat, meines Wissens, nie einen ähnlichen Charakter aufgestellt. *Er selber* aber sieht dem Leontin gar wenig ähnlich.
13 Nein, sondern in mir selbst.
14 Bravo!
15 Besser zu reich, als zu arm.
16 Liegt aber ganz in ihm.
17 Allerdings, aber auch gleich von Anfang mit auffallend durchschimmernder Tiefe des Gemüts, daher nachher bei ernsteren Umständen sein größerer Ernst ganz natürlich.
18 Natürlich.
19 Ja, Du hast recht, Du guter, lieber Freund.

Fouqué und seine Frau Karoline antworteten auf das ihnen durch Loeben übersandte Manuskript in einem »Nennhausen, bei Rathenow in der Kurmark Brandenburg, am 26. November 1814« datierten Brief, welcher lautet:

Meinen herzlichsten Gruß und Dank zuvörderst, lieber Waffenbruder, für das freundliche Vertrauen, mit welchem Sie mir Ihre Dichtung in die Hände legen. Schon das hat mich recht inniglich erquickt, um so mehr, da Sie mir durch Ihre Lieder sehr früh lieb geworden sind. Wie lebhaft hätte ich es gewünscht, daß Ihnen damals in Böhmen die Umstände vergönnt hätten, mit in unserer Schar zu fechten. Ich sah Sie mit recht schwerem Herzen von uns scheiden. Nachher vernahm ich wohl, daß es Ihnen gelungen sei, eine rühmliche Anstellung zu finden, aber Veit und ich haben lange Zeit um Ihr Leben in zarten Besorgnissen geschwebt, die sich nun gottlob! auf eine so erfreuliche Art vollkommen lösen.

Ich hätte Ihnen das alles schon früher in Erwiderung auf Ihren ehrenden Brief geschrieben, aber ich wollte Ihr Werk erst ganz und gründlich und ohne mich dabei zu treiben, durchlesen, wie man in freiem Behagen, langsam, und oftmals sich umschauend, durch einen schönen Garten geht.

Das habe ich denn nun zu meiner großen Lust getan, und darf Ihnen meinen freudigsten Glückwunsch entgegen rufen zu dem Blütenreiche, das Ihre Zitherklänge ans Licht gerufen haben. Leben, Tiefe, Kraft, Wahrheit und frommer Sinn offenbaren sich herrlich in den glühenden Bildern Ihrer Phantasie. Es hat mich lange nicht ein neueres Werk so lebhaft ergötzt und so tief ergriffen zugleich. – Auch über die Notwendigkeit gerade *dieses* Schlusses, ohne bestimmtere Aussicht auf die seitdem erfolgte Weltbefreiung bin ich vollkommen einig mit Ihnen; denn nur *so* steht die Erscheinung in sich vollendet und eigentümlich da: ein ernstes, erhaben warnendes Denkmal der schuldgedrückten Vergangenheit. Nur genügen mir in dieser Hinsicht die zueignenden Stanzen nicht, und ich bitte Sie, ein Vorwort aufzusetzen, welches die mir in Ihrem Briefe geäußerte Ansicht und Gesinnung ausspreche. Ich hätte mich bei der Gewalt, die Ihr Zutrauen mir verliehen hat, nicht lange bedacht, als

Herausgeber zu erscheinen, und die mir nötig scheinende Rede selbst zu sprechen, aber erst ganz vor kurzem gab ich ein Werk meines Freundes Chamisso heraus, und es müßte dem Publikum anmaßend erscheinen, wenn ich schon wieder als Geleitsmann eines Dichters aufträte.

Schicken Sie mir also, wenn es Ihnen gemütlich ist, das gewünschte Vorwort recht bald, sowie auch Ihre Erklärung, ob Sie nicht auf dem Titelblatte statt Florens sich lieber Joseph Freiherr von Eichendorff nennen wollen. Ich wünsche sehr das letztere. Der Mündigkeit und Kraft Ihrer Poesie scheint mir das pseudonyme Spiel nicht mehr zuzusagen.

Um mit vollständiger Ehrlichkeit zu verfahren, gestehe ich Ihnen noch, daß es mir anfangs oftmalen vorkam, als schaue die Sinnlichkeit allzu dreist an manchen Stellen durch Ihre Blumengänge; ja, ich wollte eine gewissenhafte Rücksprache darüber mit Ihnen nehmen, bevor ich das Werk einem Verleger anböte. Doch plötzlich trat es vor meinen Geist, daß bereits Dorothea zensiert hat, und vor dieser frommen, klaren Frau beug ich mein Haupt mit fröhlicher Ergebung. Zudem ward es mir späterhin klar, wie hier nicht sowohl Lüsternheit als vielmehr frische Keckheit obwalte, und mein letzter Zweifel schwand. – Nur einmal, und natürlich in ganz anderer Hinsicht, bin ich nicht Dorotheas Meinung. Mir scheint nämlich, als müsse allerdings Faber am Schlusse in das Land hineinreiten, so wie Sie es früher gestellt hatten; ja ich bekenne sogar, daß mir der Grund der Änderung und gewissermaßen die Änderung selbst durchaus unverständlich bleibt. Entscheiden Sie, lieber Baron, wie es damit gehalten werden soll.

Meine Frau, die Sie teilnehmend grüßt, drückt in eigenen Worten beiliegend ihre der meinen in der Hauptsache gleiche Ansicht Ihres Werkes aus. – Im übrigen werde ich sogleich vorläufig mit meinem Verleger in Unterhandlung treten, und bitte Sie daher, mir ja recht bald alles Erbetene mitzuteilen.

Noch eine Bitte. Senden Sie mir doch Beiträge für den nächsten Jahrgang meines Frauentaschenbuches, und verschaffen Sie mir deren von Ihrem Herrn Bruder. Die kleine Sammlung ist bestimmt, zu vereinen, was mich von deutschen Sängern am mehrsten anzieht, und da dürfen Sie beide nicht fehlen. Lied, Erzählung, Romanze, alles, was nur dem Umfange nach nicht ganz über eine solche Unternehmung hinausgeht, ist von Ihnen zweien herzlich willkommen. Aber freilich heißt es auch hier: je eher, je lieber.

Gott segne Sie! – Mit inniger Teilnahme immerdar
ganz der Ihrige

La Motte Fouqué,
Major und Ritter.

Der Ordnung halber merke ich noch an, daß der Verleger des Frauentaschenbuches drei Friedrichsd'ors für den Druckbogen zahlt, aber Beiträge, die einen solchen nicht füllen, unberechnet bleiben.

Jetzt eben wird es mir erst klar, daß notwendig ein Korrekturzettel Dorotheas, die Abreise Fabers betreffend, verloren gegangen sein muß. Daher mein gänzliches Mißverstehen Ihrer Ansicht. Sie können es vielleicht ergänzen. Doch bleibe ich vorläufig bei der Meinung, Faber müsse in das feste Land hineinreiten.

Ihr reiches, kräftiges und tüchtiges Buch faßt Herz und Seele. Man *lebt fort* beim Lesen, sein eignes Leben, in dem Dasein lebendiger Wesen. Ich kann Ihnen, meiner Ansicht, und meinem Gefühl nach, nichts Lieberes und Höheres sagen. Mir ekelt im ganzen so unaussprechlich vor den Machwerken dieser Zeit. In Ihnen finde ich Gesundheit, stille, Worte verachtende, Andacht, Ehrfurcht vor der Gegenwart, kurz: Reife und Kraft. Gehen Sie nur recht dreist und recht demütig Ihren Weg. Meine herzliche Teilnahme und Achtung begleitet Sie.

Karoline Fouqué.

(HKA 13, S. 66-69.)

Da der Ton des Romans sowohl Loeben als auch Fouqué, unabhängig voneinander, auf die »verworrene, unbefriedigende Zeit« vor den Freiheitskriegen hinzuweisen schien, seine Tonlage also mit der Aufbruchsstimmung im Deutschland der Jahre 1814/15 kontrastierte, fanden beide die Zueignungs-Stanzen *An die Freunde* (»Der Jugend Glanz«) nur noch schwer verständlich und plädierten für ein die Kluft zwischen 1812 und 1814 überbrückendes Vorwort. Ein solches Vorwort hat Eichendorff dann im Dezember 1814 verfaßt und am 25. 12. 1814 an Fouqué gesandt, der es zur Basis seines eigenen Geleitworts für den Roman machte und somit trotz anfänglicher Vorbehalte doch noch als dessen Promotor auftrat. An Fouqué schrieb Eichendorff am 25. 12. 1814 aus Berlin u. a.:

Ich wüßte mich, Herr Major, seit langer Zeit keiner solchen großen Freude zu erinnern, als da Ihre und Ihrer Frau Gemahlin mir ewig teuern Zeilen anlangten, wie eine herzliche Begeisterung aus dem Garten der Poesie, von dem ich durch äußere Störung und noch mehr durch aus meinen widrigen Schicksalen erklärten, Mißmut nun lange getrennt war. Es gibt nichts Tröstlicheres, als den Beifall der wenigen zu erlangen, an die man beim Schreiben eigentlich immer nur gedacht hat, und deren Gunst weniger verwirrend der Eitelkeit schmeichelt als vielmehr recht erquickt, stärket und erweckt. Nehmen Sie beide daher meinen innigsten Dank für Ihre gütige erhebende Teilnahme und die herzliche Bitte, mich auch ferner Ihrer Leitung und Erweckung zu würdigen.

Es tut mir sehr leid, daß sich mein Buch mit Ihrem Namen, Herr Baron, als dem besten Vorworte, nicht schmücken darf; doch ehre ich Ihre Ansicht, die es verhindert.

Tief gerührt hat mich Ihre Bemerkung, daß die Sinnlichkeit manchmal allzu dreist aus verschiedenen Stellen meines Romans hervorblicke. Auch ich habe bisweilen bei späterer Durchlesung des Buches ganz dasselbe empfunden, aber niemals beim ersten Schreiben desselben – und so oft ich dann in diesen Dingen etwas verändern wollte, kam es mir jedesmal vor, als führe ich mit einem Tuche verwischend über die frischen Farben eines Gemäldes, und ich ließ wieder alles, wie es war. Es freut mich daher außerordentlich, daß auch Sie, Herr Baron, sich zuletzt mit dieser meiner Ansicht aussöhnen.

Ew. Hochundwohlgeboren erhalten beiliegend auch das verlangte, durchaus notwendig gewordene Vorwort, wodurch denn nun die Zueignung in Stanzen ganz wegfiele. Ebenso erfolgt auch hiemit der Korrekturzettel, der durch mein Versehen allerdings zurückgeblieben war. Doch bin auch ich vollkommen Ihrer Meinung, daß Faber in das Land hinausreiten, und daher das Ausgestrichene an dieser Stelle des Manuskripts stehen bleiben müsse. – Was endlich die Vorsetzung meines wirklichen völligen Namens vor das Buch anbetrifft, so wüßte ich keinen besonderen Grund, den Namen Florens beizubehalten, und folge auch hierin, wie in allem anderen, gern Ihrem liebevollen Rate und Ihrer besseren Einsicht.

(HKA 12, S. 10 f.)

Am gleichen Tag (25. 12. 1814) schrieb Eichendorff auch an Loeben einen Dankesbrief für dessen Kritik des Romans. Dabei lag ihm offenkundig Loebens Schreiben vom 20. 10. 1814 vor, in das er erst jetzt die Marginalien eintrug, die somit als Entwurf des Briefes vom 25. 12. 1814 gelten können:

Der Beifall, den mein Roman bei Dir gefunden, hat mich hocherfreut und gerührt zugleich. Es ist ja das einzige Glück eines Dichters, die Gunst der wenigen zu erringen, an die er beim Dichten eigentlich gedacht. Mit der Menge ist es doch nichts. Aufrichtig bewundert habe ich Dich in Deiner ausführlichen Beurteilung meines Buches, die Tiefe, mit der Du alles Gemütliche darin aufgefaßt, den glücklichen Scharfsinn, mit dem Du alle Ähnlichkeiten mit anderen Werken, Reminiszenzen und Wechselbeziehungen beleuchtest, die redliche freudige Anerkennung endlich des Lächerlichen, Lustigen und Kecken, und ich muß gestehen, daß mir selber bei Lesung Deines Briefes gar manches in meinem Romane erst klar wurde. Das Goethische Geheimnisvolle und die übergroße Menge von Überraschungen, rätselhaften Gestalten, kleinen Kuriositäten etc. in dem Buche ist allerdings lästig und gar nicht zu leugnen, doch wer kann sich, zumal beim ersten Werke, der ganzen, neuen Welt von Erscheinungen immer besonnen genug erwehren? Die Aftermignon wünschte auch ich nun ganz weg, wenn das noch anginge. Die Liebschaft des Prinzen mit dem Bürgermädchen wäre vielleicht, sophistisch genug, dadurch zu retten, daß das ganze Leben des Prinzen im Grunde eine bloße Nachahmung des Erdichteten und Gelesenen sein soll. Überhaupt gibt es der Erinnerungen und Anklänge in dem Buche gar viele, aber ich tröste mich damit, daß ich das Gegebene *in mich* aufgenommen habe. Am Ende ist ja die ganze Welt um uns her ein Gemeingut, und es kommt nur darauf an, *wie ich* sie betrachte. Sehr erfreut hat es mich, daß auch Du meine Lieblingsgestalten, als die Familie v. A., Viktor und die Gräfin Romana besonders heraushebst. Letztere ist keinem mir bewußten Originale aus der wirklichen Welt nachgezeichnet, wie Du glaubtest. Für Dein inniges Verständnis des Komischen und aller Persiflagen endlich danke ich Dir aufs allerherzlichste. *So* allein wollt' ich sie genommen und durchdrungen wissen. Du hast in dem Dithyrambisten unseren Strauss erkannt, und Du hast Recht, aber ich lasse es mir nicht nehmen, ich habe auch Recht, oder hatte es doch damals. Unverkennbar allgemeiner ist der Schmachtende gehalten, auch wenn ich dabei bisweilen wirklich an Dich, wie Du damals schienst, dachte (verzeihe es mir, lieber guter Freund! denn ich will es nicht leugnen), so habe ich doch eben so oft mich selber gemeint, wie schon die schmachten

den Probegedichte beweisen, die ich selbst in jener Periode gemacht habe. Du hast ganz Recht, daß Du die zueignenden Stanzen für unzulänglich hältst. Ich habe daher Deinen Rat befolgt, und statt derselben ein Vorwort über die Zeit der Entstehung des Romans etc. aufgesetzt.
(Aurora 1 [1929], S. 73 f.)
Die Zueignungs-Stanzen, die in einer Abschrift durch Wilhelm von Eichendorff noch die Überschrift tragen

> [Ahnung und Gegenwart
> Ein Roman
> Zueignung.] An die Freunde

sind erstmals gedruckt in: *Aus dem Leben eines Taugenichts und das Marmorbild. Zwei Novellen nebst einem Anhange von Liedern und Romanzen von Joseph Freiherrn von Eichendorff*, Berlin 1826. In der Vereinsbuchhandlung, S. 201:

An die Freunde.

Der Jugend Glanz, der Sehnsucht irre Weisen,
Die tausend Ströme durch das duft'ge Land,
Es zieht uns All' zu seinen Zauberkreisen. –
Wem Gottesdienst in tiefster Brust entbrannt,
Der sieht mit Wehmuth ein unendlich Reisen
Zu ferner Heimath, die er fromm erkannt;
Und was sich *spielend* wob als ird'sche Blume,
Wölbt still den Kelch zum *ernsten* Heiligthume.

So schauet denn das buntbewegte Leben
Ringsum von meines Gartens heitrer Zinn',
Daß hoch die Bilder, die noch dämmernd schweben –
Wo Morgenglanz geblendet meinen Sinn –
An Eurem Blick erwachsen und sich heben.
Verwüstend rauscht die Zeit darüber hin;
In Euren treuen Herzen neu geboren
Sind sie im wilden Strome unverloren.

Diese Verse werden trotz häufiger Hinweise immer wieder (so auch in HKA 3 [1984], S. 349) mit dem Gedicht gleichen Titels *An die Freunde* (»Es löste Gott das langverhaltne Brausen«) verwechselt, das erstmals in Loebens ›Die Hesperiden‹ (1816), allerdings von da an zu Eichendorffs Lebzeiten nicht mehr gedruckt wurde. Die ursprünglich als Zueignung zu *Ahnung und Gegenwart* gedachten Verse aber eröffnen seit 1837 die Abteilung »Frühling und Liebe« in Eichendorffs gesammelten *Gedichten* als Motto.

Eichendorffs Vorwort ist in einem Entwurf (Faksimile: Aurora 14 [1954], Titelabbildung) und in einer Reinschrift erhalten (Text HKA 3 [1984], S. 351 f.). Der Text des Entwurfes lautet:

Für den Roman.

Vorwort.

Ich hatte diesen Roman vollendet, ehe noch die Franzosen im lezten Kriege Rußland betraten. Eine nothwendig fortlaufende Berührung des Buches mit den öffentlichen Begebenheiten verhinderte damals den Druck deßelben. Später faßte mich selber der große Strom der Zeit, alle meine Muße, Gedanken und Kräfte auf andere Art für den gemeinschaftlichen Zweck in Anspruch nehmend, und so ist nun vielleicht der eigentliche Zeitpunkt einer allgemeinen Theilnahme für diesen Roman inzwischen verstrichen.

Ich konnte nun freilich die Fäden dieser Geschichte künstlich in die neuesten Begebenheiten hinüberspinnen, oder mit der Miene eines Propheten Trostreiche Aussichten auf die erfolgte Weltbefreiung darin aufstellen; aber einmal: erscheint mir unsere jetzige Zeit noch zu unentschieden, ringend und Gestaltlos, fast ohne Gegenwart, nur als eine überschwenglichreiche Zukunft, um die ruhigen Bilder einer Dichtung sicher daran zu knüpfen, und dann: so wäre auf diese Weise mein Buch etwas ganz anderes geworden, und nicht mehr das, was es seyn wollte, ein getreues Bild jener Gewitterschwülen Zeit der Erwartung, der Sehnsucht u. Verwirrung. Diese Betrachtung bewog mich daher den Roman wörtlich u. ohne die geringste Aenderung so zu geben, wie ich es damals aufgeschrieben hatte.

Es lieben edle Gemüther, sich mitten aus der Freude nach den überstandenen Drangsalen zurückzuwenden, nicht um hochmüthig über sich selbst zu erstaunen, wie sie seitdem so Großes vollbracht, sondern um sich noch einmal mit *jenem heiligen Zürnen*, jenem gerüsteten Ernste der Not zu erfüllen, der uns im Glück eben so noth thut, als im Unglück. (Diesen weihe ich das Buch als ein Denkmal der Schuldgedrückten Vergangenheit.)

Alle Kräfte, die nun aufgewacht, schlummerten oder träumten schon damals. Aber Rost frißt das Eisen. Die Sehnsucht hätte sich langsam selbst verzehrt und die Weisheit nichts ausgesonnen, wenn sich der Herr nicht endlich erbarmt und in dem Brande von Moskau die Morgenröthe eines großen herrlichen Tages der Erlösung angezündet hätte. Und so laßt uns Gott preisen, jeder nach seiner Art! Ihm gebührt die Ehre, uns ziemt Demuth, Wachsamkeit und frommer, treuer Fleiß.

Der Verfaßer.

Am 28. 1. schon konnte Eichendorff seinem Freund Philipp Veit melden: »Mein Roman erscheint zu Ostern bei Schrag in Nürnberg, ich bekomme 1 Friedrichsd'or für den Druckbogen.« (HKA 12, S. 14) Im April 1815 aber erlitt er – wenige Tage nach seiner Hochzeit mit Luise von Larisch – »noch einmal einen Anfall von Patriotismus« und machte mit der Rheinischen Landwehr den neuen Feldzug gegen Napoleon mit, das heißt er hat »fürchterlich exerziert, zu Compiègne, Noyon und Ham in der Picardie tüchtig gegessen und getrunken« (HKA 12, S. 14 f.). Erst Ende 1815/Anfang 1816 bekam er daher den Roman zu Gesicht und dankte am 29. 1. 1816 Fouqué für das Honorar (30 Friedrichsd'ors in Gold) und die Freiexemplare. Fouqué erhielt durch ein Mißverständnis das ihm zugedachte Widmungsexemplar des Dichters erst im Juni 1816 (HKA 12, S. 17 f.).

Durch das Datum seines Erscheinens, kurz vor Ausbruch des neuen Krieges, erregte das Buch in der literarischen Öffentlichkeit nur wenig Aufsehen. Erst 1819 wurde Eichendorff seines Romanes wegen »in den Reihen deutscher Dichter willkommen« geheißen, entschuldigten sich die ›Schlesischen Provinzialblätter‹ bei ihren Lesern, daß sie diesen Roman, den sie »für den vorzüglichsten halten, der seit vielen Jahren von einem Schlesier geschrieben worden ist, in diesen Blättern völlig mit Stillschweigen bisher übergingen« (HKA 18, 1, S. 74 und 78).

Schon mit seinem ersten größeren Werk also erfuhr Eichendorff jenes von ihm später ironisch beklagte Schicksal des ›zu spät‹, von dem er im Rückblick meinte, es habe sein ganzes Leben geprägt.

Adolf Dyroffs Beschreibung eines verschollenen Entwurf-Fragmentes zu *Ahnung und Gegenwart*:

Herr Baron Karl von Eichendorff hatte die Güte, mir den Entwurf zu »Ahnung und Gegenwart« vorzulegen, von dem mir bis dahin nur das Vorhandensein bekannt war. Das Fragment beginnt: »Abschied zu nehmen fort. Herrlicher Morgen. Die *Stadt* mit ihren unzähligen Türmen im Morgendampfe vor ihm.« Ganz deutlich die Residenz des gedruckten Romans! Nach allerlei weiteren Stichworten heißt es dann: »Wie der Graf zur Gräfin reitet am schönen Morgen, hört er in den gewundenen *Heidelberger* grünen Bergschluchten immerfort eine ihm bekannt scheinende Stimme.« Da Faber und Leontin im Entwurf auftreten und von der Eifersucht Rosas die Rede ist, befinden wir uns also in der Situation, in der Graf Friedrich und Gräfin Romana in Beziehung zueinander stehen (am Anfang des Entwurfs ist vom 13. Kapitel die Rede). »Loeben« tritt unter »Freiern« (um eine Prinzessin) auf »in Krone und Ornat« und trägt »ein Werk« vor. Sonach ist *erwiesen*, daß ursprünglich die Szenen mit Faber, die mit Leontin, Romana (diese beiden haben aber noch keine Namen) ursprünglich in Heidelberg spielen und die vieltürmige Stadt in seiner Nähe liegt.

Das Fragment des Entwurfes zu »Ahnung und Gegenwart« bietet ferner den besten Beleg für unsere Ansicht, daß die Handlung vielfach komponiert wurde, um die Lieder einzulegen. Zweimal wird auf Gedichte verwiesen, die vollendet sind. »Vielleicht auch Durchgehen des Rosses mit Doctor aus Berlin, Prügeley etc. wie in dem komischen Sonett etc.« Und: »Wo ihr Blick berührte, Quellen sprangen etc.« Schließlich wird aus dem Entwurf, der im übrigen von Freiern, einer nackten Prinzessin, von einem in Asche zerfallenden »Schönsten«, von einem »Alten« spricht, die symbolische Bedeutung Romanas ganz klar: »Der Graf findet ihr Gesicht wie ihre Gestalt etwas heidnisch«. Das ist unterstrichen, für den Dichter sonach wichtig (Die Prinzessin wird kaum gemeint sein). Weiter: »Faber erzählt, daß die Gräfin wirklich Poetin sey. Leontin spricht zügellos unzüchtig von ihr wie *Brentano*. Dann freie phantastisch schöne Beschreibung ihres Zauberschlosses etc.« Später: »Hier stemmt sich der Graf ernstlich gegen diese Verpoetisierung ohne allen festen Glauben und wird belächelt«.

(Dyroff, S. 281 f.)

QUELLEN

Wie in der Regel alle Jugendwerke, so ist auch *Ahnung und Gegenwart* durch eine Vielzahl von Quellenbezügen gekennzeichnet, die meist schon von den Zeitgenossen erkannt worden sind. Neben den zahlreichen Reminiszenzen an Kindheit, Jugend und Studienzeit wird vor allem der Einfluß von Goethes Roman *Wilhelm Meisters Lehrjahre* (1795/96) unter den Freunden und in der Eichendorff-Kritik seit dem 19. Jahrhundert ausführlich diskutiert. Julian Schmidt meinte lapidar: »Das Vorbild des Romans ist

Franz Sternbald« (HKA 3 [1913], S. 347), also Ludwig Tiecks Roman *Franz Sternbalds Wanderungen. Eine altdeutsche Geschichte* (1798). Auf den prägenden Einfluß von Achim von Arnims Roman *Armut, Reichtum, Schuld und Buße der Gräfin Dolores* (1810), von dem Loeben am 27. 12. 1810 berichtete, daß er Wilhelm von Eichendorffs »wahre unausgesetzte Aufmerksamkeit« gefunden habe (HKA 13, S. 238), verweist Joseph von Eichendorff u. a. in den wenigen erhaltenen Entwurf-Fragmenten seines Romans (HKA 3 [1984], S. 347 f.); Loeben konstatierte den Einfluß von Cervantes' *Don Quixote* und Grimmelshausens *Simplicissimus Teutsch*. Kenntlich sind die Einflüsse von Clemens Brentanos »verwildertem« Jugendroman *Godwi oder das steinerne Bild der Mutter* (1801) und vor allem von Dorothea Schlegels, von ihrem Gatten Friedrich Schlegel herausgegebenen Roman *Florentin* (1801). Da das Druckmanuskript von *Ahnung und Gegenwart* verloren ist – vermutlich lag es schon Hermann von Eichendorff bei der Edition der *Sämtlichen Werke* seines Vaters (1864) nicht mehr vor –, können auch die offenkundig zahlreichen Korrekturen Dorothea Schlegels, von denen Eichendorffs Briefwechsel berichtet, nicht mehr rekonstruiert werden.

ZUR WIRKUNG

Gustav Adolf Schölls Brief über *Ahnung und Gegenwart*, an Eichendorff am 21. 10. 1832 (HKA 13, S. 102-118).

Gustav Adolf Schöll (1805-1882), seit 1833 Privatdozent für Altertumswissenschaften, 1842 Professor in Halle, 1843 Direktor der Kunstgalerie in Weimar, seit 1861 Oberbibliothekar in Weimar. Eichendorff lernte den jungen Gelehrten Mitte 1832 in Berlin kennen und übertrug ihm im September 1834 die Schlußkorrektur seines Romanes *Dichter und ihre Gesellen*. Nachdem Schöll 1836 in den Wiener ›Jahrbüchern der Literatur‹ eine erste Gesamtdarstellung von Eichendorffs bis dahin erschienenen Werken veröffentlicht hatte, übertrug ihm der Dichter noch im gleichen Jahr die Redaktion seiner gesammelten *Gedichte*. Die Anordnung, die Gruppierung, ein Teil der Überschriften und die Textredaktion sollen auf Gustav Adolf Schöll zurückgehen.

Wenn man über die blumige, dem Zeitstil verhaftete Schreibweise des Briefes hinwegsieht, wird deutlich, daß mit diesem Brief die bis heute andauernde allegorische Deutungstradition von *Ahnung und Gegenwart* beginnt und wie stark die *Wilhelm Meister*-Kritik des Novalis auf das 19. Jahrhundert gewirkt hat.

Herrn Baron von Eichendorff Hochwohlgeboren.

Eine, nur etwas lange, Epistel über Ahnung und Gegenwart.

Sonntag, d 21ten Oct. 1832.

Gestern abend habe ich *Ahnung und Gegenwart* ausgelesen, für diesmal. Es ist ein liebes, kräftiges und ein merkwürdiges Buch, das leben wird, solange deutsche Poesie lebt! Durch das Ganze greift ein ewigfrischer Trieb der wahrhaftigen Schöpfung, ein Urtrieb jener tüchtigen Liebe, die das grüne Lustleben der Erde mit Wäldern, Bergen und Strömen hervortreibt, die auch den Menschen bildet in seiner natürlichen Kraft und Schönheit, und die auch *in* dem Menschen und in seinem wunderbar geschmeidigen und dehnbaren Gemüt ihre ganze Welt immer neu wieder schafft, und so, immer im Spiel mit sich selber, jetzt die fernsten Spitzen und Auslaubungen der Verbreitung in eine innige Nähe hineinzieht, und jetzt das Nächste, Vertrauteste entfremdet und entfernt, nur um es wieder zu gewinnen. Der einzige unersetzliche Hauch dieser Liebe, der aus Frühlingsfeldern dampft, von Lippen küßt, der die Kraft ist im Brote und Weine des Lebens, dieser Hauch raucht aus Ihrem Buche, wie ein Waldwohlgeruch, wie ein freies Morgenopfer junger Natur. Das rieselt einem wahrhaft durch die Seele, und ein Jauchzen kommt durch die Glieder, und die Augen werden feucht, aber nicht von weichlichen, auch nicht von heißen Tränen, sondern von jenen kühlen, blinkenden

Tropfen, wie sie die Rebe im Frühlinge weint. Das Necken in dem Buche ist die wahre Neckerei der Liebe, der reinen, starken Natur, Jugend oder wie man das Wesen heißen mag, das eigentlich privilegiert ist zum Necken. Ernst, Trauer, Zorn kann einen nicht schrecken: es ist doch immer nur dasselbe Kind Gottes, welches alle diese Geschichten anstellt, sagt und singt; man darf ihm nur ins Gesicht sehen, um wieder heiter und beruhigt zu werden, spräch es auch von Leid und Tod. Der Geist dieses Buches ist wie ein Engel, der nichts davon weiß, daß er ein Engel ist, und arglos in die Welt hinabgekommen ist. Wo er nur in einen Wald, in ein Tal tritt, da rauschen und jauchzen ihm alle Naturen entgegen, wie am Morgen der Schöpfung; er findet das ganz natürlich und singt seine Lieder dazu, wundervolle Lieder, die dem menschlichen Zuhörer seltsam, wie etwas Vergeßnes oder Künftiges vorkommen; der Engel singt sie so, weil ers nicht anders weiß. Er kommt nun auch in Gesellschaft der Menschen, und hält sich ganz für ihresgleichen; ist aber kaum da, so geht alles anders, wie sonst. Wo Witz und Lust und Liebe ist, die müssen aus den Herzen und Köpfen heraus; der sprudelt von Scherzen, und weiß nicht, wie er so keck geworden ist; die singt wehmütig und lacht sich selber darüber aus; Leute, die in der Vernunft alt geworden, werden auf einmal närrisch, und werfen ihre ganze Haushaltung durcheinander; den Kindern ist ganz wohl, das Gesinde jubelt; die abgeflachten weltlichen Seelen müssen wider Willen mit herumtanzen und schimpfen voll Ärger dazwischen oder suchen sich mit einigen windschiefen Phrasen zu entschuldigen; dem Dichter, der diesem Engel nachfolgt, wird manchmal himmelhoch, manchmal seelenbang zumute. Was hat man denn aber von einem seltsamen Gaste, den du einem da über den Hals bringst? sagen die Leute zum Dichter. Der Dichter kommt in Verlegenheit: O, sagt er, er könnte euch erlösen, wenn ihrs verständet! – »Warum nicht gar! Sieh unsere Wirtschaftsgärten an, und die

Häuser und Kisten und Kasten und Teeservice, wie er alles durcheinander geworfen hat.« Der Dichter sagt, Der Fehler muß an euch liegen; es ist ihm leid um die Leute, er erkennt ihre Schäden und geht für sie in Kampf. Der Engel geht mit und blitzt herrlich drein; jetzt spielt er aber den Leuten noch ernsthafter mit, und kann nichts dafür, wenn sie an seinen Blitzen verbrennen. Der Dichter kann sich am Ende gar nicht mehr halten mit den Leuten, und muß fliehen. Der Engel geht ruhig mit, ihm ist nichts geschehen, er hat getan, was ganz in der Ordnung war. Die Sünder, die ihm unterwegs begegnen, müssen bekennen, was sie niemandem bekannt, die Guten werden wohlauf, die Sichern werden irre, die Abgekämpften sterben hinüber zum Frieden, Berg und Wald, Sonne und Wellen sind immer gleich jung und gut, Gemeines und Erstarrtes entweicht, dem Dichter wird ernsthaft, wehmütig und still zumut. Sie kommen in eine Kirche. Da erkennt der Engel alle heiligen Zeichen. Nicht die Erfahrung, die er in der Welt gemacht, hat sie ihn kennen gelehrt, er versteht sie aus ursprünglicher Erinnerung. Wär er mit dem ersten Schritt in die Welt, hier eingetreten, er hätte sie auch erkannt. Nicht der Dichter hat ihn hierhergeführt er ist nur mit dem Dichter hierhergekommen. Den *Engel* trieb kein Bedürfnis, denn er ist eigentlich überall zu Haus. Der *Dichter* fühlte ein Bedürfnis; denn ihn jammerte die Welt; aber er ist nicht planmäßig hierhergewandert. Da sie aber einmal hier sind, so sagt der Engel: Hier bin ich zu Haus; hier ist das heilige Kreuz; und weil er hier sich selbst erkannt hat, geht es zum Himmel. Der Dichter fällt nieder und betet an.

Was wollte nun der Dichter? Er wollte nichts, er *mußte* das Göttliche, die Phantasie, in der Welt offenbaren. Darum hat sein Buch keinen Zusammenhang nach Art der Wirklichkeit in abgestuftem Verlaufe; sondern nur einen Zusammenhang in der Phantasie, einen intensiven, worin nicht eine Wahrheit die andere bedingt, sondern alle von innen heraus bewährt sind. Deswegen liest man das Buch fast durchweg mit einer und derselben Befriedigung; man fühlt den Lebenspuls überall gegenwärtig. Daß der Dichter im Kloster stehen bleibt, geht nicht aus der äußeren Geschichte des Buchs hervor; sondern daher, weil die göttliche Phantasie zwar überall in der Wirklichkeit leben kann, jede andre Wirklichkeit aber ihrer Natur nach auflösen muß (also in ihr nicht *bleiben* kann), außer der göttlichen Wirklichkeit, der Religion. In Christus allein ist Gott und Mensch ewig vereint; an seinem Kreuz ist der einzige Punkt auf Erden, der wirklich und doch zugleich eine bleibende Stätte und Heimat für alle göttlichen Gedanken ist.

Wilhelm Meister will auch Poesie und Wirklichkeit versöhnen. Er hält anfangs die Wirklichkeit selbst für Poesie, findet sich getäuscht (es war aber nur die Poesie selbst, was ihn so täuschen konnte), reist denn nach Poesie, findet sie auch auf verschiedene Weise in der Wirklichkeit, wo sie aber natürlich immer wieder verloren gehen muß; aber er kann sie noch nicht recht von der Wirklichkeit unterscheiden, und meint ebensowohl, er meine diese; endlich langt er wirklich auf eine nur mit Poesie unterbrochene Weise bei der letzteren, der Wirklichkeit, an; und da ists aus! Entweder müßte er nun ganz hineingehen in die Wirklichkeit, und mit der Poesie nur noch gastweise umgehen (denn die Religion, scheint es, hat er nicht gefunden, sondern Mignon und der Gräfin überlassen), oder die Poesie müßte ihn in eine neue Schule der Täuschung führen, und der Roman gleichsam von vorne angehen.

In Ahnung und Gegenwart ists gerade umgekehrt. Hier wird die Poesie von der Wirklichkeit unterbrochen. Wilhelm Meister hat mehr Wirklichkeit, weil in ihm die Poesie immer als Täuschung und Verirrung vorkommt; hier wird die Wirklichkeit zur Täuschung und Verirrung. Wilhelm Meister meints zu ernst mit der Wirklichkeit; darum scheint er zuletzt die geputzte Wirklichkeit oder, wie Novalis sagt, die Ökonomie für Poesie zu nehmen; der Dichter von Ahnung und Gegenwart nimmt die Poesie zu ernsthaft, darum kann sie zuletzt nur als Religion bleiben. Denn die Wirklichkeit der Poesie ist nirgends fixiert in einem besonderen Gebiet; sie ist nur wirklich in dem beständigen Gegensatze der Phantasie und der gemeinen Wirklichkeit, worin sich jene von dieser immer aufzehren läßt, diese aber eben dadurch von innen heraus auflös't ins Göttliche. Grade weil diese siegreiche Auflösung der Wirklichkeit in Phantasie so kräftig in Scherz und Ernst durchs ganze Leben hindurchgeht, also das Buch oder Friedrich immer religiös ist in der Poesie, so ist kein rechtes Bedürfnis da, ihn den Frieden an einer besonderen Stelle suchen zu lassen; man hat ihn den Frieden nicht verlieren sehn. Dieses Bedürfnis scheint der Dichter nur insofern gefühlt zu haben, als er von der durch Phantasie schon verklärten Wirklichkeit seines Gedichtes nochmal sah auf die wirkliche Welt und Zeit außer seinem Gedichte, die neben seiner Phantasiewelt in ihrer alten Gemeinheit und Verworrenheit fortbestand. Und es ist so ganz wahr und rührend, was er von seinen schönen Höhen nach dieser verworrenen Welt hinüberspricht, daß er, obgleich er die Wirklichkeit in *seinem Gedicht* schön in Phantasie verbrannt und verklärt hat, doch nicht die Wirklichkeit in der *Welt* in Phantasie auflösen könne, und daß dies die hohe göttliche Phantasie der Weltgeschichte tun werde. So ist aber dieser Schluß, der den Grafen Friedrich ins Kloster treten, Leontin in eine andere Sphäre schiffen läßt, nicht eigentlich die Vollendung des Geistes, der sich von Anfang der Geschichte aufgetan hat; denn dieser Geist war schon damals in der göttlichen Wahrheit und in ihr versöhnt; sondern der Schluß ist allegorisch. Ich meine, er ist an sich wahr, aber nicht sowohl Resultat der früheren Teile des Gedichts, als daß vielmehr in ihm die Wahrheit, welche im Innern aller frühern Geschichten wirkte, und sie zu sinnigen, schönen Bildern zusammenschloß, nun gleichsam heraustritt und selbst erscheint, aber wieder in einem besonderen Bilde. Nur das Göttliche ist wahr, alles andere vergeht: dies war lebendig zu schauen in allen Szenen und Geschichten der Dichtung, in welchen das Göttliche wirklich leuchtete, wirkte, und in ihm die Wirklichkeit sich auflöste und wirklich verging; sollte also dieses Göttliche nun auch für sich am Schluß heraustreten, so konnte ihm nicht mehr die Wirklichkeit der vergangenen Geschichten gegenüberstehen, in diesen hatte es sich schon offenbart, diese waren schon durch die Phantasie, das Göttliche, aufgelös't; es blieb also gar keine andere Wirklichkeit, auf die sich die neue Gestalt dieses Geistes beziehen konnte, mehr übrig, als *die Wirklichkeit außer dem Gedichte* (denn diese war noch nicht aufgegangen in Phantasie), *die wirkliche Zeit* und *Welt*, innerhalb welcher sich die lichte Welt dieses Buches entzündet hatte; denn diese war noch durchsichtige Offenbarung des Göttlichen. Darum ist es in Beziehung auf diese, daß Friedrich ins Kloster geht, und weil diese Beziehung über das Buch hinausgeht auf etwas außer dem Gedicht liegendes, so nenne ich sie allegorisch.

Das Heil der Versöhnung ist eigentlich schon in allen frühern Geschichten gefeiert; Friedrich hat das Kreuz Christi schon getragen, ehe er den geistlichen Stand annahm; aber der Schluß will auch nichts, als dieses wesentliche Prinzip des ganzen Buches aussprechen, und weil die bildende Phantasie durchweg überwiegt, gestaltet sich auch dieser Ausspruch wieder zu einem Bild; für die zwei Elemente des Christentums aber, Entsagung und Frieden, bleibt das Kloster immer das natürlichste und ausdrücklichste Bild.

Das ganze Buch ist ein fliegender Siegeszug der Phantasie, dieses göttlichen Schauens, das die Welt schafft und richtet; eine Offenbarung der Phantasie in der Wirklichkeit und Rechtfertigung in derselben, wie in Sonnenschein und Blitzen nach den verschiedensten Richtungen. Gleich mit dem Bewußtsein des Sieges tritt die

Phantasie auf; darum hat man kaum das erste Blatt gelesen, so steht man in einer grünenden, reichen Schöpfung, durchklungen von Geisterstimmen; kaum sind die Helden des Gedichtes aufgetreten, durch welche und an welchen die Phantasie sich offenbaren will, so müssen sie in Liedern, halb unbewußt, ihr fernstes Schicksal singen. Das sind die echten Lieder, in denen wir mehr sagen, als wir selbst verstehen, in denen unser heimliches Leben *der* göttlichen Stimme Antwort gibt, von welcher unser gemeines Bewußtsein selbst nichts mehr weiß, die wir nur im tiefen Traume gehört haben, und nun unwillkürlich nachtönen müssen. Mit siegreichem Bewußtsein tritt die Phantasie auf; darum erscheint ihre Bewegung wie ein harmloses Spiel; denn sie braucht nicht über fremde Mittel zu äußerlichen Zwecken hinzuschreiten; sondern sie entwickelt ihre Welt aus sich selbst und löst sie in sich selbst; und gerade darum und nur darum scheint sie ihrer selbst unbewußt (wie ich oben sagte, der Geist des Buches sei wie ein Engel, ders nicht weiß, daß er einer ist), weil nichts Fremdes, nichts ursprünglich-Widersprechendes ihr gegenübersteht, und sie daher (außer im Schluß) nicht unterschieden von ihrem Schaffen und ihrer Schöpfung hervortreten kann. Das ist eben die rechte Phantasie, die nicht als eine hohle Welt abstrakter Ideale einer verachteten Wirklichkeit gegenübersteht; sondern liebevoll sich hinopfert in die Wirklichkeit, um so die Wirklichkeit mit sich selbst wieder der Gottheit zu opfern, von der sie ausgegangen ist.

In den verschiedenen Verhältnissen, welche die Phantasie mit der Wirklichkeit annehmen kann und annimmt, erschöpft sich in einem raschen, lebhaften, hie und da springenden Rhythmus das Buch; jedes Verhältnis bildet gleichsam eine eigene Novelle, und die leichte Durcheinanderschlingung dieser Novellen den Roman.

Wo die Phantasie hinein in die Wirklichkeit tritt, da steht diese ihr schon nicht mehr gegenüber; heiligend verbreitet sich die Phantasie durch das Wirkliche, und dieses vernichtet sich in ihrem göttlichen Elemente. Dies erscheint von der einen Seite in Friedrichs Gemüte; von der andern in Leontins verschwenderisch-herrlicher Jugend. Friedrichs Gemüt vereinigt sich ohne Scheidewand in einem ruhig liebevollen Brautfeste mit allem Großen, Schönen und Heiligen; alles Gemeine wird zu nichts vor ihm; alles Sündige ist in ihm nur himmlische Erfahrung. Leontins Kraft, Scherz, unermüdliche Regsamkeit zerblitzt und zersprengt immer in ungebundener Freiheit alles Wirklichen zu einem bachantisch-lustigen Opfer für das Ewige, Alleinwahre. Diese beiden müssen Freunde, Brüder sein. Sie kommen einander von entgegengesetzten Seiten zu demselben Lebenspunkt entgegen. Ebenso ist Julie, die, wie Friedrich, eine ins wirkliche Leben getauchte himmlische Einfalt und Güte ist, die wahre Geliebte und schöne Hälfte Leontins.

Diese Gestalten können im Roman nicht untergehen; sie haben das wahre Leben.

Wo das wirkliche Leben berührt ist von der Phantasie, aber doch nicht in ihr aufgehen will, der vernichtet es sich selbst. Dies zeigt auf harmlose Art der Poet Faber. Ihn erhält seine Indifferenz in einer Balance von Leben; an sich selber aber ist er ein zwischen zwei Stühlen niederfallendes Nichts. Was ist sein Leben? Dichten; aber das göttliche Feuer der Phantasie meidet er, und macht nur in der lauen Luft solche Gestus, als stünde er drin. Er lebt also in dem, was er selbst nicht glaubt, was für ihn selbst nichts ist und worin er in Wahrheit gar nicht ist. In der Wirklichkeit aber ist er ebensowenig zu Hause, da er nichts tut und kann, als so leerhin dichten. Ihn erhält nur sein lächerlicher, halb gutmütiger Selbstbetrug in einer gewissen Chamäleons-Persönlichkeit; insofern er einerseits auf das Essen, Trinken und Sichbenetun der Wirklichkeit doch etwas hält, wiewohl hinzusetzend: dem Dichter ist das lauter Nichts; andrerseits unablässig dichtet, wiewohl bekennend: eigentlich ist das bloßer Schein, den nur ein Narr ernsthaft nimmt. Also die Wirklichkeit ist nicht wahr, und die Dichterwelt auch nicht; wo leben sie denn eigentlich mein guter Herr Faber? Wo sind denn Sie wahr? – Genau genommen, nirgends. Bringt man Sie unter den Kolben, so fährt ein leerer Dunst in die Luft, und zurück bleibt nur ein rundes Bäuchlein, das nicht Ihnen gehört, sondern Ihnen nur geliehen war von der allgütigen Natur. – Wegen dieser seiner unbefangenen Selbstvernichtung, mit welcher er sich bei der Wirklichkeit auf die Phantasie, bei dieser auf jene beruft, um sich eine Existenz anzulügen, an die er gleichwohl glaubt, während er sie sich selbst unter den Füßen wegnimmt –: spielt die Phantasie des Dichters nur ganz friedlich mit ihm, da er sich selbst schon unschädlich macht. Aus demselben Grunde ist dieser lächerliche Mensch voll Widersprüche auch so dauerhaft; denn die ganze Wirklichkeit nimmt er so gleichgültig zufrieden hin, wie das Geld Rudolfs, und die Phantasie greift ihn noch weniger an; und wenn ihn ja etwas neckt und aufhält, hustet und nießt er den Ärger oder die Begeisterung schnell aus seinem leeren Schallboden heraus.

Kein leeres, indifferentes, sondern sozusagen ein identisches Schwanken zwischen Phantasie und Wirklichkeit zeigt Viktor, das Gegenbild Fabers. Was Friedrich und Leontin, jeder in seinem Teile, mit Bewußtsein sind, das ist er beides, aber beides unbewußt. Darum kann ihm auch nur bei diesen Menschen recht wohl sein, die allein seine Natur frei machen können. Ihm ist die Phantasie so ganz in seine Person, ich möchte sagen, in seinen Körper hineingeschlagen, daß er sie nicht sehen kann, wie sich das Auge nicht sieht; und sie sitzt so fest in ihm, daß er sie nicht verbreiten kann über die gewöhnliche, vor ihm liegende Wirklichkeit. Daher muß ihm natürlich diese Wirklichkeit, die seinem Wesen so wenig entspricht, verschroben, seltsam phantastisch vorkommen. Und da er wieder zu rein und einfältig ist, um deshalb die Wirklichkeit abzuleugnen oder zu verneinen, so muß, sobald er die Wirklichkeit gelten läßt, er sich selbst als Narr und

Phantast vorkommen. In diesem Zustande schwankt er, und weiß nicht recht, ob *er* der Narr ist oder die Welt, jubelt aber, wenn Leontin ihm ein Fest veranstaltet, in dessem frohen Tumulte er (Viktor) zu sagen scheint: beide, beide sind wir Narren, ich und die Welt; laßts uns nicht verhehlen, sondern aufrichtig närrisch sein! Derselbe Gedanke bildet aber auch den ruhigen Grund seiner nicht glücklichen, aber auch nicht unglücklichen Seele –: Ich bin nichts und die Welt ist nichts; ein andrer muß es sein! – Und darum logiert er auch aus Ahnung auf dem Kirchhof, wo sich die niedern, dunkeln Pförtchen finden, die zu diesem andern führen. Faber ist nichts, obgleich er etwas zu sein scheint; Viktor ist etwas, obgleich er nichts zu sein glaubt. Eben dieser Glaube ist göttlich wahr; und er selbst ist dieser Glaube. Faber geht nicht unter im Roman, weil er als leerer Kork auf der Oberfläche des Lebens schwimmt; Viktor nicht, weil er, obgleich unbewußt, das wahre Leben hat.

Wo ein wirkliches Leben zwar durchdrungen ist von dem strahlenden Feuer der Poesie; aber aus gemeiner Selbsterhaltung sich ihr doch nicht opfern will, sondern sie vielmehr zur eignen Lust mißbrauchen und der Wirklichkeit opfern will, da muß dieser Mißbrauch zur Ehre der Wahrheit und Strafe der Lüge endigen in fürchterlicher Selbstverwüstung eines so zweimal zerrissenen Lebens – zweimal zerrissen, weil es das Heilige, dessen Wahrheit ihm wohl bekannt ist, lügenhaft so behandelt, als wäre es nur Gemeines; die Gemeinheit, deren es sich wohl bewußt ist, lügenhaft durch Phantasie heiligen will, und in dieser doppelten Lüge sich selbst auf beiden Seiten zerstört. Denn die heilige Phantasie, die ihr Leben vollkräftigen und verklären will, wenn sie ihr dienten, wird für sie zum verzehrenden Feuer, weil sie sie zur Magd ihrer Lust machen wollen, und das Gemeine kann ihnen doch keine Lust geben, weil sie seine Nichtigkeit wohl erkennen im Lichte der Phantasie. Sie wollen die Phantasie haben, aber die gemeine Wirklichkeit auch, beide nur um ihrer Eigenlust willen, um den Genuß der einen durch den der andern zu erhöhen, und indem sie so diese gewaltig-feindseligen Elemente in ihrem Busen vermischen, durchdringt sich der Kampf beider mit ihrem Wesen und Leben so unaufhörlich, daß dieses in allen seinen Teilen aufgelös't und durcheinander gemischt wird, so zwar, daß sie sich selbst in dieser Verwüstung nirgends mehr unterscheiden und retten können. Denn der schönste Gedanke, die heiligste Regung wird ihnen alsbald zur Sünde, und der niedrigste Trieb erhält durch die Mischung mit Phantasie eine bis ins Innerste reizende Gestalt. Dies ist das Los des Erbprinzen und der Gräfin Romana. Der Erbprinz ist vollständig in dem elenden Zustande unaufhörlicher Auflösung; darum schwindet er hin unter den lichten Bildern der Dichtung, ablassend in seiner eignen Erbärmlichkeit. Die Gräfin ist bei aller Ähnlichkeit mit ihm von edlerer Natur; das Schöne erscheint mächtiger in ihr, wie in ihm das Gemeine; sie kann sich noch selbst richten, wiewohl nicht rein, doch kräftig; er muß in seiner Schwäche sein Leben fortführen in Lüge. Die Flammen ihres Todes leuchten furchtbar schön; die Farbe seines Lebens ist aschgrau.

Zwei rührende Gestalten sind Rosa und das Bürgermädchen, die sich schön gegenüberstehn. Rosa ist eigentlich nur für die Wirklichkeit geboren: was kann sie dafür, daß ein Höheres sie berührt hat? Aber sie hätte ihm treu folgen können und sollen. In diesem Punkt ist Julie ihr reines Gegenbild, die durch Treue gut und herrlich wird. Rosa ist zu schwach, und nun muß sie, bei allem scheinbaren Glück in der Wirklichkeit, erfahren, daß dieses Leben bestimmt ist, einem Höheren geopfert zu werden. Das Bürgermädchen dagegen, für ein Höheres geboren, hat das Gemeine unschuldig damit verwechselt, und muß darüber untergehn. Aber wenn Rosa, weil ihr Schicksal sich ins gemeine Leben verliert, in diesen Geschichten, die von der Phantasie geschrieben sind, immer seltener und flüchtiger und nur noch, als verkleideter Gast, erscheint, und endlich verschleiert niedersinkt; so endet das Bürgermädchen mit einer frühen, sichtbaren Verklärung.

Jene Braut, die auf dem Jagdfeste und Balle des Herrn von A. vorkommt, beschränkt sich gleichsam auf eine fromme, wenigstens unschuldig bescheidne Weise auf eine geordnete Wirklichkeit. Darum gibt ihre Lieblichkeit, die doch so schnell aus dem Reich der Phantasie verschwindet, einen reinen, elegischen Nachklang. Selbst die Schwester des Herrn v. A., die nichts kennt als das Wirkliche, hat doch, weil sie's ehrlich meint, die Phantasie in der Form gutmütiger Hoffnung bei sich, obwohl sie bei ihrer falschen Auslegung derselben, vor der Erfüllung oder Berichtigung ihrer gutgemeinten Irrtümer sterben muß. Herr v. A. selbst beschränkt sich mehr aus dem dunklen Gefühl, keinen Mißbrauch mit dem Heiligen zu treiben; und es ist rein rührend, wie er das Höhere fast unbewußt und als alter Mann noch mit Kindesunschuld anerkennt. Dagegen fehlt es jenen Lafontaines-Kindern auf dem Landball und den Teeästhetikern in der Residenz nur an Geist und Schönheit, um große Sünder zu sein; aus Schwäche sind sie bloß Schwache. Der zugrund gehende Student hinwiederum fällt durch seine Gutherzigkeit, weil sie schwach ist; und der verräterische Offizier durch seine Stärke, weil sie bös und trotzig ist.

Alle diese Nebenbilder sind schön, bald näher, bald ferner, wie erklärende Zwischengedanken oder leichte Seitenerklärungen an die Übergänge und Grenzen zwischen und unter die Hauptbilder gestellt, welche schöner oder furchtbarer, als sie, leuchten. Je nachdem sie bedeutender sind, finden wir sie auch näher verflochten mit dem Schicksale der Hauptpersonen. So sind Erwin, deren innere Schönheit ihre schöne Erscheinung aufreibt und Marie, von der man das Umgekehrte sagen kann, mit Recht im engeren Zusammenhange mit mehreren Hauptpersonen, und es ist gewissermaßen konsequent, daß Friedrich nicht ohne Schuld ist am Tode der ersteren, wie Leontin am Verderben der letzteren. In Erwinen stirbt die himmlische Schönheit in sich selbst, um zu ihrer Heimat zurückzukehren; in ihrem irdischen Leben hat sie für andere gebüßt. In Marien zerblättert sich die irdische Schönheit, und sie büßt für sich selbst.

In Friedrichs reinem Gemüte spiegelt sich die Phantasie, wie sie durch alle Wirklichkeit hindurch immer wieder zu ihrer Reinheit zurückkehrt –; in Leontins feurigem Geiste die echte Wirklichkeit, wie sie sich unermüdlich der Phantasie opfert; in jenem erscheint die Phantasie als Glauben, in diesem als Witz. Durch diese beiden – Prinzipien, wenn ich so sagen darf, wird alles in dem Buche schön, das Himmlische durch sich selbst, das Gemeine, weil man es nur in der Phantasie sieht, die es, wie Brennstoff verzehrt.

Der Widerspruch selbst aber zwischen Phantasie und gemeinem Leben tritt als solcher, als reine *Kluft*, hervor in Rudolf. Bei ihm ist kein indifferentes Schwanken zwischen beiden, kein Hin- und Herspringen, kein verwüstendes Vermischen; noch verzehrt bei ihm eine Hälfte die andere: sondern er widerspricht beiden gleich sehr; er selbst ist nichts anderes, als der bewußte Widerspruch gegen beide; kein frommer Mensch, aber auch kein gemeiner; er wäre ein vollkommenes Grab, wenn ihm nicht noch Erinnerung und Gegenwart das höhere und das gemeine Leben entgegenstünden, so daß er im Widersprechen gegen sie ein Leben führen kann, innerlich hohl und äußerlich scharf wie ein eisiger Wind. Widersprechend an sich selbst, geht er darum auch nur mit dem Widerspruch, mit der Narrheit, um, bis die Natur, die solche Spannung nicht mehr aushalten kann, sich, matt geworden, einen Trost aus dem dürftigen Reste seiner Gedanken zusammensetzt, der, wie sein voriger Zustand ungläubiges Behaupten der Unmöglichkeit des Wahren und Wirklichen war, nun Aberglauben an ein in Wahrheit und Wirklichkeit Unmögliches ist, an Astrologie und Zauberei.

Angelina dagegen, als sie ihre bessere Natur mit ihrer ersten Liebe im Strudel des Lebens verloren hatte, und dann durch die rächende Wiedererscheinung ihrer ersten Liebe auch den Mann ihrer gemeinen Wahl verlor, stand auch an einer Kluft, aber sie stürzte sich nicht in den leeren Abgrund; sondern erhob sich zum Opfer der Buße, und wurde, gerettet und geheiligt, eine Retterin und Heilige. Denn über der Kluft des Grabes steht nur der Himmel.

Diese und alle anderen Gestalten der Dichtung bewegen sich lebendig miteinander und durcheinander in einer eigentümlichen Musik, deren *Harmonie* Friedrichs reine und starke Gemütlichkeit, die Melodie Leontins Lebendigkeit ist, deren durch eine bald kräftige, bald spielende Auflösung mit in die Harmonie verschlungene *Dissonanzen* in der Romana mit der schönsten Heftigkeit und Macht, im Erbprinzen mit stets niedergeschlagener Lebhaftigkeit, in Faber leicht verschliffen, in Viktor mystisch abgebrochen, durcheinander wirken und spielen, und nur ein und dasselbe Thema füllen und heben. Aus dem Thema blühen die Lieder und Märchen, wie entsprechende Soli, das Thema stets verjüngend, hervor, und fallen in dasselbe zurück, während die untergeordneten Stimmen an den Übergängen und neuen Eingängen, und da, wo sich das volle Thema wiederfindet, als Halbchöre und ganzer Chor in Gesellschaften, Festen, Jagden und Kämpfen hervortreten, bis nahe am Schluß die Dissonanz, in Rudolf, mit einem Schrei wiederkehrt, dem eine Pause folgt, worauf das Thema sich in einer Kirchenmelodie zusammenfaßt und abschließt. Diese Kirchenmelodie scheint mir eigentlich an die Stelle des vollen Chores zu treten, den ich beinah vermisse.

Diese Harmonie ist ebenso das gemeine Licht der Dichtung, es ist die Phantasie; mit dem leuchtenden und flammenden Farbenprisma ihrer Brechungen in der Wirklichkeit in mannigfaltigen Abschattungen bis zum Verdämmern des Irdischen und Verglühen des Sündigen, in Verklärungen bis zum reinen Lichte des Himmels. Aber dieses Licht hat die Geschwindigkeit der Sonnenstrahlen, die Musik hat ein rasch sich selber einholendes Tempo, so daß man die Verbindung der Lichttöne und Musiktöne in den Übergängen nur bei genauerer Aufmerksamkeit wahrnimmt; und dies würde hart auffallen, wäre nicht überall dasselbe Grundthema so treu festgehalten. Dies gibt der Dichtung, die ihrer Anlage nach ein vollkommener Roman ist, einen mehr lyrischen, als epischen Charakter, weil sich die einzelnen Bilder und Stimmungen nach Art von Romanzen oder Novellen fast ganz in sich selbst abschließen. Woher das? Aus Übermacht der positiven Phantasie. Diese überwiegend bildende Phantasie greift schnell schaffend oder entschieden vernichtend und abrundend hindurch. Dadurch erhält der Ton dieses Buches etwas oft göttlich-Triumphierendes, daß einem das Herz im Leibe sich aufbäumt. Und wäre dies nicht, würde man viel leichter begreifen, daß Friedrich in's Kloster geht. Es sind zwar fast alle denkbaren Gegensätze da, in die Phantasie und Wirklichkeit treten, aber immer schon von seiten der Phantasie angesehn. Jene tausendfachen, sich kreuzenden Schatten und Irrscheine, welche alle diese Gegensätze in den Schwankungen des wirklichen Lebens aufeinander werfen, und welche in der Tat die Wirklichkeit überhaupt so verzogen und schauerlich verworren machen, finden in dem siegreichen Spiele dieser Dichtung keinen Raum und keine Zeit. Sind in anderen Büchern die Schilderungen derselben mit allzu bitterer, und durch Vereinzlung unwahrer Treue eingegraben: so läuft in diesem das Licht und die Flamme der Phantasie so geschwind durch alle Lettern, welche diese Seite betreffen, daß es dieselben dem Leser unterm Lesen wegzehrt.

Mir kam es manchmal vor, der Dichter möchte wohl in die Wirklichkeit, ja in die nüchterne Wirklichkeit eingehen (gleichsam um den Sieg der Phantasie deutlicher und populärer zu machen); aber kaum hat er ihr Kostüm berührt und etwas entfaltet, so ruft sein Inneres: »Lohnt sich auch der Mühe, mit diesem Plunder die Zeit zu verlieren!« und er wirft die Lumpen hoch über seinen Kopf hinter sich, wie der Taugenichts die Rüben. – Ernsthaft zu sprechen, lohnt es sich doch wohl, die Wirklichkeit in sich selbst zu analysieren, diese Analyse führt durch vollständige Selbstauflösung des Negativen gleichfalls auf das Positive, nach dem alten Sprüchlein: duplex negatio affirmat; aber soll darum simplex positio, wenn sie auch etwas setzt, nicht auch affirmieren? Soll ein Gemüt, in welchem das Positive positiv da ist und schafft, eben dasselbe doch noch aus dem Negativen herausklauben? Soll es sich künstlich aus dem Positiven heraus versetzen, um es auf Umwegen wiederzufinden? Soll ich die Brille im ganzen Zimmer herum suchen, um mich zu überzeugen, daß ich sie auf der Nase habe? Tu' es Freund; unser Dichter hat einmal den Fehler, daß er nicht aus dem Himmel herauskam. Er geht auf's Land, und findet einen Himmel, er geht in die Stadt, auch dort lebt er noch himmlisch, er irrt in Wäldern und Gebirgen, da ist's hochhimmlisch, er geht in allerlei Kämpfe, es sind lauter himmlische; er tritt in die Kirche, was kann er finden als das Himmelreich! – Malheur für den, der ihm nicht überall nachkam! Mich dünkt's, er hat jedem, der sich nicht allzu schwer mit altem Kram bepackt hat, leicht genug gemacht, mitzukommen. Der Dichter weiß es recht gut, er hat es tief empfunden, daß die brave Erde nicht so voll Himmel ist. Aber sobald er sich auf die Rätsel der Wirklichkeit einließ und den blanken Dichterschild, der ihm gegeben ist, gegen sie schwang: da waren sie zu schwach, da zehrten die Flammen des Schildes die Basilisken so schnell hinweg, daß nur die allgemeinen Umrisse und einzelne im Blitze aufscheinende Züge ihrer verbrennenden Gestalt auf dem Schildspiegel sich abbildeten. Ausführlich dagegen und auf's lebendigste spiegelt sich darauf das Unvergängliche, Gottes herrliche Schöpfung, die ewige Jugend der Welt im Glauben und in der Liebe. Die ganze, große, negative Seite der Welt weicht zurück, aber man *sieht* sie zurückweichen, hier in vorüberziehenden Wetterwolken, von Blitzen durchstochen, dort in Illusionen einer Dämmerung, die das dazwischen schlagende Licht bald spielend in ihrer Lächerlichkeit, bald schreckhaft aufhellend in ihrer grausen Klarheit und Leere zeigt, vor allem in der dunkelschönen Gestalt der Romana, die funkelt von dem wildverschluckten Licht und innerlich glüht, bis sie frei zerlodert. Von der inneren Mitte des Ganzen aber breitet sich ein herrliches gleiches Licht über und um alle Gestalten der Dichtung belebend und beschämend, und aus ihrem Grunde herauf dringt ihm entgegen eine grüne, blühende Luft des Lebens und Liebens, und dazwischen wallt wie ein Strom, der Erde und Himmel spiegelt, ein freudigkühnes und frommwanderndes Vertrauen der Allgegenwart Gottes. In dieser Natur gehen und irren, ringen und sterben, spielen und beten alle Kinder des Gedichtes, immer und überall, weit und hoch und dicht umgeben und umrankt von einer unverwüstlich blühenden, reich und furchtlos sich verschwendenden Schöpfung, und tief von oben herab umfangen von dem heiligen Friedenshimmel. An den Grenzen aber dieser göttlichen Natur, wo Nacht und Tag sich scheiden, steht das Kreuz, welches Heil bringt beiden, denen, die es sehen, und die es nicht sehen.

Ich stehe keinen Augenblick an; Ahnung und Gegenwart ein evangelisches Buch zu nennen; nicht etwa bloß von seiten der Gesinnung und Meinung, der Art gibt es manche Bücher, von denen man doch keine Kraft hat, sondern nach seiner Kraft und Wirkung; es ist eine frohe Botschaft; ich finde Brot und Wein darin.

Deswegen läßt sich sein Inhalt wohl beschreibend andeuten; aber man kann es durchaus nicht kennen, wenn man es nicht selbst genießt; und ich habe mehrmals über mich selbst lächeln müssen, wenn ich in dieser Darstellung meine kritischen Fäden zog, um die lebendigen Gestalten darein zu fangen, die mir angesichts meiner selbst immer wieder aus dem Netze herausbrachen, und in die grüne Welt des Gedichtes zurückliefen; ich wollte ihnen doch nichts anderes, als nur ein Paß-Signalement geben, daß sie mit Fug und Recht in der Dichterwelt seien, und ich wollte ja auch nur dieses von ihren eigenen lebendigen Personen abschreiben; aber nicht einmal dies warteten sie ab!

Ich schließe wirklich mit der fatalen Furcht, Ihnen Ihr Eigentum, welches mir, so wie es ist, zur edelsten Kurzweil gereichte, nur fremdartig verwandelt als langweilige Epistel zurückzugeben. Gewiß ist, daß ich meine Freude über dies schöne Buch und meine innige Anerkennung durchaus nicht zu meiner eigenen Zufriedenheit ausdrücken kann, und daß ich um so unveräußerlicher das Gefühl der Schuld und dankbarer Anhänglichkeit hegen werde, worin ich ordentlich täglich stärker werde; und womit ich bin Ihr

treuer Verehrer

Ad⟨olf⟩ Schöll.

STELLENKOMMENTAR

53,1 *Ahnung und Gegenwart*] Seit den im ersten Band des ›Athenaeum‹ (1798) gedruckten *Blütenstaub*-Fragmenten des Novalis gelten Erinnerung und Ahnung als die Pole romantischer Sehnsucht, als die Quellen der Poesie. Auf das 109. Fragment geht vermutlich die Titelwahl durch Dorothea Schlegel zurück: »Nichts ist poetischer, als Erinnerung und Ahndung oder Vorstellung der Zukunft. Die Vorstellungen der Vorzeit ziehn uns zum Sterben, zum Verfliegen an. Die Vorstellungen der Zukunft treiben uns zum Beleben, zum Verkürzen, zur assimilierenden Wirksamkeit. Daher ist alle Erinnerung wehmütig, alle Ahndung freudig. Jene mäßigt die allzugroße Lebhaftigkeit, diese erhebt ein zu schwaches Leben. Die gewöhnliche Gegenwart verknüpft Vergangenheit und Zukunft durch Beschränkung. Es entsteht Kontiguität, durch Erstarrung Kristallisation. Es gibt aber eine geistige Gegenwart, die beide durch Auflösung identifiziert, und diese Mischung ist das Element, die Atmosphäre des Dichters.« Im Sinne dieser »geistigen Gegenwart« hat Dorothea Schlegel wohl den Titel des Romans verstanden. In einer von Franz Uhlendorff auf 1821/24 datierten Gedichtreihe, überschrieben *Andeutungen (Ahnung und Gegenwart)*, hat Eichendorff den Titel seines Romans selbst satirisch verwendet (vgl. Uhlendorff, S. 54 f.).

55,2 f. *ehe noch die Franzosen im letzten Kriege Rußland betraten]* Napoleons Große Armee überschritt am 24. 6. 1812 den Njemen, womit der Krieg gegen Rußland begann. Ein Drittel der Großen Armee bestand aus deutschen Truppen. Am 14. 9. 1812 zog Napoleon in Moskau ein, von dessen Brand man in Wien erst am 1. 10. 1812 erfahren hat (vgl. Riley, S. 66 f.). Am 19. 10. begann die Große Armee den Rückzug aus Rußland, der mit ihrer völligen Vernichtung endete. Während also Eichendorff im Brief an Fouqué vom 1. 10. 1814 für die Vollendung des Romans den Zeitraum September/Oktober 1812 genannt hatte, datierte er sie in seinem (von Fouqué hier zitierten) *Vorwort* auf Juni 1812.

55,6 f. *er focht ⟨...⟩ rühmlich mit]* Am 5. 4. 1813 verließ Joseph von Eichendorff mit seinem Freund Philipp Veit Wien, um sich »in Breslau als freiwilliger Jäger im Lützowschen Corps anwerben« zu lassen (Aurora 1 [1929], S. 62). Am 29. 4. 1813 wurde er der 5. Kompanie des 3. Bataillons (das unter Führung Friedrich Ludwig Jahns stand) zugeteilt. Jahns Truppen marschierten »als ein echtes Freikorps, in den Rücken der Franzosen«, hatten aber einem »50fach überlegenen feindlichen Corps gegenüber ⟨...⟩ nicht die Satisfaction, ⟨sich⟩ nur einmal mit ihm herumzuschlagen« (Aurora 1 [1929] S. 62). Gegen Ende des (am 10. 8. 1813 ablaufenden) Waffenstillstandes wurden Eichendorff und Veit am 14. 7. von Fouqué ins Hauptquartier der preußischen Armee nach Schlesien eingeladen, doch zerschlugen sich alle Hoffnungen auf eine Offiziersstelle. Nach vielen vergeblichen Versuchen, zu den kämpfenden Truppen zu kommen, wurde Eichendorff am 7. 10. 1813 zum »wirklichen Lieutenant« beim 17., später 2. Schlesischen Landwehr-Infanterie-Regiment ernannt, mit dem er Garnisons- und Besatzungsdienst leistete. Ende Mai 1814 ging Eichendorff mit Urlaub nach Lubowitz zurück, erst am 2. 12. 1814 erhielt er seine Entlassung. Von seinen strapaziösen und enttäuschenden Kriegsabenteuern berichtete er in einem langen Brief an Loeben am 8. 4. 1814 (Aurora 1 [1929], S. 61-67): »Erhalte ich denn nun auch vom Vaterlande das eiserne Kreuz nicht, so habe ich doch die stolze Freude, für das Vaterland in diesem Jahre Kreuz genug, und zwar recht eisernes, getragen zu haben.« (ebd. S. 66)

55,15 *die erfolgte Weltbefreiung*] Am 6. 4. 1814 hatte Napoleon abgedankt und war nach Elba gegangen; am 30. 5. 1814 wurde in Paris der Friedensvertrag unterzeichnet. Fouqués Vorwort ist auf den 6. 1. 1815 datiert, am 1. 3. 1815 landete Napoleon, von Elba kommend, in Frankreich, womit der letzte der Napoleonischen Kriege begann.

55,18 f. *ein getreues Bild jener gewitterschwülen Zeit*] Der Roman bietet also insgesamt ein Bild der Erwartung, aber auch der Bedrückung und der Unsicherheit vor dem nationalen Aufbruch in Deutschland.

56,5 *in dem Brande von Moskau*] Da Moskau im September 1812, beim Einmarsch der Franzosen, von den Russen in Brand gesteckt und der Großen Armee so die Winterquartiere genommen wurden, bahnte sich mit diesem Brand der Untergang der Napoleonischen Herrschaft in Europa an.

57,3 *Die Sonne war eben prächtig aufgegangen*] In *Ahnung und Gegenwart*, aber auch in anderen Werken Eichendorffs häufig formelhaft und leitmotivisch gebrauchter Satz (vgl. Anm. 24,11).

57,4 f. *auf der Donau herunter*] Reminiszenz an die Donaureisen, die die Brüder Eichendorff im Mai 1807 und im

Mai 1808 unternahmen. Vgl. auch den Beginn des 22. Kap. von *Dichter und ihre Gesellen.*

57,5 f. *ein lustiges Häufchen Studenten]* Studentenkomitate dieser Art für scheidende Freunde, Kommilitonen oder Professoren waren zeitüblich; Eichendorff hat selbst an solchen Jubelfahrten teilgenommen. Berühmt war das Komitat der Landshuter Studenten, das Savigny bei seinem Abschied aus Bayern bis nach Salzburg das Geleit gab.

57,6 f. *den jungen Grafen Friedrich]* Vorbild für die Schilderung des Grafen Friedrich ist die Gestalt Achim von Arnims.

57,8 *auf Reisen]* Eine Bildungsreise nach Abschluß des Studiums, wie sie z. B. die Brüder Eichendorff nach Paris im Anschluß an ihre Heidelberger Studienzeit unternahmen.

57,11 *zu salutieren]* Salut zu schießen.

57,20 f. *fast altritterliches Ansehen]* Ritterlich (also ›schön‹, ›herrlich‹ und ›mutig‹) nach Aussehen und Charakter; vgl. S. 590.

57,23 *ein gemeiner Menschensinn]* Ein gewöhnlicher Menschensinn.

57,27 f. *in ihren bunten, phantastischen Trachten]* Vgl. in Achim von Arnims Roman *Gräfin Dolores* das »Die Studenten« überschriebene 6. Kap. der 1. Abt. Vgl. auch Kindlebens *Studenten-Lexicon*, bei: Henne/Objartel 2, S. 283 f. (Stichwort: »Kleider machen Leute«).

57,28 *das Schiff der Argonauten]* In der griechischen Sage die nach ihrem Schiff ›Argo‹ benannten Helden, die unter der Führung Jasons die erste Seefahrt unternahmen, um das Goldene Vließ zu holen. Hier als Bild für die unbekümmert fröhliche und lebensmutige Jugend gebraucht. Vgl. HKA 10, S. 400: »das fröhliche Argonautenschiff der Jugend«.

57,31 *die Jugend ist ewig]* Ein Lieblingsgedanke Eichendorffs, der sich bis in seine Altersschriften hinein erhalten hat. Vgl. HKA 10, S. 441.

58,2 *der Wirbel]* Nach HKA 3 (1913), S. 452 paßt die Beschreibung »auf den Donauwirbel bei Grein, wie er in einer gleichzeitigen Reisebeschreibung Bertuchs dargestellt wird. (*Bemerkungen auf einer Reise von Thüringen nach Wien im Winter 1805 bis 1806*. Weimar 1808, I 49.) Der Felsen mit dem Kreuz wäre der heute gesprengte Felsen Hausstein.«

58,3 *Bergschluften*] Die altertümliche, hochdeutsche Form für ›Bergschlucht‹, im 19. Jahrhundert noch allgemein gebräuchlich.

58,37 *hin und wieder*] Eichendorff verwendet die Formel in der Bedeutung ›hin und her‹ und in der Bedeutung von ›gelegentlich‹; vgl. S. 600.

59,5 *Guitarre*] Die Gitarre galt in dieser Zeit noch als ein relativ modernes, für die poetische Improvisation geeignetes Instrument. Nachdem sie als Instrument lange Jahre vergessen war, brachte sie die Herzogin Anna Amalia von Weimar um 1788 aus Italien als ein vermeintlich neues Instrument mit. Unter den romantischen Dichtern war besonders Clemens Brentano ein bekannter zur Gitarre improvisierender Dichter. Vgl. dazu auch die Gitarrenlieder in Dorothea Schlegels *Florentin* und Eichendorffs Ironisierung der eigenen Gitarrenmanie in *Viel Lärmen um Nichts*.

59,7 *Die Jäger zieh'n*] In Eichendorffs *Gedichten* (seit 1837) unter dem Titel *Die Studenten*.

60,9 *Aurora*] Die ›Morgenröte‹; bei Eichendorff immer Bild des Aufbruchs, der Reise, der Sehnsucht, der Poesie.

60,31 *angeschafft*] Südostdeutsch für: ›bestellt‹.

61,9 *Hieber*] Studentische Fechtwaffe.

62,21 f. *das Frauenzimmer*] Ohne verächtlichen Nebensinn, im 19. Jahrhundert noch gelegentlich in der älteren Bedeutung von ›vornehme Dame‹ gebraucht.

62,23 *antwortete der Wirt,*] Fehlt 1841.

63,3 *Klepper*] Nach der Gangart benanntes Reitpferd für die Reise, ohne verächtlichen Nebensinn gebraucht.

63,13 *Philister*] Wie in der Bibel die Philister, als Nachbarn Israels, die gefährlichsten Feinde des Gottesvolkes sind, so waren in der Studentensprache (vor allem des 18.

Jahrhunderts) die Philister die Stadtsoldaten und Polizisten, also die gefährlichsten Feinde der Studenten. Im Anschluß an die Studentensprache, die schließlich jeden Nichtstudenten als Philister bezeichnet, und vor allem im Anschluß an Goethe und die deutsche Romantik (Brentano u. a.) übertrug Eichendorff den Begriff ins Ethische und ins Ästhetische; für ihn ist der Philister der bloß genießende Kunstdilettant (im Gegensatz zum poetischen Menschen), der selbstzufriedene, nur um sein eigenes Wohlergehen besorgte Spießbürger, ein Mensch, der niemals – im Sinne Eichendorffs – jung gewesen ist. Vgl. Eichendorffs dramatisches Märchen *Krieg den Philistern* (1824), besonders die Philisterdefinition im »Vierten Abenteuer« in dem Lied *Von Engeln und von Bengeln*; vgl. auch S. 590 f.

63,22 *In's Horn, in's Horn, in's Jägerhorn!*] Vermutlich eine Anspielung auf Wilhelm von Eichendorffs Gedicht *Lebewohl*, das 1808 in Asts ›Zeitschrift für Wissenschaft und Kunst‹ gedruckt wurde. Nach HKA 3 (1913), S. 458 findet sich der von Eichendorff zitierte Vers auch in dem Studentenlied *Der Fürst von Thoren*. Vgl. auch Eichendorffs Gedicht *Jägerkatechismus* (letzte Strophe) und oben S. 591 f.

64,12 *Grüß' euch aus Herzensgrund*] In Eichendorffs *Gedichten* (seit 1837) unter dem Titel *Steckbrief*.

65,7 *einen hohen, bepflanzten Berg*] Nach Erich Worbs (Aurora 28 [1968], S. 46) spielt Eichendorff vermutlich auf den Stufenberg bei Gernrode im Harz an, den er in seinem Tagebuch am 11. 9. 1805 beschreibt: »Der Stufenberg selbst ist nichts als Ein Garten, durch welchen sich mannigfache Gänge bis zum Gipfel schlängeln, wo ein großer prächtiger Gasthof die müden Wanderer empfängt.« (HKA 11, S. 111.)

65,21 *ein alter Mann spielte die Harfe*] Anspielung auf den Harfner in Goethes Roman *Wilhelm Meisters Lehrjahre*.

65,28 *Dann stellte er sich an's Fenster*] Der Blick aus dem Fenster (in der bildenden Kunst meist mit Rückenfiguren dargestellt) gehört als Bild und Motiv zu dem Bereich der Schwelle und Grenze, in welchem sich das Bewußtsein einer prophetisch-transitorischen Situation romantischen

Dichtertums spiegelt. Richard Alewyn hat von Eichendorffs »scheinbarer Fenstermanie« gesprochen, da sich in seinem Werk der Blick aus dem Fenster mehrhundertfach wiederholt. Das Fenster ist als Ort der Begegnung von Ferne und Ich auch Ort eines lebendigen Verkehrs optischer und akustischer Signale mit dem erzählten Ich. »Es ist nicht zu sagen, wie viele Klänge und Lichter über diese Schwelle in den Innenraum hereinkommen, die alle als Signale verstanden werden, ⟨...⟩ als Grüße und Rufe und Botschaften aus dem freien in den geschlossenen Raum, aus jener Weite, die die Freiheit und das Leben, in die Enge, die Kerker, Krankheit und Tod bedeutet.« (Alewyn, S. 17.)

65,28 f. *Man sah von dort weit in das Gebirge]* Zu Schwellenbildlichkeit und Bewegung gehört in den erlebten Landschaften Eichendorffs stets auch die »perspektivische Orientierung«, die meist von einem hochgelegenen Ort her, aus der Vogelperspektive die Welt zu erfassen sucht. Oskar Seidlin hat diese – von Heine parodierte (»Ich steh auf des Berges Spitze«) – Perspektivierung der Landschaft eine »distanzbewußte und -bewahrende Sicht« gegenüber mythisch-pantheistischer Einheitssehnsucht genannt (Seidlin, S. 45).

67,20 *von Eisenhämmern]* Schmiedehütte, Hammerwerk, worin das Eisen mit Hilfe von großen Hämmern geschmiedet wurde, die meist durch Wasserkraft angetrieben wurden. Seit Schillers Ballade *Der Gang nach dem Eisenhammer* (1798) ein beliebtes Motiv besonders in Texten der romantischen Literatur. Der eintönig dumpfe Schlag des Eisenhammers kann Wegweiser für verirrte Wanderer sein, den Verirrten aber auch in gefährliche und unheimliche Gesellschaft führen (vgl. HKA 11, S. 112).

67,28 *voll adeliger Gedanken]* Voll edler, großer Gedanken.

68,2 *Weltkind]* Nach Luk. 16,8 (»Kinder dieser Welt«) gebildeter Begriff in der Bedeutung von: ›weltlich gesinnt‹, ›auf irdisches Wohl bedacht‹. Später durch Goethes *Dichtung und Wahrheit* (14. Buch) sprichwörtlich geworden.

68,4 *seine eitlen Mühen und Künste*] Seine nichtigen Mühen und sein nichtiges Wissen.

68,7 f. *was Rechtes ⟨...⟩ vollbringe*] Eine häufig wiederkehrende Formel im Werke Eichendorffs; vgl. die 2. Strophe von Eichendorffs Gedicht *Die zwei Gesellen* und Anm. 432,2.

68,13 *sah durch das kleine Fenster*] Vgl. die für die ganze Szene vermutlich vorbildhafte Beschreibung von Joseph und Wilhelm von Eichendorffs Fußreise durch den Harz. Hier besonders die Abenteuer in der Nähe des Stufenberges bei Gernrode (HKA 11, S. 112).

68,22 *Klappen einer Wassermühle*] Das Geräusch der Mühle (klipp klapp); die Mühle wird fortan eine »Waldmühle« genannt.

68,31 f. *pickte Feuer*] Feuer picken oder Feuer pinken: mit einem harten Gegenstand aus einem Stein Feuer schlagen.

69,18 *Er reitet Nachts auf einem braunen Roß*] In Eichendorffs *Gedichten* (1841) unter dem Titel *Nachtwanderer* als eigenes Gedicht. Vorher (1826) unter dem Titel *Nachtbilder* (2) und (1837) *Nachtwanderer* (2).

70,26 *Drittes Kapitel*] Das Kapitel ist in Anlehnung an das 5. Kap. des 4. Buches von *Wilhelm Meisters Lehrjahre* und an Dorothea Schlegels *Florentin* gestaltet. Erwin, der »schöne Knabe«, wurde von Eichendorff selbst als »Aftermignon«, das heißt als Nachbildung der Mignon-Gestalt aus *Wilhelm Meister* bezeichnet (vgl. S. 631).

72,18 *das Altfränkische*] Bedeutet: ›das Altmodische‹, ›Altertümliche‹, bei Eichendorff meist positiv verstanden.

72,26 *Schwarzwald*] Wald aus Nadelhölzern.

72,30 *der steinerne Roland*] Rolands- oder Rulandssäulen stellen auf vielen Plätzen Norddeutschlands einen gerüsteten oder mit einem Mantel bekleideten, ein bloßes Schwert in der Hand haltenden Mann dar, der auf Roland, den sagenhaften Paladin Karls des Großen, zurückgeführt wurde. Sie dienten als Zeichen der Gerichtsstätten und allgemein als Symbole städtischer Selbständigkeit und Freiheit.

73,2 *Pfauen]* Die charakteristischen Vögel der französischen Gärten.

73,7 f. *einen Mann]* Faber, ein Berufsdichter, der durch seinen Namen als Handwerker (im Bereich der Kunst), eine von Eichendorff getadelte Tätigkeit, charakterisiert wird. Als literarische Vorbilder für den in *Dichter und ihre Gesellen* in der Gestalt Dryanders nochmals erscheinenden Faber wurden schon in HKA 3 (1913), S. 463 die Dichter Haber aus Clemens Brentanos Roman *Godwi* und Waller aus Achim von Arnims *Gräfin Dolores* genannt. Als Vorbilder aus der Realität wurden der Ariost-, Tasso- und Calderon-Übersetzer Johann Diederich Gries (1775-1842) und der Wiener Dichter Ignaz Franz Castelli (1781-1862) bezeichnet, doch sind die Anklänge Fabers an Gries, Castelli und auch an Brentano nur in deren Berufs-Dichtertum begründet; vgl. S. 625.

73,18 f. *diesen unhöflichen Diogenes]* Von dem griechischen, der Schule der Kyniker angehörenden Philosophen Diogenes von Sinope berichtet die Anekdote, er habe Alexander den Großen, als dieser ihm einen Wunsch erlaubte, gebeten, ihm aus der Sonne zu gehen. An Diogenes rühmte das 19. Jahrhundert seine Anspruchslosigkeit und die dadurch mögliche göttliche Grobheit. Vgl. Brentanos *Godwi* (FBA 16, S. 63 und S. 80; HKA 3 [1984], S. 376).

73,28 *Wär' ich ein muntres Hirschlein schlank]* In Eichendorffs *Gedichten* (seit 1837) unter dem Titel *Jäger und Jägerin*.

74,13 *Morgen rot]* Korrigiert aus: »Morgenrot«.

75,24 *Leontin]* Leontin wurde von Eichendorff mit Zügen Clemens Brentanos ausgestattet. Vgl. das Entwurf-Fragment Eichendorffs: »Faber erzählt, daß die Gräfin wirklich Poetin sey. Leontin spricht zügellos unzüchtig von ihr wie *Brentano*.« (Dyroff, S. 282; vgl. oben S. 636.)

76,18 f. *ein Naturalist in der Poesie]* Hier: ›ein der Natur verbundener Dichter‹, ›ein Dichter, welcher die Stimmen der Natur verstehen und ihnen Ausdruck verleihen kann‹. Die Vorstellung vom Dichter als Prophet der Einheit von Mensch und Natur ist ein Grundgedanke romantischen Dichtens.

77,8 f. *Der Garten war ganz im neuesten Geschmacke angelegt]* Die Gartenkunst galt insbesondere im 17. und 18. Jahrhundert, aber auch bis weit ins 19. Jahrhundert hinein, als ein bedeutendes »Fach« der Kunst. In Goethes und Schillers *Schema über den Dilettantismus* erscheint die »Gartenkunst« neben »Poesie«, bildender Kunst, »Musik«, »Tanz«, »Architektur« und »Theater« als eine gleichberechtigte Kunstsparte, wobei für die neue Zeit der englische und der chinesische Geschmack hervorgehoben werden.

77,15 *Ottomannen]* Ottomane, ein niedriges Polstermöbel nach türkischer Art, ein Ruhebett für mehrere Personen.

77,26 *Frühmorgens durch die Winde kühl]* In Eichendorffs *Gedichten* (seit 1837) unter dem Titel *Der Freiwerber*.

80,31 *die Brust]* 1841: die Kehle

80,33 *Radottements]* »Albernheiten«, von franz. radoter (»faseln«, »unsinnig, albern daherreden«).

80,37 *die Weltseele]* Anspielung auf Friedrich Wilhelm Joseph Schellings berühmte Schrift *Von der Weltseele; eine Hypothese der höheren Physik zur Erklärung des allgemeinen Organismus* (1798), in der Schelling die Lehre vom organischen Zusammenhang des Naturganzen entwickelte, dessen Produkt das Bewußtsein sei. Eichendorff erinnerte sich später in *Halle und Heidelberg* der frühromantischen Aufbruchsstimmung: »*Schelling* mit seiner kleinen Schrift über das akademische Studium, worin er den geheimnisvollen Zusammenhang in den Erscheinungen der Natur sowie in den Wissenschaften andeutete, warf den ersten Feuerbrand in die Jugend; gleich darauf suchten andere diese pulsierende Weltseele in den einzelnen Doktrinen nachzuweisen: Werner in der Geologie, Creuzer im Altertum und dessen Götterlehre, Novalis in der Poesie. Es war, als sei überall, ohne Verabredung und sichtbaren Verein, eine Verschwörung der Gelehrten ausgebrochen, die auf einmal eine ganz neue wunderbare Welt aufdeckte.« (HKA 10, S. 414.) Eine Anspielung auf Goethes 1803 im ›Taschenbuch auf das Jahr

1804‹ gedrucktes Gedicht *Weltschöpfung*, das später (1827) den Titel *Weltseele* erhielt, ist wenig wahrscheinlich.

81,3 f. *Hyerogliphenbuch]* Das Leben, die Natur und den Menschen haben die Romantiker (besonders Eichendorffs Lehrer Joseph Görres) als ein Buch mit geheimen heiligen Zeichen gesehen, die zu entschlüsseln dem Dichter aufgegeben ist.

81,4 f. *Ursprache]* Die romantische Suche nach den Ursprachen, in denen – nach Herder – noch Reste der »Naturtöne« zu vernehmen sind, vermischt sich mit dem Paradiesesmythos und dem Mythos von der einen Sprache der Menschheit, die erst durch die babylonische Sprachverwirrung untergegangen ist.

81,16 f. *dann wie in Mutterleibe]* 1841: dann im Mutterleibe

81,21 f. *wie Philine, vor dem Spiegel]* Vgl. *Wilhelm Meisters Lehrjahre* VIII 6: »Philine darf sich nicht sehen lassen, sie mag sich selbst nicht sehen, sie ist guter Hoffnung. Unförmlicher und lächerlicher ist nichts in der Welt als sie. Noch kurz, ehe ich wegging, kam sie zufälligerweise vor den Spiegel. ›Pfui Teufel!‹ sagte sie und wendete das Gesicht ab, ›die leibhaftige Frau Melina! ⟨vgl. IV 1⟩ das garstige Bild! Man sieht doch ganz niederträchtig aus‹.« Von Goethes Zeitgenossen wurde kolportiert, daß Goethe diesen Einfall der Philine »von seiner vorigen Geliebten, der Frau von St⟨ein⟩ abgeborgt« habe.

81,24 f. *an die Deutschen]* Nach HKA 3 (1984), S. 385 eine Anspielung auf Friedrich Schlegels gleichnamiges Gedicht, das zuerst im ›Athenaeum‹ (Bd. III 2 [1800]) erschienen ist; nach Weichberger eine Anspielung auf Ignaz Franz Castellis Ode *An die Deutschen*.

81,32 *als er Reißaus nahm]* Nach Weichberger (S. 25) wurden Castellis *Kriegs- und Wehrmannslieder* in vielen tausend Exemplaren an die österreichische Armee verteilt. Castelli aber verließ im April 1809, beim Herannahen Napoleons, fluchtartig Wien. HKA 3 (1984), S. 386 verweist auf einen bei Horaz vorgeprägten Topos von der Flucht des Dichters aus der Schlacht.

82,6 *Dem einen ist zu tun, zu schreiben mir gegeben]* Zitat aus Martin Opitzens *Lob des Krieges-Gottes*; vgl. HKA 3 (1984), S. 387; Hoffmeister, S. 334.

82,7 f. *Poetisch sein und Poet sein]* Ein im Werk Eichendorffs häufig wiederholter romantischer Grundgedanke, der vermutlich auf seinen Heidelberger Lehrer Joseph Görres zurückgeht. Görres soll seine Vorlesung *Über den Himmelsbau* im Sommersemester 1807, die von den Brüdern Eichendorff besucht wurde, mit einer ähnlichen Unterscheidung begonnen haben; vgl. S. 569.

82,10 *wie selbst unser großer Meister Göthe]* Nach Regine Otto (2, S. 532) eine Anspielung auf *Wilhelm Meisters Lehrjahre* II 5, Schlußabschnitt (wohl eher auf den Schlußabschnitt des 4. Kap. im 2. Buch); nach HKA 3 (1984), S. 387 Anspielung auf ein *Venetianisches Epigramm* Goethes (»Welch ein Wahnsinn ergriff dich Müßigen?«). – Die Schreibweise »Göthe« statt »Goethe« wird hier beibehalten, da im Kulturkampf – unter Berufung auf Eichendorff – die Schreibweise »Göthe« als die »katholische« gegenüber der liberalistischen Schreibweise »Goethe« galt.

82,20 *der Gemeinheit]* Der Gewöhnlichkeit.

82,28 *mit weinerlichen Sonetten]* August Wilhelm Schlegel hatte als Schüler Gottfried August Bürgers die »Sonettenwut und -glut« des romantischen Dichterkreises entfacht, an der sich, beeinflußt durch Loeben, auch die Brüder Eichendorff beteiligten. Joseph von Eichendorff wandte sich unter dem Einfluß von *Des Knaben Wunderhorn* von der Sonettendichtung ab, ohne diese Form aber ganz aufzugeben.

83,14 *wie Memnons Bild]* Die Memnonssäulen sind zwei monolithische Kolosse des ägyptischen Königs Amenophis III., die vor einem Tempel dieses Königs in der Nähe des oberägyptischen Theben errichtet waren. Bei einem Erdbeben wurde eine der beiden kolossalen Statuen zerstört, so daß seit dieser Zeit häufig bei Sonnenaufgang Töne aus dem Torso vernommen wurden, welche die Griechen als die Stimme Memnons gedeutet haben, der seine

Mutter Eos (Aurora) bei ihrem Erscheinen in der Welt begrüßt. Die Memnonssäulen galten den romantischen Dichtern als Bild des von der Liebe berührten Gemüts, das seine Sehnsucht in Liedern aushaucht. Vgl. etwa August Wilhelm Schlegels und Sophie Bernhardi-Tiecks Zyklus *Variationen* (im ersten Band von Friedrich Schlegels Zeitschrift ›Europa‹, 1803) oder Clemens Brentanos Zyklus *Nachklänge Beethovenscher Musik*.

84,26 *Die Welt ruht still im Hafen*] Nach Nadler deutlich an Achim von Arnims Gedicht »Mir ist zu licht zum Schlafen« (*Gräfin Dolores* I 7) orientiert. In Eichendorffs *Gedichten* (seit 1837) unter dem Titel *Die Einsame* (2); in einer zeitgenössischen Komposition (1839) auch unter dem Titel *Abendgruß*.

84,29 *Treu' Liebe*] Seit Ludwig Tiecks Gedicht *Treulieb' ist nimmer weit* (*Franz Sternbalds Wanderungen*, T. 2, II 1) gehört die Konfiguration »treuer Liebe« zu den Topoi romantischen Dichtens. Clemens Brentano hat in seiner – Eichendorff wohl nicht bekannten – *Treulieb*-Romanze das Vertrauen in die »treue Liebe« – auch der Poesie – als zerstört dargestellt und dadurch schon vor dem Erscheinen von *Ahnung und Gegenwart* das romantische Kunstdenken über diesen Roman hinaus entwickelt.

85,11 *Viertes Kapitel*] Da vor allem das 4. und 5. Kap. des 1. Buches durch Dorothea Schlegels Roman *Florentin* beeinflußt sind, ist an eine Lektüre Eichendorffs während der Entstehungszeit dieser Kapitel zu denken. »Wie Friedrich, so ist auch Florentin unverhofft, durch Zufall, als Fremder auf das Schloß des Grafen gekommen, nimmt schon am ersten Tage die Einladung, länger zu verweilen, an, wird Eduards Freund, macht mit ihm mehrere kleine Reisen ins Gebirge, auf einer derselben begleitet sie Juliane, als Jäger verkleidet; es ist der Ausflug, der fast in allen Einzelheiten Eichendorff bei seiner Darstellung vorgeschwebt hat.« (HKA 3 [1913], S. 469.)

86,8 f. *poetischer Rausch*] Novalis hat in der 2. *Hymne an die Nacht* die »goldne Flut der Trauben 〈...〉 des Mandelbaums Wunderöl«, den »braunen Saft des Mohns«, die Liebe und die Poesie als jene Rauschmittel benannt, durch welche die der »Nacht Geweihten« dem »irdischen Tagewerk« zu entfliehen vermögen.

87,31 *Hinaus, o Mensch*] Seit 1841 (wohl irrtümlich) als 3. Strophe dem Gedicht *Der Morgen* angefügt. In Eichendorffs *Gedichten* (1837) stehen die Verse, nach Trennstrich, mit neuer Initiale einsetzend, als eigenständiger Spruch unter dem dort *Morgen* überschriebenen Gedicht; vgl. auch Anm. 500,4.

88,12 *wie Don Quixote*] Am Ende des 25. Kap. im Bd. 1 von Cervantes' *Don Quixote* zieht der Held eiligst »die Hose aus, und als er halbnackt im Hemde dastand, machte er im Nu zwei Bocksprünge in die Luft und zwei Purzelbäume, den Kopf am Boden, die Beine in der Luft, und ließ dabei solche Dinge sehen, daß Sancho, um sie nur nicht noch einmal betrachten zu müssen, Rosinante herumlenkte und von dannen ritt, froh und zufrieden, daß er nun darauf schwören konnte, sein Herr sei ein Narr geworden«. Auf die gleiche Stelle spielt Eichendorff nochmals im 12. Kap. (vgl. S. 191,32) an.

88,14 f. *nach Karlsbad oder Pyrmont*] Die bekanntesten Kurorte in Mitteleuropa, in denen sich jährlich zu einem Badeaufenthalt die politische Prominenz Europas versammelte. Eichendorff berichtet im Tagebuch (HKA 11, S. 2) von einer Familienreise nach Karlsbad.

88,28 ⟨*bei*⟩ *ihrem Entschlusse*] Text nach dem Druck von 1841 ergänzt.

88,30 *Spektakel*] Hier: ›lärmende Schauspiele‹; vgl. S. 585.

89,4 *wie Schäfer*] Parodistische Anspielung auf Loebens Schäferpoesie, die im Schlegelkreis in Wien heftig kritisiert wurde (vgl. HKA 11, S. 305 f.).

89,9 *schöne Seele*] Der noch von Goethe (im 6. Buch von *Wilhelm Meisters Lehrjahren*) und in Schillers *Über Anmut und Würde* positiv konnotierte Begriff, der bei Schiller das »Siegel der vollendeten Menschheit« bedeutet, wird von

Eichendorff als ein pietistisch-empfindsames Modewort der Zeit parodiert.

91,10 f. *ein fahrender Skolast*] Gemeint ist wohl nicht der Scholar, also der fahrende Schüler, sondern der Scholasticus oder der Scholaster, im Mittelalter ein Lehrer an der Domschule.

91,12 *auf einem weiblichen englischen Sattel*] Der Damensattel, der nur auf der linken Seite einen Steigbügel hat, ist wie ein Englischer Sattel, also ein Pritschensattel, gestaltet, um der Reiterin eine bessere Einwirkung auf das Pferd zu ermöglichen.

91,28 f. *in die weite Welt hinein*] Die romantische Reise also bedeutet nicht das Reisen um eines zu erreichenden Zieles willen, sondern das Reisen um des Reisens willen, um aus der Erfahrung fremder Länder und fremder Menschen ›das Leben‹ kennenzulernen.

91,35 *vom Buttermarkt zum Käsemarkt*] Vgl. *Dichter und ihre Gesellen* (4. Kap.), wo durch den Wortlaut Clemens Brentanos Abhandlung *Der Philister vor in und nach der Geschichte* (1811) als Quelle der Redensart kenntlich wird: »Der Name Philister ist für die jetzigen Philister ⟨...⟩ ursprünglich von den hohen Schulen ausgegangen, ⟨...⟩ wo die Jugend, dieser sich ewig erneuernde Simson, freudig, im Vertrauen auf göttliche Sterne, das planvolle Segel eines leichten Kahns, weltensuchend, den treibenden Winden des Himmels übergiebt und, rasch auf dem Flügel der Begeisterung über den Meerspiegel des Gottes hinfliehend, häufig die bedächtige, breite Treckschuite der Philister im Grund segelt, welche, mit guten Pässen versehen, kannengießend unter dem Verdecke, auf ihrer Reise vom Buttermarkt nach dem Käsemarkt begriffen sind.« (Brentano, Bd. 2, S. 983; vgl. auch HKA 3 [1984], S. 396.)

91,35 f. *das Leben der Poetischen*] Die Poetischen und die Philister werden von Eichendorff satirisch in *Krieg den Philistern* miteinander konfrontiert.

91,36 f. *nach dem Himmelreich*] Vgl. das Lied des Narren *Von Engeln und Bengeln* im 4. Abenteuer von *Krieg den Philistern*.

92,28 *alle euerer Unschuld]* 1841: aller eurer Schuld

92,30-32 *ein prächtiges Kunststück von meiner Kindlichkeit, ⟨...⟩ von meinem Patriotismus oder von meiner Ehre]* Das Kunstwerk geht also hervor aus dem kindlichen Gemüt des Dichters (d.h. aus dem unschuldigen, kindergleichen Gemüt), aus seiner Vaterlandsliebe oder seiner Profession als Dichter (»Ehre« scheint hier noch ständisch, nicht ethisch verwendet).

93,20 f. *die wunderbaren Geschichten von den heiligen Märtyrern]* Die Märtyrerlegenden galten als urwüchsige, kräftige, Seele und Verstand erfrischende Poesie. Vgl. u. a. Tiecks *Franz Sternbalds Wanderungen*, T. 1, I3, wo »die Geschichte der heiligen Genoveva« und »des heiligen Laurentius« als Beispiele genannt werden.

93,25 f. *malte den Heiligen ⟨...⟩ große Schnurrbärte]* In Anlehnung an Arnims *Gräfin Dolores* (II 2) gestaltete Szene.

95,5 *keinem Einzelnen]* 1841: keinem Einzigen

95,15 *als eine reizende Fee]* Vgl. Goethes 1789 erstmals gedrucktes Gedicht *Lilis Park*.

97,1 *Obschon ist hin der Sonnenschein]* Teil der 2. Strophe des Einsiedlerliedes (»Komm Trost der Nacht«) aus Grimmelshausens *Simplicissimus Teutsch* (I 7). Vgl. auch Eichendorffs Gedicht »Komm, Trost der Welt, du stille Nacht!«.

99,24 *seine ganze Jugendgeschichte]* Seit Hermann von Eichendorffs Biographie seines Vaters wurde die Jugendgeschichte Friedrichs immer wieder als Quelle für die Jugendgeschichte Joseph von Eichendorffs verwendet. Die autobiographische Orientierung dieser »Erinnerungen« steht außer Zweifel.

99,30 f. *in einem großen, schönen Garten]* Eichendorff beschreibt die französischen Gärten seiner Kindheit in Lubowitz und Schloß Tost.

99,35 *ein wunderschönes kleines Mädchen]* Vgl. dazu besonders Eichendorffs *Unstern*-Fragment und die Memoirenfragmente.

100,8 *Heimweh]* Im 18. Jahrhundert war das Wort als ein schweizerisches Dialektwort aus der Literatursprache ausgeschlossen; es galt noch für Schiller als ein medizinischer Fachterminus (für die Krankheit der Schweizer, wenn sie fern von ihrer Heimat sind, Schweizer-Heimweh); erst durch Brentano, Tieck und Eichendorff wurde das Wort literatursprachlich heimisch und als Synonym der romantischen Sehnsucht gebraucht.

100,31 *das Märchen von dem Kinde*] *Von den Machandel Bohm. Ein Kindermärchen in der Hamburger Volkssprache*, nacherzählt von Ph. O. Runge. Eichendorff hat das Märchen vielleicht in der von Achim von Arnim redigierten ›Zeitung für Einsiedler‹ (9. und 12. 7. 1808) gelesen oder auch eine mündlich tradierte Fassung gekannt; auf eine solche Fassung spielt schon Goethe in der Kerkerszene des *Urfaust* an. Den Romantikern, Brentano, Arnim und den Brüdern Grimm, die es in ihre *Kinder- und Hausmärchen* aufnahmen, galt das Märchen in Runges Fassung als das unübertroffene Muster des Volksmärchens (vgl. Rölleke, S. 462). – Der »Machandel Bohm« ist der Wacholder-Busch.

101,18 *Zwischen Bergen, liebe Mutter*] Im *Liederanhang* (1826) unter dem Titel *Die Fröhliche*, in den *Gedichten* (seit 1837) unter dem Titel *Die Kleine*. Hilda Schulhof (HKA 1, 2 [1921], S. 731) weist auf die Motivparallele in dem Lied *O Himmel, was hab ich getan* aus *Des Knaben Wunderhorn* hin.

102,22 *eine Menge Funken*] Zur Faszination der Romantiker durch das erst 1789 entdeckte Phänomen des Galvanismus, also der Kontaktelektrizität, vgl. im 9. Kap. von Novalis *Heinrich von Ofterdingen* die Begegnung von Eros und Freya.

103,1 f. *mit ihrem kleinen, rosigen Finger*] Im Traum also wird Angelina zur Figuration der rosenfingrigen Eos, der Aurora, zum Bild jugend- und morgenfrischer Poesie.

103,9 *Felsenspalten*] 1841: Felsenplatten

103,19 f. *mein kindisches Gemüt*] Ohne verächtlichen Nebensinn: ›mein kindliches Gemüt‹.

104,33 f. *bei einem Freikorps*] Meist aus Freiwilligen bestehende Truppen, die nur für die Dauer eines Feldzuges aufgestellt werden. Die zum Guerilla-Krieg verwendeten Freikorps spielten in der Kriegstechnik erst seit den Schlesischen Kriegen eine größere Rolle. Eichendorff selbst gehörte in den Freiheitskriegen zum Lützower Freikorps und mußte sich dort auf eigene Kosten ausrüsten.

105,1 f. *sogleich auf zu sprechen*] 1841: sogleich auf davon zu sprechen

106,17 f. *der gehörnte Siegfried*] Das Volksbuch vom gehörnten Siegfried gehörte, wie die nachfolgend genannten anderen Volksbücher, vermutlich zu Eichendorffs Jugendlektüre. Joseph Görres hat dieses Volksbuch (nach dem Exemplar aus Brentanos Bibliothek) in seinem von den Brüdern Eichendorff sicher gelesenen Buch *Die teutschen Volksbücher* charakterisiert (1807).

106,25 f. *die Magelone, Genovefa, die Heymonskinder*] Bekannte Volksbücher, die u. a. von Tieck bearbeitet und von Görres in den *Teutschen Volksbüchern* charakterisiert wurden. Auf Wunsch von Görres exzerpierten die Brüder Eichendorff in der »kaiserlichen Bibliothek« zu Paris 1808 die französische Ausgabe des Volksbuches von den Heymonskindern. Görres hat sich öffentlich für diese Hilfe bei seinen Volksbuchstudien bedankt.

107,11 *der Ritter Peter*] Szene aus dem Volksbuch *Die schöne Magelone*.

107,17 f. *sauberen Kupferstiche*] Im Unterschied zum 18. Jahrhundert versuchte romantische Kinder- und Jugendliteratur, vor allem die Phantasiekräfte des kindlichen Geistes zu wecken und auszubilden. Dieser Aufgabe gelten auch die in vielen dieser Texte enthaltenen Illustrationen.

107,25 f. *Mein Hofmeister, ein aufgeklärter Mann*] Hofmeister der Brüder Eichendorff in Lubowitz war von 1793 bis 1801 der katholische Geistliche Bernhard Heinke (1769-1840).

107,33 *Kampe's Kinderbibliothek*] Joachim Heinrich Campe (1746-1818), der bekannteste Kinder- und Jugendschriftsteller des 18. Jahrhunderts, von Eichendorff ein »zahmer Philister« genannt (HKA 10, S. 400), veröffentlichte mit dem Verlagsort Hamburg zwischen 1779 und 1784 eine *Kleine Kinderbibliothek* in 12 Bändchen, die für Kinder vom fünften bis zum zwölften Lebensjahr gedacht war.

107,35 *wie Robinson auf eine wüste Insel]* Campes erfolgreichstes Buch *Robinson der Jüngere, zur angenehmen und nützlichen Unterhaltung für Kinder* (2 Teile, Hamburg 1779/80), eine von Rousseaus *Emile* beeinflußte Bearbeitung von Defoes *Robinson Crusoe*, für Kinder vom sechsten bis zum zehnten Lebensjahr, erlebte bis 1895 mehr als 110 Auflagen.

107,37-108,1 *Charaden]* Die in Deutschland erst seit 1780 verbreiteten Silbenrätsel.

108,1 *aus dieser pädagogischen Fabrik]* Campe übernahm 1787 in Braunschweig die Schulbuchhandlung des Waisenhauses, die er als »Braunschweigische Schulbuchhandlung« vor allem durch den Verlag eigener Schriften zu großem Ansehen brachte und 1808 seinem Schwiegersohn H. F. Vieweg übergab.

108,2 *kleine Lieder von Mathias Claudius]* Schon die beiden ersten Bändchen von Campes *Kleiner Kinderbibliothek* (1779) enthielten u. a. Gedichte von Matthias Claudius, der auch zu weiteren Bändchen der *Bibliothek* Texte beisteuerte. Auf ihrer Norddeutschlandreise kamen die Brüder Eichendorff im September auch durch Wandsbek. Eichendorff notierte am 21. 9. 1805 in sein Tagebuch: »Wandsbeck, welches eigentlich nur Ein Garten voll schöner Landhäuser ist. Hier wohnt der Dichter Claudius, mit dem wir uns in einer Entfernung von 120 Meilen so oft, so traulich unterhalten hatten, der uns so manche seelige Stunde schuf. – Wir freuten uns, uns in der Nähe dieses alten Freundes zu befinden.« (HKA 11, S. 128.)

108,5 *Lasset die Kleinen]* Matth. 19,14; Mark. 10,14; Luk. 18,16.

108,7 *Menschheitssaat]* Vgl. die Rede des Regenten an die Mannschaft des Schiffes der Poetischen in *Krieg den Philistern* (1. Abenteuer). Eichendorff parodiert einen freimaurerischen Grundgedanken.

108,10 f. *Hamburg, Braunschweig und Wandsbeck]* Die frühen Schriften Campes (darunter die *Kleine Kinderbibliothek* und *Robinson der Jüngere*) erschienen in Hamburg, wo Campe seit 1777 als Erzieher lebte; seit 1790 erschienen Campes Schriften vor allem in Braunschweig, wohin er 1786 als Schulrat berufen worden war, in der von ihm 1787 übernommenen Schulbuchhandlung. Matthias Claudius (1740-1815), der sich als Schriftsteller Asmus oder Der Wandsbecker Bote nannte, leitete 1771-75 die Zeitschrift ›Der Wandsbecker Bote‹ und lebte 1777-1814 wieder in Wandsbek. Über eine persönliche Begegnung zwischen Eichendorff und Claudius gibt es keine Zeugnisse.

108,18 f. *Leidensgeschichte Jesu]* Es gehörte zu den pietistisch-aufgeklärten Grundsätzen der Gebildeten im 18. Jahrhundert, die Kinder frühzeitig mit der Leidensgeschichte Jesu bekanntzumachen, um Rührung und Mitleid zugleich mit der Jesusliebe in ihnen zu wecken.

108,30 *fest eingeschlafen]* Wie Mariane bei Wilhelms Bericht über die Puppenspiele in seiner Kindheit (vgl. *Wilhelm Meisters Lehrjahre* I 8).

109,2 f. *wie ein Deutscher durch Frankreich]* Reminiszenz an die Frankreichreise 1808. Eichendorff berichtet davon, daß ihn und seinen Bruder auf der Reise durch Frankreich jener »Heißhunger nach Deutschland« ergriffen habe, »den wir schon in Paris nach den alten treuen Klängen unserer Muttersprache empfunden hatten« (Biographie, S. 47). Auch Wilhelm von Eichendorff erinnerte sich 1814 dieser Deutschlandsehnsucht. Über einen Parisaufenthalt schrieb er am 8. 7. 1814 an seinen Bruder: »Als ich aber eines Morgens in den Garten der Tuilerien ging ⟨...⟩, da ergriff mich die tiefste Sehnsucht nach Dir; ich konnte es noch immer nicht glauben, daß ich ohne Dich in einer so wunderbaren Stimmung auf einem Platze, wo uns gemeinschaftlich zum ersten Male mit tiefster Innigkeit, unser kräftiges Deutschland, wie das Farbendunkel einer Aussicht von Albrecht Dürer ergriff, leben konnte. Du weißt, was wir in Versailles empfunden haben« (HKA 13, S. 26). Vgl. Anm. 435,4 f.

109,15 *Ich hab' manch Lied geschrieben*] In Joseph von Eichendorffs *Gedichten* (seit 1837) unter dem Titel *Klage*. HKA 3 (1913), S. 480 verweist als Vorbild auf die Tagebuchverse des Grafen Karl aus Achim von Arnims *Gräfin Dolores* II2 (»Da steh ich an meinem Fenster«).

109,27 *mit manchem Tropfe*] Mit manchem Einfältigen.

109,28 *Weil*] Hier: ›während‹, ›indem‹.

110,23 *kindisch*] Hier: ›kindlich‹.

111,12 *Ach, von dem weichen Pfühle*] Parodie von Goethes 1804 erstmals gedrucktem Gedicht *Nachtgesang*, dessen erste Strophe lautet:

> O gib, vom weichen Pfühle,
> Träumend, ein halb Gehör!
> Bei meinem Saitenspiele
> Schlafe! was willst du mehr?

112,2 *mit Fleiß*] Mit Eifer, absichtlich (wie noch heute mundartlich).

112,10 *Hüfthorn*] Hifthorn, Jagdhorn. Die hier gebrauchte, im 19. Jahrhundert häufige Schreibweise ist als Volksetymologie zu deuten, da das Horn an der Seite (an der Hüfte) getragen wurde.

112,26 f. *und erblickten endlich ⟨...⟩ Herrn Faber*] Vgl. Arnims *Gräfin Dolores* II 25: »Waller und die tolle Ilse. Abenteuer einer Nacht«. Auf diese Parallele weist auch der Vergleich mit der Windmühle.

113,22 *schliefe*] 1841: schlief

113,25 *künstlich*] Hier: ›kunstfertig‹, ›kunstvoll‹.

113,31 *zwischen Himmel und Erde hing*] 1841: zwischen Himmel und Erde schwebte

113,37-114,1 *demohngeachtet*] 1841: dessenungeachtet

114,14 *und Wunderdinge*] Fehlt 1841.

115,23 *eine tollgewordene Genialität*] Wird seit HKA 3 (1913), S. 481 als eine mögliche (aber unwahrscheinliche) Anspielung auf Bettine Brentano gedeutet, die seit 1811 mit Achim von Arnim verheiratet war.

115,29 *die beiden Grafen*] Als poetische Formel von Eichendorff gelegentlich für das Zusammenleben mit seinem Bruder Wilhelm in der Jugend verwendet. Vgl. im 8. Kap. (S. 147,7) das Lied »Es waren zwei junge Grafen«.

116,18 *ein Wicht]* In der ursprünglichen Bedeutung verwendet: ›ein unbedeutendes Ding‹.

117,10 *eine wahre Jakobsleiter]* Vgl. 1. Mose 28,12; von Eichendorff im Sinne einer ›Traumleiter‹ verwendet, auf der man bis in den Himmel steigen kann.

117,20 f. *ein Walzer]* Der Modetanz der Zeit, der z. T. so exzessiv betrieben wurde, daß es im 19. Jahrhundert zu der bekannten Walzermanie kam und der Tanz in Preußen als Hoftanz verboten wurde.

117,22 *flüchtige Ökonomen]* Flinke Landwirte.

119,9 *die neuesten politischen Zeitbegebenheiten]* Vgl. zu der ganzen Szenerie die Schilderung »des ländlichen Stillebens« in *Der Adel und die Revolution* (HKA 10, S. 386-389). Die Blitze, die man hier »in der Ferne am wolkenlosen Himmel« erblickt, sind auch Zeichen von Krieg und Revolution.

119,17 *ein junges Paar]* Nach HKA 3 (1913), S. 482 ist Vorbild der folgenden Passage die Szene »Freies Feld« im 2. Akt von Ludwig Tiecks »Kindermärchen in drei Akten« *Der gestiefelte Kater*.

119,20 *Sentimentalische]* ›Sentimentale‹ (so auch im Text 1841).

119,24 *Lafontaine]* August Heinrich Julius Lafontaine (1758-1831), Verfasser von mehr als 160 sentimental-empfindsamen Familienromanen, mit den immer gleichen Charakteren und Situationen. Wie Eichendorffs Tagebuch (HKA 11, S. 213 f.) zu entnehmen ist, las der Dichter 1807 »mit ungemeinem Intresse« Lafontaines Roman *Clara du Plessis und Clairant. Geschichte zweier Liebenden* und versetzte sich bei einem Ausflug von Heidelberg zum Wolfsbrunnen in eine romantisch-sentimentale Stimmung: »Hier standen wir nun, im Hintergrunde rings von fast gantz kahlen grauen Bergen umschloßen, auf demselben Orte, wo Clara stand, als sie ihren Clairant wiedersah ⟨...⟩. Darauf verließen wir mit wahrer Rührung diesen merkwürdigen Ort wieder, deßen tiefste Einsamkeit mit einer gantz eignen großen Bangsamkeit fast das Hertz erdrükt.« Auch in *Der Adel und die Revolution* erinnerte sich Eichendorff, bei der Beschreibung der Feste des schlesischen Landadels, an Lafontaine: »Unser deutscher Lafontaine ist, bei aller sentimentalen Abschwächung, nicht ohne einige historische Bedeutung, indem er uns oft einen recht anschaulichen Prospekt in jene gute alte Zeit eröffnet, deren adelicher Zopf sich noch fühlbar durch alle seine Romane hindurchzieht.« (HKA 10, S. 389.)

119,32 *die schöne Seele*] Im gleichen Sinne parodistisch gebraucht wie S. 89,9.

119,33 *der süßen Melankolie*] HKA 3 (1984), S. 420 belegt durch eine Parallelstelle aus Goethes *Die Leiden des jungen Werthers* (1. Buch; Brief vom 13. 5.) die »süße Melancholie« als einen Stimmungsbegriff der Empfindsamkeit.

120,4 *Parutsch*] ›Barutsche‹ oder ›Birutsche‹ (abgeleitet von ital. baroccio), wienerisch ›Parutsch‹ oder ›Pirutsch‹ genannt, war ein zweirädriger, leichter, offener Wagen. Noch am Ende des 19. Jahrhunderts wurde in Wien eine Spazierfahrt der kaiserlichen Familie eine ›Pirutschade‹ genannt.

120,12 *Sentiments*] Gefühle, Empfindungen.

120,16 f. *wir prügeln ihn durch*] Nach HKA 3 (1913), S. 483 Anspielung auf Shakespeare's *Was ihr wollt* (II 3), wo Junker Christoph über den Pietisten sagt: »Oh, wenn ich das wüßte, so wollte ich ihn hundemäßig prügeln.« Vgl. auch S. 328,37 und Eichendorffs Brief an Theodor von Schön vom 18. 5. 1852 (HKA 12, S. 135). Eichendorff bezieht sich auf die Shakespeare-Übersetzung von August Wilhelm Schlegel.

120,23 *sympathetische*] Gleichempfindende, geheimwirkende.

120,28 *ein verwetterter Schuft*] Ein verwünschter Schuft (von ›wettern‹, d. i. ›fluchen‹).

120,33 *wie ein Wetterkeil*] Wie ein Blitz.

121,5 *umbeugen*] 1841: umbiegen

121,18 *sich oben noch*] 1841: sich eben noch

121,30 *Der Tanz, der ist zerstoben]* Ursprüngliche Überschrift in der Handschrift: *Nach einem Balle.* In Eichendorffs *Gedichten* (seit 1837) unter dem Titel *Wahl.*

122,2 *der Morgen rot]* In Anlehnung an die Fassung von 1841 korrigiert aus: der Morgenrot

123,4 *Stand ein Mädchen an dem Fenster]* Im *Liederanhang* (1826) unter dem Titel *Morgengruß.* In den *Gedichten* (seit 1837) unter dem Titel *Das Mädchen.*

123,22 *unsere Reisende]* Plural, nicht Femininum.

123,26 f. *wie er sich 〈...〉 erinnerte]* 1841: wie es sich 〈...〉 erinnerte

123,27 *in ganz besonders]* 1841: in ganz besonderen

123,30 *das Schloß des Herrn von A.]* Eichendorff verarbeitete bei der Beschreibung des Schlosses Lubowitzer Erinnerungen und gab dem Herrn von A. Züge seines Vaters Adolf von Eichendorff (1756-1818).

124,1 *aus einem freundlichreichen Chaos]* 1841: aus einem freundlichen Chaos

124,11 *Merker]* Aufseher.

124,18 *Ein hagerer Mann 〈...〉 in einem langen, weißen Mantel]* Die Bezeichnung des Pferdes dieser Gestalt als »Rosinante« charakterisiert sie als eine dem Don Quixote nachgebildete Figur. Lebendes Vorbild des Hageren aber ist der ›Krippenreiter‹ (d. h. der als verarmter Adeliger schmarotzend von Schloß zu Schloß ziehende) August von Fuglar, den Eichendorff im Tagebuch 1810 häufig erwähnt: »〈...〉 wo ich 〈...〉 vor Niedane den Fuglar im weißen Mantel zu Roß begegnete, Tabakrauchend und mit einem fürchterlichen Pfahle (aus einem Zaune gebrochen)« (HKA 11, S. 267).

124,18 *hagerer Mann]* 1841: hagerer Mensch

124,21 f. *Befehle an die Bauern]* Vgl. Tagebuch vom 10. 7. 1810 (HKA 11, S. 273 f.): »Darauf fuhr ich mit Fuglar in seinem Einspänner auf Heu liegend, Fuglar die Kniee am Kinn, vorn kutschirend, im Carriere fort. 〈...〉 (er oft den Wagen haltend, mit den begegnenden Bauern händelnd etc)«.

124,28 *seine Schwester*] Eichendorff hat der Schwester des Herrn von A. Züge seiner Mutter Karoline von Eichendorff, geb. von Kloch (1766-1822) gegeben. Louise von Eichendorff, die Schwester des Dichters, schrieb am 27. 4. 1858 an ihren Neffen Hermann: Die Mama »war eine sehr kluge, lebendige, tätige Frau. In ›Ahnung und Gegenwart‹, dem ersten Roman des Vaters, kannst Du ihre Schilderung lesen, worüber sie aber beleidigt war« (HKA 18,1, S. 74).

125,5 f. *ein Theolog*] Das Vorbild Viktors ist wohl der Lubowitzer Ortskaplan Paul Ciupke (1771-1855), den Eichendorff häufig in seinen Tagebüchern als einen engen Freund seiner Kinder- und Jugendjahre erwähnt.

125,9 f. *Der Ritter von der traurigen Gestalt*] Wie Don Quixote von seinem Knappen genannt wird.

125,16 *sich mit darein zu mischen*] 1841: sich nicht darein zu mischen

125,25 *der vom Stegreif lebt*] Bedeutet eigentlich: ›der als ein Raubritter lebt‹. Vgl. Eichendorffs Beschreibung der Originale und »Ausnahmenaturen« unter dem Landadel der vorrevolutionären Zeit in *Der Adel und die Revolution*: »Die fruchtbarsten in diesem Genre waren die sogenannten ›Krippenreiter‹, ganz verarmte und verkommene Edelleute, die, wie die alten Schalksnarren, von Schloß zu Schloß ritten und, als Erholung von dem ewigen Einerlei, überall willkommen waren. Sie waren zugleich Urheber und Zielscheibe der tollsten Schwänke, Maskeraden und Mystifikationen, denn sie hatten, wie Fallstaff, die Gabe, nicht nur selbst witzig zu sein, sondern auch bei anderen Witz zu erzeugen.« (HKA 10, S. 389.)

126,14 *Auswelt*] 1841: Außenwelt

128,4 *ein Volkslied*] Nicht eines der romantischen Lieder im Volksliedton, sondern – im Gegensatz zum rationalistischen Geschmacksideal der Tante – ein Lied, wie es das Volk, die Bauern, singen.

128,35 *entherzt wird*] Mutlos gemacht wird.

129,12 *mit feurigen Armen emporzuheben*] Nach HKA 3 (1913), S. 486 Anspielung auf die Schlußzeilen von Goethes, 1798 erstmals gedruckter Ballade *Der Gott und die Bajadere*: »Unsterbliche heben verlorene Kinder | Mit feurigen Armen zum Himmel empor.«

129,24 f. *weder eine französische noch englische durchgreifende Regel*] Der Garten war weder streng nach französischem, noch nach dem – moderneren – englischen Stil angelegt. Noch im 19. Jahrhundert gab es nicht nur streng stilisierte Gärten und Parks, sondern ganze Gartenlandschaften, die, wie die Gegend um Jena oder um die Walhalla bei Donaustauf, z. B. künstlich mediterranisiert waren.

130,3 *Wenn die Sonne*] Zur Schilderung des Landlebens vgl. auch *Der Adel und die Revolution*, HKA 10, S. 387 f.

130,23 *aus Ahnung und Erinnerung*] Vgl. zum Titel des Romans (Anm. 53,1).

131,7 *für eitel und Affektation*] Für nichtig und Ziererei.

131,13 *Apathie*] Unempfindlichkeit, Gleichgültigkeit.

131,16 f. *Friedrich liebte ihn unaussprechlich*] Vermutlich ein Gruß Eichendorffs an den eigenen Vater (vgl. HKA 3 [1913], S. 487).

131,18 *Fräulein Julie*] Eichendorff hat hier, wie auch sonst, Julie Züge seiner Braut (und späteren Frau) Luise von Larisch gegeben.

132,24 f. *seine Sonderbarkeiten*] Vgl. die Beschreibung Mignons in *Wilhelm Meisters Lehrjahre* II 6: »In alle seinem Tun und Lassen hatte das Kind etwas Sonderbares. ⟨...⟩ es verlor sich ⟨...⟩ abends zeitig, schlief in einer Kammer auf der nackten Erde und war durch nichts zu bewegen, ein Bette oder einen Strohsack anzunehmen.«

132,28 *eine eigne phantastische Tracht*] Vgl. die Kleidung Mignons (»Sie brachte graues Tuch und blauen Taffet«) in *Wilhelm Meisters Lehrjahre* II 9.

133,17 *ganz dem Gange der Zeit zuwider*] Anspielung auf den in der Leben-Jesu-Forschung der Zeit, seit Lessings Veröffentlichung der Reimarus-Fragmente, auch die Belletristik beeinflussenden Rationalismus, besonders auf die zahlreichen rationalistischen Erklärungen der Wunder im Neuen Testament.

134,6 *ein Jagdgut des Herrn v. A.]* Nach Nowack (S. 84) war Vorbild der hier geschilderten Szenerie das Jagdschlößchen Summin, nördlich von Lubowitz, das, zur Herrschaft Slawikau gehörend, 1795 von Adolf von Eichendorff erworben worden war. Für die Ausarbeitung des Jagdausfluges verwendete Eichendorff Tagebuchaufzeichnungen aus dem Oktober 1806 (vgl. HKA 11, S. 152-158), wobei bemerkenswert ist, daß das fröhliche Jagen auf dem Hintergrund der in Lubowitz am 26. 10. 1806 eingehenden Nachricht von der vernichtenden Niederlage der preußischen Armee bei Jena und Auerstedt geschildert wird.

135,13 f. *des gesamten Frauenzimmers]* Noch im 18. Jahrhundert regelmäßig für die Gesamtheit des weiblichen Geschlechts oder eine Gruppe weiblicher Personen gebrauchter, kollektiver Singular; 1841 als veraltet empfunden und in »der gesamten Frauenzimmer« geändert.

135,27 *ganz außer sich vor Freude]* Kaplan Ciupke und der Krippenreiter August von Fuglar werden im Tagebuch (1810) gelegentlich zusammen erwähnt, vgl. besonders das Tagebuch vom 3. 4. 1810: »Zu Hause H. Caplan u. Fuglar.« (HKA 11, S. 265.)

136,3 f. *ein ganzes Leben lang zu wohnen]* In HKA 3 (1913), S. 489 wird das im Tagebuch lakonisch genannte »Pro⟨jekt⟩ mit Summin« (18. 7. 1810) auf Pläne bezogen, wonach Eichendorff zusammen mit Luise von Larisch das Jagdschlößchen Summin bewohnen sollte.

136,16 *vorausgeritten]* 1841: herausgeritten

136,32 f. *wurde von ihr beherrscht]* Clemens Brentano hat es als das Verhängnis seines Lebens beklagt, daß über ihn zeitlebens die Poesie wie eine eigenständige Macht verfügt habe. Arnim erschien Eichendorff in *Halle und Heidelberg* »im vollsten Sinne des Worts wie ein Dichter, Brentano dagegen selber wie ein Gedicht, das, nach Art der Volkslieder, oft unbeschreiblich rührend, plötzlich und ohne sichtbaren Übergang in sein Gegenteil umschlug« (HKA 10, S. 422).

137,32 f. *des sämtlichen Frauenzimmers*] Vgl. Anm. 135,13 f.; 1841: der sämtlichen Frauenzimmer

138,15 *mit einem abgeschabten Cupido*] Cupido, der Sohn der Venus, der Gott der Begehrlichkeit, auch als Eros und Amor meist mit Pfeil und Bogen dargestellt. Vgl. HKA 10, S. 388: »Nach den geräuschvollen Empfangskomplimenten ⟨...⟩ ließ man sich dann gewöhnlich in der desolaten Gartenlaube nieder, auf deren Schindeldache der buntübermalte hölzerne Cupido bereits Pfeil und Bogen eingebüßt hatte.«

138,20 *mit kernigen Anhängen*] Mit kernigen Trinksprüchen.

139,9 *hineingesetzt*] 1841: hineinversetzt

139,13 *Was wollt ihr in dem Walde haben*] In Eichendorffs *Gedichten* (seit 1837) unter dem Titel *Jäger-Katechismus*.

140,10 *Ich stoß in's Horn*] Vgl. S. 63,22 und die zugehörige Anmerkung.

140,12 *Und was ich blas', ist nicht verlor'n!*] Vgl. das Lied *Die schwarzbraune Hexe* aus *Des Knaben Wunderhorn*, das beginnt: »Es blies ein Jäger wohl in sein Horn,| Wohl in sein Horn,| Und alles was er blies das war verlorn.«

140,13 *aus des Knaben Wunderhorn*] Der Anklang an das Lied *Die schwarzbraune Hexe* in der letzten Zeile des Liedes ist also ein Zitat. Eichendorff selbst hat sich unter dem Einfluß des *Wunderhorns* seit 1809 von Loebens Mystizismus ab- und dem Volksliedton zugewandt. Arnims und Brentanos Sammlung »alter deutscher Lieder« (wie das *Wunderhorn* im Untertitel genannt wurde), hat stilprägend auf die deutsche Lyrik bis zum Beginn der literarischen Moderne am Ende des 19. Jahrhunderts gewirkt.

140,24 *die leeren Weinfäßchen*] Vgl. Eichendorffs Tagebuch am 27. 8. 1806: »Das leere Weinfaß in die Luft geschleudert, u. von allen im Fluge durchschoßen.« (HKA 11, S. 147.)

141,1 *gleich Münchhausen*] Anspielung auf eine bekannte Episode in Gottfried August Bürgers zunächst aus dem

Englischen übersetzten und dann selbständig erweiterten Buch *Wunderbare Reisen zu Wasser und zu Lande, Feldzüge und lustige Abenteuer des Freiherrn von Münchhausen* (zuerst Leipzig 1786).

141,18 *verfolgte*] Korrigiert aus: »verfolgten«.

141,30 f. *unter den langen Wimpern*] Korrigiert aus: »unter die langen Wimpern«. – 1841 lautet dieser Satz: »Sie blickte heimlich lächelnd mit listigfragenden Augen zu ihm hinauf.«

142,8 *Bangsamkeit*] Eichendorff verwendet im Tagebuch »Bangsamkeit« neben »Bangigkeit«. 1841 ist »Bangsamkeit« durchgehend in »Bangigkeit« korrigiert.

142,12 *ein verworrenes Getöse*] Vgl. besonders die im Tagebuch am 15. 6. 1810 beschriebene »große Spukerei der Fuglars« (HKA 11, S. 271). Von ähnlichen Streichen des Kaplans wird im Tagebuch häufiger berichtet.

143,18 *Spektakel*] Hier: ›Schauspiel‹.

143,25 *die Dose*] Gemeint ist: ›die Schnupftabaksdose‹.

143,25 f. *mit Kienruß*] Im Unterschied zum Lampenruß der fast ausschließlich aus Kohlenstoff bestehende Flammenruß.

143,28 f. *an einer allgemeinen Menuett*] Die Menuett, ein ursprünglich französischer Tanz mit langsamen, abgemessenen, feierlichen Bewegungen.

143,30 *Ein einziges Licht*] Vgl. Eichendorffs Tagebucheintrag am 10. 9. 1806 (HKA 11, S. 150).

144,24 f. *wie jener Prinz in Sicilien*] Die Villa des sizilianischen Granden Fernando Francesco II. Gravina, Principe di Palagonia, in La Bagheria (bei Palermo) in manieristischem Stil gebaut, beschäftigte die Phantasie der Reisenden des 18. und des 19. Jahrhunderts (z. B. Wielands, Seumes Goethes, Heines u. a.). Eichendorff bezieht sich wohl auf Arnims *Gräfin Dolores*, wo es (IV 13) vom Schloß des Prinzen von Palagonien heißt: »Keine Mauer ist gerade oder in einer bestimmten Krümmung, kein Fenster dem andern gleich; die schiefe Türe, die von der Mitte des Hauses wenig absteht, ist von den ekelhaftesten, in Marmor gehauenen Schimären umgeben«.

145,3 *auf den roten Mund]* 1841: auf den Mund

145,32 f. *auf dem Teiche herumfahren]* Eichendorff berichtet im Tagebuch am 28. 10. 1806 von dem großen Fischteich bei Summin.

146,12 *Schlafe, Liebchen]* Im *Liederanhang* (1826) unter dem Titel *Ständchen*. In Eichendorffs *Gedichten* (seit 1837) unter dem Titel *Abendständchen*.

146,14 *die goldne Herde]* Bildlicher Ausdruck für die Sterne mit dem Mond als Sternenhirten.

147,26 *Rührt mit seinem goldnen Stabe]* »Rühren« – Bezeichnung für: ›die Saiten bewegen‹.

147,7 *Es waren zwei junge Grafen]* In Eichendorffs *Gedichten* (seit 1837) unter dem Titel *Wehmut* (3).

148,6 *Der Bilder Wunder fest]* Korrigiert aus: »Der Bilder Wunderfest«.

148,20 *Schlag' mit den flamm'gen Flügeln!]* In Eichendorffs *Gedichten* (seit 1837) unter dem Titel *Der Pilger* (3).

149,6 *Feuermann]* Gemeint ist: ›ein kräftiges Irrlicht‹. Vgl. HKA 11, S. 69 (Tagebuch vom 12. 4. 1804): »Gegen halb 9 fuhren wir denn auch bey finsterer Nacht völlig nach Breslau hinein; auf welchem Weege wir Gelegenheit hatten, Irrlichter u. dgl. Phantome, die rings um uns her das Dunkel durchkreuzten, in der Nähe zu sehen; besonders schwebte uns ein ordentlicher Feuermann die gantze ½ Meile vor.«

149,16 *Feuer im Schloß]* Schloß Tost, das früher zu den Gütern der Familie Eichendorff gehört hatte, brannte 1811 nieder.

151,9 *einige Stunden zur Ruhe]* 1841: einige Stunden sich zur Ruhe

153,11 *Leute hinter'm Berge]* Sprichwortreihen, wie sie hier angedeutet werden, sind bei Eichendorff stets Zeichen eines philiströsen Weltverhaltens. Vgl. vor allem *Aus dem Leben eines Taugenichts*.

153,13 f. *keinen Schnurrbart]* Vgl. Anm. 93,25 f.

154,1 *eine Flötenuhr]* Offenkundig eine Spieluhr mit Flötenton, an die sich Eichendorff immer wieder erinnerte.

Vgl. etwa HKA 10, S. 382: »⟨...⟩ aus einem der entfernteren Gemächer flötete soeben eine unsichtbare Spieluhr eine Menuett herüber, die ich noch aus meiner Kindheit zu kennen glaubte.«

154,10 f. *ihre eigene Idee]* Vgl. HKA 10, S. 392: »Jeder wahre Garten aber, sagt Tieck irgendwo ganz richtig, ist von seiner eigentümlichen Lage und Umgebung bedingt, er muß ein schönes *Individuum* sein, und kann also nur einmal existieren.«

154,11 *die sie mit ihren Bächen]* 1841: die sich mit ihren Bächen

156,8 f. *den ersten Robinson]* Vgl. Anm. 107,35.

156,24 *rührte]* 1841: rauschte

157,1 *schwamm einigemal]* Eichendorff, der in sein Tagebuch am 14. 6. 1803 notierte: »Schwamm ich das erstemal ganz allein einige Schritte weit, nachdem ich 4 Stunden mich auf der Hand des Schwimmmeisters geübt hatte« –, wurde in der Folgezeit, zum Schrecken des ängstlichen Vaters und zur Freude der »immer mutigen« Mutter, ein geübter Schwimmer. Louise von Eichendorff berichtete 1858 ihrem Neffen Hermann: »Dann entsinne ich mich noch meiner Todesangst, wenn er ⟨Joseph von Eichendorff⟩ mit mir, ich ihm auf der Brust sitzend, über die Oder schwamm, was meist Abends bei Mondschein geschah« (HKA 18, 1, S. 59).

157,9 *bei sich führte]* 1841: bei sich trug

157,18 *dessen kleines Wohnhaus]* Das »klein fein Häuselein« des Herrn Kaplan in Lubowitz (vgl. HKA 11, S. 211) war ein Sehnsuchtsbild der Brüder Eichendorff. Es lag (nach Nowack, S. 101) zwischen der Lehrerwohnung und dem Pfarrhaus in Lubowitz und war offensichtlich als eine Werkstatt eingerichtet, in welcher »das Lubowitzer Künstler-Genie, unser H. Caplan, allein, u. ohne alle Anweisung selbst zur Unterhaltung« die kunstvollsten Gegenstände (wie z. B. »ein neues Forte-Piano«) verfertigte. Vgl. z. B. HKA 11, S. 49.

157,32 *ein Luftschiff]* Die Idee der Erfindung eines lenkbaren Luftschiffes hat alle Erfinder und alle Dichter der

Zeit, von Jean Paul über Eichendorff, Stifter, Justinus Kerner bis zu Gottfried Keller beschäftigt, vor allem seit die Brüder Montgolfier 1783 in Frankreich und in Europa das sogenannte »Ballonfieber« ausgelöst hatten.

158,1 f. *Abraham von St. Clara]* Der Wiener Hofprediger und Satiriker Johann Ulrich Megerle (1644-1709), der nach seinem Eintritt in den Orden der unbeschuhten Augustiner-Eremiten den Ordensnamen Abraham a Sancta Clara erhielt. Auf Goethes Rat hin hat Schiller einen Text des Paters Abraham als Vorlage für die Kapuzinerpredigt in *Wallensteins Lager* genommen, so daß sich der Ruhm dieses – nach Schiller – »prächtigen Originals, vor dem man Respekt bekommen muß«, rasch unter den Romantikern verbreitete. Eichendorff, der Abraham a Sancta Clara später einen »verschwenderisch begabten Dichter« nannte, plante die Ausarbeitung »Verschiedene⟨r⟩ Betrachtungen (in Prosa) = religiös, dithyrambisch, auch humoristisch à la Abraham a St. Clara« (HKA 10, S. 376); und Loeben beschrieb schon 1810 seinen Freund Wilhelm von Eichendorff mit Bezug auf den Wortwitz des Paters Abraham: »Du willst mich, mein sehr geliebter Freund, wie ein seltsames Gemach bedünken, auf eine lange Reichsstraße mit Häusern aus vorigen gemütlichen Jahrhunderten hinausgehend, und mir ist, als faßte dieses Gemach unter vielen wunderlichen mit einander reimenden Dingen auch in sich: eine Mandoline quer über einem Buche von Abraham a Santa Clara liegend« (HKA 13, S. 237).

158,5 f. *dieses Schriftstellers zu durchdringen]* 1841: dieses Schriftstellers so zu durchdringen

158,7 *»Gemisch-Gemasch«]* Anspielung auf Abrahams a Sancta Clara 1704 erschienenes Buch *Heilsames Gemischgemasch.*

158,13 *bis zum Tode betrübt]* Klärchens Lied aus dem 3. Aufzug von Goethes Trauerspiel *Egmont* ist offenkundig schon in dieser Zeit als geflügeltes Wort für die Beschreibung eines Temperaments (hier für den Melancholiker) gebräuchlich:

>   Himmelhoch jauchzend,
>   Zum Tode betrübt;
>   Glücklich allein
>   Ist die Seele, die liebt.

159,20 f. *wie ein uraltes ⟨...⟩ Gemach]* Vgl. zu dem ganzen Absatz Loebens Brief an Wilhelm von Eichendorff vom 27. 12. 1810 (HKA 13, S. 237-239).

160,14 *um ihn los zu werden]* 1841: um sich los zu werden – Eichendorff verwendete also im Erstdruck noch die ältere Form des Reflexivpronomens.

160,16 *seine Schwester]* 1841: dessen Schwester

161,6 *bis sie ein Paar werden]* In Eichendorffs Tagebuch sind 1809/10 Heiratspläne der Mutter für ihren Sohn Joseph mit Julie Gräfin Hoverden erkennbar, die Eichendorff ausgeschlagen hat, womit er aber auch die Sanierung der verschuldeten Güter durch eine reiche Heirat verweigerte. Vgl. Frühwald, S. 48 und 53.

161,10 f. *Noch bin ich frei und ledig!]* Vgl. das Tagebuch vom 6. 4. 1807 (HKA 11, S. 179): »Der Gräfin zukunftberechnende leise Bemerkung über uns.«

161,14 *Janus]* Der doppelgesichtige römische Gott Janus, der die Tür des römischen Hauses, den Ausgang und den Eingang zugleich, bewachte.

161,15 f. *Fortuna auf ihrer farbigen Kugel]* Die Göttin des Glücks, mit der Kugel, dem Symbol der Unbeständigkeit; gelegentlich auch als eine doppelgesichtige Göttin, mit einem glatten, lebensfrohen und einem runzeligen, alten Gesicht dargestellt.

161,26 f. *um die Mauern streichen]* Vgl. des Mephistopheles Rede in Goethes *Faust* (Teil 1, v. 3655-3661):

>   Und mir ist's wie dem Kätzlein schmächtig,
>   Das an den Feuerleitern schleicht,
>   Sich leis' dann um die Mauern streicht;
>   Mir ist's ganz tugendlich dabei,
>   Ein bißchen Diebsgelüst, ein bißchen Rammelei.
>   So spukt mir schon durch alle Glieder
>   Die herrliche Walpurgisnacht.

162,36 *Waldeinsamkeit*] Seit Tiecks *Der blonde Eckbert* ein Kern- und Kennwort der deutschen Romantik, auch ein Leitwort in der Lyrik Joseph von Eichendorffs.

163,9 f. *Stein der Weisen*] Lapis Philosophorum, das Mittel, durch welches die Alchemisten unedle in edle Metalle zu verwandeln, also z. B. Gold zu machen, versuchten. Den Stein zu finden oder ihn herzustellen, war die Hauptaufgabe der Alchemie. Dem Stein der Weisen wurde auch verjüngende und sittlich bessernde Kraft zugeschrieben.

163,12 *irrisch*] Bedeutet: ›im Irrtum befindlich‹. In den Wörterbüchern wird diese Stelle in *Ahnung und Gegenwart* als einer der seltenen Belege für das schon zu Eichendorffs Zeiten ausgestorbene Wort angeführt.

163,14 f. *die Pharisäer und Schriftgelehrten*] Vgl. Matth. 23,13-15,23,25,27,29.

164,11 *seinem Rosinante*] Von Eichendorffs Zeitgenossen, wie im Spanischen, auch männlich gebraucht.

165,7 *Séjour*] (Franz.) Aufenthalt, Wohnsitz.

165,10 *gedruckt in diesem Jahr*] Formel auf dem Titelblatt alter Drucke (besonders des 16. Jahrhunderts).

165,13 *Bild ohne Gnaden*] Also kein ›Gnadenbild‹, das man andächtig verehrt.

165,21 f. *mit ihm geschlagen*] Mit ihm duelliert.

166,17 f. *Freut euch des Lebens*] Das 1793 wohl erstmals erschienene Lied (von Johann Martin Usteri) wurde mit der Melodie von Hans Georg Nägeli rasch verbreitet und schon von Kotzebue 1799 als ein »bekanntes Volkslied« bezeichnet.

166,35 *Wirrungen*] 1841: Wirren

167,16 *Der fleißigen Wirtin*] Wie Wallers Abschiedslied an den Grafen und die Gräfin (in Achim von Arnims *Gräfin Dolores* II 28) ist auch dieses, in Eichendorffs *Gedichte* nicht aufgenommene, Lied mit einem Diamantring in die Fensterscheibe eingekratzt.

168,14 f. *In's Horn, zum Schwert* ⟨...⟩] Eine Aneinanderreihung von Sprüchen aus der Studentensprache, ähnlich dem bekannten »Burschen heraus!« Vgl. dazu S. 63,22

STELLENKOMMENTAR ZU S. 162-173   689

und zur letzten Zeile der Verse an Friedrich: Buch der Richter, 16. Kap. sowie Clemens Brentanos Satire *Der Philister vor, in und nach der Geschichte*.

169,19 *O Täler weit, o Höhen]* Im *Liederanhang* (1826) überschrieben *Im Walde bei L*. In einem Journaldruck unter dem Titel *Im Walde der Heimat*, in Eichendorffs *Gedichten* (seit 1837) unter dem Titel *Abschied*. Die handschriftlich erhaltene erste Fassung des Gedichtes (»O schöner Grund, o Höhen«) ist überschrieben *An den Hasengarten*; das Gedicht wendet sich also an jenen Teil des Lubowitzer Schloßparks, der in die freie Natur überleitete. Felix Mendelssohn-Bartholdy hat dieses Gedicht 1843 für vierstimmigen, gemischten Chorgesang komponiert und dadurch weltberühmt gemacht.

171,17 f. *führte sich selbst ⟨...⟩ auf]* Im 18. und 19. Jahrhundert noch allgemein im Sinne von ›sich vorstellen‹ verwendet.

171,28 *den Affen]* Abfällig für ›junges Mädchen‹.

171,30 *zu den Redoutensälen]* Von Weichberger (S. 34) als die Redoutensäle, also die Säle der öffentlichen Maskenbälle (von Januar bis Aschermittwoch), der Wiener Hofburg identifiziert. Eichendorff hat selbst 1811/12 an solchen Redouten in Wien teilgenommen (vgl. HKA 11, S. 299 und 302).

172,9 *Domino]* Ein auf Maskenbällen getragener seidener, meist schwarzer Umhang.

172,27 *Charaktermasken]* Im Gegensatz zu nur mit einem Domino verkleideten Personen, Masken, die eine bestimmte Person, eine mythische Figur etc. nachahmen und nachbilden.

172,29 *Taminos]* Masken, die Tamino, den Prinzen aus Mozarts Oper *Die Zauberflöte*, nachbilden.

172,33 f. *ein Ritter in schwarzer ⟨...⟩ Tracht]* Im November 1809 hat sich Joseph von Eichendorff für Luise von Larisch von dem Maler Raabe »en Miniature als schwarzer Ritter mit goldner Kette und Stikkerei« malen lassen (HKA 11, S. 233).

173,7 *die Knochenhände eines Totengerippes]* Leontins Erscheinen als Tod von Basel soll auf einen Spaß Philipp Veits, Eichendorffs Wiener Freund, Sohn Dorothea Schlegels, zurückgehen, »zu dem er aus Jean Pauls *Hesperus* die Anregung hatte und den er im Jänner oder Februar 1811 im Redoutensaale der Hofburg in Szene gesetzt zu haben scheint« (HKA 3 [1913], S. 500).

173,9 *Janhagel]* (Niederländisch) Pöbel.

174,16 *Tod von Basel]* Redensart nach der Darstellung des Totentanzes an der Kirchhofsmauer des Dominikanerklosters in Basel. Das Fresko wurde beim Abbruch der Mauer 1805 zerstört.

174,31 f. *Kredenz]* Anrichteraum.

175,31 *nichts]* 1841: nicht

176,12 *länger]* 1841: lange

176,24 *mit ihren gemeinen Künsten]* Mit ihren üblichen, gewöhnlichen Künsten.

177,30 *Blut über ihre Hand]* Vgl. *Wilhelm Meisters Lehrjahre* IV 20 (Aurelie fährt mit der Spitze ihres Dolches über Wilhelms Hand).

178,30 *Läufer]* Bediente, die vor den Wagen oder den Reittieren vornehmer Personen einherliefen und ihnen den Weg bahnten.

179,7 *Der armen Schönheit Lebenslauf]* Seit dem *Liederanhang* (1826) unter diesem Titel auch in Eichendorffs *Gedichten*. Vorbild sind wiederum die Tagebuchverse des Grafen Karl in Arnims *Gräfin Dolores* II 2. Nach Hilda Schulhof (HKA 1,2, S. 803) haben »Motiv und Gestalt der armen Schönheit« noch in Eichendorffs Altersdichtung *Lucius* die Gestalt der Julia bestimmt. Eichendorff hat sich dabei bewußt an seinem Jugendroman orientiert, da es in einem handschriftlichen Entwurf zu *Lucius* heißt: »Sie legt allen Schmuck ab, mag keinen ihrer Verehrer mehr sehen, die sie jetzt verachtet p.p. (wie in ›Der armen Schönheit Lebenslauf‹)« (HKA 1,2, S. 805).

183,1 *rufte]* 1841: rief – Bis ins 18. Jahrhundert hinein und noch vereinzelt bei Goethe wurde das Präteritum von ›rufen‹ auch (wie hier) schwach gebildet.

183,10 f. *weinte bitterlich]* Bibelsprachliche Lieblingswendung Eichendorffs. Vgl. Anm. 38,8 f. und S. 464,26.

183,11 f. *ein Reh]* Der ganze Lebenslauf Romanas ist angefüllt mit Volksliedmotiven.

184,27 f. *lichtglänzende Kinder]* Die Beschreibung des Gartens ist u.a. orientiert an Philipp Otto Runges Kupferstichfolge *Die Zeiten*, über die Eichendorff am 9. 7. 1807 in sein Tagebuch notierte: »Zeigte uns Görres in der aesthetischen Stunde die 4 himmlischen Kupferstiche von Runge, die dießmal den Preis in Weimar erhalten. Arabesken. Unendliche Deutung.« (HKA 11, S. 203) Bilddeutungen und Bildbeschreibungen, die in der Romantik seit August Wilhelm Schlegel und Tieck verbreitet waren, werden nun auch bei Eichendorff häufiger.

185,1 *Laue Luft kommt blau geflossen]* Seit dem *Liederanhang* (1826) unter dem Titel *Frische Fahrt* auch in Eichendorffs *Gedichten*.

185,20 f. *in der viel himmlischer Klang]* 1841: in der viel himmlicher Klang ist

185,27 f. *mehr gepreßt und beängstigt]* 1841: mehr gepreßt

187,17 *nichts weiter]* 1841: nichts mehr

188,2 f. *das brittisierende ⟨...⟩ Wesen ⟨...⟩ aus Jean Pauls Romanen]* HKA 3 (1984), S. 444 weist das Wort »brittisierend« in Brentanos Abhandlung *Der Philister vor, in und nach der Geschichte* nach, wo es mit Bezug auf Jean Pauls Roman *Flegeljahre* gebraucht wird. Eichendorff war, wie die Tagebücher belegen, ein eifriger Leser der Romane Jean Pauls.

188,13 f. *auf das Studium der Jurisprudenz und der kameralistischen Wissenschaften]* Kameralwissenschaft bezeichnet hier noch die Gesamtheit der Kenntnisse, die für eine zweckmäßige Verwaltung der Einkünfte der fürstlichen Finanzkammer notwendig waren; in weiterem Sinne sind die Wirtschafts-, Finanz- und Verwaltungswissenschaften darunter zu verstehen. Eichendorff hat während der Niederschrift von *Ahnung und Gegenwart* seine juristischen Examina in Wien (1811/12) mit sehr guten und ausgezeichneten Erfolgen abgelegt.

188,16 f. *zu einem sogenannten Tableau*] Tableaux vivants waren Darstellungen von Werken der Malerei und der Plastik durch lebende Personen. Sie wurden durch die Gräfin von Genlis, die Erzieherin der Kinder des Herzogs von Orléans, am Ende des 18. Jahrhunderts zu einer beliebten Salonunterhaltung des Adels und des gebildeten Bürgertums. Vgl. auch *Aus dem Leben eines Taugenichts*, S. 531.

189,4 *quickerndes* ⟨...⟩ *Gelächter*] In den Wörterbüchern nicht belegt; wohl von ›quicken‹, ›erquicken‹ abgeleitete Form, mit der Bedeutung von ›keck‹, ›lebendig‹; vielleicht auch von »der Quicker = der Buchfink« abgeleitet.

189,9 *Man sah* ⟨...⟩ *ins Freie*] Nach Weichberger (Euphorion 13, S. 786 f.) wird in diesem Lebenden Bild Philipp Veits für die vatikanischen Fresken entworfenes Gemälde *Der Triumph der Religion über die irdische Schönheit* geschildert; den Entwurf hat Philipp Veit allerdings erst 1817 angefertigt. Die Hauptfigur dieses Entwurfes, die Religion, soll Züge der Gräfin Zichy tragen, die Philipp Veit verehrte, so daß auch die von Eichendorff hier geschilderte »hohe weibliche Gestalt« Züge der Gräfin tragen könnte. Ob Eichendorff schon zur Zeit der Niederschrift von *Ahnung und Gegenwart* Kenntnis von Philipp Veits Entwurf hatte, ist fraglich; vielleicht aber gehen der Entwurf Philipp Veits und das von Eichendorff geschilderte Tableau auf ein Lebendes Bild zurück, das die Freunde in Wien gesehen haben.

190,2 *eine Zymbel*] Im Altertum ein vor allem im Dienst der Kybele, der Gottheit der mütterlichen Natur, gebrauchtes Instrument, das aus zwei Becken aus Erz bestand, die aneinander geschlagen wurden.

190,31 *flog wie mit großen Flügeln*] Vgl. dazu Eichendorffs Gedicht *Mondnacht*.

190,33-196,7 *Mitten in dieser Entzückung* ⟨...⟩ *wie der Opferaltar dieser Musen vor*] In seiner Altersschrift *Halle und Heidelberg* zitiert Eichendorff – etwas gekürzt und bearbeitet – diese Stellen aus seinem Jugendroman (und im Anschluß daran die Passagen S. 208,10-36 sowie S. 216,27 bis

218,11) als Beleg für den in Heidelberg herrschenden »sehr bedenklichen Afterkultus« der Romantik, für die in seiner »frühesten Schrift ⟨...⟩ aus dem Leben gegriffene Darstellung der damaligen Salonwirtschaft« (HKA 10, S. 425-432). Er kommentiert: »Es ist sehr begreiflich, daß dieses prätentiöse Unwesen von den Gedankenlosen und Schwachmütigen für die wirkliche Romantik gehalten, von den Hämischen aber gern benutzt wurde, den neuen Aufschwung überhaupt zu verketzern.« (HKA 10, S. 432) Alle Versuche der scharfsinnigen Kriminalphilologen, die hier beschriebene »Salonwirtschaft« exakt zuzuordnen und Vorbilder aus Eichendorffs Heidelberger, Berliner und Wiener Aufenthalt zu finden, sind gescheitert. Die Darstellung ist ebensosehr »aus dem Leben gegriffen«, wie typisiert und damit nicht Parodie einer einzelnen ästhetischen Teegesellschaft, sondern aller solcher Gesellschaften.

191,1 *wie es schien*] Fehlt 1841.

191,5 *Nachsommer*] Das vor allem bei Goethe und Jean Paul belegte Wort wurde erst durch Adalbert Stifters Romantitel *Der Nachsommer* (1857) verbreitet.

191,23-192,3 *Endlich erschien* ⟨...⟩ *im Innersten wohl*] Nicht in *Halle und Heidelberg* übernommen.

191,26 *Religion der Phantasie*] Seit Schillers Gedicht *Die Götter Griechenlandes* (1788) war die Auseinandersetzung um die vom Christentum in die Phantasie verdrängte heidnischantike Sinnenfreude und Sinnlichkeit nicht mehr abgerissen.

191,32 *wie Don Quixote*] Vgl. *Don Quixote* I 25 und Anm. 88,12.

191,37 *entfernt*] Fehlt 1841.

192,10 f. *das zierliche Mädchen tanzte*] Vgl. Mignons Eiertanz in *Wilhelm Meisters Lehrjahre* II 8 und die Darstellung der »kleinen Tänzerin« in Achim vom Arnims *Gräfin Dolores* IV 10 u. 11.

192,17 *Jungentracht*] 1841: Knabentracht

192,21 *Bajadere*] Bajaderen sind indische Tempeltänzerinnen, die von ihren Eltern schon als Kinder den Göttern geweiht werden.

193,1 *ein junger Mann]* HKA 3 (1984), S. 448 vermutet hier ein Porträt von Eichendorffs Heidelberger Studienfreund Heinrich Wilhelm Budde.

193,9 f. *Kotzebue'n einmal ⟨...⟩ in den Sack gesprochen]* August von Kotzebue (1761-1819), der erfolgreiche Dramatiker der Goethezeit, als ein geübter und erfolgreicher öffentlicher Diskutant bekannt, war seit August Wilhelm Schlegels Auseinandersetzung mit dem »hölzernen Götzen« ein bevorzugter Prügelknabe der Romantiker. ›In den Sack sprechen‹ bedeutet studentensprachlich: ›jemand in der Diskussion überwinden‹, ›zum Schweigen bringen‹.

193,23 *ein junger, voller Mensch]* Eichendorffs Heidelberger Studienfreund Gerhard Friedrich Abraham Strauß (1786-1863), später Oberhofprediger in Berlin. Strauß spottete schon 1808 über Eichendorffs Begeisterung für Cervantes und zitierte in seinem Tagebuch einen charakteristischen Satz aus dessen Aufsatz über den spanischen Dichter: »›Auf den höchsten Pyrenäen sitzt der Dichter und seine Tränen verdunsten in frohem Qualm zum Himmel hinauf, und Spanien vor ihm streckt sehnsüchtig die Fußsohlen heran nach dem Gemüte des liebenden Dichters.‹ So weit kann es Gedankenleerheit und ein aufmerksames Zuhören von Görres' Vorlesungen beim Menschen bringen.« (HKA 18, 1, S. 21 f.)

193,29 f. *den heiligen Thyrsusschwinger]* Thyrsus ist der in einen Fichtenzapfen auslaufende, mit Efeu und Weinlaub umwundene Stab der Bacchantinnen. In Loebens Gedicht *Abschied* an seinen Freund Strauß heißt es u.a.: »Halte das Kreuz du empor, und den Thyrsus, | Ich rett aus den Fluten das Schwert.« (Vgl. HKA 3 [1913], S. 508.)

193,31 *niederere]* Korrigiert aus: »niederern«.

193,37 *eine lange Dythirambe]* Am 6. 12. 1807 notierte Eichendorff in sein Tagebuch: »Den Abend wieder beym Grafen ⟨Loeben⟩ zugebracht. Deßelben und Buddes Waltzer. Strauß dithyrambische Declamation vom Karfunkelstein. Thee.« (HKA 11, S. 220.) Ähnlich der ›blauen Blume‹ ist der Karfunkelstein in den Werken der Novalis-Epigonen (z. B. in Loebens Roman *Guido*) Symbol romantischer Sehnsucht.

194,6 *Ein anderer junger Dichter]* Wie aus den Entstehungsdokumenten deutlich wird (vgl. S. 624 f.), ist Otto Heinrich Graf von Loeben (1786-1825) gemeint, von dessen Einfluß sich Eichendorff durch die Niederschrift von *Ahnung und Gegenwart* völlig befreite.

194,15 f. *Ihre Unterhaltung mußte sehr zart sein,]* Fehlt 1841.

194,19 *überschwenglichreiches]* 1841: überschwengliches

194,20 *Priesterleben]* Loebens schwärmerische Sehnsucht nach dem Priestertum war im Kreise seiner Freunde bekannt. Am 3. 11. 1812 schrieb er z. B. an Eichendorff: »Tagelang verläßt mich manchmal das Sehnen nach dem einsamen oder priesterlichen Stande nicht, und es lodert so oft in mir die Hoffnung auf, ich werde die Annäherung der getrennten Christen erleben und meinen Lippen wird Kraft verliehen sein, Friedensküsse dabei zu spenden.« (HKA 13, S. 8.)

194,22 *Assonanzenlied]* Lied, bei dem nur die Vokale, nicht auch die Konsonanten am Versende reimen. Die Romantiker haben diese aus der spanischen Dichtung übernommene Form des Verses bis weit in die zwanziger Jahre hinein in kunstvollen Gedichten gepflegt (vgl. etwa das »Wunder der Assonanzen« in Clemens Brentanos *Romanzen vom Rosenkranz* und Wilhelm Müllers *Assonanzen*, 1822).

194,23 *Hat nun Lenz]* Von Eichendorff selbst gedichtet, vielleicht aus der Heidelberger Zeit stammend. Goethe zitierte die Verse 15/16 in den *Noten und Abhandlungen zum besseren Verständnis des West-östlichen Divans* (im Abschnitt »Zweifel«), wo er erklärt, daß die Mystik »der neusten Zeit, genau betrachtet, doch eigentlich nur eine charakter- und talentlose Sehnsucht ausdrückt; wie sie sich denn schon selbst parodiert, zeuge der Vers: Mir will ewiger Durst nur frommen | Nach dem Durste.«

195,10 *Ein Wunderland ist oben aufgeschlagen]* In der Handschrift ist das Sonett überschrieben *In Strauß Stamm-*

buch; es war also – wohl zum Abschied aus Heidelberg – an Gerhard Friedrich Abraham Strauß gerichtet und – ähnlich dem vorangehenden Gedicht – ernst gemeint. In *Halle und Heidelberg* wird das Sonett nicht zitiert. In Eichendorffs *Gedichten* erscheint es seit 1837, stark überarbeitet, unter dem Titel *Sonette* (3).

196,8 *eßteetischen Geschwätz]* Im Original: »eßtheetischen Geschwätz«. Durch die Modernisierung (»ästhetischen Geschwätz«) ist 1841 das Wortspiel zerstört.

197,8 *Weit in einem Walde droben]* In Eichendorffs *Gedichten* (seit 1837) unter dem Titel *Die wunderliche Prinzessin*. Ein heute verschollener Entwurf zum 12. und 13. Kapitel von *Ahnung und Gegenwart* enthielt auch den ersten, Vers und Prosa mischenden Entwurf dieses Gedichtes. »Eine bestimmte Ausdeutung des symbolischen Inhalts läßt sich nicht geben. Die Prinzessin mag die Poesie sein, da ihre Freier die Dichter sind. Dagegen lautet eine spätere Stelle des Entwurfs: ›(*Romanze*, wo die schöne Phantasie immer neu sich schmückend, mit einem jungen Dichter in alle Welt durchgeht und reist.)‹« (HKA 1,2, S. 797). Die ganze Improvisation Romanas (S. 197,8–202,24) ist (nach einem Hinweis von Brigitte Schillbach) Franz Sternbalds *Die Phantasie* überschriebener Improvisation aus Ludwig Tiecks Roman *Franz Sternbalds Wanderungen. Eine altdeutsche Geschichte* (1798), 2. Teil, 2. Buch, 2. Kap. nachgebildet. Vgl. besonders zu S. 198,8 ff. den Beginn von Tiecks Gedicht:

> Wer ist dort der alte Mann,
> In einer Ecke festgebunden,
> Daß er sich nicht rührt und regt?
> Vernunft hält über ihn Wache,
> Sieht und erkundet jede Miene.
> Der Alte ist verdrüßlich,
> Um ihn in tausend Falten
> Ein weiter Mantel geschlagen.

       Es ist der launige Phantasus,
   Ein wunderlicher Alter,
   Folgt stets seiner närrischen Laune,
   Sie haben ihn jetzt festgebunden,
   Daß er nur seine Possen läßt,
   Vernunft im Denken nicht stört,
   Den armen Menschen nicht irrt,
   Daß er sein Tagsgeschäft
   In Ruhe vollbringe,
   Mit dem Nachbar verständig spreche
   Und nicht wie ein Tor erscheine.
   Denn der Alte hat nie was Kluges im Sinn,
   Immer tändelt er mit dem Spielzeug
   Und kramt es aus und lärmt damit,
   Sowie nur nicht nach ihm gesehn wird.

Die Prinzessin also ist wohl die Phantasie, in deren Hofstaat sich auch Phantasus befindet, der »wunderliche Alte«, in der antiken Mythologie der Sohn des Schlafes, der durch seine Verwandlungen die Traumbilder der Menschen bewirkt. Dem Hofstaat der Prinzessin (in Eichendorffs Text) gehören die Helden aus der germanischen Sagenwelt an, wie im *Sternbald* Phantasus die antiken Helden wieder erscheinen läßt:
   Ein Heer von Kobolden lärmt und tanzt,
   Alte Helden kommen von Troja wieder,
   Achilles, der greise Nestor, versammeln sich
                                             zum Spiel
   Und entzweien sich wie Knaben. –

197,13 *wunderbare Sagen*] Die Sagen vom Venusberg.

197,26 *All' die Helden*] Die Helden aus Mythos, Sage, Legende, Dichtung und Geschichte. Mit seinem Lehrer Joseph Görres waren für Eichendorff Sage und Legende gleichsam historische Quellen für die innere Geschichte (die Bewußtseinsgeschichte) der Menschheit. Aus der Volkssage und den Volksbüchern werden hier genannt: Heinrich der Löwe, Gottfried von Bouillon, Siegfried und

König Alfred der Große von England, der sich der Sage nach, als Sänger verkleidet, in das Lager der Feinde begeben hat (vgl. HKA 1,2, S. 798). Vgl. auch die Einleitung zu Görres' Buch *Die teutschen Volksbücher*.

200,19 *In den Arm lebendig fassen!*] 1841: Muß mit Armen warm umfassen!

200,35 *Federn bunt im Winde flogen,*] Fehlt 1841.

201,1 *munter*] 1841: lustig

201,23 *Provenzalen*] Gemeint sind: ›Troubadours‹, ›Minnesänger‹. Seit Novalis galt den Romantikern das Provenzalische als eine der Ursprachen der Poesie.

202,3 *sich verwandeln*] So auch 1841; korrigiert aus: »sich verwandelt« (so auch in den *Gedichten* [1837] – in den *Gedichten* [1841]: »sind verwandelt«).

202,6 *Manche mit der Kron' geschmücket*] Im Entwurf deutlich als Anspielung auf den Grafen Loeben kenntlich: »Und nun kommen angezogen, Freier aus allen 4 Winden etc.: Es erschallen um die ganze Burg die ganzen Nächte von Gesang. Unter anderen auch Loeben in Krone und Ornat mit Vortragung eines Werkes etc: Sie lacht. Die Prinzessin glaubt, es sind Ritter u. will Heldentaten sehen, umarmt den Schönsten, der zu Asche wird. Die Freier sagen aber: Wir sind bloß Dichter, das ist alles nur erfunden, Du bist selber ein Gedicht. Sie sagen dies ganz toll gereimt: Dichter, lichter etc: –« (HKA 12, S. IX f.)

202,26 *einer welschen Improvisatorin*] In Italien war die Improvisationskunst bis tief in das 19. Jahrhundert hinein weit verbreitet. Die Improvisatoren und Improvisatorinnen, die jedes aufgegebene Thema aus dem Stegreif sofort in Verse setzten, es deklamierten oder zur Begleitung eines Instruments sangen, sind urkundlich in Italien bis ins 15. Jahrhundert zurück belegt. Als italienische Improvisatorinnen waren zur Zeit Eichendorffs bekannt: Maddalena Moralli Fernandez (aus Pistoia, gestorben 1800), Teresa Bandettini (gestorben 1837) u.a.

202,29 f. *Ist das nicht die Poesie?*] Im Entwurf hieß es zu dieser Stelle: »Nach dem Liede sagen einige, das ist die

Venus, die Schönheit, die *Poesie*, die heilige Maria als Welt*poesie* ⟨...⟩ Hier stemmt sich der Graf ernstlich gegen diese Verpoetisierung ohne allen festen Glauben und wird belächelt.« (HKA 1,2, S. 797.)

203,24 f. *die Geschichte der Gräfin Dolores]* Der in zwei Bänden zur Ostermesse 1810 erschienene Roman *Armut, Reichtum, Schuld und Buße der Gräfin Dolores. Eine wahre Geschichte zur lehrreichen Unterhaltung armer Fräulein aufgeschrieben von Ludwig Achim von Arnim.* (Berlin in der Realschulbuchhandlung). Im Entwurf hieß es zu diesem Roman auf einem Blatt, das den Entwurf eines Briefes von Eichendorff an Brentano enthielt: »Dolores. Ganz durchdrungen ins Leben. Ihr beide könnt wie Apostel nach entgegengesetzten Enden viel wirken. Polnische Lieder (von Andreaschek). Casperl in Wien. Langweilige Dichter, die am Ende nicht wissen, was sie wollen. Sie erkennen die Signatur aller Dinge etc: So sind Sie mir vorgekommen.« (HKA 12, S. IX.)

207,23 *zum Stichpunkt]* 1841: zum Stichblatt – Gemeint ist also die Trumpfkarte im Kartenspiel.

208,4 f. *ein unruhiges, krankenartiges Jucken]* 1841: ein unruhiges, krankhaftes Jucken – Eichendorff kritisiert den in der Romantik weit verbreiteten poetischen Dilettantismus.

208,7 *der Strauß]* Anspielung auf Gerhard Friedrich Abraham Strauß.

208,14 *goldenes]* Fehlt 1841.

208,16 f. *Spinnwebe von ewiger Freundschaft und heiligem Bunde]* Anspielung auf den »eleusischen Bund«, die »mystische liebereiche Loge«, worin sich die Brüder Eichendorff in Heidelberg mit Budde, Strauß und Loeben vereint hatten.

208,22 *wie beim babylonischen Baue]* Vgl. 1. Mose 11. Es gehört zu den Grundgedanken der Romantik, daß die wahre Poesie die in der Welt herrschende babylonische Verwirrung der Geister zu lösen in der Lage ist.

208,23 *Wortgepräng]* Prahlerei.

210,19 *Der Weg war eben so anmutig als der Morgen]* Nach

HKA 3 (1913), S. 512 hat Eichendorff hier als Szenerie Heidelberg vorgeschwebt: »Das lehrt Vorsicht vor zu gewagten Hypothesen, die man auf den inhaltlichen Zusammenhang des Romans hat aufbauen wollen.« Im – verschollenen – Entwurf hieß es dazu u.a.: »Wie der Graf zur Gräfin reitet am schönen Morgen, hört er in den gewundenen Heidelberger grünen Bergschluchten immerfort eine ihm bekannt scheinende Stimme romantisch begleiten, die die Echo immerfort wiederholt. Echoprobieren Leontins. Er findet die beiden im Wirtshause im Grünen am Tische. ⟨...⟩ Faber erzählt, daß die Gräfin wirklich Poetin sey. Leontin spricht zügellos unzüchtig von ihr wie *Brentano*. Dann freie phantastisch schöne Beschreibung ihres Zauberschlosses etc.« (HKA 3 [1913], S. 512; HKA 12, S. X; Dyroff, S. 282.)

211,4 f. *an den Ausgang des Gebirges an ein Dorf]* 1841: an den Ausgang des Gebirges und an ein Dorf

211,9 f. *einen* ⟨...⟩ *schwerbepackten Wagen]* Vgl. *Don Quixote* II 11: Don Quixotes Begegnung mit den Schauspielern von der Bande Angúlos des Bösen (HKA 3 [1984], S. 463).

211,23 *an seinen schwarzen Augen]* Nach HKA 3 (1913), S. 512 ein spontaner Ausdruck der Wirkung Clemens Brentanos auf Eichendorff.

212,2 *wie Abellino]* Heinrich Daniel Zschokkes (1771 bis 1848) fünfaktiges Trauerspiel *Abällino der große Bandit* (1795) hat Eichendorff 1805 in Breslau und im gleichen Jahr nochmals in Braunschweig gesehen (vgl. HKA 11, S. 93 und 121).

212,9 *eine Bande Schauspieler]* Ohne verächtlichen Nebensinn: ›eine Truppe Schauspieler‹.

212,9 f. *mit denen ich* ⟨...⟩ *reise]* Wie Wilhelm im 4. Buch von *Wilhelm Meisters Lehrjahren*.

212,12 *Lineamente]* Züge, Grundlinien eines improvisierten Spieles.

212,12 f. *Bürgerlicher Seelenadel]* Nach HKA 3 (1913), S. 513 parodistische Anspielung auf die erfolgreichen

Rührstücke August Wilhelm Ifflands (1759-1814), von denen Eichendorff nach Ausweis seiner Tagebücher viele gesehen hat.

212,17 f. *ein schillerndes Stück]* Gemeint ist: ›ein Stück im (moralischen) Tone Schillers‹.

212,25 *können]* 1841: kommen

213,4 *Der junge Mann]* Zur Geschichte des jungen Mannes vgl. die Geschichte von Otto und Kordelchen im 9. Kap. von *Dichter und ihre Gesellen*. – Die ganze Episode hat ihren Ursprung vielleicht in der im Tagebuch am 3. 1. 1812 notierten Begebenheit: »Als wir eben bei Lothringer des Abends saßen, trat sehr überraschend der junge Unger (der mit der Schauspielerin weggelauffen) herein. Seine Verlegenheit. Pläne nach Italien etc. Lange mit ihm über die Chronique scandaleuse von Ratibor uns unterhalten.« (HKA 11, S. 304; vgl. auch HKA 3 [1984], S. 465.)

215,4 *wie ein Schattenspiel]* Gegen Ende des 18. Jahrhunderts waren vor allem Robertsons Schattenspiele in ganz Europa bekannt und beliebt.

215,24 *Stimme in der Wüste]* Redensartlich nach Jes. 40,3 und den entsprechenden Zitaten der Jesaja-Stelle im Neuen Testament (Matth. 3,3; Mark. 1,3; Luk. 3,4; Joh. 1,23).

215,25 *Humor]* Im 18. Jahrhundert noch allgemein in der Bedeutung von ›Stimmung‹, ›Laune‹.

215,36 *ihm ins Gesicht lachten]* Im Entwurf hieß es dazu: »Die Leute behandeln den Faber mit Scheu, weil ihn Leontin heimlich für verrückt ausgegeben.« (HKA 3 [1913], S. 513.)

216,18 *durch die Lüneburger Ebne]* Vgl. Eichendorffs Tagebuch vom 25. 9. 1805: »Doch mit welchen Jämmerlichkeitsgebährden schaute uns hier die Welt an. Wir witterten gar bald, daß wir uns in Zerbinos Lande der Aufklärung befänden – Sandebnen u. Aussicht auf Heydekraut.« (HKA 11, S. 133.)

216,25 *Meßkatalog]* Seit dem 16. Jahrhundert das halbjährlich zur Oster- und zur Michaelismesse erscheinende

Verzeichnis der angebotenen Bücher, Kunstgegenstände und Landkarten. Meßkataloge wurden an den Hauptorten des Buchhandels (in Frankfurt und Leipzig) ausgegeben; ihre Bedeutung ging seit 1797 durch das Erscheinen der Halbjahresverzeichnisse zurück.

216,32 f. *mit Schurz und Kelle*] Kultgegenstände der Freimaurer.

216,36 f. *Runkelrüben*] Viehfutter.

217,8 f. *verstümmeltes Sprach-Gepräng*] Vgl. Grimmelshausens Schrift *Des weltberufenen Simplicissimi Prahlerei und Gepräng mit seinem Teutschen Michel* (1673).

217,16 *den schönsten Strauß*] Nochmals Anspielung auf Gerhard Friedrich Abraham Strauß; vgl. Anm. 193,23.

217,21 f. *Shackspears: »Was ihr wollt,«*] Eichendorff montiert in der folgenden Szene Texte aus der 4. Szene des 3. Aktes von Shakespeare's Lustspiel *Was ihr wollt* (in der Übersetzung von August Wilhelm Schlegel). Dort spricht Junker Tobias von Rülp in der Auseinandersetzung mit Malvolio, Olivias Haushofmeister,: »Hätten sich auch alle Teufel der Hölle zusammengedrängt, und besäße ihn Legion selbst, so will ich ihn doch anreden.«

217,31-33 *Sanftmütig* ⟨...⟩ *komm, tucktuck*] Eichendorff zieht aus dem närrischen Dialog Worte Fabios, Olivias Diener, und des Junkers Tobias zusammen.

217,34 *nicht in meine Sphäre*] Malvolio beendet den Streit mit Junker Tobias, Maria und Fabio mit den Worten: »Geht alle zum Henker! Ihr seid alle dumme, alberne Geschöpfe. Ich gehöre nicht in eure Sphäre: ihr sollt weiter von mir hören.«

217,37 *so richtig*] Nämlich rollengerecht, da Maria, Olivias Kammermädchen, im Streit zwischen Junker Tobias und Malvolio ein »Ojemine!« dazwischenruft.

218,11 *exkommuniziert*] Aus der Gemeinschaft der ästhetischen Kirche ausgeschlossen.

218,19-21 *versprachen einander nächstens in der Residenz wieder zu treffen*] 1841: versprachen einander, nächstens in der Residenz sich wieder zu treffen

218,27 *Lustig auf den Kopf]* In Eichendorffs *Gedichte* (seit 1837) unter dem Titel *Die Geniale*.

219,1 *wild und unzüchtig]* Vgl. dazu den Entwurf: »Leontin spricht zügellos unzüchtig von ihr wie *Brentano*.« (Dyroff, S. 282; vgl. oben S. 636)

219,7 *Renommisterei]* Prahlerei, Aufschneiderei; vgl. S. 591.

219,10 f. *das Schloß der Gräfin]* Vgl. den Entwurf: »Dann freie, phantastisch schöne Beschreibung ihres Zauberschlosses etc.« (HKA 3 [1913], S. 515.)

222,24 *Wenn die Sonne lieblich schiene]* Im *Liederanhang* (1826) unter dem Titel *Der zufriedene Musikant* (2). In Eichendorffs *Gedichte* (seit 1837) unter dem Titel *Der wandernde Musikant* (2). In einem Journaldruck unter dem Titel *Liedchen*; in der Handschrift überschrieben *Mandolinen-Lied* (vgl. HKA 1,2, S. 643).

222,25 *Welschland]* Italien.

223,37-224,1 *erblickte Romana]* Vgl. *Wilhelm Meisters Lehrjahre* V 12 u. 13. Ähnliche Szenen in Clemens Brentanos *Godwi* II 39 und in Dorothea Schlegels *Florentin* (vgl. auch HKA 3 [1913], S. 516).

224,11 *Vergangen ist der lichte Tag]* Im *Liederanhang* (1826) unter dem Titel *Nachtbilder* (5). In Eichendorffs *Gedichte* (seit 1837) unter der Überschrift *Nachtlied* (als selbständiges Gedicht, außerhalb eines Zyklus). Vgl. auch den Spruch »Vergangen ist die finstre Nacht« im *Marmorbild* (S. 421). Die letzte Strophe ist von Grimmelshausens Einsiedlerlied beeinflußt; vgl. Anm. 97,1 und HKA 1,2, S. 768 f.

225,23 f. *die Melusina]* Anspielung auf die Melusinen-Sage (vgl. Anm. 25,12). Nach Ibing (S. 100) soll eine schlesische Redensart für den heulenden Wind (die Klage der Melusine um ihre hungernden Kinder) zugrundeliegen.

226,2 *langsam]* Fehlt 1841.

226,29 *Rosa-samtenes Kleid]* 1841: rosasamtenes Kleid

226,30 *in den weißen Busen]* 1841: auf den weißen Busen

227,2 *Millionen glücklich machen]* Vgl. den Chor in Schillers *An die Freude* (1786):

Seid umschlungen, Millionen!
Diesen Kuß der ganzen Welt!
Brüder – überm Sternenzelt
Muß ein lieber Vater wohnen.

227,11 f. *altfränkischen Gesichtern*] Aus der Mode gekommenen Gesichtern. Vgl. Anm. 72,18.

228,24 *eine wahre Brockennacht*] Der Brocken im Harz ist im Glauben des Volkes der Tanzplatz der Hexen, ihr Treffpunkt mit dem Teufel. Vgl. Eichendorffs Beschreibung seiner »Wallfahrt nach dem Broken« am 13. 9. 1805: »Staunend u. nicht ohne inneres Leben fühl ich in diesen Augenbliken die Abgeschiedenheit von aller Welt, die furchtbare Nähe des Himmels, u. jetzt erst verstand ichs, warum gerade hier auf dem Bloksberge die Hexen tanzen sollen.« (HKA 11, S. 116-118.)

228,25 *dem Dauernden im Wechsel*] Vgl. Goethes Gedicht *Dauer im Wechsel* (1804).

228,26 *mehrere Stellen aus Göthe's Faust*] Wohl aus der im »Harzgebirg« spielenden Szene »Walpurgisnacht«.

229,7 *von diesen Blasen*] 1841: von den Blasen

229,37 *die falschen Dichter*] Vgl. Eichendorffs handschriftliche Notiz aus der Wiener Zeit: »Morgengesang. Große Gedanken gehn in mir. Das Spiel der Poesie genügt mir nicht. Gott laß mich was Rechtes vollbringen ⟨...⟩. Denn die Poesie, die nicht aufs Ganze Bezug hat, ist ein leeres Spiel.« (HKA 3 [1913], S. 517.)

229,37-230,1 *mit ihren Taubenherzen*] HKA 3 (1984), S. 180 konjiziert (gegen den Wortlaut des Erstdruckes und des Textes 1841): »mit ihren tauben Herzen«; vgl. dazu oben S. 595 f.

230,3 *verliederten*] Wortspiel aus ›Lied‹ und ›liederlich‹, im Sinne von ›mit Liedern die Zeit vergeuden‹; vgl. S. 596

230,4 *Spielmann vom Venusberge*] Gemeint ist der ›Tannhäuser‹. Vgl. S. 603 f.

233,14 *verwickelte sie hier*] 1841: verwickelte sich hier

234,10 *kein Licht zu machen*] 1841: kein Licht anzuzünden

234,29 f. *in einem schlechten Überrocke]* Die Szene ist, nach Eichendorffs Randbemerkung zu Loebens Brief vom 20. 10. 1814, Goethes *Egmont* und dort vor allem Egmonts Verhältnis zu Klärchen nachgestaltet (vgl. S. 625). Der Prinz also führt ein ästhetisches Leben in dem Sinne, daß er Gelesenes nachahmt. In seiner Kritik an der ästhetischen Existenz trifft sich Eichendorff bereits mit Kierkegaard.

234,32 f. *auf einem Schemel]* Vgl. *Egmont* III, Szene »Klärchens Wohnung«, die Bühnenanweisung: »⟨Egmont⟩ setzt sich, ⟨Klärchen⟩ kniet sich vor ihn auf einen Schemel, legt ihre Arme auf seinen Schoß und sieht ihn an.«

235,21 f. *vor allem]* 1841: vor allen Dingen

236,1 *Wann der kalte Schnee zergangen]* Im *Liederanhang* (1826) unter dem Titel *Warnung*. In Eichendorffs *Gedichten* (seit 1837) unter der Überschrift *Der Schnee*.

237,7 *zur Auskunft]* 1841: zur Auskunft da

237,13 f. *die Genovefa arm und bloß]* Wohl angeregt durch Tiecks Trauerspiel *Leben und Tod der heiligen Genoveva* (1799).

238,27 *Schreibzeug lag umher]* Vgl. *Wilhelm Meisters Lehrjahre* II 12.

239,25 *küßte den begeisterten Knaben]* Vgl. *Wilhelm Meisters Lehrjahre* III 11.

239,27 *mit beiden Armen fest umklammernd]* 1841: mit beiden Armen ihn fest umklammernd

239,36 *Es weiß und rät es doch keiner]* Im *Liederanhang* (1826) unter dem Titel *Die Stille*. Unter dem gleichen Titel auch in Eichendorffs *Gedichten* (seit 1837).

241,9 *auf einem der besuchtesten Spaziergänge]* Gemeint ist vielleicht der Wurstlprater in Wien und die Allee am Wurstlprater (vgl. HKA 3 [1913], S. 520 f.).

241,12 *Ringelspiele]* Österr. »Karussells«.

242,4 *sprach er den Prinzen]* 1841: sprach er mit dem Prinzen

242,25 *weit abschweifend]* Vgl. *Wilhelm Meisters Lehrjahre* III 1.

243,4 f. *das Geheimnis seiner Kindheit]* Wie das Geheimnis von Mignons Kindheit.

243,16 *Ich kann wohl manchmal singen]* Im *Liederanhang* (1826) als selbständiges Gedicht unter dem Titel *Wehmut*. Unter der gleichen Überschrift, aber als erstes Gedicht in einem Zyklus, in Eichendorffs *Gedichten* (seit 1837). Die ganze Szene Friedrichs mit Erwin ist der Wilhelms mit Mignon in *Wilhelm Meisters Lehrjahre* III 1 nachgestaltet.

244,3 *Tu' mir nicht schön]* 1841: Tu nicht schön mit mir

244,22 f. *Herzbruder]* 1841: Herzensbruder – Der Anklang an des Simplicius Simplicissimus treuen »Herzbruder« wird durch die Änderung 1841 auf den »Herzensbruder« Joseph von Eichendorffs, auf Wilhelm von Eichendorff hin, verändert; vgl. S. 589 f.

245,8 *hellen]* Ein von Klopstock und Goethe gebrauchtes Dialektwort für »erhellen«, »hell werden«.

245,18 *von den Fenstern]* 1841: vor den Fenstern – Zum Wortlaut des Erstdruckes vgl. Eichendorffs Tagebuch am 7. 5. 1807: »u. kamen um 1 Uhr Nachts in Brünn an, u. zwar recht romantisch, indem von allen Fenstern Nachtigallen schlugen, u. 2 junge Menschen auf der Straße schön zur Guitarre sangen.« (HKA 11, S. 188.)

245,32 f. *den königlichen Rhein]* Durch die Begegnung mit Achim von Arnim und Clemens Brentano hatte Joseph von Eichendorff unmittelbaren Kontakt mit der Rheinbegeisterung der deutschen Romantik. Im Dezember 1811 las er Achim von Arnims »Novellen« *Der Wintergarten* und dort im »Schluß« auch die enthusiastische Schilderung des Rheins (vgl. HKA 3 [1913], S. 522). Auch im Tagebuch vom 16. 7. 1807 (HKA 11, S. 204) nannte Eichendorff den Fluß, den er damals zum ersten Mal sah, »den königlichen Rhein«.

245,37-246,1 *in die kühlen Flammen]* 1841: in die kühlen Fluten

246,6 *die Weihe der Kraft]* Vgl. das Drama von Zacharias Werner (1768-1823) *Martin Luther oder die Weihe der Kraft* (1807), das Eichendorff in einer überfüllten Aufführung im Wiener Opernhaus am 28. 2. 1810 gesehen hat (vgl. HKA 11, S. 256).

247,7 *Wo ein Begeisterter steht*] Von Loeben als Motto seines Briefes über den Roman (am 20. 10. 1814) gewählt; vgl. S. 619.

247,9 f. *eine Stimme mit Pathos*] Parodie der mit schillerscher Rhetorik vorgetragenen Naturbegeisterung der Empfindsamkeit, die für Eichendorff die Begegnung mit der wirklichen Natur durch Literatur ersetzt.

247,18 *biederherzig*] Bedeutet: ›treuherzig‹.

247,23 *in des Eichwalds heiligen Schatten*] HKA 3 (1984), S. 477 f. belegt die Genitivmetaphern in den schwülstigempfindsamen Gedichten von Ludwig Theobul Kosegarten (1758-1818).

247,26 *Schillers Don Karlos*] Eichendorff hatte eine Bühnenfassung von Schillers »dramatischem Gedicht« *Don Carlos. Infant von Spanien* am 11. 10. 1809 in Breslau gesehen (vgl. HKA 11, S. 227).

247,30 *Koleraturen*] Mit Koloraturen sind hier bloß rhetorische Effekte der Verssprache gemeint.

248,7 f. *diese Alwina's, diese neuen Heloisen*] Anspielungen auf Friedrich Heinrich Jacobis (1743-1819) Roman *Woldemar* (1779 und 1794) und den Roman *Julie oder die neue Heloïse* von Jean Jacques Rousseau (1712-1778), der 1785 in deutscher Übersetzung erschienen war (vgl. HKA 3 [1984], S. 478).

248,29 *Ich sehe das Städtchen*] 1841: Ich sehe in das Städtchen

250,10 f. *sang ihnen neue Melodieen auf ihre alten Lieder*] Zitat aus dem Schlußkapitel von Achim von Arnims *Der Wintergarten*: »Ich sehe Dich *nicht* dabei, mein Clemens ⟨Brentano⟩, wie ich Dich sonst gesehen, die blaue Blume auf Deiner Gitarre, wie Du in fröhlichen Liedern zum erstenmal die Gegend mir ausgedeutet, klingend und singend zu den schwebenden Schäflein auf Himmelblau wie in die schwarze Tiefe bei Osteins Felsenburg, glänzend Deine Augen zum prasselnden Donner, zum brausenden Regen, der uns in alten Ritterburgen belagert hielt, spielend Deine Worte am warmen stillen Abende vor den Türen in Weinlauben am rauschenden Ufer, wenn Du den schönen Töchtern des Städtleins neue Melodien lehrtest für ihre alten Lieder von dem goldnen Hause auf Bergen.« (Migge 2, S. 428.)

250,22 f. *ein am Rheine bekanntes Märchen*] Den Mythos von der Loreley hat erst Clemens Brentano aus dem Namen des Rheinfelsens (›mons lurlaberch‹) und dem Echo, das die Fischer an diesem Felsen erprobten, entwickelt. Eichendorff kannte Brentanos Ballade von der Zauberin Lore Lay aus dessen Roman *Godwi*; vielleicht hat ihm Brentano, als er ihm 1810 in Berlin von seinen Märchen berichtete (HKA 11, S. 258), auch von der in den Märchen vorgenommenen Verwandlung der unglücklichen Zauberin »zu Bacharach am Rheine« in »die gute und schöne Wasserfrau« Lureley erzählt. Es gibt jedenfalls keinen Hinweis darauf, daß Eichendorffs Gestaltung des Loreley-Themas rheinisches Sagengut zugrundeliegt. Heinrich Heines bekannte und durch die Melodie von Silcher weit verbreitete Fassung des Stoffes (»Ich weiß nicht, was soll es bedeuten«) ist (um 1823/24), angeregt durch die Sage *Die Jungfrau auf dem Lurley* aus Aloys Schreibers *Handbuch für Reisende am Rhein von Schaffhausen bis Holland* (Heidelberg 1818), entstanden; Otto Heinrich Graf von Loebens *Loreley. Eine Sage vom Rhein* erschien vermutlich erstmals im *Deutschen Dichterwald* (1814).

250,24 *Es ist schon spät*] In Eichendorffs *Gedichten* (seit 1837) unter dem Titel *Waldgespräch*.

250,31 *Vor Schmerz mein Herz gebrochen ist*] Wie in Brentanos Ballade gewinnt auch hier das von einem Mann betrogene Mädchen dämonische Macht über die Herzen der Männer.

252,27 *legte er ⟨...⟩ lauernd an*] Vgl. dazu das 17. Kap. von *Ahnung und Gegenwart* (S. 277). – Zu der in der Romantik verbreiteten Bildlichkeit der Jagd für Abenteuer, Schönheit und Gefahren der Liebe vgl. u. a. das in der

>Zeitung für Einsiedler< (1808) erstmals gedruckte und Eichendorff sicher bekannte Gedicht Brentanos *Der Jäger an den Hirten*.

252,29 *Herzog Hubertus*] Nach der Legende war Hubertus, Sohn des Herzogs Bertrand von Guyenne, ein leidenschaftlicher Jäger. Als er einst den Feiertag durch die Jagd entweihte, erschien ihm ein Hirsch mit einem goldenen Kreuz zwischen dem Geweih. Dadurch bekehrt, wurde Hubertus später Bischof von Lüttich. Sein Fest, als Patron der Jäger, wird am 3. November gefeiert. Vgl. auch *Das St. Hubertuslied* in *Des Knaben Wunderhorn*.

253,10 *Wir sind so tief betrübt*] In Eichendorffs *Gedichten* (seit 1837) unter dem Titel *Sonette. An A...* (2). Die Chiffre »A...« könnte durch »Astralis« aufgelöst werden; eines der unter dieser Überschrift in den *Gedichten* zusammengefaßten Sonette wäre dann auf Budde zu beziehen, der im Bund um Loeben den Namen Astralis trug, doch könnte sich unter dem Buchstaben auch Achim von Arnim verbergen. Uhlendorffs (von HKA 3 [1984], S. 480 übernommene) Behauptung, das Sonett sei an Clemens Brentano gerichtet, ist nicht zu belegen.

254,34-255,1 *Bekanntschaften mit einigen häuslichen Frauen*] Wie die büßende Dolores in Arnims *Gräfin Dolores*.

255,21 *einer Rakete vergleichen*] Ein von Eichendorff häufiger gebrauchtes Bild für das wilde Leben des Adels in der vorrevolutionären Zeit (HKA 10, S. 395) und für die romantische Bewegung (vgl. den Beginn der Schrift *Über die ethische und religiöse Bedeutung der neueren romantischen Poesie in Deutschland*, 1847).

255,23 *Beifallsgeklatsch*] 1841: Beifallsklatschen

255,28 *einem Somnambulisten*] Einem Schlafwandler.

255,32 f. *mitten im Schreiben*] Diese innere Spaltung, die Selbsttätigkeit des Wortes, hat als eine dichtungssymptomatische, zu Sprachzweifel und Sprachverzweiflung führende Erfahrung am eindringlichsten Clemens Brentano beschrieben. Hugo von Hofmannsthal hat diesen Zustand – in Parallele zu eigenen Erfahrungen – als den Lebenszustand von Clemens und Bettine Brentano bezeichnet.

255,33 *wie doch das alles]* 1841: wie doch alles

256,32 f. *Die beiden ⟨...⟩ Rosse]* Nach HKA 3 (1913), S. 525 Anspielung auf Egmonts bekannte Worte: »Kind! Kind! nicht weiter! Wie von unsichtbaren Geistern gepeitscht, gehen die Sonnenpferde der Zeit mit unsers Schicksals leichtem Wagen durch; und uns bleibt nichts, als mutig gefaßt die Zügel festzuhalten, und bald rechts, bald links, vom Steine hier, vom Sturze da, die Räder wegzulenken. Wohin es geht, wer weiß es? Erinnert er sich doch kaum, woher er kam.« (Goethe, *Egmont*, II, Szene: Egmonts Wohnung)

257,13 f. *eine schöne reiche Braut]* Vgl. das biblische Gleichnis vom Gastmahl Luk. 14,16-24.

258,3 *Exaltation]* Überspannung, Verzückung.

258,7 *Drudenfüßen]* Unleserliche Schrift.

258,10 *Brief]* Da Eichendorffs Tagebuch am 16. 11. 1811 »einen Brief vom Caplan« verzeichnet, nimmt HKA 3 (1913), S. 525 an, daß dem Brief im Roman ein wirklicher Brief von Paul Ciupke zugrundeliegt.

258,11 f. *Sie und der Herr Graf Leontin]* Der Brief beschreibt die Stimmung in Lubowitz nach dem jeweiligen Abschied von Wilhelm und Joseph von Eichendorff.

258,18 *Abraham a St. Klara]* Vgl. Anm. 158,1 f.

258,35 *fahren und reiten]* 1841: fahren oder reiten

259,2 *in Mantel gehüllt]* 1841: in den Mantel gehüllt

259,12 *Fräulein Julie]* Daraus ist zu schließen, daß sich Luise von Larisch um den kranken Kaplan gekümmert hat.

259,27 f. *klettert sie ⟨...⟩ über den Gartenzaun]* Vgl. Tagebuch vom 10. 7. 1810 (HKA 11, S. 273): »Nachmittags ich mit L⟨uise⟩ über der Rasenbank auf dem Zaune gesessen. L: sehr munter u. außerordentlich liebenswürdig. Ueber den Zaun gestiegen. (nicht hinsehn) Lagerung daselbst.«

260,26 *meinen Hut und Pfeife]* 1841: meinen Hut und meine Pfeife

260,29 *auf dem Jagdschlosse erinnern]* 1841: auf dem Jagdschlosse her erinnern

261,15 *neugeschmückte Frühlingsbühne]* Vgl. Arnims *Gräfin Dolores*: »Einsam durchstrich er ⟨Hollin⟩ zum erstenmal die schnell aufgründende Frühlingsbühne« (II 9); vgl. auch Eichendorffs Gedicht *Trennung* (2): »Dem schönen Lenz gleicht recht die erste Liebe. | Wenn draußen neu geschmückt die Frühlingsbühne, | Die Reiter blitzend unten ziehn durchs Grüne,« und die zugehörige Anm. HKA 1,2, S. 740 f.

261,28 *mit wirrendem Geschrei]* 1841: mit wirrem Geschrei

262,8 f. *sah sehr blaß und seltsam]* 1841: sah sehr blaß und seltsam aus

262,21 *der Verschiedenen]* 1841: der Dahingeschiedenen

262,35 f. *ein Totenopfer]* Vgl. etwa August Wilhelm Schlegels Zyklus *Totenopfer* aus dem Jahre 1802, in dem zahlreiche Sonette enthalten sind.

263,4 *Einsiedler will ich sein]* Als Zitat nicht nachgewiesen; nicht in Eichendorffs *Gedichten*.

265,11 *rückwärts]* Fehlt 1841.

265,23 *immer größer und größer]* 1841: immer größer

265,28 f. *sein langer Schatten]* Nach HKA 3 (1913), S. 527 angeregt durch den »Schatten des Riesen« in Goethes *Das Märchen*.

266,26 f. *in einigen Zeilen]* 1841: in wenigen Zeilen

266,32 *tief in Gedanken]* 1841: in tiefe Gedanken

268,17 f. *in männlichen Jägerkleidern]* 1841: in männlichen Jagdkleidern

268,30 *in kecken, barocken Worten]* In kecken, geschmacklosen Worten.

268,32 *Jagdgesindel]* Nach Weichberger (S. 39) Parodie auf die »falschen Steyrer«, auf eine Gesellschaft »blasierter Gecken und Wüstlinge, reiche Bankierssöhne aus der Residenz, die der unter dem Kaiser Franz herrschenden Scheinvolkstümlichkeit zu Liebe im Sommer in Aussee und Umgegend in graugrünen Wämsern, Schnallenschuhen und

Kniehosen den Hof umschwärmten« (vgl. HKA 3 [1913], S. 528).

270,1 *quickerten]* Schnatterten. Vgl. Anm. 189,4.

270,11 *Dämm'rung will die Flügel spreiten]* In Eichendorffs *Gedichten* (seit 1837) unter dem Titel *Zwielicht*.

271,17 f. *und dem Walde]* 1841: und am Walde

271,24 *In goldner Morgenstunde]* Im *Liederanhang* (1826) unter dem Titel *Der Gefangene*. Unter diesem Titel auch in Eichendorffs *Gedichten* (seit 1837).

273,3 *Fraue]* Herrin. Archaisierendes Wort, in Anlehnung an das mhd. ›vrouwe‹. Vgl. Anm. 457,9.

274,27 *im Liebeszauber]* Anspielung auf Tiecks im *Phantasus* (1812) erschienene Erzählung *Der Liebeszauber* und den dort geschilderten Drachen, durch dessen Blick Emils »Gehirn und Herz« gelähmt werden.

274,29 *Helm und Schwert wie Armida]* Da Armida in Tassos *Das befreite Jerusalem* nicht Helm und Schwert, sondern Pfeil und Bogen gegen Rinaldo wendet, vermutet HKA 3 (1984), S. 483 den Einfluß einer Opernszene, etwa aus Haydns oder Glucks *Armida* (1789 bzw. 1776/77).

274,30 *blöde]* Schwächlich, schüchtern.

274,34 *auf einmal]* 1841: mit einem Male

275,17 *halbverirrt]* 1841: halbverwirrt

275,23 f. *herabtrieb]* 1841: hinabtrieb

276,6 *in einemfort]* 1841: ununterbrochen

276,8 *Sinnenverwirrend]* 1841: sinnenberauschend

277,8 *eben]* 1841: endlich

277,10 *eine weiße Figur]* Vgl. S. 252,27-33.

278,2 *Achtzehntes Kapitel]* Historischer Hintergrund des Kapitels ist der Aufstand der 1805/06 zu Bayern geschlagenen Tiroler gegen die Besatzungstruppen (seit 1809). Die Romantiker sahen in diesem Volksaufstand die Verwirklichung eines ins Leben eingreifenden Poesiebegriffes, vor dem alle Literatur kleinlich erschien. Eichendorff kam »die Dichtkunst ⟨...⟩ läppisch vor in Zeiten, wo der Herr ⟨...⟩ unmittelbar die Sprache der Poesie zu den Völkern redet.« (HKA 12, S. 30) Charakteristisch für diesen romantischen Begriff einer Poesie des Lebens sind Neidhardt von Gneisenaus Anmerkungen zu einer Marginalie des preußischen Königs. Dieser hatte den Hinweis auf die »tapferen österreichischen Milizen im letzten Kriege, die, fest zusammengeschlossen, dem Anfall der französischen Reiterei mutvoll widerstanden«, mit der Bemerkung versehen: »Als Poesie gut.« Darauf bemerkte Gneisenau: »Religion, Gebet, Liebe zum Regenten, zum Vaterland, zur Tugend sind nichts anderes als Poesie, keine Herzenserhebung ohne poetische Stimmung. Wer nur nach kalter Berechnung handelt, wird ein starrer Egoist. Auf Poesie ist die Sicherheit der Throne gegründet.« (Kanzog, S. 162.) Diesen Poesiebegriff hat Eichendorff aus den Wirren der Zeit gerettet und zeitlebens festgehalten und verteidigt.

278,8 *die letzte Ringmauer von Deutschland]* Gemeint ist: ›Tirol‹.

278,21 *von Kopf bis Fuß]* 1841: vom Kopf bis auf den Fuß

279,28 f. *des Landsturmes]* Landsturm war der Zusammenschluß aller wehrfähigen Männer eines Landes gegen einen feindlichen Einfall. Die Idee des Landsturms, die sich in Preußen erst 1813 durchsetzte, hatte in Tirol eine bis zum Jahre 1511 zurückreichende Tradition, an die der Tiroler Landsturm bei Beginn des österreichischen Krieges gegen Napoleon und seine Verbündeten (im April 1809) anknüpfen konnte.

280,14 *Zeitung]* Hier: ›Nachricht‹.

282,30 *Elend]* Die Grundbedeutung ›Fremde‹ schwingt hier noch mit, da der junge Offizier als einer der vielen deutschen Söldner Napoleons beschrieben wird.

283,1 *Schillers Reiterlied]* Aus Schillers Drama *Wallensteins Lager*. Dort wird es am Ende des Stückes von Kürassieren, Dragonern und Jägern gesungen. Die erste Strophe lautet:

Wohl auf, Kameraden, aufs Pferd, aufs Pferd!
Ins Feld, in die Freiheit gezogen.
Im Felde, da ist der Mann noch was wert,

> Da wird das Herz noch gewogen.
> Da tritt kein anderer für ihn ein,
> Auf sich selber steht er da ganz allein.

Die negative Wertung des »fürchterlichen Liedes« teilt Eichendorff mit Achim von Arnims *Der Wintergarten* (4. Winterabend), wo der Invalide auf den Vortrag dieses Liedes empfindlich reagiert: »Diese ganze Last von armen Seelen, die sich an dem Liede begeisterten und entgeisterten, die alle von mir gerissen wurden, die macht mich wasserscheu, liederscheu, kameradenscheu, reiterscheu, und um aller armen Menschen willen, die unnütz gestorben sind, singen Sie nicht weiter in diesem fürchterlichen Geisterchore.«

283,5 *Bildung]* Hier: ›Gestalt‹.

283,7 *den Deßauer Marsch]* Auf den Text »So leben wir, so leben wir«. Fürst Leopold von Anhalt-Dessau (der Alte Dessauer) soll 1706, nach der Erstürmung Turins, mit diesem Marsch empfangen worden sein, so daß die Melodie seine Lieblingsmelodie wurde und seither nach ihm benannt wird.

283,20 *an ihre Waffen]* 1841: auf ihre Waffen

283,32 *In stiller Bucht]* Im *Liederanhang* (1826) unter dem Titel *Der Tiroler Nachtwache*. Unter der Überschrift *Der Tiroler Nachtwache. 1810* in Eichendorffs *Gedichten* (seit 1837). Das Gedicht ist deutlich Friedrich von Spees *Traur-Gesang von der Not Christi am Ölberg in dem Garten* (»Bei stiller Nacht | zur ersten Wacht«), aus dessen Sammlung *Trutznachtigall*, nachgebildet. Friedrich Schlegel hatte schon 1806 im *Poetischen Taschenbuch* eine Auswahl von Spees Liedern aus der *Trutznachtigall* nachgedichtet, darunter auch das Gedicht *Christus im Garten* (»Bei finstrer Nacht, zur ersten Wacht«). Das geistliche Lied, im Unterschied zu den ›Zoten‹ der Feinde, charakterisiert die Gesinnung der Tiroler Freiheitskämpfer.

284,4-19 *Kommt nur heran]* In den beiden letzten Strophen des Gedichtes Anspielungen auf Luthers Lied *Ein feste Burg ist unser Gott*.

284,26 *talket]* Tölpelhaft. Nach Empfang von Loebens Roman *Arkadien* hat Friedrich Schlegel Eichendorff geraten, er solle an Loeben schreiben: »Sei doch nicht so talket!« (HKA 11, S. 308.)

284,29 *Mein Schatz, das ist ein kluges Kind]* In Eichendorffs *Gedichten* (seit 1837) unter dem (kaum in Beziehung zum Text zu setzenden) Titel *Die Schärpe*.

286,1 *immitten]* 1841: inmittelst

287,16 f. *die heilige Mutter Anna]* Nach HKA 3 (1913), S. 530 eine Anspielung auf Dorothea Schlegels Roman *Florentin*, wo »ein Porträt der hl. Anna, wie sie das Kind Maria unterrichtet, leitmotivartig« wiederkehrt.

289,21 *Als sie]* 1841: Als dieselbe

290,8 f. *der Friede geschlossen]* Der Krieg endete mit der Niederlage Österreichs; der Friede von Schönbrunn wurde am 14. 10. 1809 unterzeichnet. Andreas Hofer, der Anführer der Tiroler, der nach dem Friedensschluß den Kampf nochmals begonnen hatte, wurde verraten, verhaftet und am 20. 2. 1810 in Mantua standrechtlich erschossen.

290,11 *geächtet]* Noch in der Zeit der Freiheitskriege wurden die in Napoleons Machtbereich beheimateten Offiziere (etwa des Lützower Korps), die auf der Seite seiner Gegner kämpften, offiziell im ›Moniteur‹ geächtet. Ihre Güter wurden eingezogen, sie selbst wurden für vogelfrei erklärt. Im Roman gehört Friedrich offenkundig einem Land des mit Napoleon verbündeten Rheinbundes zu, so daß er, auf der Seite der Tiroler kämpfend, der Acht verfällt.

295,21 *mit ihr]* 1841: mit sich

296,5 *dunklen Lauben]* 1841: bunten Lauben

298,16 *In einem kühlen Grunde]* Im *Liederanhang* (1826) unter dem Titel *Das zerbrochene Ringlein*. Unter dem gleichen Titel in Eichendorffs *Gedichten* (seit 1837). Im Erstdruck (in *Deutscher Dichterwald*, Tübingen 1813) unter dem Titel *Lied* (noch unter Eichendorffs Pseudonym »Florens« veröffentlicht). Zu den Einflüssen von Liedern Goethes und Liedern aus *Des Knaben Wunderhorn* vgl. HKA 1,2,

S. 786-790. Das Lied wurde schon zu Eichendorffs Lebzeiten für ein Volkslied gehalten und auf eine populäre Melodie viel gesungen.

301,16 f. *und meine Tätigkeit]* Fehlt 1841.

301,19 *Motion]* Bewegung.

301,21 *lauterer]* In den Wörterbüchern als sehr seltene Form von ›lauter‹ nachgewiesen.

302,2 *Nach der großen Schlacht]* Die Armee des Erzherzogs Karl unterlag Napoleon am 5. und 6. 7. 1809 bei Wagram; schon am 12. 7. wurde der von Erzherzog Karl erbetene Waffenstillstand in Znaim unterzeichnet.

302,37-303,1 *glücklichverborgenen]* 1841: glückverborgenen

304,4 *Hoch über den stillen Höhen]* In Eichendorffs *Gedichten* (seit 1837) unter dem Titel *Der Reitersmann*.

304,8 *Rocken]* Der Rocken oder die Kunkel, am Spinnrad der Stock zur Befestigung des Spinnmaterials.

304,27 *mutig]* Im Sinne von: ›begehrlich‹.

305,7 *Die Augen ihr übergingen]* Vgl. Goethes, von den Romantikern vielfach adaptiertes Lied *Der König von Thule* (Erstdruck mit der Melodie von Seckendorff 1782), 2. Strophe:

> Den Becher hätt er lieber,
> Trank draus bei jedem Schmaus.
> Die Augen gingen ihm über,
> So oft er trank daraus.

305,19 *darauf]* Fehlt 1841.

306,12 *als wär' ich verrückt]* Vgl. in Goethes *Faust* (Teil 1, v. 3382-85) Gretchens Lied am Spinnrade:

> Mein armer Kopf
> Ist mir verrückt,
> Mein armer Sinn
> Ist mir zerstückt.

307,22 f. *nachdenklich]* 1841: nachdenkend

307,26 *jenen gehässigen Reiter]* Jenen mir verhaßten Reiter.

308,4 *aus Göthe's Fischerin]* Die 2. Strophe aus dem

Schlußgesang von Goethes Singspiel *Die Fischerin* (vgl. HKA 3 [1913], S. 533).

308,23 *im ganzen Faust der liebste]* Vgl. Goethes *Faust* (Teil 1, v. 3968-70, Walpurgisnacht):
STIMME Welchen Weg kommst du her?
STIMME   Übern Ilsenstein!
Da guckt' ich der Eule ins Nest hinein.
Die macht' ein Paar Augen!

308,34 f. *einen ungeheueren Krug voll Wein]* Vgl. Eichendorffs Tagebuch vom 23. 3. 1804: »Nachmittag den H. Caplan durch die plötzliche Ueberraschung zu Boden geschmettert u. bis Abends Wein gesoffen.« (HKA 11, S. 65.)

309,13 *der Tummelplatz]* Eigentlich: ›die Reitbahn‹, hier: ›der Kampfplatz‹, ›das Schlachtfeld‹.

309,29 f. *in der gemeinen Schande]* In der allgemeinen Schande.

309,33 *wacker]* Im Sinne von: ›mutig‹.

310,13 *ersten]* Fehlt 1841.

310,27 *zum Dichter berufen]* Vgl. Anm. 202,6. Das Berufsdichtertum hat Eichendorff verachtet.

311,20 *ein Sonett darauf]* Die ästhetische Existenz nimmt alle fröhlichen und alle traurigen Ereignisse des Lebens nur zum Anlaß für die Entstehung von Literatur.

311,23 *als rebellisch]* Als Rebellion wurde z. B. der Aufstandsversuch des Majors Ferdinand von Schill angesehen, der im Mai 1809 im Straßenkampf in Stralsund gefallen ist. Der Kopf des ›Rebellen‹ wurde ins Naturalienkabinett nach Leiden gebracht, elf seiner Offiziere wurden standrechtlich erschossen, seine gefangenen Soldaten wurden zu französischen Galeerensklaven gemacht. Auch Andreas Hofer wurde im Februar 1810 als Rebell erschossen.

312,4 f. *mit zwei Männern]* 1841: mit den zwei Männern
312,32 f. *in einem fort]* 1841: fortwährend
313,3 *gepickt hatte]* 1841: gepickt
313,15 f. *jenes alte Lied]* Vgl. S. 90,4.
313,19 f. *schlief der Bediente quer über der Schwelle]* Wie die Fenstersituation eine der formelhaften Schwellensituatio-

nen der Helden Eichendorffs, die in seinem Werk häufig wiederkehren. Vgl. etwa *Das Marmorbild*, S. 395,31. Von Egon Schwarz (S. 217) wurde der Bediente im *Marmorbild* als die Personifikation des Gewissens gedeutet.

313,24 *mit einem durchdringenden Schrei]* Vgl. Mignons Tod in *Wilhelm Meisters Lehrjahre* VIII 5: »Mignon fuhr auf einmal mit der linken Hand nach dem Herzen, und indem sie den rechten Arm heftig ausstreckte, fiel sie mit einem Schrei zu Nataliens Füßen für tot nieder.«

313,34 *sehr heftige innerliche Zuckungen]* Vgl. Mignons Krampf in *Wilhelm Meisters Lehrjahre* II 14.

315,2 f. *bemüht, ihn ins Leben zurückzurufen]* Vgl. *Wilhelm Meisters Lehrjahre* VIII 5.

315,6 *wie ein Engel]* Vgl. *Wilhelm Meisters Lehrjahre* VIII 8: »und das Kind lag in seinen Engelkleidern wie schlafend in der angenehmsten Stellung«.

315,28 *ein lediges Handpferd]* Gemeint ist: ›Ein Reservepferd ohne Reiter‹.

315,29 *ein reichgefaßtes Medaillon]* Vgl. Dorothea Schlegels *Florentin*, »wo Juliane an der Brust ein Miniaturbild Clementinens trägt, die auch auf dem entsprechenden Gemälde die hl. Anna vorstellt« (HKA 3 [1913], S. 534).

316,20 *auf einem Pferde]* 1841: an einem Pferde

317,10 *aus Eifersucht]* Vgl. Mignons Eifersucht in *Wilhelm Meisters Lehrjahre* VIII 3.

317,17 f. *das unglückliche Ohngefähr]* Im Sinne von: ›der unglückliche Zufall‹.

317,19-22 *Erwin verriet ⟨...⟩ Neigung zu dir.]* 1841: Erwin verriet durch seine jetzige verwirrte Unachtsamkeit und seine tiefe, unüberwindliche Neigung zu Dir gar bald sein Geschlecht.

317,26 *Erwine]* Korrigiert aus: »Erwin«.

318,12 *in jener fürchterlichen Nacht]* Vgl. S. 68-70.

319,8 f. *abgeführt]* Studentensprachlich ›abführen‹ heißt ›besiegen‹, ›eine Abfuhr erteilen‹.

319,11 *den Branntwein]* 1841: Branntwein

319,13 *Milch und Honig]* Vgl. 2. Mose 3,8.

319,14 f. *Hol' der Teufel alle Ruhestörer!*] Der Aufruf des Berliner Stadtkommandanten nach der Schlacht bei Jena und Auerstedt ist rasch sprichwörtlich geworden, da die preußischen Patrioten darin nach der militärischen Niederlage nun auch die moralische Unterwerfung unter das Diktat des Siegers sahen. Der Aufruf lautete: »Der König hat eine Bataille verloren. Jetzt ist Ruhe die erste Bürgerpflicht. Ich fordere die Einwohner Berlins dazu auf. Der König und seine Brüder leben. Berlin, den 17. Oktober 1806. Graf v. d. Schulenburg.«

320,3 *unsere grünen Freiheitsburgen*] Unsere Bergwälder. In Schillers Schauspiel *Wilhelm Tell*, das Eichendorff seit 1804 mehrfach im Theater gesehen hat, werden die Berge das von Gott gegründete »Haus der Freiheit« genannt (I 3).

320,12 *die weltliche Pracht und Herrlichkeit*] Im Gegensatz zur »herrlichen Pracht« des Königreiches Gottes (vgl. Psalm 145,12).

321,4 *Ein niedlicher Schlangenpfad*] Vgl. *Der Adel und die Revolution*: »und ein wüstes Gehölz mit wenigen Blumen und vielen ärgerlichen Schlangenpfaden, auf denen man nicht vom Fleck und zum Ziele gelangen konnte, mußte den neuen Park bedeuten« (HKA 10, S. 392).

321,33 *einen hölzernen Apollo*] Vgl. *Der Adel und die Revolution*, HKA 10, S. 392.

321,36 f. *nebst einer ⟨...⟩ holländischen Meierei*] Meierei oder Holländerei, in Norddeutschland das Gebäude zur Herstellung von Butter und Käse.

322,16 f. *Surrogat-Tempel*] Tempel-Ersatz.

322,31 f. *die üblichen Aushängetafeln*] Vgl. *Der Adel und die Revolution*, HKA 10, S. 392. Vgl. auch Eichendorffs Schrift *Über die Folgen von der Aufhebung der Landeshoheit der Bischöfe und der Klöster in Deutschland* (in der Fassung von 1845): »die mit schlechten Versen besudelten geschwätzigen Zeugen, die uns jetzt an jedem schönen Platz die Bäume entgegenstrecken, und die mit ihrer sentimentalen Zudringlichkeit nur die Geistersprache der Natur verstören« (HKA 10, S. 184).

323,2 *Freut euch des Lebens]* Vgl. Anm. 166,17 f.

323,3 *nebst einigen Zotten]* 1841: nebst einigen andern Zotten – »Zotten« ist im 19. Jahrhundert neben ›Zoten‹ noch allgemein gebräuchlich. Gemeint sind ›geschmacklose Witze‹.

323,13 *kleinlich]* Im 18. Jahrhundert noch allgemein in der Bedeutung von ›klein‹, ›unbedeutend‹.

323,14 *Zwergbäumchen]* 1841: Zwergbäumen

323,16 f. *ein einsamer Strom]* 1841: ein einfacher Strom

325,19 *Schalmei]* Rohrpfeife, Hirtenflöte.

325,27 f. *ihre Augen so wie Gedanken]* 1841: ihre Augen sowie ihre Gedanken

326,7 *und weiß nicht]* 1841: und ich weiß nicht

326,23 *Bogentor]* 1841: Burgtor

326,26 f. *ein seltsamer Mensch]* Vielleicht Anspielung auf den Grafen Loeben bzw. auf seinen Schäferroman *Arkadien*.

326,32 f. *eines ⟨...⟩ kalekuttischen Hahnes]* Truthahn.

327,1 *Karfunkelstein]* Vgl. Anm. 193,37.

327,3 *Ein junger Mensch]* Nach Riley, Erzähltechnik, S. 30 f. »eine scharfe, fast bittere Parodie auf den Helden des *Zauberrings* ⟨von Fouqué⟩, eine Parodie nämlich auf den jungen blonden christlichen Ritter, Otto von Trautwangen, der aus dem Herzen Deutschlands hervorging, um die Heiden im Ausland zu bekämpfen.« Eichendorff parodierte also nicht so sehr Personen, als vielmehr Erzählstile und um 1812 verbreitete Romantypen, wobei er der allegorischen Erzählweise in Friedrich Schlegels Roman *Lucinde* folgte.

327,27 *aber die Heiden handtieren]* Biblische Sprechweise (vgl. Jak. 4,13); bedeutet hier: ›die Heiden treiben Handel‹, ›machen Geschäfte‹.

328,4 f. *lorgnierte]* 1841: lorgnettierte – lorgnieren oder lorgnettieren bedeutet: ›jemanden durch eine Stiel-Brille betrachten‹.

328,7 *in Berlin]* Gemeint ist wohl Berlin als die Hauptstadt des Literaturbetriebes in Preußen, besonders als Sitz der Berliner Romantik.

328,18 f. *in einem ⟨...⟩ Negligé vom feinsten, weißen Perkal*] Im Sinne von: ›in einem Untergewand, einem Hausgewand von feinstem, weißen, ostindischen Baumwollstoff‹.

328,27 *bon soir, bon soir, mes amis*] (Franz.) Guten Abend, guten Abend, meine Freunde. – Der altdeutsch gekleidete Ritter entpuppt sich als ein Dandy.

328,37 *hundemäßig durchprügeln*] Vgl. Anm. 120,16 f.

329,3 f. *betrachteten sie genauer*] 1841: betrachten dieselbe genauer

329,13 *Lazerte*] Nach lat. Lacerta »Eidechse«. In Venedig wurden Freudenmädchen Lazerten genannt.

329,27 f. *ernsthaft und empfängt mich fast feierlich*] 1841: ernsthaft aus und empfängt mich ganz feierlich – Die Stelle ist ein Beleg dafür, daß Eichendorffs doppeldeutiger Gebrauch des »fast« (im Sinne von ›ganz‹ und im Sinne von ›beinahe‹) schon von den Zeitgenossen, eventuell auch vom Autor selbst, als altmodisch empfunden wurde.

330,10 *wieder kommen*] 1841: wieder zu kommen

330,36 *Schnapphahn*] Wegelagerer, Straßenräuber.

331,14 *der Frau v. A.*] »Es ist das einzige Mal, daß die weiße Frau diesen Namen trägt. Wohl ein Versehen des Dichters in Anlehnung an Herrn v. A.« (HKA 3 [1913], S. 537.) Vgl. Anm. 134,6.

332,14 *dessen Wände sie mit Kohle bemalt fanden*] Vgl. Brentanos *Godwi* II 39: »die Wände waren mit allerlei abgeschmackten Figuren mit Kohlen bemalt« und Arnims *Gräfin Dolores* I 3: »Ihr Zeichenbuch waren aber die großen weißen Wände im obersten Stockwerke des Schlosses, die sie sehr wunderlich mit allen ihr bekannten Historien in Kohle und Ruß bemalte.«

333,8 *Polterkammer*] Rumpelkammer.

333,18 *Ein Stern still nach dem andern fällt*] Im *Liederanhang* (1826) unter dem Titel *Morgenlied*. Unter diesem Titel auch in Eichendorffs *Gedichten* (seit 1837). In der Handschrift überschrieben *Im Roman*.

334,11 f. *Agieret ⟨...⟩| Den Plunder allzumal*] Auf der

großen Lebensbühne spielen die Menschen ihre nichtigen Rollen im Treiben der Welt.

334,17 *Und wie er dehnt die Flügel aus*] Vgl. Anm. 190,31.

334,32-335,1 *ein Alphorn*] Der weittragende, helle und weiche Ton des Alphorns erweckt im Schweizer seine charakteristische Nationalkrankheit: das Schweizer-Heimweh; vgl. Anm. 100,8. Vgl. auch das Lied *Der Schweizer* in *Des Knaben Wunderhorn*, Justinus Kerners bekanntes Lied *Alphorn* (Erstdruck 1813), Eichendorffs *Der Adel und die Revolution* (HKA 10, S. 388), etc.

335,11 f. *eine Narbe über dem rechten Auge*] Vgl. S. 314,17-20. Wenn Rudolf tatsächlich »das Zeichen heillosen Brudertums ⟨...⟩ unmißverständlich ins Gesicht geschrieben« ist und wir die Narbe »als Kainsmal« deuten müssen (Seidlin, S. 225), so ist die Geschichte von Friedrich und seinem verwilderten Bruder Rudolph auf der Folie der biblischen Geschichte von Kain und Abel zu lesen (1. Mos. 4,15), wobei die Psychologisierung des Motivs nicht zu übersehen ist.

335,22 f. *Signor Amoroso*] (Ital.) Herr Liebhaber. Vgl. in Shakespeare's Lustspiel *Wie es euch gefällt* (III 2) den Dialog zwischen Jaques, dem »Monsieur Melancholie«, und Orlando, dem »Signor Amoroso«. An Shakespeare's *Wie es euch gefällt* sind die folgenden Szenen orientiert (vgl. HKA 3 [1984], S. 493 f.).

335,30 *aussondieren*] Ergründen, ausforschen.

335,34 *Lebern*] Die Leber als Sitz der Lebenskraft.

335,35 *keinen überflüssigen Witz*] Keine überschäumende Schlagfertigkeit. Eichendorffs Gebrauch des Wortes »Witz«, das im 18. Jahrhundert und bis tief ins 19. Jahrhundert hinein ›Verstand‹, ›Geist‹, ›esprit‹ bedeutet, ist von studentensprachlichen Bedeutungen (›Schlagfertigkeit‹, ›geistreich-lustige und provozierende Einfälle‹) mit geprägt.

336,14 f. *wüstverfallenen Schacht*] Aus pietistisch-biblischer Sprechweise übernahmen die Romantiker das Bild des Brunnenschachtes und des Bergwerkes für das Gemüt, die innere Welt, die Seele des Menschen (vgl. besonders Novalis, Brentano, E. T. A. Hoffmann).

336,27 *jene Bilderstube]* Vgl. S. 332 f.

337,7 *auffallende Figuren]* Thomas Riley vermutet in dieser Szene die parodistische Beschreibung der »ganzen Unterhaltungsliteratur im Jahre 1811-1812« (Riley, Erzähltechnik, S. 32).

337,16 *mit langen Kränzen von Gras]* Die wahnsinnig gewordene Marie ist mit den Attributen von Shakespeare's Ophelia ausgestattet (*Hamlet, Prinz von Dänemark* IV 5), doch erinnert Marie stärker an die Beschreibung Ophelias in *Wilhelm Meisters Lehrjahren* (IV 14 u. 16): »Heimlich klangen die Töne der Lüsternheit in ihre Seele, und wie oft mag sie versucht haben, gleich einer unvorsichtigen Wärterin, ihre Sinnlichkeit zur Ruhe zu singen mit Liedchen, die sie nur mehr wach halten mußten.« Nach Riley, Erzähltechnik, S. 33 ist Marie daher die Allegorie der Sinnlichkeit, der bloßen Geschlechtsliebe.

337,19 *als sie Friedrich]* 1841: als dieselbe Friedrich

337,26 *sah sehr blaß]* 1841: sah sehr blaß aus

338,1 *exaltiert]* Überreizt.

339,24 f. *auf die ich mich wie auf einen Traum erinnere]* 1841: an die ich mich wie an einen Traum erinnere

340,33 f. *das sogenannte gewisse Etwas]* Hier im Sinne von: ›die Konduite‹, ›die Lebensart‹.

340,35 f. *präsentierte]* Vorstellte, darstellte.

341,19 *Unruhen in Italien]* Gemeint sind vielleicht die Revolutionskriege, von denen Italien seit 1792 heimgesucht wurde.

342,24 *ausheben]* 1841: herausheben

342,29 *langten]* 1841: reichten

343,14 *Todeswühlen]* 1841: Todesgewühl

343,15 *das bleiche Gesicht]* 1841: das beinahe bleiche Gesicht

344,9 *einen neuen Münster]* Gemeint ist: ›einen neuen gotischen Dom‹. Auch Goethe verwendet »Münster« (in *Dichtung und Wahrheit*) maskulin.

344,12 f. *ihre Ausführung meistens unmöglich war]* Auch im Selbstverständnis der Romantik (z. B. Brentanos) haben sich ihre Energien mit dem Entwurf des Planes meist erschöpft.

344,22 *auszieren]* Schmücken, prächtig kleiden.

344,25 f. *in Venedig]* Die Szene ist, wie viele Teile der Jugendgeschichte Rudolphs, nahezu wörtlich an Dorothea Schlegels *Florentin* angelehnt. Vgl. HKA 3 (1913), S. 538 f.

345,9 f. *einen steinernen Springbrunnen, der auf dem weitstillen Platze]* 1841: einen eisernen Springbrunnen, der auf dem weiten, stillen Platze

345,33 f. *das feierliche Gelübde]* Das Gelübde, die Entführungsgeschichte und der Aufenthalt in Rom (S. 346 f.) sind nach Dorothea Schlegels *Florentin* gestaltet.

347,7 *gen Rom]* 1841: nach Rom

347,14 f. *einen gar wunderlichen]* 1841: einen wunderlichen

347,21 f. *wie Correggio's Bogenschütz]* Vermutlich ist der früher Antonio da Correggio »zugeschriebene, bogenschnitzende Eros« von Francesco Mazzola Parmeggianino gemeint, »ein Gemälde der Wiener Galerie, das noch in Josef Rosas Katalog (1796) als Werk Correggios aufgeführt wird« (HKA 3 [1913], S. 539).

348,20 *Ich hab' geseh'n ein Hirschlein schlank]* Im *Liederanhang* (1826) unter dem Titel *Der verirrte Jäger.* Unter dem gleichen Titel auch in Eichendorffs *Gedichten* (seit 1837).

348,25 *Ins Horn, ins Horn]* Vgl. Anm. 63,22.

349,9 *die Lade]* Gemeint ist: ›die Klappe‹.

350,22 *des großen Albrecht Dürers und Michel Angelo's]* Am 15. 5. 1807 notierte Eichendorff bei einem Besuch Nürnbergs in sein Tagebuch: »Von hier in das alte große Rathhaus, wo der ungeheuere Rathssaal (schon ruinirt), die Sessionsstube mit denselben Dürerschen Gemählden im Großen, u. einer alten Stuccaturdeke auf dem Gange, worauf ein Turnier, das einmal hier auf dem Markt gegeben worden, abgebildet. Mit Ehrfurcht schritten wir über diesen (auch d. Tieks Sternbald) klaßischen Boden, u. es war, als müßte überall ein Ritter mit wehendem Helmbusch die Straße herabgesprengt kommen.« (HKA 11, S. 194 f.) In den Künstlerromanen der Frühromantik, besonders in Wilhelm Heinrich Wackenroders *Herzensergießungen eines kunstliebenden Klosterbruders* (1797) und in Ludwig Tiecks *Franz Sternbalds Wanderungen* (1798), sind Raffaello Santi (1483 bis 1520), Albrecht Dürer (1471-1528) und Michelangelo Buonarroti (1474-1564) die Ideale romantischen Kunststrebens.

350,23 *fast*] Fehlt 1841.

350,23 f. *Philosopheme*] Philosophische Ansichten, Meinungen.

350,24 *die Alten* ⟨...⟩ *und Neuen*] 1841: die Alten ⟨...⟩ und die Neuen

350,37 *das Handtieren*] Im Sinne von: ›die Beschäftigungen‹, ›die Geschäfte‹.

351,3 *am Pharotisch*] Pharao oder Pharo, ein im 18. und noch im 19. Jahrhundert sehr beliebtes Glücksspiel, benannt nach dem auf einer der Karten abgebildeten Pharao, die als Glückskarte galt.

351,12 *Medusengewalt*] Medusa oder Gorgo, ein weibliches Ungeheuer, deren grauenerregendes Haupt schon in der *Ilias* und in der *Odyssee* erwähnt wird. Dieses Haupt versteinert alle, die es erblicken oder berühren.

351,20 f. *ein Lombrechen spielten*] Im Original: »Lomberchen«. Korrigiert nach dem Text von 1841. – Das L'Hombre-Spiel, das königliche Kartenspiel, das seit dem 15. Jahrhundert in ganz Europa verbreitet war, auch von Eichendorff mit Begeisterung gespielt und erst durch das Skatspiel zurückgedrängt wurde.

352,4 f. *geschunden*] Bedeutet: ›gehäutet‹, ›die Haut abgezogen‹.

352,7 *eine wahre Walburgisnacht*] Vgl. die Szene »Walpurgisnacht« aus Goethes *Faust* (Teil 1); Faust und Mephistopheles beim Hexentanz auf dem Blocksberg. Dadurch wird deutlich, daß Rudolph von Eichendorff mit faustischen Zügen ausgestattet ist.

352,8 *recht kannibalisch wohl]* Vgl. in *Faust* (Teil 1) die Szene »Auerbachs Keller in Leipzig« (v. 2293 f.): »Uns ist ganz kannibalisch wohl, | Als wie fünfhundert Säuen.«

352,16 *so fürchterlich]* Fehlt 1841.

352,30 f. *Schwänke und Schalkstaten]* Im Sinne von: ›Streiche und Betrügereien‹.

352,35 *ihr kleines Kind gestohlen]* Vgl. den Bericht des Arztes von der Entführung Mignons in *Wilhelm Meisters Lehrjahre* VIII 3.

353,11 *gehört]* 1841: gehört habe

353,37 *und italienischem Dache]* 1841: und seinem italienischen Dache – D. h. einem Flachdach.

353,37 *recht luftig]* 1841: recht lustig

354,19 *hinangekommen]* 1841: hinaufgekommen

355,1 f. *Ich zettelte ⟨...⟩ auseinander]* Auseinanderzetteln bedeutet hier: ›verzetteln‹, ›auseinanderreißen‹, ›zerstreuen‹.

355,8 *auf dem Jahrmarkt zu Plundersweilen]* Der Zigeunerhauptmann ist eine Figur aus Goethes 1778 erstmals aufgeführtem Stück *Das Jahrmarktsfest zu Plundersweilern. Ein Schönbartsspiel* (vgl. HKA 11, S. 216).

356,4 *eben]* Fehlt 1841.

356,6 *Nachts durch die stille Runde]* Im *Liederanhang* (1826) unter dem Titel *Die Hochzeitsnacht*. Unter diesem Titel auch in Eichendorffs *Gedichten* (seit 1837).

356,18 *Sie hat mir Treu' versprochen]* Vgl. S. 298,20-23.

356,26 *Da oben]* 1841: Sich oben

357,1 *hinunter]* 1841: herunter

358,14 *wird Dein Gesicht]* 1841: ist Dein Gesicht

358,20 *die das Herz in Stein verwandeln]* Vgl. Anm. 351,12.

359,8 *des Boskets]* Von franz. bosquet »Lustwäldchen, Baum- oder Gebüschgruppe«.

359,15 *den Grafen selber,]* Fehlt 1841.

360,7 f. *die sie in ihren ⟨...⟩ Kanälen]* 1841: die er in seinen ⟨...⟩ Kanälen

360,27 *Nächtlich dehnen sich die Stunden]* Im *Liederanhang* (1826) unter dem Titel *Geistesgruß* innerhalb des Zyklus

Nachtbilder (4). In Eichendorffs *Gedichten* (seit 1837) als selbständiger Text unter dem Titel *Der Geist*. Das Gedicht ist nach Nadler angeregt durch Goethes Gedicht *Geistesgruß* (»Hoch auf dem alten Turme«), das 1789 erstmals gedruckt wurde.

361,2/4 *blank / Drang]* In Eichendorffs schlesischer Mundart ein reiner Reim.

361,11 f. *Der unglückselige Rudolph lag gegen beide und alle]* 1841: Der unglückliche Rudolf lag gegen beide und gegen alle

361,20 *oder weise ⟨...⟩ Nase]* 1841: oder durch eine weise ⟨...⟩ Nase

361,23 f. *eine seltsame Akademie]* Gemeint ist: ›eine seltsame Gesellschaft von Gelehrten‹.

361,25 *travestierend]* Lächerlich umgestaltend.

361,29 *wo sie]* 1841: worauf sie

362,1 *verschlagen]* In die Irre geführt.

362,23 *Waldeseinsamkeit]* Durch Tieck zum Kenn- und Leitwort der Romantik geworden, von Eichendorff häufig und formelhaft gebraucht. Vgl. Anm. 162,36.

362,36 *Laß, mein Herz, das bange Trauern]* In der Handschrift überschrieben *Im Roman* (d. h. in *Ahnung und Gegenwart*). Im *Liederanhang* (1826) unter dem Titel *Nachhall*, in Eichendorffs *Gedichten* (seit 1837) überschrieben *Laß das Trauern*.

364,3 *wie diese Felsen hier auf meiner Brust]* Ein von den Romantikern auch häufig mit Bezug auf den Stein am Grab Christi verwendetes Bild für die Zeitkrankheiten von Schwermut und Melancholie.

365,2 *die Konjunkturen der Gestirne]* Die Konstellation, die Stellung der Gestirne zueinander, um daraus das Schicksal der Welt zu errechnen.

365,4 *auszeichnete]* 1841: aufzeichnete

365,33 f. *einen frommen, erleuchteten Mann]* Vielleicht Anspielung auf den Redemptoristenpater Clemens Maria Hofbauer (1751-1820), Schlegels Beichtvater, den Eichendorff am 3. 2. 1812 im Hause Friedrich Schlegels kennengelernt hatte.

366,6 *da er eben]* 1841: als er eben

366,26 *eine Metze]* Das von Napoleon beherrschte und ihm huldigende Europa ist eine Dirne geworden.

367,11 *demohngeachtet]* 1841: dessenungeachtet

367,15 *Felleisen]* Lederner Reisesack.

369,24 f. *den langentbehrten Herrn Faber]* HKA 3 (1913), S. 542 vermutet eine erzählerische Ironie, da Faber auch vom Leser des Romans lange entbehrt werden mußte.

369,27 *Et tu Brute?]* »Auch du Brutus?« soll Cäsar einen seinen Mörder gefragt haben. Von Eichendorff wohl als Formel aus der Studentensprache gebraucht.

369,32 f. *eine Figur mit breitem Mantel und Krone]* Anspielung auf den Grafen Loeben; vgl. Anm. 202,6.

369,33 *wie der Metallfürst]* Der Metallfürst ist eine Gestalt aus Tiecks Märchen *Die Elfen* im ersten Band des *Phantasus* (der zur Michaelismesse 1812 erschienen ist).

370,5 f. *zu Toren gemacht vor der Welt]* Wohl Anspielung auf 1. Kor. 4, 10.

370,14 *wohllebigen Manne]* 1841: wohlhäbigen Manne,

370,17 *wie der steinerne Gast]* Das Grabbild des Komturs in Mozarts Oper *Don Giovanni*, die Eichendorff in vielen Aufführungen gesehen hat. Zum geflügelten Wort wurde der »steinerne Gast« erst durch Schillers Drama *Die Piccolomini* (IV 6), wo Isolani über den den ganzen Abend in sich gekehrten Max sagt: »Gebt acht! Es fehlt an diesem steinernen Gast,| Der uns den ganzen Abend nichts getaugt.«

371,2 *wie ein Geist auf die verfallene Zinne stellt]* Vgl. Goethes Gedicht *Geistesgruß* und Anm. 360,27.

371,6 f. *die Gebirgsvölker]* Die Schweizer in Schillers aktuellem Drama *Wilhelm Tell* (1805) und die Tiroler, die sich gegen Napoleon und seine Verbündeten erhoben haben.

371,11 *das Erz von Dodona]* Beim Orakel von Dodona soll neben einem Kessel aus Erz die Bronzestatue eines Knaben mit einer aus Ketten gebildeten Geißel gestanden haben. Wenn der Wind die Geißel gegen das Becken schlug, wurden die so entstehenden Töne zum Orakelspruch benutzt.

371,14 f. *bis zu der Talggrube*] Talg wird jenes tierische Fett genannt, das im Inneren des Körpers, hauptsächlich um Nieren und Gedärme, gefunden wird. Den modernen Philistern also geht nichts mehr »an die Nieren«.

371,26 *Eremitagen*] Künstliche Einsiedeleien, vor allem in den Gärten der Schlösser.

371,33 *O könnt' ich mich niederlegen*] In Eichendorffs *Gedichten* (seit 1837) unter dem Titel *Klage. 1809*.

371,35 *Zum Haupte*] 1841: Zu Häupten

372,27 f. *wirst du ganz ein Weib sein*] Uhlendorff, Gedichte, S. 65 hat den Text als Zitat aus Goethes *Iphigenie auf Tauris* (I 3, 463-67) identifiziert:

So kehr' zurück! Tu, was dein Herz dich heißt,
Und höre nicht die Stimme guten Rats
Und der Vernunft. Sei ganz ein Weib und gib
Dich hin dem Triebe, der dich zügellos
Ergreift und dahin oder dorthin reißt.

Eichendorff entnahm den Text vermutlich aus Tiecks *Phantasus* (1812), wo er ohne Verfasserangabe zitiert ist (vgl. HKA 3 [1913], S. 543; Uhlendorff, Gedichte, S. 65).

373,5 *Von der deutschen Jungfrau*] Das Gedicht findet sich unter dem Titel *Die deutsche Jungfrau* im *Liederanhang* (1826), unter dem gleichen Titel dann in Eichendorffs *Gedichten* (seit 1837). Entstanden ist es im Zusammenhang mit dem Dramenfragment *Herrmann und Thusnelda*, dessen Ausarbeitung Eichendorff Ende Dezember 1811 zugunsten des Romans *Ahnung und Gegenwart* unterbrach. Am 20. 12. 1811 notierte er in sein Tagebuch: »Ich fieng seit einigen Tagen an am Herrmann zu schreiben, ließ es aber u. sezte wieder meinen Roman fort.« (HKA 11, S. 303) Innerhalb der Materialien zu *Herrmann und Thusnelda* ist das Gedicht in drei Fassungen überliefert, in einer Prosaskizze, in einer »in kurze, abgerissene Bemerkungen über die Personen des Stückes« hineingeschriebenen ersten Fassung und in einer reinschriftlichen Fassung der ersten Szene des Trauerspiels (Castelle, S. 23-27).

1. Prosaskizze: Es ist um die Zeit vor den Aufständen an der Weser, die die Varusschlacht einleiten. Segest, Thusneldens Vater, ist zu dem großen Gelage im Lager des Varus. Thusnelda sitzt gegen Abend mit zweien ihrer »Fräulein« vor der Burg. Da erscheint auf einem Felsen ihr Vetter Sesistacus und singt das Lied der Zeit, das Lied von der verlassenen Jungfrau, der alles geraubt, der nur noch die brennende Burg geblieben ist. »Da kam«, so heißt es in Eichendorffs Skizze, »vom Feinde ein Rittersmann, Ritt an die Burg hinan, Sein Helm u. Pantzer glänzte. Der sagte: komm herunter, ich will Dich halten gut etc. Sie sagt: wer mir naht ist des Todes, ich bin frey! Er: Ich bin so verliebt, ich kann nicht fort. Ich rette Dich aus den Flammen. Er stürzt sich mit einigen Knechten in die Flammen. Sie aber wirft alle hinab, wirft den Liebsten ins heiße Grab u. springt drauf selbst in die Flammen« (Castelle, S. 23).

2. Erste Fassung:

> Es stand ein Fräulein auf dem Schloß,
> War draußen Sturm und Wetter los,
> Schnob wie ein See die dunkle Nacht,
> Wollt' überschreyn die wilde Schlacht.
>
> Die Brüder waren erschlagen todt,
> Es brennt die Burg wie Bluth so roth,
> In Flammen stand sie auf der Wand,
> Hielt hoch die Fahne in der Hand.
>
> Da kam ein feindlicher Rittersmann,
> Der ritt kekk an die Burg heran,
> Es funkelt sein Helm gar mannigfach
> Der schöne Ritter also sprach:
>
> »Jungfräulein! komm in die Arme mein,
> So will ich selbst dein Gefangner seyn,

Die Haare will ich dir flechten schön,
In pracht'gen Kleidern sollst du gehn.

Verwund't hat mich deine hohe Gestalt,
Ich kann nicht mehr aus diesem Wald,
Liebchen, ich trag dich durch Flammen und Wind,
Viel heißer die eignen Flammen sind.«

Der Ritter ließ laufen sein weißes Roß,
Stieg durch das Feuer hinauf ins Schloß,
Viel Knechte ihm waren da zur Hand,
Zu holen das Fräulein von der Wand.

Das Fräulein stieß die Knechte hinab,
Den Liebsten auch ins heiße Grab,
Sie selber dann in die Flammen sprang,
Ueber ihnen die Burg zusammensank.
(Castelle, S. 24-26.)

3. Reinschrift-Fassung (Beginn des Ersten Aufzugs, Erste Szene):
(Abend. Segest's Burg. Vor derselben sizen Thusnelda und zwei Fräulein auf einem grünen Platz und arbeiten in feinen Linnen. Gegenüber auf einem waldigten Felsen erscheint Printz Sesistacus mit Bogen und Jagdkleidung und singt):

Es stand ein Fräulein auf dem Schloß,
War draußen Sturm und Wetter los,
Schnob wie ein See die dunkle Nacht,
Wollt' überschreyn die wilde Schlacht.

Die Brüder waren erschlagen todt,
Es brennt das Schloß wie Blut so roth,
In Flammen stand sie auf der Wand,
Hielt hoch die Fahne in der Hand.

Da kam ein feindlicher Rittersmann,
Der ritt kekk an die Burg hinan,
Es funkelt sein Helm gar mannigfach,
Der schöne Ritter also sprach:

»Jungfräulein, komm in die Arme mein!
So will ich selbst dein Gefangner seyn;
Ich bau' dir ein Pallast mit Säulen schön,
In prächtgen Kleidern sollst du gehn.

Ich kann mich von deiner hohen Gestalt
Nicht wenden mehr aus diesem Wald,
Liebchen! ich trag dich durch Flammen und Wind,
Viel heißer die eignen Flammen sind.«

Der Ritter ließ laufen sein weißes Roß,
Stieg durch das Feuer hinauf in's Schloß,
Viel Knechte ihm waren da zur Hand,
Zu holen das Fräulein von der Wand,

Das Fräulein stieß die Knechte hinab,
Den Liebsten auch ins heiße Grab,
Sie selber dann in die Flammen sprang,
Ueber ihnen die Burg zusammensank.

(Castelle, S. 34 f.)

373,11 *so blutigrot*] Anklang an Johann Gottfried Herders berühmte Übersetzung der *Edward*-Ballade: »Dein Schwert, wie ists von Blut so rot? | Edward, Edward!« (*Stimmen der Völker in Liedern*, 2. Teil, III 5.)

373,12 *In Lohen*] In Flammen.

373,14 *ein röm'scher Rittersmann*] Für alle Zeitgenossen Eichendorffs als Anspielung auf Napoleon und seine Verbündeten erkennbar.

373,22 f. *Es tun ⟨...⟩ aus diesem Wald*] Vgl. S. 251.

374,5 *Eichenzweig*] Der Eichenkranz ist das zentrale Erkennungszeichen aller gegen Napoleon verschworenen deutschen Schriftsteller, die – auch unter Anleitung des Freiherrn vom Stein – an der Erweckung des Nationalbewußtseins in Deutschland und damit an der Befreiung Deutschlands von der napoleonischen Herrschaft arbeiteten. In dieser Funktion, als Zeichen des Deutschtums (da sich die Germanen in Eichenhainen versammelt haben sollen), findet sich der Eichenkranz z. B. bei Heinrich von Kleist, Ernst Moritz Arndt und Theodor Körner.

374,26 *In Wind verfliegen sah ich]* In Eichendorffs *Gedichten* (seit 1837) unter dem Titel *Mahnung 1810* (1).

375,16 *Tugend und Vaterländerei]* Im Gegensatz zum Kosmopolitismus der Aufklärung und zur Nationalbegeisterung der Romantik war für Eichendorff die von ihm häufig getadelte »Vaterländerei« der aus beiden Richtungen entstandene, faule Kompromiß: »Es entstand die aus beiden widerstrebenden Elementen wunderlich komponierte moderne Vaterländerei; ein imaginäres Deutschland, das weder recht vernünftig, noch recht historisch war.« (HKA 10, S. 409) Auch Goethe tadelte (im Brief an Zelter vom 24. 8. 1823) »Altertümelei und Vaterländelei«, zusammen mit »Frömmelei«, als die Krankheiten der Zeit.

375,16 f. *bei der babylonischen Sprachverwirrung]* Vgl. Anm. 81,4 f. und 208,22.

375,34 f. *in Europa, dem ausgebildeten Heidensitze]* Hier wohl auch als Anspielung auf die bürgerliche (heidnische) Bildungseuphorie der Zeit zu lesen. Der Gedanke von der notwendigen Missionierung Europas wiederholt sich im Schlußkapitel von *Dichter und ihre Gesellen*.

376,12 *als Wunderblume]* Die »Wunderblume« ist schon in Novalis' Roman *Heinrich von Ofterdingen* (I 2) die Blume der Sehnsucht, des Traumes, der Poesie, ein Synonym für die in diesem Roman erscheinende »blaue Blume«. Von den Brüdern Schlegel wird der Traum von der Wunderblume dann popularisiert und weit verbreitet.

376,13 *zu nichts brauchbar]* Faber verkündet eine autonome Ästhetik, ähnlich wie sie August Wilhelm Schlegel in den Berliner *Vorlesungen über schöne Literatur und Kunst* (1801/02) propagiert hatte: »Vielmehr liegt es im Wesen der schönen Künste nicht nützlich sein zu wollen.«

376,23 *Wo treues Wollen, redlich Streben]* Im *Liederanhang* (1826) unter dem Titel *An die Dichter*. Unter dem gleichen Titel in Eichendorffs *Gedichte* (seit 1837). Die letzte Strophe verwendete, leicht abgewandelt, Eichendorff als Motto zu *Krieg den Philistern* (1824). Eine handschriftliche Fassung des Gedichtes belegt den Einfluß von Friedrich Schlegels Gedicht *An die Dichter* (1807).

376,24 *rechten Sinn]* Im Original: »rechter Sinn«.

377,5 *Wo find'st Du Deinen alten Garten]* 1841: Wo findest Du den alten Garten

377,17 *Den blöden Willen]* Den schwachen Willen.

377,19 *erlösen]* Vgl. dazu Röm. 8,19-23.

378,8 *und spielet nicht]* 1841: und schielet nicht

378,11 *laß in dir walten]* Vgl. *Aus dem Leben eines Taugenichts*, 1. und 2. Kap., S. 448 und S. 488.

378,26 *Kühle auf dem schönen Rheine]* In Eichendorffs *Gedichten* (1837) noch ohne Überschrift, 1841 dann unter dem Titel *Auf dem Rhein*.

379,22 f. *wenn ihr dabei einmal]* 1841: wenn ihr einmal

380,14 *der Magie ergeben]* Nochmals ein Hinweis auf die faustischen Züge Rudolphs. Vgl. *Faust*, Teil 1, v. 376 f.: »Es möchte kein Hund so länger leben! | Drum hab' ich mich der Magie ergeben«.

380,29 f. *Mir gleicht ⟨...⟩ ungewissen Dämmerung!]* 1841: Mir scheint unsere Zeit dieser weiten, ungewissen Dämmerung zu gleichen!

380,34 f. *Kometen und wunderbare Himmelszeichen]* Thomas Riley hat nachgewiesen, daß sich Eichendorff in der folgenden Textpassage auf Nachrichten aus Friedrich Schlegels ›Österreichischem Beobachter‹ bezieht (Riley, S. 66). Dort wurde im Laufe des Jahres 1812 von mehreren Kometen berichtet, am 7. 9. 1812 hieß es: »Die Geisterseherei nimmt ⟨...⟩ immer mehr überhand.« Nachrichten über Gespenster finden sich darin ebenso, wie solche über

Feuerkugeln am Himmel. »Dann am 26. September erzählt man von der Sirene, von welcher eine englische Zeitung, The Kentish Gazette, Bericht erstattet hatte. Am 28. September gibt der Beobachter die ganze Meldung des englischen Berichterstatters wörtlich wieder: ›Da es ehegestern sehr schönes Wetter war, so machte ich mit einigen Damen und Herren eine Spazierfahrt auf der See. ⟨...⟩ Bald erblickten wir etwa hundert Toisen ⟨entspricht etwa 200 Meter⟩ von uns links etwas, das sich bewegte ⟨...⟩. Wir erstaunten sehr zu finden, daß es eine wirkliche Sirene war ⟨...⟩. Zehn Minuten nachdem wir uns ihr genähert hatten, tauchte die Sirene zwei- bis dreimal, gleichsam spielend unter, und stürzte sich mit Schnelligkeit fort ⟨...⟩.‹« Wenn sich also Eichendorff tatsächlich auf die Nachrichten im ›Österreichischen Beobachter‹ bezieht, sind unter den »fabelhaften Syrenen« hier nicht die aus der antiken Mythologie bekannten Gestalten, sondern die auch Sirenen genannten Seekühe oder Seejungfrauen (also Meeressäugetiere) gemeint. Ohne Zweifel aber bezieht sich Eichendorff hier auch auf den großem Kometen des Jahres 1811, der im Glauben des Volkes den neuen großen Krieg (Napoleons gegen Rußland) prophezeit hatte, den Kometen also, den Eichendorff selbst am 13. 9. 1811 in Wien staunend betrachtet hatte (HKA 11, S. 287 f.) und von dem Achim von Arnim in der (im April 1812 erschienenen) Erzählung *Isabella von Ägypten* in eben dem prophetischen Ton berichtet, den Eichendorff hier nachahmt.

381,13 *ungewaffnet*] 1841: unbewaffnet

381,15 *wie Prinz Hamlet*] Vgl. Shakespeare's Drama *Hamlet, Prinz von Dänemark* I 5: »Die Zeit ist aus den Fugen; Schmach und Gram, | Daß ich zur Welt, sie einzurichten, kam!«

381,24 *um der Gerechten willen*] Vgl. 1. Mose 18,23 ff. – Eichendorff verwendet häufig biblische Formeln, ohne daß diese einer bestimmten Stelle zuzuweisen sind.

381,26 *die weiße Taube*] Vgl. 1. Mose 8,11.

381,32 f. *Faber ritt landeinwürts fort*] Vgl. dazu S. 628

und 630 den Briefwechsel zwischen Eichendorff und Fouqué.

382,2 *ein Altar]* 1841: einen Altar – »Altar« (lat. altare »Opfertisch«) hier als Neutrum, nach lateinischem Vorbild.

382,10-15 *Da sah er noch ⟨...⟩ prächtig auf]* Vgl. die wörtlichen Anklänge im Schluß von *Dichter und ihre Gesellen*.

DAS MARMORBILD

TEXTGRUNDLAGE

Erstdruck: *Das Marmorbild. Eine Novelle*, in: ›Frauentaschenbuch für das Jahr 1819 von de la Motte Fouqué‹. Nürnberg bei Joh. Leonh. Schrag, S. 335-396. Auf S. 396 unterschrieben: Jos. Freiherr v. Eichendorff.

ENTSTEHUNG

Am 26. 11. 1814 hatte Friedrich de la Motte Fouqué zugleich mit der Bestätigung des Empfangs des Druckmanuskriptes von *Ahnung und Gegenwart* Eichendorff um Beiträge für den nächsten Jahrgang seines ›Frauentaschenbuches‹ gebeten (vgl. S. 628). Wegen der Kriegsereignisse konnte Eichendorff diesen Wunsch lange nicht erfüllen, übersandte aber am 15. 6. 1816 »einige Gedichte für das nächste Frauentaschenbuch«, wobei er hinzufügte: »Es schmerzt mich recht, Ihnen für den Augenblick nichts Bedeutenderes bieten zu können. Aber viele meiner früheren Gedichte hat Loeben, dem ich sie einst absichtslos mitgeteilt, nun für seine Hesperiden (glaub' ich) in Beschlag genommen, und in der neueren Zeit füllen einzig größere dramatische Arbeiten die wenige Muße, die mir bleibt.« (HKA 12, S. 17 f.) Zwischen Juni 1816 und März 1817 aber muß dann – zumindest eine erste Fassung – des *Marmorbildes* fertiggestellt worden sein, denn am 15. 3. 1817 schrieb Eichendorff an Fouqué: »Ich war soeben im Begriff, Ihnen eine Novelle zuzusenden, die ich für das Frauentaschenbuch geschrieben habe. Da aber, wie Sie sagen, dies Jahr der Raum für größere Aufsatze schon zu sehr beengt ist, so behalte ich es mir vor, sie Ihnen später einmal zu schicken.« (HKA 12, S. 19) Auch wenn Eichendorff im gleichen Brief betont, er habe »einige kleine Geschichten geschrieben und Größeres angefangen« (S. 20), ist mit der genannten Novelle wohl doch *Das Marmorbild* gemeint, das Eichendorff für Fouqués »anmutigen Blumengarten« (wie er das ›Frauentaschenbuch‹ nannte) vorgesehen hatte. Obwohl Fouqué schon am 10. 4. 1817 meinte, Eichendorff würde ihn »sehr verpflichten, wenn ⟨er ihm seine⟩ Novelle gleich senden« wollte – »Ich hätte den Genuß um so früher, und könnte Ihrer Gabe den Platz in der nächstfolgenden Blumensammlung um so überlegter anweisen.« (HKA 13, S. 74) –, ist der Begleitbrief zur Übersendung des Manuskriptes erst vom 2. 12. 1817 datiert:

Verehrtester Herr Baron!
Ihrer gütigen Erlaubnis zufolge, wage ich es, Ihnen wieder etwas von meiner Poesie zuzuschicken, eine Novelle oder Märchen, zu dem irgend eine Anekdote aus einem alten Buche, ich glaube es waren Happellii Curiositates, die entfernte Veranlassung, aber weiter auch nichts, gegeben hat. Da mir nunmehr die Gegenwart in tausend verdrießlichen und eigentlich für alle Welt unersprießlichen Geschäften in eine fast lächerliche Nähe gerückt ist, gleichwie man ein großes Freskogemälde nur aus einiger Entfernung betrachten muß, wenn man nicht vor den einzelnen groben Strichen erschrecken soll, so habe ich in vorliegendem Märchen versucht, mich in die Vergangenheit und in einen fremden Himmelsstrich zu flüchten, und betrachte dasselbe als einen Spaziergang in amtsfreien Stunden ins Freie hinaus. Ob ich nun auf einem so verzweifelten Spaziergang den Weg ins Freie und in die alte poetische Heimat gefunden habe, ob sich nicht vielmehr Aktenstaub statt Blütenstaub angesetzt hat, und ob demnach die ganze Novelle, so wie sie ist, der Aufnahme in Ihr schönes Frauentaschenbuch gewürdiget werden darf, überlasse ich, Herr Baron, Ihrem und Ihrer Frau Gemahlin

bewährtem Urteil, dem ich so gern und unbedingt vertraue.

Wie sehnt sich meine ganze Seele nach jener altgewohnten Abgeschiedenheit und Unbeflecktheit von den alltäglichen Welthändeln, wo ich, mitten in einer der volkreichsten Städte, von dem großen Strome des Lebens nur das ferne Rauschen vernahm, das uns so wunderbar in die Tiefe versenkt. Ob ein solcher Zustand für mich jemals wiederkehren werde, weiß ich nicht; aber Ihre und Ihrer Frau Gemahlin Dichtungen, Herr Baron, die mir die unermessene Aussicht in meine alte Heimat von Zeit zu Zeit wieder aufschließen, erhalten mich wach und frisch, daß mich eine ruhigere Zukunft jederzeit rüstig finde.

Ihrer Frau Gemahlin bitte ich gehorsamst meine ausgezeichnete Hochachtung zu versichern. Mit innigster Verehrung

Ew. Hoch- und Wohlgeboren
    ergebenster Freund und Diener
       Joseph B. von Eichendorff.

Breslau, den 2. Dezember 1817.

(HKA 12, S. 21 f.)

Fouqué bestätigte den Empfang der Novelle am 31. 12. 1817, doch hat er diesmal – anders als bei *Ahnung und Gegenwart*, wo er sich gegenüber Eichendorffs »allzu dreister« Sinnlichkeit auf Dorothea Schlegels Taktgefühl verlassen hatte – an zwei nicht mehr zu lokalisierenden Stellen in den Text des Autors eingegriffen:

    Nennhausen, am letzten Tage des Jahres 1817.

Ein fröhliches Neujahr voraus, lieber Eichendorff, und hinterdrein ein herzlicher Dank für Ihr lieblich blühendes und glühendes Novellenmärchen, das bereits seinen Platz im Archive des Frauentaschenbuches eingenommen hat. Werden Sie aber schelten, wenn ich bekenne, daß ich zwei Stellen, wo die Farben allzu dreist erglühten, um nach meiner Überzeugung vor Jungfrauenaugen treten zu können, etwas gemildert habe? Vielleicht hät-

ten Sie die Umgestaltung kaum bemerkt, und werden sie vielleicht auch jetzt nicht einmal bemerken, so geringfügig ist sie. Aber: ehrlich währt am längsten. Ich denke, Sie schelten und zürnen um so weniger, da ich dabei nicht ohne Frauenrat zu Werke gegangen bin. Meine eigene Frau nämlich zog ich dabei zu Rate, die Sie herzlichst grüßt, und sich im übrigen an Ihrer anmutigen Dichtung wie überhaupt an Ihrer ganzen Poesie so sehr erfreut, als ich. Es ist wahrhaftig kein Aktenstaub auf Ihre Blumen gefallen, und eben das überzeugt mich um so mehr, daß die Prüfung des Geschäftslebens wohltätig auf Sie einwirken wird. Denn was nicht hindert, das fördert.
(HKA 13, S. 78 f.)

Zur Herbstmesse 1818 erschien die Erzählung dann im ›Frauentaschenbuch‹, erweckte aber bei der Kritik wiederum nur ein geringes Echo. »〈...〉 hirnlosen Teufelspuk, mit Mondscheinduft und Lilienklang verwebt«, meinte der Rezensent der Frankfurter ›Iris‹ darin zu finden (HKA 18, 1, S. 93), und auch andere rationalistische Kritiker äußerten sich nicht viel liebenswürdiger. Immerhin erinnerte einen Rezensenten die Erzählung an Fouqués »liebliche Undine, ohne indes das reizende Vorbild zu erreichen«, andere empfahlen sie den Freunden des »Phantastischen« und gestanden zu, daß »einzelne schöne Züge dieser Erzählung ein tiefes, wahrhaft poetisches Gemüt« bekundeten und »zu schönen Erwartungen von dem« berechtigten, »was Hr. v. E. zu leisten im Stande sein wird, wenn er erst mit sich selbst ins Reine gekommen, dem Fluge seines Genius keine Irrlichter zum Ziel stellt« (HKA 18, 1, S. 94 f.).

Positiver fielen die Besprechungen aus, als ein Neudruck der Erzählung in dem Band *Aus dem Leben eines Taugenichts und das Marmorbild. Zwei Novellen nebst einem Anhange von Liedern und Romanzen* (Berlin 1826, S. 137-198) erschien, doch profitierte *Das Marmorbild* in diesem Druck von der insgesamt positiven Aufnahme des *Taugenichts*. Erst im

Druck im vierten Band der *Werke* (Berlin 1841, S. 115-164) finden sich dann die für die vierbändige Werkausgabe überhaupt charakteristischen Texteingriffe, deren Autorisation bisher nicht zweifelsfrei geklärt ist.

ENTWÜRFE

Zum *Marmorbild* sind – im Gegensatz zu anderen Prosatexten Eichendorffs – relativ viele Entwürfe und Vorfassungen überliefert, die zum größten Teil auch im Druck vorliegen. Karl Konrad Polheim hat für diese Entwürfe eine neue – chronologisch geordnete – Reihenfolge vorgeschlagen und aus ihrer Deutung geschlossen, »daß die endgültige Fassung des *Marmorbildes* erst zwischen Mitte Oktober und Anfang Dezember 1817 entstanden ist« (Polheim). In Polheims Anordnung lauten die im Druck vorliegenden Entwürfe:

⟨1⟩
Roman: Marien Sehnsucht.
Wunderbarer Garten mit Alleen und Wasserkünsten. Fräulein mit jungen Rittern. Abschied bei seltsamem Mondschein. – Das Fräulein weinend. – Anfang vielleicht die unendliche Frühlingssehnsucht, wie unten die weiten Wälder und Ströme und der blaue Himmel und lange Straßen, auf denen Ritter blitzend ziehen und Kaufleute. Zurückkehr in die Stadt, als wäre alles hinausgezogen, so leer. Traum: Entweder weite Hügel und Wälder, duftig zerschmelzende Abendröte oder dunkele Gegend, darüber grüne, rote und blaue Funkelscheine schießend und zitternd. Wenn diese die Blumen berühren, klingen sie vor Sehnsucht und schwimmen als Sterne mit, fallen wieder auf die Erde und werden wieder zu Blumen, die schnell in den Lichtstrom wieder aufwachsen, von der Sehnsucht des Kusses gezogen und

wieder zu Sternen werden, und so ist Er von den Scheinen erleuchtet. Wie alte Freunde und Bekannte ziehen auf langen Straßen hinunter. Ich frage sie, wohin? Doch sie wenden sich nicht. Die Ströme lösen sich in der Ferne zum Gesang auf. Und aus der Ferne ruft es immerfort, wie eine Geliebte. Keine Worte in dem Rufen zu unterscheiden. – Er legt sich ermattet am Bergeshange nieder, vor sich blaue Berge. Heißer Mittag. Schillerndes Weben des Sonnenreichs um die blaue Ferne. Biene sumsen. Langsame Erinnerungen an längst vergangene Zeiten. Schlummer. Rauschen des Waldes. Über ihm wanken die Blumen hin und her, als wollten sie ein buntes Netz über ihn weben. Das schimmernde Tal löst sich, vor seinen geschlossenen Augen noch immer stehend, auf. Hierher der kurze Traum von den auf und nieder tauchenden Gestalten (das in meiner Brieftasche). Eine wohlbekannte Stimme scheint ihn bei seinem Namen zu rufen. Er springt auf. Doch alles einsam. Unterdes Abendrot angeglommen und kühle geworden. Ermattet. Die Abendstrahlen, die über die Tannenwipfel schießen, erfrischen ihn. Im Walde unten singt ein Vogel, den er noch nie gehört, sonderbare Weise. Er folgt ihm in den dunkeln Wald. Zigeuner, die ihm prophezeien. Wunderbare Gruppe und Nacht. – (Ein junger Zigeuner singt ein kurioses Lied in der Trunkenheit und tanzt rasend mit einem Mädchen) – [Geistererscheinung in einem Bergwerke –] während die Wald-Flamme feurig lodert und spielt. Die Kunst läßt sich nicht abtrotzen oder als Vehikel eines großen Gemüts von selbst fordern. Was kann man ihr anders geben als sich selber ganz? Sie wird wirklich zur Geliebten, deren blaue Augen, roter Mund ewig keine Ruhe lassen. Im Frühling langt sie aus den duftigen Tälern mit weißen, ganz zarten Armen, um dich nur recht an ihr liebendes Herz zu drücken, das Waldhorn sagt dir, wie sie sich hinter den Bergen nach dir sehnt, die Vöglein und blaue Lüfte läßt dich die Treue viel tausendmal grüßen. In Mondnacht ist's, als weinte

sie sehr und wollte dir gern ein tröstendes Liebeswort vertrauen. Aber sie kann nicht herüber aus der Ferne zu dir langen. Ja, glaube nur, sie weint auch um dich, sehnt sich auch recht sehr nach dir, deine Lieder bringen ihr auch süßen Schmerz. Liebe nur immer treu und aus allen Kräften deines Lebens, der Himmel bleibt nicht immer verschlossen.
(Kosch, S. 107 f.)

Wie Weschta (S. 100 f.) nimmt also auch Polheim – mit Recht – den novalisierenden Roman-Entwurf Eichendorffs unter die Entwürfe zum *Marmorbild* auf, da er inhaltliche Parallelen mit der Erzählung und insbesondere mit Entwurf ⟨2⟩ aufweist.

⟨2⟩

Der Boden war von Krystall; [große g] Aus Springbrunnen stiegen Regenbogenstrahlen in die Höhe; sie warfen Blumen mit [sich] auf, u. zerrannen in den Lüften in leise Musik. Große bunte Blumen brannten in hellen klaren Farben. Ein [heller] kühler milchblauer Lichtstrom floß über die schimmernden Gefilde, u. warf seinen Schein weit in das dunkle öde Meer hinaus, u. wenn er sich senkte, tönten die Blumen, u. goldne Sterne zohen in dem Strome auf u. nieder. Viele Sterne fielen herab auf den Boden, u. aus jedem [wuchs] sproß eine neue glänzende Blume, die schnell in den Lichtstrom hinaufwuchs, wo sie wieder zum Sterne wurde, u. hinunterschwamm. »Da ist sie!« rief plötzlich ein[e unbekannte Stimme] fernes Eccho u. ich hörte eine weibliche Stimme in einiger Entfernung zur Laute singen. Es war mir, als hätt ich das wunderbare Lied schon lange lange in frühster Kindheit einmal gehört; ich konnte keine Worte u. keinen Sinn unterscheiden, aber jeder Ton gieng, wie eine alte Freude, tief in die Seele. Ich wollte reden, aber nur in stummen Entzüken konnte ich den aufgelösten Busen in den kühlenden, blaulichen Strom unter die Sterne u.

Blumen u. Töne preßen, u. er zog mich hinunter dem wunderbaren Gesange nach. Aber die Töne blieben immer in derselben Entfernung von mir. Endlich kann ich Sie versank u. ich weinte sehr.
(Weschta, S. 99 f.)

Wie schon Weschta (S. 61-64) bemerkte, sind die wörtlichen Anklänge an Novalis (d. h. an den Traum Heinrichs im 1. Kap. des *Heinrich von Ofterdingen*) nicht zu übersehen, doch bleibt unsicher, ob dieser Text und der Entwurf *Marien-Sehnsucht* nicht auch Vorstufen zur *Zauberei im Herbste* darstellen, die ihrerseits zu den Vorstufen des *Marmorbildes* gehört.

⟨3⟩

I.

Alles in der Burg war schon schlafen gegangen und in tiefer Ruhe; nur Florio stand noch in seiner Kammer und schaute durch das hohe Bogenfenster in die nächtliche Gegend hinaus. Berge und Wälder lagen so still und dunkel und seltsam, und der Bergstrom rauschte tief unten wie ein wunderbares verworrenes Lied. Wie einsame Wandrer zogen die Wolken über das dunkle Land, und wie er dem schnellen Zuge unverwandt nachstarrte, schienen sie sich immer weiter und weiter zu dehnen, und wie seltsame Riesen, zakige unermeßliche Gebirge, und stumme Drachen mit langen Schweifen eilten sie schnell vorüber, daß er oft, im Innersten erschrekt, von dem seltsamen Getümmel auf die stille dunkele Erde hinabbliken mußte. Oft theilte sich plötzlich der wilde Tantz, und der Monden trat herfür wie eine höhere himmlische Nacht. Da wars ihm, als fielen wunderbare Töne durch den Riß, und aus der blauen Tiefe hörte er die Engel singen u. ein goldnes Musiciren, u. ein Kruzifix schien ihm zwischen den Wolken zu schweben, aus dem der wunderbare Klang käme. Wie er noch so sinnend stand u. schaute, hörte er plötzlich eine Stimme aus dem Thale singen:

Wie liegt die Heymath in der Weite
Schallt keine Stimme mehr her,
Wie ich auch die Arme hinüber breite,
Kennt keiner der Freunde mich mehr.

Nachts [s] zieh' ich über die Brüke
Unwillig der Strom unten braust,
Der Monden thut seltsame Blike.
Der Wald sich reget u. saust.

Im Walde wohl steht eine Kapelle,
Die läutet in einem fort,
Da scheint der Mond ewig helle,
Doch mich treibts von Ort zu Ort,

[Rauschender] Zorniger Waldstrom fliehend,
Felsen, so dunkel und groß,
Wechselnde Wolken ziehend,
Ach! laßt den Sünder endlich los!

Zum höchsten Felsen muß ich klimmen,
Durch die Wolken entsezlich schrein,
Aus des Hertzens dunkelsten Grimmen.
Maria! Erbarme Dich mein!

Der Mond that eben einen Blik, u. Florio sah unten einen ältlichen Ritter auf einem Steine gebükt [sü] sitzen, der lehnte sich auf ein bloßes [Schw] Schwerdt, das einen fürchterlichen Schein durch die Nacht warf. [Er war ohne Hut,] Seine Hare hingen wild herum, u. seine Mienen schienen seltsam u. fremd. Eine schwartze Wolke [ve] zog wieder über den Himmel, u. alles war [wieder] dunkel u. still, wie vorher u. Florio sah die Gestalt nicht wieder. Eine niegefühlte Angst beklemmte sein Hertz, er rief bewustlos in das Thal hinab, doch nur der Wiederhall antwortete aus dem schwartzen Gebürge, u. selbst der Wiederhall war so deutlich, u. schien ihm

Aehnlichkeit mit der Stimme des Unbekannten zu haben, so daß ihm innerlichst grauste. Ermattet sank er endlich auf sein Bett. Der Strom u. die Wälder rauschten von unten immer fort durch das offene Fenster, [D] die Wolken zogen seltsam in seinen [Schl] Schlummer hinein, u. die Scheine der verlöschenden Lampe zukten mit [seltsamen] wunderbaren Lichtern darein. Da träumte ihm, als stünde er auf einem sehr hohen Berge. Unten zogen zerrißene Wolken eilig [u.] vorüber u. d⟨urch⟩ jeden Spalt sah er in eine unermeßliche finstre Kluft hinunter. [Ueb] Durch den Wolkenzug sah er den unbekannten Ritter schreiten. Er schien in der furchtbarsten Angst zu seyn, seine Augen [rollt] waren weit aufgethan u. rollten stier u. wild umher. Mit beyden Händen hielt er sein großes Schwerdt, u. hieb damit wüthend nach allen Seyten d⟨urch⟩ die Wolken, u. bey jedem Hieb that es einen weithinziehenden Blitz. Aber immer tiefer [er in die] sank er in die Wolken hinab, bis ihn endlich die dunkle Kluft gantz hinunterzog. Da theilten sich plötzlich die Wolken, u. ein weites Land mit vielen Strömen lag unten, und drüber war ein laulicher Mondschein ausgebreitet wie ein klingender Traum. Im Osten blühte ein [ro] weiter morgenröthlicher Schimmer. Zu diesem zohen alle Ströme des Landes hin, u. je weiter sie kamen, schienen sie sich in einen leisen wunderbaren Gesang aufzulösen. Florio stieg den Berg [u] hinab. Er kam zu einem Strome. Ein Schifflein schwankte auf den goldnen Wellen leicht auf u. nieder. Er konnte nicht wi[e]derstehen, er stieg hinein, u. von selbst löste sich das Schifflein vom Strande, u. zog mit ihm hinunter.

Da wars, als läge die Heymath [in] zur Seyte in goldner Ferne. Es war ihm, als wäre er viele Jahre abwesend gewesen. [Es fielen ihm] Alle alten Freuden aus frühster ⟨Jugend⟩ grüßten ihn wieder [aus den] von den wohlbekannten Bergen u. Büschen u. Thalen. Seinen Vater u. seine Mutter u. viele längstgeliebte Freunde giengen ruhig im Garten spazieren, [Auch Berthe war unter ihnen u. schien bleich und traurig] die Springbrunnen plätscherten gar seltsam dazu. Er bog sich mit aller Macht hinüber, aber keiner bemerkte ihn, u. alles hatte ihn längst vergeßen. Bald war die Heymath aus seinen Augen verschwunden, u. [nie] neue unbekannte Gegenden lagen zu beyden Seyten. Da war ihm, als [h] sähe er die Waldkapelle, von der der Ritter gesungen hatte oben auf einem Berge gläntzen, die läutete in einem fort, u. er war im Innersten so still u. fröhlich. Da kam ein lilienweißer Schwan d⟨urch⟩ den Mondschein hoch über ihn weggezogen nach dem fernen Morgenschimmer zu, u. wie er mit den Flügeln in die Gluth hineinschlug, breitete [sich] sie sich plötzlich immer höher u. weiter, u. wie er sich endlich säuselnd hinabsenkte, [hob] u. in den Flammen verzehrt ward, hob sich die Sonne in tausend Glorien empor, u. ein wunderbarer Klang fuhr über die gantze Erde hin. Da [s] rückten die Ufer, u. Berge u. Lande immer weiter u. weiter, der Strom breitete sich plötzlich nach allen Seyten unermeßlich aus, bis alles ein großes unübersehliches Meer ward. Florio wußte nicht, wie ihm geschah, er blickte über sich. Da sah er über sich hin den Strom, auf dem er gefahren war, blau u. krystallen wegfließen, u. die Heymath und alle Land matt durchschimmern. [Berthe schiffte in einem Nachen drüber hin, u. blickte still d⟨urch⟩ die Fluth hinunter.] Unter sich sah er die Gluth des Morgens in tausend Farben auf dem Meere entzunden, [der] ein himmlisches Singen [drang aus der] aus der Tiefe wurde immer stärker u. stärker u. zitterte durch alle Wellen. Florio [wurde] kannte sich selbst nicht mehr, er wurde selbst zu Gesang, er langte nach dem blauen Strome hinauf, aber der Nachen fieng an zu kreisen, u. drehte sich immer schneller u. schneller, die Gloke der Waldkapelle tönte von oben immer leiser u. leiser nach, und so versank er in die flamenden Wogen.

II.

Munter krähen Hähne von ferne,
Wie ein himmlisches Singen,
Die Farben [dämmern u.] aufwärts ringen,
Manch Stimmlein wird unten schon wach.

Schimmert manch' Burge golden,
Durch den Wald schon Hörner schallen,
Fromme Pilger singend wallen
In den frischen Morgen hinein.

Die Nacht ist weggezogen,
Engel lichte ziehn über die Triften
Jubilieren Lerchen hoch in den Lüften,
Erwache, träumendes Kind!

Florio schlug die Augen auf. Der Morgen wehte frisch d⟨urch⟩ das offene Fenster hinein. Muntrer Vogelsang schallte mannigfalt aus dem Walde herauf. Er trat ans Fenster. Wie war da alles so anders. Die dunkeln Gebirge waren so fröhlich u. grün. [Aber seine Heiterkeit war dahin.] Die schwartzen Wolken waren weggezogen, u. alles heiter. Sein Traum [legte] war ihm in eine magische Ferne gerükt, u. legte sich mit himmlischen [F] [b] Farben wie ein bunter Teppich in den Morgen hinein u. rief wie eine große fröhliche Zukunft aus der Ferne. Wie nach einer Geliebten sehnte er sich nach ihr in die Ferne hinaus. Dann dachte er wieder an den Gesang des unbekannten Ritters, u. wie so fremd u. [rührend] doch so bekannt seine Gestalt war. Er gieng in den Wald hinunter, u. sann immer nach, wo er den Ritter sonst schon gesehen habe, u. so in seine Gedanken verloren, kam er bald auf einen abgelegenen Hügel, den er seit langer langer Zeit nicht bestiegen hatte. Ein einsamer Wind [strich] flog ihn seltsam an, u. rührte Blumen u. Wipfel;

Unten zog [auf] ein Pilgrim vorüber, der ein frommes
Lied sang. Da war Florio so seltsam zu Muthe, u. eine
Erinnerung aus frühster Kindheit flog ihn in den Tönen
plötzlich an, und nun wurde es ihm auf einmal [klar]
kund, warum ihn das Lied [des Ritters] heute Nacht so
ergriffen habe, u. woher er die Züge des Ritters kenne.
Als kleiner Knabe nemlich hatte er
(Weschta, S. 96-99.)

Auch dieser Text, der Anklänge an Heinrichs Traum im 6.
Kap. von Novalis' *Heinrich von Ofterdingen* zeigt, steht noch
relativ weit von der Endfassung des *Marmorbildes* entfernt,
doch verdeutlicht die Verwandtschaft mit den beiden vor-
ausgehenden Entwürfen, daß es sich um eine Vorstufe zu
der Erzählung handelt.

⟨4⟩

der Diener die Todten-Gerippe mit ihrem seltsamen
Gewehr einherkommen und auf den Aleßandro losge-
hen sah, nahm er die Fackel und schlug dem einen [der
K] damit den Knochen aus der Hand, daß er auf die
Erde fiel. Darauf nahm er zugleich [den] einen Sprung,
und lief sammt seinem Herren zum Thor hinaus ins
Freie.
Ermattet langten sie [in ihrer Herberg,] durch die unterdeß schon leergewordenen Gaßen in ihrer Herberg
an und unterredeten sich dort miteinander die noch
übrigen Stunden der Nacht hindurch von dem seltsamen Abentheuer. Als aber der Tag zu grauen begann,
bewaffnete sich Aleßandro auf das beste, und begab
sich zu dem Hause des Donati, um sich an demselben
wegen des ihm gestern Abend angethanen Schimpfes
zu rächen.
Heftig klopfte er an die Thüre des Hauses. Da kam ein
alter Mann hervor, welcher ihm auf seine Fragen bedeutete, daß in diesem Hause kein Donati wohne. Aleßandro
wollte solches nicht glauben und meynte, der lose Donati

laße sich verläugnen; er stieg daher die Treppe hinauf. Doch wie er das Zimmer, worin er gestern mit Donati gespeiset, aufgemacht, sahe er, daß es daßelbe gantz und gar nicht sey; denn diese Stube war voll Staub und wohl in einem Jahre nicht gereinigt worden, sie lag voll Häute von abgehaspelten Seiden-Würmern und verschiedenen zum Seiden-Spinnen gehörigen Gerätschaften, woraus Aleßandro genugsam erkannte, daß er betrogen sey und daß Donati und die Dame und alles was er gestern gesehen, eitel Blendwerk gewesen, welches ihn in tiefe Gedanken versenkte.

Der Diener fragte gleichwohl den [alten] Hausvater, ob er nicht ein [Diener] Bedienter bei ihm, der sich Francesco nennte? Freilich, sprach der Alte, und rief [sogleich] in das Vorhaus, und alsbald kam ein kleiner bucklichter Mann von etwa vierzig Jahren, der nur ein Auge hatte, [und] auch sonst dem Francesco des Donati im mindesten nicht gleichte. Des Aleßandro Diener meynte, er hätte sich also verstellet, sprang demnach auf ihn los, und riß ihn bei den Haaren zu Boden, worüber der alte Mann ein so erbärmliches Geschrei anfing, daß die Nachbarn haufenweis hinzugelaufen kamen und den Aleßandro sammt seinem Knecht vor den Richter der Stadt führten.

Dieser jedoch, nachdem er die Verantwortung und den gantzen Hergang der Begebenheit von Aleßandro aufmerksam angehört hatte, sprach den Edelmann nicht nur von aller Strafe los, sondern bejammerte noch deßen Zufall [aus aufrichtigem Hertzen] mit besonderem Mitleid. [Eine reiche vornehme Dame, sagte er beim Abschiede zu Aleßandro,] [da] Aleßandro [bei dieser] [be]merkte wohl, daß der Richter von dieser Sache manche[s] [besondere] Heimlichkeit zu wißen schien, [so bat] er bat ihn [um] daher dringend um nähere Auskunft [darüber,] [und der Richter erzählte sagte Folgendes aus:] welche ihm denn derselbe darauf auch bereitwillig mit folgenden Worten gab: »Es [wohnte] lebte vor sehr langer Zeit ein junges adeliches Fräulein in dem Schloße deßen altes verfallenes Gemäuer noch jezt vor dem Thore zu sehen ist. [Ein prächtiger Lustgarten, wie die alten Erzählungen sagen, umgab] das Schloß war, wie die alten Erzählungen aussagen, von einem prächtigen Lustgarten umgeben, worin man allerhand schöne Springbrunnen, Grotten und Weiher mit Schwänen [sahe] bewunderte – Aleßandro ersah mit Entsetzen aus dieser Beschreibung, daß es derselbe Garten sey, den er gestern gesehen. Der Richter aber fuhr fort: »Alle diese irdische Pracht wurde durch die außerordentliche Schönheit des Fräuleins noch übertroffen, deren zauberische Liebesaugen von de[r] Höhe [des] ihres Lust-reichen Pallastes in den schönen Thälern umherschweiften und unzählige Freyer herbeilockten. Da hörte man nichts als Guitarren und weiche Gesänge in den Gärten erschallen, keiner der Ritter aber konnte sich jemals wieder aus den [Zaubernetzen] buhlerischen Armen des Fräuleins loswinden, sie alle irrten zwischen wilder Lust und schrecklicher Reue, zwischen Liebe und Haß, an Leib und Seele verloren, unstät umher und brachten einander häufig in blinder Eifersucht wechselseitig um«. »Das ist nun lange her, Schloß und Garten liegen verfallen [und wüste] und still. Aber der Geist des Fräuleins, sagt man, hat keine [Stille gefu] Ruhe gefunden. Aus der [unendlichen] erschrecklichen Stille des Grabes heißt sie das Andenken an die irdische Lust in die Einsamkeit ihres alten Hauses heraufsteigen, und durch teufelisches Blendwerk, [die alte] selber immer neu verführt, die alte Verführung üben, während ihre ermordeten Buhler sie dort in Qual und Neid bewachen und niemanden zulaßen wollen. Häufig hat man auf demselben Platze Anfechtungen von Gespenstern [bemerkt] verspürt, wo sich bald eine schöne Dame, bald mehrere ansehnliche Cavaliers sehen laßen und die Vorübergehenden in einen dem Auge vorgestellten, erdichteten Pallast führen. Ohne Zweifel sind Donati und die anderen, die Euch bei Euerer Ankunft vor dem Thore angeredet, von Jenen gewesen, und könnt Ihr Euch höchlich Glück wünschen, so davon gekommen zu seyn, indem mehrere, denen ein gleiches begegnet, niemals mehr wiedergesehen worden«.

Diese Erzählung des Richters hörte [Don] Aleßandro im tiefen Gedanken an. Er nahm darauf schnell und verwirrt Abschied und eilte in seine Herberg, wo er [in] ganz und gar in ein hinstarrendes Nachsinnen und große Traurigkeit versank, denn das Zauberbild der Dame hatte in seinem tiefsten Hertzen eine unendliche Sehnsucht und Liebe entzündet. In solchem unseeligen Brüten und Träumen, aus denen er auf alle Fragen nur halbe und verkehrte Antworten gab, verblieb er [bis] den gantzen Tag und die darauffolgende Nacht hindurch.

Als die Sterne am Firmament zu verlöschen anfiengen, brachte den Kranken endlich das Zureden seines nüchternen Dieners so weit, daß er sich entschloß, Lucca zu verlaßen und seine Reise weiter fortzusetzen. Sie bestiegen ihre Roße und Aleßandro athmete zum erstenmale frei auf, als er aus dem Thore ins Freie hinausritt.

Hier [bemerkte] erblickte er sogleich in der Ferne eine Ruine, die er damals gar nicht bemerkt hatte. In einer großen Einsamkeit lag da altes verfallenes Gemäuer umher, über welchem sich hohes Unkraut und Hecken zu einer üppigblühenden Wildniß verschlangen. Je länger er [aber] [jedoch] indeß unbeweglich auf diesen Platz hinstarrte, je mehr schien sich dort ein Baum nach dem anderen aufzurichten, und alles anders zu gestalten und der gantze schöne Garten, wie er ihn [damals] zum erstenmale gesehen, [nac] nach uns noch aus der Ferne hervorzutreten. Da gedachte er wieder der unbeschreiblichen Schönheit der Dame, wie sie damals langsam vor ihm vergieng und [die] ihre schönen Augen versanken, und eine tiefe Wehmuth und Sehnsucht, [auf immer] hier zu [bleiben] sterben, erfaßte noch einmal seine Seele.

In demselben Augenblik gieng die Sonne auf und warf ihre Zauber-Lichter über die erwachte Erde. Da [überlief

Aleßandro ein kühler S] schauerte Aleßandro innerlichst [fröhlich] zusammen. Er rüttelte sich an allen Gliedern, gab seinem Roße rasch die Sporen und sang mit heller Stimme: (Hier das Lied: Hier bin ich Herr! etc. −)
Der Kreiß der Zauberey lag schon versinkend weit hinter ihnen, hoch in der klaren Luft schwirrten unzählige Lerchen, und so zog Aleßandro, erquickt und genesen, in das Morgenroth und [das] die herrlichglänzende Ebene von Mailand hinein.
(Weschta, S. 91-94.)

Mit diesem Text beginnt, wie Polheim richtig bemerkt, insofern »ein neuer Traditionsstrang«, als sich Eichendorff nun an Happels *Lucenser-Gespenst*, also an seiner Hauptquelle orientierte, die er umgestaltete und in seine Märchen-Novelle einschmolz.

⟨5⟩
Schatten-Spiel.

Es war ein schöner Sommer-Abend, als Aleßandro, ein reisender Edelmann, langsam auf die Thore von Lucca zuritt, der bunten Züge zierlicher Damen und Herren sich erfreuend, die sich zu beiden Seiten in der Kühle der Alleen fröhlichschwatzend ergiengen. Da kam ihm ein Zug mehrerer Herren zu Pferde von vornehmem Ansehen aus dem Thore entgegen. Als diese den Aleßandro erblickten, machte einer von ihnen eine tiefe Verbeugung vor ihm und bewillkommte ihn als seinen geehrten Landsmann. Aleßandro bedankte sich zwar, wußte sich aber keineswegs zu erinnern, daß er seiner einige Kundschaft hätte. Jener hingegen bezeichnete ihm, wo er ihn zu dem und dem mal gesehen, und als solches mit der Wissenschaft des Aleßandro eigentlich übereinkam, glaubte er wohl, von ihm gekannt zu seyn, obgleich er sich, wie gesagt, durchaus seiner aus früherer Zeit nicht erinnern konnte. Derselbe fragte ihn darauf, ob er vorher schon einmal zu Lucca gewesen? Als Aleßandro mit Nein antwortete, empfahl ihm der unbekannte Bekannte einen Herren aus ihrer Mitte, als einen, der in dieser Stadt wohnhaft sey, welcher denn auch sogleich, sich mit vieler Höflichkeit vor Aleßandro verneigend, versprach, sobald er zurückgekehrt von dem Geleite, das er den anderen Herren gab, zu ihm zu kommen um ihm, als Fremden, seine Dienste anzubieten. Hiemit schieden sie von einander, und Aleßandro zog, nachsinnend über dieses sonderbare Begegniß, in eine ansehnliche Herberge, wo er nach Gebühr gar wohl empfangen wurde.

Am anderen Morgen, als er eben mit vielem Vergnügen aus dem Fenster die Pracht der Stadt mit ihren in der Morgensonne funkelnden Thürmen und Kuppeln betrachtete, kam vorbesagter Luccaner, an den er gestern empfohlen worden, auf einem köstlich aufgeputzten Pferde in herrlicher Kleidung vor die Herberg, und eilte zu dem Fremden hinauf. Er nannte sich Donati und unterhielt den umschweifenden Edelmann mit allerhand artigen Gesprächen, während welchen sie ein reiches Frühstück einnahmen. Darauf nöthigte er den Aleßandro zu einem Spazierritt vor das Thor, woselbst er ihm etliche schöne Gärten und andere Merkwürdigkeiten der Luccaner weisen wollte. Aleßandro willigte gern ein und so durchstreiften sie mehrere Stunden lang die schönen Thäler um Lucca, deren prächtige Landhäuser, Kaskaden und Grotten den erstaunten Reisenden nicht wenig ergözten.

Ermüdet zogen sie endlich wieder dem Thore zu, denn die Stralen der Mittagssonne schillerten schon sengend über die gantze Gegend, die wie unter einem Schleyer von Schwüle zu schlummern und zu träumen schien. Da kamen sie an einem halbgeöffneten Thore von zierlich vergoldetem Eisengitter vorüber, durch welches man in einen wunderschönen Garten voll kühlen Schattens und springender Quellen hineinsehen konnte. »Wenn es Euch anständig wäre, sagte Donati zu Aleßandro gewendet, so könnten wir die heiße Mittagszeit unter dem Schutze

dieser Schatten verbringen, um sodann nach genoßener Ruhe in die Stadt zurückzukehren.« Aleßandro war damit sehr wohl zufrieden, sie stiegen daher ab, übergaben ihre Pferde Francesco'n, dem Diener des Donati, und begaben sich in den Garten.
Hier war alles einsam und leer, nur Vöglein hüpften

⟨Neben der Überschrift in kleinerer Schrift:⟩
Jezt: Es fieng schon an dunkel zu werden, sie ritten stillfröhlich in den dunkelnden Abend hinein, der die Stadt u. Gegend sonderbar beleuchtete. Der fremde Herr begrüßte häufig die Lustwandelnden, [unter] denen sich Frauen von besonderer Schönheit befanden. So waren sie bis an das alte Thor gekommen. Der Fremde schien ängstlich zu werden. Das Pferd bäumte wild u. wollte nicht ins Thor hinein. Der Fremde murmelte etwas, das Thier wurde ruhig, er aber lächelt, beschrieb ihm d. Straße u. nahm Abschied mit dem Versprechen, ihn morgen zu besuchen.
(*Der deutsche Osten. Seine Geschichte, sein Wesen und seine Aufgabe*, hg. von Karl C. Thalheim und A. Hillen Ziegfeld, Berlin 1936, nach S. 504.)
Von dieser, ebenfalls an Happels *Lucenser-Gespenst* orientierten Stufe des Textes sind in der Stadtbibliothek Breslau/Wrocław insgesamt vier handschriftliche Seiten erhalten, von denen nur die beiden hier wiedergegebenen bisher gedruckt sind. Die Transkription wurde im vorliegenden Druck nach dem Faksimile (bei Thalheim/Ziegfeld) korrigiert.

⟨6⟩
Im Quartier findet Aleßandro den deutschen Sänger, an deßen fröhlichfrommer, kühner Clarheit das Geistergrausen abgleitet. – Am andern Morgen Spazierritt, Garten etc. Dann Nacht im Schloß, sehr ausführlich, mit Gesprächen etc.:. – Oft schauerliche Blicke der Dame. – Oft auch plötzlich schlängelnde Schlangen oft sehr fix

über die Diele etc: Wie er draußen, alles Ruine u. er kann kaum den Weg finden. Sein Diener weiß von allem Zauber nichts. – Er sieht die Ruine, die er sonst nicht gesehen, u. will ewig dort sich ansiedeln. – Der Sänger aber singt Romantze von der Venus, wie sie dort ein Schloß (Tempel) gehabt, jetzt seit das Christenthum nun auf unchristliche Gemüther Gewalt habe, Syrenen geben ihre Wemuth aus des Meeres *Grund* noch *kund* etc. Sie in ewig unbefriedigter irdischer Sehnsucht, die alle Frühjahr erwacht, zieht alles Schwache in ihren Schlund von Wemuth etc. [[Aleßandro] der Sänger trennt sich darauf von ihm, Aleßandro reitet in tiefen Gedanken fort über dieß Lied. Die Sonne geht auf, da faßt er sich, singt das Lied u. alle Gaukelei versinkt hinter ihm. –]
(Weschta, S. 94 f.)

⟨7⟩

Auf einem (im Originalmanuskript erst neuerdings wieder aufgefundenen) Entwurfblatt, aus dem Polheim Exzerpte seines Vaters druckt, findet sich erstmals der Titel der Erzählung: »Für den Schluß meines Marmorbildes S: hin u. wieder zerstreute Notita, besonders hier pag. 3 gantz oben unter dem Sonntagsliede etc.« Das Entwurfblatt ist als ganzes bisher ungedruckt; vgl. zu den »Quellen« des *Marmorbildes* S. 759.

⟨8⟩

Von einer ursprünglich 40 handschriftliche Seiten enthaltenden Fassung, die verschollen ist, wurden von Weschta (S. 88) nur der Titel und die Kurzbeschreibung überliefert: »Das Marmorbild. Ein Schattenspiel. 10 gefaltete Halbbogen mit den Seitenzahlen 1 bis 40.«

⟨9⟩

Nach Polheim stimmt die seit 1984 im Besitz des Freien Deutschen Hochstifts befindliche Handschrift (sie ist bisher ungedruckt) »bis auf wenige, aber gewichtige Ausnahmen – wörtlich mit der endgültigen Fassung ⟨des Druckes⟩ überein, angefangen von dem Gedicht ›Von kühnen Wunderbildern‹ mit allen 16 Strophen bis zum Schluß: ›Und so zogen die Glücklichen fröhlich durch die überglänzten Auen in das blühende Mailand hinunter.‹ ⟨...⟩ der Held heißt noch Aleßandro, wie wir ihn kennen. Seine Braut trägt den Namen Blanca. Der Sänger, zumindest nach unserer Kenntnis bisher namenlos, ist jetzt Florentin genannt, und man geht wohl nicht fehl, dabei an Dorothea Schlegels Roman zu denken. Nur die Nebenfigur Pietro hat schon ihren endgültigen Namen. Nicht lange danach muß sich der Dichter die neue Namengebung überlegt haben.«

⟨10⟩

(NB: Das Gantze beim Abschreiben noch durch corrigiren, manches Weitläufige wegstreichen etc. –)
NB: Aleßandro mag Florio, Florentin Romano u. Donati Ubaldo heißen etc.
(Wegen der Namen nimm zulezt den Calender zur Hand! –)
(Lucca liegt am Meere, die Stadt hier wird also wohl anders heißen müssen.)
(Vielleicht hin u. her das Meer mit seinem Abenddufte benutzen! –) [Fortunato heißt der Sänger, das Fräulein Benigna o Bianca. Donati bleibt Donati. Aleßandro = Florio]
(Weschta, S. 95.)

Nach Weschta (S. 95) stehen diese Notizen »auf der ersten Seite des Marmorbildmanuskriptes«, das heißt des Entwurfes ⟨8⟩, »rechts und links vom Titel und sind mit blasser Tinte später hinzugefügt«. Ob dabei der Terminus »Schattenspiel« als Gattungsbezeichnung aufgefaßt werden muß, ist fraglich, da schon im 18. Jahrhundert – in Anlehnung an die beliebte Salonunterhaltung – von »Schattenspielen der Einbildungskraft« gesprochen wird. Jedenfalls haben wir uns unter dem Entwurf ⟨8⟩ einen Prosatext und nicht ein in Rollen unterteiltes Spiel vorzustellen (vgl. dazu Steinsdorff, S. 431).

QUELLEN

Da *Die Zauberei im Herbste* zum weiteren Umkreis der Vorarbeiten zum *Marmorbild* gehört, sind alle dort genannten Quellen auch für *Das Marmorbild* von Bedeutung. Zu Tiecks Gestaltung des Tannhäuser-Stoffes tritt aber hier, nach Ausweis der Entwürfe, der starke Einfluß von Novalis' *Heinrich von Ofterdingen*. Daneben sind Einflüsse durch einige der Quellenschriften von *Ahnung und Gegenwart*, insbesondere von Dorothea Schlegels *Florentin* (1801) und Fouqués *Der Zauberring ein Ritterroman* (1812), nachgewiesen worden.

Seine Hauptquelle hat Eichendorff selbst im Brief an Fouqué am 2. 12. 1817 genannt: »es waren Happellii Curiositates, die entfernte Veranlassung, aber weiter auch nichts«. Diese »entfernte Veranlassung« also, die in den Entwürfen sich ab Text ⟨4⟩ niederschlägt, fand Eichendorff in Eberhard G. Happels *Grösseste Denkwürdigkeiten der Welt oder so genandte Relationes Curiosae. Worinnen fürgestellet / und auß dem Grund der gesunden Vernunfft examiniret werden / allerhand Antiquitäten / Curiositäten / Critische / Historische / Physicalische / Mathematische / Künstliche und andere Merckwürdige Seltzamkeiten / welche auff dieser Unter-Welt / in der Lufft / auff der See oder Land jemahlen zu finden gewesen / oder sich noch täglich zeigen* (3. Teil, Hamburg 1687). Das Venus-Motiv findet sich dort in der Geschichte »Die Teuffelsche Jungfrau« und in der Anekdote »Die seltzahme Lucenser-Gespenst«, welche Eichendorff hauptsächlich benutzte. Auf »Lokal- und Stimmungseinfluß« hat Weschta (S. 37) den Einfluß von Happels *Lucenser-Gespenst* begrenzt, da Eichendorff neben der Handlungsskizze vor allem den Ort Lucca und die Namen Donati und Alessandro (der später durch Florio ersetzt wird) seiner Quelle entnommen hat.

Auf die autobiographischen Elemente der Erzählung, in der sich – ähnlich wie schon in *Ahnung und Gegenwart* – Eichendorffs Kritik am Mystizismus der Novalis-Epigonen manifestiert, hat Sibylle von Steinsdorff hingewiesen, da »Venus und Donati ⟨...⟩ wiederholt mit Kindheits- und Jugenderinnerungen des Helden« verknüpft werden. Diese autobiographischen Bezüge werden vor allem in handschriftlichen Notizen zum Plan der Novelle deutlich: »In der berühmten Nacht erzählt vielleicht Aleßandro der Venus seine Kindergeschichte (Lubowitz) und erkennt auf einmal in Donati u. der Venus wirklichbekannte Personen aus jener Zeit« (Steinsdorff, S. 428, Zitat aus dem Entwurfstext ⟨7⟩). In einer anderen Notiz heißt es: »In der lezten Zaubernacht auf dem Schloße muß deßhalb die Venus wieder zur Statue werden u. ihr Fang wird vereitelt: weil Sie den Aleß. unwillkührlich an altes Lubowitz erinnernd in sich selbst versenkt u. er daher im Stillen betet.« (ebd.)

Eichendorffs Quelle für die Erzählung *Das Marmorbild*:
E. G. Happelii grösseste Denkwürdigkeiten der Welt oder so genandte Relationes Curiosae. Worinnen fürgestellet / und auß dem Grund der gesunden Vernunfft examiniret werden / allerhand Antiquitäten / Curiositäten / Critische / Historische / Physicalische / Mathematische / Künstliche und andere Merckwürdige Seltzamkeiten / welche auff dieser Unter-Welt / in der Lufft / auff der See oder Land jemahlen zu finden gewesen / oder sich noch täglich zeigen. Dritter Theil / Einem jeden curieusen Liebhaber zur Lust und Erbauung in Druck verfertiget / und mit erfoderten schönen Kupfern und andern Figuren erläutert. Mit Kayserl. Mayst. allergnädigstem Privilegio. Hamburg. Gedruckt und verlegt durch Thomas von Wiering, im güldenen A,B,C, bey der Börse / im Jahr 1687. und bey demselben Wie auch zu Franckfurt und Leipzig bey Zacharias Herteln zu finden.
(S. 510-516.)

Die seltzahme Lucenser-Gespenst.

Ein sehr curieuser Frantzose von den aller neuesten Scribenten meldet von einem Gespenst / das zu Luca in Italien einem fürnehmen Italiäner / der dieses Orths fremde / erschienen / womit sichs also verhält: Ein gewisser Italiänischer Passagir / den wir Alessandro nennen wollen / kam vor wenig Jahren mit seinem Reise-Gefährten zum Thor vor Luca / daselbst begegneten ihnen alßbald 3 Persohnen zu Pferd / welche jetzo aus dem Thor hinaus reiten wolten / als diese den Alessandro erblicketen / machten ihrer zween eine tieffe Reverentz vor ihm / und bewillkommeten ihn / als ihren geehrten Landesmann. Alessandro bedanckete sich zwar / wuste sich aber keines Wegs zu erinnern / daß er ihrer einige Kundschafft hätte. Jene hingegegen bezeichneten ihm / wo sie ihn zu dem und dem mahl gesehen / und als solches mit der Wissenschafft des Alessandro eigentlich überein kam / glaubete derselbe / daß sie ihn kenneten / ob er ihrer gleich die geringste Kundschafft nicht hatte. Einer von diesen dreyen fragte ihn / ob er oder seine Reiß-Gefährten vorhin schon zu Luca gewesen? als derselbe mit Nein beantwortete / recommandirte er ihm einen aus ihrem Mittel / als einen / der in dieser Stadt seß- und wohnhafft wäre / so bald er wieder zurück kommen / von dem Geleite / daß er ihnen beyden geben wolte / würde er zu ihnen kommen / und alle Dienstfertigkeit erweisen. Hiemit schieden sie von einander / und Alessandro sampt seiner Geselschafft zogen in eine ansehnliche Herberge / worinnen sie gar wohl empfangen / und nach Gebühr tractiret wurden.

Gegen Abend kam vorbesagter Lucaner / an welchen Alessandro von den zween andern war recommandiret worden. Er nandte sich Donati, und unterhielt den umbschweiffenden Italiäner mit allerhand artigen Discursen / nahm endlich / als die Schlaffen-Zeit heran nahete / seinen Abscheid und versprach am folgenden Morgen wieder zu kommen / und ihm die Raritäten dieser Stadt zu zeigen / welchem er auch nachlebete / und den Alessandro zu bestimmter Zeit abholete / und an solche Oerther führete / da etwas zu sehen war.

Nachdem Alessandro alles gesehen / und damit fast den gantzen Tag zugebracht hatte / nöthigte er den Donati seinen Geleitsmann zur Mahlzeit / und war biß zu Mitternacht lustig mit ihm. Am folgenden Tage ruhete Alessandro umb seinen Rausch außzuschlaffen / biß umb die Mittags-Stunde im Bette / und nachdem er sich den Federn letztlich entzogen / kam Donati auff einen köstlich außgeputzten Pferd in herrlicher Kleidung vor die Herberge / und nöthigte den Alessandro zum Spatzier-Ritt vor das Thor / woselbst er ihm / als welcher ihm darinn willig folgte / etliche schöne Lust-Garten zeigete / und ob gleich die Jahr-Zeit damahl nicht also beschaffen / daß man einen Lust in den Garten suchen möchte / ergetzte sich dannoch der Italiäner an den schönen Grotten / Cascaden / und andern raren Stücken / deren er eine grosse Menge und gewaltige Verschiedenheit anmerckete: Woraus zu erkennen / daß in der Stadt sehr reiche Bürger wohnen müsten.

Gegen Abend zohen sie wieder nach der Stadt / und weil sich Alessandro mercken ließ / daß er am folgenden Tage ferner zu gehen gewillet / nöthigte ihn Donati zu einer kleinen Abend-Collation, welches jener zwar lange Zeit mit aller Höffligkeit abzulehnen bemühet war / indem er den Donati gerne in seiner Herberge bey sich behalten. Weil aber dieser mit gar beweglichen Worten darumb anhielte / ihm auch anbey zu erkennen gab / er hoffe ihm diesen Abend noch etwas sonderliches zu zeigen / dergleichen er vielleicht in Italien an einem Orth nicht so viel finden würde / ließ sich Alessandro bewegen / nachdem er in seiner Herberge abgestiegen / mit ihm zu gehen. Darauff ward Alessandro mit lieblichen Discursen / bey erfolgter Mahlzeit aber mit den allerniedlichsten Speisen / und aller seltzamsten und kostbahrsten Weinen bewirtet / daß er nicht wuste / wohin er solches deuten könte. Unter dem Essen ließ Donati seinen Diener Francisco auff der Guitarre spielen / worinn er über die massen fertig war.

Die Teuffelsche Jungfrau.

Nach dem die Mahlzeit geendiget / sprach Donati zu Alessandro, weil er ja gesonnen wäre / am folgenden Tage von hinnen zu reisen / wolte er / wofern es ihm beliebte / ihn diesen Abend noch zu einer vornehmen Damen führen / bey welcher er sonderbahre rahre Sachen solte zu sehen bekommen. Alessandro gab hierauff zu verstehen / es möchte ihm vor eine Unhöfflichkeit außgeleget werden / wann er / bey Nachtzeiten eine fürnehme Dame mit einer Visite beunruhigen solte. Sie ist meine gute Freundin und nahe Anverwantin / sprach Donati dagegen / jedoch will ich meinen Diener vorhinn zu ihr schicken / und vernehmen lassen / ob ihr diese späte Besuchung einiger massen verdrießlich sein möchte. Alessandro erklehrete sich am folgenden Tage mit ihm dahin zu gehen / und zu dem Ende seine Reise ein par Stunde auffzuschieben / nachdem ihm aber der andere fürhielte / daß die besagte Dame alsobald bey Antritt des folgenden Tages nach Pisa verreissen würde / willigte endlich unser Cavallier ein / und also ward Francesco abgefertiget / welcher nach Verlauff einer viertel Stunde wieder kam / und zur Antwort brachte / daß Donati mit seinem Gast nur bald zu ihr kommen möchte / weil ihr seine Besuchung alle mahl angenehm wäre.

Solchem nach begaben sie sich auff den Weg und ein jeder nahm seinen Diener zu sich. Als sie etwa 400 Schritt fort gegangen waren / gelangten sie vor einen sehr prächtigen Pallast. nachdem man ihnen die Thür auffgethan / giengen sie in einen kleinen Hoff / woselbst sie von einer ansehnlichen Damen / die in ihrem Schlaff-Rock / der ein gülden Stück war / ihrer daselbst erwartete / empfangen wurden. Sie hatte zwo junge Dames bey sich / die ihr mehr Geselschafft zu leisten / als auffzuwarten / neben ihr stunden. Nachdem sie erstlich den Donati bewillkommet / empfing sie auch den Alessandro; Sie behielte aber seine Hand / und tratt mit ihm voran in den Pallast / Donati kam mit ihrem Frauen-Zimmer hernach. Man eröffnete einen grossen Saal / darinn er solche schöne Schildereyen fand / daß er / als der sonsten ein fürtrefflicher Kenner und Liebhaber derselben / gestehen muste / er habe deßgleichen sein Lebtage nicht gesehen. Allen und jeden Bildern mangelte nichts / als die Sprache und das Hören / sonsten waren sie so natürlich getroffen / daß man geschworen hätte / sie lebten. Unter andern sahe man da den Trojanischen Brand / da es das Ansehen hatte / als könte man bißweilen die Funcken durch den dunckelen Rauch leibhafftig sehen hin auff steigen.

Nachdem sie diesen Saal zur Gnüge besichtiget / merckete Alessandro, daß Donati mit den beyden jungen Dames sich in ein Neben-Zimmer erhoben hatte. U⟨n⟩terdessen ward von der Dame Alessandro in einen andern noch viel prächtigern Saal geführet / welcher mit lauter Tapetzereyen behänget war / alle diese Tapereyen hatten güldene und seidene Fräntzeln / und die darinn gewürckete Bilder und Historien waren von Seiden so sauber / subtil und nett gemacht / daß des Anschauers Auge darob gantz entzucket stund / welches der Damen sehr wohl gefiel / die ihm eine fertige Erklerung aller und jeden Geschichte mitheilete / und ihn solcher Gestalt dermassen in die alte und neue Geschichte führete / daß er bekennen muste / sie sey eine von den gelehrtesten Damen / so die Welt jemalen herfür gebracht / und als Alessandro wieder zurücke kehren wolte / eine jede Tapetzerey nochmahln / und absonderlich in Augenschein zu nehmen / sprach die Dame zu ihm: Wir werden uns / mein Herr / solcher Gestalt viel zu lange auffhalten / dahero / wann es euch beliebt / will ich euch noch andere Sachen zeigen / dagegen ihr daßjenige / so ihr jetzo gesehen / vor Kinder-Werck achten werdet. Ales-

sandro entsetzete sich vor Verwunderung über diese
Rede / folgete dannoch der Damen / da sie ihn abermahl
bey der Hand ergriff / gantz willig / und trat mit ihr zu
einer Treppen hinauff / woselbst sie ihn in einen andern
Saal führete / dessen Wände von Gold durchaus gläntzeten / und durch den Wiederstrahl der auff der Taffel
stehende zwo grosse Kertzen dermassen von sich schienen / als wann es am hellen Mittag wäre ⟨.⟩ Dieser gantze
Saal war von allen Seiten mit den allerherrlichsten Statuen besetzet / derer sehr viel aus einen eintzigen stück
Marmor / und etliche andere aus Allabaster gemacht
waren / mit solcher Kunst / daß es unbeschreiblich / und
Alessandro ihm nimmermehr eingebildet hätte / daß er
solche Kostbahrkeiten und Kunst-Stück / in Luca würde
zu sehen bekommen haben.

Die seltzahme Instrumenten.

Als er nun hierob vor Verwunderung gantz und gar
entzucket stunde / zeigete ihm die Dame in allen vier
Ecken dieses Zimmers ein Clavicymbel / winckete auch
zugleich dem Francisco / daß er nach dem einen hingehen und darauff spielen solte. Als solches geschahe /
merckete unser Italiäner / daß alle Instrumenten in den 4
Ecken zugleich mit spieleten / welches er nicht begreiffen
kunte / wie es zugieng. Die Dame fragte / was er hiervon
hielte? und als er sagte / daß dieses eine schöne erfindung / fuhr sie fort: Wie ich mercke mein Herr / so seit
ihr kein Liebhaber der Music von kleinen Instrumenten.
In demselben Augenblick wincketete sie dem Francisco /
ein ander Stück auff den Clavicymbel zu spielen / und wie
solches geschahe / hörete man 4 grosse Orgeln / mehr als
12 Trompeter / etliche Heerpaucker und andere Feld-
Instrumenten zugleich gehen / welches einen so starcken
Schall verursachte / daß Alessandro nicht wuste was er
davon sagen solte.

Hierauff führete ihn die Dame noch in einen andern Saal /
darinn nichts anders zu sehen / als etliche sehr köst- und

künstlich gemachte Schräncke / einen davon schlosse sie auff / und zeigete dem Alessandro darinn mehr als 100 kleine Schubladen / mit den allerköstlichsten Edelgesteinen / unter ander aber eine Schnur von Perlen / die so groß und zierlich rund / daß er jedes Stück auff 50 000 Kronen schätzete / ohnerachtet deren über 200 waren. In dem andern Schranck zeigete sie ihm allerhand köstliche Manns und Frauen-Kleidern / daran Kunst und Kostbarkeit umb die Krone stritten. Alessandro wuste nicht / ob er wachte oder schlieffe / nimmermehr / gedachte er in seinen Hertzen / ist diese Dame mit Recht zu diesen unschätzbahren Kostbahrkeiten kommen. Der Groß-Hertzog von Florentz hat auch herrliche Cabinetten von raren und köstlichen Sachen / aber wer darff dieselbe mit dem vergleichen / was ich jetzo vor meinen Augen sehe? darum schlaffe ich? träume ich? oder wie geschicht mir? Gleichwol erkenne ich / daß meine Augen nicht bezaubert sind.

Das feindseelige Todten-Gerippe.

Indem er solcher Gestalt vor verwunderung gantz erstarret stehet / fängt auff einem andern Schranck ein schneeweisser Hahn an zu krähen: Dieser Hahn kam darauff herunter auff die Taffel geflogen / und löschete mit Schlagung seiner breiten Flügel beyde brennende Kertzen aus / daß es im Gemach stockfinster war. Damahlen empfand Alessandro einen Schauer über dem gantzen Leib / und wolte nach der Thür eylen / er besann sich gleichwohl bald anders / indem er gedachte / es stünde einem Cavallier nicht an / sich durch einen gemeinen Hahn in Furcht setzen zu lassen: Derowegen blieb er noch eine Weile stehen / absonderlich da die Dame sich über des Hahns Unhöfflichkeit entrüstete / und ihn von der Taffel schlug. Sie trat darauff von Alessandro an die Wand / und klopffete mit einem Schlüssel daran / worauff augenblicklich eine kleine Flamme / wie ein Lufft-Blitz herauß fuhr / und nicht allein vorbesagte zwo Kertzen /

die der Hahn außgelöschet hatte / sondern noch wohl 12
andere / die an den Wänden in güldenen außgesteckten
Armen stecketen / gleichsahm in einem Moment anzündete / wovon das gantze Zimmer nicht weniger / als das
vorige mit den güldenen Wänden / erleuchtet ward / daß
Alessandro abermahl nicht wuste / was er hierzu sagen
solte.

Als ihn die Dame ein wenig angesehen / fragte sie ihn / ob
er sich auch über das jenige entzetzte / was er jetzo
gesehen hätte? Alessandro bekam durch ihr Zusprechen
wieder eine Muth / und sprach: Es gebühret meines
gleichen nicht / daß sie sich auch in den allergrössesten
Gefährlichkeiten entsetzen. Jedoch möchte ich wohl wissen / was dieses vor eine Beschaffenheit habe? Ich will
euch / sprach die Dame / von allem sattsahmen Bericht
ertheilen / wann ihr nur Hertzens genug habt / das Ende
abzuwarten. Als sie dieses gesagt / thäte sich ein ander
Schranck auff / worinn allerhand Sceleta oder Todten-Gerippe von Menschen zu sehen waren. Unter andern
sahe / man darinn neben einander zween abgefleischte
Menschen / an denen man nichts mehr sahe als die Knochen / ohne daß man die Angesichter vollkommen erkennen kunte. Weil denselbigen gleichsam durch einen
kräfftigen Balsam ihr Fleisch behalten zu sein schiene.
Die Dame sagte zwar nichts / führete aber unsern Alessandro herbey / und zeigete ihm mit den Fingern dasjenige / was in diesem Schranck lage. Ob nun gleich der
Ritter anfangs seine Augen davon abkehrete / und wieder in seiner Herberge zu seyn wünschete / ermunterte er
sich dannoch / als ein behertzter Held / kehrete sich zu
dem Schranck / und nachdem er vor andern die neben
einander liegende Todten-Cörper betrachtet / fragte er
die Dame / ob diese etwa Mumien wären / die sie aus
Egipten an sich erhandelt hätte / ihr Cabinet desto rarer
dadurch zu machen?

Diese aber schiene hierüber etwas betrübt / und gleich
darauff zornig zu werden / sie gab ihm keine Antwort /

sondern stieß den einen Cörper nur mit einem Fuß an / in demselben Augenblick begunte sich derselbe zu rühren / stieß seinen Nachbahrn mit den lincken Elenbogen in die Seite / welcher davon gleicher Gestalt eine empfindlichkeit bekam / und darauff erhuben sich diese 2 Sceleta aus dem Schranck / stelleten sich auff die Füsse / und nachdem ein jeder einen Knochen von den andern Cörpern abgerissen hatte / tratten sie heraus / und giengen auff den Alessandro loß / derselbe sahe die Dame an / als er aber merckete / daß dieselbe aller Freund und Höflichkeit gute Nacht gegeben / zückete er seinen Degen / und stellete sich zur Gegenwehr wieder die zween Todten-Cörper / welche ihm droheten / einen Streich mit den Knochen / so sie in den Händen trugen / zu versetzen.

Er stunde in den Gedancken / es wäre Teuffels-Verblendung / und die Dame suche ihn zu äffen / absonderlich / da sie zu ihm sagte: Bistu behertzt / so erweise jetzo was du kanst / oder diese werden dir den Halß zerbrechen. Dannenhero stieß er wacker auff sie loß / kundte aber keine Wunde machen / noch ihnen den geringsten Bluts-Tropffen abzapfen. Endlich kamen auch die andern Todten-Cörper aus dem Schranck herfür / ein jeder hatte ein kurtzes Messer in der Hand / sie trungen mit solcher entsetzlichen Gewalt auff ihn loß / daß ihm letzlich die Haare zu Berge stunden / dannenhero / weil er wohl wuste / daß er beym Teuffel keine Ehre würde erlangen / sahe er sich nach der Thür umb / und weil er dieselbe offen fand / lieff er in vollen Sprüngen hinauß / eylete die Treppen hinunter / und rieff dem Donati, weil sich aber weder derselbe / noch sonsten Jemand sehen ließ / lieff er vollends in dem Hoff / wo er seinen Diener mit der Fackel fand.

Dieser wuste nicht / was da zu thun wäre / als er seinen Herrn mit dem blossen Degen daher fliegen sahe. Wie sol ich das verstehen / sprach er / daß ich den Alessandro jetzo lauffen sehe / da er doch den Degen in der Hand hält? ja da ihn niemand jaget? Alessandro kunte ihm vor

Schrecken kein Wörtlein antworten / sondern blieb ein
wenig im Hoff stehen / umb Lufft zu schöpffen / aber als
der Diener die Todten-Gerippe mit ihrem seltzahmen
Gewehr in den Knochen-Händen daher kommen / und
auff den Alessandro loß gehen sahe / nahm er die Fackel
/ und schlug dem einen damit das Messer auß der Hand
/ daß es auff die Erde fiel / darauff nahm er zugleich einen
Sprung / und lieff sampt seinem Herrn zum Thor hinauß
auff die Strasse.

Der Außgang dieser Geschichte.

Am folgenden Tage unterredeten sie sich mit einander
wegen deß seltzamen Ebentheurs / so dem Alessandro
gestern Abend begegnet / dieser erzehlete seinem Diener
alles / was er gesehen / welchem durch das blosse Zuhören der gantze Leib zu beben begunte. Alessandro aber
kleidete sich alsobald an / und bewaffnete sich wol / dann
er war gesinnet / den Donati in seinem Logiment zu
suchen / und sich an ihm zu rächen wegen deß Schimpffs
/ denn er ihm vorigen Abend angethan hette.

Nachdem sie sich auffs beste bewehret / giengen sie zu
Fuß nach dem Logiment deß Donati, und als sie vor das
Hauß kommen / fragte Alessandro, ob Donati innen
wäre? Es kam ein alter Mann herfür / welcher unserm
Italienischen Cavallier bedeutete / daß in diesem seinem
Hause kein Donati logirete. Alessandro wolte solches
nicht glauben / sondern meynete / der lose Donati liesse
sich verleugnen / darumb stieg er die Treppe hinauff /
und nachdem er das Logiment / darinn er am vorigen
Abend mit Donati gespeiset / auffgemacht / sahe er / daß
es dasselbe gantz und gar nicht sey / dann diese Stube war
voll Staub / und wohl in einem Jahre nicht gereiniget
worden / sie lag voll Häute von den abgehaspelten Sei-
den-Würmen / und man sahe dabey allerhand Sachen / so
zu dem Seidenspinnen dienen / worauß Alessandro
gnugsahm erkandte / daß er betrogen sey / und daß
Donati eben so wohl / als die Dame und alles / was er

gestern gesehen / lauter Gespenster und Augenblendungen gewesen / welches ihm einen neuen Schrecken verursachte.

Der Diener fragte gleichwohl den alten Hauß-Vater / ob nicht ein Diener bey ihm / der sich Francisco nennen liesse? Freylich / sprach jener / und so ihr denselben zu sehen begehret / wil ich ihn euch zur Stunde stellen / wie nun Alessandro zu verstehen gab / daß er diesen Diener gerne sprechen wolte / rieff der Alte / und alsbald kam ein kleiner pucklichter Mensch / von etwa 40 Jahren / der nur ein Auge hat / auch sonsten des Donati Diener gantz und gar nicht gleichete. Des Alessandro Diener bildete ihm ein / er habe sich also verstellet / sprang demnach auff ihn loß / und risse ihn bey den Haaren zu Boden / worüber der alte Mann ein solches Geschrey anfieng / daß die Nachbahrn Hauffenweiß hinzu gelauffen kommen / und den Alessandro sambt seinem Knecht vor den Confaloniero oder Regenten führeten / derselbe stellete ihnen für / was vor eine grosse Straffe es dieses Orths sey / wann man einen Bürger in seinem Hause Uberlast thäte / aber Alessandro wuste sich dergestalt zu verantworten / daß der Confaloniero seinen Zufall bejammerte / und ihn darauff nicht allein loß sprach / sondern auch zu Mittag bey der Mahlzeit behielte / da er ihm erzehelete / daß einsmahls ein Gastgeber in Luca gewesen / welcher sehr viel fremde Leuthe in der Nacht ermordet / biß seine Schelm-Stücke an den Tag kommen / worüber man ihn zur Straffe gezogen / und das Hauß eingerissen hätt / hernach habe man vielfältige Anfechtungen von Gespenstern auff demselben Platz gehabt / darauff sich bißweilen eine Dame / manchmal auch zween ansehnliche Cavalliers präsentirten und die Vorbeygehende in einen dem Auge fürgestellten / aber erdichteten / herrlichen Pallast führeten / worinn sie ihnen allerhand köstliche Sachen zeigeten / es nehme aber allemahl einen schlechten Außgang / und wüste man wol 4 Persohnen / die vor Schrecken drüber gestorben / was aber den Donati und die andere außgegebene Italiäner belangte / die ihn / als er in die Stadt kommen / angeredet / muste man solche gleichfalls vor keine natürliche Menschen achten / sintemahl des Teuffels Betrug sehr groß sey.

Nach beschehener Mahlzeit und als sich Alessandro gegen dem Confaloniero bedanckt / bathe er diesen Regenten der Respublic / ihm einen Diener mit zu geben / der ihn zu den Ruinen führete / da die berüchtigte Herberge weyland gestanden / weil es jetzo Mittag / wolle er sich mit seinem Diener dahin erheben / in Hoffnung / es werde ihm kein Unheil wiederfahren / der Confaloniero gab ihm einen Diener mit / warnete ihn aber / er möchte sich vorsehen. Wie sie nun zu den Stein-Hauffen kommen / erkandte des Alessandro Diener eine grosse Steinerne Pforte / bey welcher er gestanden / und sahe man noch / wie er die Fackel daran abgeschlagen / als sie sich auch umbsahen / erblickete Alessandro das Messer / so sein Diener dem einen Gerippe aus der Faust geschlagen / keiner wolte es aber auffnehmen / sondern weil sie nichts als stücker Mauren und Stein-Hauffen sahen / giengen sie wieder ihres Wegs.

STELLENKOMMENTAR

385,1 *Florio*] Auf die in der Namengebung sich dokumentierende allegorische Sinnschicht des Textes wurde immer wieder hingewiesen. Im Namen des blühenden (d. h. des jungen, zum Dichter heranreifenden) Florio sind Anklänge an Eichendorffs früheres Pseudonym »Florens« nicht zu überhören.

385,2 *Lucca*] Die nördlich von Pisa gelegene Stadt Lucca, als Schauplatz der Erzählung, hat Eichendorff aus Happel übernommen, ohne auf die geographischen Verhältnisse (insbesondere in bezug auf das am Ende der Erzählung erwähnte Mailand) Rücksicht zu nehmen.

385,8 *Zelter*] Ein schon zu Eichendorffs Zeit nur noch in poetischen Texten verwendetes Wort für Pferd, abgeleitet von mhd. ›zelt‹ (›ruhige Gangart des Pferdes‹).

385,9 *eine goldene Kette*] Nach ter Haar (S. 138) wird Fortunato durch sein Aussehen als Troubadour, als fahrender Sänger ausgewiesen.

386,4 *die fernen blauen Berge*] Vgl. *Der Adel und die Revolution*: »Die fernen blauen Berge über den Waldesgipfeln waren damals wirklich noch ein unerreichbarer Gegenstand der Sehnsucht und Neugier« (HKA 10, S. 385).

386,10 f. *von dem wunderbaren Spielmann*] Von dem Tannhäuser, der nach den Worten der Frau Venus im Lied *Der Tannhäuser* (in: *Des Knaben Wunderhorn*) – »Und wo Ihr in dem Land umbfahrt | Mein Lob das sollt ihr preisen« – den Ruhm des Venusberges verbreitet; sein Kuß (nach Tiecks Erzählung *Der getreue Eckart und Der Tannenhäuser*, 1799) reißt denjenigen, der ihn empfangen hat, »mit Zaubergewalt in die unterirdischen Klüfte«.

386,22 *Hier ist gut wohnen*] Vgl. Matth. 17,4.

387,22 *der Sänger Fortunato*] Nach ital. fortunato ›glücklich‹. – Für die Namengebung ist auch auf das in Görres' *Die teutschen Volksbücher* beschriebene Volksbuch *Fortunatus mit seinem Seckel und Wunschhütlein* zu verweisen. Sibylle von Steinsdorff (S. 430 f.) vermutet, Eichendorff habe sich bei diesem Namen »auf lateinische Schullektüre besonnen, wo vermutlich auch das Werk des Venantius Fortunatus (6. Jh.) Unterrichtsgegenstand war; von ihm wird berichtet, daß er in Ravenna klassische Literatur, Musik und Poesie studierte ›mit der Absicht, seine musischen Fähigkeiten in den Dienst der Glaubensverkündigung zu stellen‹, bevor er Priester und um 600 Bischof von Poitiers wurde.«

388,6 *den Blöden*] Den Schüchternen.

388,20 *fast unwillkürlich*] Ganz unwillkürlich. Vgl. Anm. 13,26 f.

388,25 *mit einem kleinen improvisierten Liedchen*] Die aus der italienischen Literatur übernommene Improvisationskunst wurde durch den Schlegelkreis zu einem beliebten Gesellschaftsspiel der romantischen Salonkultur. August Wilhelm Schlegel hielt Ludwig Tieck für einen Meister der Improvisationskunst, Clemens Brentano war als ein improvisierender Liedersänger bekannt; durch die »niedlichen fließenden Stanzen«, die Dorothea Schlegels Florentin improvisiert, soll sich im Kreis der Jenaer Frühromantik (bei August Wilhelm und Friedrich Schlegel ebenso wie bei Schelling) die »Stanzen-Wut und -Glut« verbreitet haben.

388,30 *blöde Bangigkeit*] Bedeutet: ›schüchterne Ängstlichkeit‹.

388,36 *Jeder nennet froh die Seine*] Unter dem Titel *Liebe in der Fremde* (1) in Eichendorffs *Gedichten* (seit 1837). Der Titel vermutlich nach einem gleich benannten Gedicht von Gustav Schwab im *Deutschen Dichterwald* (1813), vgl. HKA 1, 2, S. 655 f.

389,18 *fast einsam*] Recht einsam.

389,35 *Was klingt mir so heiter*] In der Handschrift überschrieben *Das Leben. Eine Vision*; im Erstdruck, in Loebens ›Hesperiden‹ (1816), unter dem Titel *Trinklied*. In Eichendorffs *Gedichten* (seit 1837) unter der Überschrift *Götterdämmerung* (1).

390,7 *Bachus*] Bacchus, der römische Gott des Weines, der urwüchsigen Kraft, des Wachstums; im griechischen Raum entspricht ihm Dionysos (mit den orgiastisch gefeierten Dionysien).

390,12 *Jünglingesbild*] Bacchus oder Dionysos wird hier als Sohn des Zeus und der Persephone vorgestellt, in deren Dienst (in den eleusischen Mysterien) er als Knabe oder als junger Mann erschien. Er wurde nach dem in seinem Dienst ausgestoßenen Jubelruf Jakchos (gleichlautend mit Bakchos) genannt.

390,19 *Frau Venus*] Nach dem alten – im *Wunderhorn* erneuerten – Lied *Der Tannhäuser* ist die vrouwe Venus, die Herrin Venus, die Gottheit sinnlicher Liebe, die zu Liebesrausch und Liebeswahnsinn verführt.

390,24 *ein Zauberring*] Vgl. im Text von *Die Zauberei im Herbste* (S. 17,22-25) den Hinweis auf den Garten, »der das Schloß wie ein Zauberring umgab«.

390,25 *Zart' Bübchen mit Flügeln*] Amor oder Cupido

(im Griechischen: Eros), als Personifikation der Geschlechtsliebe, der Sohn und der unzertrennliche Begleiter der Venus, wird in der antiken Plastik meist als nackter geflügelter Knabe dargestellt. Hier wird auf die Eroten (oder Amoretten) angespielt, die in der römischen Kunst (und in der Kunst des Rokoko) als geflügelte Knabenfiguren bei verschiedenen Beschäftigungen im Dienst der Venus dargestellt werden.

391,12 *Die Frauen stehn sinnend*] HKA 1, 2, S. 753 verweist auf Goethes (später *Der Sänger* überschriebenes Gedicht) aus *Wilhelm Meisters Lehrjahre* (II 11):
Der Sänger drückt' die Augen ein
Und schlug die vollen Töne;
Der Ritter schaute mutig drein,
Und in den Schoß die Schöne.

391,20 *Den Stillsten der Gäste*] Thanatos, der Todesgott, der Sohn der Erde und des Tartaros, wird häufig als ein schöner geflügelter Knabe oder Jüngling dargestellt. Er trägt eine zur Erde gesenkte, noch brennende oder schon gelöschte Fackel in der Hand; vgl. Novalis' *5. Hymne an die Nacht*.

391,24 *Lilienkronen*] In den *Gedichten* (seit 1837) und in der Fassung der *Werke* (1841): »Lilienkrone«.

392,31 f. *an den stillen Gast*] Donati wird also schon beim ersten Auftreten mit den Attributen des Todes und des Bösen versehen.

393,15 *Donati*] Eichendorff hat den Namen aus Happels *Lucenser-Gespenst* entnommen. Lawrence R. Radner (*Eichendorffs Marmorbild: Götterdämmerung and Deception*, in: Monatshefte für deutschen Unterricht 52 [1960], S. 187) weist als mögliche Assoziation auf die nach dem Bischof Donatus benannten Donatisten hin, eine schismatische Partei im 4. Jahrhundert, als deren heftigster Gegner Aurelius Augustinus aufgetreten ist.

394,13 f. *fast gerade* ⟨...⟩ *fast verzerrend*] Beide Male ist »fast« als Verstärkung und Steigerung gebraucht. – Das Pferd, welches sich weigert, ein Tor zu durchschreiten, verweist im Glauben des Volkes auf einen schuldigen Reiter mit bösem Gewissen.

394,30 *von den falben ungestalten Nachtschmetterlingen]* Von den fahlen, mißgestalteten Nachtfaltern.

395,2 *Schmachthahn]* Schmacht bedeutet ›Hunger‹, ›Sehnsucht‹. Im DWb ist das Wort nur mit der vorliegenden Stelle belegt.

395,2 f. *Renommisten in der Melancholie]* Aufschneider in der Schwermut; Menschen, welche die Zeitkrankheit der Melancholie übertreibend vortäuschen. Vgl. auch S. 591.

395,15 *Sirenen]* Vgl. Anm. 14,14 f.

395,31 *ein Diener lag eingeschlafen]* Ein von Eichendorff häufiger verwendetes Motiv (vgl. z. B. Anm. 313,19 f.); von Egon Schwarz (S. 217) als Allegorie von Florios schlafendem Gewissen gedeutet.

396,1 *Wie kühl schweift's sich bei nächt'ger Stunde]* In Eichendorffs *Gedichten* (seit 1837) unter dem Titel *Liebe in der Fremde* (2).

396,15 *Erinnernd rühren sich die Bäume]* In den *Gedichten* (seit 1837) und in der Fassung der *Werke* (1841) lautet diese und die folgende Verszeile: »Erinnernd rührt sich in den Bäumen | Ein heimlich Flüstern überall. –«

397,8 *aus den Wellen aufgetaucht]* Aphrodite (lat.: Venus), auch Aphrogeneia, »die Schaumgeborene«, genannt, ist nach der Sage aus dem Schaum des Meeres hervorgegangen. Zur Szenerie vgl. etwa Wilhelm von Eichendorffs Gedicht *Die zauberische Venus*. Die ganze, Verführung signalisierende Szenerie wiederholt sich – als eine romantische Grundsituation (vgl. z. B. Clemens Brentanos Roman *Godwi*) – häufig in Eichendorffs Werk.

397,16 *eine Wunderblume]* In Anlehnung an Novalis' *Heinrich von Ofterdingen*; vgl. Anm. 376,12 und das Entwurfblatt ⟨2⟩, S. 743 f.

397,28 *schreckhaft]* Schrecken erregend.

398,18 *preßhaft]* Gemeint ist: ›bresthaft‹, ›mit Gebrechen behaftet‹. Die Form »preßhaft«, die im 18. Jahrhundert noch häufig gebraucht wird, findet sich auch bei Goethe, Kleist und Grillparzer.

398,26 f. *O schöne, holde Seele]* Zur Parodie empfindsam-pietistischer Sprechweise vgl. Anm. 89,9.

399,25 f. *bis die Glanzeswogen über dem fernen Reiter zusammenschlugen]* 1826: bis die Glanzes-Wogen über dem fernen Reiter zusammenschlugen; 1841: bis die Glanzes-Wogen über dem fernen Meer zusammenschlugen

400,11 *Sphinxen]* Die Sphinx, in der griechischen Mythologie die Tochter des Typhaon und der Schlange Echidna, ein dämonisches Wesen, halb Mensch, halb Löwe, das in der Nähe von Theben erschien und jeden tötete, der das von ihr aufgegebene Rätsel nicht lösen konnte. Steinerne Sphinxen gehörten zur Ausstattung der Gärten des 17. und des 18. Jahrhunderts. Vgl. Eichendorffs Vorwort zu *Erlebtes*, wo er idealtypisch die Szenerie der französischen Gärten seiner Jugend beschreibt (HKA 10, S. 381).

401,22 *fast blassen]* Ganz blassen.

401,34 *Was weckst du, Frühling, mich von neuem wieder]* Das Sonett steht in Eichendorffs *Gedichten* (seit 1837), in Quartette und Terzette unterteilt, unter dem Titel *Frau Venus*.

402,5 *Najaden]* In der griechischen Mythologie die Nymphen der Quellen, Bäche und Seen.

402,23 f. *ein verfallen Mauerwerk]* 1841: ein verfallenes Mauerwerk

402,29 *seine Minen]* Gemeint ist: ›seine Miene‹, ›sein Aussehen‹; in der Schreibweise ist die Herkunft des Wortes aus franz. ›mine‹ noch erkennbar.

404,8 f. *die Sterne darin zu Blumen]* Vgl. den Entwurfstext ⟨2⟩, S. 743.

404,18 *zwischen künstlich gezogenen Blumen]* Zwischen kunstreich gezogenen Blumen.

407,7 f. *in griechischem Gewande]* Bedeutet: ›im malerischen Kostüm der griechischen Antike‹.

409,1 *Über die beglänzten Gipfel]* In Eichendorffs *Gedichten* (seit 1837) unter dem Titel *Liebe in der Fremde* (3).

409,8 *verwacht*] Gemeint ist: ›durch Wachen angestrengt‹, ›übernächtigt‹.

410,10 *Pietro*] In allegorischer Anspielung auf Petrus, den Himmelspförtner.

410,28 *Ihr habt mich in meinem Gesange belauscht*] Weschta (S. 58) verweist auf das Vorbild dieser Szene in der Begegnung Heinrichs mit Zulima im 4. Kap. des Ersten Teiles von Novalis' Roman *Heinrich von Ofterdingen*: »›Ihr habt wohl meinen Gesang gehört‹, sagte sie freundlich.«

412,6 *Still in Luft*] Nicht in die *Gedichte* aufgenommen.

413,4 *fast betroffen*] Recht betroffen.

413,8 *Bianka*] Nach ital. bianca ›die Weiße, die Reine‹.

414,5 *Das Fenster* ⟨...⟩ *stand offen*] Eine der vielfältigen Fenstersituationen im Werke Eichendorffs, vgl. Anm. 65,28.

414,7 f. *eine wunderbar verschränkte Hieroglyphe*] Die Natur ist für den romantischen Dichter eine auf wunderbare Weise rätselhaft verflochtene Bilderschrift Gottes, die der Dichter zu entschlüsseln vermag; vgl. Anm. 81,3 f.

414,9 *fast erschrocken*] Recht erschrocken.

414,17 f. *ihr verwachtes* ⟨...⟩ *Gesicht*] Ihr übernächtigtes Gesicht.

414,24 *zerflückte*] So auch 1826; 1841: zerpflückte

416,1 *aus einer fröhlichen, lange versunkenen Welt*] Aus der heidnischen Welt der antiken Götter. Vgl. Novalis' 5. *Hymne an die Nacht*.

416,10 f. *Sie ruhte, halb liegend*] Eichendorff orientierte sich bei diesen in seinem Werk häufigen Szenen offenkundig an bildlichen Darstellungen von der Toilette der Venus.

418,7 *Historien*] Bilder aus der (antiken) Geschichte.

418,33 f. *auf seinen jugendlichen Heeresfahrten*] Zur Kavalierstour vgl. *Der Adel und die Revolution*, HKA 10, S. 394 f., doch können auch Kriegszüge gemeint sein.

419,27 f. *Eine Schlange fuhr* ⟨...⟩ *daraus hervor*] Vgl. 1. Mos. 3.

420,14 f. *begann dasselbe sich zu rühren*] Die Szene ist in Anlehnung an Happels *Lucenser-Gespenst*, an des Alessandro Kampf mit den auf ihn eindringenden Skeletten, gestaltet; vgl. Weschta, S. 40.

422,14 f. *seines getreuen Dieners*] Als Personifikation des Gewissens.

423,17 *Von kühnen Wunderbildern*] In Eichendorffs *Gedichten* (seit 1837) unter dem Titel *Götterdämmerung* (2). Das Gedicht ist (nach HKA 1, 2, S. 754) der »Schlüssel zur Lösung« der im *Marmorbild* dargestellten Allegorie; vgl. den Entwurfstext ⟨6⟩, S. 756.

424,21-28. *Wo sind nun die Gespielen*] Diese und die folgende Strophe des Gedichtes griff Eichendorff in seinem Versepos *Julian* (1853), v. 89 ff. wieder auf; vgl. HKA 1, 2, S. 518.

424,22 *Diana*] Die römische Göttin der Jagd.

424,23 *Neptunus*] Der römische Gott des Meeres.

425,6 *Ein andres Frauenbild*] Die Madonna mit dem Jesuskind. Die schon in der frühromantischen Literatur häufige Verwandlung von Venus und Amor in Maria mit dem Kinde Jesus erscheint von nun an als ein Topos in der gesamten Literatur des 19. Jahrhunderts (bis zu Heinrich Heine, Gottfried Keller und Theodor Fontane). Vgl. Novalis' 5. *Hymne an die Nacht* und Eichendorffs Gedichte *Mariä Sehnsucht* und *Kirchenlied*.

426,15 f. *Paradiesgärtlein unsrer Kindheit*] Zugrunde liegt die Vorstellung, daß die Menschen aus dem Paradies der Kindheit in das Erwachsenwerden hinausgetrieben werden. Das »Paradieschen« oder »Paradiesgärtlein« war ein im 18. und 19. Jahrhundert verbreitetes Kinderspielzeug; kleine Wachspüppchen oder Heiligenbilder wurden dabei mit getrockneten Blumen umgeben und unter Glas aufbewahrt.

426,22 *die Sonne ging so eben auf*] Vgl. den Beginn und das Ende von *Ahnung und Gegenwart* und den Schluß von *Dichter und ihre Gesellen*.

426,26 *Hier bin ich, Herr!*] In Eichendorffs *Gedichten* (seit 1837) unter dem Titel *Der Umkehrende* (2). Vgl. dazu den Entwurfstext ⟨4⟩, S. 753.

428,12 f. *das blühende Mailand*] Aus Entwurf ⟨4⟩ wird deutlich, daß nicht ein im Blütenglanz des Mai erstrahlendes Land, sondern die »herrlichgläntzende Ebene von Mailand« gemeint ist (vgl. S. 753).

DAS WIEDERSEHEN

TEXTGRUNDLAGE

Hermann Kunisch, *Joseph von Eichendorff, ›Das Wiedersehen‹. Ein unveröffentlichtes Novellenfragment*. Aus der Handschrift mitgeteilt und erläutert, Würzburg 1966. – Verglichen mit der Handschrift; ohne deren Streichungen gedruckt.
Erstdruck: *Joseph von Eichendorff, ›Das Wiedersehen‹. Ein unveröffentlichtes Novellenfragment*. Aus der Handschrift mitgeteilt und erläutert von Hermann Kunisch, in: Aurora 25 (1965), S. 11-20.

ENTSTEHUNG

Das Fragment von Eichendorffs autobiographischer Erzählung *Das Wiedersehen* ist vermutlich nicht vor Herbst 1817 entstanden. Zwischen August und Oktober 1817 nämlich hat Eichendorff in Lubowitz, wo er zwei Monate Urlaub verbrachte, erstmals seit der Trennung 1813 seinen Bruder Wilhelm wiedergesehen. Vor Herbst 1814 jedenfalls kann – nach Ausweis der in den Text eingefügten Gedichte – die Erzählung nicht niedergeschrieben worden sein; da sie aber Erfahrungen Eichendorffs während des Feldzuges 1815 und bei der Rückkehr 1816 verarbeitet, die Verbindung mit dem *Marmorbild* deutlich ist und in Wilhelms Brief an seinen Bruder Joseph, vom 15. 10. 1817, eben jene auch *Das Wiedersehen* prägende Stimmung des bedrohten Idylls herrscht, ist das Fragment vermutlich parallel zur letzten Fassung des *Marmorbildes* oder wenig später entstanden.

Wie im Bild der Freunde Ludwig und Leonhardt das

Verhältnis der Brüder Wilhelm und Joseph von Eichendorff dargestellt ist, so gestaltet die Erzählung Eichendorffs endgültigen Abschied von der Landschaft seiner Kindheit. Alle Versuche, dem preußischen Referendarsdienst in eine bessere berufliche Position (als Universitätslehrer, als Landrat) zu entkommen, sind in dieser Zeit gescheitert, der wirtschaftliche Ruin von Eichendorffs Vater ist offenkundig.

STELLENKOMMENTAR

429,1 *Das Wiedersehen]* In der Handschrift, rechts neben der Überschrift: »Zu vollenden. Das Wiedersehen geschieht aber in Lubowitz. Ludwig wird verrückt, da er Leonhardten aufeinmal wiedersieht etc. –«

431,1-3 *Leonhardt und Ludwig ⟨...⟩ heiter umgab]* Der Satz lautete ursprünglich: »Leonhardt und Ludwig waren miteinander aufgewachsen in der träumerischen Stille eines schönen Gartens, der ein einsames Landschloß heiter umgab«. Nach Kunisch (S. 35) läßt diese Fassung »Garten und Schloß Lubowitz noch deutlicher sichtbar werden«.

431,5 f. *wie ein zauberischer Spielmann]* Vgl. Eichendorffs Gedicht *Der zauberische Spielmann,* das erstmals in Fouqués ›Frauentaschenbuch für das Jahr 1816‹ erschienen ist.

431,6 f. *von der wunderbaren Ferne]* Ursprünglich: von der schönen Ferne

431,11 *des großen Lebens deckte oft ein Lied]* Nach »Lebens« hatte der Autor ursprünglich weitergeschrieben: »versenkte sich ihr treues Gemüt noch immer gern in die Erinnerungen an ihre Heimat, wie in ein Meer von Stille, in dem das Herz vor Wehmu⟨t⟩«, die Stelle dann aber gestrichen und erst am Schluß des Abschnittes wieder aufgegriffen.

431,14 f. *vor Wehmut]* Ursprünglich: vor Sehnsucht

431,24 f. *waren die beiden Freunde angelangt]* Danach hatte Eichendorff ursprünglich weitergeschrieben, das Geschriebene dann aber gestrichen: »und hoben, wie zwei Stämme in den Erinnerungen Einer Heimat wurzelnd, die frischen Kronen brüderlich in die Himmelsluft. Die Gewohnheit des Beisammenlebens war ihnen zur Natur geworden, und«.

431,27 *in Kunst und Wissenschaft]* Die Brüder Eichendorff haben nicht nur gemeinsam die Kindheit und die Schulzeit verbracht, sondern auch gemeinsam studiert und sich gegenseitig ihre poetischen Texte kritisiert, korrigiert und ergänzt. So hat Joseph von Eichendorff z. B. bei der Bearbeitung des Gedichtes *An meinen Bruder. Zum Abschiede im Jahr 1813* für den Druck »Anmerkungen und Änderungsvorschläge« Wilhelm von Eichendorffs verwendet (vgl. Kunisch, S. 10). In der Handschrift ist die ganze Stelle von »Da sie beide innerlich« bis »feierlich das Wort« am Rande angestrichen, wonach Eichendorff wohl diese Beschreibung seines (Leonhardts) Verhältnisses zu Wilhelm (Ludwig) für besonders wichtig hielt und eventuell nochmals überarbeiten wollte.

432,2 *nahmen sie sich ehrlich vor etwas Rechtes zu vollbringen]* Die Stelle lautete ursprünglich: »hatten sie den Mut, Außerordentliches vollbringen zu wollen«. Erst in der Korrektur hat Eichendorff auch in diesen Text seine Formel der Lebensleistung, »etwas Rechtes zu vollbringen«, eingesetzt. Vgl. Anm. 68,7 f.

432,6-8 *Ludwigs Vater hatte ⟨...⟩ sein Vermögen verloren]* Die Eltern der Brüder Eichendorff waren seit 1809 nahezu ohne Einkommen, da die Verschuldung ihrer Güter seit dieser Zeit rapide zugenommen hatte. Schon während der Entstehungszeit der Erzählung machte man sich in der Familie Eichendorff keine Illusionen mehr über die unmittelbar bevorstehende Liquidation des Vermögens.

432,9 *die Residenz]* Wien, wo die Brüder Eichendorff seit 1810 studiert, Examen gemacht und auf eine Anstellung im österreichischen Staatsdienst gehofft hatten. Joseph von Eichendorff hat am 5. 4. 1813 in Wien Abschied von seinem Bruder Wilhelm genommen, um mit Philipp

Veit als Jäger in das Lützow'sche Freikorps einzutreten. Wilhelm von Eichendorff blieb in Wien zurück und gelangte durch Vermittlung Adam Müllers in den österreichischen Staatsdienst.

432,30 *Leonhardt aber fand]* Eichendorff hat den vorangehenden Abschnitt vom folgenden ursprünglich durch einen Trennstrich getrennt, diesen dann durchstrichen und geschrieben: »*Vielleicht*: [Als] Leonhardt aber fand auf dem Tische folgendes Abschiedslied: (Zum Abschiede an Wilhelm).« Der hier edierte Text also ist so in der Handschrift nicht enthalten, sondern vom Herausgeber des Erstdruckes hergestellt.

432,32 *Steig aufwärts, Morgenstunde]* Das Gedicht, das der Herausgeber (Hermann Kunisch) in der Fassung der *Gedichte* (1841) in den Text eingefügt hat, ist in der (verschollenen) Handschrift überschrieben *An Wilhelm. Zum Abschiede. Im Jahre 1813* (vgl. Aurora 14 [1954], S. 21); im Erstdruck, in Fouqués ›Frauentaschenbuch für das Jahr 1818‹, lautet die Überschrift *An W. Zum Abschiede. Im Jahre 1813*; im *Liederanhang* (1826) lautet der Titel *An meinen Bruder. Zum Abschiede im Jahr 1813*. In Eichendorffs *Gedichten* ist der Text dann (seit 1837) unter der Überschrift *An meinen Bruder 1813* gedruckt. Eichendorff hatte das Gedicht seinem Bruder zugesandt, der es in einer Abschrift mit der Bemerkung zurücksandte: »Das Unterstrichene sind meiner Wenigkeit unmaßgebliche Verbesserungsvorschläge. D. 22. Julius 1814.« (Aurora 14 [1954], S. 22) Die vorletzte Strophe des Gedichtes übersandte Eichendorff auch dem Freunde Otto Heinrich Graf von Loeben in einem Brief vom 8. 4. 1814: »Und so lebe denn indes recht wohl, mein innigstgeliebter Freund, und es bewähre sich an uns, was ich letzthin in einem Gedicht an meinen Bruder schrieb: ⟨...⟩« (Aurora 1[1929], S. 66 f.).

433,1 *Herzensbruder]* Eichendorffs aus dem *Simplicissimus teutsch* übernommene Bezeichnung für den liebsten Freund seiner Jugend, den eigenen Bruder. Vgl. Anm. 21, 20 und 244,22 f.

433,5 *Und beide]* Vermutlich Druckfehler für »Uns beide«, wie es im Erstdruck und im *Liederanhang* (1826) heißt.

433,16 *Daß neugestärkt sich Deutschland draus erhübe]* Anspielung auf die Freiheitskriege gegen Napoleon.

434,4 *das Rufen]* Ursprünglich: die Stimme

434,21 *der große Befreiungs-Krieg]* Eichendorff übernimmt den gleichsam offiziellen Namen der Kriege gegen Napoleon seit 1813. Während viele der Kämpfer einen Krieg um innere und äußere Freiheit zu führen meinten, führten die Regierenden dezidiert nur einen Befreiungskrieg Deutschlands, bzw. ihrer Länder von der napoleonischen Herrschaft. Das Bündnis zwischen Preußen und Rußland gegen Napoleon wurde am 27. 2. 1813 und am 28. 2. 1813 nochmals im russischen Hauptquartier in Kalisch unterzeichnet. Nach dem Einzug des Zaren in Breslau, am 15. 3. 1813, erfolgte die Kriegserklärung Preußens gegen Frankreich.

434,24 *häufig beraten]* Häufig um Rat gefragt.

434,28 *hatte er seit Jahren gar nichts mehr gehört]* Wilhelm von Eichendorff, der als Kurier in österreichischen Diensten auf gefahrvollen Wegen 1814 zwischen Tirol, der Schweiz und dem Hauptquartier des österreichischen Kaisers in Frankreich hin- und herreisen mußte, galt zwischen April und August 1814 als verschollen. An Loeben schrieb Eichendorff am 10. 8. 1814 aus Lubowitz: »Ich schrieb ⟨...⟩ noch ehe ich von Torgau abging ⟨im Mai 1814⟩ an Wilhelm nach Trient, er möchte mir dort irgend eine Stelle im österreich: Civil zu verschaffen suchen. Aber, denke, seit dem – 10$^{t.}$ April habe weder ich noch meine Eltern die geringste Antwort oder Nachricht von Wilhelm, obschon wir seitdem schon wieder an ihn und auch an Ad: Müller geschrieben haben. Eine unbeschreibliche Wehmut ergreift mich oft in unserem Garten, wo alle Blumen und Bäume mich nach ihm zu fragen scheinen, und es fällt mir wohl manchmal gar ein, daß er gestorben. Ich schreibe dies mit tiefen Schauern, denn ich weiß nicht, wie ich ihn überleben soll. –« (Aurora 1 [1929], S. 68.)

434,33 f. *die verbündeten Heere in Paris eingezogen und Leonhardt mit ihnen]* Der Zar von Rußland und der König von Preußen waren am 31. 3. 1814 in das eroberte Paris eingezogen, Eichendorff leistete zu dieser Zeit Garnisonsdienst in Torgau. Erst im Feldzug 1815 zog Eichendorff mit den Truppen Blüchers am 7. 7. 1815 in Paris ein.

435,4 f. *und trat so ⟨...⟩ in den Garten der Thuillerien]* Die folgende Schilderung ist nach einem Brief Wilhelm von Eichendorffs an seinen Bruder Joseph, vom 8. 7. 1814, gestaltet, in dem es heißt (HKA 13, S. 26):

Um Dich nicht mit allerlei ganz ordinären Reiseabenteuern zu belästigen, die Du doch aus einem Briefe unserer Eltern erfahren wirst, sage ich Dir nur, daß ich 8 Tage in Paris war.

Es war mir sonderbar zumute, als ich die Windmühlen auf den Höhen von Montmartre wiedersah, und die ungeheure Häusermasse an der Seine hingestreckt wieder vor meinen Augen dalag. Die ersten Tage ergriff mich die bekannte imposante Verwirrung dieser Stadt, und nahm jede Erinnerung alter Zeiten gefangen. Als ich aber eines Morgens in den Garten der Tuilerien ging und nun sah, wie noch immer der alte Schwan auf dem Bassin mit gesträubten Flügeln schwamm, und dieselben Plätze noch immer mit heimlich verliebten, oder unglücklichen Spaziergängern besetzt waren, wie vor 5 Jahren, da ergriff mich die tiefste Sehnsucht nach Dir; ich konnte es noch immer nicht glauben, daß ich ohne Dich in einer so wunderbaren Stimmung auf einem Platze, wo uns gemeinschaftlich zum ersten Male mit tiefster Innigkeit, unser kräftiges Deutschland, wie das Farbendunkel einer Aussicht von Albrecht Dürer ergriff, leben konnte. Du weißt, was wir in Versailles empfunden haben; und nun denke Dir hinter den Fenstern des Tuilerienpalastes eine glänzende geputzte Versammlung in Uniformen und gestickten Kleidern, Gesichter so schön wie die Minneritter aus der Zeit der Provençalen und alles demütig und gespannt auf den Befehl – eines Artois; eines Artois, dessen ruhmwürdiger Name auf einem elenden Pappdeckel über den zerbrochenen Türen der Gemächer des Schlosses von Versailles hing. Gott erschien mir zum erstenmal – wie den Propheten des Alten Testaments, wie jener Gott, vor dem Moses zu Boden stürzte, weil sein Auge den furchtbaren Glanz der Majestät nicht zu ertragen vermochte. Das schreckliche Blutgericht der Revolution war geschlossen; der Leichtsinn hatte sich nicht erschrecken lassen; er tauchte die Pariser noch immer in Ausschweifung und Sünde; aber die Sonne stieg mit klarem Strahl über alle dem Greuel empor, zum Beweise, die Gnade sei unerschöpflich für das Verbrechen. –

435,9 *die elysäischen Felder*] Gemeint sind die Champs Elysées in Paris.

435,12 *auf einer Kunstreise*] Im Anschluß an die Heidelberger Studiensemester reisten die Brüder Eichendorff – auf ihrer Bildungsreise – im April 1808 nach Paris; sie besichtigten dort u. a. die Kunstschätze des Louvre und exzerpierten, auf Bitten von Görres, in der kaiserlichen Bibliothek die französische Ausgabe des Volksbuches von den Heymonskindern.

435,23 *Ludwigs geliebte, langentbehrte Schriftzüge*] Vgl. dazu Wilhelm von Eichendorffs Brief an Joseph, vom 8. 7. 1814: »Jedesmal, wenn ich einen Brief von Dir erhalte, fühle ich einen wunderbaren Schmerz, der eigentlich keinen Namen hat; ich denke, ich liebe Dich nicht so, wie es Deine Liebe um mich verdient, und dann wird mir, wie wenn in der Nacht eine Musik aus der Ferne tönt und aus tiefem Schlaf zu einem träumenden Schlummer weckt, in den die Melodie noch eingreifender singt, und aus dem man erwacht, wenn die Töne verklungen sind. ⟨...⟩ Soeben erhalte ich Deinen Brief aus Torgau vom 11ten Mai. Wie soll ich Dir für alle die Liebe danken, die Du mir darin ausdrückest. Wahrhaft beschämt bin ich, daß meine Empfindung der Deinigen so wenig nachkann. ⟨...⟩ Diese Lebensart macht es, daß ich Dich zwar nie vergesse, aber in dem Getöse aller dieser Dinge öfter überhöre, und daß mein Gefühl einer Quelle ähnlich wird, die zuweilen versiegt, dann aber wieder strömt.« (HKA 13, S. 25, 28 f.) Es macht den Reiz der Erzählung aus, daß Eichendorff mit den autobiographischen Daten spielerisch verfuhr und auf Leonhardt (dem er sonst Züge des eigenen Wesens verliehen hat) Züge Wilhelms und umgekehrt auf Ludwig eigene Wesenszüge übertrug.

435,28 *O Herbst! betrübt verhüllst du]* Das Gedicht ist in der Handschrift zweispaltig angeordnet. Die Strophen 1-4 nehmen die linke Spalte, die Strophen 5-8 die rechte Spalte ein. Nur die Strophe 3 ist stark korrigiert. Leicht überarbeitet stehen die Strophen 1-4 des Gedichtes unter dem Titel *Unmut* in Eichendorffs *Gedichten* (seit 1837). Da sich in der Handschrift von Strophe 3 die gestrichene Zeile »Um Deutschland wird verhandelt« findet, schloß Hilda Schulhof (HKA 1, 2, S. 704), daß mit dieser Anspielung auf den im Herbst 1814 begonnenen Wiener Kongreß auch ein Anhaltspunkt für die Datierung des Gedichtes (nicht für die ganze Erzählung) gegeben ist.

436,8 *Hier Ruhmlos untergehn!]* Eichendorff hat – als Offizier der Besatzung von Torgau – im März 1814 eine von allen Offizieren seines Regiments unterschriebene Bittschrift an den König abgefaßt, »das Regiment ablösen und zur Armee ins Feld berufen zu wollen«. Diese Bittschrift ist nie beantwortet worden.

437,12 *gehen mochte]* Ursprünglich: sich tun ließ

437,37-438,1 *in schillerndem Sonnenscheine]* Die Stelle ist in der Handschrift mehrfach korrigiert: »Zunächst sollte hinter *Bergen*, nach einem Komma oder Semikolon, fortgefahren werden: *der mit hohen* [d. h. *Linden*]; dann wurde *nur* eingefügt, *mit hohen* gestrichen und fortgefahren: [*nur der*] *Kirchhof mit seinen hohen Linden ragte über die andern Häuser hervor*. Im dritten Ansatz wurde *über die andern Häuser hervor* wieder gestrichen. Dann wurde der Satz so zu Ende geführt: [*nur der Kirchhof ... ragte*] *in der Mitte des Dorfes über die anderen Häuser hervor*. Endlich wurde die ganze Lagebeschreibung getilgt und durch das übergeschriebene *in schil-*

lerndem Sonnenscheine ersetzt. Es kam dem Dichter darauf an, das *Stilleben* dieser Gegend (so heißt es in der folgendenZeile) ganz eindringlich zu machen.« (Kunisch, S. 8) Die gestrichenen Stellen weisen auf Eichendorffs Heimat: Schloß und Dorf Lubowitz bei Ratibor in Oberschlesien.

438,6 *leer]* Ursprünglich: einsam

438,11 *stand]* Ursprünglich: saß

438,17 f. *sei bis zum Abende* ⟨...⟩ *zu verkaufen]* Ursprünglich: sei im Felde bei den Arbeitern

439,18 *Leonhardt dachte an Ludwig]* In der Handschrift: Leonhardt [stand, wie versteinert, und bli] [unbeweglich und blickte] dachte an Ludwig

439,24 f. *eine* ⟨...⟩ *kräftigweibliche Gestalt]* Ludwigs Frau trägt Züge von Eichendorffs Frau Luise von Larisch.

440,21 *Er las still für sich]* In der Handschrift: Er las still für sich: (*Hieher das Gedicht: Abendlandschaft an Wilhelm.* –) – Das nachfolgende Gedicht ist vom Herausgeber des Erstdruckes mit einigen Änderungen gegenüber dem Druck in HKA 1, 1, S. 317 f. in den Text eingefügt.

440,22 *Ach, daß auch wir schliefen]* In der ersten handschriftlichen Fassung trug das Gedicht den Titel [*Die*] *Abendlandschaft o. Abendwehmut. An Wilhelm 1814. Im August.* Hilda Schulhof (HKA 1, 2, S. 786) berichtet von einer zweiten, vielleicht an Loeben gesandten Handschrift, die eventuell nur überschrieben war *An Wilhelm 1814.* Darunter stand: »Das letzte Gedicht ist nur für Dich. – Adieu.« Im *Lied* überschriebenen Erstdruck in Fouqués ›Frauentaschenbuch für das Jahr 1818‹, dessen Text für den *Abendlandschaft* überschriebenen Druck im *Liederanhang* (1826) übernommen wurde, hat Eichendorff das aus der Sorge um den verschollenen Bruder 1814 entstandene Gedicht »mit wenigen Strichen in eine Totenklage um eine Geliebte« umgewandelt (HKA 1, 2, S. 750). Vers 6 ist im Erstdruck und im *Liederanhang* geändert in: »Dein Liebchen ist tot!« Für den Druck in Eichendorffs *Gedichten* (seit 1837) wurde der ursprüngliche Text wiederhergestellt und das Gedicht überschrieben *Nachruf an meinen Bruder.*

441,3 *wie Sirenen]* Vgl. Anm. 14,14 f.

442,21 *Johanna]* Eichendorff kannte vermutlich die Bedeutung dieses Namens (»Gott ist gnädig«), so daß sich unter der Namengebung eine Huldigung an seine eigene Frau verbirgt, deren Züge Johanna trägt. (Vgl. Anm. 439,24 f.)

442,21-23 *sah ihn bei diesen fast unwillkürlich ausgesprochenen Worten erschrocken und fragend an]* In der Handschrift: sah ihn bei diesem fast unwillkürlich[en Ausrufe] ausgesprochenen Worten erschrocken und [halb]fragend an

442,32 *steinerne]* Ursprünglich: hölzerne

443,3 f. *er verscheuchte mir alle Tauben]* Ursprünglich: er hatte mir alle Täubchen verjagt

443,17 *Schneewitchen]* Das Märchen von *Sneewittchen* kannte Eichendorff wohl aus den *Kinder- und Haus-Märchen. Gesammelt durch die Brüder Grimm* (Bd. 1, 1812).

443,24 *Sie fuhr weiter fort:]* Danach bricht die Handschrift in der Mitte einer Seite und zu Beginn einer Zeile ab.

AUS DEM LEBEN EINES TAUGENICHTS

TEXTGRUNDLAGE

Erstdruck: *Aus dem Leben eines Taugenichts. Novelle*, in: *Aus dem Leben eines Taugenichts und das Marmorbild. Zwei Novellen nebst einem Anhange von Liedern und Romanzen von Joseph Freiherrn von Eichendorff*, Berlin 1826. In der Vereinsbuchhandlung, S. 1-136.

Den beiden ersten Kapiteln des Erstdruckes wird die vorausgehende, vom Erstdruck abweichende Fassung gegenübergestellt, die in einem Faksimiledruck durch Willibald Köhler erhalten ist (vgl. Aurora 9, 1939). Eine erste Umschrift dieser Faksimileausgabe ist enthalten in: Joseph Freiherr von Eichendorff, *Neue Gesamtausgabe der Werke und Schriften in vier Bänden*, hg. von Gerhart Baumann in Verbindung mit Siegfried Grosse, Bd. 4, Stuttgart 1958, S. 1491-1511.

Die Handschrift wird hier nur in ihrer letzten Schicht, also ohne die zahlreichen Korrekturen des Autors, wiedergegeben; wichtigere Autorkorrekturen sind im ›Stellenkommentar‹ verzeichnet.

ENTSTEHUNG

Eichendorffs berühmteste, in alle Weltsprachen übersetzte Erzählung entstand vermutlich zwischen 1817 und Oktober 1825. Über die Entstehungsgeschichte sind wir nur unzureichend informiert.

Im Band 22 der historisch-kritischen Eichendorff-Ausgabe (*Ein Jahrhundert Eichendorff-Literatur*, zusammengestellt von Karl Freiherrn von Eichendorff, Regensburg

1924, S. 130) verzeichnete Karl von Eichendorff ein ungedrucktes Entwurfblatt Joseph von Eichendorffs, auf dem sich eine Skizze überschrieben »Ein Familien-Gemälde« befand, und das außerdem Notizen zum zweiten Kapitel des *Taugenichts* enthielt.

Die Handschrift des Entwurfblattes ist verschollen, doch hat sich im Besitz von Karl Konrad Polheim eine »diplomatisch getreue Abschrift« durch dessen Vater erhalten, über die Polheim, Taugenichts, S. 44-46 mitteilt:

Es handelt sich um einen gefalteten Halbbogen, der zwei unterschiedliche Aufzeichnungen Eichendorffs enthält: auf dem ersten Blatt eine Skizze, überschrieben *Ein Familien-Gemählde*, die nichts mit dem *Taugenichts* zu tun hat; aber auf dem zweiten Blatt ohne Überschrift tatsächlich Notizen zum zweiten Kapitel des *Taugenichts*, und auf eben diese hat der Dichter auf dem ersten Blatt mit den Worten hingewiesen: »Dieß ist das zweite Kapitel des Taugenichts«. Das zweite Blatt, auf das es uns hier ankommt, ist eines jener Studien- oder Memoirenblätter oder Blättchen, wie Eichendorff sie selber nennt. Es gewährt uns einen fesselnden Einblick in die Entstehung der *Taugenichts*-Novelle und in die Arbeitsweise ihres Dichters.

Die Aufzeichnungen sind in Abschnitte gegliedert, die jeweils mit dem Wort »Jezt« bezeichnet werden, – ein Signalwort, das Eichendorff auch sonst in seinen Memoirenblättchen gern verwendet. Dem »Jezt« folgt nur ausnahmsweise ein: »dann!« Diese Jezt-Abschnitte enthalten hauptsächlich dichterischen Text, aber auch Vormerkungen für Pläne und Vorhaben. Gleich der erste Jezt-Abschnitt beginnt so:

Jezt: Gedichte u. den Taugenichts fertig machen
u. unterdeß Bauers Revolutionen bei Streit holen.

Eine in vieler Hinsicht aufschlußreiche Notiz. Sie zeigt uns bereits den Titel *Taugenichts* so verkürzt, wie wir ihn

seit jeher und noch immer gewohnt sind. Damit stimmt überein, daß ja auch der Titel vom *neuen Troubadour*, den die spätere Handschrift bietet, keineswegs der ursprüngliche ist, sondern erst nach verschiedenen Versuchen vor den anderen geschoben wurde. ⟨...⟩
Schließlich liefert uns die zitierte Notiz noch einen ⟨...⟩ wichtigen Hinweis: »Bauers Revolutionen bei Streit holen«. Was diese Worte bedeuten, hat mein Vater seinerzeit feststellen können. »Bauers Revolutionen«: das ist ein zehnbändiges Werk von Samuel Baur: *Gemälde der merkwürdigsten Revolutionen, Empörungen, Verschwörungen* ⟨...⟩, erschienen in Ulm 1810 bis 1818. – »bei Streit holen«: Karl Konrad Streit, 1751-1826, begründete in Breslau die *Schlesischen Provinzialblätter* sowie ein Lesemuseum, wo Zeitschriften und Bücher auslagen. Die Bibliothek des Streitschen Lesezirkels galt jahrzehntelang als die besteingerichtete Büchersammlung. Am 1. November 1804 trat Eichendorff der *Lesegesellschaft der neuesten Journale* bei, und am 16. Oktober 1809 verzeichnet er im Tagebuch: »Darauf führte uns B⟨aumert⟩ zu Streit, wo wir uns in der Leyhbibliothek einschrieben«. Die Breslauer Staats- und Universitätsbibliothek bewahrte ein *Verzeichnis derer zur Streitschen Leihbibliothek gehörigen Bücher* aus dem Jahre 1812. Darin finden sich tatsächlich die ersten drei, das heißt alle bis dahin erschienenen Bände der Baurschen *Revolutionen*. ⟨...⟩
Der Dichter arbeitet auf dem Memoirenblättchen – man könnte sagen – ruckweise. Er setzt mit seinen Jezt-Abschnitten immer wieder neu ein, umfaßt bald kürzere, bald längere Strecken der Handlung, wiederholt, baut aus, gleitet hinweg, verweilt, blickt voraus oder greift zurück. Neue Einfälle werden verzeichnet, ausgearbeitet, fortgeführt oder fallen gelassen. Neben raschen, gröber zugreifenden Aufzeichnungen in sorgloser Wortwahl und Wortstellung stehen ausgefeilte Einzelbildchen, deren Formung bis in die letzte Fas-

sung erhalten blieb. Ich-Erzählung und Er-Aussagen wechseln einander ab.
Der zweite Jezt-Abschnitt beginnt dort, wo der Taugenichts den Portier – nach dem Disput über die Jagd – weggeschickt hat. Er lautet (um noch einmal eine Vorstellung dieses Entwurfes zu geben):

> Jezt: Ich aber war froh, daß er weg war, lachte u. brachte wieder d. Strauß. Zusammenkunft mit der jungen Gräfin zu Pferd etc. – S: das Blättchen B mit dem Zeichen x.

Es ist also bereits von der »Gräfin« die Rede, und dies keineswegs aus der Sicht des Taugenichts. Der nächste Jezt-Abschnitt verzeichnet knapp die Bestellung zum Rendezvous durch die Kammerjungfer und spricht von einer Hochzeit. Diese Bestellung samt dem Rendezvous sowie die Hochzeit – oder besser gesagt: die Tatsache der Hochzeit der jungen Gräfin – bilden, in konzentrischen Kreisen umschritten und von mancher Seite her beleuchtet und formuliert, den Inhalt des Memoirenblättchens. Jener Handlungsteil, der dem Dichter später solche Schwierigkeiten bereitete: die Tatsache, daß die schöne Frau verheiratet ist, wird hier langsam aufgebaut und gefestigt. Und stets hält Eichendorff den Blick auch auf den Ausgang des Kapitels gerichtet, auf das Bild des fortwandernden Taugenichts, der zur Geige singt: »Den lieben Gott laß ich nur walten«. Fünfmal wiederholt es sich der Dichter, daß der Taugenichts durchgeht, fortläuft, in alle Welt geht usw., dreimal wird noch dazu ausdrücklich das Lied vermerkt: »und singt zuletzt die lezte Strophe des ersten Liedes« oder »singt, seine Geige streichend, das Lied«. ⟨...⟩
Eine Menge von Verweisen hilft dem schaffenden Dichter, den Zusammenhang zwischen den einzelnen Aufzeichnungen herzustellen. Fast pedantisch wird – wir haben ein Beispiel gehört – mit Worten und Zeichen auf

andere Blättchen verwiesen oder auf die Jezt-Abschnitte des vorliegenden Blättchens. Es zeigt sich, daß Eichendorff an mehreren Blättern und an mehreren Plänen gleichzeitig gearbeitet und daß er zwischendurch sich andere Vormerkungen, wie in einem Notizbuch, aufgeschrieben hat.

Am seltsamsten berühren uns jene Sätze, in denen der Dichter sich selbst zur dichterischen Arbeit ermahnt, ja sich selbst beschwört, an nichts anderes zu denken. Nicht weniger als sechsmal finden wir, oft mitten in den laufenden Text eingefügt, mit geringfügigen Varianten und stets voll ausgeschrieben die Worte:

> Nun frisch und keck fort, alles andere mit Gewalt vergeßend auf die paar Stunden.

Das Entwurfblatt ist also in Breslau, vermutlich 1817, entstanden, da Eichendorff dort seit Dezember 1816, bedrängt von wirtschaftlichen Sorgen und seit Mai 1817 mit einer Familie mit zwei Kindern, ohne Gehalt, seinen juristischen Referendarsdienst ableistete.

Auf das Jahr 1817 deutet insbesondere eine von Hilda Schulhof mitgeteilte Notiz des Autors: »Jezt früh immer, wie ich gerade Lust habe, mein Marmorbild abschreiben und den Taugenichts beendigen!« (HKA 1, 2, S. 640) Diese Notiz wird durch eine auf dem gleichen Blatt stehende Bemerkung über eine »zu verfassende Schrift an den preußischen Staatskanzler Hardenberg« (vgl. dazu HKA 13, S. 78) auf den Herbst (vermutlich auf Oktober) 1817 datiert.

Im Jahre 1817 also hat Eichendorff schon energisch an der Erzählung *Aus dem Leben eines Taugenichts* gearbeitet, und vermutlich ist die *Der neue Troubadour* überschriebene handschriftliche Fassung der beiden ersten Kapitel (die um diese Zeit zu einem einzigen ersten Kapitel zusammengefaßt sind) noch im gleichen Jahr entstanden.

Wann freilich die weiteren Kapitel des *Taugenichts* entstanden sind, ist ungewiß. Hilda Schulhof schloß daraus, daß »Wilhelm Müllers Lieder des Prager Musikanten«, erschienen im Jahre 1820, als entferntes Vorbild für das im 9. Kapitel der Erzählung enthaltene *Wanderlied der Prager Studenten* anzusehen sind, daß auch die späteren Kapitel des *Taugenichts* erst nach 1820 entstanden sind (HKA 1, 2, S. 659). Diese Annahme wird dadurch gestützt, daß im 8. Kapitel vom »seligen Hoffmann« gesprochen wird (vgl. S. 532,31), E. T. A. Hoffmann aber, auf den sich dieser Hinweis deutlich bezieht, erst am 25. 6. 1822 gestorben ist. Auch das Zitat aus Carl Maria von Webers Oper *Der Freischütz* im Schlußkapitel des *Taugenichts* (vgl. S. 554) kann nicht vor der Uraufführung der Oper am 18. 6. 1821 (in Berlin) eingefügt worden sein, verweist aber wohl darauf, daß Eichendorff bei einem seiner Berlin-Aufenthalte 1822 oder 1823 das dort herrschende *Freischütz*-Fieber erlebt hat, von dem Heinrich Heine im zweiten seiner *Briefe aus Berlin* (1822) so plastisch erzählt. Schließlich erschien in den Nummern 152-158 der Breslauer ›Deutschen Blätter für Poesie, Literatur, Kunst und Theater‹ (26. 9. - 7. 10. 1823) unter der Überschrift *Ein Kapitel aus dem Leben eines Taugenichts* wieder nur der Text der beiden ersten Kapitel, wobei der Text dieses Druckes im wesentlichen der Handschrift des *Neuen Troubadour* entspricht (vgl. Polheim, Taugenichts, S. 43). Polheim hat festgestellt, daß in der Handschrift und im Druck in den ›Deutschen Blättern‹ »die vom Taugenichts geliebte schöne gnädige Frau tatsächlich eine Gräfin und ⟨...⟩ verheiratet« ist (S. 40 und 43). Noch 1823 also hätte die weitere, über die beiden Anfangskapitel hinausgehende Handlung sich anders als in der ersten vollständigen Fassung entwickeln müssen. Mit Recht erinnert Polheim im Zusammenhang mit dem Titel *Der neue Troubadour* an Eichendorff durchaus geläufige Vorstellungen der hohen Minne, die nur einer verheirateten und damit für den Minnesänger unerreichbaren Frau gelten konnte. »⟨...⟩ in den ersten zwei Kapiteln des *Taugenichts* ist die ›schöne gnädige Frau‹ wiederholt in eine überirdische Sphäre gestellt und mit Mariensymbolik ausgestattet.« (Polheim,

Taugenichts, S. 40) Aus all dem ist zu schließen, daß Eichendorff erst in Danzig, wo er seit 1821 als Regierungsrat für die Bearbeitung der katholisch-geistlichen und Schulangelegenheiten bei dem Oberpräsidium angestellt war, bei den für die Jahre ab 1822 belegten Berlin-Aufenthalten, wo er mit Chamisso, Willibald Alexis und anderen verkehrte, und schließlich erst in Königsberg, wohin er 1824 versetzt worden ist, die über die beiden ersten Kapitel hinausgehenden Teile des *Taugenichts* vollendet hat. Der Erfolg der vermutlich im Dezember 1823 erschienenen dramatischen Satire *Krieg den Philistern* und der Erfolg der seit Mai 1825 in der Berliner Zeitschrift ›Der Gesellschafter‹ erscheinenden Gedichte Eichendorffs bereitete dann auch der ersten Teilsammlung seiner Werke (1826) den Weg.

Am 8. 10. 1825 schrieb Eichendorff aus Königsberg an Julius Eduard Hitzig, der schon 1824 die ihm übersandten Widmungsexemplare von *Krieg den Philistern* an Eichendorffs Vorgesetzte im Berliner Kultusministerium weitergeleitet hatte, in einem (unveröffentlichten) Brief (vgl. ter Haar, S. 93) u. a.:

Ihre Güte und Nachsicht hat mich verwöhnt, ich komme schon wieder mit einem Pathenbriefe! – Ich habe mich nemlich entschloßen, meine kleineren, zum Theil schon in mancherlei Blättern zerstreuten, poetischen Arbeiten zu sammeln, und bin so frei, Ihnen durch meinen Freund Dr: Röthel aus Königsberg, welcher so eben eine wißenschaftl: Reise nach Italien u. Frankreich antritt u. sich sehr darauf freut, Ihre persönliche Bekanntschaft zu machen, das Manuscript zu übersenden, u. die Gabe sammt dem Ueberbringer, u. zwar lezteren als ausgezeichnet, Ihrer wohlwollenden Theilnahme bestens zu empfehlen.

Das Manuscript besteht aus drei Abtheilungen, nemlich aus einer Novelle: »Aus dem Leben eines Taugenichts«, u. zwey Abtheilungen von Gedichten. Hierzu gehört aber noch eine andere Novelle: »Das Marmorbild«, welche ich indeß nicht wieder habe abschreiben laßen, da sie bereits in Fouque's Frauentaschenbuch v: 1819 (pag: 335 seqn.) abgedruckt ist, welches sich doch ohne Zweifel in den Händen jedes etwanigen Verlegers befinden dürfte. Außerdem ist schon gedruckt: ein Theil der Gedichte des Manuscripts, in meinem Roman »Ahnung u. Gegenwart«, in den Frauentaschenbüchern von 1816-1818 u. in Löben's Hesperiden, so wie die *zwei ersten Kapitel* des Taugenichts in den »Deutschen Blättern« von Schall u. Holtey vom J: 1823.

Am zweckmäßigsten scheint es mir, wenn das Gantze in Einem Bändchen mit dem Collectiv-Titel: »Novellen, Lieder u. Romanzen« in folgender Ordnung zu stehen käme:

1. Inhaltsverzeichniß,
2. Das Marmorbild, aus dem Fr: Taschenb: v. 1819,
3. Die erste Abtheilung der Gedichte,
4. Der Taugenichts, u.
5. Die zweite Abtheilung der Gedichte.

Nur in dem zuversichtlichen Vertrauen auf Ihre Güte u. die freundliche Theilnahme, mit welcher Sie mich bisher so hoch erfreuten, wage ich die Bitte, das Manuscript vielleicht an einem freien Abend mit Ihren Freunden durchblättern zu wollen, ob der Welt irgend damit gedient sey, u. wenn Sie es so finden, es wieder Herrn Dümmler anzutragen.

Diese Text-Anordnung, durch welche der *Taugenichts* in die beiden Abteilungen der Lyrik gleichsam eingebettet werden sollte (vgl. ter Haar, S. 141 ff.), wurde in der zur Ostermesse (wohl im Mai) 1826 erschienenen Ausgabe nicht verwirklicht. Eichendorffs Berliner Freunde stellten die neue Erzählung, eben *Aus dem Leben eines Taugenichts*, den schon gedruckten Texten des Autors voran und bezeichneten dadurch auch die Sensation, die der Ton der Erzählung in Berlin erregt hatte. In der ›Vossischen Zeitung‹ erschien schon am 31. 5. 1826 eine erste Besprechung (Eichendorff hat sie sich eigenhändig abgeschrieben), welche den Tenor aller weiteren Kritiken bestimmte:

In dem so eben (Berlin, in der Vereinsbuchhandlung) ausgegebenen Werke: »*Aus dem Leben eines Taugenichts* und *das Marmorbild*. Zwei Novellen, nebst einem Anhange von *Liedern und Romanzen* von Joseph Freiherrn *von Eichendorff*« hat besonders die erste Novelle, die den größten Theil des Bandes füllt, etwas höchst Originelles. Die Idee, wie ein von der Natur zur Romantik begabter Charakter, der alle äußere Bildung entbehrt, die Menschen, die Kunst und überhaupt die Welt ansieht, ist ungemein ansprechend und humoristisch durchgeführt und in der Einfachheit des Ganzen entwickelt sich wahrhafte Poesie. Wenn der komische Roman überhaupt in der Deutschen Litteratur etwas Seltenes ist, so darf dieser schon deshalb auf ein »Willkommen!« rechnen; mehr aber noch, weil offenbar ein bedeutsamer Gedanke zum Grunde liegt, ohne daß er auf irgend eine Weise aufdringlich wird; und weil zugleich durch die schlichte Schilderung (der sogenannte Taugenichts erzählt selbst) bedeutender Gemüthszustände nicht bloß für einen Theil der Leser, sondern für *alle* gesorgt ist. Wie wir hören, hat dieser Roman in der hiesigen litterarischen Gesellschaft, die eine große Zahl unserer besten Aesthetiker in sich faßt, Sensation gemacht.

(HKA 18, 1, S. 129.)

Am 29. 7. 1826 stellte Willibald Alexis in den Leipziger ›Blättern für literarische Unterhaltung‹ Eichendorffs *Taugenichts* den die Literatur des Tages beherrschenden Detailrealisten entgegen: »Wer einmal Lust empfindet, ein ewiges Sonntagsleben lesend mitzugenießen, der vergnüge sich bei dieser von Frühlingslust durchhauchten Novelle. ⟨...⟩ Die Einzelheiten sind reich an ergötzlichen Auftritten, die ebenso zum Gemüth sprechen, als sie die Lachlust erregen. Ein bunter Duft ist über die Gemälde ausgegossen, die lebendig hervortreten, ohne daß irgend die beschreibende Poesie ein unbilliges Uebergewicht einnähme. Im Gegentheil ist der Verf. ganz frei von dem unsere neueste Poesie häufig treffenden Vorwurf geblieben, durch zu ängstliches Ausmalen den Eindruck des Ganzen zu stören.« (HKA 18,1, S. 131 f.) Auf Daniel Leßmanns Lob im ›Gesellschafter‹ (am 4. 8. 1826, vgl. HKA 18, 1, S. 133) – »Ich bin in meinem Leben mit unterschiedlichen Taugenichtsen zusammen getroffen, habe aber bisher noch keinen gefunden, der in der Tat bei einer so echten Taugenichtserei doch so viel taugte 〈...〉« – antwortete Wolfgang Menzel in Cottas ›Literaturblatt‹ (am 8. 8. 1826, vgl. HKA 18, 1, S. 137) – »Der Taugenichts taugt auch gar nichts, und hat nicht einen Fetzen von jener göttlichen Bettelhaftigkeit der Tagediebe bey Shakespeare und Cervantes, es fehlt ihm alles, was man Humor nennt.« –, doch konnte dieses Verdikt den Siegeszug der Erzählung nicht aufhalten.

Zu Eichendorffs Lebzeiten erschienen noch wenigstens fünf Ausgaben, bis gegen Ende des Jahrhunderts der Taugenichts gar als die Allegorie eines Nationalcharakters gedeutet wurde. Theodor Fontane gab den Ton an – »〈...〉 der Taugenichts ist after all nicht mehr und nicht weniger als eine Verkörperung des deutschen Gemüths, die liebenswürdige Type nicht eines Standes bloß, sondern einer ganzen Nation. Kein andres Volk hat solch Buch.« (HKA 18, 2, S. 1090 f.) –, den Thomas Mann in den *Betrachtungen eines Unpolitischen* (1918) im Kapitel »Von der Tugend« ideologisierend aufgegriffen hat, nachdem er zuvor seine Erzählung *Tonio Kröger* (1903) zu einer Kontrafaktur von Eichendorffs Novelle gestaltet hatte. Eichendorff ist als der Dichter des *Taugenichts* in das literarische Gedächtnis der Welt eingegangen; von seinen Prosatexten ist allein diese Erzählung Bestandteil auch des Schul-Kanons geworden.

QUELLEN

Von »Quellen« kann für den *Taugenichts* kaum gesprochen werden; mit der Erzählung *Aus dem Leben eines Taugenichts* begann in Eichendorffs erzählerischem Werk ein von Quellenbindungen (mit Ausnahme der deutlich zunehmenden Selbstzitate) weitgehend unabhängiges Arbeiten. Die parodistischen Elemente aber in einer Erzählung, deren Hauptfigur die Poesie selbst verkörpert (vgl. ter Haar, S. 165), sind offenkundig. Der *Taugenichts* parodiert den sternbaldisierenden romantischen Reiseroman ebenso wie den detailrealistischen Reisebericht der Zeit, die biedermeierliche Idylle ebenso wie den Roman der *Wilhelm Meister*-Nachfolge, die Konversations-Novelle und den Schelmenroman. »Vor allem Grimmelshausens *Simplicissimus*, den Eichendorff schon seit 1810 kannte, und Christian Reuters *Schelmuffsky*, dessen Lektüre und Wertschätzung Brentano für das richtige Verständnis seiner Philisterabhandlung forderte, dürften den *Taugenichts* beeinflußt haben.« (ter Haar, S. 157.)

STELLENKOMMENTAR
ZU: DER NEUE TROUBADOUR

447,1 *Der neue Troubadour*] In der Handschrift hat Eichendorff mehrere Titel erwogen; mit den gestrichenen Stellen und den Zusätzen sieht der Titel wie folgt aus:

> *Der neue Troubadour*   NB: Vielleicht nacher
> [Zwei Kapitel aus dem Leben   *überschreiben* Kapitel
> eines armen Taugenichts]
>   [Oder *der moderne Troubadour*]
> *Ein Kapitel aus dem Leben eines armen Taugenichts*, mitgeteilt
> durch J: Frhrn. von E.
> (*Wahrscheinlich oder gewiß nur Ein Kapitel vom Taugenichts.*)

An Troubadouren, den Minnesängern der provenzalischen Literatur des Mittelalters, hat die Romantiker (seit Tieck und Görres) vor allem das Liedhafte von deren Lyrik, also die enge Verbindung von Vers und Melodie fasziniert, dann die Verbindung von Frömmigkeit und Minnedienst, da der unbegüterte fahrende Ritter »das heitere Leben im Dienste des Heilandes und der Dame recht poetisch-ernsthaft ausbildete«, und schließlich die von ihnen angenommene Verbindung des Ritters mit dem Volk, so daß die Lyrik der Troubadoure für die Romantiker zum Vorbild für die von ihnen ausgelöste Volksliedbewegung der Zeit wurde (vgl. ter Haar, S. 148-153).

447,20 f. *in die Welt gehn und mein Glück machen*] In der Handschrift: in die Welt gehn [, aber wenn ich nachher] und mein Glück machen

447,26 *Bauer ich – dir in dein Dienst!*] Zu ergänzen ist wohl: scheiß.

447,30 *das lange Dorf*] Damit endet der nicht durchstrichene Text der ersten Seite der Handschrift. An den unteren Rand sind die dann wieder gestrichenen Zeilen geschrieben: [Wahrscheinlich] [Vielleicht gleich nach seinem Auslaufen von Hause kommt er Abends zu einem Erntefeste, das die Herrschaft hält u. geigt u. tanzt mit der schönen Fraue u. verliebt sich in sie. Den andern Tag nehmen ihn die Damen mit etc. wie schon hier steht. Bei dem Feste *scheint* auch die junge Fraue in ihn verliebt – etc. Dies alles *vielleicht* noch einzuflicken. –]. – Am rechten Rand der Seite notierte der Autor quer zur Schreibrichtung: NB *Das Ganze, ehe ichs abschreiben lasse, noch vorher durchkorrigieren !!!*

449,4 *nach allen Seiten Adies*] In der Handschrift: nach allen Seiten [recht stolz und zufrieden] Adies

449,17 *Die Trägen*] Ursprünglich: Die Faulen

449,19 *Erquicket*] In der Handschrift: [Die freut nicht] Erquicket

449,21 f. *will erhalten*] Ursprünglich: tut erhalten

449,29 *zwei vornehme*] In der Handschrift: zwei [junge schöne] vornehme

451,27 *an dem schattigen Weiher*] Ursprünglich: an dem lustigen Wasser

453,19 *nach der Weste*] Ursprünglich: nach der Tasche

453,26 *die unheimliche Gestalt*] Ursprünglich: die unheimliche kurfürstliche Nase

455,7 *zu Weine*] Ursprünglich: zu Biere

455,27 *wie ich eben*] In der Handschrift: wie ich [Nachmittag] eben

455,29-33 *Wohin ich geh' und schaue*] Mit den Korrekturen bietet die Handschrift folgendes Bild (wobei Eichendorff die von ihm gewünschte Zeilenfolge durch über den Zeilen stehende Ziffern »1.« bis »5.« verdeutlicht hat):

> Wohin ich geh' und schaue,
> In [Feld und] Wald [und Berg] und Tal,
> [Vom Berg' ins Himmelblaue:]
> Viel schöne gnäd'ge Fraue,
> Grüß' ich Dich tausendmal!

457,4-7 *es war ein Sonnabend ⟨...⟩ die funkelnden Augen*] Diese Stelle hat Eichendorff am Rande nachgetragen und ursprünglich geschrieben: Abends, [wie ich eben im Gartenhause an meinem Fenster mit der Geige stehe und noch daran denke], da kommt aufeinmal

457,9 *gnädige Frau*] In der Handschrift: gnädige Frau[e] – Auf den ersten Seiten der Handschrift legt der Autor seinem »neuen Troubadour« auffallend häufig das archaisierende »Fraue« (mhd. vrouwe ›Herrin‹, ›Gebieterin‹, die unerreichbare Geliebte des Minnesängers) in den Mund, während die Kammerzofe (wie im Erstdruck auch der Taugenichts, außer im Lied) von der »schönen, gnädigen Frau« spricht.

459,1 f. *immer am frühesten Morgen*] Ursprünglich: alle Morgen

459,21 *nicht wieder hin*] Ursprünglich: nicht wieder zu dem Strauche

459,22 *von neuem*] Ursprünglich: noch wieder

459,36 *die Schöne*] Ursprünglich: »die *schöne* Frau«, im Unterschied zu der »dicken und gar prächtigen« Dame.

459,36 f. *und versteckt hervorguckte]* In der Handschrift: und [halb herv] versteckt hervorguckte, [als ich vorbeiging]

461,1 *jedoch]* Ursprünglich: nun so wieder

461,12 *wogte]* Ursprünglich: wirrte alles schwärmte

461,15 *im Schilfe]* Ursprünglich: zwischen dem Schilfe

461,21 *Währenddes]* Ursprünglich: Indem

461,28 f. *wie gerufen]* Ursprünglich: prächtig

461,32 *das Kahn]* Die Verwendung von »Kahn« als Neutrum, die sich bei Eichendorff häufiger findet, scheint schlesischer Dialektgebrauch zu sein. Andreas Gryphius und Paul Fleming verwenden neben der maskulinen Form auch »das Kahn« (vgl. HKA 1, 2, S. 782 f.). Bei Eichendorff findet sich die Verwendung des Neutrums z. B. in der Romanze *Der stille Grund*: »Ein Kahn wohl sah ich ragen,| Doch niemand, der es lenkt« (HKA 1,1, S. 425). In einer Handschrift zu *Dichter und ihre Gesellen* heißt es ebenfalls: »Ein Kahn lag dort angebunden, aber es stand voll Wasser.« (HKA 1,2, S. 783.)

461,36 f. *unmerklich an zu schaukeln]* In der Handschrift: unmerklich an [, ein wenig] zu schaukeln

463,1 *schrieen gar]* In der Handschrift: schrieen gar [, obgleich ich gar nicht wußte, was da zu schreien gab]

463,29 *Wohin ich geh' und schaue]* Die Gedichtstrophen sind in der Handschrift wie hier wiedergegeben angeordnet und von Eichendorff numeriert, um ihre Reihenfolge deutlich zu machen.

463,30 *Viel' Blumen]* Mit den Korrekturen sieht die 2. Zeile der 2. Strophe in der Handschrift wie folgt aus: Viel' [schöne] Blüme[lei]n [(schön u. fein,)] [schön u. fein]

465,2 *Ihr darf ich keinen reichen]* Ursprünglich: Ich darf Ihr keinen reichen

465,15 f. *sah mich sehr freundlich an]* In der Handschrift: sah mich [im Weggehn] sehr freundlich an

465,29 f. *war da erbaut]* Ursprünglich: stand da

465,31 *eine Lücke]* Ursprünglich: die Lücke

465,31-466,1 *des Schloßgartens]* In der Handschrift: des Schloßgartens [hindurch]

467,10 *herumfocht]* Ursprünglich: fagierte

467,13 *sah der]* In der Handschrift: sah [mich] der

467,15 *einer ansehnlichen Perücke]* In der Handschrift: einer [großen] ansehnlichen Perücke [groß an]

467,30 f. *Das alles]* In der Handschrift: Das [war schon lange] alles

467,31 f. *als ich zu Hause war]* In der Handschrift: als ich [noch] zu Hause war

469,5 *mir schön zu Gesichte]* In der Handschrift: mir [recht] schön zu Gesichte

469,14 *Die Kartoffeln]* In der Handschrift davor: [Ich bebaute mein kleines Gärtchen mit vieler Sorgfalt]

469,19 f. *für einen hielt]* In der Handschrift: für [verrückt ge] einen hielt

469,25 *sehen]* Ursprünglich: erkennen

471,12 *ewig nassen]* Ursprünglich: ewigen nassen

471,12 f. *mich packte da ein närrischer Zorn]* In der Handschrift: mich [überfiel] packte da [aufeinmal] ein närrischer Zorn

471,15 *Tobakschnupfen]* Mundartliche und studentensprachliche Nebenform für ›Tabakschnupfen‹.

471,15 f. *die große Nase und alles]* In der Handschrift: die große Nase [mit ihrem ewigen Schnupfen] und alles

471,17 f. *Ihr Euch nach Hause]* In der Handschrift: Ihr euch [gleich] nach Hause

471,22 *und ging, immer]* In der Handschrift: und ging, [sich] immer

473,7 *sondern]* Ursprünglich: und

473,13-15 *tief niedergeschlagen ⟨...⟩ hören]* Ursprünglich: tief niedergeschlagen, als sich so eben einige Reiter und Stimmen im fernen Gebüsch hören ließen

473,29 *die 8]* Ursprünglich: die Achten – Eichendorff hat die Ziffern in die Handschrift groß und deutlich eingesetzt, um ihre bildhafte Qualität zu kennzeichnen.

473,36 *arme Null]* Ursprünglich: arme 0

475,23 *Meine Blumensträuße]* Vor dieser Zeile hatte Eichendorff ursprünglich schon mit dem folgenden Abschnitt begonnen, die Zeilen dann aber wieder gestrichen: In diesen kritischen Zeitläufen geschah es denn, daß einmal, als ich eben wieder vor meiner Tür saß, die Kammerjungfer vom Schloß über die Straße dahergetrippelt kam.

475,25 f. *Aber das war es eben* ⟨...⟩ *jenem Abend]* In der Handschrift: Aber [das war es eben: damit] [auch damit] war es nun aus [,] seit jenem Abend

475,35 *verstört]* Ursprünglich: stürmisch

475,37 *eben zu Hause]* In der Handschrift: eben [verdrießlich] zu Hause

477,6 f. *um nichts bekümmert, und wußte]* In der Handschrift: um nichts bekümmert, [was in der Welt vorgeht] und wußte

477,8 *da wird seine Tochter, die junge gnädige Frau]* In der Handschrift: da wird [seine Tochter,] die [junge] gnädige [Fräule] Frau — Eichendorff hat, um den Irrtum des Taugenichts zu verdeutlichen, »seine Tochter« und »junge« über der Zeile nachgetragen. »Fräule« ist die volkstümliche Nebenform für (das hier noch als Standesbezeichnung für unverheiratete adelige Dame verwendete) »Fräulein«.

477,15 *Meine]* Ursprünglich: Die

477,21 *schöne Blumen]* Ursprünglich: solche Blumen

479,1 *mich zu freuen]* Ursprünglich: zu denken

479,5 *alle Übel und Melankolie]* Ursprünglich: alles Übel und alle Melankolie

479,9 *legte die noch übrigen Blumen sorgfältig]* Ursprünglich: warf alles bunt und anmutig

479,32 *zuweilen]* Ursprünglich: manchmal

479,35 *als ob]* Ursprünglich: als wenn

481,1 *Da aber immer niemand kam]* In der Handschrift: [Es kam] Da[nn] aber immer niemand kam

481,2 *Ich hing]* In der Handschrift: Ich [bestieg] [kletterte] hing

481,11 *legten sich welche]* In der Handschrift: legten sich [auch] welche

481,15 *aufzuwachen]* Ursprünglich: aufgewacht

481,16 f. *der Garten schwarz]* In der Handschrift: der Garten [so] schwarz

481,34 f. *funkelte recht auf ihren pfiffigen Augen]* Ursprünglich: tanzte ordentlich auf ihren funkelnden Augen

483,35 *Nun hielt sich die Gärtnerin]* In der Handschrift: Nun [bringen die Leute, sagt] [hielt sich] die Gärtnerin – Aus der starken Umarbeitung der nachfolgenden Stelle im Erstdruck schließt Karl Konrad Polheim (Taugenichts, S. 40), daß »die weitere Fabel in der handschriftlichen Fassung völlig anders hätte verlaufen müssen. Wie freilich, das ahnen wir nicht einmal. Daß die verheiratete junge Gräfin aus der weiteren Erzählung hätte ausscheiden sollen, ist bei ihrer bisherigen zentralen Rolle unwahrscheinlich. Eher hätte sie als ein Ideal wirken können, etwa so wie die idealen Frauengestalten E.T.A. Hoffmanns, die ja für den Helden ebenfalls unerreichbar sind, ja unerreichbar bleiben müssen, um ihn gerade deswegen für die Kunst zu inspirieren.«

485,7 *hinter ihr drein]* Ursprünglich: nach ihr,

485,9 f. *gleichwie ich auf dem Theater]* Ursprünglich: so recht wie ich in Wien auf dem Theater

485,14 *Denn ein Kreis]* In der Handschrift: Denn ein [seltsamer] Kreis

485,20 *vor einem hohen Notenpulte, und]* Hier bricht das Faksimile am Ende der Seite »20.« ab. Da der Schluß des Kapitels im Druck in den ›Deutschen Blättern‹ enthalten ist, war der Rest der Handschrift wohl schon 1939 verschollen.

STELLENKOMMENTAR
ZU: AUS DEM LEBEN EINES TAUGENICHTS

446,1 f. *Aus dem Leben eines Taugenichts]* Carel ter Har (S. 156) verweist auf die naheliegende, in parodistischer Absicht erzeugte Assoziation zu Goethes *Aus meinem Leben. Dichtung und Wahrheit.* Goethes *Italienische Reise* (auch der Taugenichts unternimmt ja, der Zeitmode entsprechend, eine Italien- und Romreise) erschien als zweite Abteilung der Autobiographie in zwei Teilen 1816/1817.

446,3 *Novelle*] Eichendorff schließt sich dem die Gattung nur vage umreißenden Sprachgebrauch der Zeit an, parodiert aber wohl gleichzeitig die Novellenwut, die durch den zeitgenössischen Literaturbetrieb hervorgerufen worden war. Novellentheoretiker ignorieren häufig, »daß gerade der *Taugenichts*, seit seiner Erstausgabe 1826 als Novelle bezeichnet, jeder Novellentheorie auf das Entschiedenste widerspricht und damit einmal mehr die Unsicherheit des Begriffes ›Novelle‹ erweist« (Polheim, Taugenichts, S. 47).

446,5 *meines Vaters Mühle*] Die Mühle, in der populären Literatur des 18. und 19. Jahrhunderts stereotyp für romantisch abgelegenen Ort gebraucht (Schenda, S. 412), ist hier durch das von ihr erzeugte »Lärmen um das liebe Brot« (vgl. *Krieg den Philistern*, Erstes Abenteuer) »Sinnbild einer nur auf Betriebsamkeit und Erwerb gerichteten Welt« (ter Haar, S. 163).

446,11 *die Schlafmütze*] Eines der Kennzeichen des Philisters.

446,14-19 *Ich kann dich hier nicht länger füttern ⟨...⟩ und mein Glück machen*] Der Anklang an den Beginn mehrerer Märchen aus der Sammlung der Brüder Grimm (*Kinder- und Hausmärchen*, 1812/1815) trägt zum märchenhaft-parodistischen Ton des *Taugenichts* bei.

446,26 *recht artig*] Im Sinne von: ›recht kunstfertig‹; ter Haar, der »artig« als ein Lieblingswort von Schelmuffsky nachweist, hat das Adverb »recht« über vierzigmal im *Taugenichts* gezählt. Es ersetzt den in den früheren Prosatexten gehäuften Gebrauch von »fast«.

448,6 *im Gemüte*] Ein romantisches Kernwort, das – nach Novalis – die »innere Welt in ihrer Gesamtheit« bedeutet. Es wurde in der Folgezeit zu einem Modewort der Romantik und auf ›Empfindung‹, ›Herz‹, ›Gefühl‹, im Gegensatz zu den Verstandeskräften, beschränkt.

448,9 *Wem Gott will rechte Gunst erweisen*] In Eichendorffs *Gedichten* (seit 1837) unter dem Titel *Der frohe Wandersmann*. Karl Konrad Polheim (Taugenichts, S. 33-37) schließt aus der Strophenanordnung in der Handschrift und der entsprechenden Numerierung des Gedichtes »Wohin ich geh' und schaue« (vgl. oben zum *Troubadour* Anm. 455,29-33), daß die Strophen 2 und 3 des Erstdruckes in der Reihenfolge vertauscht werden müssen. Das entscheidende Gegenargument gegen diese These steht aber ebenfalls bei Polheim (S. 33): »Man könnte ⟨...⟩ einwenden, daß die Strophen des zweiten Gedichtes ⟨»Wohin ich geh' und schaue«⟩ gerade deshalb numeriert worden seien, weil sie von der Reihenfolge des ersten abwichen.« Jedenfalls findet sich das vorliegende Gedicht in allen autorisierten Drucken mit der hier gedruckten Reihenfolge der Strophen. Die noch heute viel gesungene Melodie des Liedes von Friedrich Theodor Fröhlich steht zuerst (unter der Überschrift *Reisesegen*) im *Liederbuch für deutsche Künstler* (hg. von Franz Kugler und Robert Reinick, Berlin 1833, S. 146).

448,12 *In Fels*] Im Original: In Feld – Der Autor hat den Lesefehler des Schreibers (?) seines *Taugenichts*, der Schluß-s und Schluß-d verwechselt hat, nicht bemerkt, so daß der Schreib- und Druckfehler aus dem Erstdruck in die Fassung der *Gedichte* 1837 übernommen wurde (vgl. Polheim, Taugenichts, S. 38). Im Verzeichnis der Druckfehler dieser Ausgabe aber heißt es: »Statt: Feld l⟨ies⟩ In Berg«. So lautet die Zeile in der Ausgabe der *Gedichte* 1841 und im Text des *Taugenichts* 1841: »In Berg und Wald und Strom und Feld.«

448,21 *Den lieben Gott laß ich nur walten*] Vgl. den Beginn des Kirchenliedes von Georg Neumark »Wer nur den lieben Gott läßt walten«.

450,3 *aufzuwarten*] Hier: zu Gefallen zu sein.

450,7/11 *Nach W.*] 1841: Nach Wien

450,7 f. *in einer fremden Sprache*] Die beiden Damen sprechen miteinander als Personen von Stand und Bildung französisch.

450,12 *einen Reverenz*] Eine ›Verbeugung‹. Das Wort

wird im 17. und 18. Jahrhundert meist männlich gebraucht (wie hier); im 19. Jahrhundert setzte sich die feminine Verwendung durch.

450,27 *heimlich kühl*] Im Sinne von: ›vertraut, anheimelnd kühl‹.

450,29 *kurios*] Ein aus der Literatur des 17. Jahrhunderts übernommenes Lieblingswort der Romantiker (häufig bei Brentano und Eichendorff). Oft noch in der Bedeutung von ›interessant‹, hier in der Bedeutung ›wunderlich‹, ›seltsam‹.

452,6 *in Staatskleidern*] In der Amtstracht, der Uniform eines fürstlichen oder königlichen Beamten.

452,7 *Bandelier*] Schulterband.

452,29 *heraufgezogen kam*] Die von Eichendorff verwendete Sprache des Theaters trägt dazu bei, daß der ganze Text lustspielartige Züge erhält.

452,33 f. *herumvagieren*] In der Welt umherziehen.

454,11 *diskurrieren*] Hier im Sinne von: ›höfische Konversation betreiben‹.

454,16 f. *ein Kavalier*] Ein Edelmann.

454,24 *durch den Garten zog*] In der Beschreibung der »schönen Frau« finden sich Anklänge an bildhafte Beschreibungen des Marienlebens.

454,26 *einem Lusthause*] Ein Haus, das in den Parks und den Gärten des 17. und des 18. Jahrhunderts den Vergnügungen des Landlebens diente.

454,29 *Wohin ich geh' und schaue*] Vgl. Anm. 462,27.

456,8 *dahergestrichen*] Vgl. Anm. 161,26 f.

456,12 *wie eine Eidechse*] Der bei Eichendorff häufig verwendete Vergleich junger Mädchen mit Lazerten; vgl. Anm. 329,13.

458,3 *mich* ⟨...⟩ *zu produzieren*] Mich sehen zu lassen.

458,31 *Tulipane*] Das ältere und poetische Wort für Tulpe.

460,10 *blauen Montag*] Der Montag, an dem man seinen Sonntagsrausch ausschläft, der arbeitsfreie Tag der Handwerksburschen.

460,11 *wohlausstaffiert*] Herausgeputzt.

462,1 *eine Lilie in der Hand*] Als Zeichen unschuldiger Liebe. Die nachfolgende Szene deutet nochmals auf Bilder aus dem Marienleben (besonders die Verkündigungsszene).

462,9 f. *ein sehr zierlicher* ⟨...⟩ *Herr*] Wohl in älterer Bedeutung als ein ›sehr förmlicher‹, ›der Etikette huldigender‹ Herr zu verstehen. Wulf Köpke (*Eine Jean Paul-Parodie im Taugenichts? Bemerkungen zu Eichendorffs Jean Paul-Rezeption*, in: Aurora 41 [1981], S. 172-182) vermutet, daß Eichendorff in den nachfolgenden Sätzen des »zierlichen Herrn« den Stil Jean Pauls parodiert und »auf eine der literarischen Quellen seiner Erzählung«, eben Jean Pauls *Flegeljahre*, hingewiesen hat.

462,12 f. *Volkslied*] Erst von Herder als Lehnübersetzung aus engl. popular song ins Deutsche eingeführt. Die Romantik hat in Anlehnung an Herder versucht, die häufig mündlich überlieferte Volksdichtung zu bearbeiten, zu sammeln und zu beleben. Eichendorff ironisiert die zur Salonunterhaltung verkommene Begeisterung für das ›Volk‹.

462,14 f. *die Wunderhörner sind nur Herbarien*] Anspielung auf die von Achim von Arnim und Clemens Brentano herausgegebene Sammlung »alter deutscher Lieder« *Des Knaben Wunderhorn*, die in drei Bänden in Heidelberg 1806 und 1808 erschien. Der Ton dieser von Arnim und Brentano nach mündlichen und schriftlichen Quellen bearbeiteten Lieder ist als der Volksliedton in die Literatur eingegangen. Eichendorff, der schon während der Heidelberger Studienzeit durch seinen Lehrer Görres mit dem *Wunderhorn* bekannt gemacht wurde, verdankt dem Einfluß dieser Sammlung die Wende von der novalisierenden Romantik zum liedhaften Ton. Die Stelle bezieht sich weniger auf die von Eichendorff bewunderte Sammlung Arnims und Brentanos, als auf ihre zahlreichen Nachfolger. Vgl. auch die Satiren auf den ästhetischen Tee in *Ahnung und Gegenwart* (S. 191 ff. und 216 ff.) und in Eichendorffs Examensarbeit *Über die Folgen von der Aufhebung der Landeshoheit der Bischöfe und der Klöster in Deutschland* (HKA 10, S. 170): »Aber gewiß mehr als bloß klimatisch war die wohllebige Gemütlichkeit, an welcher man geistliche Untertanen überall von anderen heraus erkannte, und viele Volkslieder, die auf den Alpen Salzburgs und auf dem Weingebirge von Würzburg nach und nach verschollen, werden jetzt sorgsam in ästhetischen Herbarien aufgetrocknet, um in Teezirkeln botanisch zerlegt zu werden.«

462,15 *National-Seele*] In den Wörterbüchern nur durch die vorliegende Stelle und durch eine Stelle aus Görres' ›Rheinischem Merkur‹ (1814) belegt; nicht im DWb. Die Diskussion um die »National-Seele«, den ›Nationalcharakter‹ eines Volkes, an der sich auch Goethe beteiligte, ist besonders rege in der Zeit der Freiheitskriege und den ersten Jahren der Restauration.

462,21 *dreist*] Im Sinne von: ›keck‹.

462,27 *Wohin ich geh' und schaue*] Unter dem Titel *Der Gärtner* in Eichendorffs *Gedichten* (seit 1837). Nach HKA 1, 2, S. 728 ist das Gedicht angeregt durch Johann Martin Millers Gedicht *Der Gärtner* aus dessen bekanntem empfindsamen Roman *Siegwart, eine Klostergeschichte* (1776); vgl. vor allem die letzte Strophe mit der letzten Strophe von Millers Lied:

        Du liebes Gärtnermädchen,
        Mein Leben welket ab,
        Darf ich nicht bald dich küssen,
        Und in den Arm dich schließen,
        So grab' ich mir ein Grab;
        So grab' ich mir ein Grab.

Nach ter Haar (S. 98) erinnert das Lied (als Nachbildung eines Minneliedes) an das Lied Walthers von der Vogelweide »Nemt, frouwe, disen kranz« in der Übersetzung Ludwig Tiecks.

462,30 *hohe Fraue*] Hochstehende, adelig geborene Herrin.

464,13 *mit listigen Mienen*] Mit wissendem Gesichtsausdruck. Die jungen Herren wissen also um die Verliebtheit des Taugenichts.

464,26 *und weinte bitterlich*] Die von Eichendorff häufig gebrauchte biblische Formel; vgl. Matth. 26,75.

466,7 *hinter dem luftigen Schreiber*] Im Sinne von: ›hinter dem unernsten, fröhlichen Schreiber‹.

466,9 *künstlich*] Hier: kunstvoll.

466,10 f. *hineinparlierte*] Hineinschwatzte.

466,20 *Meriten*] Verdienste.

466,29-31 *Schlafrock* ⟨...⟩ *Pantoffeln* ⟨...⟩ *Schlafmütze* ⟨...⟩ *Pfeifen*] Philisterattribute.

466,33 *kommode*] Bequem.

470,7 *Metier*] Beruf, Beschäftigung. In der Wortwahl »edle Jägerei« klingt noch das adelige Jagdprivileg an.

470,17 f. *ich prügle Euch hier sogleich durch*] Vgl. Anm. 120,16 f. und 328,37.

470,22 *unheimlich*] Unvertraut, ängstlich.

470,32 *Jagdhabit*] Jagdkleid.

470,36 *Magelone*] Vgl. Anm. 106,25 f. Eichendorff kannte aus Tiecks *Phantasus* dessen *Liebesgeschichte der schönen Magelone und des Grafen Peter von Provence*.

472,26 *vom Transport bis zum Latus*] Begriffe aus der Buchhaltung: Latus ist die Endsumme der Seite, die als Übertrag (Transport) auf die nächste Seite übernommen wird. Der Buchhalter addiert also vom Übertrag bis zur Seitensumme und kontrolliert diese Addition nochmals in umgekehrter Additionsrichtung.

474,4 *Parasol*] Sonnenschirm.

474,6 f. *spekulierte*] Hier: ›grübelte‹.

474,8 *vor Langerweile*] ter Haar verweist auf die Zeitkrankheit der Restauration: die Langeweile und die Melancholie (S. 99). Im Clemens Brentanos melancholischem Lustspiel *Ponce de Leon* (1803) und in Büchners darauf basierender Komödie *Leonce und Lena* (die Eichendorff wohl nicht kannte) ist diese Zeitkrankheit eindringlich beschrieben. Brentanos *Ponce de Leon* klingt im *Taugenichts* häufig an (u. a. in den Sprichwortmontagen und den Wortspielen).

474,31 *Ich band gar keinen Strauß mehr*] Vgl. Clemens

Brentanos auf eine zeitgenössische Melodie gesungenes Gedicht »Ich wollt' ein Sträußlein binden« (aus dem Lustspiel *Ponce de Leon*). Die Situation des Taugenichts entspricht der Situation des Liebenden in diesem Gedicht (das für viele ähnliche Gedichte der Romantik steht).

476,31 f. *Galanterie]* Feine Lebensart.

476,32 *artige Kapriolen]* Bedeutet: ›zierliche Luftsprünge‹, ›Bocksprünge‹.

480,26 *überall eben zu spät gekommen]* Das Gefühl des »zu spät« ist das Lebensgefühl Joseph von Eichendorffs. Vgl. besonders den Beginn der autobiographischen Erzählung *Unstern* und oben S. 574-577.

482,13 *Spektakel]* Eines der vielen Wörter aus der Studentensprache in Eichendorffs Werk, hier im Sinne von ›ärgerliches Schauspiel‹, ›ärgerlicher Vorgang‹, dem der Taugenichts zusieht; vgl. S. 585.

482,19 *Flechsen]* In der Bedeutung: ›Sehnen‹.

482,33 *Reputation]* Der gute Ruf, das Ansehen.

482,36 *Nun hielt sich die Gärtnerin]* Vgl. zum *Troubadour* Anm. 483,35.

486,2 f. *Serenade]* Abendständchen.

488,2 *Unser Reich ist nicht von dieser Welt!]* Vgl. Joh. 18, 36. Das *Johannes-Evangelium* galt den Romantikern als ein poetisches Evangelium. Wie der Johannes-Prolog, so wird auch die vorliegende Stelle häufig auf die Situation der Poesie in dieser Welt gedeutet. Vgl. in Clemens Brentanos »Herzlicher Zueignung« zu seinem Märchen *Gockel, Hinkel und Gackeleia* (1838) die Worte der Frau Rat: »Dein Reich ist in den Wolken und nicht von dieser Erde, und so oft es sich mit derselben berührt, wirds Tränen regnen.«

488,12 *Den lieben Gott laß ich nur walten]* Mit einer Abweichung in Zeile 3 (tut / will) die 4. Strophe des Liedes »Wem Gott will rechte Gunst erweisen«; vgl. S. 448,9 ff.

488,20 *Italien]* Das Land der Sehnsucht, die Kunstheimat, wie schon bei Wackenroder und Tieck.

489,7 *Pomeranzen]* Bitter-Orangen; kostbare Pflanzen und Früchte, da Blüten, Blätter, Zweige, Fruchtfleisch und

Schalen der Früchte in Heilkunde und Parfümerie verwendet werden; ter Haar (S. 100) vermutet eine Anspielung auf Goethes Lied aus *Wilhelm Meisters Lehrjahren* (III 1) »Kennst du das Land, wo die Zitronen blühn, | Im dunkeln Laub die Goldorangen glühn«.

489,10 *Konduite]* Lebensart.

489,22 *wachsen einem die Rosinen ins Maul]* Das märchenhafte, in Deutschland vor allem durch Hans Sachs bekanntgemachte Schlaraffenland, das Land in dem Milch und Honig fließen und gebratene Tauben dem Schläfer in den Mund fliegen, ist in Italien als Cuccagna (in Frankreich als Cocagne), »das Kuchenland«, bekannt.

489,22 f. *wenn einen die Tarantel beißt]* Anspielung auf den süditalienischen Taranteltanz, die Tarantella, die bis zur Raserei getanzt wird. Nach alten Reisebeschreibungen sollen Menschen, die von Taranteln, in Südeuropa häufigen Raubspinnen, gebissen worden sind, durch die Einheimischen dadurch von der schmerzhaften Krankheit geheilt worden sein, daß sie ihnen alte Tanzmelodien (darunter »La tarantola«) vorspielten und sie zum Tanz bis zur Erschöpfung veranlaßten.

490,8 f. *langsam geflogen]* Vgl. Anm. 454,24 u. 462,1.

490,37 *Kamisol]* Weste.

491,10 *Knollfink]* Seit dem 16. Jahrhundert in der Bedeutung von ›grober, ungeschlachter Mensch‹ gebraucht; vgl. S. 584.

491,29 *Holzweg]* Ein Waldweg (der nicht zum nächsten Dorf führt).

492,13 *Schalmei]* Hirtenflöte, Rohrpfeife.

492,15 *Faulenzer]* Im Original: »Faullenzer« – ter Haar (S. 101) vermutet ein Wortspiel aus »faul« und »Lenz«; Faullenzer wäre dann einer, der im Lenz auf der faulen Haut liegt.

492,16 *attent]* Von engl./franz. attention »Achtung«: ›achtsam‹, ›aufmerksam‹.

493,2 *Ländler]* Länderer oder Dreher, ursprünglich ein Tanz der Bewohner des ›Landels‹ (des Landes ob der Enns in Österreich), seit dem Ende des 18. Jahrhunderts ein auch in den Städten beliebter Tanz.

493,15 *Schleifer]* Musikalische Verzierung, Auftakt.

493,21 *kapriolten]* Machten Luftsprünge.

493,23 *haspelte]* Fingerte, machte Bewegungen wie beim Garnwinden.

493,30 *Stampe]* Stutzglas; dazu das noch heute gebräuchliche Diminutiv »Stamperl«.

494,27 f. *Kopf-Tremulenzen]* Kopf-Zittern, abgeleitet von tremulieren, ›mit der Stimme beim Gesang zittern, beben‹.

494,33 *Ladstock]* Ein zunächst hölzerner, dann seit 1730 eiserner Stab zum Hinabstoßen der Ladung in den Lauf von Handfeuerwaffen.

495,5 f. *über'n Kochlöffel balbiert]* Über den Löffel balbieren (einen betrügen). Hier auch wörtlich zu verstehen: Der Barbier steckt dem Kunden einen Kochlöffel in den Mund, um die eingesunkenen Backen besser rasieren zu können (vgl. ter Haar, S. 101).

495,7 *morsch entzwei]* Eine im 18. Jahrhundert noch häufige Wortverbindung, bei der »morsch« als Adverb in der Bedeutung ›brüchig‹, ›zerquetscht‹ verwendet wurde.

495,16 *Fistel]* Mit umgekippter Stimme, mit der Kopfstimme.

495,18 *Feldscher]* Auch Feldscherer, (Militärbarbier). Da bei den alten Armeen Barbier und Chirurg meist in einer Person vereinigt waren, ist hier ein Militärbader gemeint.

495,19 *Rage]* Aufregung, Leidenschaft.

495,19 f. *voller Rührung und Menschenliebe]* Der betrunkene Feldscher verwendet empfindsam-freimaurerisches Vokabular.

495,23 *ambrassieren]* Von franz. embrasser »umarmen« und »küssen«. Die phonetische Schreibweise soll vermutlich das Wortspiel mit ›rasieren‹ verdeutlichen (vgl. ter Haar, S. 102).

495,32 *jung gefreit hat Niemand gereut]* Sprichwortmontagen bedeuten hier, wie auch sonst im *Taugenichts* (als Aneinanderreihung scheinbar allgemeingültiger Lebens-

und Erfahrungsweisheiten), die Versuchung durch das Philistertum.

496,25 *martialischen Räubern]* Kriegerischen, mutvollen Räubern.

497,17 *nahm 〈...〉 keine Raison an]* Hatte keine Einsicht.

498,24 *Schnapphahn]* Wegelagerer.

499,5 *Du vazierst]* Ohne Stellung, ohne Dienst sein.

499,6 *Vakanz]* Wortspiel mit der Doppelbedeutung von ›Vakanz‹ als ›freie Stelle‹ und ›Ruhezeit, Ferien‹.

499,16 f. *repetieren]* Schlagen. – Repetier-Uhr ist eine Taschenuhr mit Schlagwerk.

499,33 f. *auf altdeutsche Mode gekleidet]* Die von Ernst Moritz Arndt als Ausdruck deutscher Gesinnung (gegen die französische Fremdherrschaft) in den Freiheitskriegen propagierte altdeutsche Tracht (d. h. die deutsche Tracht vor der Zeit der Reformation) bestand aus langer Hose, langem schwarzen Rock und Barett; die Haare wurden lang getragen. Diese – vor allem von Studenten und Künstlern getragene – Tracht war 1815 bereits in Bayern verboten und nach 1820 auch in Preußen nicht mehr erlaubt (vgl. ter Haar, S. 102). Der bayerische Kronprinz Ludwig, der 1818 in Rom im Kreise der deutschen Künstler altdeutsche Tracht trug, bekannte sich dadurch nachdrücklich zu den Idealen der deutschen Reformbewegung. Eichendorff beschreibt Leonhard und Guido als Nazarener Maler.

500,5 *Fliegt der erste Morgenstrahl]* In Eichendorffs *Gedichten* (1837) unter dem Titel *Morgen*, 1841 unter dem Titel *Der Morgen*. Da in der Ausgabe der *Gedichte* (1841) der Trennstrich zwischen den beiden Strophen des Gedichtes und dem darauf folgenden vierzeiligen Spruch übersehen wurde, hat das Gedicht in dieser Ausgabe (1841) drei (vermutlich nicht zusammengehörige) Strophen; vgl. Anm. 87,31.

500,23 *Come è bello!]* (Ital.) Wie schön er ist!

501,22 *Flauschrock]* Wollrock.

502,17 *mit meinem Herrn]* Müßte, da Leonhard und Guido gemeint sind, ›mit meinen Herrn‹ heißen; vielleicht Druckfehler.

502,24 *wie Filet]* Wie ein feines Netzgestrick.

502,35 *Lombardey]* Oberitalienische Landschaft um Mailand, von Napoleon zur Cisalpinischen Republik, 1805 zum Königreich Italien umgeschaffen; seit 1815 mit dem ehemaligen oberitalienischen Besitz der Republik Venedig als Lombardisch-Venetianisches Königreich Teil der österreichischen Monarchie.

503,33 *Servitore]* (Ital.) Diener.

503,33 *arriware]* (Ital.) arrivare (»ankommen«). Eichendorff hat als Student Italienisch gelernt und z. B. »Göthes Meister ins Ital. übersezt.« (HKA 11, S. 219)

503,35 f. *Parlez vous françois?]* Eigentlich: Parlez vous français? (»Sprechen Sie französisch?«) Die Frage des Taugenichts könnte mit »Sprechen Sie franzisch?« übersetzt werden.

504,10 f. *mit meiner deutschen Zunge ⟨...⟩ ins Meer versenkt]* Auf ihrer Bildungsreise empfanden die Brüder Eichendorff 1808 »Heißhunger« nach »den alten treuen Klängen« ihrer Muttersprache; vgl. Anm. 109,2 f.

504,15 f. *passatim zu gehn]* Die meisten modernen Ausgaben ändern den Wortlaut in »gassatim zu gehn«, was in der Studentensprache des 17. bis 19. Jahrhunderts bedeutet: ›auf die Straße zu gehen, herumzustreunen‹, insbesondere: ›nachts auf den Straßen der Stadt auf Abenteuer ausgehen‹. Vgl. Grimmelshausens *Simplicissimus teutsch* (IV 19): »Auffs Bulen und Sauffen war ⟨mein Praeceptor⟩ am meisten geneigt / ich aber von Natur auffs Balgen und Schlagen / daher gieng ich schon bey Nacht mit ihm und seines gleichen gassatim / und lernete ihm in Kürtze mehr Untugenden als Latein ab.« Da aber im *Taugenichts* mehrfach (und sowohl 1826 wie auch 1841) »passatim« gedruckt ist, handelt es sich wohl um eine der typischen Verballhornungen des erzählenden Taugenichts, der besonders die Studentensprache charakteristisch entstellt. Vgl. auch ter Haar, S. 103 und oben S. 585-587.

504,27 *Schweigt der Menschen laute Lust*] Unter dem Titel *Der Abend* in Eichendorffs *Gedichten* (1841); in den *Gedichten* (1837) unter der Überschrift *Abend*.

505,14 *Wenn der Hoppevogel schreit*] Nicht in Eichendorffs *Gedichten*.

505,14 *Hoppevogel*] Lautmalerischer Name für den Wiedehopf (ter Haar, S. 103).

505,34 *Brunn*] Alte, im 16. und 17. Jahrhundert noch häufige Nominativform von ›Brunnen‹.

506,22 *Laufzettel*] Von Station zu Station laufende Postschreiben, durch welche der Fahrplan der Postkutschen geregelt wurde.

506,34 *Demonstrieren*] Hier wohl: ›durch Gesten zu erklären suchen‹.

509,27 *Schnipper*] Stirnläppchen an der Haube (Otto, Bd. 3, S. 703).

509,33 *Kratzfüße*] Verbeugungen, bei denen ein Fuß nach hinten gezogen wird.

509,37 *Bagage*] Reisezeug, Gepäck.

510,2 *Schoppen*] Schuppen, überdachter Verschlag.

510,33 *poverino*] (Ital.) Ärmster. – Da das Schloßpersonal die verkleidete Flora erwartet, sagt die Beschließerin etwa: »Armes Kind!«

511,13 *felicissima notte!*] (Ital.) Recht gute Nacht!

511,14 f. *das Glas* ⟨...⟩ *ausstürzte*] Das Glas in einem Zug austrank.

511,24 *Milch und Honig*] Vgl. 2. Mose 3,8. Der Taugenichts fühlt sich wie im Gelobten Land.

512,11 *wüßte*] 1826 u. 1841: wußte

512,28 *lüderliche Gärtnerei*] ter Haar (S. 104) verweist zur Beschreibung des verwilderten Gartens auf Achim von Arnims *Gräfin Dolores* (I 1).

513,8 *Kaputrock*] Kapuzenmantel (Otto, Bd. 3, S. 703).

514,26 *die Rosinen*] Vgl. S. 489,22.

514,31 *Tischchen deck' Dich!*] Vgl. das Märchen *Tischchendeckdich, Goldesel und Knüppel aus dem Sack* in den *Kinder- und Hausmärchen* der Brüder Grimm.

514,37 *Schüler*] Hier im Sinne von: ›Student‹.

515,23 *Wer in die Fremde will wandern*] Das bekannte, u. a. von Hugo Wolf vertonte Lied findet sich unter dem Titel *Heimweh* in Eichendorffs *Gedichten* (seit 1837).

515,27 *Wipfeln*] 1841 und in den *Gedichten*: Wipfel

516,14 *Päonie*] Rote Pfingstrose. Vgl. u. a. Eichendorffs Gedicht *Der alte Garten* (»Kaiserkron' und Päonien rot«).

517,36 *Basilisk*] Vgl. Anm. 23,19 f.

520,28 f. *Idio und cuore und amore und furore!*] (Ital.) Gott und Herz und Liebe und Raserei!

521,18 *Siebentes Kapitel*] Oskar Seidlin (S. 14-31) hat in seinem Aufsatz *Der Taugenichts ante portas* an einer Interpretation der beiden ersten Abschnitte dieses Kapitels verdeutlicht, wie bei Eichendorff »Geographie als Theologie, Landschaft, die Stadt Rom und die Heide, als Bild des Heils und der Unerlöstheit« aufzufassen sind und in des Taugenichts Beschreibung der Heiligen Stadt Rom Züge des himmlischen Jerusalem anklingen. Margret Walter-Schneider und Martina Hasler haben dann in einer Gesamtinterpretation des 7. und 8. Kapitels der Erzählung gezeigt, daß Eichendorff in diesen Kapiteln vermutlich die deutsche Klassik persifliert. »Die ›himmlischen‹ Züge, die er seinem Rombild verleiht, bedeuten nicht christliche Erlösung, sondern in ihnen offenbart sich der hybride Anspruch dieser Kunst, den christlichen Jenseitsglauben ersetzen zu können.« (Aurora 45 [1985].)

522,14 *die alten Heiden*] Aus Eichendorffs Wortspiel »die Heiden« und »die Heide«, aus der Zerfallenheit des Wortes mit sich selbst, schließt Seidlin auf die Zerfallenheit der Welt, die es bezeichnet.

523,6 *bitterlich* ⟨...⟩ *weinen*] Die »bitteren Tränen«, das »bitterliche Weinen«, eine seit Novalis in der Romantik häufige Formel, verweist – im Anklang an Matth. 26,75 – auf Tränen der Sehnsucht und der Reue (vgl. u. a. S. 464,26).

524,7 *himmelblauen Blumen*] Die Träume des Taugenichts parodieren die »verwegenen Träumereien« des Heinrich von Ofterdingen in Novalis' gleichnamigem Roman (besonders Heinrichs Träume von der blauen Blume, 1. Teil, 1. und 6. Kap.); vgl. auch ter Haar, S. 104.

525,3 *Wenn ich ein Vöglein wär'*] Das Lied, dessen erste Strophe Eichendorff hier variiert, wurde zuerst durch Herders *Stimmen der Völker in Liedern* (1. Teil, 1. Buch) unter dem Titel *Der Flug der Liebe* bekannt und von dort in *Des Knaben Wunderhorn* (unter der Überschrift *Wenn ich ein Vöglein wär*) übernommen. Die erste Zeile des Liedes wurde rasch sprichwörtlich, das Lied selbst in zahlreichen Abwandlungen und Anspielungen verbreitet (vgl. FBA 9,1, S. 399 f.). Im *Wunderhorn* lautet die erste Strophe (fast wörtlich wie bei Herder):

>Wenn ich ein Vöglein wär,
>Und auch zwei Flüglein hätt,
>Flög ich zu dir;
>Weils aber nicht kann sein,
>Bleib ich allhier.

Heinrich Heine hat romantische Landschaftsperspektive (von oben nach unten) und romantische Liebessehnsucht im Zitat der ersten Zeile dieses wohl bekanntesten deutschen Volksliedes parodiert:

>Ich steh' auf des Berges Spitze,
>Und werde sentimental.
>›Wenn ich ein Vöglein wäre!‹
>Seufz' ich viel tausendmal.
>
>(*Buch der Lieder*, Lyrisches Intermezzo.)

525,27 *abkonterfeien*] Bedeutet: ›abmalen‹, ›porträtieren‹.

525,35 *hineinwuschten*] Im 19. Jahrhundert noch gebräuchliche mundartliche Nebenform zu ›hineinwischen‹, was ›sich rasch hineinbewegen‹ entspricht; vgl. auch S. 503,20.

526,13 *Stiefeln*] Die ältere Pluralform ist hier (wie sonst) im Text von 1841 in »Stiefel« korrigiert.

527,1 *die heilige Jungfrau*] Eichendorff beschreibt nicht nur ein Lieblingsmotiv der deutschen Maler in Rom, sondern auch eine seit Wilhelm Heinrich Wackenroders *Herzensergießungen eines kunstliebenden Klosterbruders* (1797) in der Wortkunst immer wieder dargestellte Szene; unter den zahlreichen Gemäldebeschreibungen der Romantik wohl die am häufigsten wiederkehrende Darstellung. Vgl. u. a. in Wackenroders *Herzensergießungen* den Abschnitt »Zwei Gemäldeschilderungen« und in Wackenroders und Tiecks *Phantasien über die Kunst* (1799) das 2. Kapitel des 1. Abschnitts.

527,16 f. *mein Gesicht* ⟨...⟩ *nach dem Maler zu, wenden]* Um die parodistische Absicht Eichendorffs zu verstehen, müßte der Abschnitt etwa mit dem ehrfürchtigen Bericht über die Entstehung des Bildnisses der Lisa del Giocondo in Wackenroders *Herzensergießungen* (S. 43) verglichen werden.

527,36 f. *Leonardo da Vinci und Guido Reni]* Für die Romantiker hat das »Zeitalter der Wiederauferstehung der Malerkunst in Italien ⟨...⟩ Männer ans Licht gebracht, zu denen die heutige Welt billig wie zu Heiligen in der Glorie hinaufsehen sollte« (Wackenroder, *Herzensergießungen*, S. 34). Zu diesen bei Malern und Dichtern gleicherweise »kanonisierten« Malern gehören u. a. Raffael, »die leuchtende Sonne unter allen Malern« (S. 12), Leonardo da Vinci (1452-1519) und Guido Reni (1575-1642). Auch an dieser Stelle also parodiert Eichendorff die Kunstandacht der Frühromantik.

529,17 f. *Rumor]* Lärm, Getümmel.

530,18 *Gebauer]* Die im 17. und 18. Jahrhundert geläufige Form für ›Vogelbauer‹, ›Vogelkäfig‹.

530,20 *furfante]* (Ital.) Spitzbube.

530,21 *Bestie]* Hier nicht als ›wildes Tier‹ zu verstehen, sondern als ein Italianismus im Sinne von bestia »Tier« zu lesen.

531,4-28 *Dort saßen* ⟨...⟩ *wütend an]* Der Abschnitt parodiert den Beginn von E. T. A. Hoffmanns Erzählung *Die Fermate*, wo es heißt: »Hummels heitres lebenskräftiges Bild, die Gesellschaft in einer italienischen Lokanda, ist bekannt worden durch die Berliner Kunstausstellung im

Herbst 1814, auf der es sich befand, Aug' und Gemüt gar Vieler erlustigend. – Eine üppig verwachsene Laube – ein mit Wein und Früchten besetzter Tisch – an demselben zwei italienische Frauen einander gegenüber sitzend – die eine singt, die andere spielt Chitarra – zwischen beiden hinterwärts stehend ein Abbate, der den Musikdirektor macht. Mit aufgehobener Battuta ⟨Taktstock⟩ paßt er auf den Moment, wenn Signora die Cadenz, in der sie mit himmelwärts gerichtetem Blick begriffen, endigen wird im langen Trillo; dann schlägt er nieder, und die Chitarristin greift keck den Dominanten-Akkord. – Der Abbate ist voll Bewunderung – voll seligen Genusses – und dabei ängstlich gespannt. – Nicht um der Welt willen möchte er den richtigen Niederschlag verpassen. Kaum wagt er zu athmen. Jedem Bienchen, jedem Mücklein möchte er Maul und Flügel verbinden, damit nichts sumse. Um so mehr ist ihm der geschäftige Wirth fatal, der den bestellten Wein gerade jezt im wichtigsten höchsten Moment herbeiträgt. – Aussicht in einen Laubgang, den glänzende Streiflichter durchbrechen. – Dort hält ein Reiter, aus der Lokanda wird ihm ein frischer Trunk auf's Pferd gereicht. –« (E. T. A. Hoffmann, *Die Fermate*. Erzählung, in: ›Frauentaschenbuch für das Jahr 1816‹, S. 302 f.) Im Gegensatz zu Hoffmann hat Eichendorff das dieser Beschreibung zugrundeliegende Bild des Malers Johann Erdmann Hummel (1769-1852, seit 1809 Professor der Architektur, Perspektive und Optik an der Berliner Akademie) offensichtlich nicht gekannt (vgl. die Abbildung von Hummels Gemälde *Gesellschaft in einer italienischen Locanda [Die Fermate]* bei ter Haar, S. 183). Er entwickelt aber aus Hoffmanns Gemäldebeschreibung die parodistische Szenerie, wie Hoffmann aus der Gemäldebeschreibung seine Erzählung. In der Beschreibung einer Gemäldebeschreibung und der ironisierenden Enthüllung der Quelle dieser Beschreibung wird der parodistische (die Zeitgenossen faszinierende) Charakter der Erzählung Eichendorffs besonders deutlich.

531,14 *Künstlich*] Kunstfertig. Nach Margret Walter-

Schneider (vgl. Anm. 521,18) verwendet Eichendorff das Adverb »künstlich«, das sonst ausschließlich als Synonym für ›kunstfertig‹ erscheint, bei der Beschreibung der römischen Kunst in der negativen durchaus unzeitgemäßen Bedeutung des heutigen ›künstlich‹ im Sinne von ›unnatürlich‹.

531,29 f. *das sinnreiche Tableau*] Ein lebendes Bild, nach Hoffmanns Gemäldebeschreibung gestellt, wobei sich (in parodistischer Absicht) – ähnlich wie bei Hoffmann – die Situation der Gemäldebeschreibung in der Realität (der Erzählung) wiederholt. Tableaux vivants (»lebende Bilder«), d. h. die Darstellung von Werken der Malerei und Plastik durch lebende Personen, waren im 18. und 19. Jahrhundert eine beliebte Unterhaltung der gebildeten Gesellschaft; vgl. Anm. 188,16 f.

531,30 f. *der selige Hoffmann*] Der romantische Dichter Ernst Theodor Amadeus Hoffmann (geboren 1776 in Königsberg) war am 25. 6. 1822 in Berlin gestorben.

531,31 f. *Frauentaschenbuchs für 1816*] In Fouqués ›Frauentaschenbuch für das Jahr 1816‹, in dem der Erstdruck von Hoffmanns Erzählung *Die Fermate* erschienen war, wurden auch sieben Gedichte Joseph von Eichendorffs gedruckt.

531,35 *Tableau's von Tableaus*] Lebende Bilder nach Gemälden.

532,2 *kritische Seele*] Bedeutet: ›kunstrichterliche Seele‹.

532,2 f. *Silberblick*] Bei der Silberschmelze wird das Verschwinden der letzten Bleispuren und das Erstarren des kurz vorher noch flüssigen Silbers das Blicken des Silbers (Silberblick) genannt. Hier – wie auch die folgenden Wortspiele – als eine Anspielung auf Geld (Silbergeld) zu verstehen.

532,6 *Pinsels*] ›Pinsel‹ ist nicht nur das Malgerät des Künstlers, sondern auch der ›einfältige Mensch‹; vgl. oben S. 585.

532,6 *Duca*] (Ital.) Herzog. Der Anklang an ›Dukaten‹ (ital. ducato) ist offenkundig.

533,8 *fixe Mann*] Studentensprachlich: ›der hurtige, gewandte Mann‹.

533,9 f. *ein großer Kenner und Freund von Künsten*] Ein Kunstdilettant, wie ihn Eichendorff später in *Viel Lärmen um Nichts* in der Figur des Herrn Publikum persifliert hat (vgl. ter Har, S. 106).

533,12-14 *flankierte* ⟨...⟩ *herum*] Strich oder streifte herum.

533,27 *deliziöser Einfall*] Köstlicher Einfall.

533,29 *Divertissement*] Unterhaltsame, gesellige Tanzeinlage.

534,35 *Bleifeder*] Bleistift.

534,37 *Elf Uhr*] Die elfte Stunde gilt seit alters (zumindest seit Shakespeare) in der Literatur als die Stunde der Verwirrung und der Liebesirrung.

536,17 *da die Moral unstreitig die erste Bürgerpflicht ist*] Abwandlung des berüchtigten Aufrufes des Grafen von der Schulenburg in Berlin (nach der Schlacht bei Jena und Auerstedt), worin es u. a. hieß: »Jetzt ist Ruhe die erste Bürgerpflicht«. Vgl. Anm. 319,14 f.

536,28 f. *vazierendes Genie*] Stelloses Genie.

536,36 *Siebenmeilenstiefeln*] Das vor allem in Märchen gebrauchte Wort, das sich seit etwa 1770 eingebürgert hat, wird später auch in Goethes *Faust* (Teil 2, v. 10067/10068) verwendet.

536,36 *bald*] Hier im älteren Wortgebrauch: ›beinahe‹.

537,4 *Säkulum*] Jahrhundert.

538,23 *Pike*] Groll.

538,36 f. *Faulbettchen*] Ruhebett, Sofa.

540,22 *deiner tollen Amour*] Deiner verwirrten Liebschaft.

540,29 *desperate*] Aufgebrachte, zornige.

540,31 f. *als wenn der Teufel* ⟨...⟩ *heckte*] Da die Hecke der Ort ist, wo sich Vögel begatten, bedeutet das Verbum ›hecken‹ (heute nur noch in der Form ›aushecken‹): ›erzeugen‹, ›zeugen‹.

541,11 *Die treuen Berg' steh'n auf der Wacht*] In Eichendorffs *Gedichten* (seit 1837) unter dem Titel *An der Gränze*.

541,17 *Parol und Feldgeschrei*] Eine der Lieblingsformeln Eichendorffs in Lyrik, erzählender und politischer Prosa; vgl. die Belege in HKA 1,2, S. 659.

541,23 *Stephansturm*] Der Turm des Stephansdomes in Wien.

542,2 *Dreistutzer*] Dreispitz.

542,3 *akkompagnierten*] Gesang mit Musik begleiten.

542,11 f. *reisender Engländer*] In der Zeit nach Goethes italienischer Reise »wird die Einheit von Reisen und Schreiben immer mehr zu einer Modeerscheinung; jeder möchte nicht nur etwas erleben, etwas, so sagt man großartig, ›erforschen‹; sondern er möchte auch darüber schreiben. Das Vorbild dazu gab nicht etwa Goethe, sondern die reisende Nation der Engländer. Selbst Goethe wünschte sich zunächst einen gebildeten Engländer als Führer in Italien. In der Biedermeierzeit ist der reisende und schreibende Engländer eine stehende Witzfigur der Reisebeschreibungen. Sein größter Schatz ist das ›sketch-book‹, in das er jede Banalität zeichnet und aufzeichnet. Er rast von Ort zu Ort, nur für das Schreiben hat er immer Zeit.« (Friedrich Sengle, *Biedermeierzeit*, Bd. 2, Stuttgart 1972, S. 239; vgl. auch ter Haar, S. 107.)

542,13 *Viatikum*] Reisegeld, Zehrpfennig. Die Studenten sprechen die dem Küchenlatein angenäherte Sprache der Studiosi des 18. und noch des frühen 19. Jahrhunderts, als Latein noch die Sprache der Gelehrten, wie das Französische die Sprache des Hofes und der Gebildeten war.

542,22 f. *wenn so eine Herrschaft ⟨...⟩ zu Mittag speist*] ter Haar (S. 107 f.) verweist als mögliche Anregung auf Karl Immermanns (Eichendorff sicher bekanntes) *Bruchstück aus einem Roman* (eine Vorstufe zu Immermanns Roman *Die Epigonen*), das im April 1825 in der Zeitschrift ›Der Gesellschafter oder Blätter für Geist und Herz‹ erschienen war, und worin es heißt: »Der Wirt ließ nämlich fragen, ob eine Gesellschaft Prager Musikanten Ihro Hoheiten Tafelmusik machen dürfe. Man versprach sich von diesen Künstlern nicht viel, gestattete ihnen aber in der Verlegenheit, worin man war, dennoch, zu erscheinen. – Sie kamen hierauf, fünf Mann und eine Frau stark, zur Tür herein, machten tiefe Bücklinge, und drückten sich die Wand entlang, wahrscheinlich, um die Löcher in ihren Rücken so vornehmen Blicken nicht aus zu setzen.« (Immermanns *Werke*, hg. von Harry Maync, 3. Bd., Leipzig und Wien o. J., S. 486.)

542,27 *Kollation*] Studentensprachlich: ›Imbiß‹, ›Frühstück‹.

543,5 *Drei-Männer-Wein*] Scherzhafte Abwandlung von Traminerwein im Sinne von ›sauerer, kaum genießbarer Wein‹ (vgl. ter Haar, S. 108).

543,10 *der Kaiser in vollem Ornate*] Es handelt sich also um eine alte Karte des Heiligen Römischen Reiches deutscher Nation, dessen Krone Kaiser Franz II. auf Napoleons Ultimatum hin am 6. 8. 1806 niedergelegt hatte. Die Träume zur Wiedererrichtung eines deutschen Kaisertumes (nach 1814/15) wurden nicht erfüllt.

543,15 *Vakanz*] Semesterferien.

543,19 *Kohlenbauern*] Die Zeitgenossen lasen diese Stelle vermutlich als Anspielung auf den seit 1808 und vor allem zwischen 1814 und 1825 in Italien tätigen Geheimbund der Carbonari (Köhler).

543,24 f. *point d'honneur*] (Franz.) Ehrenpunkt, Ehrgefühl; hier ›Standesbewußtsein‹.

543,25 f. *odi profanum vulgus et arceo*] Eine Sentenz aus den *Oden* (III,1,1) des Horaz: »Ich hasse den Pöbel und halte ihn fern.« Die Studenten sprechen mit lateinischen Zitaten, die später sämtlich in Büchmanns *Geflügelte Worte* aufgenommen wurden. Eichendorffs *Taugenichts* ist also eine frühe Karikatur des sich im 19. Jahrhundert herausbildenden bürgerlichen Bildungsdialektes.

543,29 f. *Sermone*] Predigten, Ermahnungen.

543,31 *auf die Wissenschaften applizieren*] Sich auf die Wissenschaft legen, sich der Wissenschaft befleißigen.

543,32 *Konfrater*] (Lat.) Mitbruder. Bei diesem Studenten handelt es sich also um einen Studiosus der Theologie.

543,33 *Clericus clericum non decimat]* (Lat.) Ein Geistlicher gibt einem Geistlichen keinen Tribut.

543,35 *im Karlsbade]* Karlsbad in Böhmen, der wohl berühmteste und vornehmste Badeort Europas im 18. und 19. Jahrhundert; die Mineralquellen der Stadt sollen – der Legende nach – von Kaiser Karl IV. entdeckt worden sein; durch Kaiserin Maria Theresia wurde der Badebetrieb gefördert. Eichendorff war schon als Kind (1799) mit seinen Eltern in Karlsbad (HKA 11, S. 2) und verwendet in den Tagebüchern den Vergleich mit Karlsbad häufig für schöne, anmutig gelegene und vornehme Orte (z. B. Travemünde; Heidelberg, »groß u. schön, fast wie Karlsbad«; Baden bei Wien). Wenn aber Studenten in der Zeit der Restauration über ihre Professoren »im Karlsbade« sprechen, liegt die Erinnerung an die »Karlsbader Beschlüsse« (aus dem August 1819) nahe, durch welche Metternich eine – letztlich gescheiterte – Repressionspolitik gegen die Verfassungsbewegung in den Staaten des Deutschen Bundes einleitete und insbesondere die Universitäten unter strenge Aufsicht des Staates stellte. Im Gefolge der »Karlsbader Beschlüsse« wurde nicht nur die Burschenschaft verboten, sondern wurden auch zahlreiche als unzuverlässig geltende Professoren (darunter Arndt, Schleiermacher, de Wette) mit Disziplinarverfahren überzogen, bzw. aus ihren Ämtern entfernt.

543,36 f. *distinguendum est inter et inter]* (Lat.) Man muß unterscheiden. (Die gebräuchliche Differenzierungsformel im gelehrten Disput.)

543,37 f. *quod licet Jovi, non licet bovi]* (Lat.) Was Jupiter erlaubt ist, ist dem Ochsen nicht erlaubt.

544,9 *Aurora musis amica]* (Lat.) Die Morgenröte ist die Freundin der Musen. Vgl. Eichendorffs Lustspiel *Die Freier* (I 2).

544,14 *Kollegium]* Unterrichtsgebäude; auch die Anstalt, in der die Studenten Kost und Logis erhalten.

544,17 *gedeckten Tisch]* ter Haar (S. 109) verweist auf Eichendorffs juristische Probearbeit *Über die Folgen von der*

Aufhebung der Landeshoheit der Bischöfe und der Klöster in Deutschland, worin es u. a. heißt: »Die andere Art, wie die Klöster das ihnen anvertraute Armengut verwendeten, war die Unterstützung der studierenden Jugend, teils durch Freitische, Stipendien, oder Übernahme des gänzlichen Unterhalts während der Studienjahre« (HKA 10, S. 191).

545,12 f. *Kompendien repetieren*] Den in den Lehrbüchern verzeichneten Stoff wiederholen.

545,14 *Bilderbuche*] Zum Buch der Natur vgl. auch Anm. 81,3 f.

545,14 *das*] Korrigiert aus: daß

545,17 *Knollfinken*] Grobe, ungeschlachte Menschen. Vgl. Anm. 491,10.

546,3 f. *Vetter*] Die Stelle bereitet das Schlußtableau als eine Art Familiengemälde vor, wie es im zeitgenössischen Lustspiel anzutreffen ist. Da der Portier der Onkel der »schönen gnädigen Frau« ist, der Waldhornist aber der Vetter des Portiers, wird der Taugenichts durch seine Heirat mit ihnen verwandt.

546,3 *Kondiszipels*] Studentensprachlich: ›Mitschüler‹, ›Mitstudenten‹.

546,11 *Postschiffe*] Postschiffe oder Paketboote waren im 19. Jahrhundert meist staatliche Schiffe, die mit festen Abgangszeiten Passagiere, Postpakete und andere Fracht beförderten.

546,24 *Bürschchen*] Ein Jockey, d. h. hier: ein Reitbursche, ein Vorreiter, nicht so sehr ein berufsmäßiger Rennreiter.

546,32 f. *zusammengeschossen*] Zusammengelegt.

547,27 *Brevier*] Das Gebetbuch für das Stundengebet des katholischen Geistlichen.

548,5 f. *Wenn ich nur* ⟨...⟩ *Flügel hätte!*] Vgl. Anm. 525,3.

548,13 *Ludi magister*] Eigentlich ›Schulmeister‹; hier (mit Studentenreim) ›Meister des Spiels‹, ›meisterlicher Geigenspieler‹.

548,16 *lustigen Laube*] Lust gewährende, angenehme Laube.

548,26 f. *und reichte dann einem Jeden von uns*] Durch die Beschreibung des Trinkgerätes und die verwendete Sprache wird eine sakral anmutende, dem biblischen Abendmahl angenäherte Szene aufgebaut.

548,29 *Devotion*] Ehrerbietung, Ehrfurcht.

548,34 *Kondition*] Stellung, Dienst. In Kondition kommen: ›eine Anstellung bekommen‹.

549,20 *aus jeden Käfig ausreißt*] 1841: aus jedem Käfig ausreißt – Da die Akkusativ-Dativ-Vertauschung in den frühen Schriften Eichendorffs häufig ist, liegt wohl kein Druckfehler vor.

549,23 *passatim*] So auch 1841. Vgl. Anm. 504,15 f.

549,28 *auf großen Fuß*] 1841: auf großem Fuß – Vgl. Anm. 549,20.

549,37 *Konfusion*] Konfusion, Verwirrung und Verwicklung ist das Prinzip des romantischen Lustspiels sowohl wie des romantischen Romans. Karl Immermann hat in seinem Roman *Münchhausen. Eine Geschichte in Arabesken* (1838/39) das romantische Formprinzip, das Eichendorff hier parodiert, fast mit den gleichen Worten gekennzeichnet; dort schreibt der Buchbinder an den Autor: »Ew. Wohlgeboren, die ordentliche Schreibart ist aus der Mode. Ein jeder Autor, der etwas vor sich bringen will, muß sich auf die unordentliche verlegen, dann entsteht die Spannung, die den Leser nicht zu Atem kommen läßt und ihn parforce bis zur lezten Seite jagt. ⟨...⟩ Mit *einem* Worte: Konfusion! Konfusion! – Ew. Wohlgeboren, glauben Sie mir, ohne Konfusion richten Sie heutzutage nichts mehr aus.« (Immermanns *Werke*, hg. von Harry Maync, 1. Bd., Leipzig und Wien o. J., S. 68 f.)

550,27 *Nach Süden nun sich lenken*] Unter dem Titel *Wanderlied der Prager Studenten* in Eichendorffs *Gedichten* (1841). Nach Hilda Schulhof (HKA 1,2, S. 659) wurde das Gedicht angeregt durch »Wilhelm Müllers Lieder des Prager Musikanten«. Inhaltliche Beziehungen zwischen Eichendorffs Wanderlied und Wilhelm Müllers Liedern (u. a. *Der Prager Musikant* und *Die Prager Musikantenbraut*, vgl. ter Haar,

S. 109) bestehen nicht. Eichendorffs Lied ist mit der Melodie eines alten französischen Jagdliedes in alle Liederbücher der Jugendbewegung und vorher schon in die Studentenliederbücher aufgenommen worden.

550,34 *Valet*] Abschied, Lebewohl.

551,1 f. *Et habeat ⟨...⟩ post fornacem!*] (Lat.) Und es habe seinen (guten) Frieden, wer hinterm Ofen sitzt.

551,13 f. *Venit ex sua domo – Beatus ille homo!*] (Lat.) Kommt aus seinem Hause – Jener glückliche Mann. Nach HKA 1,2 (S. 659) klingen diese Verse und die lateinischen Verse der nächsten Strophe an die *Epoden* (2,1 ff.) des Horaz an:

> Beatus ille, qui procul negotiis,
> Ut prisca gens mortalium,
> Paterna rura bobus exercet suis,
> Solutus omni fenore.

551,16 *Boreas*] Nordwind; der Wind, der von den im Norden gelegenen Gebirgen nach Griechenland hineinweht.

551,23-26 *Beatus ille ⟨...⟩ bonam pacem!*] (Lat.) Glücklich jener Mensch, der in seinem Hause sitzt und hinterm Ofen sitzt und seine (gute) Ruhe hat.

552,1 *Zehntes Kapitel*] Eichendorff hat kaum zufällig diese Erzählung in zehn Kapitel unterteilt. In der Zahlensymbolik gilt ›zehn‹ als die Zahl der Weisheit, der Vollendung und Vollkommenheit, so daß das Kapitel, in dem sich das Glück des Taugenichts vollendet, sehr betont die Ziffer ›zehn‹ trägt und die Kapitelzahl mit den letzten Worten der Erzählung »und es war alles, alles gut« korrespondiert.

552,13 *rekommandiert*] Empfohlen.

552,33 *wieder grüngolden*] Vgl. S. 472,25.

553,23 *Schweigt der Menschen laute Lust*] Guidos Lied, vgl. S. 504,27 ff.

554,12 *wie damals auf dem Kahne*] Auf dem Kahn aber hielt die schöne Frau »eine Lilie in der Hand« (vgl. S. 462,1). ter Haar (S. 109 f.) verweist auf das Motiv der Reitgerte in Eichendorffs Lustspiel *Die Freier*, dessen Entstehung sich mit der Ausarbeitung des *Taugenichts* überschneidet; Wortspiele, Namengebung und Verwirrtechnik teilt die Erzählung mit dem Lustspiel (zum Motiv der Reitgerte vgl. *Die Freier*, I 4).

554,30 *Wir bringen Dir den Jungfernkranz*] Eine Abwandlung des Chorliedes von Agathes Brautjungfern im 4. Auftritt des 3. Aktes von Carl Maria von Webers romantischer Oper *Der Freischütz*. Der Text des Liedes lautet im Original:

>Wir winden dir den Jungfernkranz
>Mit veilchenblauer Seide;
>Wir führen dich zu Spiel und Tanz,
>Zu Glück und Liebesfreude!
>Schöner grüner, schöner grüner Jungfernkranz!
>Veilchenblaue Seide! Veilchenblaue Seide!

Die Uraufführung des *Freischütz* in Berlin (am 18. 6. 1821) wurde zu einem Triumph des Komponisten, dessen Oper die Welt mit einer Schnelligkeit durchflog, »wie nie zuvor eine andere Oper«. Im zweiten seiner *Briefe aus Berlin* (datiert auf den 16. 3. 1822) berichtet Heinrich Heine von dem *Freischütz*-Fieber, das die Berliner ergriffen hatte:

>Haben Sie noch nicht Maria von Webers »Freischütz« gehört? Nein? Unglücklicher Mann! Aber haben Sie nicht wenigstens aus dieser Oper »das Lied der Brautjungfern« oder »den Jungfernkranz« gehört? Nein? Glücklicher Mann!
>Wenn Sie vom Hallischen nach dem Oranienburger Tore, und vom Brandenburger nach dem Königs-Tore, ja selbst, wenn Sie vom Unterbaum nach dem Köpniker Tore gehen, hören Sie jetzt immer und ewig dieselbe Melodie, das Lied aller Lieder – »den Jungfernkranz«.

555,3 *kneipte sie*] Kniff sie. Im 18. Jahrhundert noch die übliche Form.

555,20 *kuragiösesten*] Mutigsten (von franz. courageux »mutig«).

555,22 *Feuerblicke]* Feuerstrahl. ›Blick‹ entspricht ›Blitz‹.

555,23 *Poeten-Mantel]* Vgl. Robert Mülher, *Der Poetenmantel. Wandlungen eines Sinnbildes bei Eichendorff*, in: Eichendorff heute. Stimmen der Forschung mit einer Bibliographie, hg. von Paul Stöcklein, München 1960, S. 180-203.

555,24 *Phantast]* Hier: ›mit Phantasie begabter Mensch‹, ›phantasievoller Mensch‹.

555,25 *Arkadien]* In Antike, Renaissance und wieder seit dem 18. Jahrhundert das Land paradiesischer Unschuld, des Friedens und des irdischen Glücks.

555,30 *ein Neutraler]* Ein Unbeteiligter.

556,8 *Mirtenkranz]* Als Brautkranz.

556,26 *zu Gute geben]* Genugtun. (Guido/Flora hörte nicht mehr auf zu lachen.)

557,28 f. *einen mitgespielt]* Der Taugenichts also wird nicht als ein Poet, sondern als ein poetischer Mensch gekennzeichnet, der den Roman (eine abenteuerliche Geschichte) lebt, nicht ihn schreibt und nur liest.

558,8 *Fräulein]* Adelige Dame, junge, unverheiratete Frau von Stand.

559,7 *Bande]* Schar; ohne negativen Nebensinn.

560,1 *damals auf dem Balkon]* Vgl. S. 486.

560,18 *Knackmandeln]* Krachmandel oder Knackmandel ist eine Frucht des Mandelbaumes mit leicht zerbrechlicher Schale.

561,11 *reisen wir fort nach Italien]* Im Schlußtableau, vor dem neuen Aufbruch in die Kunstheimat, sind Poesie (Taugenichts), Liebe (die schöne Frau), Wissenschaft (Studenten) und bürgerliche Tätigkeit (Portier) vereint; diese ›Familie‹ des Taugenichts befestigt die Poesie im Leben.

561,17 *und es war alles, alles gut]* Eine von Eichendorff häufig gebrauchte spruchhafte Formel, »eine Summa, viel eher dem großen Rechnungsbuch des Dichters selbst entnommen als dem Vokabular des erzählenden Taugenichts« (Seidlin, S. 111). Sie findet sich wenigstens dreimal in *Dichter und ihre Gesellen*, in der Erzählung *Das Schloß Dü-*

rande und auch in *Libertas und ihre Freier*. Der Anklang an den Schöpfungstext der Bibel (1. Mose 1, 10, 12, 17 etc.) ist deutlich. Vgl. Frühwald, Philister, S. 13 f.

LITERATUR- UND ABKÜRZUNGSVERZEICHNIS

Alewyn	Richard Alewyn, Ein Wort über Eichendorff, in: Eichendorff heute. Stimmen der Forschung mit einer Bibliographie, hg. v. Paul Stöcklein, München 1960, S. 7-18.
Aurora	Aurora. Ein romantischer Almanach (seit 1953: Eichendorff-Almanach; seit 1970: Jahrbuch der Eichendorff-Gesellschaft), 1929 ff.
Biographie	Hermann Freiherr von Eichendorff, Joseph Freiherr von Eichendorff. Sein Leben und seine Schriften. Neubearbeitung von Karl Freiherrn von Eichendorff und Wilhelm Kosch, Leipzig ³1923.
Brentano	Clemens Brentano, Werke, hg. v. Wolfgang Frühwald und Friedhelm Kemp (Bd. 1 hg. v. Wolfgang Frühwald, Bernhard Gajek und Friedhelm Kemp), 4 Bde., München ²1978.
Castelle	Friedrich Castelle, Ungedruckte Dichtungen Eichendorffs. Ein Beitrag zur Würdigung des romantischen Dramatikers, Münster/W. 1907.
Dietze	Eichendorffs Werke, hg. v. Richard Dietze. Kritisch durchgesehene und erläuterte Ausgabe, 2 Bde., Leipzig und Wien 1891.
DWb	Deutsches Wörterbuch von Jacob Grimm und Wilhelm Grimm, 33 Bde.,

	Leipzig 1854 ff. (Nachdruck: München 1984).
Dyroff	Adolf Dyroff, Zur Komposition von Eichendorffs Roman *Ahnung und Gegenwart*, in: Der Wächter 9 (1926/27), S. 228-233; 238-246; 276-282.
Eichendorff, Gedichte (1837)	Gedichte von Joseph Freiherrn von Eichendorff, Berlin 1837.
Eichendorff, Gedichte (1841)	Joseph Freiherrn von Eichendorffs Werke, 1. Teil, Berlin 1841.
Eichendorff-Kalender	Eichendorff - Kalender. Ein romantisches Jahrbuch. Begründet und hg. v. Wilhelm Kosch, 19 Bde., 1910 ff.
Eichendorff, Werke	Joseph Freiherrn von Eichendorffs Werke, 4 Teile, Berlin 1841.
FBA	Frankfurter Brentano-Ausgabe: Clemens Brentano, Sämtliche Werke und Briefe. Historisch-kritische Ausgabe. Veranstaltet vom Freien Deutschen Hochstift, Frankfurt/M. 1975 ff.
Frühwald, Chronik	Wolfgang Frühwald, Eichendorff-Chronik. Daten zu Leben und Werk, München, Wien 1977.
Frühwald, Philister	Wolfgang Frühwald, Der Philister als Dilettant. Zu den satirischen Texten Joseph von Eichendorffs, in: Aurora 36 (1976), S. 7-26.
Görres	Joseph Görres, Ausgewählte Werke in zwei Bänden, hg. v. Wolfgang Frühwald, Freiburg/Br., Basel, Wien 1978.
ter Haar	Carel ter Haar, Joseph von Eichendorff »Aus dem Leben eines Taugenichts«. Text, Materialien, Kommentar, München, Wien 1977.
Henne/Objartel	Bibliothek zur historischen deutschen Studenten- und Schülersprache, hg. v. Helmut Henne und Georg Objartel, 6 Bde., Berlin, New York 1984.

Herzens-ergießungen	Wilhelm Heinrich Wackenroder, Herzensergießungen eines kunstliebenden Klosterbruders, in: Wilhelm Heinrich Wackenroder, Werke und Briefe, hg. v. Lambert Schneider, Heidelberg 1967, S. 7-131.
HKA	Sämtliche Werke des Freiherrn Joseph von Eichendorff. Historisch-kritische Ausgabe, hg. v. Wilhelm Kosch und August Sauer (seit 1962: von Hermann Kunisch; seit 1978: von Hermann Kunisch und Helmut Koopmann), (zuerst:) Regensburg 1908 ff., (seit 1970:) Stuttgart, Berlin, Köln, Mainz.
Hoffmeister	Joseph von Eichendorff, Ahnung und Gegenwart. Ein Roman, hg. v. Gerhart Hoffmeister, Stuttgart 1984.
Ibing	Theodor Ibing, Das Verhältnis des Dichters Freiherr Josef von Eichendorff zu Volksbrauch, Aberglaube, Sage und Märchen. Eine Quellenuntersuchung, Diss. Marburg 1912.
Kanzog	Klaus Kanzog, Heinrich von Kleist: Prinz Friedrich von Homburg. Text, Kontexte, Kommentar, München, Wien 1977.
Kosch	Aus dem Nachlaß des Freiherrn Josef von Eichendorff, Briefe und Dichtungen. Im Auftrage seines Enkels Karl Freiherrn von Eichendorff hg., eingeleitet und erläutert v. Wilhelm Kosch (Görres-Gesellschaft zur Pflege der Wissenschaft im katholischen Deutschland. Dritte Vereinsschrift für 1906), Köln 1906.
Kunisch	Hermann Kunisch, Joseph von Eichendorff, *Das Wiedersehen*. Ein unveröffent-

	lichtes Novellenfragment. Aus der Handschrift mitgeteilt und erläutert, Würzburg 1966.
Liederanhang	(Anhang von Liedern und Romanzen, in:) Aus dem Leben eines Taugenichts und das Marmorbild. Zwei Novellen nebst einem Anhange von Liedern und Romanzen von Joseph Freiherrn von Eichendorff, Berlin 1826.
Migge	Achim von Arnim, Sämtliche Romane und Erzählungen. Auf Grund der Erstdrucke hg. v. Walther Migge, 3 Bde., München 1962, 1963, 1965.
Nadler	Josef Nadler, Eichendorffs Lyrik. Ihre Technik und ihre Geschichte, Prag 1908.
Nowack	Lubowitzer Tagebuchblätter Joseph von Eichendorffs. Mit Erläuterungen hg. v. Alfons Nowack, Groß-Strehlitz 1907.
Otto	Joseph von Eichendorff, Gesammelte Werke, hg. v. Manfred Häckel. Textrevision und Erläuterungen von Regine Otto, 4 Bde., Berlin (Ost) 1962.
Perfahl/Hillach	Joseph von Eichendorff, Werke, Bd. 2: Romane, Erzählungen. Nach den Ausgaben letzter Hand unter Hinzuziehung der Erstdrucke. Verantwortlich für die Textredaktion: Jost Perfahl. Mit einer Einführung und einer Zeittafel (in Band I) sowie Anmerkungen von Ansgar Hillach, München 1970.
Polheim	Karl Konrad Polheim, Marmorbild-Trümmer. Entstehungsprozeß und Überlieferung der Erzählung Eichendorffs, in: Aurora 45 (1985).

Polheim, Taugenichts	Karl Konrad Polheim, Neues vom *Taugenichts*, in: Aurora 43 (1983), S. 32-54.
Riley	Thomas Riley, Wann wurde *Ahnung und Gegenwart* vollendet? In: Aurora 19 (1959), S. 65-67.
Riley, Erzähltechnik	Thomas Riley, Die Erzähltechnik des jungen Eichendorff, in: Aurora 20 (1960), S. 30-35.
Rölleke	Brüder Grimm, Kinder- und Hausmärchen. Ausgabe letzter Hand. Mit den Originalanmerkungen der Brüder Grimm. Mit einem Anhang sämtlicher, nicht in allen Auflagen veröffentlichten Märchen und Herkunftsnachweisen hg. v. Heinz Rölleke, Bd. 3, Stuttgart 1984.
Schenda	Rudolf Schenda, Volk ohne Buch. Studien zur Sozialgeschichte der populären Lesestoffe 1770-1910, München 1977.
Schulhof	Gedichte des Freiherrn Joseph von Eichendorff, hg. v. Hilda Schulhof und August Sauer (HKA 1,2), Regensburg 1921.
Schwarz	Egon Schwarz, Ein Beitrag zur allegorischen Deutung von Eichendorffs Novelle *Das Marmorbild*, in: Monatshefte für deutschen Unterricht 48 (1956), S. 215-220.
Seidlin	Oskar Seidlin, Versuche über Eichendorff, Göttingen ²1978.
Stein	Volkmar Stein, Die Dichtergestalten in Eichendorffs *Ahnung und Gegenwart*, (Diss. Basel) Winterthur 1964.
Steinsdorff	Sibylle von Steinsdorff, Joseph von Eichendorff, *Das Marmorbild*, in: Meistererzählungen der deutschen Romantik, hg. und kommentiert v. Albert Meier, Walter Schmitz, Sibylle von

	Steinsdorff und Ernst Weber. Mit Beiträgen von Friedhelm Auhuber und Friedrich Vollhardt, München 1985, S. 420-435.
Stöcklein	Paul Stöcklein, Joseph von Eichendorff in Selbstzeugnissen und Bilddokumenten (rowohlts monographien), Reinbek bei Hamburg 1963.
Stutzer	Dietmar Stutzer, Die Güter der Herren von Eichendorff, Würzburg 1974.
SW	Joseph Freiherrn von Eichendorff's sämtliche Werke, 6 Bde., Leipzig ²1864.
Uhlendorff	Franz Uhlendorff, Zwei teilweise noch unveröffentlichte Gedichtzyklen Joseph von Eichendorffs. Nach den Handschriften mitgeteilt, in: Aurora 15 (1955), S. 54-57.
Uhlendorff, Gedichte	Franz Uhlendorff, Über einige dunkle Stellen in Eichendorffs Gedichten, in: Aurora 15 (1955), S.64-67.
Weichberger	Konrad Weichberger, Untersuchungen zu Eichendorffs Roman *Ahnung und Gegenwart*, Diss. Jena 1901.
Weschta	Friedrich Weschta, Eichendorffs Novellenmärchen *Das Marmorbild*, Prag 1916.

INHALTSVERZEICHNIS

Die Zauberei im Herbste. Ein Märchen 9
⟨Märchen⟩ 29
Ahnung und Gegenwart. Ein Roman 53
Das Marmorbild. Eine Novelle 383
Das Wiedersehen 429
Aus dem Leben eines Taugenichts. Novelle /
Der neue Troubadour. Ein Kapitel aus dem Leben
   eines Taugenichts 445

Kommentar 563
  Eichendorff und seine Zeit 565
    Lebensspuren 565
    Sprachmuster 577
  Zu Textgestalt und Kommentaranlage 593
  Die Zauberei im Herbste 602
    Textgrundlage 602
    Entstehung 602
    Quellen 603
    Stellenkommentar 604
  ⟨Märchen⟩ 610
    Textgrundlage 610
    Entstehung 610
    Stellenkommentar 611
  Ahnung und Gegenwart 613
    Textgrundlage 613
    Entstehung 613
    Quellen 636
    Zur Wirkung 637
    Stellenkommentar 655
  Das Marmorbild 737
    Textgrundlage 737

    Entstehung 737
    Entwürfe 741
    Quellen 758
    Stellenkommentar 770
Das Wiedersehen 779
    Textgrundlage 779
    Entstehung 779
    Stellenkommentar 780
Aus dem Leben eines Taugenichts 789
    Textgrundlage 789
    Entstehung 789
    Quellen 799
    Stellenkommentar zu *Der neue Troubadour* 799
    Stellenkommentar zu *Aus dem Leben eines*
        Taugenichts 805
Literatur- und Abkürzungsverzeichnis 833

JOSEPH VON EICHENDORFF
WERKE

Band 1
Gedichte
Versepen

Band 2
Ahnung und Gegenwart
Sämtliche Erzählungen I

Band 3
Dichter und ihre Gesellen
Sämtliche Erzählungen II

Band 4
Dramen

Band 5
Tagebücher
Autobiographische
Dichtungen
Historische und
politische Schriften

Band 6
Geschichte der Poesie
Schriften zur Literaturgeschichte

*»Der Deutsche Klassiker Verlag:
ein gigantisches Vorhaben, ein Jahrhundertwerk«*
Marcel Reich-Ranicki

DEUTSCHER KLASSIKER VERLAG
IM TASCHENBUCH

In dieser Reihe erschienen:

TB 1
Johann Wolfgang Goethe, Faust. Zwei Teilbände
Herausgegeben von Albrecht Schöne · 2048 Seiten
Band 1: Texte · Band 2: Kommentare

TB 2
Hans Jacob Christoffel von Grimmelshausen
Simplicissimus Teutsch
Herausgegeben von Dieter Breuer · 1136 Seiten

TB 3
Friedrich Schiller
Wallenstein
Herausgegeben von Frithjof Stock · 1280 Seiten

TB 4
Friedrich Hölderlin
Sämtliche Gedichte
Herausgegeben von Jochen Schmidt · 1152 Seiten

TB 5
Heinrich von Kleist
Sämtliche Erzählungen, Anekdoten,
Gedichte und Schriften
Herausgegeben von Klaus Müller-Salget · 1328 Seiten

TB 6
Deutsche Lyrik des frühen und hohen Mittelalters
Edition und Kommentare von Ingrid Kasten
Übersetzung von Margherita Kuhn · 1136 Seiten

TB 7
Wolfram von Eschenbach
Parzival
Zwei Teilbände
Herausgegeben von Eberhard Nellmann
Übertragen von Dieter Kühn · 1840 Seiten

TB 8
Karl Philipp Moritz
Dichtungen und Schriften zur Erfahrungsseelenkunde
Herausgegeben von Heide Hollmer
und Albert Meier · 1365 Seiten

TB 9
Bettine von Arnim
Clemens Brentano's Frühlingskranz /
Die Günderode
Herausgegeben von Walter Schmitz · 1205 Seiten

TB 10
Gottfried Keller
Die Leute von Seldwyla
Herausgegeben von Thomas Böning · 870 Seiten

TB 11
Johann Wolfgang Goethe
Die Leiden des jungen Werthers / Die Wahlverwandtschaften
Herausgegeben von Waltraud Wiethölter unter Mitarbeit von
Christoph Brecht · 1245 Seiten

TB 12
Joseph von Eichendorff
Sämtliche Gedichte
Herausgegeben von Hartwig Schultz · 1292 Seiten

TB 13
Georg Büchner
Sämtliche Werke, Briefe und Dokumente
Zwei Bände
Herausgegeben von Henri Poschmann unter Mitarbeit von
Rosemarie Poschmannn · 2301 Seiten

TB 14
E. T. A. Hoffmann
Fantasiestücke in Callot's Manier
Herausgegeben von Hartmut Steinecke
unter Mitarbeit von Gerhard Allroggen und
Wulf Segebrecht · 939 Seiten

TB 15
Johann Wolfgang Goethe
Dichtung und Wahrheit
Herausgegeben von Klaus-Detlef Müller · 1403 Seiten

TB 16
Grimms Märchen
Herausgegeben von Heinz Rölleke · 1302 Seiten

TB 17
E. T. A. Hoffmann
Die Elixiere des Teufels / Werke 1814-1816
Herausgegeben von Hartmut Steinecke und
Gerhard Allroggen · 757 Seiten

TB 18
Joseph von Eichendorff
Ahnung und Gegenwart
Sämtliche Erzählungen I
Herausgegeben von Wolfgang Frühwald und
Brigitte Schillbach · 840 Seiten

TB 19
Joseph von Eichendorff
Dichter und ihre Gesellen
Sämtliche Erzählungen II
Herausgegeben von Brigitte Schillbach und
Hartwig Schultz · 904 Seiten

Die Reihe wird fortgesetzt.